公司律师业务进阶系列

保险法
实务应用全书

——操作要点与案例指引

（第二版）

寿宝金◎著

INSURANCE LAW PRACTICE GUIDE

ESSENTIALS & GUIDING CASES

法律出版社
LAW PRESS·CHINA
北京

图书在版编目(CIP)数据

保险法实务应用全书：操作要点与案例指引／寿宝金著. --2版. --北京：法律出版社，2022
(公司律师业务进阶系列)
ISBN 978-7-5197-6163-9

Ⅰ. ①保… Ⅱ. ①寿… Ⅲ. ①保险法-研究-中国
Ⅳ. ①D922.284.4

中国版本图书馆CIP数据核字(2021)第254248号

保险法实务应用全书
——操作要点与案例指引(第二版)
BAOXIANFA SHIWU YINGYONG QUANSHU
—CAOZUO YAODIAN YU ANLI ZHIYIN (DI-ER BAN)

寿宝金 著

策划编辑 李沂蔚
责任编辑 李沂蔚
装帧设计 李 瞻

出版发行 法律出版社
编辑统筹 法律应用出版分社
责任校对 朱海波
责任印制 吕亚莉
经　　销 新华书店

开本 710毫米×1000毫米 1/16
印张 33.75 **字数** 550千
版本 2022年1月第2版
印次 2022年1月第1次印刷
印刷 三河市龙大印装有限公司

地址：北京市丰台区莲花池西里7号(100073)
网址：www.lawpress.com.cn
投稿邮箱：info@lawpress.com.cn
举报盗版邮箱：jbwq@lawpress.com.cn
销售电话：010-83938349
客服电话：010-83938350
咨询电话：010-63939796

书号：ISBN 978-7-5197-6163-9
定价：118.00元

序言（第二版）

保险具有风险管理、经济补偿、资金融通和社会管理的职能，是社会经济发展的“稳定器”和“助推器”，对于维护社会生产稳定和保障人民群众生命财产的安全有着不可替代的作用。随着我国社会经济发展水平的不断提高和市场经济体制的逐渐完善，人民群众对保险的认识进一步加深，对保险的需求日益增强。因此，保险保障将发挥越来越重要的作用。除了传统的人身保险和财产保险外，医疗健康保险、保证保险、信用保险、责任保险、科技保险、绿色保险、网络安全保险、投资理财型保险发展迅猛，保险产品逐渐丰富，对保险服务要求越来越高。科学技术的日新月异，通过科技赋能保险，保险业的发展模式和经营管理方式正在发生深刻的变革。与此同时引发的各种保险纠纷也明显增多。

随着我国社会主义法治文明的进步和发展，保险法实务领域也取得了长足的发展，专业水平得到明显的改善和提升，但还存在比较突出的问题：保险法实务领域的专业力量还是比较薄弱，保险法实务的理论研究不够深入，导致不少保险纠纷争议大，很多问题很难达成共识和一致意见，造成保险法实务的适用标准不统一，处理结果的差异性也比较大。

保险法是“跨学科”的部门法，不仅需要“懂法律”，还需要“懂保险”。保险作为专业性很强的领域，从经济学的角度来看，保险是分散风险、经济补偿、减少损失的一种经济手段。作为经济学的一门学科，它有自己的原理和理论体系；从法律的角度来看，保险是一种契约或者是因契约而产生的权利和义务关系。

因此，要准确理解《保险法》的规定，科学地处理好保险法实务问题，需要把握好以下三个方面：

一是需要把握好《保险法》与《民法典》的特别法与普通法的关系。既要防止套用民法和合同法的一般理论、思维、逻辑和法律条文来处理保险纠纷，也要防止片面强调保险法的特殊性而排斥民法和合同法基本原则的适用。

二是需要把握好保险的原理和基础知识。《保险法》是调整和规范各种保险关系和保险活动的,解释和适用《保险法》不能望文生义,违背保险的原理和常识。

三是需要把握好保险惯例和保险交易习惯的适用和效力。保险作为一种传统的商事活动,具有比较悠久的历史,形成了保险活动当事人约定俗成,且一直遵守的一些保险惯例和保险交易习惯,不能简单地一概否定。

以上这些保险法实务中存在的突出问题的解决,需要理论界、立法界、司法界、保险界和律师界的共同不懈努力!

本书作者寿宝金,系浙江省杭经律师事务所主任律师,主要从事保险案件诉讼代理和保险非诉讼法律实务工作,在繁忙的日常工作之余,潜心研究保险法的实务问题,善于"发现问题、研究问题、解决问题","从实务上升到理论,通过实务丰富和完善理论,用理论很好地指导实务"。本书对保险法实务的现状、保险法律、保险诉讼法律实务、保险非诉讼法律实务进行了系统性的梳理和总结,举案说法,条理清晰,介绍全面,资料翔实,是一本对保险法实务很有指导意义的、难得的工具书。

我十分愿意向大家推荐!希望此书修订版的出版,在准确处理保险法实务,解决保险法适用难题,推动我国保险法实务理论研究等方面发挥其应有的作用,也希望有更多的力量加入到保险法实务的理论研究中来,有更多的优秀著作问世。

遵作者之嘱,是为序。

李玉泉

2021 年 9 月 15 日于北京

序言(第一版)

随着我国律师业的快速发展,律师的法律专业化要求已经成为律师业务发展和能力提升的主要方向,成为律师事务所综合实力和发展潜力的重要指标,以及律师业健康、稳定、可持续发展的重要课题。对此,国内众多律师事务所和律师进行了不同层面、路径和方向的尝试与探索,涌现出一大批知名律师事务所和在特定专业、细分领域具有影响力的专业律师,为推动我国律师制度改革、律师事业科学发展以及更好地服务我国经济社会发展发挥了重要作用。

保险法律服务是律师事务所和律师提供法律服务的组成部分,也将是今后一个时期律师事务所和律师提升法律专业化服务能力的重要领域。总的来说,相较于传统的民商事法律服务领域,保险法律服务具有显著的专业性,导致保险法律服务需要具备较高的条件和要求。当前,国内保险理论、保险实务与律师实务相结合的研究和成果不多,保险法律服务能力的提升和发展相对缓慢。显然,这与我国保险行业的快速发展以及保险在国民经济和社会发展中的重要地位和作用不相适应。

本书作者寿宝金律师,在从事保险法律实务过程中,致力于保险法理论和保险法律实务结合的思考与总结,为推进保险法律服务的专业化发展进行了积极探索,值得鼓励和充分肯定。同时,本书在内容和体例上,具有显著的特点:保险理论与保险实务、法律实务相结合,保险诉讼法律业务与保险非诉讼法律业务相结合,保险实务经验总结与保险理论、保险实务创新相结合;也符合近年来我省律师业实施"名所名品名律师"的"三名工程"的发展要求。当然,本书中一些内容和观点难免有值得商榷之处,需要随着保险理论、保险实务、保险法律的发展不断完善和提升。

中华全国律师协会常务理事
浙江省律师协会会长　郑金都

2018年9月

前言(第二版)

本书第一版2019年5月上市,以体例完整、实用性强、内容专业为显著特点,获得保险业内和法律实务界人士的广泛好评。尤其值得肯定的是,本书在当当、淘宝、京东等国内主要售书网站“保险法实务”销售类别中,无论是销量,还是好评,均名列前茅,如本书在当当网销量一千五百余册,好评率高达99.9%。收到如此多读者朋友们的积极反馈和留言肯定,笔者深受鼓舞,倍感欣慰,在此一并表示谢意!

为了回应新近出现的保险法实务热点事件,本书第二版在原来第一章内容中增加了第三节保险法律热点案例评析内容,主要针对近两年保险法实务热点和社会关注度较高案例进行点评,包括南京航班延误险案、武汉金凰假黄金案、代理“全额退保”问题等;因《民法典》颁布施行,本书第二版增加了第十三章《民法典》对我国保险业的影响内容,全面梳理了《民法典》施行对保险业、保险法实务产生的重大、深远影响。同时,还对其他部分内容作了调整和删减。

随着司法改革推进和国家法治进步,近年来我国保险法实务也有了稳步提升和较快发展。在保险法实务领域,一些保险、保险法的重要内容、基础概念、基本原则为更多人所了解、熟悉和掌握并运用,许多之前的保险法实务争议内容逐步形成了共识,有更多优秀人才加入保险法实务领域,保险法实务的巨大发展潜力为更多人所认同……保险法实务发展永无止境!笔者为我国保险法实务的发展感到欣喜,也为自己能够参与到我国保险法实务发展进程深感庆幸!

寿宝金

2021年9月

前言(第一版)

改革开放以来,我国保险业取得了长足发展,尤其是近年来发展势头异常迅猛。具体而言,从发展数量上来看,依据中国保监会网站的统计数据显示,2015年、2016年、2017年保险公司原保险保费收入分别为24,282.52亿元、30,959.10亿元、36,581.01亿元,分别同比增长20.00%、27.50%、18.16%。截至2017年年底,我国原保费收入已经超过3.6万亿元,正逐步跃升为全球第二大保险市场。从发展质量上来看,国内金融科技的发展日新月异。从2000年到2018年这不到20年时间内,国内互联网保险发展从最初尝试保险行业的"渠道变革"逐步发展到保险的"场景创造",再到今天保险的"科技重构"。国内保险科技发展一日千里,深刻改变了保险行业的面貌,国内保险行业大有引领世界保险发展潮流的势头。

然而,相比较保险行业迅猛发展势头,我国保险法律实务的提升相对缓慢。一方面,这些年来,应该说我国在保险立法、保险司法方面有了长足进步和发展。在保险立法上,随着1995年第一部保险法的颁布施行,我国保险行业进入了有法可依的法制轨道,并分别于2002年、2009年、2014年、2015年对保险法进行了四次修正;在保险司法上,最高人民法院分别于2009年、2013年、2015年、2018年出台了四部保险法司法解释,针对一部保险法的法律适用如此密集地出台司法解释,可以说在国内其他法律中罕见。另一方面,这些年来,我国保险理论和保险实务的研究进展相对缓慢,鲜有保险理论和实务研究成果问世,总体上仍处于照抄过往保险理论和实务成果的阶段。加之,保险行业有自身较强的行业性规定、保险专业性内容和保险法律特殊规定,包括保险理论、保险法律、行业惯例、保险实务等保险知识和体系,全民保险理论、保险法律和实务素养有待普遍提升。与此相对应,在保险法律实务中,各地保险法律实施标准和差异问题突出,保险纠纷案件司法裁量随意性较大,保险法律专业服务力量有待加强等问题和现象比较突出。

笔者自律师执业以来,主要从事保险法律顾问服务、保险纠纷案件代理、保险相关项目服务等保险法律实务工作,并一直致力于保险法律实务理论和实践的思考和探索。在法律实务中,笔者检索并阅读了大量保险法理论和实务方面的文章、书籍,发现能够立足保险实务现状,通过保险理论、保险法律、行业惯例、司法案例、保险项目要求等的系统性阐述,并最终服务于解决保险法律实务问题的书籍非常稀缺,但却是保险法实务发展的迫切需要。这也是笔者著写本书的初心。

为了让读者有所启发、思考和收获,真正有助于解决保险法律实务问题、提升保险法律实务能力和水平,本书在相关内容和体例设计、安排上做了精心规划。概括起来,本书在内容和体例上,有以下几个方面的显著特点:

一是坚持保险理论与保险实务相结合。现有保险法律方面的书籍,一般都侧重保险理论和保险法律相关概念、理论、原理和规定内容的系统性分析和阐述。相比较而言,本书努力坚持保险理论和保险实务的结合,并在阐述保险基本理论内容基础上,重点强化和夯实保险实务内容。具体而言,在本书第一章第二节内容对一般保险理论和知识作了基本梳理和交代后,本书第二章、第三章和第四章共三章内容全部都是围绕投保、承保、理赔等保险实务的流程、操作、内容进行系统分析、梳理、阐述。可以说,本书保险实务内容非常夯实,相关内容紧紧围绕保险实务问题的解决,具有较强的保险实务针对性、指导性和可操作性。这在同类保险法律实务书籍中是罕见的,也是本书的一个显著特征。

二是坚持保险实务与法律实务相结合。在保险法律实务中,能够发现一个基本现象:很多懂保险实务的,不懂法律实务;许多懂法律实务的,不懂保险实务。如保险公司业务人员、理赔人员和法务人员精通保险实务流程和操作,但是对于保险法律实务却知之甚少。又如律师、法官等法律职业群体,对保险法律法规及保险诉讼流程的熟悉程度要远高于他们对保险实务情况的了解和掌握程度。对此,本书在第二章、第三章、第四章系统阐述保险实务内容的基础上,在第五章、第六章、第七章中全面分析和梳理保险法规定的有关保险合同履行、解除和终止内容,并且在本书第八章、第九章、第十章中分别围绕保险合同纠纷、保险人代位求偿权纠纷、海上保险合同纠纷等内容,通过对保险司法实务中具有典型性案例的正反两方面内容进行系统性梳理和分析,切实提升读者解决保险法律实务问题的能力。

三是体现相同或类似实务情况产生不同裁判结果理由的比较。在保险法律实务中,对许多相同或类似的纠纷案件,不同地区的不同法院给出不同裁判理由并产生完全不同裁判结果的现象还比较常见。当然,产生这种现象的原因是多方面的,既有保险法律规定内容相对简单、抽象,不同地区和不同法院法律适用标准和差异问题,也有司法裁判人员保险专业知识和保险实务经验欠缺等方面的原因。针对上述情况,本书在第八章、第九章、第十章中精心整理了大量实务典型案例并梳理和归纳了主要的裁判理由。其中,部分案例的裁判理由不尽相同,但总体还是能够反映保险司法裁判实务的现状。同时,对相同和类似情况在法律实务中产生的不同裁判案例,本书统一梳理并集中编排在一起,有助于加深大家对保险理论、保险法律、保险实务知识和内容的理解与鉴别,切实提升大家对有关保险法律概念、内容、规定和实务要求的理解和掌握,这也是本书的一个鲜明特色。

四是坚持保险纠纷诉讼业务与保险非诉讼法律业务相结合。一直以来,保险纠纷案件诉讼法律服务是保险法律实务的基本形式和主要内容。近年来,随着中国特色社会主义进入新时代,保险业迎来前所未有的大发展、大变革和大机遇,保险非诉讼法律业务日益成为保险法律实务的重要服务形式和内容。因此,本书在第八章、第九章、第十章分别介绍保险合同纠纷、保险人代位求偿权纠纷、海上保险合同纠纷等保险诉讼法律业务的基础上,本书第十二章重点阐述了保险非诉讼法律业务内容。结合保险法律实务的有关情况,保险非诉讼法律业务分为常年法律顾问服务和专项保险法律服务。其中,专项保险法律服务包括律师见证、法律意见、尽职调查、专项顾问、保险产品开发、保险资金运用等方面的内容。

五是坚持保险实务经验总结与实务创新相结合。区别于同类保险法律实务书籍,本书的一个最显著特点是,来源于保险实务第一手资料,立足于保险实务第一场景,聚焦于解决保险法律实务第一要务。如本书第二章第三节投保注意事项、第三章第六节承保有关法律问题、第四章第四节理赔有关法律问题内容,分别涉及投保、承保、理赔有关保险法律实务经验的梳理和总结,本书第八章内容专门对保险法律实务中保险合同纠纷案件处理的基本路径和方法进行了系统的梳理和归纳,本书第十二章内容对保险非诉讼法律服务内容进行系统性梳理和阐述。同时,本书在加强保险法律实务经验总结的基础上,还重点强化和突出保险法律实务创新,如本书第一章第二节有关保险合同属于要式合同的论述,第三章第三节有关保险责任、除外责任、责任免除之间关系的阐述,以及在保险条款中将保险人不承担赔偿责任的内容区分为除外责任和责任免除情形,本书第四章第四节内容中有关解决财产保险合同约定受益人问题,本书第十一章互联网保险中有关法律问题的完善建议,以及本书第十二章第二节内容中有关律师见证在保险合同订立时的运用等内容。应当说,上述内容涉及的新提法、新思路、新方法,都是着眼于保险法律实务现状、问题进行保险法律理论探索和保险法律实务创新的尝试。

本书主要针对保险法律实务人员,包括律师、法官、保险公司法务和理赔人员以及保险法学理论与实务教学和研究人员。特别需要说明的是,鉴于读者群体已经具备一定保险实务和法律实务的基础知识和基本能力,为了避免简单、重复和赘述,本书许多章节内容略去一些基本陈述和事实铺垫,直指现状、问题和解决处理办法。因此,对于保险法律实务的初学者可能会产生一定阅读和理解困难。

特别需要指出的是,在繁重日常工作之余整理、著写本书,让笔者深切地体会到“兀坐幽居叹寂寥,孤灯掩映度清宵”。但正是基于完成一部能够反映保险法律实务现状、体现保险法律实务水准著作的使命感,激励并激发我不忘初心、战胜枯燥,在酷暑夏日里放弃休息时间反复构思、精心整理和认真著写,并最终完成本书全部内容的写作。在此,诚挚感谢给予指导和帮助的领导、同学和朋友,尤其是我夫人李红梅女士的理解和支持并承担了大部分家庭事务、使我有时间能够静心思考和写作,刘峰同学给予了重要指导和帮助,中国人寿财产保险股份有限公司汪建军、曹原、唐永新、毛双能、章泽锋、潘铖炜、方群锋等保险业内领导、专业人士提出了许多宝贵意见并提供了帮助,律所团队姚明丽律师承担了一些材料的收集和整理工作,还有许多领导、同学和朋友的指导和帮助,在此一并予以感谢!当然,由于时间和精力的限制,加上本人理论认识和实务能力还需要不断提升,本书中有些内容只能点到为止,无法进行系统阐述,可能出现不全面、不完整的问题;有些观点可能还需要在理论和实务中不断发展、完善和提升;部分内容还可能存在一些疏漏或者不足,也是在所难免。敬请读者批评和指正,以期实现共同提升保险法律实务能力和水平的初心。

寿宝金

2018 年 9 月

目录 Contents

第十一章 互联网保险

第十二章 保险非诉讼法律业务

第十三章 《民法典》对我国保险业的影响

附 录

第一章　保险法律实务概要

本章内容主要阐述了当前我国保险法律实务现状的有关内容和情况，包括保险行业发展、保险立法与司法、保险法律服务中存在的主要问题，以及产生这些问题的主要原因。同时，本章内容通过对保险法律实务有关的保险、保险合同和保险法律概念、知识、原理、内容的阐述，全面分析和梳理保险法律实务涉及的有关保险法学理论和保险法律实务相关的法律法规、司法解释、热点案例等内容和规定。

第一节　保险法律实务现状

我国保险法律实务的现状，反映了我国保险立法、保险司法和保险行业发展的阶段和所处状态。一般来说，我国保险法律实务能力和水平，随着我国保险业的发展、保险立法的完善和保险法律实践的推进，不断发展和提升。但是，应当看到基于保险业自身的行业性内容、专业性要求和法律特殊规定，保险法律实务中还面临诸多问题，包括不同地区法院实施保险法律的标准差异问题，保险公司法务人员、律师、律师事务所、法院等保险法律专业力量有待加强和提升。

一、保险法律服务的形成和发展

（一）随着保险业发展逐渐形成和发展

总体来说，我国商业保险业经历了从无到有，保险品种由少到多，保险服务形式从简单到复杂的发展过程。新中国成立前夕，官僚资本开办的保险业已经奄奄一息。新中国的保险业,开始于接管这些仅剩少量资产的官僚资本保险机构。新中国成立后,保险行业特别是商业保险随着国家的需要逐步发展和提升。但是,在相当长的一个时期内,保险主要是以社会保险为主,商业保险较少。当时商业保险的种类,限于火险、水险和其他险种三种。① 我国在实行社会主义市场经济体制以前,除国有企业的劳动者外,其他各类劳动者和非劳动者的社会保险制度都极不健全,退休养老保险的社会化水平低,保险程度较差。②这种状况发生根本转变的标志性事件,是1978年12月党的十一届三中全会的召开并确定国家工作重心转移到社会主义现代化建设上来。由此,我国保险业发展的春天到来。同时,随着社会主义市场经济体制建立和完善,我国保险业尤其是商业保险获得了新生和长足发展,保险公司数量和保险业务迅速发展,保险专业法律服务市场逐渐形成和发展。

(二)随着保险法律法规的完善逐步发展

1995年6月,第八届全国人大常委会第十四次会议通过的《中华人民共和国保险法》,是我国第一部保险基本法。该部保险法律采用了国际上通行做法,明确财产保险业务和人身保险业务分业经营等内容,为规范我国保险市场提供了有力的法律依据和法制环境。1999年12月,第九届全国人大常委会第十三次会议通过了《中华人民共和国海事诉讼特别程序法》。该部海事诉讼程序法第一次以法律形式明确规定了海上保险人代位请求赔偿的权利。2006年3月,国务院制定了《机动车交通事故责任强制保险条例》。该条例明确规定保险公司对被保险机动车发生道路交通事故造成本车人员、被保险人以外的受害人的人身伤亡、财产损失,在责任限额内必须予以赔偿,从而有效保障了道路交通事故受害人的合法权益。2009年2月,第十一届全国人大常委会第七次会议修订了《中华人民共和国保险法》,明确了保险活动当事人的权利义务,更加注重被保险人和受益人合法权益保护,增加了被保险人利益保护的条款,如限制保险人合同解除权,规范格式条款,规定保险人对合同中的免责条款有提示和明确说明义务,明确规定了保险人理赔程序和时限等。同时,拓宽了保险资金运用渠道,将原保险法规定的买卖政府债券、金融债券,修改为买卖债券、股票、证券

① 许谨良编著:《财产保险原理和实务》,上海财经大学出版社2015年版,第5页。
② 张守文:《社会学略论》,载《中外法学》1996年第6期。

投资基金份额等有价证券，增加保险资金可以投资不动产等内容。可见，上述保险法律法规的颁布及施行，明确规范了保险活动当事人的权利义务，进一步推进了保险业的市场化和规范化发展，同时也为保险法律服务市场的形成和发展提供了重要法制环境和制度保障。

（三）随着保险司法实践的推进不断发展

2009 年 9 月，最高人民法院发布《关于适用〈中华人民共和国保险法〉若干问题的解释（一）》［以下简称保险法司法解释（一）］，规定了新旧保险法律适用问题。2013 年 5 月，最高人民法院发布《关于适用〈中华人民共和国保险法〉若干问题的解释（二）》［以下简称保险法司法解释（二）］，规定保险合同成立、生效、保险责任、免责条款效力、保险人代位求偿权等方面的法律适用问题。2015 年 11 月，最高人民法院发布《关于适用〈中华人民共和国保险法〉若干问题的解释（三）》［以下简称保险法司法解释（三）］，规定了人身保险合同订立、保险金额、受益人、现金价值、保险责任承担等方面的法律适用问题。2018 年 8 月，最高人民法院发布《关于适用〈中华人民共和国保险法〉若干问题的解释（四）》［以下简称保险法司法解释（四）］，规定了保险标的转让、保险合同主体权利义务、保险人代位求偿权、责任保险等方面的有关具体内容。应当说，针对人民法院在审理保险纠纷案件过程中出现的有关法律问题，最高人民法院出台上述四个保险法司法解释，为促进保险法在司法审判实践中的理解和运用，推进保险法律服务发展具有十分重要的意义。

二、保险特性导致较多实务问题

在我国，保险法不是一个独立的法律部门，而是从属于民法范畴的特殊法律规范，传统法学理论将它归入商法体系中。[①] 然而，与其他传统民商事法律相比，保险法律具有显著的保险技术性内容、保险专业性要求和法律特殊规定内容，这使保险法律在实务中有较高的适用要求。但是，目前法律职业群体明显缺乏保险法律实务的系统性学习和教育培训，许多律师、法官等法律职业人员没有经过保险法律专业学习和保险实务系统培训，致使他们在保险法律实务中容易产生较多保险法律适用问题。

---

① 李玉泉主编:《保险法学——理论与实务》，高等教育出版社 2010 年版，第 14 页。

（一）保险具有行业技术特征

在保险业经营和保险产品开发中，保险条款、保险费率、免赔额（率）、比例赔付、保险责任范围、责任免除、保险准备金提取等事项和内容，以大数法则、精细的数理计算为基础，综合考虑实际风险或行业风险系数，通过科学的保险费率计算，综合考虑市场竞争等因素，最终确定上述有关事项和内容，以实现保险合同当事人、关系人之间权利义务的大致对等和平衡。但是，在保险法律实务中，我们看到有很多具体纠纷案件的判决，肆意解释保险条款内容、任意扩大保险责任范围、随意否定保险条款的效力，实际上是司法审判人员对保险制度技术性内容理解缺失的体现。另外，保险事故涉及的火灾、水灾、爆炸、疾病等内容、发生原因以及是否属于保险责任的认定等事项，具有较强的行业性内容和技术性要求。

（二）保险具有专业性内容要求

在保险法律实务中，有大量保险专业术语、概念和内容，诸如保险标的、保险利益、保险金额、保险价值、保险事故、保险责任、保险期间、责任免除、免赔率、重置价值、火灾、爆炸等，体现了保险的专业性，在实务中具有保险业特定的内涵、外延和适用情形。因此，如果没有受过专业保险学习和保险实务培训，在实务中很难准确理解和正确适用上述保险专业性内容。同时，在具体保险类纠纷案件的实务处理过程中，经常会遇到这样一种尴尬的场景，需要与纠纷案件的主审法官反复沟通和解释一些保险合同的基本概念和内容，如保险金额、保险价值、重置价值、投保比例、不定值保险、不足额投保，以及这些概念和内容在具体纠纷案件中应当如何理解、如何具体适用等。

（三）保险具有法律特殊规定

在国民经济和社会发展过程中，保险属于对社会群体的经济风险进行管理的行业。保险的行业特性，决定了保险法律法规更加注重诚实信用和公平原则的运用。因此，在保险法律实务中，保险法律针对保险合同，以及保险合同当事人、关系人之间的权利义务、法律后果和法律责任等内容，进行了有别于其他民商事法律的特殊规定和安排。具体来说，保险法对有关保险合同成立、生效、保险责任的承担进行了特别规定。如确定保险合同是诺成性合同，保险人同意承保的，保险合同成立；依法成立的保险合同，自成立时生效；投保人和保险人可以对合同的效力约定附条件或者附期限。保险合同成立后，保险人按照约定的时间开始承担保险责任。同时，保险法针对保险合同的变更、解除、终止以及保险合同格式条款解释等内容，作出了符合保险行业特点要求的规定。除此之外，保险法还明确规定了保险人代位求偿权、责任保险赔偿请求权主体等保险行业特殊规定。

三、不同法院法律适用差异问题

在法院审判实务中，不同地区法院在审理保险纠纷案件过程中，出现保险法律适用标准差异问题，导致法律实务中相同或类似情况产生不同判决的情形还比较常见。具体来说，如因对责任免除条款法律规定、司法解释的理解和适用标准差异，致使无照驾驶、醉酒驾驶、交通肇事逃逸等明显违法行为，在具体保险纠纷案件中保险公司能否免责产生完全不同的理解和判决；如保险单特别约定涉及免除保险人责任内容的，对是否属于格式条款，保险公司是否应当履行提示和明确说明义务产生完全不同的理解和判决；如在财产保险赔偿金的理算中，对如何确定属于定值保险或不定值保险，责任保险中保险赔偿金能否超出保险单约定单项限额等产生完全不同的理解和判决；如在保险人代位求偿权纠纷案件中，对保险公司与第三者的举证责任分配问题产生完全不同的理解和判决；等等。之所以出现上述不同地区法院在保险法律实施标准上差异较大问题，主要原因有以下三点。

（一）保险法规定内容相对简单和抽象

随着我国社会主义市场经济的深入发展，我国保险法律法规体系有了长足发展和完善。但是，相较于经济社会的快速发展和要求，尤其是人民群众对美好生活向往产生的日益增长保险需求来说，我国保险法立法还是相对滞后，现行保险法的有关规定和内容相对简单和抽象。具体来说，如《保险法》第 12 条规定，“保险利益是指投保人或者被保险人对保险标的具有的法律上承认的利益”，该条保险利益的规定相对简单和抽象，在保险法律实务中争议和纠纷不断；如《保险法》第 17 条，有关免除保险人责任条款的提示和明确说明义务要求的规定比较简单和抽象，在保险法律实务中如何认定保险人履行提示和明确说明义务，即使最高人民法院出台了有关司法解释和规定，但是该条款的法律适用仍面临各式各样的问题;另外,《保险法》第 55 条第 1 款是有关定值保险的内容规定,在法律实务中如何理解"投保人和保险人约定保险标的的保险价值并在合同中载明的",如保险单中约定保险价值的确定方式但没有确定具体保险价值金额,该种情形是否属于第 55 条规定的"约定保险标的的保险价值并在合同中载明的"情况,上述情况在具体保险纠纷案件的处理过程中极易发生争议。

(二)不同地区法院有不同标准和指导意见

2009 年 2 月,第十一届全国人大常委会第七次会议修订并颁布施行《中华人民共和国保险法》,是我国的保险基本法律。为解决司法审判实务中出现的问题,最高人民法院分别于 2009 年 9 月、2013 年 5 月、2015 年 11 月、2018 年 8 月发布了《保险法司法解释(一)》《保险法司法解释(二)》《保险法司法解释(三)》和《保险法司法解释(四)》。可以说,保险法和上述保险法司法解释是保险法律实务中人民法院依法解决保险纠纷案件的法律适用标准和依据。尽管如此,保险法和上述保险法司法解释还是不能应对复杂多变的保险法律实务情况。据不完全统计,北京、上海、广东、浙江、江苏、山东、福建等十余省(市)高级人民法院都出台了有关保险合同纠纷法律适用的指导意见。同时,很多地区的中级人民法院内部有许多保险法律纠纷案件的裁判规则和内部规定。从客观上来讲,各地区各级法院有关保险纠纷案件处理的指导意见、会议纪要、解答、参考,一方面为各地法院在保险司法审判实务中适用法律提供了指导和参考,另一方面由于各地各级法院在涉及保险法、司法解释有关内容和适用标准,存在理解或者表述上的差异,直接导致保险法律实务中相同或类似情况在各地法院出现完全不同判决的情形,屡见不鲜。

(三)保险专业知识和保险实务经验相对缺乏

现代意义的保险发源于欧美发达资本主义国家,我国保险行业起步相对较晚。新中国成立后,特别是改革开放以来,我国保险业取得长足发展进步,但是全民的保险意识、保险素养、保险理念还有待进一步提高和提升。同时,保险行业相关内容涉及众多学科,有关概念、术语、原理、理念的保险专业性要求较高。加之,保险法学理论教育在我国当前法学教育体系中还相对比较薄弱。因此,保险司法审判人员在理论学习阶段,有关保险法律知识内容的掌握相对比较欠缺。同时,在我国现有法院审判部门设置中,保险类纠纷案件一般由民庭或者经济庭审理。近年来,虽然保险纠纷案件数量有了较大增长,但主要集中在机动车辆保险纠纷案件,专业性要求相对较高的财产险、责任险、信用和保证保险等保险纠纷诉讼案件数量不多,许多基层法院主审法官一年可能也碰不到一两个。由于保险法、保险专业知识、保险实务经验欠缺,法官在保险纠纷案件审理过程中简单套用民商法律一般原理进行审理的现象比较突出,导致保险纠纷案件司法审判实务中产生很多问题。

四、保险法律专业力量相对薄弱

作为对国民经济和社会发展至关重要的金融行业,保险业发挥着国民经济"减震器"与和谐社会"稳定器"的重要功能。特别是当前中国特色社会主义进入新时代,我国社会主要矛盾已经转化为人民日益增长的美好生活需要和不平衡不充分的发展之间的矛盾。与此相对应,保险业的主要矛盾也转化为不平衡不充分的保险供给与人民群众日益迸发、不断升级的保险需求之间的矛盾。在实务中,保险功能的充分发挥、保险主要矛盾的有效解决,关键在于保险业相关人员能力素质的全面提升,其中也包括保险法律专业力量的提升。但是,结合当前实务情况,无论是保险公司内部人员,还是专业律师和律师事务所和保险专业审判力量,相对来说都还是比较薄弱的。

(一)保险公司法务专业力量不强

在实务中,保险公司法务专业力量不强,主要体现在法务部门的设置和人员配备两个方面。其中,在法务部门设置上,很多保险公司只在总公司层面设有法务部,其在公司组织框架和结构中属于一般后台服务部门,不能充分有效地发挥其在公司制度设计、经营决策管理、合法性合规性审查等方面的风险防范和控制作用。一般来说,在省级以下保险分支公司中,法务岗位隶属于公司法律合规部、风控合规部,或者法务岗位人员由理赔部门等其他部门人员兼任的现象还比较普遍。同时,保险公司法务部门或法务岗位人员很多是直接从高校应届毕业生中招聘,他们缺乏系统性保险法律专业知识和保险法律实务培训,保险法律司法实务经验和能力更是欠缺,只能处理一些日常、非诉讼法律事务。因此,对保险公司法务部门和法务岗位人员,加强保险专业知识、保险实务和保险法律实务培训,建设复合型保险法务力量是保险公司提升法务专业力量的重要任务。

(二)专业律师事务所和律师比较匮乏

近年来,国内法律服务市场发展迅速,律师事务所和执业律师数量呈“爆发式”增长。但是,相较于刑事、传统民事、婚姻家庭、建筑房地产、公司上市、并购重组、知识产权、资源能源环境等领域拥有众多品牌、专业律师事务所和知名律师,以保险法律专业服务为主营核心业务、专注从事保险法律服务的律师事务所屈指可数,具有全国性影响力的保险专业品牌律师事务所更是十分稀缺。当前,许多有一定影响力的保险专业律师事务所,基本上是一个法律服务团队或者一个主办律师在主要从事保险相关的法律服务业务,还没有真正形成相当规模的保险法律专业服务力量。与此相对应,保险领域知名的专业律师也是屈指可数,大部分从事保险法律服务的律师并不以提供保险法律专业服务为主要业务和收入来源。

(三)人民法院保险法律审判力量缺位

随着我国经济社会的快速发展,各类新经济、新业态、新发展模式层出不穷,法律纠纷的案件类型和数量发生了许多重大变化。在法律实务中,最高人民法院为适应经济社会新发展的需要,对审判机构和审判力量作了较大调整。如在现有组织框架和编制基础上,陆续增加了海事法院、知识产权法院、互联网法院、金融法院等。但是,至今在实践中还没有设立专门审理保险纠纷案件的保险法院。这明显与保险纠纷案件较强的专业性特征、保险纠纷案件数量剧增、实务中保险法律适用问题较多以及保险法律专业审判力量亟待加强的现状不相适应、不相协调。因此,在未来人民法院组织机构调整中,应当充分考虑设立保险法院的必要性和合理性,加强保险审判人员和保险审判力量建设,切实提升保险法律专业审判能力,保障和推动我国保险行业健康发展、维护人民群众保险合法权益。

五、保险法律服务市场潜力巨大

按照中国保监会网站有关数据报告,2016 年年底国内共有保险公司 212 家,保险资产管理公司 22 家,保险业总资产 16 万亿元,资金运用余额 14.2 万亿元。2016 年我国对全球保险市场的增长贡献率达 59%,国内 2 家保险公司排名进入全球前十。截至 2017 年年底,我国原保费收入已经超过 3.6 万亿元,成为全球第二大保险市场。目前，保险公司已经成为资本市场重要的机构投资者，是企业年金和职业年金管理的重要参与者。可见，保险业的快速发展和保险业壮大所积累的庞大经济体量，为保险法律服务市场的发展奠定了坚实的基础，开辟了广阔的发展空间。

（一）保费收入、保险赔付和支出快速增长

我国保险业保费收入、保险赔付和支出的快速增长，为保险法律服务市场的发展提供了广阔空间和巨大发展潜力。近年来，随着我国经济社会的快速发展和供给侧机构性改革的不断深入，各类社会经济活动主体和广大人民群众对保险需求日益增加，我国保费收入以及保险赔付和支出进入了快速发展和增长的轨道。具体来说，依据中国保监会网站统计数据报告，2015 年、2016 年、2017 年保险公司原保险保费收入分别为 24,282.52 亿元、30,959.10 亿元、36,581.01 亿元，分别同比增长 20.00%、27.50%、18.16%。随之而来的是，保险赔付和支出的快速增长，2015 年、2016 年、2017 年赔款和给付支出分别为 8674.14 亿元、10,512.89 亿元、11,180.79 亿元，分别同比增长 20.20%、21.20%、6.35%[①]。

（二）保险法治和消费维权意识提升

随着中国特色社会主义法治化发展和社会文明进步，市场主体和人民群众法治观念和消费维权意识也在不断提升。与此相对应，保险公司和保险消费者在投保、承保、理赔等环节的合法合规性要求不断增加和保险消费维权意识不断增强，这就为保险法律服务市场的发展提供了动力源泉和广阔发展空间。依据中国保监会网站统计数据报告，2017 年前三季度中国保监会机关及各保监局接收涉及保险公司的保险消费投诉 72,279 件，其中，涉嫌违法违规投诉 1618 件，保险合同纠纷投诉 70,661 件。这些投诉主要涉及销售和理赔环节，销售环节投诉主要为寿险承诺高收益、夸大保险责任、隐瞒保险期间、缴费期限和退保损失等问题；理赔环节投诉集中体现在财险定核损和核赔环节的金额争议、责任认定争议和理赔时效过长等方面[②]。除了向保险监管部门投诉外，通过法院

① 《2017 年保险统计数据报告》，载中国保险监督管理委员会网站，http://bxjg.circ.gov.cn/web/site0/tab5179/info4101484.htm，最后访问日期：2018 年 3 月 6 日。

② 《中国保监会关于 2017 年度保险消费投诉情况的通报》，载中国保险监督管理委员会网站，http://bxjg.circ.gov.cn/web/site0/tab5175/info4104507.htm，最后访问日期：2018 年 2 月 12 日。

调解或诉讼途径解决保险纠纷,已经成为保险活动当事人解决争议纠纷的重要途径和方式。人民法院受理的各类保险纠纷案件数量逐年增加。2013 年,全国各级人民法院新收一审保险合同纠纷案件 82,564 件,2017 年达 127,611 件,呈连续增长态势。此外,大量侵权纠纷案件中涉及保险合同纠纷,如道路交通事故人身损害赔偿纠纷案件中多数涉及保险合同问题①。显然,在保险事故发生后的理赔、调解和诉讼过程中,保险公司和其他保险活动当事人都需要专业保险法律服务。因此,可以预见,未来我国保险法律服务市场发展潜力和空间巨大。

第二节　保险法律基础内容

一、保险与保险法

(一)保险

1. 概念

依据不同内容属性为标准,可以对保险进行不同定义。我国保险法主要依据保险内容标准,对保险概念进行界定。根据《保险法》第 2 条的规定,本法所称保险是指投保人根据合同约定,向保险人支付保险费,保险人对于合同约定的可能发生的事故因其发生所造成的财产损失承担赔偿保险金责任,或者当被保险人死亡、伤残、疾病或者达到合同约定的年龄、期限等条件时承担给付保险金责任的商业保险行为。

2. 功能

(1)风险管理

从保险起源来说,"无风险无保险"。风险管理是保险的最基本功能和价值取向。在保险实务中,投保人向保险人支付保险费,保险人按照约定承担投保人风险损失并管理收取的保险费,通过建立保险基金形式,当被保险人发生合

---

① 关于《最高人民法院关于适用〈中华人民共和国保险法〉若干问题的解释(四)》有关情况新闻发布会,载最高人民法院网站,http://www. court. gov. cn/zixun - zhuanti - aHR0cHM6Ly93d3cuY2hpbmFjb3VydC5vcmcvYXJ0aWNsZS9zdWJqZWN0ZGV0YWlsL2lkL016QXdOTWdzTjRBQkFBJTNEJTNELnNodG1s.html,最后访问日期:2018 年 4 月 2 日。

同约定事故造成损失或者出现合同约定的情形,保险人向被保险人、受益人承担赔偿或者给付保险金责任。从本质内容上来说,保险就是一部分投保人或被保险人由于特定风险发生所造成的损失,由大部分投保人、被保险人一起进行损失分担。可见,风险管理是保险最基本的功能。保险通过风险管理提升社会大众的抗风险能力,发挥社会"稳定器"的重要功能。

(2)补偿救济

针对投保人、被保险人个体来说,补偿救济是保险重要的功能。在财产保险中,被保险人因保险事故的发生造成财产损失,或者在责任保险中由于对第三者人身或财产造成损失需要被保险人承担经济赔偿责任,保险人通过向被保险人或第三者承担保险赔偿责任,补偿被保险人或第三者所受财产损失,以恢复生产生活。在人身保险中,按照保险合同的约定,当被保险人死亡、伤残、疾病或者达到合同约定的年龄、期限等条件时,保险人通过向被保险人或受益人给付保险金向他们提供帮助和救济,以弥补他们在物质财产上遭受的损失以及提供精神上的慰藉。

(3)投资理财

随着保险业的快速发展和保险产品的不断丰富,保险衍生出显著的投资理财功能。具体来说,保险人收取保险费后,与保险理赔和给付保险金之间,在时间上有一定的间隔,包括保险人在经营发展过程中可能产生部分盈利,保险人需要将上述闲置资金和自有资金进行投资和理财,确保该部分资金能够保值和增值。同时,随着经济社会快速发展,保险产品不断丰富和完善,保险不再局限于损失补偿和风险管理的基本功能。在保险实务中,具有分红理财性质的保险品种层出不穷,用以满足不同保险消费者的多样需求,该部分保险产品具有显著的投资理财功能。

(二)保险法

1. 概念

法律是调整社会关系的行为规范。保险法是以保险关系为调整对象的法律规范的总称。其中,保险关系是指保险活动当事人之间依据保险合同发生的权利义务关系,以及国家对保险业进行监督管理所发生的各种关系的总和。一般来说,调整保险活动当事人之间权利义务关系,属于私法范畴,主要是指保险合同法、海商法等特别法;调整保险行业监管关系,具有公法性质,主要是指保险业法和社会保险法。总体来说,保险法包括保险合同法、保险特别法、保险业法、社会保险法。

在我国,保险法又有形式意义上的保险法与实质意义上的保险法之分。其中,形式意义上的保险法,是指以保险法命名的专门法律规范文件,即《保险法》。实质意义上的保险法,是指调整保险有关的权利义务的规范总称,包括《保险法》、保险行政法规、规章以及我国政府承认遵守有关保险法的国际条约和国际惯例。①

2. 渊源

法律的渊源,是指法律的创制方式和外部的表现形式。一般来说,我国法律的渊源,可以分为以下几个方面内容,具体包括宪法、法律、行政法规、地方性法规、规章、自治条例和单行条例、特别行政区的法律法规、国际条约、国际惯例和行政协定。具体来说,我国保险法的渊源,主要包括以下几种形式:

①法律,是指全国人大及其常委会制定颁布的具有法律效力的规范性文件。我国现行保险法律,主要包括《中华人民共和国保险法》和《中华人民共和国海商法》。

②行政法规,是指国务院制定颁布的具有法律效力的规范性文件。我国现行保险行政法规,主要包括《机动车交通事故责任强制保险条例》《工伤保险条例》《外资保险公司管理条例》等。

③行政规章,是指国务院有关部门制定颁布的具有法律效力的规范性文件。我国现行保险行政规章,主要是中国保监会颁布施行的《互联网保险业务监管暂行办法》《保险资金运用管理办法》等。

④国际条约和国际惯例。我国在加入世界贸易组织时,中国政府承诺遵守的有关保险国际条约和国际惯例。可见,有关保险国际条约和国际惯例,也是我国保险法的渊源②。

二、保险分类

按照不同的标准,保险可以进行不同的分类。其中,按照保险标的不同,可以分为人身保险和财产保险;按照保险人是否承担全部责任,可以分为原保险

---

① 李玉泉主编:《保险法学——理论与实务》,高等教育出版社 2010 年版,第 13 页。

② 温世扬主编:《保险法》(第三版),法律出版社 2016 年版,第 22 页。

和再保险;按照保险实施方式不同,可以分为自愿保险和强制保险;按照保险经营性质不同,可以分为政策性保险和商业性保险。在保险理论和实务中,最常见的保险分类是人身保险和财产保险。一般来说,财产保险包括财产损失保险、责任保险、信用保险、保证保险等。

(一)人身保险

1. 概念

人身保险是指投保人根据保险合同约定向保险人支付保险费,保险人按照保险合同约定当被保险人出现死亡、伤残、疾病或者达到保险合同约定的年龄、期限等条件时承担给付保险金责任的商业保险。

2. 保险标的

人身保险是以人的寿命和身体为保险标的的保险。可见,人身保险的保险标的包括人的寿命和人的身体。具体来说:

①以人的寿命为保险标的。一般以被保险人在保险合同约定的期限内生存或者死亡作为给付保险金的条件。如被保险人在保险期间内死亡,保险人按照保险合同约定给付保险金;被保险人生存到某一时间点或者达到一定的年龄,保险人按照保险合同约定给付保险金。

②以人的身体为保险标的。一般以被保险人遭受身体意外伤害或者发生意外事故、疾病导致残疾、死亡作为给付保险金条件。如被保险人在保险合同约定的保险期间内遭受意外伤害或意外事故导致残疾或死亡,保险人按照约定给付保险金;被保险人在保险期限内因疾病导致残疾或死亡,保险人按照约定给付保险金。

3. 给付条件

一般来说,人身保险的保险责任,包括被保险人因自然、意外伤害或者意外事故导致的疾病、残疾、衰老、死亡等,或者被保险人达到保险合同约定的年龄、期限等事件。可见,在保险实务中,人身保险的保险金给付条件,是指被保险人因遭受保险合同约定范围内的上述事件,导致死亡、伤残、疾病或被保险人达到保险合同约定的年龄、期限,保险人按照保险合同约定向被保险人或受益人给付保险金。

4. 保险种类

在保险实务中,人身保险按照保障范围的不同,可以分为人寿保险、健康保险、人身意外伤害保险和年金保险等。其中,人寿保险,是指按照保险合同的约定,在被保险人生存达到一定期限、年龄或者以发生被保险人死亡为给付保险金条件的保险。健康保险,是指按照保险合同的约定,当被保险人发生疾病或者因疾病导致残疾或死亡为给付保险金条件的保险。人身意外伤害保险,是指按照保险合同的约定,在被保险人发生意外伤害或者意外事故导致伤残或死亡为给付保险金条件的保险。年金保险,是指按照保险合同的约定,在被保险人的生存期间或者约定期间内,保险人每年向被保险人给付保险金的保险。

(二)财产保险

1. 概念

财产保险是指投保人根据保险合同约定向保险人支付保险费,保险人对于合同约定的可能发生的事故因其发生所造成的财产损失承担赔偿责任的商业保险。

2. 保险标的

财产保险是以财产及其有关利益为保险标的的保险。可见,财产保险的保险标的,包括财产和有关财产利益。具体来说:

①以财产为保险标的。在实务中,财产包括财物、货币、金额确定的债权等有形财产或者无形财产。

②以有关财产利益为保险标的。在实务中,有关财产利益包括财产有关的经济利益、违约责任和损害赔偿责任等,如房租、信用、合同义务、第三者责任、公众责任、雇主责任、职业责任、旅行社责任等。

3. 保险事故

保险事故是指保险合同约定的保险责任范围内的事故。在保险实务中,依据不同险种及保险条款内容,保险事故具体内容不同。其中,财产损失保险的保险事故,一般包括火灾、爆炸、雷击、自然灾害、意外事故等。责任保险的保险事故,一般是指被保险人依法应承担民事赔偿责任的发生。信用保险、保证保险的保险事故,一般是指义务人的作为或不作为致使权利人损失的发生等。

4. 保险种类

按照不同标准,财产保险可以进行不同分类。在保险实务中,财产保险最常用的分类,是按照保险标的种类不同进行划分,可以分为财产损失保险、责任保险、信用保险、保证保险等。除此之外,比较常见的分类还包括:按照保险价值的确定方式不同,可以分为定值保险、不定值保险;按照保险金额的确定方式不同,可以分为原值保险、估价保险、重置价值保险;按照保险金额与保险价值之间数额大小关系不同,可以分为足额保险、不足额保险、超额保险;按照承保的损失种类不同,可以分为直接损失保险、间接损失保险、额外费用保险;按照风险分布空间不同,可以分为陆上保险和海上保险。

三、保险合同

根据《保险法》第 10 条的规定,保险合同是投保人与保险人约定保险权利义务关系的协议。投保人是指与保险人订立保险合同,并按照合同约定负有支付保险费义务的人。保险人是指与投保人订立保险合同,并按照合同约定承担赔偿或者给付保险金责任的保险公司。可见,保险合同当事人是投保人与保险人,保险合同的内容是约定保险权利义务关系。

(一)概念

根据《保险法》第 2 条、第 10 条的有关规定内容,保险合同是指投保人与保险人约定,投保人向保险人支付保险费,保险人对于合同约定的可能发生的事故因其发生所造成的财产损失承担赔偿保险金责任,或者当被保险人死亡、伤残、疾病或者满足合同约定的年龄、期限等条件时承担给付保险金责任的商业保险协议。

(二)保险合同的性质

按照上述保险合同的含义内容,结合保险实务有关情况,保险合同的具体性质包括最大诚信合同、诺成合同、双务和有偿合同、要式合同、射幸合同等方面。

1. 最大诚信合同

根据《保险法》第 5 条的规定,保险活动当事人行使权利、履行义务应当遵循诚实信用原则。可见,诚实信用原则是保险活动当事人的基本要求,体现在保险合同内容以及保险合同订立、履行全过程。因此,保险合同是最大诚信合同。具体来说,保险合同内容的确定,应当按照诚实信用原则公平合理地确定各方权利义务内容。在保险合同订立时,保险人就保险标的或被保险人的有关情况提出询问的,投保人应当如实告知;采用保险人提供的格式条款订立保险合同的,保险人向投保人提供的投保单应当附格式条款,保险人应当向投保人说明合同的内容;对保险合同中免除保险人责任的条款,保险人在订立合同时应当履行提示和明确说明义务。在保险合同履行过程中,保险人、投保人、被保险人、受益人应当按照诚实信用原则行使权利、履行义务。

2. 诺成合同

根据《保险法》第 13 条第 1 款的规定,投保人提出保险要求,经保险人同意承保,保险合同成立。可见,保险合同属于诺成性合同,投保人、保险人双方意思表示一致,财产保险合同成立。一般来说,保险合同是否成立,属于对保险合同双方当事人保险意思表示是否达成一致的事实认定;保险合同在成立后是否生效,则是属于对保险合同法律规范意义的评价。在实务中,保险合同不以投保人支付保险费为成立要件。但是,保险合同当事人可以在保险合同中约定以保险费的交付作为保险合同的生效要件。

3. 双务、有偿合同

根据《保险法》第 10 条、第 14 条的有关规定,保险合同是投保人与保险人约定保险权利义务关系的协议。投保人是指与保险人订立保险合同,并按照保险合同约定负有支付保险费义务的人。保险人是指与投保人订立保险合同,并按照保险合同约定承担赔偿或者给付保险金责任的保险公司。保险合同成立后,投保人按照约定交付保险费,保险人按照约定的时间开始承担保险责任。可见,保险合同当事人互负合同义务,保险合同中投保人、保险人对价有偿。其中,投保人的义务是支付保险费,保险人的义务是在发生保险事故或者保险合同约定条件成就时承担赔偿或者给付保险金责任。

4. 要式合同

根据《保险法》第 18 条的规定,保险合同应当包括下列事项:保险人信息、被保险人情况、保险标的、保险责任和责任免除、保险金额、保险期间和保险责任开始时间、保险费以及支付办法等共 10 项内容。根据《保险法》第 13 条的规定,投保人提出保险要求,保险人同意承保的,保险合同成立。保险合同成立,属于对投保人、保险人有关保险合同内容意思表示达成一致的事实认定。既然保险合同能够成立,必然要求投保人与保险人就保险合同内容达成一致意见,否则保险合同不能成立。根据《保险法》第 18 条的规定,保险合同应当包括上述相关事项。也就是说,保险合同成立的,投保人与保险人应当对包括上述事项在内的保险合同内容达成一致。其中,也包括了对保险合同中有关保险责任和责任免除等内容达成一致。同时,保险责任和责任免除等事项,相对应的就是具体的保险品种和保险条款。在实务中，有关保险品种和保险条款等内容，都需要经过保险行业监管部门备案或者登记，必须通过书面形式记载并体现其内容。可见，保险合同订立时，投保人和保险人需要对包括保险品种和保险条款在内的保险合同内容达成一致意见，这些内容必须要通过书面形式进行记载和体现。因此，保险合同在订立时，必须具备一定的形式要件。保险合同应当属于要式合同。

另外，根据《保险法》第 13 条的规定，保险人应当及时向投保人签发保险单或者其他保险凭证。保险单或者其他保险凭证应当载明当事人双方约定的合同内容。当事人也可以约定采用其他书面形式载明合同内容。本条主要规定了两个方面内容：一是保险人负有及时向投保人签发保险单、保险凭证的合同义务；二是保险合同内容必须要以保险单、保险凭证或者其他书面形式记载。但是，上述两项内容都不能否定订立保险合同时必须要具备一定的形式要件，更不能得出保险合同属于不要式合同的结论。相反，该法条明确了以下内容：一是保险合同内容必须要通过书面形式进行体现的要求，二是保险人及时签发保单或其他保险凭证，可以是在保险合同成立时，也可以在保险合同成立后，但是保险人在保险合同成立之后签发保险单或者保险凭证的，并不能否定保险合同订立当时应当具备一定形式要件的事实。

5. 射幸合同

射幸合同是指在合同订立时，当事人对于合同中约定的有关事件或者行为的发生具有不确定性的合同。结合保险合同内容，投保人要求承保的风险和保险人同意承保的风险，都是属于不确定的风险，该风险可能发生，也可能不发生。保险合同约定的保险事故或者保险金给付条件，将来是否发生、何时发生、发生后保险责任大小，都具有偶然性和不确定性的特点，决定了保险合同具有射幸合同的性质。在实务中，保险合同期限内，如发生保险合同约定的保险事故或者保险金给付条件成就的，保险人按照合同约定向被保险人、受益人承担赔偿或者给付保险金责任。相反，在保险合同期限内，如没有发生保险合同约定的保险事故或者保险金给付条件的，则保险人无须向被保险人、受益人承担赔偿或者给付保险金责任。

（三）保险合同的形式

根据《保险法》第 13 条的规定，保险人应当及时向投保人签发保险单或者其他保险凭证。保险单或者其他保险凭证应当载明当事人双方约定的合同内容。当事人也可以约定采用其他书面形式载明合同内容。在保险实务中,保险合同主要包括以下六种形式。

1. 投保单

投保单,又称投保申请书,是在投保时投保人提出保险要求所应填写的单证,也是保险人签发保险单的书面依据材料。在法律上,保险合同成立需要经过要约和承诺。一般来说,投保人填写投保单属于要约行为,保险人同意承保的意思表示属于承诺。可见,投保单是保险合同的重要组成部分。在保险实务中,投保单的主要内容应当包括:投保人信息、被保险人基本信息、投保主要险种、保险标的投保信息(投保清单)、免赔额、保险金额、保险费、保险期间、特别约定、保险条款、投保人签章等。

2. 保险单

保险单是指在保险合同成立时或成立后,保险人向投保人签发的载明保险合同权利义务或者约定的其他内容的书面凭证。在保险实务中,保险单上列明了保险合同主要内容,一般来说应当包括:被保险人、保险标的、保险标的项目及保险金额、费率及保险费、保险期间、保险费交付日期、争议解决、特别约定等事项。同时,还应当将约定保险人、被保险人、受益人保险合同权利义务或者其他内容的保险条款印制在保险单的背面,作为保险合同的组成部分。

3. 保险凭证

保险凭证是保险合同订立时或订立后,保险人签发给投保人用以证明保险合同的书面凭证。在保险实务中,保险凭证是保险单的简化形式,与保险单具有同等法律效力。一般来说,保险凭证上未列明的内容,应以保险单约定的内容为准。保险凭证与保险单上内容相抵触的,或保险凭证上有扩展责任条款约定的,应以保险凭证上的内容为准。

4. 暂保险单

暂保险单是保险人或其代理人在正式签发保险单、保险凭证前,出具的临时性保险单证。在保险实务中,暂保险单约定的内容比较简单,一般只列明被保险人、承保险种、保险标的等保险主要事项。在法律实务中,暂保险单与保险单具有同等的法律效力。但是,暂保险单的有效期较短,一般不超过30天。

5. 预约保险合同

预约保险合同,是保险人与投保人为简化承保手续,订立的长期保险合作协议。在保险实务中,预约保险合同主要适用于货物运输保险或者海上保险领域。一般来说,保险人与投保人、被保险人通过事先达成订立保险合同主要内容、主要事项的协议,明确保险人、投保人、被保险人之间的主要合同权利义务和有关事项。在保险实务中,在预约保险合同的履行过程中,保险人通常需要针对投保人提供的具体保险标的另行出具保险单,作为保险人对该批次保险标的承担保险责任的正式保险凭证。

6. 批单

批单,是指保险人在出具保险单后,在保险合同履行过程中,保险人与投保人协商一致变更或补充保险单有关内容或事项的保险凭证。可见,批单是对保险合同内容进行变更的一种书面的保险凭证。在保险实务中,批单内容与原保险单内容发生冲突的,应当以批单约定的内容为准。

(四)保险合同的内容

保险合同的内容,是指投保人和保险人约定保险合同当事人、关系人之间的权利义务以及其他相关事项。根据《保险法》第 18 条第 1 款规定,保险合同应当包括下列事项:保险人的名称和住所;投保人、被保险人的姓名或者名称、住所,以及人身保险的受益人的姓名或者名称住所;保险标的;保险责任和责任免除;保险期间和保险责任开始时间;保险金额;保险费以及支付办法;保险金赔偿或者给付办法;违约责任和争议处理;订立合同的年、月、日。同时,该条第 2 款规定,投保人和保险人可以约定与保险有关的其他事项。可见,保险合同内容一般包括保险合同基本条款和保险合同特约条款。具体来说:

1. 保险合同基本条款

(1)保险合同当事人、关系人名称和住所。在保险合同内容中,必须包括保险人、投保人、被保险人名称和住所等信息。同时,在人身保险中有受益人的,还应当注明受益人的名称和住所等信息。

(2)保险标的。保险标的是保险对象或客体,在财产保险中保险标的包括各种财产、有关财产利益。在保险事故发生时,财产保险的被保险人对保险标的应当具有保险利益。

(3)保险金额,又称保额,是保险人收取保险费的依据,也是保险人承担赔偿责任或给付保险金责任的最高限额。按照保险法的有关规定,保险金额不得超过保险价值。超过保险价值的,超过部分无效,保险人应当退还相应的保险费。保险金额低于保险价值的,除合同另有约定外,保险人按照保险金额与保险价值的比例承担赔偿保险金的责任。

(4)保险责任。保险责任是指保险人在保险合同约定的保险事故发生或者保险金给付条件成就时承担赔偿或者给付保险金的责任。例如,在企业财产保险基本险中,保险责任范围内的事故包括火灾、爆炸、雷击、飞行物体及其他空中运行物体坠落,保险责任还包括停电、停水、停气所造成的损失,施救、抢救造成的损失,以及必要合理费用支出。在保险实务中,不同的保险产品,保险合同约定的保险责任不同。

(5)除外责任和责任免除。除外责任和责任免除,二者的相同之处是都属于保险人不承担赔偿责任或者给付保险金责任的范围和情形。但是,二者也有显著的区别。其中,除外责任是依据保险法律法规或者保险合同约定,由于不属于保险合同约定的保险责任,保险人不承担赔偿或者给付保险金责任的情形。责任免除,是指将原先属于保险责任范围的情形,但是依据保险合同的约定和具体列明,保险人不承担赔偿或者给付保险金责任的情形。

(6)保险期限,又称承保期间,是指保险合同约定的保险人承担保险责任的期限。一般来说,保险期限的确定有两种方式:一种是直接在保险单上明确约定保险合同的具体起止日期;另一种是在保险单上约定以某一事件或者活动的始末为保险合同的起止时间,如货物运输保险中约定以货物起运和达到为起止时间、建筑工程保险以工程项目的开工和竣工为起止时间等。

(7)保险费。保险费是指保险单约定由投保人支付的,保险人承担风险责任的对价。在保险实务中,保险费主要是依据保险金额和保险费率两个因素加以确定。虽然保险费的支付并非保险合同的成立要件,但是在保险法律实务中,其对保险人是否承担保险责任具有实际的影响。

(8)保险金赔偿或者给付办法。保险合同内容中应当明确约定保险金的赔偿或者给付办法,具体包括被保险人、受益人索赔和提供有关单证、保险赔偿金支付后的追偿权转让等内容,还涉及不足额保险、重复保险、残值、免赔额(率)等情况下保险金的计算和确定方法。

(9)违约责任和争议处理。保险合同内容中应当约定违约责任条款,以明确保险合同当事人不履行合同义务应当承担的相应法律后果。争议处理是指保险合同约定在合同履行过程中发生纠纷争议的解决方式,包括诉讼、仲裁、调解、协商等。

(10)订立合同的时间。保险合同中应当明确订立合同的具体时间。在实务中,保险合同的订立时间,是确定保险合同成立与生效、投保人对被保险人是否具有保险利益、是否属于保险期间内的保险事故、是否及时缴纳保险费等时间节点的重要依据。

2. 保险合同特约条款

保险合同特约条款,是保险合同基本条款外,投保人和保险人在保险合同约定的其他事项或内容。保险合同特约条款,可以有效满足投保人和保险人在不同情况下的特殊安排和需要。保险合同特约条款,应当属于保险合同双方当事人在平等、自愿、协商基础上确定的、针对特殊情况要求作出的特别规定,[①]不属于保险合同中由保险人单方提供的格式条款,不适用《保险法》第 17 条的规定要求,即保险人无须承担格式条款说明义务以及责任免除条款的提示和明确说明义务。但是,在保险法律实务中,有关保险合同特约条款是否属于格式条款,还存在很多争议。因此,涉及保险合同特约条款,特别是涉及免赔率或者免除保险人责任等内容,建议保险人在订立保险合同时,应当按照保险法要求履行责任免除条款的提示和明确说明义务,或者在保险合同特约条款中明确该条款不属于格式条款的性质。否则,在司法实务中,可能会对保险合同特约条款的法律效力评价产生不利影响。

四、保险金额、保险价值、现金价值

保险金额是指保险人承担赔偿责任或者给付保险金责任的最高限额。保险价值是指对保险标的享有的保险利益在经济上用货币表示的价值金额。现金价值,又称保险单的现金价值,是指投保人或者保险人解除人身保险合同时,保险人向投保人返还的金额。三者的共同之处是,都以货币形式体现,是保险人赔偿、给付保险金或者返还的金额。其中,保险金额是保险合同当事人约定的最高赔付金额,保险价值是保险法规定的最高赔偿限额,保险单的现金价值是保险人应当返还的金额。三者之间的区别在于,保险金额适用于所有保险合同,保险价值只存在于财产保险合同,保险单的现金价值只存在于人身保险合同。同时,保险金额必须在订立保险合同时约定,保险价值可以在订立保险合同时约定具体金额或者在订立保险合同时约定保险价值的确定方式,保险单的

---

① 李玉泉主编:《保险法学——理论与实务》(第二版),高等教育出版社 2010 年版,第 141 页。

现金价值在具体时间点,如保险合同解除时才能具体确定。

(一)保险金额

在保险实务中,保险金额是投保人和保险人在订立保险合同时明确约定的,保险人承担赔偿责任或者给付保险金责任的最高限额,也是投保人向保险人支付保险费的计算依据和标准。在人身保险合同和财产保险合同中,有不同的保险金额确定方式。其中,在人身保险合同中,保险标的为人的寿命和身体,这些保险标的无法用货币来衡量。可见,在人身保险合同中,不能以保险标的的价值来确定保险金额。同时,应当特别注意的是,人身保险合同具体保险金额的确定,如涉及以被保险人死亡为给付保险金条件的,保险金总和不得超过保险监管部门的规定限额;以死亡为给付保险金条件的合同,未经被保险人同意并认可保险金额的,合同无效,父母为其未成年子女投保的人身保险除外。但是,在财产保险合同中,保险标的价值是确定保险金额的基础。在实务中,不同保险标的有不同保险金额的确定方式,并对保险赔偿金额的确定产生不同影响。一般来说,财产保险合同的保险金额,有以下几种确定方式:

1. 估价,按照市场价以估价方式确定保险标的财产的保险金额。在保险事故发生后,确定保险标的实际损失,以该实际损失为计算依据,按照保险金额与出险时保险标的实际价值(保险价值)的比例确定投保比例,并在计算免赔率、残值基础上确定保险人应赔偿的保险金数额。

2. 重置价,以重新置换或重新建造受损保险标的财产的货币价值来确定保险金额。按照重置价确定保险金额的,在实务中可能会产生不同的情况。如车辆、机器设备等财产,这些财产存在贬值、折旧等因素,以重置价确定的保险金额,会超过保险事故发生时保险标的财产的实际价值,即保险金额大于出险时保险价值。但是,如房屋土地等财产,基于市场升值和材料涨价等因素,以重置价确定的保险金额,可能会低于保险事故发生时保险标的财产的实际价值,即保险金额小于出险时保险价值。

3. 定值,按照约定保险价值具体金额方式来确定保险金额。海上货物运输保险,或者诸如字画、古玩、工艺品等特殊保险标的,在投保时约定一个具体金额作为保险价值金额,无论发生保险事故时保险标的财产的实际价值和金额,都按照保险单上约定保险价值计算赔偿。如保险标的发生全部损失的,按照保险价值全额赔偿;如保险标的发生部分损失的,按照保险价值乘以损失比例计算赔偿。

4. 限额,以约定赔偿限额方式来确定保险金额。该种方式主要适用在地铁、公路、桥梁等工程项目或信用保险、责任保险、人身意外保险领域。发生保险事故后,按照限额或者在限额内按照实际损失确定赔偿金额,超过限额的,按照限额进行赔偿。

5. 原值(加成),以账面原值或账面原值加成数确定保险金额。在保险实务中,以账面原值加成方式确定保险金额的,主要是针对市场价值变动较大的房屋等保险标的财产,如不采取原值加成方式,可能产生不足额投保现象。以该种方式确定保险金额的,发生保险事故后,应计算保险金额与保险价值比例,确定是否足额投保。

(二)保险价值

投保人与保险人订立保险合同时,约定保险标的财产的实际价值,反映被保险人对保险标的享有保险利益的货币价值。由于人身保险的保险标的是人的寿命和身体,无法用货币价值计算,所以保险价值仅适用于财产保险。在责任保险中,由于预先无法确定被保险人未来可能承担的法律赔偿责任具体数额,因此,在责任保险中保险价值概念无实际意义。同时,损失补偿原则是财产保险的基本原则,要求保险人承担保险金赔偿责任不能超过被保险人对保险标的享有保险利益的货币价值。可见,保险价值在法律上明确了保险人依法承担赔偿责任的最高限额。[①] 在保险实务中,按照保险价值是否在订立保险合同时确定,可以分为定值保险和不定值保险。

1. 定值保险

定值保险是指保险合同订立时,在保险单上明确约定保险标的财产实际价值,发生保险事故的,无论保险标的财产出险时的实际价值大小,保险人按照保险合同约定的保险价值,作为计算保险赔偿金额的依据和标准。如保险标的财产发生全部损失的,按照约定保险价值金额计算保险赔偿金;如保险标的财产发生部分损失的,按照保险价值乘以损失成数(程度)计算保险赔偿金。在保险实务中,定值保险适用较少,主要适用于古玩字画、艺术品、海上运输保险和货物运输保险等特定情形。定值保险的优点是保险价值事先确定,保险事故发生

---

① 吴定富主编:《〈中华人民共和国保险法〉释义》,中国财政经济出版社 2009 年版,第 134 页。

后无须重新评估保险标的财产的实际价值。但是,其主要问题是保险价值如采取自由约定方式,过高约定保险价值的,有违财产保险损失补偿原则,可能产生欺诈等保险违法违规行为。

2. 不定值保险

不定值保险是指投保人与保险人在订立保险合同时不约定保险价值具体金额,按照保险事故发生时保险标的财产的实际价值确定保险价值。在保险实务中,投保人与保险人在订立保险合同时不约定保险价值具体金额,或者只约定保险事故发生后保险价值的确定方式,属于不定值保险。如发生保险事故的,按照事先约定的保险价值确定方式计算保险标的财产的实际价值,并在确定保险标的财产实际损失后,按照保险金额与保险价值比例确定投保比例,再依据实际损失、投保比例、残值、免赔等计算确定保险赔偿金额。在保险实务中,大多数财产保险合同均属于不定值保险,在保险合同到期进行续保时,应当特别注意根据续保时保险标的财产实际价值变化相应调整保险金额,使保险金额与保险价值数额基本一致,确保足额投保并在保险事故发生后能够实现足额损失补偿。

(三)足额保险、不足额保险、超额保险

1. 足额保险

足额保险是指保险金额等于出险时保险价值的保险。在保险实务表现形式上,当事人在保险单中约定的保险金额,与订立保险合同时约定的保险价值或者保险事故发生时确定的保险标的实际价值相同的,属于足额保险。在足额保险中,无论保险标的发生全部损失或者部分损失,以实际损失金额为依据确定具体保险赔偿金额。

2. 不足额保险

不足额保险是指保险金额低于出险时保险价值的保险。在保险实务表现形式上,发生不足额保险的,主要有以下两种情况:一是保险合同订立时采取估价等方式,由于估价确定的保险金额低于保险标的实际价值产生不足额保险;二是保险合同订立后,由于保险标的市场价值上升,导致保险金额低于出险时保险标的实际价值,产生不足额保险。根据《保险法》第55条的规定,保险金额低于保险价值的,除合同另有约定外,保险人按照保险金额与保险价值的比例承担赔偿保险金的责任。

3. 超额保险

超额保险是指保险金额超过出险时保险价值的保险。在保险实务表现形式上,出现保险金额超过出险时保险价值的,主要有以下两种情形:一是保险合同订立时采取估价形式约定的保险金额超过保险标的实际价值;二是保险合同订立后,由于保险标的折旧、贬值等因素,导致保险标的市场价值下降,使保险金额超过保险价值。根据《保险法》第 55 条的规定,保险金额不得超过保险价值,超过保险价值的,超过部分无效,保险人应当退还相应的保险费。同时,按照财产保险损失补偿原则,保险人的保险赔偿责任以保险标的财产所受的实际损失为限确定。

五、保险合同基本原则

(一)诚实信用原则

诚实信用原则是保险法的一项基本原则,也是保险合同当事人、关系人应当遵循的重要原则。对此,我国《保险法》第 5 条规定,保险活动当事人行使权利、履行义务应当遵循诚实信用原则。可见,诚实信用原则是保险活动当事人都应当遵守的法律原则。其中,保险活动当事人应当包括保险人、投保人、被保险人、受益人等保险合同当事人和关系人。在保险实务中,诚实信用原则体现在保险活动订立和履行的全过程,表现为对保险合同当事人、关系人的不同内容和具体要求。具体来说,在合同订立时,要求投保人履行有关询问事项的如实告知义务,保险人应当履行责任免除条款的提示和明确说明义务;在合同履行过程中,诚实信用原则体现在保险人弃权、禁止抗辩制度以及要求投保人、被保险人履行合同有关保证内容等方面。

1. 告知

告知,是指在保险合同订立时,保险人就保险标的或者被保险人的有关情况提出询问的,投保人应当将其所知道的相关事实如实告知保险人。我国《保险法》第 16 条第 1 款规定,订立保险合同,保险人就保险标的或者被保险人的有关情况提出询问的,投保人应当如实告知。这是保险法规定的有关投保人应当履行如实告知义务的内容。

(1)告知的内容要求。根据《保险法》第 16 条第 1 款、第 2 款、第 6 款的规定内容,告知主体是投保人。告知范围是保险人询问的保险标的或者被保险人有关情况。投保人未履行如实告知义务的,保险人可以行使合同解除权的范围为投保人未履行告知义务和重要事项,足以影响投保人决定是否同意承保或者提高保险费率。告知义务的例外情形,按照《保险法》第16条第6款规定内容,保险人在合同订立时已经知道投保人未如实告知的情况的,保险人不得解除合同;发生保险事故的,保险人应当承担赔偿或者给付保险金的责任。

(2)告知的法律后果。根据《保险法》第16条第3~5款规定内容,明确保险人行使解除权期限为自知道解除事由之日起30日,自合同成立之日起超过两年的,保险人不得解除合同。发生保险事故的,保险人应当承担赔偿或者给付保险金责任。同时,对投保人故意或者重大过失未履行如实告知义务进行了严格区分。具体来说,在投保人主观上具有故意的情况下,保险人不承担赔偿或给付保险金的责任并且不退还保险费;在投保人主观上具有重大过失的情况下,保险人不承担赔偿或给付保险金的责任,但应当退还保险费,且要求投保人未告知内容限于对保险事故发生有严重影响的事实。在保险实务中,投保人未履行重要事项的如实告知义务,保险人不承担赔偿或给付保险金责任的,必须根据《保险法》第16条第3款规定要求,先行行使保险合同的解除权,自合同解除之日起保险人不承担赔偿或者给付保险金赔偿责任。如保险人没有按照保险法规定要求行使合同解除权或者行使合同解除权不符合保险法要求的,保险人仍应承担赔偿或者给付保险金的责任。

2. 提示和明确说明义务

提示和明确说明义务,是指采用保险人提供的格式条款订立保险合同的,在订立保险合同时,对于保险合同中免除保险人责任的条款,保险人应当在保险合同中作出足以引起投保人注意的提示,并对该条款的内容以书面或者口头形式向投保人作出明确说明。对此,我国《保险法》第17条规定,订立保险合同,采用保险人提供的格式条款的,保险人向投保人提供的投保单应当附格式条款,保险人应当向投保人说明合同的内容。对保险合同中免除保险人责任的条款,保险人在订立保险合同时应当在投保单、保险单或者其他保险凭证上作出足以引起投保人注意的提示,并对该条款的内容以书面或者口头形式向投保人作出明确说明;未作提示或者明确说明的,该条款不产生效力。

(1)一般性说明义务。在保险实务中,根据《保险法》第17条的规定,保险人提供的保险单背面附有格式条款内容,保险人或保险代理人应当就保险合同格式条款基本内容向投保人作出说明。同时,应当对投保人就有关保险合同内容或条款的询问事项作出解答。这些都属于保险人在订立保险合同时应当履行的一般性说明义务。

(2)提示和明确说明义务。在保险实务中,按照保险法司法解释(二)第11条规定,保险合同订立时,保险人在投保单或者保险单等其他保险凭证上,对保险合同中免除保险人责任的条款内容,以足以引起投保人注意的文字、字体、符号或者其他明显标志作出提示的,可以认定保险人履行了提示义务。同时,保险人对保险合同中有关免除保险人责任条款的概念、内容及其法律后果以书面或者口头形式向投保人作出常人能够理解的解释说明的,可以认定保险人履行了明确说明义务。

3. 保证

保证,或称保证条款,是指保险人与投保人或被保险人约定,在投保人或被保险人履行特定事项作为或不作为义务的情况下,保险人承担赔偿责任。保证,是保险合同诚实信用原则的重要体现。

(1)法律规定内容。我国《保险法》第51条第3款规定,投保人、被保险人未按照约定履行其对保险标的的安全应尽责任的,保险人有权要求增加保险费或者解除合同。《海商法》第235条规定,被保险人违反合同约定的保证条款时,应当立即书面通知保险人。保险人收到通知后,可以解除合同,也可以要求修改承保条件、增加保险费。

(2)保险实务操作。在保险实务中,例如在企业财产综合保险中附加消防保证条款,保险人仅在被保险人做到并符合下列各项内容要求时,对被保险人因火灾、爆炸直接引起的损失负赔偿责任。一般来说,消防保证条款内容如下:保险标的所在地应始终配备足够的和有效的消防设备以及充足容量的灭火用具,并使之处于随时可用的状态;确保足够的人员接受消防设备使用方面的训练,并能随时进行灭火工作;所有易燃液体、气体及固体的放置地应远离任何明火作业区;易燃物附近动用明火,或进行烧焊、切割作业时必须至少有一名受过消防训练并配备灭火器材的人员在场。

4. 弃权与禁止抗辩

(1)弃权

弃权,是指保险合同当事人放弃自己享有的合同权利后不能再行要求和主张该权利。在理论上,弃权可以适用于保险人、投保人、被保险人、受益人等,这些主体都可以放弃自己享有的保险合同权利。在保险实务中,弃权主要是指保险人放弃其享有的合同解除权,或者放弃其享有的拒绝承担赔偿保险金或者拒绝给付保险金等权利的,不能再向合同相对方主张或者要求行使上述自己放弃的权利。但是,保险人放弃权利的事项,如涉及法律规定的事项,如保险利益,或者涉及社会公共利益等情形的,不适用弃权。[①] 对于弃权有关内容,《保险法》第16条第2款和第3款规定,投保人故意或者因重大过失未履行重要事项的如实告知义务,保险人有权解除合同。保险人该项合同解除权,自知道有解除事由之日起超过30日不行使而消灭。自合同成立之日起超过2年的,保险人不得解除合同;发生保险事故的,保险人应当承担赔偿或者给付保险金的责任。

(2)禁止抗辩

禁止抗辩,又称禁止反言,是指保险人在合同订立时或履行过程中已经知道或者应当知道投保人、被保险人、保险标的等有关的事实、行为或者问题和瑕疵,在当时保险人可以要求投保人、被保险人、受益人实施一定的作为或者不作为,或者行使保险法和保险合同规定的其他权利,但是保险人在知道上述有关事项时并没有行使相应的权利或者要求投保人、被保险人、受益人作为或者不作为,投保人、被保险人、受益人基于对保险人的信任并相信保险合同以及有关事实、行为合法有效,保险人之后不能再对其已经知道或者应当知道的上述有关事项主张权利或者进行抗辩。在保险实务中,禁止抗辩主要用以限制和约束保险人在订立和履行保险合同过程中的优势地位,保护投保人、被保险人、受益人的保险信赖利益,实现保险合同权利义务的平衡。对于禁止抗辩有关内容,我国《保险法》第16条第6款规定,保险人在订立保险合同时已经知道投保人未如实告知的情况的,保险人不得解除合同;发生保险事故的,保险人应当承担赔偿或者给付保险金的责任。同时,《保险法》第21条规定,投保人、被保险人或者受益人知道保险事故发生后,应当及时通知保险人。故意或者因重大过失未及时通知,致使保险事故的性质、原因、损失程度等难以确定的,保险人对无法确定的部分,不承担赔偿或者给付保险金的责任,但保险人通过其他途径已经及时知道或者应当及时知道保险事故发生的除外。

---

① 杨心忠等:《保险合同纠纷裁判精要与规则适用》,北京大学出版社2016年版,第111页。

(二)保险利益原则

1. 概念

保险利益是指投保人或者被保险人对保险标的具有的法律上承认的利益。保险利益原则是保险法的一项基本原则,也是保险法的一项重要法律制度和特征。保险利益是保险合同成立生效的必要条件,无保险利益则无保险合同。在保险实务中,针对人身保险合同和财产保险合同,保险利益有不同的规定和内容要求。根据《保险法》第12条的规定,人身保险的投保人在保险合同订立时,对被保险人应当具有保险利益。财产保险的被保险人在保险事故发生时,对保险标的应当具有保险利益。同时,根据《保险法》第31条的规定,人身保险合同订立时,投保人对被保险人不具有保险利益的,合同无效。根据《保险法》第48条的规定,财产保险事故发生时,被保险人对保险标的不具有保险利益的,不得向保险人请求赔偿保险金。

2. 人身保险的保险利益

人身保险是以人的寿命和身体为保险标的的保险。保险利益是指投保人或者被保险人对保险标的具有的法律上承认的利益。人身保险的投保人在保险合同订立时,对被保险人应当具有保险利益。可见,人身保险的保险利益是指在人身保险合同订立时,投保人对被保险人的寿命和身体具有的法律上承认的利益。由于人身保险的保险标的是被保险人的寿命和身体,不同于财产保险的保险标的为财产及有关利益,可以用货币来衡量和计算价值。因此,人身保险的保险利益不同于财产保险的保险利益,不具有财产保险利益的确定性和可用货币衡量的特征。

在保险实务中,人身保险的保险利益有关内容,具有法律明确规定的要求。《保险法》第31条规定,投保人对下列人员具有保险利益:本人;配偶、子女、父母;前项以外与投保人有抚养、赡养或者扶养关系的家庭其他成员、近亲属;与投保人有劳动关系的劳动者。除前款规定外,被保险人同意投保人为其订立合同的,视为投保人对被保险人具有保险利益。订立保险合同时,投保人对被保险人不具有保险利益的,合同无效。

3. 财产保险的保险利益

财产保险的保险利益是指在保险事故发生时,被保险人对保险标的财产及其有关利益具有的法律上承认的利益。可见,在保险实务中,财产保险的保险

利益具有合法性、确定性和可用货币衡量的特点,具体来说:

一是合法性。保险利益是投保人或被保险人对保险标的具有法律上承认的利益。可见,保险利益必须是为法律所承认的利益,不法利益不能被认定为保险利益。同时,需要指出的是,保险标的不合法,并不必然导致保险利益不合法。如没有取得产权证明的临时建筑,虽没有合法产权证明,但是投保人可以与保险人约定,作为保险标的进行投保。

二是确定性。在保险实务中,保险利益必须是已经确定或者事故发生时能够确定的利益,包括现有利益和期待利益。其中,现有利益是事实上已经存在的利益;期待利益又称预期利益,是指事实上尚不存在,但是依据法律规定或合同约定确定将来要产生的经济利益。

三是可用货币衡量。保险利益必须是可以用货币或金钱计算或衡量的利益,否则缺乏实际可操作性。财产保险无法补偿不能用货币、金钱计算或衡量的非经济利益。

同时,在保险实务中,财产保险的保险利益可以分为财产上的既有利益、基于现有利益而产生的期待利益、责任利益等。具体来说:

一是财产上的既有利益。财产上的既有利益是指投保人或被保险人对保险标的所享有的现实利益。在实务中,财产上的既有利益不以所有权利益为限,包括财产所有人享有的其他利益,包括抵押权人、质权人、留置权人对相应财产拥有的利益,合法占有人对其占有的财产享有的利益,以及财产经营管理人对其经营管理的财产享有的利益。

二是基于现有利益而产生的期待利益。基于现有利益产生的期待利益是指投保人或被保险人对保险标的利益尚未存在,但基于现有权利预期可以获得的利益。在实务中,基于现有利益而产生的期待利益,必须具有得以实现的法律根据或合同根据,如预期利润、租金收入、票房收入等。

三是责任利益。责任利益是指被保险人应当承担民事赔偿责任而产生的经济利益,包括合同责任、侵权责任、其他依法应承担的责任。责任利益属于依据合同或依照法律产生的赔偿责任,一般以民事赔偿责任为限。

4. 保险利益的转移

(1)保险利益转移

保险利益转移是指在保险合同有效期内,投保人或者被保险人将其保险利益转让给受让人的行为。人身保险与财产保险的保险利益内容不同,其中人身保险的保险利益是投保人对被保险人的生命或者身体具有法律上承认的利益，财产保险的保险利益是被保险人对保险标的财产及其有关利益具有法律上承认的利益。因此，在保险实务中，保险利益发生转移的具体情形和要求不同。相对而言，财产保险的保险标的是财产及其有关利益，发生保险利益转移的情况比较常见。如保险标的发生转让或者在被保险人死亡后发生继承的，都可以发生保险利益转移。但是，由于人身保险的保险标的具有鲜明的人身属性，保险利益转移比较困难。

(2)保险合同转移

保险合同转移，一般来说是指保险合同权利义务内容的转移。在人身保险合同中，尤其是具有投资理财性质的人身保险合同，发生保险合同转移的一般不要求取得保险人的同意。在财产保险合同中，对于保险合同的转移，一般采取以下两种不同的态度：

一是当然转移主义，如我国《保险法》第 49 条规定，保险标的转让的，保险标的的受让人承继被保险人的权利和义务。可见，我国保险法有关财产保险的权利义务转移采用了当然转移主义的态度，即保险合同权利义务随着保险标的转移而当然转移。

二是限制转移主义，如我国《海商法》第 230 条规定，因船舶转让而转让船舶保险合同的，应当取得保险人同意。未经保险人同意，船舶保险合同从船舶转让时起解除；船舶转让发生在航次之中的，船舶保险合同至航次终了时解除。可见，海上保险合同涉及船舶保险的，采取了限制转移主义的态度，即船舶保险合同的转让应取得保险人同意。否则，自发生船舶转让时起，船舶保险合同解除。但是，船舶转让发生在航次之中的，船舶保险合同至航次终了时解除。

(三)损失补偿原则

1. 概念

损失补偿原则是指保险人对被保险人在保险责任范围内发生事故所受的实际损失进行保险赔偿。损失补偿原则是财产保险的一项基本原则。在保险实务中，损失补偿原则的主要内容包括以下两个方面：一是保险人按照保险合同约定，对保险责任范围内发生事故所受损失进行补偿，具体保险赔偿金额受到保险金额、保险利益、保险价值的限制；二是保险人的保险赔偿范围限于被保险人在保险事故中所受的实际损失,如被保险人无实际损失发生,则保险人无须承担保险赔偿责任;损失补偿原则要求保险人支付的保险赔偿金额不能超过被保险人所受的实际损失。

2. 损失补偿的范围、方式

在保险实务中,损失补偿的范围,按照保险合同约定,限于被保险人因保险事故所遭受的实际损失,包括保险标的实际损失和各种合理费用。其中,合理费用一般包含施救费用、评估费用及必要诉讼费用等。损失补偿方式,按照保险合同约定,依据受损保险标的性质、受损程度以及其他有关情况进行确定,包括现金赔付、修理、更换和重置等方式。

3. 损失补偿的派生原则

(1)代位原则

代位原则是指保险事故发生后,保险人在对被保险人损失进行保险赔偿后,依照法律规定或者合同约定在保险赔偿金额范围内向有责第三方进行追偿或者取得受损保险标的所有权。在保险实务中,代位原则有两方面的重要意义:一是能够有效防止被保险人从保险人和事故责任方获得双份赔偿,并取得超过其实际损失的额外利益;二是保险人在向被保险人赔偿保险金后,代位被保险人向有责第三方进行追偿,可以避免责任方因保险理赔而逃避其应当承担的赔偿责任,符合公平正义理念。

代位原则派生出物上代位权和保险人代位求偿权两项重要制度。在保险实务中,二者的主要内容如下:

一是物上代位权,是指保险标的因保险事故发生全损或推定全损,保险人全额支付保险赔偿金后,取得保险标的物的所有权。其中,在保险实务中,海上保险的委付制度就是物上代位权的行使和体现。具体来说,《海商法》第249条规定,保险标的发生推定全损,被保险人要求保险人按照全部损失赔偿的,应当向保险人委付保险标的。保险人可以接受委付,也可以不接受委付,但是应当在合理的时间内将接受委付或者不接受委付的决定通知被保险人。同时,《保险法》第59条也有相应的规定,保险事故发生后,保险人已支付了全部保险金额,并且保险金额等于保险价值的,受损保险标的的全部权利归于保险人;保险金额低于保险价值的,保险人按照保险金额与保险价值的比例取得受损保险标的的部分权利。这些都是物上代位权的具体内容和体现。

二是保险人代位求偿权,是指因第三者对保险标的的损害造成保险事故的,保险人向被保险人赔偿保险金后，在赔偿金额范围内代位行使被保险人对第三者请求赔偿的权利。在保险实务中，保险人行使代位求偿权应当具备以下要件：一是因第三者对保险标的损害造成保险事故，被保险人对第三者具有赔偿请求权；二是保险人向被保险人支付保险赔偿金后，在赔偿金额范围内取得相应代位权利。具体来说，《保险法》第 60 条、第 61 条、第 62 条、第 63 条规定了保险人代位求偿权行使的有关内容和具体要求。

（2）分摊原则

分摊原则是指在保险事故发生后的保险赔偿中，如存在不足额保险或重复保险的情形，由保险人与被保险人或者不同保险人之间分摊损失的一项保险赔偿原则。在保险实务中，分摊原则主要包括以下两种情况：

一是不足额保险的情形，在保险实务中，保险事故发生后保险金额小于保险价值的，保险人按照保险金额与保险价值的比例承担保险金赔偿责任，不足部分由被保险人自己承担相应损失或者由事故责任方承担相应赔偿责任。具体来说，根据《保险法》第 55 条的规定，保险金额低于保险价值的，除合同另有约定外，保险人按照保险金额与保险价值的比例承担赔偿保险金的责任。

二是重复保险的情形，在保险实务中，是指投保人对同一保险标的、同一保险利益、同一保险事故分别向两个以上保险公司订立保险合同，并且保险金额总额超过保险价值的保险。在重复保险的情形下，发生保险事故后，各保险人按照其承保的保险金额与保险金额总和的比例承担赔偿保险金的责任。具体来说，根据《保险法》第 56 条的规定，重复保险的各保险人赔偿保险金总和不得超过保险价值。除合同另有约定外，各保险人按照其保险金额与保险金额总和的比例承担赔偿保险金责任。

（四）近因原则

近因原则，是确定保险责任的重要标准，是指保险人对于合同约定承保风险范围内发生保险事故，因该事故直接、有效、起决定作用导致损失发生的，保险人承担赔偿或给付保险金责任；保险人对于合同约定承保风险范围以外原因造成损失发生的，不承担赔偿或给付保险金责任。在保险实务中，近因原则是当事人处理保险理赔纠纷案件，特别是在调查事故发生的起因和确定事故责任承担过程中应遵循的重要原则，也是保险赔偿纠纷案件法律诉讼实务所应遵循的重要标准。

1. 认定

我国《保险法》第 2 条规定,保险是指投保人根据合同约定,向保险人支付保险费,保险人对于合同约定的可能发生的事故因其发生所造成的财产损失承担赔偿保险金的责任。这是我国保险法对承保风险与所受损失之间因果关系的规定。除此之外,保险法没有明确具体规定因果关系的认定标准。在保险实务中,主要存在以下两种因果关系的认定标准。

(1)相当因果关系,是指保险合同承保风险事故的发生与遭受损失的形成,两者存在相当因果关系的情况下,保险人对损失承担赔偿或者支付保险金的责任。其中,相当因果关系的判断,主要依据承保风险是否属于造成损失的原因。如存在多个原因导致损失的产生,其中起决定性作用、最有效以及不可避免的会导致保险事故发生并造成损失的原因,就是近因。在保险法律实务中,部分地区法院在责任认定上采取相当因果关系的认定标准。如《浙江省高级人民法院关于审理财产保险合同纠纷案件若干问题的指导意见》第 18 条规定,如保险标的损失系由多种原因造成,保险人以不属保险责任范围为由拒赔的,应以其中持续性地起决定或有效作用的原因,是否属保险责任范围内为标准,判断保险人是否应承担赔偿责任。

(2)比例因果关系,是指在具体保险责任认定上,主要着眼按照“多少量”的角度考察,承保风险对损失发生在原因力上所占具体比例,以确定保险责任具体承担比例。可见,与相当因果关系主要是从质上确定承保风险与所受损失之间“有”或“无”因果关系相区别,比例因果关系主要从量的角度考察“多”或“少”的因果关系。在保险法律实务中,首先应当着眼判断“有无因果关系”,在“可能有”“部分有”的情况下,再按照比例因果关系确定具体量的责任承担比例。因此,在实务中,相当因果关系是判断因果关系的主要依据,比例因果关系是相当因果关系的有益补充。

2. 分类

(1)单一原因

只有一个原因导致保险事故以及损失的发生,这个原因就是近因。按照保险合同约定,如近因属于保险合同约定的承保风险,保险人承担赔偿或者给付保险金的责任;如近因不属于保险合同约定的承保风险,保险人不承担赔偿或者给付保险金的责任。

（2）多个原因同时发生

有多个原因同时发生并导致保险事故以及损失的产生，这些多个原因对保险标的损失发生均有直接、实质的影响。如这些原因全部属于保险合同约定的承保风险，保险人承担赔偿或者给付保险金的责任；如这些原因中，有的属于保险合同约定的承保风险，有的不属于保险合同约定的承保风险，但是欠缺任何其中一个原因，另外的原因均可单独造成保险事故和损失发生的，保险人承担赔偿或者给付保险金的责任。

（3）多个原因连续发生

多个原因连续发生导致保险事故以及损失的产生，按照保险合同约定多个连续原因均为承保风险的，保险人承担赔偿或者给付保险金的责任；按照保险合同约定多个连续发生原因均为不保风险的，保险人不承担赔偿或者给付保险金的责任。多个连续发生的原因中，有的属于保险合同约定的承保风险、有的属于保险合同约定的不保风险，如前因属于承保风险，后因是属于不保风险，且后因是前因的必然结果，则保险人承担赔付或者给付保险金的责任。

（4）多个原因间断发生

多个原因间断发生造成保险事故以及损失产生，但前因与后因之间不相关联，即后来发生的风险是另一个新爆发、完全独立的原因造成的，而不是前因造成的直接结果。如按照保险合同约定这些原因均为承保风险的，保险人承担赔偿或者给付保险金的责任；如按照保险合同约定这些原因均为不保风险的，保险人不承担赔偿或者给付保险金的责任。如按照保险合同约定有的原因为承保风险，有的原因为不保风险，保险人承担保险赔偿责任范围限于承保风险原因所造成的事故损失。

（5）切断因果链的新原因

多个原因的发生相互之间存在因果关系，但形成的因果链被新的、相对独立的原因插入而中断并造成保险事故和损失的发生，该新插入、致因果链中断的原因就是近因。如按照保险合同约定近因属于承保风险，保险人承担赔偿或者给付保险金的责任；如按照保险合同约定近因属于不保风险，保险人不承担赔偿或者给付保险金的责任，但是保险人仍应对近因发生前属于承保风险所造成的损失承担赔偿或者给付保险金的责任。

六、保险法律实务相关法律法规和司法解释

1.《中华人民共和国保险法》

2.《最高人民法院关于适用〈中华人民共和国保险法〉若干问题的解释（一）》

3.《最高人民法院关于适用〈中华人民共和国保险法〉若干问题的解释（二）》

4.《最高人民法院关于适用〈中华人民共和国保险法〉若干问题的解释（三）》

5.《最高人民法院关于适用〈中华人民共和国保险法〉若干问题的解释（四）》

6.《中华人民共和国海商法》

7.《最高人民法院关于审理海上保险纠纷案件若干问题的规定》

8.《中华人民共和国民法典》

9.《最高人民法院关于确定民事侵权精神损害赔偿责任若干问题的解释》

10.《中华人民共和国民事诉讼法》

11.《最高人民法院关于适用〈中华人民共和国民事诉讼法〉的解释》

12.《中华人民共和国仲裁法》

13.《中华人民共和国道路交通安全法》

14.《中华人民共和国道路交通安全法实施条例》

15.《机动车交通事故责任强制保险条例》

16.《最高人民法院关于审理道路交通事故损害赔偿案件适用法律若干问题的解释》

17.《中华人民共和国消费者权益保护法》

18.《中华人民共和国公司法》

19.《中华人民共和国产品质量法》

20.《中华人民共和国劳动法》

21.《中华人民共和国劳动合同法》

22.《中华人民共和国劳动合同法实施条例》

23.《工伤保险条例》

24.《最高人民法院关于民事诉讼证据的若干规定》

25.《最高人民法院关于审理买卖合同纠纷案件适用法律问题的解释》

26.《最高人民法院关于审理人身损害赔偿案件适用法律若干问题的解释》

27.《最高人民法院关于审理城镇房屋租赁合同纠纷案件具体应用法律若干问题的解释》

第三节　保险法律热点案例评析

保险法律热点案例，是保险法实务现状的集中体现和较好反映。近年来，保险法领域的一些焦点案件和现象引起了社会大众热议和广泛关注。这些保险有关的讨论，从某种程度上来说，提升了保险的社会关注度、促进了全社会对保险的认知、推动了保险法实务的发展。例如，南京航班延误险案，一开始在网络上发酵，舆论一边倒地认为保险公司和司法机关的处理存在问题，笔者第一时间撰文，对该案进行保险法的专业解读与分析，看看李某是属于利用保险规则“漏洞”进行“合法致富”，还是涉嫌违法犯罪？再如，武汉金凰假黄金案等，涉及数十亿甚至上百亿标的金额，改变了以往大家认为保险案件都是“小金额”的看法。又如，部分中介公司和人员代理“全额退保”引起保险业和监管部门的广泛关注，暴露出大众对于保险的认知以及保险行业规范发展中存在的一些问题。

一、南京航班延误险案

基本案情：2020 年 6 月，网上热议南京警方查处一起通过购买航空延误险骗取保险理赔金的案件。该案件中，李某以买理财产品名义，从亲戚朋友那里取得身份证和银行卡信息，在没有实际乘坐飞机的情况下，利用网上获取的信息以自己或亲朋好友名义购买可能延误的航班机票并投保航班延误险，在几年时间里李某共计获得保险理赔金 300 余万元。保险公司报案后，警方以保险诈骗、诈骗对李某采取刑事强制措施。此案引起网友的广泛关注和热议。

在本案中，李某未实际乘坐航班，却以自己或亲朋好友的名义购买机票并投保航班延误险，在航班延误后向保险公司索赔，是否合法有据？我们认为，李某的行为，从民事法律角度分析，在于能否依据《保险法》和保险合同约定进行投保、理赔？或者说，保险合同是否成立生效？根据我国《保险法》第 18 条的规定,保险合同内容应当包括:投保人、被保险人、保险标的、保险责任和责任免除等。结合现有网上披露的本案情况,下面对李某的行为进行保险法的分析和梳理。

1. 投保人、被保险人是否适格

根据《保险法》第 10 条、第 12 条的有关规定,投保人是指与保险人订立保险合同,并按照合同约定负有支付保险费义务的人。被保险人是指其财产或者人身受保险合同保障,享有保险金请求权的人。投保人可以为被保险人。在本案中,李某在给自己投保的情况下,符合投保人的有关规定;如李某以自己的名义给亲戚朋友投保的,也符合投保人的有关规定;如李某用亲戚朋友的名义给他们投保的,能否认定为投保人?需要结合情况确定,是否属于无权代理行为,是否有当事人的授权或事后追认?

2. 是否符合保险标的和保险利益

根据《保险法》第 12 条的规定,财产保险是以财产及有关利益为保险标的的保险。保险利益是指投保人或者被保险人对保险标的具有的法律上承认的利益。可见,在财产保险中,保险标的主要体现投保人要求保险人承保的财产及其有关利益,且该利益必须为法律所认可的利益,否则不属于保险标的,也不构成保险法上的保险利益。在保险法理论上,“无保险利益则无保险”。在保险实务中,是否具有保险利益,是保险区别于赌博的根本特性。虽然两者都集中体现在射幸行为上,即获得利益都依赖于偶然性因素。结合本案情况,航空延误险,主要针对的是被保险人乘坐航班,由于特定原因发生延误,保险公司弥补被保险人所遭受的损失。因此,该险种的保险标的,是因航空旅程延误给被保险人造成的损失,其保险利益是被保险人乘坐航班发生延误造成损失的弥补。但是,结合本案情况,李某无论是以自己还是以亲朋好友的名义购买机票,并不以乘坐航班为目的,在此基础上进行的投保,不符合保险标的的要求,也不具有相应的保险利益。

3. 是否符合保险责任和责任免除

为了分析本案情况,笔者查阅了几家大型保险公司航班延误险的有关保险条款内容:

保险公司 A 的航班延误险条款中有关保险责任和责任免除内容:“被保险人在保险期间内开始其旅行行程,由于天气原因、自然灾害、机械故障、航空公司超售或航空管制的原因造成被保险人原计划搭乘的航班晚于预定时间到达目的地，且延误时间连续达到保险单所载明的时间，保险人按照本保险合同的约定负责赔偿”、“下列原因造成的损失、费用，保险人不负责赔偿：……（四）被保险人未能按预定形程办理登记手续……”

保险公司 B 的航班延误险条款中有关保险责任和责任免除内容：“兹经保险合同双方同意，在保险期间内，被保险人在旅行途中搭乘或转乘的航班延误四小时以上（含四小时），保险人按照下列约定给付航班延误保险金：（一）航班单次延误时间大于或等于四小时且小于八小时的，保险人按照航班延误保险金额的 50%，扣除每次事故免赔额或按照每次事故免赔率计算的免赔额后给付航班延误保险金；（二）航班单次延误时间大于或等于八小时的，保险人按照航班延误保险金额扣除每次事故免赔额或按照每次事故免赔率计算的免赔额后给付航班延误保险金。”“下列情形下的航班延误或费用，保险人不负责赔偿：（一）被保险人在预订航班时或投保时已经知道或者应当知道航班延误或取消的；（二）因被保险人自身原因误机、漏乘或错乘导致的航班延误……”

保险公司 C 的航班延误险条款中有关保险责任和责任免除内容：“被保险人乘坐保险单载明的航班发生下列情形的，保险人在保险单载明的保险金额范围内负责赔偿：1. 该航班晚于原定到达时间 4 小时（含）延误抵达原定目的地（起飞后未发生返航或备降）。2. 该航班被取消或起飞后发生返航、备降。”“第五条被保险人非以乘客身份搭乘航班或因其自身原因未能搭乘保险单载明的航班，保险人不负责赔偿。”

从上述三家保险公司航班延误险的保险条款内容可以看出：保险公司该险种的保险责任是以被保险人在保险期间内乘坐航班并发生延误为条件。同时，未乘坐航班，属于保险公司按照保险合同约定不承担保险赔偿责任的情形。

4. 是否构成诈骗、保险诈骗犯罪

我国法律有关保险诈骗罪的规定内容：我国《刑法》第 198 条规定，有下列情形之一，进行保险诈骗活动，数额较大的，处五年以下有期徒刑或者拘役，并处一万元以上十万元以下罚金；数额巨大或者有其他严重情节的，处五年以上十年以下有期徒刑，并处二万元以上二十万元以下罚金；数额特别巨大或者有其他特别严重情节的，处十年以上有期徒刑，并处二万元以上二十万元以下罚金或者没收财产：（一）投保人故意虚构保险标的，骗取保险金的……

同时，我国法律有关诈骗罪的规定内容为：我国《刑法》第 266 条规定，诈骗公私财物，数额较大的，处三年以下有期徒刑、拘役或者管制，并处或者单处罚金;数额巨大或者有其他严重情节的,处三年以上十年以下有期徒刑,并处罚金;数额特别巨大或者有其他特别严重情节的,处十年以上有期徒刑或者无期徒刑,并处罚金或者没收财产。本法另有规定的,依照规定。

可见,按照我国现行刑事法律的有关规定,本案中李某的行为要构成保险诈骗,需要具备投保人的主体要件。因此,李某的行为,在其属于投保人的情况下,故意虚构保险标的,骗取保险金的,构成保险诈骗罪;如李某的行为,在其主体上不属于投保人的情况下,虚构事实,骗取公司财物的,则符合诈骗犯罪的构成要件。

二、武汉金凰假黄金案

基本案情:武汉金凰公司向信托公司进行融资,其作为投保人、被保险人将其质押的黄金向保险公司投保财产基本险进行增信,并以信托公司作为第一受益人,保单特别约定"如标的黄金质量和重量不符合保单约定,即视同发生保险事故,由保险人承担全部赔偿责任。"2020 年 8 月,网曝保险标的黄金为假黄金,遂引发纠纷诉讼。本案纠纷中,涉及的主要保险法律问题包括:

1. 属于担保合同或保险合同

认为属于担保合同的观点:本案保险合同中的特别约定条款优先于格式条款适用,依据当事人意思自治原则,特别约定条款的内容实质上构成独立于保险合同的担保,应该按照当事人在合同中约定的内容来判断,即按照特别约定内容"如标的黄金质量和重量不符合保单约定,即视同发生保险事故,由保险人承担全部赔偿责任"。现在案涉黄金的质量和重量不符合约定,保险公司承担赔偿责任的条件成立,保险公司应依合同约定承担担保责任。

笔者认为,保险公司基于财产基本险保险合同,为保险标的物即质押黄金的重量和质量承保。从该保险合同有关条款内容、合同签订过程和合同主要权利义务来看,保险公司承担保险责任以相应保险事故及保险责任成立为前提,体现的是财产保险合同法律关系的权利义务,无法解释为保险公司为金凰公司的履约义务或责任提供担保。因此,案涉纠纷属于保险合同法律关系。

2. 保险合同效力与责任承担

(1)有效

有效的理由:保险合同承保的本身就是特定的风险。案涉纠纷保险合同特别约定条款中明确承保风险为"标的黄金的质量和重量由保险人承保",这说明标的黄金的质量和重量在保险合同成立时是不确定的。在本案纠纷中，按照保险合同性质和保险合同约定的内容来讲，保险公司不能以投保人的欺诈来解除合同或者主张合同无效，因为保险标的本身就是黄金的性质。

(2)无效

无效的理由：在保险合同纠纷案件中，其适用法律不仅包括保险法，还涉及《民法典》等有关法律法规的规定。本案纠纷中，投保人武汉金凰公司虚构保险标的，以虚假的黄金进行投保，涉嫌构成保险诈骗等刑事犯罪。依据《民法典》的有关规定内容，案涉保险合同因违反法律、行政法规的强制性规定无效，因投保人武汉金凰公司欺诈、保险公司可以向人民法院或者仲裁机构申请予以撤销。

(3)责任承担

在本案纠纷中，保险公司保险责任或者赔偿责任的承担，主要包括以下情形：如案涉保险合同有效的，除保险合同约定的免责事由成立或者保险合同依法解除外，保险公司应当按照保险合同的约定承担赔偿保险金责任。如案涉保险合同无效的，保险公司也并非当然无须承担赔偿责任；如保险公司对无效合同存在过错的情形下，保险公司需要按照其过错程度承担相应的赔偿责任问题。

3. 第一受益人效力

在保险纠纷案件中，有关财产保险中约定第一受益人问题，目前司法实务中存在不同的观点和法律适用情形，具体司法实务内容详见本书第四章第五节和第八章第六节有关内容。

4. 行政责任

案涉保险合同特别约定内容“如标的黄金的质量和重量不符合保单约定，即视同发生保险事故”，该特别约定内容已超出财产基本险所保险责任承保的风险范围，构成对财产基本险保险责任的根本变更，存在合规性问题和行政责任风险。

三、代理“全额退保”问题

基本情况：近年来，代理“全额退保”的势力范围已由传统寿险、健康险等人身保险产品，延伸至个人贷款保证保险领域。退保黑中介往往以“消费者维权”做幌子，打出“黑科技手段，成功率高达90%”等吸引力十足的广告，不少消费者禁不住利益引诱,轻信黑中介,不仅高额代理费打水漂,而且面临人身和财产损失风险得不到保障、合同违约、征信受损等后果。在实务中,"代理退保"涉及的主要法律问题包括:

1. 保险合同解除权

我国《保险法》第 15 条规定,除保险法另有规定或者保险合同另有约定外,保险合同成立后,投保人可以解除合同,保险人不得解除合同。按照保险法该规定内容,投保人享有保险合同的"任意"解除权。但是,该项权利也存在限制性条件,即保险法和保险合同可以对投保人的合同解除进行限制或者设定解除条件。如个人贷款保证保险合同中,通常对于投保人的保险合同解除权有限制性条件,要求投保人在贷款期间内不能提前解除合同,否则构成贷款合同违约、贷款合同提前到期等不利后果。

2. 退保退费

在人身保险合同中,按照《保险法》第 47 条规定,投保人解除合同的,保险人应当自收到解除合同通知之日起三十日内,按照合同约定退还保险单的现金价值。同时,在财产保险合同中,按照《保险法》第 54 条规定,保险责任开始前,投保人要求解除合同的,应当按照合同约定向保险人支付手续费,保险人应当退还保险费。保险责任开始后,投保人要求解除合同的,保险人应当将已收取的保险费,按照合同约定扣除自保险责任开始之日起至合同解除之日止应收的部分后,退还投保人。可见,退保中介承诺的所谓"全额退保",并没有相应的法律依据,涉嫌构成欺诈或者虚假宣传等违法违规行为,存在需要承担相应的法律责任问题。

3. 涉嫌违法犯罪

在代理"全额退保"实际操作过程中,可能涉及侵犯公民个人信息、非法经营和诈骗等刑事犯罪。具体来说,退保中介及有关人员办理退保,需要非法大量获取投保人的有关个人信息,可能构成我国《刑法》规定的非法获取公民个人信息犯罪。我国《保险法》规定保险业务的专营性质,退保中介及有关个人获取投保人有关信息后,从事退保业务,涉嫌构成非法经营犯罪。同时,退保中介及有关个人以非法获取利益为目的,夸大宣传,实施欺诈,虚构有关情形,非法占有他人财产,可以构成诈骗犯罪。

第二章　投　　保

投保是投保人向保险人表示订立保险合同意愿、询问保险事项、填写投保单证、支付保险费等过程和环节的总称。投保过程，是保险人了解投保人保险需求和条件，考虑是否同意承保以及具体承保条件、保险费率、签发保险单的事实基础和依据。在保险法律实务中，通常来说投保人的投保行为构成保险合同要约，投保人填写的投保单等书面单证，是保险合同的重要组成部分。投保人在投保时提出具体保险需求，经保险人同意承保的，保险合同成立。由于投保涉及保险、财务和法律等诸多方面知识和内容，容易产生各类问题并最终体现为保险合同纠纷。结合投保法律实务有关情况，相对于人身保险的投保，财产保险的投保过程和内容涉及较多的保险实务和法律问题。受篇幅和内容影响，本章将重点对财产保险投保实务中重要保险专业、知识、内容和环节进行全面梳理和归纳。

第一节　投保意愿

投保意愿是指投保人在订立保险合同时向保险人发出的要求承保有关保险标的、特定风险和保险金额等事项，并希望与保险人订立保险合同的意思表示。在保险实务中，投保意愿的内容包括投保人对保险标的、具体险种、保险金额等有关事项的意思表示。这些意思表示最终体现和落实在投保单上，可以构成订立保险合同的要约或者要约邀请。同时，该要约经保险人同意承保承诺的，保险合同依法成立。因此，投保人在订立保险合同时全面完整地表达自己的投保意愿和保险人准确理解投保人的保险需求，都直接关系和影响保险合同权利义务内容的约定,并对保险合同的订立、履行以及出险后的理赔都具有十分重要的意义。

一、确定保险标的

在人身保险中,保险标的是人的寿命和身体。在财产保险中,保险标的主要是体现投保人要求保险人承保的财产及其有关利益。在实务中,财产保险的保险标的范围确定,主要通过估价清单、账面余额(原值)等方式在投保单、保险单上具体列明保险标的内容。结合保险实务操作,在保险事故发生后,经常会出现受损财产没有列入保险标的范围导致纠纷案件产生的情形。一般来说,在事故发生后的保险理赔阶段,保险人对于不属于保险标的范围的财产及其有关利益,不承担赔偿保险金的责任。因此,在投保实务中,需要特别注意投保人要求保险人承保的保险标的范围,避免出现投保人要求列入保险标的范围,由于保险人或者其代理人疏忽没有列入保险标的范围,或者出现各类保险标的范围约定不明确的现象。结合投保实务,投保人有关保险标的范围的确定,需要特别注意以下方面的内容。

(一)估价(清单)方式

在投保实务中,比较常用的投保方式是按照估价列清单方式进行投保和承保。具体来说,按照这种方式进行投保,就是要在投保单、保险单上列明固定资产、存货、代保管财产、产成品等具体财产形式,并以估价列清单方式进行投保。通过这种方式投保的优点,是保险标的范围简单、直观、明了,不易发生保险标的内容和范围模糊问题,并在保险事故发生以后比较容易确定保险标的范围。但是,以估价列清单方式投保存在的主要问题是,保险标的范围限于估价清单范围之内。因此,对于估价清单以外的财产,由于这些财产不在清单范围内,不属于保险标的范围,在保险事故发生后,保险公司将不予理赔。为了解决这类问题,防止在事故发生后,出现受损财产不属于保险标的范围问题。在投保实务中,可以通过下列方式解决估价列清单所产生的问题。

1. 采取估价、分项列清单方式投保,如在保险期间内出现估价、分项清单以外需要投保财产及其有关利益的,应及时书面告知保险人增加保险标的财产项目、内容或扩大承保对象范围,并要求保险人出具批单或者其他书面凭证,以表明增加财产和有关利益为保险标的内容。

2. 采取估价但不分项、不列清单方式投保，即采取估价方式确定保险金额，但是在投保单、保险单中采取不分项、不列清单的方式。通过这种方式可以有效避免由于估价、分项列清单方式导致的部分财产不在估价分项清单内，而产生不属于保险标的范围问题。

3. 采取估价分项、不列清单方式投保，即按照估价方式分项投保，但在分项下面不再列具体清单。如按照固定资产、原材料、在产品、半成品、产成品、代保管财产等内容进行分项，但上述分项下面不再列明具体投保财产的清单。按照这种方式投保的，只能部分避免分项列清单情形下，将清单以外的财产直接排除在保险标的范围之外的问题。

（二）账面余额方式

在投保实务中，固定资产、存货等财产按照账面余额方式进行投保比较常采用。按照账面余额方式投保，一般采取按照投保时上年度末资产负债表上的账面余额、按照投保前十二个月平均账面余额或者按照投保前某一个月账面余额等方式确定保险金额以及保险标的范围。但是，按照账面余额方式投保确定保险金额，并将账面财产确定为保险标的范围，会产生账外资产不属于保险标的范围问题。因此，按照账面余额方式确定保险标的范围的，应当注意账外资产和代保管财产问题。

1. 账外资产。一般来说，账外资产是指没有入账或没有体现在资产负债表中的资产。在实务中，比较常见的账外资产包括用作费用摊销的财产或者折旧摊销完毕但尚在使用的财产等。

2. 代保管财产。在实务中，代保管财产是指不具有财产所有权但享有管理权、使用权的资产。比较常见的代保管财产包括租赁的房屋、来料加工存货等。同时，依据新会计制度对财务处理的有关要求，明确下列账外财产是可以承保的财产：代保管的房屋、委托代销的物资及商品、来料加工需要本企业负责的材料、物资等。

可见，按照账面余额方式进行投保的，为避免发生账外资产、代保管财产在出险后出现不属于保险标的范围问题，在投保实务中，可以采取将上述账外资产、代保管财产在投保单上另行分项列明，投保人可以按照估价或重置价确定保险金额并进行投保。

二、确定保险金额

在投保实务中,投保人与保险人协商并确定具体保险标的财产的保险金额,是投保的重要事项和内容。按照保险法的规定,保险金额是保险人承担赔偿或者给付保险金的最高限额,也是投保人向保险人支付保险费的计算基础和基本依据。在实务中,投保人应当做到全面投保,防止出现应当投保而未投保的现象。除此之外,投保人还应做到足额投保,以确保在保险事故发生后,被保险人能够得到足额保险赔偿。同时,在投保实务中,涉及保险标的财产的保险金额确定问题,主要包括固定资产、流动资产以及其他资产等财产形式。具体来说,主要包括以下方面的内容。

(一)固定资产

在投保实务中,一般来说固定资产是指企业使用期限超过 12 个月的房屋、建筑物、机器、机械、车辆以及其他与生产、经营有关的设备、器具、工具等资产。在投保过程中,投保人与保险人协商确定固定资产的保险金额,主要采取以下方式:

1. 账面原值(加成数)方式

账面原值通常是指建造或购置资产时所支出的货币总额。在投保实务中,投保人与保险人可以按照账面原值方式确定固定资产的保险金额。一般来说,账面原值方式确定固定资产保险金额的,主要适用于固定资产入账时间短、市场价值变化不大的情形,采用这种方式能够比较准确地反映固定资产的实际价值。但是,对于那些入账时间较长、市场价值变化较大或者已经摊销年限较长的固定资产,不适合采用该种方式确定保险金额。如继续按照固定资产原值方式确定保险金额,实务中会出现在保险事故发生时保险金额低于保险价值,产生不足额投保问题。因此,在该种情形下,如需要采取账面值确定保险金额的,可以在固定资产账面原值基础上加成数方式确定保险金额,使保险金额与保险价值保持基本一致。同时,对于那些摊销年限较长已无法在固定资产账面中体现、但实际上还在使用的固定资产,应当进行另行估价并确定相应的保险金额。

2. 重置价值方式

重置价值是指替换、重建受损财产,以使其达到全新状态而发生的费用,但不包括进行任何变更、性能增加或改进所产生的额外费用。在投保实务中,通常以重置价值方式确定保险金额的财产,主要包括房屋、机器、机械、车辆以及其他与生产经营有关的设备、器具、工具等保险标的。但是,实务中按照重置价值方式确定保险金额,应当考虑保险标的财产发生折旧、损耗等因素,在保险事故发生时,保险标的财产的保险金额往往会大于保险标的财产的实际价值。因此,会产生超额投保问题。按照保险法的有关规定,保险金额不得超过保险价值;保险金额超过保险价值的,超过部分无效,保险人应当退还相应保险费。

3. 估价方式

估价是指对固定资产等保险标的财产,按照市场价、评估价方式确定保险金额。在投保实务中,保险标的涉及银行抵押财产的,银行通常会委托资产评估公司对抵押财产进行价值评估,并按照评估价确定保险标的财产的保险金额。在投保实务中,机器设备等保险标的财产,采取市场价估价方式确定保险金额比较常见。按照市场估价方式投保的,投保人在能够确定具体机器设备等保险标的财产的情况下,应当在估价清单中尽可能明确列明具体机器设备型号和车间号等信息,避免在保险事故发生后,由于有关信息不清楚导致对保险标的范围或者保险金额的确定产生争议和纠纷。

(二)流动资产

在投保实务中,流动资产通常是指企业在一年或一个周期内可以变现或者运用的资产,主要包括存货、短期投资、应收票据、应收账款等财产。在实务中,投保人与保险人主要通过估价、账面余额等方式确定流动资产的保险金额。具体来说:

1. 估价方式

估价方式是指以评估价或市场价方式确定存货等流动资产的保险金额。在投保实务中,采取这种方式确定保险金额的,在保险周期内可能会出现存货等流动资产数量变化的情况。为确保能够进行足额投保并在保险事故发生后得到足额赔付,在投保时投保人按照估价方式确定存货等流动资产保险金额的,估价金额应当与实际存货等流动资产的价值大致相当,一般不应低于全年实际库存的平均值。

2. 账面余额方式

按照账面余额方式确定流动资产保险金额的,在投保实务中,一般来说可以采取以下方式:一是按照投保前一个月的资产负债表所列账面余额确定流动资产的保险金额;二是按照投保前十二个月的平均账面余额确定流动资产的保险金额;三是按照投保前十二个月中库存最高月份账面余额确定流动资产的保险金额。

(三)其他财产

在投保实务中,按照上述方式确定固定资产、流动资产的保险金额外,还涉及其他财产或者其他方式确定保险金额问题。总体来说,主要包括以下财产或者方式:

1. 约定保险赔偿金限额方式

如在建工程、施工工程或者责任保险、信用保险、团体意外保险、重大疾病保险中,以约定赔偿限额方式来确定保险金额。在实务中,通过这种方式确定保险金额的,投保人应充分考虑到每人赔偿限额、每次事故赔偿限额、保险期间总的赔偿限额,以及在赔偿限额存在分项的情况下,是否能够满足投保需求。

2. 定值方式确定保险金额

如内陆货物运输、海上货物运输进行投保的,或者对字画、古玩、工艺品等特殊保险标的财产进行投保的,在投保时直接明确约定具体保险标的财产的保险金额。同时,明确约定该保险金额为保险事故发生时保险标的财产的保险价值,不再考虑保险事故发生当时保险标的财产的实际价值,直接按照投保时约定的保险价值为标准,计算保险人应当承担赔偿保险金的数额。

3. 其他账外资产保险金额的确定

在投保实务中,存在费用摊销和折旧摊销完毕但尚在使用的账外财产,或者租赁厂房、代加工存货等代保管财产,这些账外资产无法按照账面余额方式确定保险金额。一般来说,在实务中要确定上述账外财产保险金额的,可以采取估价方式确定具体财产的保险金额,并在投保单、保险单上予以分项和列明。否则,实务中按照账面余额方式投保确定的保险标的范围,在发生保险事故后,由于这些账外财产不属于保险标的范围,无法得到保险赔偿。

第二节 投保险种

一、险种基本分类

按照保险标的、保险责任不同内容和要求，投保人可以选择投保不同险种。在投保实务中，投保险种的基本分类包括：按照险种作用和功能为标准区分，投保人可以投保基本险和附加险；按照险种保险标的、投保对象为标准区分，投保人可以投保财产保险和人身保险。

（一）基本险和附加险

1. 基本险

基本险，又称主险，是投保人与保险人订立的保险合同中，投保人要求投保的主要风险和保险人承保的主要险种。在保险实务中，基本险内容约定保险合同当事人的主要权利义务，以及构成保险合同的主要内容。同时，在实务中基本险是保险人承保的主要风险，也是保险人确定保险费率、投保人支付保险费的主要依据内容。

2. 附加险

附加险，是在基本险上附加的险种，用以增加或减少基本险约定的保险合同权利义务内容。在保险实务中，附加险一般不能单独投保和承保。投保人只有在投保基本险的基础上，按照实际情况和特殊需要，扩大或减少部分保险责任范围，可以投保附加险。

（二）人身保险和财产保险

1. 人身保险

人身保险是指投保人根据合同约定向保险人支付保险费，保险人按照合同约定，当被保险人死亡、伤残、疾病或者达到合同约定年龄、期限等条件时，承担给付保险金责任的商业保险。人身保险是以人的寿命和身体为保险标的的保险。在投保实务中，人身保险一般包括人寿保险、健康保险、意外伤害保险、年金保险等商业保险。

2.财产保险

财产保险是指投保人根据合同约定向保险人支付保险费,保险人对于合同约定的可能发生的事故因其发生所造成的财产损失承担赔偿保险金责任的商业保险。在保险实务中,财产保险是以财产及其有关利益为保险标的的保险。一般来说,在实务中财产保险包括财产损失保险、责任保险、信用保险、保证保险等商业保险。

二、投保主体分类

在投保实务中,按照投保主体的不同,可以分为个人投保、家庭投保以及机关、企事业单位和团体投保等不同主体的投保。

(一)个人投保

个人投保是指投保主体为个人,以个人为主体购买保险,实务中包括个人投保财产保险、机动车辆保险、健康保险、意外伤害保险、责任保险、个人贷款保证保险等险种。

(二)家庭投保

一般来说,家庭投保是指以家庭为主体购买保险,实务中包括家庭投保财产损失保险、人身意外保险、健康保险、重大疾病保险、宠物责任保险、监护人责任保险等险种。

(三)机关、企事业单位和团体投保

机关、企事业单位和团体投保是指以机关、企事业单位、团体为主体购买保险,实务中包括机关、企事业单位和团体投保财产损失保险(附加第三者责任保险)、产品责任险、货运险、公众责任险、食品安全责任险、雇主责任险、团体人身意外险等险种。

三、保险标的分类

在投保实务中,按照投保标的不同,可以分为机动车辆保险、工程项目保险、财产保险、责任保险、信用保险等保险。

（一）机动车辆保险

在实务中，机动车辆保险包括机动车交通事故强制责任保险、机动车综合商业保险，包括基本险和附加险。其中，基本险包括机动车损失险、机动车第三者责任险、机动车车上人员责任险等，附加险包括机动车盗抢责任险、自燃损失险、玻璃单独破碎险、涉水损失险等。

（二）工程项目保险

在工程项目的不同阶段，如工程项目建设期和工程项目运行期，应投保不同险种。

（1）工程项目建设期，在实务中应投保的险种主要包括建设工程一切险、建设工程意外险、环境污染责任险、工程履约险等。

（2）工程项目运行期，在实务中应投保的险种主要包括财产综合险、公众责任险、环境污染责任险、雇主责任险、雇员忠诚险、现金保险等。

（三）财产保险

财产保险应投保的险种，在实务中主要包括财产基本（综合）保险、机器损坏险、利润损失险、现金险等。

（四）责任保险

一般来说，在实务中责任保险可以投保的险种包括公众责任保险、产品责任保险、雇主责任保险、旅行社责任保险、校方综合保障保险、职业责任保险、景区责任保险等险种。

（五）信用保险、保证保险

信用保险、保证保险可以投保的险种，实务中主要包括国内信用保险、出口信用保险、投资保险、合同保证保险、存款保证保险、贷款保证保险、产品质量保证保险、雇员忠诚保证保险等险种。

四、投保险种分类

按照保险法有关规定，保险公司不得兼营人身保险业务和财产保险业务。

但是，经营财产保险业务的保险公司，除经营财产损失保险、责任保险、信用保险、保证保险等传统财产保险业务外，经国务院保险监督管理机构批准，还可以经营短期健康保险和意外伤害保险业务。

（一）财产损失保险

1. 企业财产保险

企业财产保险一般包括企业财产基本险、企业财产综合险、企业财产险和企业财产一切险，还有机器损坏险、利润损失险、现金险等险种。在保险实务中，企事业单位综合考虑企业财产性质、状况和主要风险等因素决定投保具体企业财产保险的种类。一般来说，投保企业财产基本险和企业财产综合险的情况会比较普遍。这两种财产保险的主要区别是各自承保风险范围不同。其中，企业财产基本险承保的风险包括火灾、爆炸、雷击、飞行物体及其他空中运行物体坠落风险；企业财产综合险是在企业财产基本险承保的风险基础上，增加各种自然灾害（地震除外）风险，包括暴雨、洪水、台风、暴风、龙卷风、雪灾、雹灾、冰凌、泥石流、崖崩、突发性滑坡、地面突然塌陷。

2. 个人财产保险

在保险实务中，个人财产保险的保险标的主要是个人和家庭财产、个人人身意外、个人法律责任等。具体来说，主要有以下险种：

（1）家庭财产综合险，是以家庭财产为保险标的，承保数种自然灾害和意外事故作为保险责任。

（2）家庭财产双全保险，是在家庭财产保险基础上，以约定储金率所产生利息为保费并到期返还储金，具有损失补偿和到期返还的双重功能。

（3）人身意外伤害保险，是以被保险人的身体作为保险标的，以被保险人因遭受意外伤害而造成的死亡、残疾、医疗费用支出或暂时丧失劳动能力为给付保险金条件。在保险实务中，该险种分为个人人身意外伤害保险和团体人身意外伤害保险。

（4）个人贷款抵押房屋保险，是在抵押贷款购置房中，以抵押物房屋作为保险标的，借款人在保险期限内遭遇意外伤害导致死亡或者残疾、丧失还款能力时，由保险公司偿还剩余的贷款本金的保险。

3. 机动车辆保险

在保险实务中，机动车辆保险的基本险包括：机动车交通事故责任强制保险、机动车损失保险、机动车第三者责任保险、机动车车上人员责任保险、机动车全车盗抢保险等。同时,针对基本险的责任免除或除外责任情形,还有一些附加险,包括玻璃单独破碎险、车辆停驶损失险、车身划痕损失险、自燃损失险、发动机涉水损失险、车上货物责任险、道路污染责任险、精神损害抚慰金责任险、不计免赔率险等。

4. 工程保险

工程保险包括诸多险种,如财产损失保险、利润损失保险、第三者责任保险等。其中,第三者责任保险主要承保因施工造成建设场地之内及邻近地区第三者人身伤亡或财产损失,依法应当由被保险人承担的赔偿责任,由保险公司负责赔偿。目前,工程保险主要包括建筑工程保险和安装工程保险。其中,建筑工程保险承保各类建设工程项目在工程建设过程中因自然灾害、意外事故造成的财产损失;安装工程保险承保各类工程在安装过程中因自然灾害或意外事故造成的财产损失。

5. 国内货物运输险

国内货物运输保险主要包括,以国内水路、陆路、航空运输的各类货物为保险标的,涵盖水路货物运输保险、公路货物运输保险、铁路货物运输保险、航空货物运输保险、联合运输保险等险种。在保险实务中,上述险种的基本条款责任,可以分为基本险保险责任和综合险保险责任。

6. 其他险种

(1)农业保险,该险种承保农业生产过程中因遭受自然灾害和意外事故所受经济损失。农业保险主要涉及种植业保险和养殖业保险。其中,种植业保险包括生长期农作物保险、收获期农作物保险、森林保险、果树保险等,养殖业保险包括牲畜保险、家禽保险、水产养殖保险等。

(2)营业中断险,该险种承保财产因事故发生、导致营业中断造成的时间损失或利润损失风险。该险种如经保险人同意,可以扩展保险责任,包括供应人、顾客、水电气供应单位、进口通道堵塞等责任。

(3)机器设备损坏险,该险种承保机器设备运行过程中因突然发生和不可预见的意外事故造成机器设备损坏的损失风险。一般来说,机器设备损坏保险是企业财产保险的附加险。

(4)现金保险,该险种承保营业场所内现金、银行本票、支票、邮政汇票、信用卡等因发生自然灾害和意外事故导致的直接损失风险。

(二)责任保险

我国《保险法》第65条规定,责任保险是以被保险人对第三者依法应负的赔偿责任为保险标的的保险。可见,责任保险以民事赔偿责任产生为基础,以过错责任、无过错责任、依法或依约所产生的民事赔偿责任为保险标的。在保险实务中,责任保险按照不同划分标准有不同分类。其中,以责任保险效力基础为标准,可以分为自愿责任保险和强制责任保险;以承保对象为标准,可以分为法人责任保险、个人责任保险和职业责任保险等;以适用范围为标准,可以分为公众责任保险、产品责任保险、雇主责任保险、旅行社责任保险、校方综合保障保险、职业责任保险、景区责任保险等。

1. 公众责任保险

公众责任保险承保工厂、商场、旅馆、展览馆、影剧院、动物园等场所在进行生产、经营或其他活动时由于过失或意外事故导致第三者人身伤亡或财产损失依法应当承担的经济赔偿责任。通常包括场所责任保险、电梯责任保险、承包人责任保险、承运人责任保险、个人责任保险、油污责任保险、野外作业责任保险等。

2. 产品责任保险

产品责任保险,又称产品侵权损害赔偿责任保险,该险种承保因产品缺陷造成消费者、使用者或第三者人身伤害或财产损失,依法应当由生产商、销售商或修理商承担的损害赔偿责任。产品责任保险主要适用于家电产品、机电产品、食品等类别产品。民事法律中的产品责任归责制度,是产品责任保险的基础。在实务中,该制度已经历合同责任、疏忽责任、严格责任等发展阶段。

3. 雇主责任保险

雇主责任保险承保雇主对雇员在受雇期间从事有关业务活动过程中,遭受意外或职业病造成人身伤残或死亡的,依法应当承担的赔偿责任。在保险实务中,雇主责任保险的扩展责任,包括附加雇员对第三者责任保险,医疗费用保险,战争、罢工、骚乱等风险保险。

4. 职业责任保险

职业责任保险承保各种专业技术人员因工作过失造成他人人身伤害或财产损失,依法应当承担的赔偿责任。在保险实务中,该险种主要包括医疗责任保险、律师责任保险、会计师责任保险、建筑工程设计责任保险、药剂师责任保险、保险代理人责任保险、董事责任保险等。

5. 校方责任保险

校方责任保险承保校方因疏忽、过失致使学员遭受意外伤害、死亡或财产损失,依法应当由校方承担的医疗费用和损害赔偿责任。

6. 旅行社责任保险

旅行社责任保险承保旅游有效行程期限内,在旅游活动中由于被保险人或其雇员、代表疏忽或过失导致游客经济损失,依法应当由被保险人承担的赔偿责任。

(三)信用保险与保证保险

信用保险与保证保险是以信用风险为保险标的保险,是保险人对义务人作为或不作为致使权利人遭受损失承担赔偿的保险。在保险实务中,以投保人在信用关系中身份不同,分为信用保险和保证保险。一般来说,权利人投保义务人信用的保险称作信用保险,如出口信用保险等。义务人投保自己信用的保险称作保证保险,如工程履约保证保险等。

1. 信用保险

简单地说,信用保险就是权利人投保的,要求保险人担保义务人信用的保险。在实务中,一般来说,信用保险可分为以下几类:

(1)国内信用保险,亦称商业信用保险,该险种承保标的是义务人(被保证人)商业信用,保险金额依据权利人和义务人之间的商业合同的价值来确定。如发生保险事故,保险人向权利人履行赔偿责任,并自动取得对义务人的追偿权。国内信用保险,一般承保短期(3~6个月)批量商业信用风险,主要险种包括:①赊销信用保险,承保批量商贸中延期付款或分期付款产生的信用风险;②贷款信用保险,承保银行金融机构与企业之间贷款信用风险;③个人贷款信用保险,承保银行金融机构与自然人贷款信用风险。

(2)出口信用保险,权利人(出口商)投保义务人(进口商)信用的保险。按照信用期不同,可分为短期出口信用保险和中长期出口信用保险;按照保险责任起始时间不同,可分为出运前保险和出运后保险;按照承保风险类别不同,可分为商业风险保险和政治风险保险。

(3)投资保险,又称政治风险保险,该险种承保被保险人(权利人)在投资国因政治局势动荡或法令变动所引起投资风险的保险。一般来说,投资保险责任范围主要包括征用风险、汇兑风险、战争风险。在保险实务中,我国的投资保险,可以为本国商家到外国投资提供保险保障,也可以为外国来我国的投资商提供保险保障。

2. 保证保险

保证保险,通常可以分为确实保证保险和诚实保证保险两大类。其中,确实保证保险标的为义务人违约责任,可分为合同保证保险、司法保证保险、许可证保证保险、存款保证保险、贷款保证保险。诚实保证保险,又称雇员保证保险,以雇员诚实信用为保险标的,可分为总括保证保险、职位保证保险、伪造保证保险、指明保证保险、三 D(Dishonest、Destruction、Disappearance)保单。具体来说:

(1)合同保证保险,是保险人为义务人向权利人提供信用担保。在保险实务中主要包括:①建筑工程保证保险,包括投标保证保险、履约保证保险、预付款保证保险、维修保证保险;②完工保证保险,该险种承保借款建筑工程承包人因未按期完工或到期不能归还借款而造成权利人损失的风险;③供给保证保险,该险种承保供方因违反供给义务造成需方损失的风险。

(2)产品质量保证保险,又称产品信誉保险,该险种承保制造商、销售商、修理商因其制造、销售或修理的产品质量有内在缺陷而造成产品本身损失所应负的经济赔偿责任。可见,该险种与承保产品质量缺陷造成第三者人身伤害或财产损失的产品责任保险之间存在显著区别。

(3)诚实保证保险,又称忠诚保证保险、雇员忠诚保证保险,该险种承保雇员因品德不良或不法行为给雇主造成经济损失的风险。其中,不法行为包括贪污、盗窃、挪用、侵占、伪造及其他欺诈或不诚实行为。

第三节　投保注意事项

一、书面填写投保资料

在保险实务中,一些具有较强保险专业能力的投保人在投保时,往往会采用出具书面保险需求或者投保申请函方式与保险人协商订立保险合同,并且要求在投保单、保险单上约定将该书面保险需求(投保申请函)作为保险合同组成部分，以明确投保人在投保时的真实投保意愿。投保人以这种方式投保的，保险人在收到书面保险需求（投保申请函）后，应认真审核现有保险产品能否满足投保人的保险需求。如保险人现有产品能满足投保人保险需求的，可以同意承保并出具正式保险单。如保险人现有产品部分不能满足投保人保险需求的，应与投保人进行沟通和协商，双方就保险人可以满足的内容，由投保人再行出具书面申请，保险人同意承保可以满足投保人要求的部分内容并出具保险单；如保险人现有产品不能满足投保人保险需求的，但是保险人又愿意承担保险责任的，可以与投保人协商并签订书面保险协议。

二、投保资料注意事项

1. 除投保需求或者投保申请函外，客户需求表、投保单等投保材料应当由投保人自行填写，包括但不限于投保人、被保险人名称、地址、标的项目、免赔设定、特约内容等。上述材料投保人填写完成后，应由投保人在每页签字或者盖章确认。

2. 投保单中涉及免赔额、免赔率、责任限制或免除保险人责任条款内容的，上述有关内容应由投保人填写并确认保险人在投保时已经履行提示和明确说明义务等内容。如上述有关内容投保人无法填写的，至少应由投保人在记载有上述内容的特别约定栏内签字或盖章确认，或者由投保人与保险人签订单独书面协议并约定上述有关内容。

3. 投保单的特别约定内容，尤其是涉及限制保险人责任或免除保险人责任条款等内容，有关字词、语句等文字表述，应该做到专业、严谨、准确、规范，防止产生不同理解或者明显歧义。

4. 保险人或其代理人应认真指导投保人正确填写投保单有关内容，确保所填写的各项内容真实、准确、完整，应杜绝投保人以外第三者或保险人业务员代签名和盖章。

三、保险单与投保资料

在投保实务中，投保人填写投保单或者出具其他投保资料的，一般来说属于要约行为，保险人同意投保人保险要求和条件的，构成承诺行为。在投保过程中，经上述要约和承诺，保险合同成立。因此，保险人出具保险单，应与投保人书面申请材料或投保单内容一致。如保险人变更投保单或者改变投保人其他保险条件要求的,则构成一项新的要约,该要约内容须经投保人同意,保险合同才能依法成立,变更内容才具有合同效力,对当事人才具有法律约束力。同时,根据《保险法司法解释(二)》第 14 条规定内容,保险合同中记载的内容不一致的,按照下列规则认定:投保单与保险单或者其他保险凭证不一致的,以投保单为准。但不一致的情形系经保险人说明并经投保人同意的,以投保人签收的保险单或者其他保险凭证载明的内容为准;非格式条款与格式条款不一致的,以非格式条款为准;保险凭证记载的时间不同的,以形成时间在后的为准;保险凭证存在手写和打印两种方式的,以双方签字、盖章的手写部分的内容为准。可见,如果出现投保材料与保险单不一致情形的,投保材料里面的内容对保险人具有法律约束力,除非保险人能够证明在订立保险合同时,投保人对保险单与投保单不一致内容,同意保险人进行修改。

四、其他需要注意事项

(一)统括投保与分列投保问题

在保险实务中,集团公司内分公司、子公司或关联公司投保的,涉及统括投保与分列投保等不同投保方式。投保实务中约定不明的,可能出现事故发生后,受损财产不属于保险标的范围问题。因此,集团公司统括投保的,应明确保险标的范围,包括集团公司内各分公司、子公司所涉保险标的财产的范围;集团公司各分公司、子公司或关联公司分列投保的,应特别注意保险标的范围和保险地址等约定内容,避免公司之间关联财产在流转过程中,出现不属于保险标的范围问题。

(二)投保人与被保险人不是同一主体的问题

按照保险法的有关规定,被保险人是指其财产或人身受保险合同保障,享有保险金赔偿请求权的人,投保人可以为被保险人。在保险实务中,由于各种原因,可能出现投保单、保险单上约定的投保人、被保险人不是同一主体的情况。但是,按照保险法和保险合同的有关内容,投保人不是受保险合同保障主体,被保险人才是受保险合同保障的主体。同时,鉴于保险人向被保险人赔偿保险金后,依法有权向造成保险事故的第三者行使保险人代位求偿权。如保险事故是投保人原因造成的,存在保险人向投保人行使代位求偿权。对此,《保险法司法解释(四)》第8条规定,投保人和被保险人为不同主体,因投保人对保险标的的损害而造成保险事故,保险人依法主张代位行使被保险人对投保人请求赔偿的权利的,人民法院应予支持,但法律另有规定或者保险合同另有约定的除外。因此,在投保过程中,如发生投保人与被保险人不一致情形,投保人与被保险人可以按照各自不同保险利益分别向保险人进行投保,或者投保人要求在投保时将自己一同列为被保险人,以避免可能发生的法律风险和问题。

(三)漏保重要险种或遗漏附加条款问题

由于投保实务中多种原因或问题的存在,可能导致投保人漏保重要险种或遗漏附加条款,包括因为部分保险业务人员专业能力欠缺或者由于投保人支付保险费意愿限制等;如有不同承租户的仓库里,除投保财产损失险外,还应投保第三者责任险(条款),以解决该承租户房屋内起火导致其他承租户财产受损产生有关赔偿问题;如有部分公司企事业单位,不了解雇主责任险与团体意外险等险种在保险责任范围上的区别,只投保团体意外险,没有投保雇主责任险,致使雇员在事故发生后公司企业事业单位仍需要承担赔偿责任;如在机动车险中,除了车辆损失险、第三者责任险外,还有划痕险、涉水险、盗抢险等附加险(条款),由于投保时没有投保相应险种(条款),发生事故后无法得到相应保险赔偿。

(四)免除保险人责任条款内容印制问题

在保险实务中,经常会遇到一种问题,无论是机动车辆保险还是非机动车辆保险,很多保险公司印制的投保单、保险单,尤其是需要经投保人签字或盖章并由保险人收回的投保单中没有附免除保险人责任条款内容。这些保险公司有关免除保险人责任条款内容,有些保险公司在投保时单独给了投保人,有些保险公司是附在保险单上并在出具保险单时一并给投保人,在保险人处只是留有免责条款履行提示和明确说明义务的简单陈述内容。但是,如产生保险理赔争议纠纷的,特别是进入诉讼仲裁程序后,按照民事诉讼举证责任分配要求,保险人需要举证证明投保时就有关免除保险人责任的条款履行提示和明确说明义务。在诉讼实务中被保险人只需要证明其与保险人之间存在保险合同关系,如被保险人不出示附有免除保险人责任条款的保险单,保险人往往需要承担举证不利后果。

五、投保申请书示例

下面以财产保险为例,结合投保实务中遇到的常见问题,拟定投保申请书一份,供参考。

投保申请书

(一)投保基本信息

1. 投保人信息 名称:_______________ 统一社会信用代码:________________________________ 联系地址:__________________________________ 邮政编码:________________ 联系电话:___________ 传真:______________ E - mail:________________
2. 被保险人一 名称:_______________ 统一社会信用代码:________________________________ 联系地址:__________________________________ 占用性质:________________ 联系电话:___________ 传真:______________ 邮政编码:________________
3. 被保险人二 名称:_______________ 统一社会信用代码:________________________________ 联系地址:__________________________________ 占用性质:________________ 联系电话:___________ 传真:______________ 邮政编码:________________
4. 投保主险险种: □基本险 □综合险 □财产保险 □一切险
5. 免赔额(率):____ 除另有约定外,本保险合同的每次事故免赔额(率):______________________
6. 保险金额的确定方式:___________________ A. 估价 B. 账面原值(加成) C. 账面余额(加成) D. 重置价 E. 其他________
7. 投保时保险价值是否确定: □定值保险,具体金额:________ □不定值保险,保险价值确定方式:_____________ A. 出险时账面余额 B. 出险时重置价 C. 出险时市场价值 D. 评估价值 E. 其他______
8. 总保险金额(大写): (小写):
9. 总保险费(大写): (小写):
10. 保险期间:____个月,自________年___月___日零时起至________年___月___日二十四时止。
11. 保险费交付时间:________年___月___日
12. 保险合同争议解决方式选择:□提交_________仲裁委员会仲裁;□诉讼

(二)保险标的情况

13. 保险标的具体项目清单

序号	保险标的名称	单位	数量	保险金额	保险价值	费率	保险费
(1)							
(2)							
(3)							
……							

14. 保险标的地址:________________

15. 其他说明事项:________________

(三)财产保险附加条款清单

国民经济行业分类代码:			(此信息由保险人填写)		
序号	附加条款名称	保险金额/赔偿限额	每次事故免赔额/免赔率		备注
			免赔额(元)	免赔率(%)	
(1)					
(2)					
(3)					
……					

(四)特别约定

16. 在有多个被保险人的情形下,各被保险人的保险赔偿金请求权顺序、份额、条件等内容。

17. 依照具体投保条件,确定不同的免赔率、免赔额等责任免除条款内容。

18. 保险费分期支付的,具体支付时间以及未全额支付时发生事故的保险责任承担比例。

19. 保险合同成立后,没有立即生效的,明确具体生效时间。

20. 其他需要特别约定事项。

注:特别约定事项应由黑体加粗,投保人签字盖章。同时,特别约定事项,应明确写明属于在订立保险合同时由投保人、保险人平等、自愿、协商一致订立,不是属于格式条款内容。

(五)投保人声明

投保人声明内容黑体加粗,并明确保险人已将保险合同条款,包括责任免除条款、免赔率、免赔额等免除或者减轻保险人责任的条款,在订立保险合同时向投保人做出提示和明确说明,投保人已充分理解,上述所填写的内容均属实,同意以此投保单作为订立保险合同的依据。投保人签字盖章,并明确订立具体时间。同时,责任免除条款应单独印制,加黑加粗。

(六)附保险条款

投保申请书应附贴具体险种的保险条款,同时对于免除保险人责任条款内容加黑加粗。按照保险法的要求,订立保险合同,采用保险人提供的格式条款的,保险人向投保人提供的投保单应当附格式条款。

第三章　承　　保

承保是投保人提出保险要求后，保险人进行风险调查，审核保险条件和要求，确认保险标的、被保险人有关事项，明确保险责任、除外责任、责任免除并确定保险金额、保险价值等内容，决定是否同意投保人保险要求和条件的总称。根据《保险法》第13条规定，投保人提出保险要求，经保险人同意承保，保险合同成立。一般来说，保险人同意承保的意思表示，可以构成承诺。经保险人承诺，保险合同成立。在保险实务中，保险人核保是承保的重要环节和内容，主要审核被保险人有关情况、投保单内容、承保条件以及过往承保和损失情况等。相对于人身保险承保时主要审核被保险人身体健康状况、职业等内容，财产保险承保时需要调查审核的内容较多且保险专业性要求更强。因此，本章内容主要围绕财产保险承保实务内容进行阐述。

第一节　调查风险

调查风险是指保险人在承保时对保险标的、被保险人有关情况进行风险调查，决定是否同意承保并确定保险费率等承保内容和条件。通常来说，在实务中保险人主要是通过风险情况问询等形式进行风险事项的调查，并结合实地勘查有关情况，对承保项目相关风险进行分析和评估。在承保实务中，调查风险的主要内容包括以下方面：

1. 明确投保人要求投保的保险标的财产实际占有和使用等情况，了解可能存在的主要风险。如确定建筑物等级、建筑物主体结构、机器设备使用年限及日常检修等。

2. 了解保险标的财产所处地域的自然条件和自然状况，以及保险标的可能遭受的主要风险因素，包括台风、暴雨、洪水、雷击、地震、海啸、泥石流等自然灾害的发生情况。

3. 了解保险标的财产有关安全、消防、防灾设施设备，被保险人是否具有安全防灾应急预案，保险标的财产有关安全防护设施设备能否正常、有效运行，以及消防安全是否检查合格等。

4. 了解被保险人日常安全管理规章和制度是否健全、规范，以及有关安全规章制度的落实和执行情况。

5. 了解保险标的财产以往投保、承保、出险、损失、理赔等情况，以及保险事故发生的主要风险因素和情况。

6. 了解保险标的财产周围的风险因素和情况，包括保险标的财产周围是否有易燃、易爆或者经常发生事故等情况；如有经常发生上述情况的，可能会对保险标的财产安全构成实质危险等。

7. 依据保险标的财产单元之间遭受灾害事故或者产生风险的影响范围，划分不同的危险单元；如保险标的财产单元之间相互分隔的，可以划分成不同危险单元。

8. 分析保险标的财产发生风险事故后可能遭受的最大损失和范围，确定可能发生的损失率，再按照损失率乘以保险金额，估算保险标的财产可能产生的最大损失。

9. 了解被保险人的资信情况和可能发生的关道德风险，掌握被保险人生产、经营、信用情况，特别是对生产经营较为困难或资信较差的被保险人，应注意可能存在的道德风险问题。

10. 了解有关保险标的财产的图示和说明等情况，存货、机器设备等保险标的财产应列清单，房屋等保险标的财产应附平面图，租赁房屋、设备等保险标的财产应附租赁协议。

第二节　审核保险标的

按照保险法的有关规定，财产保险是以财产及其有关利益为保险标的，并要求财产保险的被保险人在保险事故发生时对保险标的财产应具有法律上承认的利益;人身保险是以人的寿命和身体为保险标的,人身保险的投保人在保险合同订立时对被保险人应当具有保险利益。可见,保险人在承保时对投保人要求承保的保险标的、被保险人进行审核,确定是否符合保险标的、被保险人的要求并在投保单、保险单中进行明确约定,是承保实务的一项重要内容。具体来说,保险标的在不同险种中有所区别。其中,企业财产保险、个人财产保险、机动车辆保险、工程保险、机器损坏险、利润损失险、现金险等保险以物质财产为保险标的;公众责任保险、雇主责任保险、产品责任保险、职业责任保险等保险以被保险人对第三者依法应负赔偿责任为保险标的;信用保险、保证保险等险种以义务人作为或者不作为导致权利人损失的信用风险为保险标的;意外伤害保险、健康保险等险种以被保险人的生命和身体为保险标的。

结合承保实务有关情况,下文主要以企业财产保险、个人财产保险、意外伤害保险等常见险种为例,重点围绕保险标的、被保险人是否符合承保对象和要求,按照可保财产与风险、特约财产与风险、不保财产与风险等项目依次进行分析和阐述。

一、可保财产与风险

(一)企业财产保险

企业财产保险的可保财产,通常应符合以下要求:属于投保人、被保险人所有或与他人共有而由被保险人负责的财产;属于投保人、被保险人经营管理或替他人保管的财产;与投保人、被保险人具有法律上承认利益关系的其他财产。具体来说:

(1)正在使用或未投入使用的,投保人、被保险人所有或向他人租赁的房屋、建筑物,以及附属在建筑物上的装修、水电、门窗等附属设备。

(2)投保人、被保险人的生产设备、动力设备或传动装置等机器设备,包括各种电网、电机和机器。

(3)投保人、被保险人生产经营过程中的原材料、半成品、在产品、产成品或库存商品、特种储备商品。

(4)投保人、被保险人所有或使用的交通车辆、刀具和测量工具、仪器及生产用品。

(5)投保人、被保险人的办公用品、消防用品、经营用品等日常管理用具及低值易耗品。

(6)投保人、被保险人经营所需,但没有入账或者已摊销还在使用财产,包括来料加工等财产。

(二)个人财产保险

个人财产保险的可保财产,包括投保人、被保险人所有或使用的房屋及其室内附属设备,如固定装置的水暖、气暖、卫生、供水、管道煤气及供电设备、厨房配套的设备等;室内装潢;室内财产,包括家用电器和文体娱乐用品、衣物和床上用品、家具及其他生活用具。

(三)意外伤害保险

意外伤害保险的可保风险,主要涉及意外伤害导致的人身损害和财产损失,包括被保险人事先不能预见、过失没有预见或者已经遇见但是无法避免等情形发生的风险。具体来说,主要有以下几种情形:

(1)被保险人事先不能预见的风险,如闪电突然击到路边电线杆,致使行人触电身亡。

(2)被保险人过失没有预见的风险,如行人违章横穿马路被机动车撞伤。

(3)被保险人已经预见,但是无法避免,或按照法律规定不允许避免的风险,如民警与歹徒搏斗负伤。

二、特约财产与风险

(一)企业财产保险

企业财产保险的特约财产,是指原本不属于可保的保险标的财产,但是在订立保险合同时经保险人和投保人协商确定为保险标的财产,并在保险合同中载明保险金额、保险价值。在承保实务中,特约财产主要包括以下标的财产:

(1)金银、珠宝、砖石、玉器、首饰、古币、古玩、古书、古画、邮票、字画、艺术品、稀有金属等珍贵财物。

(2)堤堰、水闸、铁路、道路、涵洞、隧道、桥梁、码头。

(3)矿井(坑)内的设备和物资。

(4)便携式通信装置、便携式计算机设备、便携式照相摄像器材及其他便携式装置设备。

(5)尚未交付使用或验收的工程。

(二)个人财产保险

个人财产保险的特约财产,是指一般不作为个人财产保险标的的财产,但是在订立保险合同时经保险人和投保人协商确定为保险标的财产,并在保险合同中载明保险金额、保险价值。在承保实务中,个人财产保险中特约财产主要包括:属于投保人、被保险人代他人保管或者与他人共有而由被保险人负责的财产;存放于院内、室内的非机动农机具、农用工具及存放于室内的粮食及农副产品;或者经保险人同意的其他财产。

(三)意外伤害保险

意外伤害保险的特约风险,是指针对一些较高风险的行业或人员,不属于人身意外伤害保险承保的风险,一般情况下保险人不予承保该部分的风险。但是,投保人经与保险人协商,通过提高保险费率、限制风险、限制责任等措施,保险人同意予以承保的风险。如登山、极限运动员的人身意外风险等。

三、不保财产与风险

(一)企业财产保险

企业财产保险的不保财产,是指排除在企业财产保险的保险标的范围之外,不属于企业财产保险的保险标的财产,保险人在企业财产保险中不予承保的财产。在实务中,主要包括下列财产:

(1)土地、矿藏、水资源及其他资源。

(2)矿井、矿坑。

(3)货币、票证、有价证券、有现金价值的磁卡、集成电路卡等。

(4)文件、账册、图表、技术资料、计算机软件、计算机数据资料等无法鉴定价值的财产。

(5)枪支弹药。

(6)违章建筑、危险建筑、非法占用的财产。

(7)领取公共行驶执照的机动车辆。

(8)动物、植物、农作物。
(9)属于其他财产保险标的财产。

(二)个人财产保险

个人财产保险的不保财产,主要包括金银、珠宝、钻石及其制品,玉器、首饰、古币、古玩、字画、邮票、艺术品、稀有金属等珍贵财物;货币、票证、有价证券、文件、书籍、账册、图表、技术资料、电脑软件及资料、无法鉴定价值的财产;日用消耗品、各种交通工具、养殖及种植物;用于从事工商业生产、经营活动的财产和出租用作工商业的房屋;无线通信工具、笔、打火机、手表,各种磁带、磁盘、影音激光盘;用芦席、稻草、油毛毡、麦秆、芦苇、竹竿、帆布、塑料布、纸板等为外墙、屋顶的简陋屋棚及柴房、禽畜棚;与保险房屋不成一体的建筑,如车库、游泳池、厕所、围墙、无人居住的房屋以及存放在里面的财产;政府有关部门征用、占用的房屋,违章建筑、危险建筑、非法占用的财产、处于危险状态下的财产;其他不属于可保财产和特约财产所列明的家庭财产。

(三)人身意外伤害保险

人身意外伤害保险的不保风险,在保险实务中主要包括以下风险:
(1)自身身体原因导致的各种疾病。
(2)职业性疾病。
(3)被保险人故意使自己受到的伤害。
(4)战争、暴乱、恐怖活动等造成的伤害。

第三节 确定保险责任、除外责任和责任免除

一、保险责任、除外责任和责任免除

(一)基本内容

保险责任是保险合同约定的具体事故、风险发生导致保险标的、被保险人财产损失或者人身损害时,保险人应当承担赔偿或者给付保险金的责任。在保险实务中,不同险种的保险责任范围不同。同时,保险责任范围是区分不同险

种的重要依据,也是保险人确定保险费率的重要标准。除外责任,是指依照法律规定或者保险合同约定,不属于保险责任范围的风险,是保险人不承担赔偿或给付保险金责任的风险。责任免除,是指原先属于保险责任范围内的风险,但是由于保险合同约定并将该风险所致损失排除在保险人赔偿责任范围之外,保险人不承担赔偿或给付保险金责任的风险。因此,在保险实务中,保险责任与除外责任、责任免除,共同作用确定保险人承担赔偿或给付保险金责任的范围。

(二)理论与实务问题

在保险法学理论上,有关保险责任、除外责任、责任免除之间的相互关系,存在不同的认识。其中,普遍倾向于认为除外责任是与保险责任相对应的概念,责任免除与除外责任属于基本相同概念。有观点认为:责任免除与保险责任相对,又称"除外责任",按照该种观点责任免除与除外责任属于相同的概念;另外,在其他保险法学教材中,保险合同有关保险人不承担赔偿或者给付保险金责任的内容直接表述为"除外责任",[①]基本上采取了将除外责任与责任免除等同的做法。同时,在保险实务中,也存在相同或类似的情况。在保险人提供的保险合同条款中,没有区分责任免除与除外责任,而是将保险人不承担赔偿或者给付保险金责任的具体情形,全部直接约定在责任免除项下,而没有体现除外责任的相关内容。因此,对保险责任、除外责任、责任免除的相互关系进行分析和梳理,显得尤为必要。

(三)有关主要观点

结合保险理论和实务的现状,针对保险责任、除外责任、责任免除之间的相互关系,概括起来主要有以下几种观点:

第一种观点认为,责任免除与保险责任相对,又称为"除外责任",是保险人依据法律或合同的约定,不承担保险金赔偿或给付责任的风险范围或种类,其目的在于适当限制保险人的责任。[②]

第二种观点认为,除外责任是保险人不承担保险金赔偿或给付责任的风险范围。责任免除是在原保险责任范围内剔除的风险,对于该部分剔除的风险保

---

① 刘连生、申河主编:《财产保险》(第三版),高等教育出版社 2015 年版,第 15 页。

② 吴定富主编:《〈中华人民共和国保险法〉释义》,中国财政经济出版社 2009 年版,第 53 页。

险人不承担保险金赔偿或给付责任。可见,除外责任与责任免除都是保险人不承担保险金赔偿或给付责任的风险。但是,除外责任风险包含责任免除内容,责任免除内容属于除外责任风险的一部分。在这种情形下,与责任免除内容相比,除外责任的风险范围更为广泛。

第三种观点认为,除外责任与保险责任相对,凡是保险责任之外的、保险人不承担保险金赔偿或给付责任的风险,属于除外责任的风险范围。责任免除是在原保险责任范围之内剔除的风险,对于该部分剔除的风险保险人不承担保险金赔偿或给付责任。在这种情形下,除外责任与责任免除都是属于保险人不承担保险金赔偿或给付责任的风险。但是,两者相互独立存在,相互之间不存在互相包含关系,两者共同构成保险人不承担保险金赔偿或给付责任的全部风险和范围。

(四)事实理由分析

针对上述三种观点,笔者赞同第三种观点,具体事实和理由如下:

首先,第一种观点不合理,该种观点完全混淆了责任免除与除外责任的联系与区别,无视二者之间存在的显著区别并且直接将二者简单等同,没有体现责任免除与除外责任自身内容、界限、范围,也没有正确反映责任免除、除外责任与保险责任之间的关系,不符合保险责任理论和实务发展的要求。

其次,第二种观点存在的主要问题是没有反映除外责任与保险责任之间的对应关系,没有正确理解"除外责任是属于保险责任范围之外、保险人不承担保险金赔偿或给付责任的风险",导致保险责任范围内剔除的、保险人不承担保险金赔偿或给付责任的风险也包括在除外责任风险范围之内,产生除外责任与责任免除界限和范围不清的问题。

最后,第三种观点正确反映了保险责任与除外责任、责任免除之间的相互关系,具体来说,一是除外责任与保险责任相对应,一旦保险责任责任条款约定的风险范围确定,除外责任风险范围也相应地确定。可见,保险责任风险范围之外的,都是属于除外责任风险范围。二是反映责任免除与保险责任之间的正确关系,责任免除是将原先属于保险责任范围的一部分风险剔除,针对该部分风险保险人不承担保险金赔偿或给付责任,这是责任免除在理论和实务上的价值与意义。三是体现除外责任与责任免除之间的区别联系,二者的相同之处都是属于保险人不承担保险金赔偿或给付责任的风险,二者之间的区别是除外责任本身属于保险责任范围之外,而责任免除原本属于保险责任范围之内、按照合同约定将给部分责任风险予以剔除,因此保险人不承担保险金赔偿或给付责任。

二、常见险种保险责任、除外责任和责任免除

在保险实务中,保险人提供的保险条款内容,一般通过定义或列举方式确定保险责任范围。当前,保险人在订立保险合同时提供的保险条款内容中,没有区分责任免除与除外责任,将保险人不承担保险金赔偿或给付责任的风险和内容,全部列在责任免除项下。在现阶段实务中,保险人提供的保险条款内容主要通过以下三种方式列明保险人不承担责任情形:一是特定原因造成的损失和费用,保险人不承担赔偿责任;二是特定损失和费用,保险人不承担赔偿责任;三是其他不属于保险合同责任范围内的损失和费用,保险人不承担赔偿责任。保险条款内容的上述表述方式,只是表明保险人不承担责任的情形。但是,在实务中产生一个重要问题就是,保险责任范围之内的责任免除内容,按照保险法的规定应当履行提示和明确说明义务。然而,除外责任属于保险责任范围之外的风险和内容,其本身就不在保险责任范围之内,区别于保险责任免除内容,在订立保险合同时无须履行提示和明确说明义务。因此,如不区分除外责任和责任免除,将保险人不承担保险责任的情形全部罗列在责任免除项下,这在保险法律实务中容易产生扩大保险人在订立保险合同时需要履行提示和明确说明义务的内容范围问题。

下面结合保险实务中比较常见的险种,如企业财产保险、家庭财产保险、公众责任保险、意外伤害保险等,在保险合同现有条款内容按照原有分三种情形列举的基础上,进一步对保险责任、除外责任、责任免除等情形和内容进行区分,以供参考。

(一)企业财产保险

在实务中,企业财产保险一般包括财产基本险、财产综合险、财产一切险、财产险等险种。上述企业财产保险具体险种的保险责任、责任免除内容各不相同,在原有保险条款内容基础上有必要将保险责任、责任免除内容,按照保险责任、除外责任、责任免除进行区分,并予以阐述。

1. 财产基本险

（1）保险责任

①火灾、爆炸、雷击、飞行物体及其他空中运行物体坠落造成保险标的财产毁损或灭失。

②前款原因造成的保险事故发生时，为抢救保险标的或防止灾害蔓延，采取必要的、合理的措施而造成保险标的的损失。

③保险事故发生后，被保险人为防止或减少保险标的的损失所支付的必要的、合理的费用。

（2）除外责任

①投保人、被保险人及其代表的故意或重大过失行为。

②行政行为或司法行为。

③战争、类似战争行为、敌对行动、军事行动、武装冲突、罢工、骚乱、暴动、政变、谋反、恐怖活动。

④地震、海啸及其次生灾害。

⑤核辐射、核裂变、核聚变、核污染及其他放射性污染。

⑥大气污染、土地污染、水污染及其他非放射性污染，但因保险事故造成的非放射性污染除外。

⑦保险标的的内在或潜在缺陷、自然磨损、自然损耗、大气变化、正常水位变化或其他渐变原因，物质本身变化、霉烂、受潮、鼠咬、虫蛀、鸟啄、氧化、锈蚀、渗漏、自燃、烘焙。

⑧暴雨、洪水、暴风、龙卷风、冰雹、台风、飓风、暴雪、冰凌、沙尘暴、突发性滑坡、崩塌、泥石流、地面突然下陷下沉。

⑨水箱、水管爆裂。

⑩盗窃、抢劫。

⑪任何原因导致供电、供水、供气及其他能源供应中断造成的损失和费用。

⑫其他不属于本保险合同责任范围内的损失和费用。

（3）责任免除

①保险标的遭受保险事故引起的各种间接损失。

②广告牌、天线、霓虹灯、太阳能装置等建筑物外部附属设施，存放于露天或简易建筑物内部的保险标的以及简易建筑本身，由于雷击造成的损失。

③锅炉及压力容器爆炸造成其本身的损失。

④本保险合同中载明的免赔额或按本保险合同中载明的免赔率计算的免赔额。

2. 财产综合险

(1)保险责任

①火灾、爆炸、飞行物体及其他空中运行物体坠落。

②雷击、暴雨、洪水、暴风、龙卷风、冰雹、台风、飓风、暴雪、冰凌、突发性滑坡、崩塌、泥石流、地面突然下陷下沉。

③前两款原因造成的保险事故发生时,为抢救保险标的或防止灾害蔓延,采取必要的、合理的措施而造成保险标的的损失。

④被保险人拥有财产所有权的自用的供电、供水、供气设备因保险事故遭受损坏,引起停电、停水、停气以致造成保险标的直接损失。

⑤保险事故发生后,被保险人为防止或减少保险标的的损失所支付的必要的、合理的费用。

(2)除外责任

①投保人、被保险人及其代表的故意或重大过失行为。

②行政行为或司法行为。

③战争、类似战争行为、敌对行动、军事行动、武装冲突、罢工、骚乱、暴动、政变、谋反、恐怖活动。

④地震、海啸及其次生灾害。

⑤核辐射、核裂变、核聚变、核污染及其他放射性污染。

⑥大气污染、土地污染、水污染及其他非放射性污染,但因保险事故造成的非放射性污染不在此限。

⑦保险标的的内在或潜在缺陷、自然磨损、自然损耗,大气(气候或气温)变化、正常水位变化或其他渐变原因,物质本身变化、霉烂、受潮、鼠咬、虫蛀、鸟啄、氧化、锈蚀、渗漏、自燃、烘焙。

⑧水箱、水管爆裂。

⑨盗窃、抢劫。

⑩其他不属于本保险合同责任范围内的损失和费用。

(3)责任免除

①保险标的遭受保险事故引起的各种间接损失。

②广告牌、天线、霓虹灯、太阳能装置等建筑物外部附属设施,存放于露天

或简易建筑物内部的保险标的以及简易建筑本身，由于雷击、暴雨、洪水、暴风、龙卷风、冰雹、台风、飓风、暴雪、冰凌、沙尘暴造成的损失。

③锅炉及压力容器爆炸造成其本身的损失。

④本保险合同中载明的免赔额或按本保险合同中载明的免赔率计算的免赔额。

3. 财产一切险

(1)保险责任

①在保险期间内，由于自然灾害或意外事故造成保险标的直接物质损坏或灭失。

②前款原因造成的保险事故发生时，为抢救保险标的或防止灾害蔓延，采取必要的、合理的措施而造成保险标的的损失。

③保险事故发生后，被保险人为防止或减少保险标的的损失所支付的必要的、合理的费用。

(2)除外责任

①投保人、被保险人及其代表的故意或重大过失行为。

②行政行为或司法行为。

③战争、类似战争行为、敌对行动、军事行动、武装冲突、罢工、骚乱、暴动、政变、谋反、恐怖活动。

④核辐射、核裂变、核聚变、核污染及其他放射性污染。

⑤大气污染、土地污染、水污染及其他非放射性污染，但因保险事故造成的非放射性污染不在此限。

⑥保险标的的内在或潜在缺陷、自然磨损、自然损耗，大气(气候或气温)变化、正常水位变化或其他渐变原因，物质本身变化、霉烂、受潮、鼠咬、虫蛀、鸟啄、氧化、锈蚀、渗漏、烘焙。

⑦盗窃、抢劫。

⑧其他不属于本保险合同责任范围内的损失和费用。

(3)责任免除

①保险标的遭受保险事故引起的各种间接损失。

②设计错误、原材料缺陷或工艺不善造成保险标的本身的损失。

③广告牌、天线、霓虹灯、太阳能装置等建筑物外部附属设施，存放于露天或简易建筑物内的保险标的以及简易建筑，由于雷电、暴雨、洪水、暴风、龙卷

风、冰雹、台风、飓风、暴雪、冰凌、沙尘暴造成的损失。

④锅炉及压力容器爆炸造成其本身的损失。

⑤地震、海啸及其次生灾害。

⑥非外力造成机械或电气设备本身的损失。

⑦被保险人及其雇员的操作不当、技术缺陷造成被操作的机械或电气设备的损失。

⑧盘点时发现的短缺。

⑨任何原因导致公共供电、供水、供气及其他能源供应中断造成的损失和费用。

⑩本保险合同中载明的免赔额或按本保险合同中载明的免赔率计算的免赔额。

(二)家庭财产保险

1.保险责任

(1)火灾、爆炸。

(2)雷电、台风、龙卷风、暴风、暴雨、洪水、暴雪、冰雹、冰凌、泥石流、崖崩、突发性滑坡、地面突然下陷。

(3)飞行物体及其他空中运行物体坠落。

(4)外来不属于被保险人所有或使用的建筑物和其他固定物体的倒塌。

(5)在发生保险事故时,为抢救保险标的或防止灾害蔓延,采取必要的、合理的措施而造成保险标的的损失。

(6)保险事故发生后,被保险人为防止或者减少保险标的的损失所支付的必要的、合理的费用。

2.除外责任

(1)投保人、被保险人及其家庭成员、寄居人、雇佣人员的故意或重大过失行为。

(2)战争、敌对行动、军事行为、武装冲突、罢工、骚乱、暴动、恐怖活动。

(3)核辐射、核爆炸、核污染及其他放射性污染。

(4)地震及其次生灾害。

(5)行政行为或司法行为。

(6)大气污染、土地污染、水污染及其他各种污染,但因本保险合同责任范围内的事故造成的污染不在此限。

(7)其他不属于本保险合同责任范围内的损失和费用。

3. 责任免除

(1)家用电器因使用过度、超电压、短路、断路、漏电、自身发热、烘烤等原因所造成本身的损毁。

(2)坐落在蓄洪区、行洪区或在江河岸边、低洼地区以及防洪堤以外当地常年警戒水位线以下的家庭财产,由于洪水所造成的一切损失。

(3)保险标的本身缺陷、保管不善导致的损毁;保险标的的变质、霉烂、受潮、虫咬、自然磨损、自然损耗、自燃、烘焙所造成本身的损失。

(4)保险标的遭受保险事故引起的各种间接损失。

(5)本保险合同中载明的免赔额,或按本保险合同中载明的免赔率计算的免赔额。

(三)公众责任保险

1. 保险责任

(1)保险期间内,被保险人在保险单载明的地点范围内,合法从事生产、经营等活动时发生意外事故造成第三者人身伤亡或财产损失,依照中华人民共和国法律应由被保险人承担的经济赔偿责任。

(2)被保险人因保险事故的发生而被提起仲裁或者诉讼的,对应由被保险人支付的仲裁或诉讼费用以及事先经保险人书面同意支付的其他必要的、合理的费用。

2. 除外责任

(1)被保险人或其雇员因从事医师、律师、会计师、设计师、建筑师、美容师或其他专门职业所发生的赔偿责任。

(2)不洁、有害食物或饮料引起的食物中毒或传染性疾病,有缺陷的卫生装置,以及售出的商品、食物、饮料存在缺陷造成他人的损害。

(3)对于未载入本保险单而属于被保险人的或其所占有的或以其名义使用的任何牲畜、车辆、火车头、各类船只、飞机、电梯、升降机、自动梯、起重机、吊车或其他升降装置造成的损失。

(4)由于震动、移动或减弱支撑引起任何土地、财产、建筑物的赔偿责任。

(5)被保险人因改变、维修或装修建筑物造成第三者人身伤亡或财产损失的赔偿责任。

(6)未经有关监督管理部门验收或经验收不合格的固定场所或设备发生火灾爆炸事故造成第三者人身伤亡或财产损失的赔偿责任。

(7)因保险固定场所周围建筑物发生火灾、爆炸波及保险固定场所,再经保险固定场所波及他处的火灾责任。

(8)投保人、被保险人及其代表的故意或重大过失行为。

(9)战争、敌对行为、军事行为、武装冲突、罢工、骚乱、暴动、恐怖活动、盗窃、抢劫。

(10)行政行为或司法行为。

(11)核反应、核辐射和放射性污染。

(12)地震、海啸、雷击、暴雨、洪水、火山爆发、地下火、龙卷风、台风、暴风、暴雪等自然灾害。

(13)烟熏、大气、土地、水污染及其他污染。

(14)锅炉爆炸、空中运行物体坠落。

(15)被保险人游泳池发生意外事故造成的第三者人身伤亡或财产损失。

(16)被保险人固定场所内布置的广告、霓虹灯、灯饰物发生意外事故造成的第三者人身伤亡或财产损失。

(17)被保险人停车场发生意外事故造成的第三者人身伤亡或财产损失。

(18)被保险人因出租房屋或建筑物发生火灾造成第三者人身伤亡或财产损失的赔偿责任。

(19)其他不属于本保险合同责任范围内的损失和费用。

3. 责任免除

(1)被保险人或其代表、雇佣人员人身伤亡的赔偿责任,以及上述人员所有的或由其保管或控制的财产的损失。

(2)罚款、罚金或惩罚性赔款。

(3)被保险人与他人签订协议所约定的责任,但应由被保险人承担的法律责任除外。

(4)精神损害赔偿。

(5)被保险人及第三者的一切间接损失。

(6)本保险合同中规定的应由被保险人自行负担的免赔额或免赔率。

（四）意外伤害保险

1. 保险责任

在保险期间内，被保险人因遭受意外伤害而致身故或伤残的，保险人依照下列约定给付保险金，且给付各项保险金之和不超过本保险合同载明的保险金额。

（1）身故保险责任

在保险期间内，被保险人遭受意外伤害事故，并自事故发生之日起 180 日内因该事故身故的，保险人按本保险合同载明的保险金额给付身故保险金，对该被保险人的保险责任终止。

被保险人因遭受意外伤害事故且自该事故发生日起下落不明，后经人民法院宣告死亡的，保险人按本保险合同载明的保险金额给付身故保险金。但若被保险人被宣告死亡后生还的，保险金受领人应于知道或应当知道被保险人生还后 30 日内退还保险人给付的身故保险金。被保险人身故前已领有保险合同约定的伤残保险金的，身故保险金为保险金额扣除已给付伤残保险金后的余额。

（2）伤残保险责任

被保险人因遭受意外伤害事故，并自事故发生之日起 180 日内因该事故造成本保险合同所附《人身保险伤残评定标准》（中保协发〔2013〕88 号，以下简称《伤残评定标准》）所列伤残程度之一者，保险人按该标准所列伤残程度对应的保险金给付比例乘以本保险合同载明的保险金额给付伤残保险金。如第 180 日治疗仍未结束的，按第 180 日的身体情况进行伤残鉴定，并据此给付伤残保险金。

被保险人如在本次意外伤害事故之前已有伤残，保险人按合并后的伤残程度在《伤残评定标准》中所对应的给付比例给付伤残保险金，但应扣除原有伤残程度在《伤残评定标准》中所对应的伤残保险金。

2. 除外责任

因下列原因造成被保险人身故或伤残的，保险人不承担给付保险金责任：

（1）投保人的故意行为；

（2）被保险人自致伤害或自杀，但被保险人自杀时为无民事行为能力人的除外；

（3）因被保险人挑衅或故意行为而导致的打斗、被袭击或被谋杀；

（4）被保险人妊娠、流产、分娩、疾病、药物过敏；

(5)被保险人接受整容手术、其他内外科手术或其他诊疗活动过程中发生的医疗意外和医疗损害;

(6)被保险人未遵医嘱,私自服用、涂用、注射药物;

(7)被保险人因遭受意外伤害以外的原因失踪而被法院宣告死亡者;

(8)任何生物、化学、原子能武器,原子能或核能装置所造成的爆炸、灼伤、污染或辐射;

(9)恐怖袭击;

(10)其他不属于保险责任范围内的损失和费用。

发生上述情形,被保险人身故的,保险人对该被保险人的保险责任终止,并按日计算退还未满期净保险费。

3. 责任免除

被保险人在下列期间遭受伤害以致身故或伤残的,保险人也不承担给付保险金责任:

(1)战争、军事行动、暴动或武装叛乱期间;

(2)被保险人从事非法、犯罪活动期间或被依法拘留、服刑期间;

(3)被保险人醉酒或受毒品、管制药物的影响期间;

(4)被保险人酒后驾驶、无有效驾驶证驾驶或驾驶无有效行驶证的机动车期间;

(5)被保险人从事潜水、跳伞、攀岩运动、探险活动、武术比赛、摔跤比赛、特技表演、赛马、赛车等高风险的活动期间。

发生上述情形,被保险人身故的,保险人对该被保险人的保险责任终止,并按日计算退还未满期净保险费。

第四节 确定保险金额、保险价值和赔偿限额

在承保实务中,涉及有关人身保险的保险金额的确定,由于人身保险的保险标的是人的寿命和身体,无法用货币进行价值衡量,不存在保险价值问题,因此在确定保险金额时主要考虑国家规定要求的限额以及投保人保险费的交付意愿和能力。在财产保险中,保险人需要依照投保单等资料,对保险标的财产有关保险金额和保险价值进行核定。按照保险法有关规定,保险金额不得超过

保险价值，超过保险价值的，超过部分无效。保险金额低于保险价值的，除合同另有约定外，保险人按照保险金额与保险价值的比例承担赔偿保险金责任。因此，鉴于被保险人保险标的风险保障要求，以及保险人能够足额收取保费考虑，保险人在承保时应注意保险金额与保险价值基本一致。下面以企业财产保险为例，说明保险金额和保险价值的确定。

一、保险金额

企业财产保险中保险金额的确定，具体可参照本书第二章有关投保内容。

二、保险价值

针对固定资产、流动资产、账外财产、代保管财产等企业财产保险标的不同形态，保险标的财产的保险价值确定方式会有所区别。一般来说，固定资产保险价值按照出险时的重置价值确定；流动资产保险价值按照出险时的账面余额确定；账外财产和代保管财产依据相应具体财产性质，按照出险时的重置价值或账面余额确定。保险实务中，结合保险标的有关情况，保险价值的确定方式还包括出险时市场价值、评估价值或者其他方式。

三、赔偿限额

在财产损失保险中，可以直接用货币确定保险标的财产的保险金额和保险价值。但是，在责任保险、保证保险和人身保险等非物质财产损失保险的承保中，无法通过确定保险标的保险金额或保险价值方式承保，在实务中主要是通过设定赔偿限额方式，确定保险人承担赔偿或给付保险金责任的最高限额。

赔偿限额是指保险人和投保人在保险合同中约定的，保险人承担保险责任的最高赔偿金额。一般来说，保险事故发生后被保险人有关诉讼费用也包含在赔偿限额内。赔偿限额主要包括每次事故赔偿限额、累计赔偿限额、每人赔偿限额等情形。

（一）每次事故赔偿限额

每次事故赔偿限额是指每次保险事故或者同一原因产生的一系列保险事故发生后，保险人向被保险人支付保险赔偿金的最高限额。在实务中，保险人在每次事故赔偿限额基础上，可以根据情况设定每次事故财产损失赔偿限额和人身伤亡赔偿限额。

（二）累计赔偿限额

累计赔偿限额是指在保险期间内，被保险人发生多次保险事故的，保险人向被保险人支付保险赔偿金的总额，不得超过保险合同约定的累计赔偿金额。在实务中，保险人可以依据具体实际情况，与投保人协商在累计赔偿限额基础上，确定财产损失累计赔偿限额和人身伤亡累计赔偿限额。保险合同约定的累计赔偿限额要高于每次事故赔偿限额。

（三）每人赔偿限额

每人赔偿限额是指在每次保险事故发生后，保险人向单个被保险人支付的赔偿限额。保险人在承保中需要确定每人赔偿限额的，应当综合考量被保险人的岗位、职务、年龄以及其他风险等因素，由保险人与投保人在自愿协商基础上合理确定。

第五节　核　　保

核保是指保险人审核投保人的投保需要、被保险人情况是否符合承保条件和要求，决定是否同意承保保险标的或被保人相关风险以及确定具体承保条件。在实务中，保险人通过核保环节，将投保人的投保风险进行分类并确定不同的承保条件。可见，核保是保险人进行风险管理和控制的重要环节，也是保险业务合法合规和稳定性的重要保障。本节将重点围绕财产保险核保实务，阐述保险人核保的主要内容，包括被保险人有关情况、投保单、历史承保及赔付情况、承保条件审核等。

一、被保险人情况

（一）基本情况

（1）被保险人是个人的，基本情况涉及年龄、性别、职业、岗位、工种、身体健康状况、工作条件、负债等因素的分析。

（2）被保险人是企事业单位或团体的，基本情况涉及所属行业、经营状况、财务状况、管理水平、风险防控制度、主要保险标的、主要市场渠道、公司信誉等因素的考察。

（二）主要风险

1. 财产保险

考虑相关自然灾害因素，诸如承保保险标的为仓储货物，必须放置 10 ~ 15 公分垫板；露天堆置财产，应回避暴风、暴雨、洪水责任；位于江、河、湖、海边、低洼地区以及洪水警戒线下财产或者蓄洪区、行洪区财产，应回避财产综合险；以往暴雨、洪水、台风出险频率较高的财产，应回避财产综合险或财产基本险附加暴雨、暴风、洪水责任；即将发生或已遭暴雨、洪水、台风袭击的危险财产，除按期续保外，应回避承保。

考虑不同险种承保不同标的财产有关风险，如机器损坏险、锅炉压力容器险、电脑保险、利润损失险、现金险等，分别承保相应不同保险标的财产的风险。在核保过程中，机器损坏险应注意发生事故频率、超负荷运行以及使用期限较短机器部件、二手机器设备等有关财产的风险控制；锅炉压力容器险应关注锅炉压力容器质量是否符合有关规定要求、日常操作和运行管理制度是否健全规范、故障检查检修是否符合要求等；电脑保险应注意雷击、火灾、爆炸、水损和使用人操作规范等风险；利润损失险应关注企业是否处于亏损状态、毛利润确定保额是否合理以及是否明显超额投保等；现金险应考虑被保险人现金管理制度是否健全、投保金额是否合理。

2. 责任保险

公众责任保险，应注意“场所责任”的保险特性。如有多个地址的，应当分别出具保险单承保并核算保险费，还要特别关注承保范围是否扩展。同时，不同场所风险性质有所不同。其中，物业责任险需要考虑物业公司管理人员、制度、承包关系情况；饭店和旅馆责任险中，被保险人星级等级是衡量管理水平的很重要标志；产品责任险中，保险标的产品等级是风险重要的参考依据。

雇主责任险应注意不同企业、不同岗位、不同工种风险系数差异，建议采取不同费率和条件承保。同时，应避免投保人选择性投保风险较高岗位、工种，支付较少保险费以及转嫁主要风险；谨慎采取不记名投保方式，避免不足额投保，并且可以约定出险后按照被保险雇员人数与实际雇员人数比例乘以损失金额确定保险赔付金额。

产品责任险应注意了解投保人及投保产品有关信息,特别关注保险标的产品是否属于技术水平相对较低、发生质量事故较多的产品,包括投保人是否只投保了部分高风险产品或者销售到产品质量要求严格、风险较高地区的产品,投保人是否隐瞒了真实销售数量以减少保险费等其他情况。

3. 意外伤害保险

团体人身意外伤害保险应注意审核投保人是否隐瞒日常作业风险程度,考察被保险团体成员年龄结构、岗位差异、风险区别,采取不同危险程度确定不同承保条件;应注意审核团体成员投保资格要求,对新进员工要求有一定观察期,如设定投保后一定时间的保险合同生效等待期,以避免出险后突击投保的道德风险;同时,应关注团体被保险成员基本数量要求、被保险团体成员参加率以及被保险团体成员的自然合理流动情况。

个人人身意外伤害保险应重视被保险人道德风险防范,如财务状况较差的,要考虑是否有不良投保动机;保险金额远远超过收入水平的,应注意是否具有合理性;以他人生命或身体为保险标的,应审核是否具有保险利益,是否经过被保险人同意,被保险人签名是否真实;投保人指定第三者为受益人的,是否经过被保险人同意等内容。

附加意外医疗保险应特别注意审核职业危险性系数较高、手工操作性较强、发生较小伤害可能产生较大索赔金额、发生意外伤害和职业病可能性较大的工作;同时,以医疗费用支付为给付条件的,可以设定一定金额免赔条件或免赔比例。

二、投保单

(一)投保人、被保险人、受益人

在投保人、被保险人、受益人的核保中,应注意投保人和被保险人必须是在中国境内具有民事权利能力和民事行为能力,依法独立享有民事权利和承担民事义务的自然人、法人或非法人组织。其中,人身保险的投保人在保险合同订立时,对被保险人应当具有保险利益。除父母为子女投保人身保险外,投保人不得为无民事行为能力人投保以死亡为给付保险金条件的人身保险。投保人指定受益人的,需要经被保险人同意。投保人为与其有劳动关系的劳动者投保人身保险,不得指定被保险人及其近亲属以外的人为受益人。

(二)保险标的

在保险标的核保中,应注意不同类别财产保险标的属于不同险种承保,诸如固定资产、流动资产、代保管财产和其他未入账财产适用企业财产保险承保,机器设备适用机器损坏险,企事业单位各类现金、票据适用现金险等。同时,应注意有关财产保险标的具体地址是否清楚;财产保险标的清单是否分项列明;按照资产负债表投保的,是否负有具体财产清单;企事业单位团体意外伤害保险、各类责任保险的被保险人清单是否齐全;公众责任保险具体责任范围、地址是否已经具体明确。

(三)保险利益

保险利益是保险合同成立的前提要件。在保险利益的核保中,按照保险法的有关规定,注意财产保险的被保险人在保险事故发生时对保险标的应具有保险利益,人身保险的投保人在保险合同订立时对被保险人应具有保险利益。可见,投保人、被保险人在保险合同订立时或发生保险事故时是否具有相应的保险利益是核保的重要内容。

(四)险种、保险期限、保险金额、保险费率、保险费

在核保过程中,保险人还需要关注投保单中要求承保的具体险种是否明确;一般来说,财产保险期限为一年,具体时间约定是否准确;保险金额是否正确书写,是否存在不足额投保或超额投保;保险费率适用是否正确;保费计算是否正确,如分期支付的,具体支付金额、时间是否明确;分期支付的、按照支付比例承担赔偿责任内容是否明确约定等。

(五)投保人、被保险人签章

在承保实务中,投保人、被保险人在投保单等有关内容上的签章是否真实有效,是审核投保单内容是否属于投保人、被保险人的真实投保意愿,以及保险合同中免赔条款、免赔率以及责任限额约定内容是否依法成立和合法有效的重要依据。对此,实务中主要涉及以下内容的审核:

(1)投保单内容是否由投保人、被保险人自行填写。

(2)人身保险有关保险金额、受益人约定是否经被保险人签字确认。

(3)投保单有关特别约定内容是否经投保人签章确认。

(4)投保单有关责任免除内容、免赔额、免赔率、赔偿限额等限制或免除保险人责任内容,是否已经履行提示和明确说明义务。

(5)投保人是否签章确认收到保险单、保险条款,以及保险条款中有关保险责任、责任免除条款内容,是否经过投保人签章确认并已经向其履行提示和明确说明义务。

三、过往承保及损失情况

一般来说,过去五年承保损失和赔付情况,能够比较客观反映承保风险状况,以及被保险人身体状况是否符合承保要求,真实反映投保人风险控制和管理能力,是保险人核保过程中对风险评估的重要依据。如果保险标的财产或风险,很多年没有出险,或者由于很多年一遇的自然灾害出险,应当认为属于优质业务;相反,如果出险次数较多,或者经常发生有较大损失事故的,投保人仍没有进行有效整改的,应认真考虑是否同意承保、审核承保条件以及有关费率标准。

四、承保条件

(一)保险条款

在保险条款审核中,保险人需要对承保具体险种、适用具体条款进行审核,注意不同保险标的或保险需求适用不同保险条款,如涉及机器设备本身损失的,应当投保机器设备损失险,而不是企业财产保险。同时,具体险种适用的主条款应当经过保险监督管理部门审批(备案)或登记。如因投保人特殊需要或保险人新保险产品开发涉及非标准条款(合同)的,应由保险人风控合规部门审核,或报保险监管部门备案或登记。

(二)保险费率

在保险实务中,保险费率包括年费率、短期费率、月费率、日费率。如没有特别说明,一般来说保险费率是指年费率。保险人保险费率的核定,需要考虑各种因素后综合分析,实务中主要包括以下几个方面内容的审核:

(1)人身保险中被保险人的年龄、性别、职业、身体状况、过往病史、家庭成员、家族病史、经济条件、财务状况、支付能力、资信情况等。

(2)财产险中保险标的内在属性、地理环境、水文气象地质、风险类别,责任险、意外险、保证保险以及信用保险中被保险人所属行业、工种、职业风险、经济状况、经营管理情况等。

(3)保险标的生产流程、工艺、质量标准、安全规范、消防环保情况等。

(4)保险标的历年出险及赔付情况、免赔额、免赔率、特别条款约定内容。

(三)免赔额(率)

在核保过程中,保险人有关免赔额、免赔率的确定,主要考虑是否属于续保业务、被保险人营业性质、行业属性、保险标的是否属于易燃易爆、保险标的地理位置和气象水文、日常管理和风险控制制度以及被保险人年龄结构、工种、财务状况等。

(四)特别约定

保险合同中特别约定内容,是保险人在核保过程中需要重点关注审核的事项。一方面,特别约定内容是保险合同的重要组成部分,在保险法律实务中,如果发生特别约定内容与一般保险条款相冲突的,特别约定条款效力高于一般保险条款。另一方面,特别约定内容,通常涉及保险责任范围的调整,事关投保人、被保险人主要权利义务内容,是保险事故发生后理赔过程中产生争议纠纷的主要事项。因此,保险合同有关特别约定内容,务必做到表述全面、准确,努力避免出现歧义。

(五)附加条款

附加条款主要是指对主条款的扩展或补充。附加条款,一般在附加险情形下使用,以扩展主条款的保险责任,增加了保险人的保险责任范围,如机动车损失保险中附加盗抢、涉水、划痕等各种条款。同时,附加条款作为对投保人、被保险人的要求,还可以用作限制保险人保险责任,如企业财产综合险中附加消防保证条款,在保险事故发生后,投保人、被保险人只有符合消防要求条件时,保险人才承担赔偿责任。可见,在核保过程中,需要依照各类条款具体情况,审核附加条款内容是否符合保险人风险控制的要求,以及是否符合投保人和被保险人的保险需求。

第六节 有关法律问题

一、保险协议、特别约定与批单问题

(一)保险协议

在承保实务中,如投保人为企事业单位团体的,特别是保险人通过招投标方式取得保险业务的,通常会涉及保险人在中标后,与投保人签订保险协议方式确定当事人保险权利义务,并约定保险协议作为保险合同的组成部分。但是,这种方式承保的,在实务中会产生以下问题:一方面,保险协议作为投保人与保险人在承保过程中协商确定的内容,其法律效力高于保险人自己出具的保险单、保险条款,在上述内容彼此产生歧义和冲突的情况下,存在保险协议内容优先适用的问题。另一方面,保险协议内容往往只涉及一些主要权利义务或重点关注内容,这类保险协议的存在会对投保单、保险单、保险条款组成的相对完整保险合同内容体系产生冲击,并改变保险责任范围、保险人责任免除以及保险理赔程序和内容等保险合同重要内容和事项。因此,在核保过程中,应当严格规范和限制在保险单、保险条款之外另行签订保险协议,如确有需要约定部分内容,建议在投保单、保险单的特别约定中进行明确,确保有关合同约定内容合法、规范和有效。

(二)特别约定

针对不同保险合同的具体情况,保险人与投保人在投保单、保险单中通过特别约定方式,对有关保险标的、保险责任范围、免赔额、免赔率、赔偿限额、受益人等保险合同内容进一步进行明确约定或部分调整。一般来说,特别约定属于投保人和保险人在订立保险合同时,经双方平等协商后确定的内容,不属于保险人为重复使用而事先拟定、在订立保险合同时未与投保人协商确定的条款。因此,不应将特别约定内容认定为格式条款。在保险法律实务中,越来越多判例已经明确,特别约定内容经投保人签章确认,构成保险合同组成部分,对保险合同当事人、关系人具有法律约束力。同时,由于特别约定不属于格式条款,不应适用《保险法》第 19 条有关格式条款的无效规定。同样,也不适用《保

险法》第17条有关责任免除内容需要保险人在订立保险合同时履行提示和明确说明义务的要求。

(三)批单

在保险合同履行过程中,涉及被保险人、保险标的等保险合同内容有关事项变更的,保险人通过批单形式对保险单内容进行变更或补充。在保险法律实务中,按照有关司法解释的规定,保险凭证形成时间不同的,以形成时间在后的为准。因此,批单效力优于保险单,批单批注内容优先于保险单相关内容的适用。同时,在保险实务中,特别是涉及团体意外险或雇主责任险等,保险单中列明投保单位雇员或被保险人变动后,应当及时要求进行批改增加或减少。否则,应增加而未及时增加的,事故发生后保险人不承担赔偿责任;应减少而未及时减少的,保险事故发生后保险人仍需承担保险赔偿责任。同时,在保险实务中,还经常出现投保人申请增加被保险人、保险人同意进行批改并在批改当天发生保险事故,或投保人不知被保险人已发生保险事故并申请批改减少该被保险人,在上述情况下保险人是否应当承担保险赔偿责任问题,在实务中还有较大争议,存在各种不同判例。可见,保险合同履行过程中,发生保险合同内容有关事项变更的,应当及时进行批改。这对于减少保险活动当事人之间争议和纠纷具有重要意义。

二、保险合同内容有关问题

在保险实务中,保险合同内容的问题主要是,在投保单、保险单、保险条款、批单等保险凭证上,有关保险责任范围的确定、除外责任和责任免除的区分、定值保险与不定值保险等涉及保险合同主要权利义务内容范围的界定问题,这些问题在实务中容易产生争议纠纷。

(一)保险责任范围确定问题

保险责任属于保险合同的主要内容,保险责任范围涉及保险合同主要权利义务的范围和界限。在保险实务中,由于保险责任范围约定不明,容易产生各种争议纠纷问题。例如,在公众责任险中,保险责任条款一般约定保险人责任范围限于被保险人在从事合法生产、经营等活动时发生意外事故造成第三者的人身伤亡或财产损失,依法由被保险人承担的经济赔偿责任,由保险人负责赔偿。在保险实务中,如被保险人雇员违法行为或第三者自己过失行为导致人身和财产损失的发生,是否属于公众责任险的保险责任范围,在法律实务中存在较多争议。又如,在财产一切险中,保险责任条款约定意外事故属于保险责任范围,同时约定意外事故是指不可预料、被保险人无法控制并造成物质损失或人身伤亡的突发性事件,包括火灾和爆炸。然而,在法律实务中,如何理解和认定"不可预料的""被保险人无法控制"等有关内容,会产生较大争议纠纷。

(二)除外责任与责任免除问题

除外责任与责任免除,两者共同点都是属于约定保险人不承担保险金赔偿或给付责任的风险。但是,两者的区别也是显而易见的,主要表现为:一是除外责任是由于其本身在保险责任范围之外,不属于保险人责任范围之内,保险人无须承担保险赔偿责任的内容;责任免除是将原先属于保险责任的部分风险予以剔除,保险人对该部分剔除的风险不承担保险赔偿责任。二是除外责任与保险责任相对应,共同确定保险合同主要权利义务界限范围。因此,除外责任与保险责任一样,属于保险合同基本权利义务内容,其与保险责任一道在保险合同生效时产生合同效力,保险人对于除外责任无须履行免责条款的提示和明确说明义务。但是,责任免除内容是按照保险合同约定将原先属于保险责任的风险予以剔除,属于限制或者免除保险人责任的内容。依照保险法和有关司法解释的规定,保险人在订立保险合同时应向投保人履行责任免除条款的提示和明确说明义务。否则,该责任免除条款对投保人、被保险人没有法律约束力。在保险实务中,保险人在订立保险合同时提供的保险条款并没有区分除外责任与责任免除,将除外责任内容直接约定在责任免除条款项下,在实务中引起理解和适用的混乱与争议纠纷。

(三)约定保险价值与定值保险问题

定值保险是指保险价值确定的保险,一般需要在订立保险合同时约定保险价值具体金额。但是,在保险合同中有保险价值约定的,未必属于定值保险,如在保险单中约定按照出险时重置价确定保险价值。在保险实务中,定值保险适用于特定保险标的和特殊领域,如字画、工艺品、海上货物运输等。在实务中财产保险一般都是属于不定值保险。在承保实务中,许多保险单都会约定保险价值的确定方式,比如出险时重置价等,并约定重置价值是指替换、重建受损保险标的,以使其达到全新状态而发生的费用。但是,保险单中又没有明确说明本次保险属于不定值保险。这在保险法律实务中,容易产生不同理解并引发争议纠纷。因为根据《保险法》第 55 条第 1 款有关定值保险的规定内容,“投保人和保险人约定保险标的的保险价值并在合同中载明的,保险标的发生损失时,以约定的保险价值为赔偿计算标准”。可见,在保险单中约定保险价值按照出险时重置价值进行确定,如在保险单中没有明确约定属于不定值保险,在保险事故发生后被保险人可能会要求保险人按照定值保险进行赔偿,由此双方之间产生争议纠纷。

三、保险合同成立生效前保险责任承担问题

在保险实务中,投保人支付保险费后,保险人在核保过程中或者核保通过后但在保单约定的生效时间之前发生保险事故的,保险人是否应当承担保险赔偿责任。

1. 在法律层面,根据《保险法》第 13 条、第 14 条的规定,保险人同意承保时保险合同成立,投保人缴纳保费与保险合同是否成立没有直接关联,投保人和保险人可以对保险合同效力附条件或期限。可见,在保险法规定上,保险合同是诺成合同,保险人在同意承保的意思表示前,无论投保人是否交付保费,保险合同尚未成立,发生事故的,保险人无须承担保险赔偿责任;保险人作出同意承保的意思表示,但是保险合同约定有生效时间的,该生效时间约定符合保险法的有关规定,对于生效时间前发生的事故,保险人无须承担保险赔偿责任。因此,从保险法规定来看,上述两种情况下发生事故的,虽然投保人支付了保险费,保险人依法无须承担保险赔偿责任。

2. 在保险行业和司法实务层面,就保险行业惯例来说,保险人在作出同意承保的意思表示之前,投保人与保险人之间的保险合同尚未成立,保险人当然无须承担保险赔偿责任;保险合同约定次日生效或约定生效条件的,在保险合同约定的生效时间之前发生事故的,由于保险合同尚未生效,保险人的保险责任尚未开始。在上述两种情况下,按照保险行业通行做法,保险人无须承担保险赔偿责任。但是,在保险法律实务中,根据《保险法司法解释(二)》第 4 条的规定,投保人交付保险费后,保险人在作出承保意思表示前发生事故的,符合承保条件的,保险人承担赔偿责任。按照该司法解释的规定,在保险合同成立之前或者在保险合同生效之前发生事故的,只要投保人交付保险费并符合承保条

件的,保险人都应当承担赔偿责任。可见,该司法解释规定内容,脱离了我国保险法有关保险合同成立生效、保险责任承担的规定,照抄照搬国外部分保险法规定保险合同以保险费交付作为保险合同成立以及保险人承担保险责任的立法体例①,与我国保险行业通行做法相违背。

四、其他法律风险防范问题

在核保过程中,除了需要对保险标的、被保险人、保险利益、保险费率等常规事项风险审核外,还涉及对有关保险标的或被保险人签订的相关协议的法律风险进行审核。如涉及保险人代位求偿权的行使,保险人应在订立保险合同时审核投保人、被保险人就保险标的与相关第三方之间是否签有协议,特别需要了解和分析是否存在免除第三者赔偿责任的内容。一般来说,在保险合同订立前,投保人、被保险人与第三者之间签订的协议内容,属于保险人在承保时需要考虑的风险因素。如被保险人在协议中约定放弃对可能造成事故第三者的索赔权利,被保险人在保险事故发生后对第三者没有要求赔偿的权利,那么保险人在向被保险人赔偿保险金后,自然不能享有代位被保险人向该第三者主张要求赔偿的权利。可见,在核保实务中,需要关注被保险人与第三者之间是否存在各类协议事项,以及分析相关协议对保险人保险责任承担、行使保险人代位求偿权等可能产生的影响。

---

① 最高人民法院民事审判第二庭编著:《最高人民法院〈关于保险法司法解释(二)理解与适用〉》,人民法院出版社 2015 年版,第 128 页。

第四章　理　　赔

在保险实务中，保险理赔是指在保险事故发生后被保险人、受益人向保险人提出索赔，保险人依据保险法规定和保险合同约定内容、程序、方式履行保险赔偿内容要求，向被保险人、受益人承担保险金赔偿或给付责任的总称。本章主要结合财产保险、责任保险、意外伤害保险理赔等相关事项，重点围绕保险理赔有关内容、程序、方式等进行梳理，系统分析和阐述保险理赔实务有关的主要内容和注意事项。

第一节　理赔流程

一般来说，在保险实务中保险理赔流程和内容，主要包括案件受理、现场查勘、责任审核、损失核定、赔款计算、保险赔付以及追偿等理赔实务环节和相应内容。

一、受理案件

在保险事故发生后，投保人、被保险人、受益人通知保险人有关出险情况，保险人记录有关事故信息，通过查核保险单相关信息，确定具体承保单位并指定查勘人员。在保险理赔实务中，保险人受理案件有关的主要工作事项和内容包括：

1. 了解被保险人出险情况以及保险标的损失情况及相关信息，包括但不限于出险时间、地点、原因、经过、主要受损财产、有无人员伤亡、是否存在第三者责任、是否向公安交警和消防等行政主管部门报案、是否采取措施减少损失等。

2. 通过理赔系统查核保险单相关信息,包括被保险人信息、保险标的、批单信息、投保单、保险费支付、保险期间、保险责任,指定查勘人员赶赴事故现场进行查勘。

二、现场查勘

在接到投保人、被保险人、受益人的出险报案后,保险人指派保险理赔人员赶赴事故发生现场或医院等场所,对事故的发生、被保险人、损失情况进行勘查和询问,第一时间收集和掌握事故有关信息材料,帮助和指导投保人、被保险人现场施救。在保险理赔实务中,现场查勘的主要工作事项和内容包括:

1. 现场调查,查明出险时间、地点、事故原因,包括被保险人和保险标的基本情况、事故发生的详细经过以及主要病情和受损财产情况,如采取摄影摄像方式记录财产损失状态。

2. 固定损失,通过查阅被保险人或者第三者住院就诊记录了解病情病因,查看资产负债表、明细账、记账凭证、出入库单据等核实出险时保险标的账面金额以及受损标的库存、单价和金额,与被保险人共同清点确认受损财产名称、数量、规格、型号。

3. 现场施救,协助和指导投保人、被保险人进行现场施救,采取必要措施防止和减少损失。

三、责任审核

保险人依据现场查勘并收集的有关材料,按照法律法规和保险合同约定内容,确定所涉事故是否属于保险合同约定的保险责任范围内事故。在保险理赔实务中,责任审核主要工作事项和内容包括:

1. 查明事故原因,如有事故证明材料的,确定病因和病情,确定时间是否在保险期间以及保险索赔期限内、地点是否在保险地址范围、事故是否属于保险责任范围。

2. 查明被保险人情况,以及受损财产在事故发生前状况,如是否属于过期、残次、缺陷财产。

3. 明确有关医疗、就诊、用药等费用是否属于保险合同约定的责任范围,以及受损财产及有关费用具体属于直接损失还是间接损失,是否在保险责任范围内。

4. 明确被保险人在投保时是否隐瞒有关疾病情况，保险事故的发生是否由第三者引起等。

四、损失核定

保险人在现场查勘、责任核定基础上，依据投保单、保险单等承保资料，结合收集的住院就诊、医药费用凭证和财务凭证材料以及现场查勘清点财产，核定有关医药费用和损失清单项下数量、单价、金额等，并最终确定被保险人医疗费用和保险标的损失金额。在保险理赔实务中，损失核定是理赔工作关键环节，涉及保险赔偿金额的确定，直接关系到被保险人、受益人的利益。损失核定主要工作事项和内容包括：

1. 人身损害，应当包括相关部门出具的事故证明或责任认定书、被保险人或伤者年龄、医院病历资料、诊断书、伤残鉴定、死亡证明、医疗费发票、被扶养人情况、残疾用具证明、工资损失证明、诉讼仲裁费用等。

2. 房屋、建筑物、机器设备等固定资产，在查明资产负债表项下固定资产余额、固定资产明细账、固定资产折旧计提表以及记账凭证和原始凭证等，确定受损固定资产具体信息，确认是否属于保险标的，了解保险标的原始价值和实际价值。

3. 原材料、产成品、库存商品、在产品等存货资产，结合现场查勘清点统计情况，按照资产负债表项下存货余额，查明存货项下各科目余额并确定事故发生时实际余额。其中，原材料、产成品、库存商品可以查明细账，确定事故发生当时库存数量、单价、金额；在产品可以通过分析生产成本、制造费用等确定单价。

4. 在建工程受损，可以查阅资产负债表项下在建工程余额、在建工程预算、在建工程明细账，确定事故发生时受损在建工程项目的实际成本和费用。

5. 施救费用、残值金额，在损失核定过程中，还需要逐项审核被保险人在保险事故发生后的施救费用清单，去除不属于施救费用的项目，扣减施救过程中使用的非一次性消耗物品的价值。同时，对于受损财产，如有残值的，还需审核残值金额。

6. 增值税、关税

(1) 增值税方面，财产保险的保险标的涉及固定资产、存货、在建工程的，区分不同情况处理：

房屋、建筑、机器设备等固定资产、在建工程，如以估价方式投保的，一般来说保险金额包括税款;如以账面原值投保的,保险金额不包括税款,按照现行税收政策,相应税款可以进行抵扣。因此,无论是按照估价投保还是账面原值投保,在计算损失金额中应扣除相应税款。

存货,如产成品、在产品、原材料,按照价税分离原则,一般来说保险金额中不包括增值税,在计算损失金额时,应当扣除相应税款。另外,如企业购买属于免税产品,出险后计算上述产品保险赔偿金额时,保险人应当剔除相应税额。

(2)关税方面,如进口机器设备包含关税的,计算损失金额时应当包含关税;如进口机器设备不包含关税,计算损失金额时应当不包括关税。一般来说,如属于来料加工企业,原材料进口和产成品出口属于免税,在计算损失金额时,原材料应按照进价,在产品、产成品应按照实际成本确定。

五、赔款理算

在保险理赔实务中,保险人经过查勘定损、责任审核以及保险标的财产损失金额核定,按照保险合同约定确定免赔额(率)、计算保险价值和投保比例、核定残值,并在此基础上计算和确定应向被保险人、受益人承担保险金赔偿或给付金额。一般来说,有关物质财产损失保险的保险赔偿金额计算,可以套用如下具体计算公式:保险赔偿金额=(损失金额-残值金额)×投保比例×(1-免赔率)。

其中,注意事项有:

(1)投保时保险标的如采取分项列明的,保险事故发生后需要分项计算每一项的保险赔偿金额,并在此基础上确定保险人应当承担赔偿或给付保险金总额。

(2)保险事故发生时保险金额小于保险价值的,属于不足额投保。在不足额投保情形下,按照保险法和保险合同约定,根据保险金额与保险价值比例确定投保比例,保险人应按照投保比例承担赔偿或给付保险金的责任。

(3)投保人对同一保险标的、同一保险利益、同一保险事故分别与两个以上保险人订立保险合同,且保险金额总和超过保险价值的,属于重复保险。在重复保险情形下,按照保险法和保险合同约定,保险人应当按照保险金额与保险金额总和的比例承担赔偿或给付保险金的责任。

(4)其他注意事项:

①保险理算金额受保险金额和赔偿限额的限制。保险事故发生后,被保险

人为防止或者减少保险标的损失所支付的必要、合理费用,可以在保险标的损失赔偿金额之外另行计算,最高不得超过保险金额。

②保险理算金额受损失补偿和实际损失的限制。保险事故发生后,保险人向被保险人、受益人承担赔偿或给付保险金责任的,保险人向被保险人、受益人赔偿或给付的保险理赔金额,不能超过被保险人在事故中受到的实际损失,被保险人不能获得超过实际损失的额外利益。

③保险理算金额受保险利益的限制。保险事故发生后,保险人向被保险人、受益人承担保险金赔偿或给付责任的,不得超过被保险人对保险标的依法享有的保险利益。

六、赔付、整改建议、追偿

1. 赔付,是指保险人向被保险人、受益人承担保险金赔偿或给付责任,向被保险人或受益人支付保险赔偿金。赔付是保险理赔实务的最后环节。在保险理赔实务中,保险人在向被保险人、受益人正式赔付前,一般会与被保险人、受益人沟通保险理算情况,并对保险理算金额作出解释和说明,使被保险人、受益人了解理算依据、内容和过程,以增加他们对保险理算金额结果的认可度和满意度。

2. 整改建议,保险人在保险理赔过程中或者理赔结束后,依据本次保险事故发生原因和过程,结合被保险人生产、经营和管理环节中存在的各类问题,提出避免相关事故再次发生的整改措施和合理化意见建议,有助于被保险人提升风险防范和管控能力。

3. 追偿,又称保险人代位求偿权,是指依照《保险法》第 60 条规定,因第三者对保险标的损害造成保险事故的,保险人自向被保险人赔偿保险金之日起,在赔偿金额范围内代位行使被保险人对第三者请求赔偿的权利。在财产保险实务中,保险人向被保险人、受益人支付保险赔偿金后,如保险事故涉及第三方责任的,保险人依法享有向第三者行使保险人代位求偿权。

第二节 财产保险理赔

在实务中,财产保险理赔,一般包括财产基本险、财产综合险、财产一切险、财产险、家庭财产险、机器损坏险、利润险等财产保险有关的理赔内容和事项。

同时,财产保险理赔流程,主要包括保险人在接到投保人、被保险人、受益人的出险通知后进行现场查勘、责任审核、损失核定、赔款计算以及保险赔付等过程和环节。结合财产综合险理赔内容和流程的梳理,分析、阐述财产保险理赔有关事项和内容。

一、理赔单证

按照保险法规定和保险合同约定,在保险事故发生后,要求保险人赔偿或给付保险金时,投保人、被保险人、受益人应当向保险人提供其所能提供的与确认保险事故的性质、原因、损失程度等有关的证明和材料。保险人按照保险合同约定,认为有关的证明和资料不完整的,应当及时一次性通知投保人、被保险人或受益人补充提供。在保险理赔实务中,一般来说财产综合险需要的理赔单证主要包括:

(1)出险(索赔)通知书,被保险人填写出险(索赔)通知书中有关出险时间、地点、原因、经过及损失情况和施救情况等内容,签字盖章后交给保险人,作为出险和索赔资料。

(2)财产损失清单,分项列明受损财产名称、数量、单价、损失情况、金额和残值。

(3)受损财产财务资料,包括出险时和投保时资产负债表、受损财产明细账页、购销合同和原始凭证发票、工程预结算、银行账单、出入库码单等。

(4)产生费用单证资料,包括施救费用、修理修复费用、重新购置费用以及相关合同和支付凭证。

(5)其他有关事故证明文件,包括气象部门出具的气象证明、消防部门出具的火灾事故认定书、公安部门出具的盗抢证明、技术鉴定部门出具的爆炸证明、质监部门出具的质量证明等。

二、理赔计算

在保险理赔实务中,依照保险标的财产是否发生全损或部分损失的不同情况,确定不同的保险理赔计算方式:

(1)在保险标的发生全部损失的情况下,按照保险金额与保险价值大小分别进行确定:

①如果保险金额大于或等于保险价值的,属于足额投保。按照损失补偿要

求，保险人的保险赔偿金额以不超过保险价值为限。具体计算公式：

保险赔偿金额 =（保险价值 − 残值金额）×（1 − 免赔率）。

②如果保险金额小于保险价值的，属于不足额投保，除保险合同另有约定外，保险人按照保险金额与保险价值的比例承担赔偿保险金责任。按照保险金额与保险价值的比例确定投保比例，保险赔偿金额以不超过保险金额为限。具体计算公式：

保险赔偿金额 =（保险金额 − 残值金额）× 投保比例 ×（1 − 免赔率）。

（2）在保险标的发生部分损失的情况下，按照保险金额与保险价值大小分别进行确定：

①如果保险金额大于或等于保险价值的，属于足额投保。按照损失补偿要求，保险赔偿金额以实际损失为基础进行确定。具体计算公式：

保险赔偿金额 =（实际损失 − 残值金额）×（1 − 免赔率）。

②如果保险金额小于保险价值的，属于不足额投保，除保险合同另有约定外，保险人按照保险金额与保险价值比例承担赔偿保险金责任。按照保险金额与保险价值的比例确定投保比例，保险赔偿金额以实际损失为基础进行确定。具体计算公式：

保险赔偿金额 =（实际损失 − 残值金额）× 投保比例 ×（1 − 免赔率）。

三、理赔要点

（一）分析事故原因

保险事故是保险合同约定保险责任范围内的事故。在保险理赔实务中，有关事故原因的分析，对于事故责任的认定以及保险人承担保险赔偿责任具有十分重要的意义。在财产综合险中，保险责任事故包括火灾、爆炸，雷击、暴雨等自然灾害以及飞行物体坠落。其中，对于火灾认定需要从是否构成火灾的三个要件进行分析：是否有燃烧现象、有热有光有火焰；是否属于偶然、意外发生的燃烧；是否属于燃烧失去控制并有蔓延扩大的趋势。可见，如果仅有燃烧现象并不能够构成财产综合险中的火灾事故。例如，在生产、生活中有目的的用火，如为了防疫而焚毁玷污的衣物、点火烧饭等属正常燃烧，不同于火灾事故。又如，因烘、烤、烫、烙造成焦糊变质等损失，既无燃烧现象，又无蔓延扩大趋势，也不属于火灾事故。同时，电机、电器、电气设备因过度使用、超电压、碰线、孤花、漏电、自身发热所造成的本身损毁,也不属于火灾事故。但是,如果发生了燃烧并失去控制和蔓延扩大,就构成火灾事故,并对电机、电器、电气设备本身的损失负责赔偿。

(二)剔除不赔标的财产

保险人进行保险责任审核、损失核定时,应当将除外责任或责任免除条款约定不承担赔偿责任的财产加以剔除。在保险理赔实务中,具体来说,如果按照保险合同约定,针对保险标的内在或潜在缺陷、自然磨损、自然损耗,大气(气候或气温)变化、正常水位变化或其他渐变原因,物质本身变化、霉烂、受潮、鼠咬、虫蛀、鸟啄、氧化、锈蚀、渗漏、自燃、烘焙等造成的财产损失,保险人不负赔偿责任。同时,广告牌、天线、霓虹灯、太阳能装置等建筑物外部附属设施,存放于露天或简易建筑物内部的保险标的以及简易建筑本身,由于雷击、暴雨、洪水、暴风、龙卷风、冰雹、台风、飓风、暴雪、冰凌、沙尘暴造成的损失,保险人不负赔偿责任。因此,在保险理赔实务中,特别是在责任审核和损失核定阶段,应当将上述保险人不承担赔偿责任的财产损失予以标注,在保险理算时直接在损失财产项目中予以剔除。

(三)去除不属于保险标的财产

在保险理赔实务中,保险人进行责任审核、损失核定时,应当去除不属于保险标的财产项目。具体来说,固定资产分项承保的,出险后应当分项计算保险赔偿金额;以账面原值投保的,应剔除承保时未入账的财产以及承保后新增加的财产;存货资产,如以账面余额承保的,应当剔除未入账、委托代保管、委托代销售、委托代加工财产以及已经出售但未运离企业的货物资产。同时,对于其他被保险人不具有保险利益的财产,保险人在损失核定过程中,应当从保险标的财产中去除。

(四)核定其他费用

在保险理赔实务中,按照财产综合险保险条款约定内容,保险人也负责赔偿下列有关费用。具体包括:

(1)保险事故发生时,为抢救保险标的或防止灾害蔓延,采取必要、合理措施而造成保险标的损失,如火灾事故发生后,关闭电源造成原材料、在产品的损失。

(2)保险人拥有财产所有权的自用的供电、供水、供气设备因保险事故遭受损坏,引起停电、停水、停气以致造成保险标的直接损失。此处,应当明确“三停”损失保险赔偿的适用范围,为保险人自有产权、自用的供电、供水、供气设备。

(3)保险事故发生后,被保险人为防止或减少保险标的损失所支付的必要、合理费用,在实务中主要包括施救过程中产生的人员工资、消防器材以及其他施救费用。

(五)确定保险标的财产价格

在保险损失核定过程中,保险人需要确定保险标的财产价格。其中,固定资产标的受损价格,可以通过查阅固定资产明细账、入账凭证、购入发票等原始凭证进行确定。存货标的受损价格,可以分不同项目,其中原材料、产成品依据原材料和产成品明细账和库存单价进行确定,在实务中一般采用加权平均法计算;在产品标的价格,可采用生产成本计算表和生产成本科目余额进行分析和确定,也可以采用完工率乘以产成品单价确定。

(六)确定保险价值金额

在保险理赔实务中,需要确定保险标的财产的保险价值。一般来说,在财产综合险中,固定资产的保险价值按照出险时重置价值确定,存货、在建工程的保险价值按照出险时账面余额确定。同时,在保险理算时,需要比较保险金额与保险价值大小,确定是否足额投保;如保险金额小于保险价值,属于不足额投保,除保险合同另有约定外,保险人应当按照保险金额与保险价值比例承担保险赔偿责任。在实务中,按照保险金额与保险价值比例确定投保比例,并在投保比例基础上计算保险赔偿金额。

(七)赔偿房屋、建筑物

在财产综合险理赔实务中,房屋、建筑物等固定资产发生保险事故后,计算修复或重建费用的,涉及需要进行有关预决算、鉴定和评估等程序或环节。其中,房屋周围的围墙和道路,一般不作为固定资产入账。如已入账和承保的,可参考房屋建筑物进行处理。

(1)如房屋建筑物发生全损的,需要核实建筑物面积和获取土建、装潢等决算材料,确定房屋结构及土建、装潢等实际价值。房屋建筑物发生全损的,按照实际情况确定是否需要鉴定部门出具鉴定报告进行确认。在计算保险赔偿金额时,应剔除地基等可利用部分的费用。同时,应注意评估出险时房屋建筑物的保险价值,确定是否属于足额投保。如保险金额小于保险价值的,属于不足额投保,应当按照保险金额与保险价值的比例确定投保比例,并在此基础上计算保险赔偿金额。

(2)如房屋建筑物发生部分损失的,应当委托有资质的设计施工单位出具修复预算报告。如投保人、被保险人认可,也可以依据当地政府颁布的建筑施工定额或综合价格计算和确定修复价格。同时,在保险理赔实务中,对于涉及金额较大的重要修复或加固的,应当委托有相应资质鉴定机构出具鉴定结论,作为需要修复、加固的依据。

(八)注意被保险人道德风险

在保险理赔实务中,需要注意被保险人有关的道德风险,主要表现在是否存在以下几种情况:

(1)是否存在被保险人经营管理不善,经营状况严重恶化或者产品市场发生重大变化,被保险人无力继续经营,故意制造保险事故,诈骗保险赔偿金的可能。

(2)是否存在被保险人故意扩大损失或者故意将历年残次品、积压品、滞销品,或者以次充好、不合格产品充当合格产品、将廉价产品充当高档产品要求保险理赔的情形。

(3)是否存在投保人、被保险人、受益人编造虚假事故原因,夸大受损保险标的数量、金额和损失程度,伪造有关账册资料或其他证据作为索赔依据,骗取保险赔偿金的可能。

(4)在修复、加固过程中,是否存在被保险人与产品供应商或维修服务提供商串通,恶意提高修复、加固价格和有关费用,在实际支付损失费用之外骗取保险赔偿金的可能。

第三节　责任保险理赔

在实务中,责任保险理赔,一般包括公众责任保险、雇主责任保险、产品责任保险、职业责任保险等险种的理赔。责任保险以被保险人对第三者依法应负民事赔偿责任为保险标的，这是责任保险与以物质财产为保险标的的其他财产保险的显著区别。基于责任保险标的与其他财产保险标的的区别，在理赔实务中责任保险在责任审核、损失核定、赔款计算等方面有显著的特点。结合公众责任保险理赔实务内容和事项，下文将分析和阐述责任保险理赔的有关内容和注意事项。

一、理赔单证

在公众责任保险理赔实务中，保险事故发生后，投保人、被保险人、第三者向保险人要求保险理赔，保险人在进行责任审核、损失核定、赔款计算时，需要收集或要求投保人、被保险人、第三者提供其所能提供的能够证明事故发生、事故性质、事故原因、事故损失等有关单证和资料。在理赔实务中，一般应当包括以下内容：

(1)保险单或批单抄件、保费收据、发票。

(2)出险索赔通知书、索赔申请书。

(3)出险证明材料，包括医疗机构出具的医疗证明，涉及被保险人与第三者赔偿事宜的诉讼、仲裁资料，法医鉴定报告、有关部门机构出具的伤残鉴定书，交通事故处理报告或其他证明材料。

(4)现场查勘资料，包括查勘报告、事故现场和伤者的照片、现场笔录、录音录像资料等。

(5)被保险人的书面事故报告，包括事故发生时间、地点、原因、经过、损失等情况。

(6)损失项目清单，包括发票、医疗费用收据等原始单据。

(7)综合报告书，包括事故概况、责任认定、损失核定、赔付意见以及损失计算书。

(8)赔款收据等。

二、理赔计算

在公众责任保险理赔实务中，保险人需要在认定属于保险责任基础上，进行具体损失的核定，在此基础上按照保险合同约定计算保险赔偿金。具体计算公式为：

公众责任保险赔偿金额 = 第三者人身伤害损失 + 财产损失 + 诉讼法律及其他费用 - 免赔额(率)。

具体要求如下:

(1)确定保险合同约定的每次事故赔偿限额、每人赔偿限额、医疗费赔偿限额等,超过部分保险人不承担赔偿责任。

(2)第三者人身损害赔偿,一般包括医疗费、误工费、残疾赔偿金、丧葬费等,具体项目可以参照《最高人民法院关于审理人身损害赔偿案件适用法律若干问题的解释》规定内容进行确定。

(3)第三者财产损失,按照修复费用、折价,或在考虑折旧等因素基础上确定第三者实际财产损失,在赔偿限额内承担保险赔偿责任。如果保险合同约定免赔额(率)的,应当进行扣除。

(4)诉讼法律费用,是指在事故发生产生争议纠纷,需要进行诉讼或仲裁的,由法院或仲裁机构收取的诉讼、仲裁费用,以及事先经保险人同意承担的律师费用。

(5)其他费用,是指保险事故发生后,为防止或减少人身伤亡或财产损失所支出的必要、合理的费用。在实务中,其他费用的计算应以实际发生的损失数额为准。同时,其他费用与损害赔偿责任、法律费用之和不得超过每次事故责任限额。

(6)被保险人在两家或两家以上保险公司投保相同责任保险,或其他性质相同责任保险的,发生保险事故时,除人身损害赔偿金额外的其他赔偿金额,保险人按照保险合同约定,可以要求按照其赔偿限额与赔偿限额总和的比例计算并承担保险赔偿责任。

三、理赔要点

(一)公众责任保险属于场所责任

这是公众责任保险区别于其他责任险的显著特点。公众责任险的场所责任保险特性,决定保险人承担的保险赔偿责任限于被保险人在保险单约定的地址范围内,在合法生产经营过程中发生的意外事故,从而造成第三者人身伤亡或财产损失。

（二）责任范围限制

在公众责任保险中，保险人承担保险赔偿责任限于被保险人依法应当承担的经济赔偿责任。在实务中，被保险人承担的责任，如属于其与第三者通过协议约定而确定的合同责任，除非该责任本身属于法定赔偿责任或者保险人同意承担的协议责任。否则，该赔偿协议对保险人不具有约束力，对于未经保险人同意且由被保险人自愿承担的协议责任，保险人依照法律规定或者合同约定不承担保险赔偿责任，或者保险人对超过法律规定的赔偿金额部分不承担保险赔偿责任。

（三）适用对象限制

在公众责任保险理赔实务中，按照保险合同约定内容，公众责任保险适用对象为被保险人以外不特定的第三者。一般来说，在实务中该第三者是指被保险人、与被保险人有劳动或雇佣关系以外的其他人员。同时，公众责任保险适用对象需要排除与被保险人之间有特定服务关系的人员，如医师、律师、会计师等。

（四）责任标准问题

公众责任保险是指被保险人在合法从事生产经营过程中发生意外事故造成第三者人身损害或财产损失，依法应当由被保险人承担的经济赔偿责任，由保险人负责赔偿。在公众责任保险理赔实务中，权益受到损害的第三者一般可以选择适用的基础法律关系包括侵权法律关系和违约法律关系。特别需要注意的是，在被保险人属于消费领域进行产品生产、产品销售或者提供服务的，发生意外事故造成消费者人身损害或财产损失的，如被保险人提供商品或服务有缺陷、欺诈行为的，存在第三者可以按照消费者权益保护法的有关规定要求惩罚性赔偿问题。

（五）向责任方追偿问题

公众责任保险是在承保保险合同约定的地址范围内，被保险人合法从事生产经营过程中发生意外事故造成第三者人身损害和财产损失，依法由被保险人承担的经济赔偿责任，由保险人负责赔偿。可见，公众责任保险本质上属于财产保险范畴。在实务中，部分意外事故的发生是由于被保险人以外第三人原因造成的,按照保险法的有关规定,保险人在向事故中受到损害的第三者承担保险赔偿责任后,可以依法向事故责任方行使保险人代位求偿权。

第四节　意外伤害保险理赔

在实务中,意外伤害保险理赔一般包括个人人身意外伤害保险理赔、团体人身意外伤害保险理赔等意外伤害险种的理赔。意外伤害保险是以被保险人的生命和身体为保险标的,这明显区别于以财产及其有关利益为保险标的的财产保险,导致人身意外伤害保险理赔在责任认定、保险金项目、保险金计算等内容方面有自身特点。因此,有必要针对人身意外伤害保险有关情况,结合人身意外伤害保险理赔实务,分析、梳理和阐述人身意外伤害保险理赔有关的内容、程序和注意事项。

一、理赔单证

人身意外伤害保险理赔实务中,在出险后投保人、被保险人、受益人向保险人要求保险金给付的,保险人在进行责任审核、费用核定、保险金计算过程中,需要收集或要求投保人、被保险人、受益人提供其所能提供的与确认保险事故发生、事故性质、原因、损失程度等有关证明和资料。在人身意外伤害保险理赔实务中,一般应当包括以下理赔单证:

(1)保险单或批单抄件、保费收据、发票。

(2)出险索赔通知书、索赔申请书。

(3)出险证明材料,包括事故证明、医疗机构出具的医疗证明、法医鉴定报告、伤残鉴定书、交通事故处理报告、安全生产事故报告或其他事故证明材料。

(4)现场查勘资料,包括查勘报告、事故现场和伤者的照片、现场笔录、录音录像资料等。

(5)被保险人、受益人的书面事故报告,包括事故发生时间、地点、原因、经过、损失等情况。

(6)损失项目清单,包括死亡证明、残疾鉴定书、医疗费用收据、发票、其他费用发票等原始单据。

(7)综合报告书,包括事故概况、责任认定、费用核定、保险金给付意见以及损失计算书。

(8)赔款收据等。

二、保险金项目

人身意外伤害保险的赔款项目,一般包括身故保险金、伤残保险金、医疗保险金、附加误工津贴保险金、住院护理津贴保险金等。在实务中,保险人应给付的保险金额按照人身意外伤害保险的具体险种和条款,并结合保险合同约定内容分项计算并确定。

(一)身故赔偿金

在保险期间内,被保险人遭受意外伤害事故,并自事故发生之日起 180 日内因该事故身故的,保险人按照保险单约定的身故保险金数额,履行给付身故保险金义务。

(二)伤残保险金

在保险期间内,被保险人遭受意外伤害事故,并自事故发生之日起 180 日内因该事故造成保险合同约定伤残的,保险人按照保险合同约定的伤残保险金给付比例,履行给付伤残保险金义务。

(三)医疗保险金

在保险期间内,被保险人遭受意外伤害事故,并按照保险合同约定进行治疗,保险人对自事故发生之日起 180 日内依据合同约定的费用项目并且在被保险人实际支出的医疗费用范围内,保险人按照合同约定给付医疗保险金。

(四)误工津贴保险金

在保险期间内,被保险人遭受意外伤害事故,并自事故发生之日起 180 日内因该事故在医院住院治疗,保险人按照保险合同约定,就被保险人的合理住院天数给付误工津贴保险金。

(五)住院护理津贴保险金

在保险期间内,被保险人遭受意外伤害事故,并自事故发生之日起 180 日内在医院住院治疗,经医师诊断被保险人必须实施特级或一级护理的,保险人按照合同约定向被保险人支付住院护理津贴保险金。

三、理赔要点

1. 被保险人因遭受意外伤害事故且在该事故发生日起下落不明,后经人民法院宣告死亡的,可以向保险人主张要求给付身故保险金。但是,被保险人在宣告死亡后又生还的,保险金的受领人应当退还保险人给付的身故保险金。

2. 被保险人因遭受意外事故伤残后发生死亡的,如被保险人在身故前已经领取伤残保险金的,保险人在给付身故保险金时,可以按照保险合同约定扣除已经支付的伤残保险金。

3. 同一事故造成两处或两处以上伤残的,应当首先对各处伤残程度分别进行评定,并以最终的伤残等级为最终伤残评定结论;如果两处或者两处以上伤残等级相同的,伤残等级在原评定基础上最多晋升一级,最高晋升至一级。同一部位或性质伤残,不应按照伤残评定标准的不同条文或同一条文进行两次以上评定。

4. 被保险人在本次意外事故之前已有残疾的,保险人按照合并后的伤残程度评定应担给付的伤残保险金比例,但应当扣除原有伤残程度所对应的伤残保险金。

5. 被保险人一次或多次遭受意外事故,保险人按照合同约定分别给付医疗保险金,但累计给付保险金以被保险人的意外伤害医疗保险金额为限。

6. 按照保险合同约定,意外伤害医疗费用适用补偿原则,被保险人如已经从其他途径获得补偿的,保险人在给付医疗保险金时,只承担合理医疗费用的剩余未获得补偿部分。

第五节　有关法律问题

一、固定有关证据

在保险理赔实务中,保险事故发生后保险人受理报案、现场查勘、责任审核、损失核定的过程，实际上就是了解和掌握被保险人出险情况、保险标的、事故原因、实际损失等情况并进行相关证据的收集、筛选、识别和固定的过程。从法律实务角度看，保险人在保险事故发生后对有关事实、证据进行收集和固定的合法有效性，直接影响保险理赔程序、结果的合法合规性。具体来说，在保险理赔实务中，保险人需要注意做好以下事实和证据的收集、固定等工作。

（一）询问笔录

在实务中，在事故发生的第一时间内，一般来说投保人、被保险人、受益人就会向保险人报案，保险人指派的查勘人员也会及时到达事故现场进行查勘，询问被保险人、受害人、现场知情人等有关人员，记录事故的起因、经过、受损标的、损失情况等事项，并在询问、记录结束后要求有关人员签字确认相应内容，通常还需要上述签字人员说明其与事故的关联、个人身份信息和联系方式等内容。在保险理赔实务中，保险人在事故发生后第一时间收集上述与事故发生相关的信息，一般来说能够比较真实完整地反映事故发生当时、当地的实际情况，这对保险人准确认定保险责任和进行损失核定等，都具有十分重要的意义。但是，在理赔实务中，保险公司许多查勘、定损人员由于没有经过保险理赔查勘、定损的专业和系统性培训，对询问笔录内容、形式及有关要求缺乏必要了解和掌握，询问笔录内容不完整、形式不合法等现象普遍存在，严重影响了询问调查笔录形式与内容的合法性和有效性。

（二）受损情况

事故发生后，保险人对有关损失情况进行统计，并对相关事实和证据进行固定，是现场查勘和损失核定的重要事项和内容。在实务中，对受损情况有关事实和证据进行固定，一般来说还包括查勘人员对事故现场及周围情况进行绘图、拍照、摄像，记录出险地点、现场概貌以及受损状况。同时，针对财产损失和人员伤亡两种不同情况，具体内容应当有所区别。

（1）涉及财产损失的，应向投保人、被保险人、受益人了解事故发生详细经过，并详细记录受损财产的数量、规格型号、材质、购置时间、受损情形，第一时间调取公司有关财务账目、报表、数据、凭证等与受损保险标的财产有关信息。保险人收集的上述书面材料，应由被保险人签字盖章，以确保相应材料的真实性和有效性。

(2)涉及人员伤亡的,应向伤者或者伤者家属了解事故详情,并记录伤者籍贯、工作单位、工作时间、工资收入、家庭成员信息,以及事故发生经过、发生原因等情况。在此基础上,还应当拍摄、记录伤者的长相、受伤部位、身份证原件、伤者治疗病历、拍片报告、诊断证明等,以固定伤者相关事实和证据材料。

(三)事故原因

在保险理赔实务中,事故发生后,保险人进行有关事故原因的分析、调查和认定,对于确定是否属于保险责任范围内保险事故、界定事故损失范围和损失金额、确定是否由于第三者原因造成保险事故发生,以及保险人赔偿保险金后行使保险人代位求偿权等都具有十分重要影响。因此,在事故发生后的原因确定中,保险人、投保人、被保险人、受益人及受委托的代理律师对此项工作应当足够重视,及时跟进事故原因分析、调查工作,并向消防、交通、公安、安监、质检等事故原因调查部门了解和反映有关事故原因情况,确保事故原因调查结论客观、真实和有效。

(四)书面通知

按照保险法和保险合同内容要求,保险事故发生后,请求保险人赔偿或者给付保险金时,投保人、被保险人或受益人应当向保险人提供其所能提供的与确认保险事故性质、原因、损失程度等有关的证明和材料。同时,保险人认为有关证明和材料不完整的,应当及时一次性通知投保人、被保险人、受益人补充提供。可见,在保险理赔实务中,保险人通过前期收集、分析和整理有关事实和材料,认为事故有关证明和材料不完整的,应及时一次性书面通知投保人、被保险人或受益人提供。在实务中,保险人如提出要求对事故原因进行鉴定、意外死亡原因进行尸检等事项,应当书面通知并说明理由及后果,并留存有关书面通知证据材料。否则,如保险人没有及时履行通知或者没有留存相应的证据,在发生纠纷诉讼后将导致举证不能并可能承担相应的不利法律后果。

二、理赔程序与时效

在保险理赔实务中,投保人、被保险人、受益人在事故发生后向保险人报案的,保险人启动案件受理、现场查勘、责任审核、损失核定、赔款计算、赔款支付等保险理赔程序。我国保险法对上述部分理赔程序和时效有相应内容的规定,同时保险合同可以对上述理赔程序和时效等内容进行约定。下文将按照保险法和保险合同相关内容，结合保险理赔实务有关责任审核和保险金支付流程，具体分析和阐述保险理赔有关程序和时效。

（一）责任审核

责任审核，是指事故发生后，保险人对所发生事故是否属于保险责任范围内的事故进行审核。在实务中，一般来说责任审核的主要内容包括：发生的事故是否属于保险标的范围；是否属于被保险人；发生事故时间是否在保险责任期间内；发生的事故是否属于保险责任范围内事故；发生事故与产生损失之间是否具有因果关系；以及是否属于除外责任或责任免除等内容。按照《保险法》第 23 条、第 24 条的有关规定，保险人收到被保险人、受益人的出险索赔申请后，应当及时作出核定；情形复杂的，应当在 30 日内作出核定，但合同另有约定的除外。不属于保险责任的，应当自作出核定之日起 3 日内向被保险人或受益人发出拒赔通知书，并说明理由。可见，在实务中，涉及有关责任审核程序和时间的，主要包括以下方面的内容：

（1）通常情况下，保险人收到被保险人、受益人的出险索赔申请后，应当及时核定是否属于保险责任。此处，有关“及时”要求，在实务中应理解为在尽快的合理时间内，且不应超过保险法规定的、属于情形复杂所适用 30 日内作出核定的期限要求，合同另有约定的除外。

（2）保险人收到被保险人、受益人的出险索赔申请后，对于情形复杂的，除合同另有约定外，应当在 30 日内作出责任核定，确定是否属于保险合同约定的保险责任范围。

（3）如果合同对保险责任核定期限有约定的，保险人收到被保险人、受益人的出险索赔申请后，应当在合同约定的核定期限内作出责任核定，确定是否属于保险责任范围。

保险人收到被保险人、受益人的出险索赔申请后，按照保险法和保险合同约定期限进行上述保险责任核定。如果经责任审核，保险人认为不属于保险责任的，应当自作出核定之日起 3 日内通知被保险人或受益人。

（二）保险金支付

保险金支付，是指保险人在责任审核、损失核定基础上，按照保险法和保险合同约定内容计算并确定保险赔偿金数额后,及时向被保险人、受益人赔偿或给付保险金。根据《保险法》第 23 条、第 25 条有关规定,对于属于保险责任的,在与被保险人或受益人达成赔偿或给付保险金的协议后 10 日内,履行赔偿或给付保险金义务;保险合同另有约定的,按照约定期限履行;保险人未按照上述约定及时履行的,应赔偿被保险人或受益人所受损失;保险人自收到赔偿或给付保险金的请求和有关证明、资料之日起 60 日内,对能够确定的数额先予支付,最终确定后支付差额。具体来说,按照保险法的上述规定,保险金的赔偿或给付时效规定内容如下:

(1)保险人经责任核定,认为属于保险责任的,保险金的赔偿或给付时限要求为保险人与被保险人或受益人达成赔偿或给付保险金协议后 10 日内,履行赔偿或给付保险金义务。

(2)保险人经责任核定,认为属于保险责任的,并且保险合同对保险金赔偿或给付期限有约定的,保险人应当按照合同约定的期限履行赔偿或给付保险金义务。

(3)保险人未按照前两款要求履行赔偿或给付保险金义务的,除支付保险金外,还应当赔偿被保险人或受益人因此受到的损失,如交通费、利息损失等。可见,本款适用前提条件是,保险人与被保险人或受益人达成赔偿或给付保险金的协议并且没有在协议后 10 日内支付,或者保险合同约定保险金支付具体期限要求、但是保险人没有按照该期限要求进行履行。除此之外,不存在保险人需要向被保险人、受益人承担赔偿损失的规定和要求。

(4)保险人自收到赔偿或给付保险金的请求和有关证明、资料之日起 60 日内,对于赔偿或者给付保险金的数额不能确定的,依据已有证明和资料对于可以确定的数额先予赔付,确定最终赔偿数额后支付差额。可见,在实务中先行支付的两个前提条件:一是保险人收到赔偿或给付保险金的请求,二是保险人收到有关证明、资料。其中,60 日的时效,应当以上述两个条件中的后发生时间作为起算时间。同时,在保险理赔实务中,投保人、被保险人、受益人出险报案,不等于被保险人、受益人向保险人提出了保险索赔要求,也不等同于被保险人、受益人向保险人提出赔偿或给付保险金的请求。

三、财产保险约定受益人问题

按照保险法的规定,受益人是在人身保险合同中,被保险人或投保人指定的享有保险金请求权的人。但是,在保险理赔实务中,经常涉及财产保险合同上约定有受益人内容。财产保险合同,特别是在物质财产保险中,约定受益人的内容,是否合法有效?如果不符合法律规定,实务中应该如何处理?按照保险法的有关规定,结合保险法律实务情况,针对财产保险中有关受益人的内容约定,本书进行如下法律和实务分析。

(一)财产保险中约定受益人无效

笔者认为,财产保险合同中约定受益人内容,不符合保险法有关保险利益的规定。同时,财产保险合同约定受益人不属于保险法规定的保险金赔偿请求权主体,并且该约定受益人内容违反法律法规强制性规定要求。因此,产生无效的法律后果。

1. 不符合保险利益规定要求

保险利益是保险法明确的要求和保险合同的重要特征。在法律实务中,保险合同区别于其他民商事合同的一个重要特征是有关保险利益的规定和要求。同时,按照保险法的规定,保险利益是投保人或者被保险人对保险标的具有法律上承认的利益。换句话说,依照保险法的要求,投保人或被保险人对保险标的具有法律上承认的利益才是保险利益。在财产保险实务中,保险合同约定受益人或其他主体,或许他们对保险标的财产也具有各种利益关系,但是这些利益关系不是保险法规定的投保人或被保险人享有的保险利益关系。可见,财产保险合同约定受益人,即使对保险标的财产享有其他利益关系,但该利益关系不是属于保险法规定的保险利益关系,不能产生保险法意义上的保险合同权利。

2. 不享有保险金赔偿请求权

按照保险法的有关规定,被保险人是指其财产或者人身受保险合同保障,享有保险金请求权的人。同时,保险法还要求,财产保险的被保险人在保险事故发生时,对保险标的应具有保险利益。可见,保险法对作为保险金请求权主体的被保险人,有明确的保险利益内容和要求。因此,财产保险合同保障的是被保险人的利益,被保险人以外的其他人,包括财产保险合同中约定的受益人,并不享有依据保险法和保险合同约定产生的保险金赔偿请求权。

3. 违反保险法的强制性规定要求

按照民商事合同意思自治原则,合同当事人在不违反法律行政法规强制性规定要求情况下,可以对合同有关内容自由约定。但是,在财产保险合同中约定受益人内容并不属于当事人合同意思自治范围。具体理由如下:一是财产保险合同约定受益人内容,违反保险法有关保险合同应具有保险利益的要求;二是财产保险合同约定受益人内容,违反了保险法有关财产保险中被保险人是保险金请求权主体的规定。可见,在财产保险合同中约定受益人内容,不属于财产保险合同当事人意思自治的范围。因此,财产保险合同中约定受益人内容,由于该约定内容违反保险法的强制性规定和要求,产生无效的法律后果。

(二)如何保障其他权益主体的权利

在保险实务中,财产保险合同中约定的受益人通常来说对保险标的享有抵押权、所有权等权益,他们与保险标的也并非没有法律上的利害关系。基于上述分析,既然这些权益主体在财产保险合同中约定为受益人无效,那么在财产保险合同中如何体现和保障他们的合法权益?笔者建议可以采取以下不同的方式:

1. 按照其他法律法规的规定行使相关权益

针对抵押权等优先受偿权主体,按照担保法和有关司法解释规定,抵押权因抵押物灭失而消灭。如抵押物财产因保险事故发生而灭失的,因灭失所得的赔偿金,应当作为抵押财产。在抵押物灭失、毁损或者被征用的情况下,抵押权人可以就该抵押物的保险金、赔偿金或者补偿金优先受偿。如果抵押物灭失、毁损或者被征用的情况下,抵押权所担保的债权未届清偿期的,抵押权人可以请求人民法院对保险金、赔偿金或补偿金等采取保全措施。可见,涉及抵押权等优先受偿权主体的,可以在保险合同特别约定中明确有关优先权主体及相关信息,包括要求投保人、保险人在保险事故发生后应履行有关保险合同约定义务内容。保险标的发生保险事故的,保险人应及时通知抵押权等优先受偿权益主体并配合相关优先受偿权益主体行使其他法律规定的权利,享有优先权益的主体可以按照有关法律法规的规定取得相应的权益。

2. 按照保险法规定行使保险合同权益

在保险实务中,抵押权和所有权等权益主体,如需要在保险合同中体现并保障他们的保险合同权益,必须在保险法框架下、按照保险法有关规定确定相关保险合同权利内容。结合保险实务有关操作,抵押权、所有权等权益主体可以与投保人、保险人协商,在财产保险合同中将抵押权、所有权等权益主体,与保险合同原投保人、被保险人一起共同列为财产保险合同的被保险人。同时，在财产保险合同的特别约定内容中，明确不同被保险人享有保险金请求权的顺序、条件和要求。在保险事故发生后，保险人按照保险合同约定的保险赔偿金支付顺序和份额，向被保险人支付保险赔偿金，以保障抵押权、所有权等不同权益主体在保险法律法规项下的保险合同权益。

第五章　保险合同履行

在保险实务中，广义的保险合同履行是指保险人、投保人、被保险人、受益人等保险合同当事人、关系人履行保险合同约定权利义务内容，包括保险合同的履行、变更、解除等内容。一般来说，在保险合同订立后，保险合同主体履行保险合同权利义务内容，就是实现保险法律调整保险合同当事人之间保险法律关系的过程。同时，本章所涉保险合同履行，是指狭义的保险合同履行，不包括保险合同的变更和解除等，主要涉及保险合同主体履行保险合同权利义务的内容。

第一节　保险合同主体

保险合同是投保人与保险人协商约定保险权利义务内容的协议。可见，保险合同的双方当事人是投保人与保险人。同时，按照保险法的有关规定，被保险人是财产或人身受保险合同保障，享有保险金请求权的人。受益人是人身保险合同中享有保险金请求权的人。因此，保险合同主体一般来说包括作为保险合同当事人的投保人、保险人以及作为保险合同关系人的被保险人和受益人。除此之外，在保险实务过程中，还涉及其他保险辅助人员，如为保险合同订立提供服务的保险代理人、保险经纪人以及保险事故发生后进行损失评估的保险公估公司等。

一、保险人

保险人是指与投保人订立保险合同，按照保险合同约定承担赔偿或给付保险金责任的保险公司。按照保险法的有关规定,保险业务由依照保险法设立的保险公司以及法律行政法规规定的其他保险组织经营,其他单位和个人不得经营保险业务。可见,在我国,保险业务属于法律规定的许可经营业务。只有依法设立的保险公司或者法律法规规定的其他保险组织,才能经营保险业务,其他任何单位和个人不得经营保险业务。作为保险合同一方当事人,保险人应当符合以下要求:

1. 保险公司的设立要件。按照保险法的规定,保险公司须经国务院保险监督管理机构批准并应满足相关条件,包括主要股东持续盈利能力,信誉良好,最近 3 年无重大违法违规记录,净资产不低于人民币 2 亿元;有符合公司法规定的章程;注册资本最低限额为人民币 2 亿元;有具备任职专业知识和业务工作经验的董事、监事和高级管理人员;有健全的组织机构和管理制度;有符合要求的营业场所和经营业务有关的其他设施;法律、行政法规和国务院监管机构规定的其他条件。

2. 保险公司主要业务内容和要求。一般来说,保险是指保险公司对于保险合同约定可能发生的事故因其发生所造成的财产损失承担赔偿保险金责任,或者当被保险人死亡、伤残、疾病或者达到合同约定的年龄、期限等条件时承担给付保险金责任。在实务中,保险主要业务内容是人身保险业务和财产保险业务。同时,按照保险法的规定要求,保险人在订立保险合同时,对于免除保险人责任的条款应当向投保人履行提示和明确说明义务;保险人在保险合同成立后应及时签发保单或者其他保险凭证;保险人在保险事故发生后及时核定责任,对于属于保险责任的,应当按照保险法和保险合同约定向被保险人、受益人承担赔偿或给付保险金责任等。

二、投保人

投保人是指与保险人订立保险合同并按照保险合同约定负有支付保险费义务的主体。投保人是为被保险人或者受益人的利益订立保险合同,保险合同保障的是被保险人、受益人的保险合同利益。同时,按照保险法的规定,投保人可以为被保险人或者受益人。可见,投保人与被保险人、受益人可以为同一人;如果不是同一人的,一般来说在人身保险中要求订立保险合同时投保人对被保险人具有保险利益关系。在保险实务中,作为保险合同的一方当事人,投保人应当符合以下条件:

1. 具有订立保险合同的法律主体资格。在保险实务中,投保人可以为自然人、企事业单位等法人或非法人组织。作为订立保险合同的一方当事人,按照民事法律的有关规定,投保人应当具有订立保险合同的民事权利能力和民事行为能力。否则,由于投保人不具备订立保险合同的法律主体资格,会产生影响保险合同效力的问题。

2. 人身保险合同订立时,投保人对被保险人应当具有保险利益。按照保险法的规定,在保险合同订立时,人身保险的投保人对被保险人不具有保险利益的,保险合同无效。在保险法律实务中,一般来说,投保人对下列人员具有保险利益:本人;配偶、子女、父母;其他与投保人有抚养、赡养或者扶养关系的家庭其他成员、近亲属;与投保人有劳动关系的劳动者;其他被保险人同意投保人为其订立合同的,视为投保人对被保险人具有保险利益。

3. 具有履行保险法和保险合同权利义务的能力。在实务中,投保人是以自己名义订立保险合同,依照保险合同的约定负有支付保险费义务;在订立保险合同时,投保人对于保险人有关保险标的或被保险人提出询问的事项应当履行如实告知义务。同时,按照保险法和保险合同约定,在保险合同订立后的履行过程中,投保人负有维护保险标的安全,在出险后及时通知保险人,提供有关证明和材料等义务。

三、被保险人

被保险人是指其财产或者人身受保险合同保障,享有保险金请求权的人。被保险人不是订立保险合同的一方当事人,但是属于与保险合同利益相关的关系人。在保险实务中,投保人与被保险人可以相同,尤其是在财产保险中,一般来说投保人与被保险人通常是同一主体,投保人就是被保险人;投保人与被保险人可以不相同,在这种情况下,投保人是为被保险人的利益与保险人签订保险合同。同时,按照保险法的有关规定,人身保险的投保人在订立保险合同时,对被保险人应当具有保险利益;财产保险的被保险人在保险事故发生时,对保险标的应当具有保险利益。

四、受益人

受益人是指在人身保险合同中,由被保险人或者投保人指定的享有保险金请求权的人。投保人与被保险人可以为受益人。在保险法律规定内容中,受益人是属于人身保险合同中的概念,财产保险中并没有受益人的规定。同时,在财产保险中,被保险人是保险合同中享有保险金请求权的人。可见,保险合同当事人在财产保险合同中约定受益人内容,没有保险法的依据。另外,在保险法律实务中,人身保险的受益人,由被保险人或者投保人指定,投保人指定或变更受益人时须经被保险人同意;投保人为与其有劳动关系的劳动者投保人身保险,不得指定被保险人及其近亲属以外的人为受益人;被保险人为无民事行为能力人或者限制民事行为能力人的,可以由其监护人指定受益人。同时,被保险人或者投保人可以指定一人或者数人为受益人。受益人为数人的,被保险人或者投保人可以确定受益顺序和受益份额,未确定受益份额的,受益人按照相等份额享有受益权。

第二节 保险合同履行

在本节中,保险合同履行主要是指保险合同主体履行保险合同权利义务内容,不包括保险合同的变更和保险合同的解除等内容。同时,在保险法律实务中,依照保险合同履行的权利义务内容以及合同履行的实际效果,将投保人、被保险人、受益人列为保险合同履行的一方当事人,将保险人列为保险合同履行的另一方当事人。

一、投保人、被保险人、受益人履行合同

投保人、被保险人、受益人分别是保险合同一方当事人和保险合同的关系人。其中,投保人是参与订立保险合同一方当事人,被保险人、受益人是保险合同的关系人。在实务中,投保人订立保险合同的目的,是为了实现被保险人、受益人的保险利益。被保险人与受益人,不是参与订立保险合同的当事人,但是与保险合同具有事实上或法律上的关系。为了确保保险合同的顺利履行,保险法明确规定被保险人、受益人取得保险合同权利所必要的合同义务。因此,被保险人、受益人与投保人一起共同构成了保险合同履行中与保险人相对应的另一方合同履行主体。按照保险法的有关规定,投保人、被保险人、受益人在保险合同履行中的主要权利义务,包括但不限于以下内容:

(一)支付保险费义务

投保人按照保险合同约定向保险人支付保险费,是投保人履行保险合同义务的主要内容。在保险实务中,投保人按照保险合同约定支付保险费,包括按照合同约定的支付时间、支付地点、支付金额和支付方式交付保险费。结合保险实务,投保人支付保险费,主要涉及下列法律实务问题。

1. 保险合同是诺成合同,投保人支付保险费,不是保险合同成立要件。根据《保险法》第 13 条、第 14 条的规定,投保人和保险人可以对保险合同的效力约定附条件或者附期限,保险人按照约定的时间开始承担保险责任。可见,在保险法律实务中,投保人支付保险费,虽然不是保险合同的成立要件,但保险合同当事人可以在合同中约定将投保人支付保险费作为保险合同的生效条件或者保险责任开始的条件。同时,投保人部分或分期支付保险费的,保险合同当事人可以在合同中约定,保险人部分承担保险责任或者按照实际支付保险费的比例承担相应的保险责任。

2. 在保险法律实务中,投保人支付保险费,对于保险责任的承担具有重要影响。根据《保险法司法解释(二)》第 4 条的规定,保险人接受了投保人提交的投保单并收取了保险费,尚未作出是否承保的意思表示,发生保险事故,被保险人或者受益人请求保险人按照保险合同承担赔偿或者给付保险金责任,符合承保条件的,人民法院应予以支持;不符合承保条件的,保险人不承担保险责任,但应当退还已经收取的保险费。可见,保险法律实践中,在保险人作出同意承保的意思表示前,保险人是否收取了投保人交付的保险费,对保险人应否承担保险责任具有实质性影响。

(二)如实告知义务

诚实信用是保险法规定的一项基本原则,是保险活动当事人行使保险合同权利和履行保险合同义务的基本要求。按照诚实信用原则的要求,在保险合同订立时,投保人应当履行如实告知义务。对此,《保险法》第 16 条规定了投保人应当履行如实告知义务的内容。即订立保险合同时,保险人就保险标的或者被保险人的有关情况提出询问的,投保人应当如实告知。投保人故意或者因重大过失未履行前款规定的如实告知义务,足以影响保险人决定是否同意承保或者提高保险费率的,保险人有权解除合同。

1. 法定义务。保险合同订立时,保险人对保险标的或被保险人有关情况进行询问的,投保人应当如实告知。这是保险法规定投保人应当履行的法律义务。保险法规定投保人如实告知义务,目的是为矫正保险合同当事人之间的信息不对称。通过投保人履行如实告知义务,保险人能够掌握保险标的或被保险人的有关情况,并在作出同意承保前进行风险评估,以确定是否同意承保、承保条件以及保险费率等重要事项。按照保险法和司法解释规定内容,投保人的如实告知义务,属于询问告知,即投保人的如实告知义务范围,限于保险人在订立保险合同时,对保险标的或被保险人有关情况的询问。在保险法律实务中,保险人没有询问或概括性询问内容,除概括性询问包含具体事项或内容,否则不属于投保人应履行如实告知义务的内容范围。同时,保险人应当对投保人进行询问的内容承担举证责任。

2. 法律后果。按照保险法的相关规定,投保人因故意或重大过失未履行如实告知义务,足以影响保险人决定是否同意承保或提高保险费率的,保险人有权解除合同。针对投保人违反如实告知义务的情形,保险人按照保险法规定行使合同解除权的,应当注意保险合同解除权行使的条件和内容。

(1)解除权行使的实质要件。保险人合同解除权行使的实质要件是投保人未履行重要事实的如实告知义务。投保人故意或者重大过失未履行如实告知义务,足以影响保险人决定是否同意承保或者提高保险费率的,保险人有权解除保险合同。在保险法律实务中,保险人对于投保人未告知的事实属于重要事实,负有相应的举证责任。如果保险人不能举证或举证不能的,不能行使保险合同解除权,发生保险事故的,保险人应当承担赔偿或给付保险金责任。

(2)投保人主观过错的影响。投保人的主观过错不同,对保险人行使保险合同解除权产生不同影响。如投保人故意不履行如实告知义务的,保险人对于合同解除前发生的保险事故,不承担赔偿或给付保险金责任,并且不退还保险费;如投保人由于重大过失未履行如实告知义务的,对保险事故发生具有严重影响的,保险人对于合同解除前发生的保险事故,不承担赔偿或给付保险金责任,但应当退还保险费。

(3)合同依法解除后,保险人不承担保险责任。按照保险法的有关规定,投保人未履行如实告知义务,足以影响保险人决定是否同意承保或者提高保险费率的,保险人可以行使保险合同解除权。在保险实务中,保险合同经保险人依法解除的,保险人对发生的保险事故,不承担赔偿或者给付保险金责任。如果保险人可以行使合同解除权而未行使,或者保险人行使合同解除权不符合保险法规定要求的,保险人对发生的保险事故仍应承担赔偿或给付保险金责任。

(4)保险人行使解除权的期限要求。按照保险法的规定,保险人的合同解除权,自知道有解除事由之日起,超过30日不行使将消灭。自合同成立之日起超过2年的,保险人不得解除合同。可见,保险法规定保险人的合同解除权,主要是为了保护保险人在订立保险合同时的知情权。为督促保险人及时行使该权利,保险人的合同解除权属于形成权,解除权的期限属于除斥期间,保险人未及时行使合同解除权的,该项权利消灭,且该项权利不适用时效中止、中断、延长的规定。具体来说,规定30日行使解除权的期限,自知道有解除事由之日起算。在保险实务中,保险人知道解除事由之日,根据保险合同订立、履行的具体情况确定,可以是在订立保险合同之时、保险合同履行过程中或者发生保险事故之后,应自保险人知道被保险人未履行如实告知义务之日起算。同时,保险法规定了保险人该项合同解除权行使,自保险合同成立之日起算,最长期限为2年。在保险法律实务中,存在投保人未履行如实告知义务,在保险合同成立之日起满2年发生保险事故,或者在保险合同成立之日起2年内发生事故,但在保险合同成立之日起满2年后向保险人索赔。上述两种情形,按照保险法的有关规定,保险人均不能行使合同解除权。

(5)保险人解除权的限制要求。按照保险法的有关规定,在保险合同订立时,保险人已经知道投保人未如实告知的情形的,保险人不得解除合同,发生保险事故的,保险人应当承担赔偿或给付保险金责任。按照诚实信用原则和弃权、禁止反言,如果保险人在订立保险合同时,已经知道投保人未如实告知情形的,即使未如实告知的事实属于足以影响保险人决定是否同意承保或者提高保险费率的重要事实,视为保险人放弃该项抗辩权利,发生保险事故的,保险人应当承担赔偿或者给付保险金责任。在保险法律实务中,被保险人需要举证证明保险人在保险合同订立时已经知道投保人未如实告知的情况,包括投保人未如实告知的情况属于政府依法公开信息、公开的新闻报道、保险人自行独立调查后知悉的情况等。

(三)出险通知义务

根据《保险法》第21条的规定,投保人、被保险人或者受益人知道保险事故发生后,应当及时通知保险人。故意或者因重大过失未及时通知,致使保险事故性质、原因、损失程度等难以确定的，保险人对无法确定的部分，不承担赔偿或者给付保险金的责任，但保险人通过其他途径已经及时知道或者应当及时知道保险事故发生的除外。

1. 出险通知的意义

投保人、被保险人、受益人对保险标的具有各种利害关系，实际了解和容易掌握保险标的的状态，可以在保险事故发生后第一时间知悉有关事故情况。保险事故发生后，投保人、被保险人、受益人立即通知保险人，保险人可以指导投保人、被保险人、受益人开展事故救援，采取必要措施防止损失扩大。同时，投保人、被保险人、受益人履行及时通知义务，也有利于保险人在第一时间到达事故现场进行查勘，确定事故性质、原因，及时进行保险责任审核和事故损失核定，并按照保险合同约定进行保险理赔。

2. 通知义务的违反。投保人、被保险人、受益人违反通知义务，保险人对无法确定损失部分，不承担赔偿或给付保险金责任，应符合以下要求：一是投保人、被保险人、受益人对于未及时通知，主观上具有故意或重大过失；二是未及时通知导致保险事故性质、原因、损失程度等难以确定，两者之间具有因果关系；三是不存在保险人应当及时知道而不知道或者保险人通过其他途径已经知道的情形。

（四）提供证明和资料义务

根据《保险法》第 22 条的规定，保险事故发生后，按照保险合同请求保险人赔偿或者给付保险金时，投保人、被保险人或者受益人应当向保险人提供其所能提供的与确认保险事故的性质、原因、损失程度等有关的证明和资料。保险人按照合同约定，认为有关的证明和资料不完整的，应当及时一次性通知投保人、被保险人或者受益人补充提供。

1. 合理性。保险事故发生后，投保人、被保险人、受益人向保险人进行索赔的，应当提供其所能提供的与确认保险事故性质、原因、损失程度等有关证明材料。一般来说，投保人、被保险人、受益人熟悉保险标的状况，对保险事故的性质、原因和造成的损失情况比较清楚了解，能够在第一时间掌握，有提供保险事故有关证明材料的各种便利条件。因此，在保险事故发生后，保险法要求投保人、被保险人、受益人提供事故有关证明和资料，符合“谁主张，谁举证”的习惯和要求，有利于保险人及时进行保险责任审核、损失核定、保险理算和保险赔付,具有必要性和合理性。

2. 限制性。按照保险法的规定,保险人要求投保人、被保险人、受益人提供其所能提供的与确认保险事故性质、原因、损失程度等有关的证明材料,具有一些限制性条件和要求。一是限于“其所能提供的”范围,在实务中有些自然灾害或意外事故性质、发生原因较难确定,强制要求投保人、被保险人、受益人提供有关证明材料,不具有合理性和可操作性;二是有时间和次数限制,保险人认为有关证明和材料不完整的,应当及时一次性通知投保人、被保险人、受益人补充提供。可见,保险人在时间上应当“及时”通知,在实务中要求保险人在合理时间内尽快通知。同时,在次数上有限制,要求保险人“一次性”通知,否则投保人、被保险人、受益人有权不予提供。

(五)维护保险标的安全

根据《保险法》第51条的规定,被保险人应当遵守国家有关消防、安全、生产操作、劳动保护等方面的规定,维护保险标的的安全。保险人可以按照合同约定对保险标的的安全状况进行检查,及时向投保人、被保险人提出消除不安全因素和隐患的书面建议。投保人、被保险人未按照约定履行其对保险标的的安全应尽责任的,保险人有权要求增加保险费或者解除合同。保险人为维护保险标的的安全,经被保险人同意,可以采取安全预防措施。可见,按照保险法规定,被保险人负有维护保险标的安全义务。具体原因如下:一方面,在保险标的相关生产经营和管理过程中,被保险人最了解保险标的有关情况和状态,实际上在很多情况下能够采取有效措施,最大限度维护保险标的安全,避免保险事故和财产损失的发生。另一方面,在保险实务中,许多保险事故发生后,对事故原因进行分析可以发现,被保险人没有遵守国家消防、安全、生产操作和劳动保护等方面法律法规是保险事故发生的重要原因。现阶段,在保险法律实务中,被保险人维护保险标的安全义务,存在以下两方面问题。

1. 缺少法律后果的相关规定

被保险人维护保险标的安全义务是保险法规定被保险人应当履行的一项法定义务。按照保险法的规定,被保险人应当遵守国家有关消防、安全、生产操作、劳动保护等方面的规定,维护保险标的安全。但是,被保险人违反该项法定义务,是否应当承担相应不利法律后果,是否可以减轻或免除保险人的责任。对此,保险法没有相应的规定。由于保险法缺少对被保险人违反该项法定义务相应法律后果的规定，被保险人该项法定义务在实务中发挥的作用和产生的实际效果都非常有限。

2. 检查与建议

按照保险法的规定，保险合同可以约定保险人对保险标的的安全状况进行检查并提出建议，有权及时向投保人、被保险人提出消除不安全因素和隐患的书面建议，投保人、被保险人未按照约定履行对保险标的安全应尽责任的，保险人有权要求增加保费或解除合同。这是保险法有关保险人安全检查与建议权利的规定，在保险制度设计层面具有重要的意义。但是，在保险实务中，主要存在两方面的问题。一是现阶段对保险实务的影响非常有限。当前，保险人基于保费收入和业务增长要求，保险业务人员基于保险业务开发需要，加上保险公司之间存在的业务资源竞争，在保险实务中尤其是在保险事故发生前，保险人按照保险法规定要求增加保费和解除合同，会直接影响保险人及其业务人员的业务发展。因此，保险法该条规定内容在保险实务中很难实际履行。二是该条规定没有溯及既往的效力。投保人、被保险人未按照约定履行对保险标的安全应尽责任的，保险人可采取措施限于增加保险费和解除合同，但对于已经发生的保险事故，保险人仍需承担赔偿责任。这导致在保险实务中，保险人在保险事故发生前，要求投保人、被保险人履行维护保险标安全责任的积极性和主动性有限，直接影响保险法该条规定的实际运行效果。

（六）危险增加通知

在保险期间内，由于各种原因，使保险标的的危险程度显著提高，如果要求保险人按照原来的承保条件继续履行合同，将导致保险合同当事人之间权利义务的失衡。在这种情形下，保险法规定保险合同可以约定要求被保险人履行通知义务，并赋予保险人请求增加保险费或者解除合同的权利。被保险人未履行及时通知义务的，由于保险标的危险程度显著增加而产生保险事故的，保险人不承担赔偿责任。具体来说，根据《保险法》第 49 条有关规定，因保险标的转让导致危险程度显著增加的，保险人自收到前款规定的通知之日起 30 日内，可以按照合同约定增加保险费或解除合同。保险人解除合同的，应当将已收取的保险费，按照合同约定扣除自保险责任开始之日起至合同解除之日止应收部分后，退还投保人。同时，根据《保险法》第 52 条有关规定，在合同有效期内，保险标的的危险程度显著增加的，被保险人应当按照合同约定及时通知保险人，保险人可以按照合同约定增加保险费或者解除合同。保险人解除合同的,应当将已收取的保险费,按照合同约定扣除自保险责任开始之日起至合同解除之日止应收的部分后,退还投保人。

1. 被保险人义务

按照保险法的规定,在保险期间内,发生保险标的危险程度显著增加的情形,被保险人应当按照合同约定及时通知保险人。可见,危险增加的通知义务是保险法规定被保险人应当按照合同约定履行的义务。其中,通知义务的前提是危险程度显著增加。按照通常理解,危险程度增加的显著性要求应与《保险法》第16条要求的有关投保人违反如实告知义务的"重要事实"标准相同,即危险程度增加的显著性必须是"足以影响保险人决定是否同意承保或者提高保险费率"。[①] 否则,不适用本条有关要求被保险人履行危险增加的通知义务。

2. 危险程度显著增加

在保险法律实务中,危险程度显著增加的认定标准。根据《保险法司法解释(四)》第4条规定,人民法院认定保险标的是否构成《保险法》第49条、第52条规定的"危险程度显著增加"时,应当综合考虑以下因素:保险标的用途的改变;保险标的使用范围的改变;保险标的所处环境的变化;保险标的因改装等原因引起的变化;保险标的使用人或者管理人的改变;危险程度增加持续的时间;其他可能导致危险程度显著增加的因素。保险标的危险程度虽然增加,但增加的危险属于保险合同订立时保险人预见或者应当预见的保险合同承保范围的,不构成危险程度显著增加。

3. 法律后果

被保险人未按照保险合同约定履行保险标的危险程度显著增加通知义务的,因保险标的危险程度显著增加而发生的保险事故,保险人不承担赔偿责任。在实务中,具体要求包括:一是保险合同有效期限内,发生保险标的危险程度显著增加的情形;二是被保险人未按照保险合同约定及时通知保险人,发生保险标的危险程度显著增加情况;三是保险事故的发生与保险标的危险程度显著增加之间存在因果关系。可见,如果保险标的危险程度增加没有达到显著程度,或者虽然保险标的危险程度显著增加但与保险事故的发生没有因果关系,或者被保险人在保险标的发生危险程度显著增加后履行了通知义务但保险人在保

---

① 吴定富主编:《中华人民共和国保险法释义》,中国财政经济出版社2009年版,第128页。

险事故发生前没有要求解除合同的，都不符合保险人免除赔偿责任的情形，发生保险事故的，保险人仍应当承担赔偿责任。

4. 除外情形

在保险期间内，被保险人未按照保险合同约定履行保险标的危险程度增加通知义务，但是保险人在保险事故发生前通过其他途径已知悉保险标的危险程度显著增加，或者保险人对于保险标的危险程度显著增加的情况应当知道而没有知道的，发生保险事故后，保险人能否免责？对此，保险法没有明确规定，但是按照诚实信用要求以及弃权、禁止反言，对于保险标的危险程度显著增加，保险人在已经知道或应当知道而不知道的情况下，丧失了原本可以按照保险法和保险合同约定增加保费或解除合同的权利。因此，在上述情形下，在保险事故发生后，基于对被保险人保险信赖利益的保护，保险人不能免除承担赔偿或者给付保险金的责任。

5. 保险人选择权

按照保险法的规定，在保险期间内，保险标的危险程度显著增加的，保险人可以按照合同约定在要求增加保险费或者解除合同二者中进行选择。如果保险人选择解除合同，保险人应当将已收取的保险费，按照合同约定扣除自保险责任开始之日起至合同解除之日止应收部分后，退还投保人。同时，在保险实务中，存在保险人已通知投保人解除合同但在尚未退还保险费的情况下发生保险事故的，保险人是否应承担保险责任？对此，按照合同法的有关规定，保险人主张解除合同的应当通知对方，保险合同自解除通知到达对方时解除。保险人尚未退还保险费不影响保险合同解除的效力。保险人对合同解除后发生的事故，不承担赔偿或者给付保险金责任。

（七）施救减损义务

根据《保险法》第57条的规定，保险事故发生时，被保险人应当尽力采取必要的措施，防止或者减少损失。保险事故发生后，被保险人为防止或者减少保险标的的损失所支付的必要的、合理的费用，由保险人承担；保险人所承担的费用数额在保险标的损失赔偿金额以外另行计算，最高不超过保险金额的数额。在保险实务中，一般情况是被保险人实际占有或使用保险标的财产。在发生保险事故时，被保险人在第一时间采取必要措施，防止或者减少保险标的财产损失，对于事故的后续救援以及避免或减少社会财富损失都具有十分重要的意义。

1. 法定义务

保险事故发生时，被保险人应当尽力采取措施，防止或减少损失，这是保险法规定被保险人在保险事故发生时应积极履行的一项法定义务。按照保险法规定，在保险事故发生时，被保险人的施救减损义务有利于被保险人生产自救和恢复生产，有助于减轻保险人的保险赔偿责任，有益于减少社会物质财富的浪费和损失。但是，对于被保险人违反施救减损义务的法律后果，现行保险法并没有明确规定。根据财产保险损失补偿原则以及诚实信用原则项下要求被保险人履行保证义务等要求，保险人与投保人可以在保险合同中约定，对保险事故发生时被保险人没有尽力采取必要措施防止或减少损失的，保险人对于损失的扩大部分不承担赔偿保险金责任。

2. 施救费用承担

按照保险法的规定，在保险事故发生后，被保险人为防止或者减少保险标的损失所支付的必要的、合理的费用，应当由保险人承担。一般在保险实务中，有关保险合同内容，特别是在保险责任条款内容中，约定保险人对被保险人支付的该部分费用承担赔偿责任。同时，保险法还明确规定，被保险人支付的该部分施救费用，可以在保险标的损失金额以外另行计算，最高以不超过保险金额为限。

二、保险人履行合同

保险人是指与投保人订立保险合同，并按照保险合同约定承担赔偿或者给付保险金责任的保险公司。保险人与投保人一起共同构成保险合同的双方当事人。按照《保险法》第 6 条规定，保险业务由依照本法设立的保险公司以及法律、行政法规规定的其他保险组织经营，其他单位和个人不得经营保险业务。《保险法》第 10 条规定，保险人是指与投保人订立保险合同，并按照合同约定承担赔偿或给付保险金责任的保险公司。可见，保险人是依法设立的保险公司，保险业务属于法律法规许可经营的业务范围。在保险实务中，保险人的合同权利义务与投保人、被保险人、受益人的合同权利义务相对应，概括来说主要包括以下五个方面内容。

（一）出具保险凭证

根据《保险法》第 13 条、第 20 条的规定，投保人提出保险要求，经保险人同意承保,保险合同成立。保险人应当及时向投保人签发保险单或者其他保险凭证。投保人和保险人可以协商变更保险合同内容。变更保险合同的,应当由保险人在保险单或者其他保险凭证上批注或者附贴批单,或者由投保人和保险人订立变更的书面协议。

1. 法定义务

按照保险法的规定,在保险合同成立后,保险人应当及时签发保单,或者在保险合同有效期内合同事项发生变更的,保险人应当及时出具批单等保险凭证。可见,保险人及时出具保险单、批单等保险凭证,是保险法规定的保险人在保险合同成立后应当履行的合同义务。同时,由于保险合同是诺成合同,保险人出具保险单、批单等保险凭证,并非保险合同的成立要件。但是,保单、批单等保险凭证记载了保险合同主要内容,保险法要求保险人及时出具有关的保险凭证,可以明确保险活动当事人之间的权利义务,有利于保险合同权利义务的全面履行,以及在发生保险事故后被保险人、受益人要求保险人承担保险金赔偿或给付责任。

2. 注意事项

根据《保险法》第 13 条的规定,保险单或者其他保险凭证应当载明当事人双方约定的合同内容。当事人也可以约定采用其他书面形式载明合同内容。

(1)保险合同属于要式合同。投保人提出保险要求,保险人同意承保的,保险合同成立。根据《保险法》第 18 条的规定,保险合同应当包括保险责任、责任免除等内容。在保险实务中,保险人同意承保的,保险合同成立,包括对保险法规定的保险责任、责任免除等内容达成一致。否则,保险合同由于缺乏相应要件,而不能成立。同时,保险责任和责任免除内容对应具体险种和保险条款,须经保险行业监管部门备案或登记,需要具备的形式要件。可见,在保险法律实务中,保险合同成立时,保险合同有关内容必须具备形式要件,否则保险合同不能成立。因此,保险合同属于要式合同。

(2)保险单或其他保险凭证,应载明当事人双方约定的保险合同内容。在保险实务中,保险人出具保险单的应当附有经投保人签字盖章的投保单,如保险人保险单变更投保单内容的,应由投保人签收无异议或盖章确认。否则,保险单对投保单的变更内容,对投保人、被保险人、受益人没有法律约束力。同时,保险人出具批单等其他保险凭证的,应当附有投保人书面变更申请材料。否则,保险人需要提供其他证据证明有关批改内容是其与投保人协商一致进行变更的结果。

(二)提示和明确说明义务

根据《保险法》第17条的规定,订立保险合同,采用保险人提供的格式条款的,保险人向投保人提供的投保单应当附格式条款,保险人应当向投保人说明合同的内容。对保险合同中免除保险人责任的条款,保险人在订立合同时应当在投保单、保险单或者其他保险凭证上作出足以引起投保人注意的提示,并对该条款的内容以书面或者口头形式向投保人作出明确说明;未作提示或者明确说明的,该条款不发生效力。

1. 一般格式条款的说明义务

订立保险合同,采用保险人提供的格式条款的,保险人向投保人提供的投保单应当附格式条款,保险人应当向投保人说明合同的内容。针对上述规定,在保险实务中,应注意以下内容:一是在订立保险合同时,保险人提供投保单中应附有保险条款。一般来说,该保险条款为格式条款,约定保险合同主要权利义务内容。二是保险人对格式条款的说明义务,与《合同法》第39条规定的提供格式条款一方应按照对方要求说明格式条款内容的区别之处在于,在订立保险合同时,保险人应当主动向投保人说明包括格式条款在内的保险合同内容。三是按照《保险法》第17条的规定,保险人应当向投保人说明合同的内容。但是,《保险法》第17条没有明确规定保险人没有履行合同说明义务的法律后果,更没有规定保险人没有履行合同说明义务的,保险合同内容不产生法律效力。

2. 免除保险人责任条款的提示和明确说明义务

按照保险法的规定,对保险合同中免除保险人责任的条款,保险人在订立合同时应当在投保单、保险单或者其他保险凭证上作出足以引起投保人注意的提示,并对该条款的内容以书面或者口头形式向投保人作出明确说明;未作提示或者明确说明的,该条款不产生效力。

(1)保险人履行提示义务的认定。在保险法律实务中,按照保险法司法解释(二)的规定,保险合同订立时,保险人在投保单或者保险单等其他保险凭证上,对保险合同中免除保险人责任的条款,以足以引起投保人注意的文字、字体、符号或者其他明显标志作出提示的,一般认为保险人履行了提示义务。

(2)保险人应履行提示和明确说明义务的"免除保险人责任的条款"范围。一般来说,"免除保险人责任的条款"应包括保险人提供的格式合同文本内容中的责任免除条款、免赔额、免赔率、比例赔付等免除或者减轻保险人责任的条款内容。但是,在保险法律实务中,通常不包括保险条款中有关保险责任范围等有关保险合同主要权利义务内容和投保单、保险单的特别约定内容;不包括保险人与投保人在投保单、保险单之外,经保险人与投保人双方在自愿平等协商基础上签订的保险协议内容。同时,根据《保险法司法解释(二)》第 9 条的规定,也不包括保险人因投保人、被保险人违反法定或者约定义务,享有解除合同权利的条款。

(3)保险人履行明确说明义务的认定。在保险法律实务中,根据《保险法司法解释(二)》第 10 条、第 11 条的规定,保险人对保险合同中有关免除保险人责任条款的概念、内容及其法律后果以书面或者口头形式向投保人作出常人能够理解的解释说明的,一般认为保险人履行了明确说明义务。同时,投保人对保险人履行了符合上述要求的明确说明义务在相关文书上签字、盖章或者以其他形式予以确认的,应当认为保险人履行了该项义务,但另有证据证明保险人未履行明确说明义务的除外。同时,保险人将法律、行政法规中的禁止性规定情形,作为保险合同免责条款的免责事由,保险人对该条款作出提示后,一般认为保险人履行了明确说明义务。

(4)在互联网保险、电商保险等新业态中,保险人履行提示和明确说明义务的认定。在保险法律实务中,根据《保险法司法解释(二)》第 12 条的规定,通过网络、电话等方式订立的保险合同,保险人以网页、音频、视频等形式对免除保险人责任条款予以提示和明确说明的,人民法院可以认定保险人履行了提示和明确说明义务。

(5)有关法律后果。按照保险法的规定,保险人在订立保险合同时,对保险合同中免除保险人责任的条款,未作提示或者明确说明的,该条款不产生效力。可见,保险人订立保险合同时,涉及免除保险人责任的条款,必须同时履行提示和明确说明义务。否则,该免除保险人责任条款对投保人、被保险人、受益人没有法律约束力。

3. 立法与实践

责任免除条款的提示和明确说明义务,是指在订立保险合同时,保险人应对其提供的格式条款中免除保险人责任条款内容履行提示和明确说明义务。责任免除条款的提示和明确说明义务,是保险法律实务中的热点和难点问题。

(1)在立法领域,根据《保险法》第 17 条的规定,保险人对保险合同中的格式条款负有说明义务，以及对有关免除保险责任条款的提示和明确说明义务。应当说，本条规定在立法层面确立了保险合同格式条款说明义务和免除保险人责任条款的提示和明确说明义务要求。但是，保险法的规定，相对于保险实务中纷繁复杂的情况来说，还是显得过于简单和抽象，导致在法律适用上产生较多问题。比如，对保险合同中的责任免除条款内容，保险人履行提示和明确说明义务的认定标准问题；以及在实务中被保险人或其允许的驾驶人员醉酒驾驶、无照驾驶、吸毒后驾驶机动车等明显违法行为并导致保险事故发生的，如继续严格要求保险人履行提示和明确说明义务，有违社会公序良俗和公平正义观念，无疑会放纵违法犯罪行为的发生。

（2）在司法领域，《保险法司法解释（二）》第 9 ~ 13 条的规定涉及有关免除保险人责任条款的提示和明确说明义务内容，主要包括免除保险人责任的条款范围、法律和行政法规中的禁止性规定作为免责事由的提示义务、提示义务和明确说明义务的认定标准、网络和电话方式订立保险合同的提示和明确说明义务履行以及明确说明义务的举证责任等。上述司法解释的内容，为解决保险法律实务中遇到的保险人应如何履行责任免除条款的提示和明确说明义务，提供了统一的司法裁量标准和依据。但是，在保险法律实务中，相同或类似情况在不同地区、不同法院，甚至相同法院不同法官的认定还有较大差异，如醉驾、无照驾驶、投保单和保险单特别约定内容中涉及免除或减轻保险人责任等事项和内容，是否要求保险人履行提示和明确说明义务。

（3）立法和司法建议。针对免除保险人责任条款的提示和明确说明义务，在保险法律实务中存在的各类问题，需要从保险立法和司法两方面着手予以解决。其中，在保险立法上，应当明确提示和明确说明义务的适用范围、认定标准以及例外情形等，例如醉酒驾驶、无照驾驶、吸食毒品后驾驶等违法犯罪行为造成事故损失的，是继续按照现行司法解释要求保险人履行提示义务，还是在保险法中明确规定针对明显违法犯罪行为的，保险人无须履行提示和明确说明义务，哪一种更符合社会公平正义理念？在保险司法层面，应当统一相关裁判标准和尺度，避免相同或类似情况出现较大差异的不同判决，维护司法统一和权威。同时，在现行保险法相关内容还没有修订的情况下，在保险司法实践中应坚持“宽严”相结合的务实态度：一般情况下应当坚持“宜宽”原则，严格按照保险法和保险合同约定内容认定保险人是否应当承担保险责任；但是，在涉及明显违法犯罪行为或者违反公序良俗情形的，应当坚持“从严”要求，并在司法实践中进一步明确,商业保险的保险人在上述某些特定情形下无须履行责任免除条款的提示和明确说明义务,切实充分发挥司法审判实务的社会正确导向作用和维护社会公平正义价值理念。

(三)赔偿或给付保险金

依照保险法和保险合同约定,保险人在保险事故发生后,向被保险人、受益人承担保险金赔偿或给付责任,是保险人履行保险合同义务主要内容和要求。《保险法》第 10 条规定,保险人是指与投保人订立保险合同,并按照合同约定承担赔偿或给付保险金责任的保险公司。同时,《保险法》第 23 条规定,保险人收到被保险人或者受益人的赔偿或者给付保险金的请求后,应当及时作出核定;情形复杂的,应当在 30 日内作出核定,但合同另有约定的除外。保险人应当将核定结果通知被保险人或者受益人;对属于保险责任的,在与被保险人或者受益人达成赔偿或者给付保险金的协议后 10 日内,履行赔偿或者给付保险金义务。保险合同对赔偿或者给付保险金的期限有约定的,保险人应当按照约定履行赔偿或者给付保险金义务。保险人未及时履行前款规定义务的,除支付保险金外,应当赔偿被保险人或者受益人因此受到的损失。任何单位和个人不得非法干预保险人履行赔偿或者给付保险金的义务,也不得限制被保险人或者受益人取得保险金的权利。

1. 保险人的主要合同义务

保险合同是双务有偿合同,投保人支付保险费的对价,就是要求保险人按照保险合同约定承担相应风险,并在保险事故发生后,按照保险法和保险合同约定向被保险人或受益人承担赔偿或给付保险金责任。具体来说,保险人接到投保人、被保险人、受益人出险通知后,应当及时查勘事故现场,审核保险责任,核定损失金额,进行保险赔付等。对于上述有关保险理赔程序和时限,保险法进行了明确规定,本书在第四章理赔内容中进行了具体说明和阐述,在此不再赘述。

2. 保险理赔不受非法干预

保险人与投保人签订保险合同,属于民事法律行为范畴。保险合同双方当事人以及被保险人、受益人应当依照保险法和保险合同约定行使权利和履行义务。在保险事故发生后,保险人按照保险法或保险合同约定履行责任审核、损失核定、保险理算、保险赔付等,受保险法和合同法等规范和调整。但是现阶段,在某些地区和部门,存在政府机关、行业监管单位、行业协会过分干预保险理赔现象,导致投保人、被保险人、受益人在发生理赔纠纷后,并不是按照保险法和保险合同约定进行调解、协商或者通过法律诉讼途径解决,而是过分依赖通过群体性上访、向行业监管部门投诉或行政性干预等方式解决,希望通过行政部门或行业监管部门给保险人施加压力以获取不正当利益。

(四)先行支付

在保险事故发生后,为了充分发挥保险损失填补和救济作用,及时帮助被保险人、受益人尽快恢复生产和经营。保险法规定保险人在一定期限内,对其能够确定的保险赔偿金额,应当先行向被保险人、受益人进行支付。根据《保险法》第25条的规定,保险人自收到赔偿或给付保险金的请求和有关证明、资料之日起60日内,对其赔偿或者给付保险金的数额不能确定的,应当根据已有证明和资料可以确定的数额先予支付;保险人最终确定赔偿或者给付保险金的数额后,应当支付相应差额。

1. 时间要求

按照保险法的规定,先行支付的时间要求为保险人收到赔偿或者给付保险金的请求和有关证明、资料之日起60日内。在保险实务中,投保人、被保险人、受益人向保险人报告出险并非属于保险人收到赔偿或给付保险金的请求,投保人、被保险人、受益人必须以书面或口头要求赔偿或给付保险金,才符合保险索赔要求。同时,保险法规定除索赔要求外,60日的时间期限以保险人收到有关证明和资料之日开始起算。如投保人、保险人、受益人递交的材料不符合要求,保险人可以一次性通知补充。在保险实务中,自保险人收到补充材料之日起开始计算60日的期限。

2. 数额与性质

保险法规定保险人的先行支付金额,限于保险人根据已有证明和资料可以确定的数额,保险人最终确定保险赔偿金数额后应支付相应差额。可见,先行支付是保险人履行保险赔付的一部分,属于保险人应当履行的保险法定义务。在保险法律实务中,按照保险法的有关规定,因第三者对保险标的损害造成保险事故的,保险人向被保险人赔偿保险金之日起,在赔偿金额范围内代位行使被保险人对第三者请求赔偿的权利。因此,由于先行支付属于保险赔付的一部分,保险人自向被保险人先行支付后,依法取得向造成保险事故的第三者行使保险人代位求偿权的权利。

（五）其他权利义务

按照保险法有关规定，保险人享有投保人、被保险人违反法定情形或保险法约定特殊情形下的增加保费、解除合同权利，保险人一次性通知投保人、被保险人、受益人补充索赔材料，保险人对保险标的安全状况进行检查并提出整改建议，保险人承担必要合理施救费用，不属于保险责任的及时通知义务，以及保险人履行保密义务等。上述主要内容在投保人、被保险人、受益人权利义务部分已经阐述，此处不再赘述。

第六章　保险合同变更

保险合同变更是指保险合同在履行过程中，涉及有关保险合同主体、内容等事项变更。根据《保险法》第 20 条的规定，投保人和保险人可以协商变更合同内容。变更保险合同的，应当由保险人在保险单或者其他保险凭证上批注或者附贴批单，或者由投保人和保险人订立变更的书面协议。在保险实务中，保险合同变更包括保险标的转让导致被保险人变更，保险标的危险程度增加后保险人要求增加保费，以及其他被保险人或受益人发生变更等情形，保险人可以通过批注或附贴批单等形式变更保险合同。

一、合同主体变更

在保险实务中，保险合同涉及主体变更的情形，主要包括保险标的转让导致被保险人变更、责任保险和团体人身意外保险中被保险人增加或减少等情形。具体来说：

（一）保险标的转让导致被保险人变更

为了确保合同顺利履行和保障被保险人的权利，我国保险法明确规定，保险标的转让后，受让人享有被保险人权利和义务。根据《保险法》第 49 条的规定，保险标的转让的，保险标的的受让人承继被保险人的权利和义务。保险标的转让的，被保险人或者受让人应当及时通知保险人，但货物运输保险合同和另有约定的合同除外。同时，还规定因保险标的转让导致危险程度显著增加的，保险人可以按照合同约定增加保险费或者解除合同。

（二）船舶转让导致保险合同转让

一般情况下，财产保险合同中发生保险标的转让的，无须保险人同意，受让人承继被保险人权利义务。但是,如果发生船舶转让导致保险合同转让的,应当取得保险人同意。根据《海商法》第230条的规定,因船舶转让而转让船舶保险合同的,应当取得保险人同意。未经保险人同意,船舶保险合同从船舶转让时起解除;船舶转让发生在航次之中的,船舶保险合同至航次终了时解除。

(三)发生被保险人增加或减少的情形

在保险实务中,企事业单位投保了雇主责任保险、团体人身意外保险等。在保险合同有效期间内,如发生雇员增加或减少等情形的,投保人须向保险人书面申请要求变更被保险人。如果保险人同意变更的,应出具批单,确认被保险人的变更事项。

(四)继承被保险人的保险标的

根据《保险法司法解释(四)》第3条的规定,被保险人死亡,继承保险标的的当事人主张承继被保险人的权利和义务的,人民法院应予支持。可见,在保险法律实务中,被保险人死亡后,继承保险标的当事人承继被保险人享有的保险合同权利义务。

二、合同内容变更

在保险实务中,保险合同内容变更情形,主要包括法律明确规定情形下保险合同当事人的合同内容变更以及保险人与投保人协商变更保险合同内容的情形。具体来说:

(一)法律规定保险合同可以变更的情形

1. 保险标的转让导致危险程度增加

根据《保险法》第49条的规定,因保险标的的转让导致危险程度显著增加的,保险人自收到前款规定的通知之日起30日内,可以按照保险合同约定增加保险费或解除合同。保险人解除合同的,应当将已收取的保险费,按照合同约定扣除自保险责任开始之日起至合同解除之日止应收的部分后,退还投保人。

2. 保险标的危险程度增加

根据《保险法》第52条的规定,在合同有效期内,保险标的的危险程度显著增加的,被保险人应当按照合同约定及时通知保险人,保险人可以按照合同约定增加保险费或者解除合同。保险人解除合同的,应当将已收取的保险费,按照合同约定扣除自保险责任开始之日起至合同解除之日止应收的部分后,退还投保人。

3. 未履行保险标的安全责任

根据《保险法》第 51 条的规定,投保人、被保险人未按照约定履行其对保险标的的安全应尽责任的,保险人有权要求增加保险费或者解除合同。

4. 应当降低保险费的情形

根据《保险法》第 53 条的规定,有下列情形之一的,除合同另有约定外,保险人应当降低保险费,并按日计算退还相应的保险费:据以确定保险费率的有关情况发生变化,保险标的的危险程度明显减少的;保险标的的保险价值明显减少的。

(二)合同当事人协商变更合同的情形

在保险实务中,保险合同履行过程中,如保险合同内容或情况发生变更的,保险合同双方当事人可以协商一致变更保险标的数量、地址、范围,保险金额、保险价值确定方式、保险期间等保险合同有关内容。根据《保险法》第 20 条的规定,投保人和保险人可以协商变更保险合同内容。变更保险合同的,应当由保险人在保险单或者其他保险凭证上批注或者附贴批单,或者由投保人和保险人订立变更的书面协议。

第七章　保险合同解除

保险合同解除是指保险合同成立后，在法律规定或合同约定的解除条件成立时，通过投保人和保险人一方或双方解除合同的意思表示，从而使保险合同关系归于消灭的民事法律行为。根据《保险法》第 15 条的规定，除保险法另有规定或者保险合同另有约定外，保险合同成立后，投保人可以解除合同，保险人不得解除合同。可见，依照保险法的规定，投保人与保险人解除保险合同的条件和要求不同。除保险法另有规定或者保险合同另有约定外，投保人可以解除保险合同。但是，只有保险法明确规定或保险合同约定的情形下，保险人才可以行使保险合同的解除权。

一、保险合同解除权

在法律性质上，保险合同的解除权属于形成权。在保险法律实务中，解除权的行使时间属于固定期间，该权利期间不适用时效的中止、中断或延长等情形。同时，该权利期间适用除斥期间规定，即权利主体经过一定期限不行使该项权利的，该项权利将归于消灭。

（一）解除权行使时间

按照合同法的有关规定，合同解除权的行使期限为“经对方催告后的合理期限”。同时，保险法对于保险合同双方当事人解除权的行使期限也有相应的规定。具体来说：

（1）根据《保险法》第 16 条的规定，在投保人未履行如实告知义务的，保险人自知道有解除事由之日起，超过 30 日不行使而消灭，自合同成立之日起超过 2 年的，保险人不得解除合同。

(2)根据《保险法》第49条的规定,因保险标的转让导致危险程度显著增加的,保险人自收到被保险人、受让人通知之日起30日内,可以解除合同。

(3)根据《保险法》第58条的规定,保险标的发生部分损失的,自保险人赔偿之日起30日内,投保人可以解除合同;除合同另有约定外,保险人也可以解除合同,但应当提前15日通知投保人。

(4)保险法其他内容中规定保险合同当事人享有合同解除权的,没有规定解除权具体行使期限,在保险实务中可以参考上述保险法规定的解除权行使时间的规定。

(二)解除权行使方式

根据《合同法》第96条的规定,当事人一方主张解除合同的,应当通知对方。合同自通知到达对方时解除。对方有异议的,可以请求人民法院或者仲裁机构确认解除合同的效力。保险法没有明确规定保险合同解除权的具体行使方式和要求。但是,在保险实务中,可以参照合同法的有关规定,享有保险合同解除权的一方当事人向对方当事人发送合同解除的通知,行使保险合同的解除权。保险合同自通知到达对方当事人时解除。

(三)解除权行使后果

按照保险法和合同法的有关规定,针对保险合同当事人和关系人在投保、承保、保险合同履行过程中出现的不同情况,保险合同当事人享有保险合同解除权。同时,针对保险法规定的不同情况,保险合同当事人行使合同解除权的,产生不同的法律后果。具体来说:

(1)一般情况下,投保人和保险人可以协商或者按照保险合同约定解除保险合同,保险合同解除后,尚未履行的,终止履行;已经履行的,根据履行情况和合同性质,当事人可以要求恢复原状、采取其他补救措施,并有权要求赔偿损失。

(2)投保人未履行如实告知义务的,保险人行使合同解除权。其中,投保人故意不履行如实告知义务的,保险人对于合同解除前发生的保险事故,不承担赔偿或给付保险金责任。投保人因重大过失未履行如实告知义务,对保险事故发生有严重影响的,保险人对合同解除前发生的保险事故,不承担赔偿或给付保险金的责任,但应当退还保险费。

(3)投保人、被保险人故意制造保险事故或者被保险人、受益人谎称发生保险事故并要求赔偿或支付保险金的,保险人有权解除合同,不承担赔偿或者给付保险金责任,并且不退还保险费。

(4)因保险标的转让导致危险程度显著增加,保险人解除合同的,应当将已收取的保险费,按照合同约定扣除自保险责任开始之日起至合同解除之日止应收的部分后退还投保人。

(5)投保人、被保险人未按照约定履行其对保险标的安全应尽责任的,保险人有权解除合同,但对合同解除前发生的保险事故,保险人应承担赔偿或给付保险金责任。

(6)在合同有效期限内,保险标的危险程度显著增加,保险人解除合同的,应当将已收取的保险费,按照合同约定扣除自保险责任开始之日起至合同解除之日止应收的部分后,退还投保人。

(7)保险责任开始前,投保人要求解除合同的,应当按照合同约定向保险人支付手续费,保险人应当退还保险费。保险责任开始后,投保人要求解除合同的,保险人应当将已收取的保险费,按照合同约定扣除自保险责任开始之日起至合同解除之日止应收的部分后,退还投保人。

(8)保险标的发生部分损失的,投保人可以解除合同,除合同另有约定外,保险人也可以解除合同。合同解除的,保险人应当将保险标的未受损失部分的保险费,按照合同约定扣除自保险责任开始之日起至保险合同解除之日止应收的部分后,退还投保人。

二、投保人合同解除权

(一)解除权行使

根据《保险法》第15条的规定,除本法另有规定或者保险合同另有约定外,保险合同成立后,投保人可以解除合同。由此可见,投保人享有保险合同任意解除权。除保险法和保险合同明确规定不能解除保险合同的情形外,投保人都可以行使合同解除权。保险法规定投保人的保险合同任意解除权,一方面体现了保险法保护投保人的保险自愿要求,另一方面也是考虑到保险人在订立保险合同中的优势地位,保护投保人的合法权益。

(二)解除权限制

投保人的合同任意解除权与任何其他权利的行使一样,并非绝对和无条件。按照保险法的有关规定,保险法和保险合同可以对投保人的保险合同解除权进行限制和约束。具体来说:

(1)在订立保险合同时,保险人、投保人可以协商一致,并在保险合同中约定投保人合同解除权的条件和要求,对投保人合同解除权进行约束、规范和限制。

(2)根据《保险法》第50条的规定,货物运输保险合同和运输工具航程保险合同,保险责任开始后,合同当事人不得解除合同。可见,在货物运输保险合同和运输工具航程保险合同中,在保险责任开始后,投保人不得解除保险合同。

(3)根据《保险法》第58条的规定,保险标的发生部分损失的,自保险人赔偿之日起30日内,投保人可以解除合同。因此,在保险标的发生部分损失的情况下,投保人解除合同权利,应自保险人赔偿之日起30日内行使,否则投保人的该项合同解除权归于消灭。

(4)根据《机动车交通事故责任强制保险条例》第16条的规定,投保人不得解除机动车交通事故责任强制保险合同,但有下列情形之一的除外:被保险机动车被依法注销登记的;被保险机动车办理停驶的;被保险机动车经公安机关证实丢失的。

(5)根据《海商法》第227条、第228条的规定,除合同另有约定外,保险责任开始后,被保险人和保险人均不得解除合同。根据合同约定在保险责任开始后可以解除合同的,被保险人要求解除合同,保险人有权收取自保险责任开始之日起至合同解除之日止的保险费,剩余部分予以退还;保险人要求解除合同,应当将自合同解除之日起至保险期间届满之日止的保险费退还被保险人。货物运输和船舶的航次保险,保险责任开始后,被保险人不得要求解除合同。

(三)立法完善建议

在保险实务中,存在许多投保人与被保险人、受益人不是同一主体的情形。在该种情形下,如投保人行使合同解除权的,客观上会给被保险人、受益人的保险合同利益造成损失。在此种情况下,投保人合同解除权的行使是否应当受到限制?对此,保险理论界和保险实务界都有不同的观点。笔者认为,现行保险法没有规定,投保人行使合同解除权需要通知被保险人、受益人或者需要经被保险人、受益人同意。但是,在投保人与被保险人、受益人不是同一主体的情况下,投保人行使保险合同解除权,事实上会对被保险人或者受益人保险合同权益产生影响。因此,立足保险实际情况,从有利于维护保险交易活动安全,保护被保险人、受益人保险合同信赖利益的角度考虑,可以规定投保人在解除保险合同前,应履行通知被保险人、受益人的义务。如果被保险人、受益人愿意继续履行保险合同并承担有关费用的,投保人可以与保险人协商一致变更投保人,由变更后的投保人继续履行保险合同。上述做法,在保险实务中具有一定的合理性和可操作性,能够最大限度地维护各方当事人的合法权益。

三、保险人合同解除权

(一)解除权的行使

根据《保险法》第 15 条的规定,除保险法另有规定或者保险合同另有约定外,保险人不得解除保险合同。可见,保险人的合同解除权限于保险法的规定条件或者保险合同的约定情形。同时,有关保险合同解除权的规定,保险法和合同法属于特别法与普通法的关系。按照特别法优于普通法的法律适用原则,保险人的保险合同解除权应当优先适用保险法的具体规定。

(1)根据保险合同约定,保险人可以行使合同解除权。在保险实务中,投保人和保险人经自愿平等友好协商达成一致,可以在保险合同中约定特定情形下或符合约定条件的,保险人可以行使保险合同的解除权。

(2)投保人未履行重要事项的如实告知义务的,保险人可以行使合同解除权。根据《保险法》第 16 条的规定,投保人故意或者因重大过失未履行前款规定的如实告知义务,足以影响保险人决定是否同意承保或者提高保险费率的,保险人有权解除合同。保险人在合同订立时已经知道投保人未如实告知的情况的,保险人不得解除合同;发生保险事故的,保险人应当承担赔偿或者给付保险金的责任。

(3)投保人、被保险人、受益人谎报保险事故、故意制造保险事故的,保险人可以行使合同解除权。根据《保险法》第 27 条的规定,未发生保险事故,被保险人或者受益人谎称发生了保险事故,向保险人提出赔偿或者给付保险金请求的,保险人有权解除合同,并不退还保险费。投保人、被保险人故意制造保险事故的,保险人有权解除合同,不承担赔偿或者给付保险金的责任。

(4)因转让导致保险标的危险程度显著增加的,保险人可以行使合同解除权。根据《保险法》第49条的规定,因保险标的转让导致危险程度显著增加的,保险人自收到前款规定的通知之日起30日内,可以按照合同约定增加保险费或者解除合同。

(5)投保人、被保险人未按照合同约定履行其对保险标的安全义务的,保险人可以行使合同解除权。根据《保险法》第51条的规定,投保人、被保险人未按照约定履行其对保险标的安全应尽责任的,保险人有权要求增加保险费或者解除合同。

(6)被保险人违反危险增加的通知义务的,保险人可以行使合同解除权。根据《保险法》第52条的规定,在合同有效期内,保险标的的危险程度显著增加的,被保险人应当按照合同约定及时通知保险人,保险人可以按照合同约定增加保险费或者解除合同。

(7)保险标的发生部分损失的,保险人可以行使合同解除权。根据《保险法》第58条的规定,保险标的发生部分损失的,自保险人赔偿之日起30日内,投保人可以解除合同;除合同另有约定外,保险人也可以解除合同,但应当提前15日通知投保人。

(二)解除权的限制

1.时间限制

根据《保险法》有关规定,保险人行使合同解除权的主要时间期限包括以下情形:

(1)在投保人未履行如实告知义务的,自保险人知道有解除事由之日起,超过30日不行使而消灭。自合同成立之日起超过2年的,保险人不得解除合同;发生保险事故的,保险人应当承担赔偿或者给付保险金的责任。

(2)因转让导致保险标的的危险程度显著增加的,保险人可于收到通知之日起30日内解除合同。

(3)保险标的发生部分损失的,除合同另有约定外,保险人可以解除合同,但应当提前15日通知投保人。

除上述情形外,保险法还规定了其他有关保险人可以行使合同解除权的情形,但未相应规定解除权的行使期间。在保险实务中,可以参考上述保险法规定时间期限。保险人的解除权,经投保人催告后在合理期限内不行使的,该解除权归于消灭。

2. 弃权与禁止反言

根据《保险法》第 16 条的规定,保险人在合同订立时已经知道投保人未如实告知的情况的,保险人不得解除合同;发生保险事故的,保险人应当承担赔偿或者给付保险金的责任。可见,在保险实务中,如保险人在保险合同订立时,明知投保人未履行如实告知义务仍继续承保的,则视为保险人认可投保人未如实告知事项符合承保条件,发生保险事故后应承担赔偿或者给付保险金责任,构成保险人对合同解除权的放弃。因此,按照保险法有关规定,在保险实务中,保险人弃权与禁止反言构成对保险人合同解除权的限制。

第八章 保险合同纠纷

保险合同纠纷是保险活动当事人之间在保险合同订立、生效、保险责任、责任免除、保险金赔偿或给付等方面产生的争议和纠纷。在法律实务中,保险合同纠纷案件是民商事纠纷审判领域的一个热点、难点问题。一方面,保险合同纠纷具有较强的保险和法律专业性要求,不仅包括保险行业专业知识、理论理解和实践运用,还涉及保险法、合同法、侵权法、海商法、民事诉讼法等几乎涵盖民商事领域法律法规的理解和适用问题。另一方面,相对于其他法律部门,保险专业法务人员、保险专业律师、保险专业审判人员等保险法律专业力量还相对薄弱。在现阶段,不同地区、不同法院、不同法官的保险法律适用标准差异问题还比较突出,导致在实务中相同或类似保险合同纠纷案件产生不同判决的现象还比较常见。同时,保险专业内容、理论和保险法律在法律实务中的适用、裁判和研究工作亟待加强。

一直以来,笔者参与了众多保险合同纠纷案件的诉讼代理和实务处理,结合大量保险合同纠纷案例的分析和研究,发现一些保险合同纠纷案件处理的规律和共同特征。因此,本章内容将重点对保险法律实务中,保险合同纠纷案件处理的基本路径和方法进行系统的梳理和归纳。概括来说,主要包括以下六个方面的内容:

第一,首先需要分析保险纠纷案件所涉的保险合同是否成立、生效以及案涉事故是否构成保险责任。如果存在保险人行使合同解除权等情形的,明确有关权利产生的事实和法律依据,包括是否存在保险人弃权或禁止反言。同时,要分析并确认损失财产和有关当事人是否符合保险合同约定的保险标的、被保险人、第三者范围。

第二,涉及保险责任有关问题的,不仅需要分析保险合同约定的保险责任范围,确定保险合同纠纷所涉事故是否属于保险合同约定保险责任范围内的事故。同时,还要分析保险责任条款有关具体内容是否适用格式条款的不利解释原则,并确定保险人是否应当承担保险责任。

第三,涉及免除保险人责任条款效力问题的,需要界定保险法律实务中免除保险人责任条款的范围,包括确定有关保险责任的约定内容是否属于保险法意义上免除保险人责任条款,保险人是否履行了格式条款有关责任免除内容的提示和明确说明义务。同时,结合保险合同内容情况,分析和确定免除保险人责任条款是否属于《保险法》第 19 条规定格式条款的无效情形。

第四,针对保险人行使解除权的,分析和确定是否符合保险法规定的保险人行使解除权情形,明确保险人行使解除权的条件、要求、法律后果,特别是在保险法规定的保险人享有的解除权消灭后,保险人能否依照合同法的规定行使保险合同撤销权。

第五,涉及保险赔偿金额计算的,应当按照保险合同约定,考虑免赔率、免赔额、赔偿限额、分项责任限额等,以确定保险人承担赔偿或者给付保险赔偿金的数额。针对财产损失保险合同,应当在保险事故发生后计算并确定保险金额和保险价值,明确是否属于定值保险或不定值保险,以及是否属于足额投保或不足额投保等问题。同时,在保险赔偿金的确定中,还要考虑财产保险的损失补偿和保险利益原则。

第六,保险合同纠纷的其他相关事项,还包括注意审核保险合同纠纷案件的起诉主体是否适格,保险赔偿金能否协议转让,财产保险合同约定受益人能否作为起诉主体,责任保险被保险人或者第三者能否直接起诉保险人,重复保险的保险赔偿金确定,以及保险人向被保险人承担迟延支付保险金损失的具体条件和要求等多方面问题。

针对上述保险合同纠纷案件主要内容和问题的分析,结合对法律实务中有关保险合同纠纷具体案例的梳理,本章将重点围绕保险合同纠纷上述内容与问题进行详细分析和阐述。在此,需要说明的是,本章所引用的部分法律实务案例,观点和理由可能不尽相同,但能够反映出现阶段保险法律实务司法裁判的真实情况。因此,一并予以罗列,仅供大家参考。

第一节 保险合同的成立与生效

保险合同的成立与生效是保险合同纠纷案件的争议焦点和难点问题之一。在保险法律实务中,有关保险合同成立与生效的内容,主要包括保险合同的成立、生效与保险责任承担,保险标的、被保险人、第三者范围的确定,以及保险人弃权与禁止反言等内容。

一、保险合同的成立、生效与保险责任承担

在保险实务中,如保险人未收取保险费或者已经收取保险费,在下列情形下保险人是否应当承担保险责任?对此,保险法律实务中有较多争议,判决保险人承担保险责任的案例和判决保险人不承担保险责任的判例均有所体现。概括来说,具体情形包括:一是在保险合同成立前发生的事故,保险人是否应当承担保险责任;二是在保险合同成立后,但在保险合同生效之前发生的事故,保险人是否应当承担保险责任;三是在保险合同约定的保险责任开始前发生的事故,保险人是否应当承担保险责任;四是在批单约定生效时间前发生的事故,保险人是否应当承担保险责任。

1.判决保险人不承担保险责任的案例,主要事实和理由如下:

(1)按照保险合同的约定,保险合同在被保险人交付保险费后生效。因此,该保险合同为附生效条件的合同,合同自被保险人交付保险费时生效。被保险人没有交付保险费,应视为生效条件还未成就,合同尚未生效。

(2)保险合同中的保险责任期间条款,在投保时由合同双方当事人协商确定,属于确定合同当事人权利义务范围的基本合同内容,不属于保险人事先拟制的格式条款,也不属于在保险事故发生后,保险人自行缩小保险责任范围的条款。

(3)格式条款是当事人为了重复使用而预先拟定并且在订立合同时未与对方协商的条款。保险人针对不同的投保人提供重复使用的空白保险单,但是保险单中关于被保险人、保险标的情况、承保险种、保费、保险期间等内容均是空白。订立保险合同时根据投保人的需求,空白栏约定的内容不尽相同。因此,包括保险期间在内的空白栏内容,是依照投保人需求作出的具体约定,不属于

保险人提供的格式条款。

(4)保险合同双方当事人均有义务和责任对合同约定的内容进行审查,被保险人自认为以生成保险单日期为保险合同生效时间,与双方的合同约定内容不符。因此,保险合同生效时间应当以合同中约定的保险期间为准。同时,保险期间属于双方约定的内容,故保险人无须另外单独告知保险期间外不承担保险责任事项。

(5)保险期间是合同双方在订立保险合同时现场打印形成的,并非事先确定且内容保持不变的合同条款,该条款也不能重复使用,不符合格式条款的性质。同时,该条款并未免除保险公司责任,加重投保人责任,排除投保人主要权利。因此,不属于免除保险人责任条款。保险期间的合同条款,属于保险合同的主要构成要件,不属于保险公司应尽的特别提示说明义务的条款内容,保险人不负有特别提示说明义务。

典型案例1　德群船务公司与太平洋保险公司海上、通海水域保险合同纠纷案①

【法院认定事实】

2014年2月10日,德群船务公司就“德兴隆”轮向太平洋保险公司投保船舶保险。德群船务公司填写的船舶保险投保单记载:保险期间自2014年7月18日零时起至2016年7月17日二十四时止。7月16日,太平洋保险公司出具AGUZA0023014B000033T号沿海、内河船舶保险单,内容与上述投保单一致。保险单适用的太平洋公司沿海内河船舶保险条款第14条记载:被保险人应在签订保险合同时一次缴清保险费。除合同另有书面约定外,保险合同在被保险人交付保险费后才生效。太平洋保险公司签发保险单后,发生保险事故。但是,在保险事故发生时,被保险人还没有向太平洋公司支付保险费。双方当事人因保险合同纠纷遂成诉。

【一审法院观点】

根据《保险法》第13条第1款关于“投保人提出保险要求,经保险人同意承保,保险合同成立。保险人应当及时向投保人签发保险单或者其他保险凭证”

---

① 广东省高级人民法院(2017)粤民终15号海上、通海水域保险合同纠纷民事判决书。

的规定，太平洋保险公司和德群船务公司之间的海上保险合同自太平洋保险公司签发保险单时成立。《保险法》第13条第3款规定："依法成立的保险合同，自成立时生效。投保人和保险人可以对合同的效力约定附条件或者附期限。"《合同法》第45条第1款规定："当事人对合同的效力可以约定附条件。附生效条件的合同，自条件成就时生效。"涉案保险合同适用的中国太平洋财产保险股份有限公司《沿海内河船舶保险条款》第14条记载：除合同另有书面约定外，保险合同在被保险人交付保险费后才能生效。**根据上述法律的规定和合同约定，太平洋保险公司和德群船务公司双方签订的保险合同为附生效条件的合同，生效条件为被保险人交付保险费，合同自被保险人交付保险费时生效。德群船务公司作为被保险人没有交付保险费，应视为生效条件还未成就，合同尚未生效，对双方当事人不具有约束力。**

【二审法院观点】

保险单是保险合同内容的证明。涉案保险文件中关于保险责任及责任期间的记载有四处：一是投保单记载保险期间为2014年7月18日零时至2016年7月17日二十四时止；二是保险单正文首段记载，在被保险人德群船务公司缴付保险费后，太平洋保险公司方同意按照本保险单规定的条件承保；三是上述保险单中"保险期限"条款记载保险期限为24个月，自2014年7月18日零（时）起至2016年7月17日二十四时止；四是上述保险单所附的《沿海内河船舶保险条款》（CPPIC）第14条记载，被保险人应在签订保险合同时一次缴清保险费，除合同另有书面约定外，保险合同在被保险人交付保险费后才能生效。**本院认为，涉案《沿海内河船舶保险条款》第14条适用于一次性缴清保费的情形，因本案当事人约定分期缴纳保险费，故该条款不适用于本案保险合同**。上述3个条款对相同事项的不同约定，导致当事人对如何确定涉案保险合同生效时间产生争议。对此，应依照合同法和保险法及其司法解释规定的合同解释规则予以分析认定。《合同法》第125条关于"合同的解释"条文规定："当事人对合同条款的理解有争议的，应当按照合同所使用的词句、合同的有关条款、合同的目的、交易习惯以及诚实信用原则，确定该条款的真实意思。"涉案保险单由太平洋保险公司向投保人签发，是双方当事人真实意思表示。从涉案保险单及其附件关于保险责任期间的记载来看，虽然保险单中"保险期限"条款规定保险期间为24个月，并规定了明确的起止时间，但太平洋保险公司在保险单首段明确记载"在被保险人缴付约定的保险费后，保险人才同意承保"。**保险期间的约**

定不等于保险合同效力的约定，在投保双方明确约定投保人支付保险费后保险人才同意承保时，应理解为投保人未支付保险费，则保险合同未生效。一审法院认定因投保人未支付保险费，涉案保险合同成立但未生效正确。

典型案例2 王宝来与平安保险公司财产保险合同纠纷案[①]

【法院认定事实】

王宝来在平安保险为其鲁V××号车辆投保商业险第三者险、不计免赔率，王宝来于2012年9月13日14时8分交付保险费，平安保险于2012年9月13日14时13分生成保险单，保险单打印时间为2012年9月14日10时31分，保险单中约定的保险期间自2012年9月14日零时起至2013年9月13日24时止。2012年9月13日18时20分，王宝来驾驶投保车辆发生交通事故。后因保险理赔纠纷诉至法院。

【一审法院观点】

王宝来为其鲁V××号车辆在平安保险投保商业险，虽平安保险在事故发生后才将保险单交付王宝来，但平安保险已于2012年9月13日14时13分生成保险单，作出了承保的意思表示，故双方之间的保险合同关系已经成立并生效。**投保单中载明王宝来与平安保险约定的保险期间为自2012年9月14日0时起至2013年9月13日24时止，平安保险出具的商业险保险单中约定的保险期间与之相符，故该商业险中关于保险期间的约定合法有效，平安保险开始承担保险责任的时间应为2012年9月14日0时起。**王宝来驾驶投保车辆发生交通事故的时间系在2012年9月13日18时20分，未在保险合同约定的保险期间内，对于王宝来因该事故赔偿给第三者的损失，平安保险不应承担保险责任。

【二审法院观点】

就商业险保险合同而言，投保单、保险单、保险凭证、批单均是保险合同的组成部分。**保险责任期间条款只有在投保时才能由缔约双方协商确定，属于确定合同当事人权利义务范围的基本合同条款，不属于保险人事先拟制的格式条款，亦不属于保险事故发生后保险人拟从保险范围、保险金额内缩小责任范围、**

---

① 潍坊市中级人民法院（2014）潍商终字第633号财产保险合同纠纷民事判决书。

减免赔付金额的责任免除条款。本案中,投保人王宝来与保险人平安保险之间的商业第三者险保险合同,自王宝来在投保单中签字时即成立并生效,投保人按照投保单中的约定履行交付保险费的义务,保险人按照投保单约定的保险责任期间时间开始承担保险责任、给付投保人相关的保险合同凭证。**王宝来签名的商业第三者险投保单载明的保险责任期间很明确,自2012年9月14日零时起至2013年9月13日二十四时止,王宝来驾驶投保车辆于2012年9月13日18时20分发生事故,不在双方约定的保险责任期间内,保险人对此不负有保险责任。**

典型案例3 孙海生与人保公司财产保险合同纠纷案[①]

【法院认定事实】

2014年9月15日,原告孙海生在被告处投保了车上人员责任险(司机)、车上人员责任险(乘客)、不计免赔率,收费确认时间为2014年9月15日10时15分,生成保险单时间为2014年9月15日10时15分,保险单打印时间为2014年9月15日10时18分,保险期间自2014年9月27日0时起至2015年9月26日24时止。2014年9月23日21时10分许,原告驾驶该车发生交通事故,两车不同程度受损,原告受伤。随后,原告因与被告发生理赔纠纷遂诉至法院。

【一审法院观点】

首先,**保险人主张合同生效后迟延承保,实质是免除保险人在迟延生效期间的事故理赔责任,实际是对保险人一定责任的免除,属保险合同的格式条款。**其次,在保险人说明义务的形式要求上,根据保险法及其司法解释的相关规定,应以“足以引起投保人注意”为标准,保险人负有提示和明确说明的义务,而且由保险人对此承担举证责任。本案被告人既未能提供证据证明其就保险期间迟延至9月27日尽到合理的提示和说明义务,也无法提供证据证明其就该条款与投保人协商一致。最后,被告仅依据合同载明的承保起止时间不足以表明双方另行约定了生效时间,**原告于9月15日交纳保险费并由保险公司收取保费且签发了保险单,此时,保险合同成立并生效符合保险目的,亦属投保人的合理期待。被告在无证据证明其已明确说明的情况下迟延承保,违背了保险成立**

① 吉安市中级人民法院(2016)赣08民终403号保险纠纷民事判决书。

及生效的目的和保险交易常理，亦有违合同诚信原则。因此，该迟延承保条款对原告没有约束力，被告辩称事故并非发生在保险期间内的主张缺乏事实和法律依据，本院依法不予采纳。

【二审法院观点】

本案的争议焦点为：涉案保险合同的保险期间应如何认定。《合同法》第39条规定格式条款是当事人为了重复使用而预先拟定，并在订立合同时未与对方协商的条款。**保险公司针对不同的投保人提供重复使用的空白保险单，但保险单中关于被保险人、保险车辆情况、承保险种、保费、保险期间等内容均是空白，根据投保人的需求空白栏约定的内容也不尽相同，因此对于空白栏的内容约定并不属于保险公司提供的格式条款。**《保险法》第13条第3款规定依法成立的保险合同，自成立时生效。投保人和保险人可以对合同的效力约定附条件或者附期限。**本案中，孙海生向被告投保，双方之间的保险合同自保险单生成时成立，但保险合同中对合同的效力进行附期限约定。作为合同的相对人，双方均有义务和责任对合同约定的内容进行审查，孙海生自认以生成保险单日为保险合同生效期间，与双方之间的合同约定不符。故本案保险合同生效应当以合同中约定的保险期间为准，**即2014年9月27日0时生效。因保险期间属双方约定的内容，故保险公司无须另外单独告知保险期间外不承担保险责任事项。2014年9月23日孙海生发生交通事故，事故发生时保险合同并未生效，故保险公司无须承担赔偿责任。

典型案例4　李四红与阳光保险公司财产保险合同纠纷案[①]

【法院认定事实】

2016年9月29日，原告李四红就车辆在被告阳光保险公司处投保机动车商业险，保险期间自2016年9月30日0时起至2017年9月29日24时止，以上保险的保费已及时足额缴纳。2016年9月29日18时26分许，李四红驾驶车辆追尾撞上由魏华驾驶的车，造成两车严重受损的交通事故。原告向被告索赔，发生保险合同纠纷。

---

① 临沂市中级人民法院(2017)鲁13民终4539号财产保险合同纠纷民事判决书。

【一审法院观点】

保险期间是在双方订立保险合同中现场打印形成,并非事先确定且内容保持不变的合同条款,该条款不能重复使用,不符合格式条款的性质,同时该条款并未免除保险公司责任,加重投保人责任,排除投保人主要权利,因此不属于免责条款,关于保险期间的合同条款属于保险合同的主要构成要件,不属于保险公司应尽的特别提示说明义务的条款范围,保险公司不负有特别提示说明义务,根据《保险法》第14条规定,保险合同成立后,投保人按照约定交付保险费,保险人按照约定的时间开始承担保险责任,本案交通事故发生在2016年9月29日18时26分许,保险事故发生在保险责任期间之前,故原告要求被告支付保险理赔金的诉求,本院不予支持。

【二审法院观点】

保险单载明的“次日零时生效”是保险公司的习惯做法,并不是保险人与投保人充分协商的结果。保险公司在保险单载明“次日零时生效”,让其保险责任在保险合同成立后至次日零时前产生了一个“空档期”,免除了其应当承担的义务,根据《保险法》第19条的规定,“次日零时生效”系无效条款。故保险公司应当承担保险责任。

典型案例5 邢嘉琦与人寿财保公司财产保险合同纠纷案[①]

【法院认定事实】

原告邢嘉琦本人名下轿车在被告人寿财保公司处投保了机动车损失保险、第三者责任险、车上人员责任保险、不计免赔率险等商业险,原告交纳保费和收到保险单时间为2017年5月29日15时23分许,该保险单记载保险期间为2017年5月30日至2018年5月29日。2017年5月29日20时37分许,原告邢嘉琦持证驾驶该车与桥墩发生相撞,造成车损一辆的交通事故。原告向被告索赔,发生保险合同纠纷。

【一审法院观点】

通常理解缴纳保费后保险单即生效,保险责任期间开始起算,原、被告之间签订的保险合同中保险期间推迟至次日起算的格式条款,客观上排除了投保人

① 安阳市中级人民法院(2018)豫05民终228号财产保险合同纠纷民事判决书。

缴纳保费到起保时间之间的期待利益权利，免除了被告依法应承担的义务，违反了公平合理原则，根据《保险法》第30条的规定，采用保险人提供的格式条款订立的保险合同，保险人和投保人、被保险人或者受益人对合同条款有争议的，应当按照通常理解予以解释，对合同条款有两种以上解释的，人民法院应当作出有利于被保险人和受益人的解释。本案原、被告对该格式条款解释意见相左，依法应当作出有利于原告的解释。因此，原、被告之间的保险合同认定为自原告缴费收到保险单时成立生效，即保险合同生效的起算时间为2017年5月29日。

【二审法院观点】

发生保险事故，被保险人主张保险人承担保险责任，不仅以保险合同依法成立且生效为前提，保险事故还应当发生在保险合同约定的保险期间。保险期间条款系保险合同的基本条款，属于保险合同的主要内容，当事人应当首要关注。不同的保险合同，保险期间也各不相同，保险期间的起止时间一般为一单一定，不具有重复性。格式条款则是为了重复使用而预先拟定的条款。保险期间条款并未规定保险公司的免责情形，既不是免责条款，更不是格式条款。关于保险期间条款的效力问题。首先，本案保险期间条款并未损害社会公共利益，国家、集体和第三人利益；其次，现有法律、行政法规并未强制要求保险单实行"即时生效"，邢嘉琦也无证据证明在订立保险合同时明确要求约定为"即时生效"，故该保险期间条款亦未违反法律、行政法规的强制性规定，故保险期间条款不符合法定的无效情形，依法对双方当事人具有约束力。

2. 判决保险人承担保险责任的案例，主要事实和理由如下：

（1）保险单约定次日生效属于格式条款，保险人应举证已履行说明义务，否则应承担不利后果。

（2）保险人将生效时间推后的条款加重了投保人的责任，排除了投保人在交费到生效时间内可能获得的利益，因此该条款无效。保险单应自缴费时即已生效，被保险人的保险权利应从其履行了交付保险费义务后即时享有，保险人应承担保险责任。

（3）保险生效时间推迟，免除了保险人本应承担即时生效的保险责任，排除了投保人在缴纳保费到格式条款起保时间段可能获得的期待保险利益的权利，因此该条款属于免除保险人责任的条款。

(4)由于投保单和保险单上的保险期限系打印形成，保险人不能证明其系与投保人协商后打印确定，显属格式条款。保险人未能举证证明对其履行了提示或明确说明义务的情况下，该条款对被保险人不产生法律效力。

(5)依照《保险法司法解释(二)》第4条规定，保险人接受了投保人提交的投保单并收取了保险费，尚未作出是否承保的意思表示，发生保险事故，被保险人或者受益人请求保险人按照保险合同约定承担赔偿或者给付保险金责任，符合承保条件的，人民法院应予以支持；不符合承保条件的，保险人不承担保险责任，但应当退还已经收取的保险费。保险人不能举证被保险人不符合承保条件的，应承担赔偿责任。

典型案例6　卢瑞和与紫金财产保险广东分公司机动车交通事故责任纠纷案[①]

【法院认定事实】

2012年12月27日，卢瑞和向紫金财产保险广东分公司投保了机动车交通事故责任强制保险，并于当日10时46分交纳了保险费，后紫金财产保险广东分公司于同日向卢瑞和签发了机动车交通事故责任强制保险单，保险期限自2013年1月6日零时起至2014年1月5日24时止。2013年5月7日，该车辆转移登记在卢瑞和的名下，并将号牌号码变更为粤JRH513。2012年12月29日21时0分车辆出险发生交通事故。因被告拒绝向原告承担保险赔偿责任，遂成诉。

【一审法院观点】

首先，根据《合同法》第44条的规定，依法成立的合同，自成立时生效。卢瑞和于2012年12月27日10时46分向紫金财产保险广东分公司交付了保险费，投保了机动车交通事故责任强制保险，紫金财产保险广东分公司也当日向卢瑞和出具了机动车交通事故责任强制保险单，卢瑞和与紫金财产保险广东分公司之间的保险合同于2012年12月27日10时46分成立。**但紫金财产保险广东分公司并无证据证明该保险单上的保险期限已与卢瑞和协商达成合意。保险单关于保险期间的约定“自2013年1月6日零时起”的条款，是紫金财产**

① 江门市中级人民法院(2014)江中法民三终字第266号机动车交通事故责任纠纷民事判决书。

保险广东分公司单方拟定的格式条款，该公司也没有证据证实其就合同保险期间的条款作过必要的解释及说明。按照该条款规定，紫金财产保险广东分公司承保期间与合同成立期间存在近11天的保险间断期，将生效时间推迟也不是作为投保人的卢瑞和的真实意思，同时加重了卢瑞和的责任，排除了卢瑞和在缴纳保费到格式条款起保时间段可能获得期待利益的权利，不符合机动车强制保险及时防范风险、保护机动车所有人及事故受害人合法权益的目的。其次，2009年3月25日中国保险监督管理委员会《关于加强机动车交强险承保工作管理的通知》（保监厅〔2009〕91号）明确要求各财产保险公司在保险单中就保险期间作特别说明，写明或加盖"即时生效"等字样，使保险单自出单时立即生效，或者出单时在保险单中打印"保险期间自某年某月某日某时……"覆盖原"保险期间自某年某月某日零时起……"字样，明确写明保险期间起止的具体时点。本案中，紫金财产保险广东分公司出单时仍然采用"保险期间自某年某月某日零时起……"的格式条款，违反了中国保险监督管理委员会《关于加强机动车交强险承保工作管理的通知》的精神。因此，紫金财产保险广东分公司与卢瑞和的保险合同中关于保险期间的条款应视为无效条款，对被告卢瑞和不具有约束力，保险合同应自合同成立时生效，合同的保险期间应从紫金财产保险广东分公司向卢瑞和出具保险单时起算。

【二审法院观点】

根据《保险法》第13条"投保人提出保险要求，经保险人同意承保，保险合同成立。保险人应及时签发保险单或保险凭证。……依法成立的保险合同，自成立时生效。投保人和保险人可以对合同的效力约定附条件或者附期限"的规定，依法成立的保险合同，自成立时生效。本案中，卢瑞和于2012年12月27日10时为粤J2B659号轻型厢式货车向紫金财产保险广东分公司投保机动车交通事故责任强制保险，紫金财产保险广东分公司同意承保，投保人卢瑞和当即按照约定交付保费，紫金财产保险广东分公司也当即签发保险单，该保险合同即时成立并生效。保险人紫金财产保险广东分公司虽在其出具的保险单中"保险期间"栏内写明"自2013年1月6日0时起至2014年1月5日24时止"，但保险人紫金财产保险广东分公司提供的机动车交通事故责任强制保险单属于格式合同条款，根据《保险法》第30条"采用保险人提供的格式条款订立的保险合同，保险人与投保人、被保险人或者受益人对合同条款有争议的，应当按照通常理解予以解释。对合同条款有两种以上解释的，人民法院或者仲裁机构应当作出有利于被保险人和受益人的解释”的规定，**对于保险人紫金财产保险广东分公司与投保人（被保险人）卢瑞和就粤J2B659号轻型厢式货车交强险起保时间存在争议，由于紫金财产保险广东分公司未能提供证据证明卢瑞和确认交强险自2013年1月6日0时起保，人民法院应当作出有利于被保险人和受益人的解释。因此，认定本案粤J2B659号轻型厢式货车交强险的保险期间自2012年12月28日11时0分起至2013年12月11日10时24分止有利于被保险人和受益人利益的保护，符合交强险的立法意图和中国保险监督管理委员会《关于加强机动车交强险承保工作管理的通知》的精神。**

典型案例7　永生物流有限公司与阳光财险日照公司人身保险合同纠纷案[①]

【法院认定事实】

2015年1月9日，投保人莒县永生物流有限公司为包括被保险人尤文学在内的34人在被告处投保团体意外伤害保险一份，其中投保团体意外伤害保险（责任限额为20万元）生成保险单时间为2015年1月9日19时29分11秒，交费时间为2015年1月9日19时29分23秒，未约定受益人，保险单载明的保险期间自2015年1月10日0时起至2016年1月9日24时止。2015年1月9日20时4分许，保险标的车辆发生道路交通事故，导致尤文学死亡、乘车人贺超霞受伤、车辆损坏。原告向被告要求索赔，被告拒绝保险赔偿，发生诉讼纠纷。

【一审法院观点】

本案中，投保人已交费，保险单已生成，保险合同自2015年1月9日19时29分成立生效。**保险单中记载保险责任的起始时间为2015年1月10日0时，阳光财险日照公司应对该保险责任起始时间的约定履行明确说明义务承担举证责任，但其未提供证据证实该保险责任起始时间系双方约定，本案的保险经办人也证实双方未就保险责任起始时间进行约定，故保险责任的起始时间为2015年1月9日19时29分。**被保险人于2015年1月9日20时4分发生保险事故，阳光财险日照公司应当履行给付保险金的义务。

---

① 日照市中级人民法院（2017）鲁11民终1476号保险纠纷民事判决书。

【二审法院观点】

本案争议的焦点是承担保险责任的起始时间是2015年1月9日19时29分还是2015年1月10日0时。本院认为，根据《保险法》第13条第3款的规定，**保险合同原则上自成立时生效，当事人对合同效力约定附条件或附期限的除外，据此本案保险合同约定生效期间并不违反法律规定。但保险合同作为附合性格式条款合同，保险人要将作为其行业惯例的"零时生效"条款单方记载于保险单，为合同另行确定生效期限，因该条款改变了"合同自成立时生效"的习惯认知，免除了保险人自合同成立至零时生效期间的保险责任，该保险期间条款应认定为合同免责条款，保险人应当向投保人履行提示和明确说明义务，否则该条款不能生效。**案涉保险期间条款用与保险单其他内容一样的字体打印，未尽提示义务；上诉人一审中未提供证据证明对保险期间条款履行了明确说明义务，二审中所提供证据作为上诉人事后行为也不能反证上诉人对争议保险期间条款履行了明确说明义务。

典型案例8　宏鑫工具厂与浙商财保公司财产保险合同纠纷案[①]

【法院认定事实】

2014年9月10日10时10分，宏鑫工具厂向浙商财保公司交纳了保费，投保了两份雇主责任险。保险期间均为2014年9月11日至2015年9月10日。保险单打印时间为2014年9月11日8时50分。2014年9月10日下午4点30分许，宏鑫工具厂员工张恒桃在工作时被立铣三角刀尖溅入眼睛致使左眼受伤。因保险公司拒绝向被保险人支付保险赔偿金，双方发生保险合同纠纷诉讼。

【一审法院观点】

宏鑫工具厂与浙商财保公司签订的保险合同系双方真实意思表示，合法有效。本案的争议焦点为张恒桃工作中受伤发生在保险合同约定的保险期间之前，保险公司是否承担赔偿责任。法院认为，首先，根据《保险法司法解释（二）》第4条规定，保险人接受了投保人提交的投保单并收取了保险费，尚未作出是否承保的意思表示，发生保险事故，被保险人或者受益人请求保险人按照

---

① 苏州市中级人民法院（2016）苏05民终6350号保险纠纷民事判决书。

保险合同承担赔偿或者给付保险金责任,符合承保条件的,人民法院应予以支持;不符合承保条件的,保险人不承担保险责任,但应当退还已经收取的保险费。**本案中,浙商财保公司并未提供证据证实宏鑫工具厂的投保不符合承保条件,也就是即使保险公司未出具保险单,保险公司仍应承担保险赔偿责任。**其次,**保险合同分即时生效和约定生效两种,本案中,投保单、保险单中的保险期间迟于宏鑫工具厂的缴费时间,该段时间差属于免除保险人责任的期间,由于投保单、保险单中的保险期间均是浙商财保公司打印提供的格式文本,浙商财保公司应对此免责事项做出提示和明确说明,但投保单、保险单中的保险期间均未有足以引起投保人注意的标识,故该保险期间的起始时间对宏鑫工具厂不具有约束力,保险期间应从宏鑫工具厂交纳保费时开始。**

【二审法院观点】

本院认为,依据《保险法司法解释(二)》第4条规定,保险人接受了投保人提交的投保单并收取了保险费,尚未作出是否承保的意思表示,发生保险事故,被保险人或者受益人请求保险人按照保险合同承担赔偿或者给付保险金责任,符合承保条件的,人民法院应予以支持;不符合承保条件的,保险人不承担保险责任,但应当退还已经收取的保险费。**本案中,保险事故发生在宏鑫工具厂向浙商财保公司缴纳保费后、浙商财保公司向宏鑫工具厂出具保险单前,之后浙商财保公司也出具了保险单作出承保的意思表示,由此可推知事故发生时宏鑫工具厂是符合承保条件的,因此依据前述司法解释的规定,浙商财保公司应就案涉事故向宏鑫工具厂承担相应的赔偿责任。**浙商财保公司上诉认为其应在双方约定的保险期间内承担保险责任,但因案涉事故发生时,保险单尚未出具,双方约定的保险期间并无约束力,故尽管事故发生于约定的保险期间之前,浙商财保公司依法仍应承担保险责任,其上诉理由不能成立。

3. 保险合同约定生效条款的事实与法律分析:

(1)保险合同约定生效条款的性质。按照保险法的规定,投保人提出保险要求,保险人同意承保,保险合同成立。依法成立的保险合同,自成立时生效。投保人和保险人可以对合同的效力约定附条件或者附期限。可见,保险人作出同意承保意思表示时,保险合同成立。通常来说,保险合同自成立时生效,但是投保人和保险人可以对合同效力进行具体约定。保险合同生效条款,是用来确定保险合同生效时间,属于保险法规定的投保人和保险人可以对合同效力约定附条件或附期限的内容。一般来说，在保险实务中，保险合同生效条件可以约定附条件，如自投保人支付保费之时生效；也可以约定附期限，如以将来某个时间点作为保险合同生效时间。同时，依据保险法的有关规定，投保人和保险人可以约定保险合同成立后，保险人开始承担保险责任的时间。但是，保险合同约定的生效条款，仍是确定保险合同有效期间以及保险人承担保险责任期间的重要依据。因此，保险合同生效条款，涉及保险合同当事人、关系人保险权利义务关系起始时间的确定，属于保险合同的基本内容。

(2)保险合同约定的生效条款是否属于格式条款？按照合同法的有关规定，格式条款是当事人为了重复使用而预先拟定，并在订立合同时未与对方协商的条款。然而，在保险实务中，保险人承保时所提供的空白保险单中，有关投保人、被保险人、保险标的、承保险种、费率及保费、保险期间等内容都是空白状态。在进行承保时，保险人需要依据投保人的各种不同需求和情况进行具体约定。可见，保险人只有在具体承保时才能确定空白栏内的具体内容。同时，保险人在每份空白保险单中所填内容也是各不相同。可见，保险人在承保时约定的生效条款以及保险期间内容，是依照承保当时的具体保险条件、要求和保险时间进行的约定，并不属于为重复使用而预先拟定，并在订立合同时未与对方协商的条款。因此，保险合同约定的生效条款不属于格式条款。

(3)保险合同约定的生效条款是否属于免除保险人责任、加重投保人、被保险人责任或排除投保人、被保险人或受益人依法享有权利的责任免除条款？如上所述，保险合同生效条款是确定保险合同生效时间点的条款。在保险期间固定的情况下，生效时间点向后推迟，则保险合同效力终止点也相应顺延，保险合同的有效期限以及保险人承担保险责任的期间不变。同时，保险合同作为射幸合同，在固定期限内的保险事故发生的概率相同，保险人承担保险责任并没有相应地增加或者减少。因此，保险合同生效条款，并不存在免除保险人责任、加重投保人、被保险人责任或排除投保人、被保险人或受益人依法享有权利，不属于免除保险人责任条款。另外，保险合同从成立到生效的期间内，可能发生事故，也可能不发生事故。同样，如保险单约定生效时间点推迟的，在相应的顺延期间内有可能发生事故，也有可能不发生事故。在上述相同保险期间内，保险事故发生的概率相同，保险人承担保险责任的概率一样。可见，我们不能说前面这段时间没有发生事故，该约定是公平的，如果发生事故，该约定是不公平的；或者在后面这段顺延时间内发生事故，该约定是公平的，如果没有发生事故,该约定是不公平的。这显然不符合公平理念。

(4)保险合同约定的生效条款是否需要履行提示和明确说明义务?按照保险法的有关规定,采用保险人提供的格式条款订立保险合同的,保险人应向投保人说明合同内容。同时,对于保险合同格式条款中免除保险人责任的内容,保险人在订立保险合同时应当履行提示和明确说明义务。如上所述,保险合同生效条款,既非格式条款,也不是免除保险人责任条款,保险人无须履行格式条款的说明义务,也无须承担责任免除条款的提示和明确说明义务。同时,保险合同生效条款,由于在保险合同订立时才能具体确定,作为确定保险合同效力的起始时间,关系到保险合同当事人、关系人权利义务起算点,属于保险合同基本内容。作为保险合同双方当事人,投保人和保险人均有义务和责任对该约定内容进行审查。如投保人对该可能影响基本权利义务的内容有异议,可以提出修改要求或者要求保险人在责任开始前承担暂保责任,甚至中止保险合同的订立。如果说其他保险合同内容需要专业知识才能理解和掌握,那么保险合同约定的生效条款,则是任何一个订立保险合同的主体都应能够理解的内容,投保人完全享有订立该合同内容的自由权利。因此,保险合同生效条款,作为保险合同订立时双方当事人确定的合同内容,保险人无须承担格式条款的说明义务,也无须承担责任免除条款的提示和明确说明义务。

(5)保险合同约定的生效条款与司法解释规定的冲突问题。根据《保险法司法解释(二)》第 4 条规定内容,保险人接受了投保人提交的投保单并收取了保险费,尚未作出是否承保的意思表示,发生保险事故,被保险人或者受益人请求保险人按照保险合同约定承担赔偿或者给付保险金责任,符合承保条件的,人民法院应予支持;不符合承保条件的,保险人不承担保险责任,但应当退还已经收取的保险费。保险人不能举证被保险人不符合承保条件的,应承担赔偿责任。对此,笔者认为,该条司法解释内容与现行保险法规定和保险实务操作相悖,并在法律实务中有扩大适用问题。具体来说:

①根据《保险法》第 13 条、第 14 条的规定,投保人提出保险要求,经保险人同意承保,保险合同成立。保险合同成立后,投保人按照约定交付保险费。可见,按照保险法有关规定,保险合同是诺成合同,保险合同成立,需要保险人承诺这一要件。投保人向保险人交付保险费,不是保险合同成立的要件。在法律实务中,特别是在保险合同没有明确约定的情况下,保险费的交付不应成为保险责任承担的要件。这是我国保险法规定与其他域外国家保险法律规定上存

在的显著区别,如韩国等国在保险法中明确规定,保险责任应自收到投保人交付的第一次保险费的支付时开始。[①] 因此,除非我国现行保险法的相关内容进行修改,否则司法解释规定应该正视相应立法传统和内容之间的差异和区别,在现行保险法规定内容基础上进行适用解释,而不能简单套用域外国家将保险费交付作为保险责任承担要件的做法。

②根据《保险法》第 13 条、第 14 条的规定,依法成立的保险合同,自成立时生效。投保人和保险人可以对合同的效力约定附条件或者附期限。保险合同成立后,保险人按照约定的时间开始承担保险责任。可见,按照我国保险法的规定,保险合同的成立、生效与保险责任起始时间,三者之间既有联系,又有显著区别。保险合同约定的保险责任起始时间,可以与保险合同成立时间、保险合同生效时间,三者在时间上完全一致或者完全不一致。无论如何保险合同成立、生效以及保险责任开始时间,三者之间存在逻辑上的先后顺序关系。同时,保险法明确规定保险合同效力可以约定附条件或者附期限,保险责任可以约定具体起始时间。然而,该司法解释规定却无视这些差异和区别,从投保受理阶段,即保险人接受了投保人提交的投保单并收取了保险费,尚未作出是否承保的意思表示阶段,也就是保险合同尚未成立阶段,跨越保险合同成立、保险合同当事人约定的生效时间、保险责任起始时间,直接认定保险人应当承担保险责任。可见,该条司法解释规定内容与现行保险法规定和保险实务操作相悖,并产生保险法规定内容在理解和法律适用上的混乱。

③该条司法解释规定内容在法律实务中产生扩大适用问题,值得警惕。结合该司法解释内容"保险人接受了投保人提交的投保单并收取了保险费,尚未作出是否承保的意思表示,发生保险事故,被保险人或者受益人请求保险人按照保险合同约定承担赔偿或者给付保险金责任,符合承保条件的,人民法院应予支持;不符合承保条件的,保险人不承担保险责任",虽然该司法解释适用条件为保险人收取保险费但尚未作出是否承保意思表示前发生事故的处理。[②] 但是,该司法解释在保险法律实务中却被扩大适用。其中,产生扩大适用的基本逻辑是,按照司法解释规定,保险人尚未作出是否承保的意思表示,发生保险事

---

① 最高人民法院民事审判第二庭编著:《最高人民法院〈关于保险法司法解释(二)理解与适用〉》,人民法院出版社 2015 年版,第 128 页。

② 最高人民法院民事审判第二庭编著:《最高人民法院〈关于保险法司法解释(二)理解与适用〉》,人民法院出版社 2015 年版,第 113 页。

故,符合承保条件的,保险人应承担赔偿责任。那么,对于保险人同意承保,并已经出具保险单或批单,即使保险事故发生在保险单或批单约定的生效时间之前,或者保险事故发生在保险单或批单约定的保险责任起始时间之前的,保险人自然也应当承担赔偿责任。因此,在保险法律实务中,存在该司法解释内容进行扩大解释和适用的现象。在法律实务中,在该司法解释规定内容产生扩大适用的情形下,保险合同当事人按照保险法的有关规定,在保险合同中约定的生效时间、保险责任起始时间等内容,将在司法审判实务中完全被漠视。

针对该条司法解释规定内容在司法审判实务中产生的问题,下面将引用杭州市中级人民法院(2017)浙01民终3447号民事判决书的有关内容,对相关的情况进行详细阐述和说明,以供大家参考和理解。

典型案例9　杭州杭春钢构材料有限公司与太平洋财险公司保险合同纠纷案

【法院认定事实】

2014年7月11日,太平洋财险公司出具《人身保险保险单》,投保人为杭州杭春钢构材料有限公司,被保险人为高青青等19人,保险金额为30万元,保险期间自2014年7月13日0时起至2015年7月12日24时止。2014年10月23日,太平洋财险公司出具批单,增加韩保恒等6名被保险人,批单自2014年10月24日0时起生效至保险单期满。2014年10月23日16时50分许,韩保恒发生事故,并于当日17时20分许现场抢救无效死亡。后因保险公司拒绝支付保险赔偿金遂成诉。

【一审法院观点】

一是按照保险条款约定,被保险人人数增加时,保险人在审核同意后,于收到申请之日的次日零时开始承担保险责任,并按约定增收未满期限保费。2014年10月23日,太平洋财险公司出具批单载明,批改自2014年10月24日零时起生效,直至保险单保险期满。**批单所载保险合同生效时间符合保险条款的约定,保险合同应于2014年10月24日零时起生效。**二是**有关保险合同生效时间或保险期间的约定系确定保险责任何时开始承担的条款,系保险合同的基本条款,该条款不存在提供格式条款一方免除其责任、加重对方责任、排除对方主要权利的情形,**原告关于该格式条款无效的意见不予采纳。三是**保险合同生效时**

间应以合同约定为准,保费何时交纳不影响合同生效时间,原告主张应以缴纳保费时间作为保险合同生效时间的意见不予采纳。四是韩保恒系于2014年10月23日16时50分许发生意外事故,并于同日17时20分许死亡,其死亡时,以其为被保险人的保险合同尚未生效,故要求太平洋财险公司支付保险赔偿金的请求没有事实和法律依据,不予支持。

【二审法院观点】

本案的争议焦点在于案涉事故发生在保险合同约定的生效时间前,是否可以理赔。第一,虽然案涉保险事故发生在保险合同约定的生效时间前,但事故受害人满足保险合同要求的被保险人资格条件,案涉事故属于保险事故范畴,也满足理赔条件。第二,投保人已经在事故发生前交纳了保费,保险人也作出了批单,投保人已经履行保险合同义务,保险人亦作出同意承保的意思表示。第三,经保险人委托第三方调查以及庭审调查,保险人未提出证据证明案涉事故中存有道德风险情形。第四,案涉保险合同虽然设定了次日生效条件,但基于保险合同的射幸合同属性,在保费交纳在先,且事故亦符合保险理赔的情形下,被保险人或受益人获得保险赔偿的合理信赖利益应予以保护。第五,在保险人尚未作出意思表示的情况下,依据《保险法司法解释(二)》第4条规定的情形,被保险人或受益人请求保险人按照保险合同承担保险责任的,应当予以支持。同理,在本案中,在投保人已经缴纳保费,保险人同意承保,且事故符合承保条件的情形下,保险人亦应承担相应保险赔偿责任。综上,二审法院判决撤销一审判决,保险人应承担赔偿责任。

二、保险标的、被保险人、第三者的范围

在保险法律实务中,保险标的地址、内容和范围,被保险人的范围,以及责任保险中第三者范围的确定等事项,是保险合同纠纷案件中主要争议内容。在保险法律实务中,上述有关内容需要特别注意以下事项。

(1)要重视对保险合同约定内容的分析和理解。保险合同纠纷的法律本质属性属于合同纠纷。如发生保险合同纠纷的,首先应当分析和明确保险合同约定的权利义务内容,以确定合同各方当事人之间的权利义务关系。结合保险合同纠纷实务,应当重视对投保单、保险单、保险条款等保险合同内容的分析和理解,明确保险人、投保人、被保险人、受益人之间的权利义务关系和内容。如果保险合同内容有明确约定的,相关内容在不违反法律行政法规的强制性规定要

求情形下,应当充分尊重保险合同当事人依照意思自治原则进行权利义务内容和有关事项的约定,并确定保险合同纠纷案件中相关保险标的、被保险人以及第三者范围等内容。

(2)不利解释原则。在保险实务中,投保单、保险单、保险条款等保险合同内容中,尤其是保险人提供的有关格式条款文本,涉及有关定义、概念、保险标的、被保险人、第三者范围、合同权利义务、保险责任范围、责任免除条款等事项内容约定不明或者产生歧义和不同理解。在这种情况下,按照保险法的有关规定,保险人与投保人、被保险人或者受益人对合同条款内容理解产生争议的,应当按照通常理解予以解释。合同条款内容产生两种以上理解和解释的,人民法院或者仲裁机构应当作出有利于被保险人和受益人的解释。

(3)尊重投保人的保险意愿和保护被保险人的信赖利益。保险合同订立时或保险合同发生变更的,存在投保单、保险单、批单约定内容与投保人的真实保险意愿或者保险需求不同的情形。同时,在保险实务中,还存在投保单、保险单、批单内容中有关保险标的地址或范围、被保险人确定、第三者范围等概念内容约定不清楚或者书写错误等问题,可能产生不同理解或者可以进行不同解释的情形。在上述情形下,如发生保险合同纠纷的,应当充分考虑投保人真实保险意愿和保险需求,以及导致不同理解、解释或产生争议当事人主观过错情况,包括被保险人保险期待利益保护,并结合保险合同纠纷案件具体情况,确定保险人是否应当承担保险责任。

典型案例10 王志鑫与太平洋保险公司人身保险合同纠纷案[①]

【法院认定事实】

2013年6月24日,王志鑫在太平洋保险公司投保"建筑工程施工人员团体人身意外保险",工程名称王志鑫家,工程地址长平村杨家自然村19号。2013年,王志鑫、沈桂学与杨荣春签订《遗赠扶养协议书》,杨荣春去世后其名下房屋、土地等赠予王志鑫、沈桂学。杨荣春住长兴县夹浦镇长平村杨家自然村10号。王志鑫位于长兴县夹浦镇长平村杨家自然村19号的房屋于2009年建造完毕,2013年除对长兴县夹浦镇长平村杨家自然村10号的房屋进行拆建之外,

① 湖州市中级人民法院(2015)浙湖民终字第741号意外伤害保险合同纠纷民事判决书。

王志鑫在杨家自然村未有其他房屋建设工程。2013 年 9 月 11 日上午 8 时左右，王志鑫在杨荣春新建的屋顶上钉彩钢瓦时，从屋顶摔下死亡。由于保险公司拒绝支付保险赔偿金，投保人家属起诉至法院。

【一审法院观点】

王志鑫投保的保险工程名称王志鑫家，工程地址长平村杨家自然村 19 号，工程规模 400 平方米；而王志鑫系在长平村杨家自然村 10 号的杨荣春新建占地面积 90 平方米的屋顶上钉彩钢瓦时，不慎从屋顶摔下受伤致死。**王志鑫投保的人身意外保险合同约定的工程名称、地址与事故发生的工程名称、地址没有法律关系；又依据保险条款的约定，建筑工程施工人员团体人身意外保险的被保险人应是与投保人存在雇佣关系，并在投保人的施工现场从事管理和施工的人员，投保人王志鑫应当不属于被保险人之列**，故沈桂学、王小卉、王芳主张太平洋保险公司依照保险合同约定予以理赔的诉请，于法无据，太平洋保险公司抗辩的意见，予以采纳，故对沈桂学一方的诉请不予支持。

【二审法院观点】

第一，从房屋坐落位置来看，长平村杨家自然村 19 号与 10 号门牌号虽有间隔，但实际毗邻；第二，从工程名称来看，虽然事故发生所在的 10 号房屋属于杨荣春所有，但王志鑫出资将该房屋改建新房，且双方在当地镇政府核准建房后亦正式签订了遗赠扶养协议，约定待杨荣春去世后房屋归王志鑫夫妇所有，故王志鑫在投保时与太平洋保险公司约定工程名称为“王志鑫”亦符合常情；第三，从实际施工情况看，从王志鑫投保直至其去世，其参与的建筑工程仅有一处，即杨家自然村 10 号的拆建工程，王志鑫所有的杨家自然村 19 号房屋早已于 2009 年建造完毕，为实际上并不存在的房屋建筑工程投保不符合常情。综上，**虽然案涉保险单载明的工程地点是杨家自然村 10 号，但王志鑫投保的真实意思表示应指其身故所在地的工程。至于工程的实际地址，保险公司在合同签订后至事故发生前从未进行过核实，可见该地址对工程风险不构成影响**。因此，本院对太平洋保险公司的辩称意见不予采纳。双方签订的《建设工程施工人员团体人身意外伤害保险条款》第 2 条约定，“涉案保险合同的主被保险人为年龄在 16 周岁（含），能正常工作或劳动，与投保人存在雇佣关系，并在投保人的施工现场从事管理和施工的人员。附带被保险人为年龄在 16 周岁（含）至 65 周岁（含），事先经投保人允许后到施工现场视察、监督检查工作及办理监理、工程设计事务的人员，但不包括与工程施工无直接关系的人员”。**王志鑫在事故**

发生时为54周岁,其本身作为涉案保险合同的投保人,也系涉案房屋的实际拆建人,不仅与工程施工有直接关系,还亲自在施工现场检查、修整拆建,应属上述保险条款约定的附带被保险人。综上,认定王志鑫投保的人身意外保险合同约定的工程即事故发生所在的工程,且王志鑫属于涉案保险合同约定的被保险人之列。现王志鑫在保险期间内,在施工现场工作过程中意外身亡,太平洋保险公司作为保险人应当依照合同约定向受益人支付保险金60,000元。

典型案例11 鑫桥汽车销售公司与中国平安保险公司等财产保险合同纠纷案①

【法院认定事实】

2014年6月20日,原告为其位于文山市开化镇亚太汽车城内未出售的新海马汽车与被告签订了一份《财产综合险保险单明细表》,约定保险标的地址为文山市开化镇亚太汽车城内。2014年8月26日,原告转移了部分海马汽车到富宁县恒庆汽车销售服务有限公司展厅内待售。2015年8月25日,富宁县地区出现强降雨引发洪水泥石流灾害,造成原告转移来的7辆海马轿车被水冲走受损报废。事故发生后,原告向被告索赔,被告拒绝保险赔偿,原告起诉至法院。

【一审法院观点】

本案保险单中已经明确约定了标的地址,双方当事人均应该遵守合同的约定,所以原告车辆在合同约定的标的地址以外的地方受损所造成的损失,不属于保险责任。原、被告所签订的保险合同约定:"在合同有效期内,如保险标的占用与使用性质、保险标的地址及其他可能导致保险标的危险程度显著增加的、或其他足以影响保险人决定是否继续承保或是否增加保险费的保险合同重要事项变更,被保险人应及时书面通知保险人,保险人有权要求增加保险费或者解除合同。被保险人未履行前款约定的通知义务的,因保险标的的危险程度显著增加而发生的保险事故,保险人不承担赔偿责任。"原告主张变更保险标的地址已经通知了被告,却未能提交充分证据予以证明,故原告诉请被告赔偿保险金539,092元的诉讼请求,不符合法律规定和双方合同的约定,本院不予支持。

---

① 文山壮族苗族自治州中级人民法院(2016)云26民终370号财产保险合同纠纷民事判决书。

【二审法院观点】

对于受损财产是否属于保险标的,保险标的物未存放于约定的地址发生的损害后果被上诉人是否应当承担保险责任应当结合合同之约定进行认定。根据《财产综合险条款》第2条的约定,"本保险合同载明地址内的下列财产可作为保险标的",财产综合险保险单明细表、财产综合险投保单均明确载明,"标的地址:文山市开化镇亚太汽车城内""保险项目为:(存货/未出售)海马汽车"。2015年8月25日因富宁县强降雨引发洪水泥石流灾害,造成富宁县恒庆汽车销售服务有限公司展厅内7辆海马轿车被水冲走报废或受损,**上诉人虽主张上述7辆海马汽车系其公司财产,但位于富宁县城的富宁县恒庆汽车销售服务有限公司展厅并非双方保险合同中约定的"标的地址:文山市开化镇亚太汽车城内",现上诉人要求被上诉人对上述7辆海马汽车进行赔付,无异于扩大了保险标的的地址范围,让被上诉人同时对两个保险标的地址范围内的财产承担保险责任,与双方保险合同的约定不符,**故上诉人要求被上诉人赔付的主张无事实和法律依据,一审法院不予支持并无不当。《财产综合险条款》第25条则是对保险标的地址等合同重要事项变更的情况下双方权利义务的约定。**上诉人将未售部分海马汽车运至位于富宁县城的富宁县恒庆汽车销售服务有限公司销售,并非对原保险标的地址的变更,而属于增加保险标的地址,该情形不属于第25条调整的范围,**一审法院适用错误应予以纠正。

典型案例12 李高会与人民财产保险公司人身保险合同纠纷案①

【法院认定事实】

2015年4月,泸县得胜镇灌顶山村三组周敬荣新建住房,将该工程承包给钟洪守修建,钟洪守雇请了周敬明等人做工。2015年5月12日,钟洪守在被上诉人人民财产保险公司投保了《建筑施工人员团体意外伤害保险》,保险条款约定,被保险人:年龄在16周岁(以法定身份证明文件中记载的出生日期为基础计算的实足年龄)至65周岁、身体健康、能正常工作或正常劳动的,在建筑工程施工现场从事管理和作业、并与施工企业建立劳动关系的人员,以及经保险人同意并在保险单中载明的其他人员可作为本保险合同的被保险人。2015年5

---

① 泸州市中级人民法院(2015)泸民终字第1017号保险合同纠纷民事判决书。

月27日下午,周敬明在作业过程中不慎摔倒意外身亡。随后,周敬明近亲属向保险公司索赔,发生保险合同纠纷。

【一审法院观点】

根据《中国人民财产保险股份有限公司团体建筑施工人员意外伤害保险条款(2012版)》第1.2条的约定,被保险人应该是在16周岁至65周岁的人员或者是经保险人同意并在保险单中载明的其他人员,**而本案中钟洪守在2015年5月12日投保时,周敬明已经年满65周岁,且保险单中没有载明周敬明系本保险合同的被保险人。因此即使周敬明在施工作业中死亡,但是其并不是建筑施工人员团体意外伤害保险合同的被保险人**,故上诉人李高会作为周敬明的近亲属要求人民保险公司支付保险金的请求,一审法院不予以支持。

【二审法院观点】

周敬明于1950年2月22日出生、2015年5月12日投保时即已满65周岁、但未满66周岁,其是否属于被保险人范围,被上诉人和上诉人发生争议,应按照通常理解予以解释。被上诉人认为"至65周岁"是指"至年满65周岁之日止"符合通常理解、一般人不会产生其他理解,上诉人辩称的"已满65周岁但未满66周岁,在法律上的年龄即认定为65周岁"不符合通常理解,故本院采信被上诉人的主张,因死者周敬明投保时已超过65周岁、不符合《中国人民财产保险股份有限公司团体建筑施工人员意外伤害保险条款》(2012版)第1.2条的约定,不属于被保险人。

典型案例13 温某家属与人寿保险公司等机动车交通事故责任纠纷案①

【法院认定事实】

2015年11月28日4时,驾驶人温某驾驶车牌号为赣F××的重型仓栅式货车,车辆停在应急车道内,驾驶人温某下车检查车辆过程中,车辆发生前移,造成温某被碾轧在车辆第二排右前轮下致死的道路交通事故。该车于余江营销部处投保了交强险,在阳泉公司处投保了商业三者险、车上人员责任保险(驾驶人和乘客)。死者家属因保险索赔,发生保险合同纠纷。

① 新余市中级人民法院(2016)赣05民终370号机动车交通事故责任纠纷民事判决书。

【一审法院观点】

关于温某是否属于交强险及商业三者险赔付对象的问题。本院认为,此问题的关键首先在于温某是否转化为交强险及商业三者险中的第三人,对此,**本院认为,交强险、商业三者险作为责任保险,是以投保人、被保险人对第三者依法应承担的赔偿责任为保险标的,依照侵权法原理,自己不能成为自己权益的侵害者并因此承担赔偿责任,故本案中投保人即温某不能对自己承担赔偿责任,因此温某作为投保人、被保险人无法转化为交强险、商业三者险项下的第三人**。此外,根据《机动车交通事故责任强制保险条例》第3条规定:机动车交通事故责任强制保险,是指由保险公司对被保险机动车发生道路交通事故造成本车人员、被保险人以外的受害人的人身伤亡、财产损失,在责任限额内予以赔偿的强制性责任保险。从该条例看,交强险的赔偿对象系除本车人员、被保险人以外的第三人;同时根据余江营销部、阳泉公司提交的交强险及商业三者险条款可知,**交强险的受害人不包括被保险机动车的本车车上人员、被保险人;商业三者险的第三者不包括投保人、被保险人、保险人,被保险机动车本车驾驶人及其家庭成员的人身伤亡保险公司不负责赔偿**。因此,无论从侵权法原理、《机动车交通事故责任强制保险条例》还是保险条款的约定来看,**温某都不属于交强险及商业三者险项下的第三人范畴,故不属于以上二险种的赔付对象**。关于温某是否属于车上人员责任保险赔付对象问题,**本院认为,根据阳泉公司提交的车上人员责任保险条款可知,该合同项下的车上人员是指保险事故发生时在被保险机动车上的自然人;被保险机动车造成车上人员在被保险机动车车下时遭受的人身伤亡,保险公司不负责赔偿**。因温某事发时已经在车下,故也不属于车上人员险的赔偿对象。综上,因事故的发生温某应承担全部责任,而其又不属于交强险、商业三者险、车上人员险的赔付对象,故五原告的诉请于法无据,本院不予支持。

【二审法院观点】

本案的争议焦点是:一、温某是否属于被保险人,是否属于交强险和商业三者险的赔付对象;二、事故发生时温某属于车上人员还是车下人员,是否属于车上人员险的赔付对象。关于第一个争议焦点,本院认为,温某系涉案货车的实际所有人、运营管理人和驾驶人,根据《机动车交通事故责任强制保险条例》第42条第(2)项的规定"**被保险人,是指投保人及其允许的合法驾驶人**",温某系合法驾驶人,故其属于被保险人。根据《机动车交通事故责任强制保险条例》第

3条规定“**机动车交通事故责任强制保险,是指由保险公司对被保险机动车发生道路交通事故造成本车人员、被保险人以外的受害人的人身伤亡、财产损失,在责任限额内予以赔偿的强制性责任保险**”。**交强险的赔偿对象系除本车人员、被保险人以外的其他人**。根据《保险法》第65条第4款规定“**责任保险是指以被保险人对第三者依法应负的赔偿责任为保险标的的保险**”。**受害人温某系涉案车辆发生交通事故时的驾驶人,其驾驶车辆造成自身损害不产生侵权责任,不存在赔付对象,不产生责任保险的赔偿责任**。因此,**无论从《机动车交通事故责任强制保险条例》的规定、保险条款的约定还是责任保险的概念来看,温某均不属于交强险和商业三者险的赔付对象**。关于第二个争议焦点,本院认为,《机动车车上人员责任保险条款》第3条规定“本保险合同中的车上人员是指保险事故发生时在被保险机动车上的自然人”。**即判断是否属于“车上人员”必须以自然人在事故发生时这一特定的时刻是否身处被保险机动车上为依据,本案事故发生时温某在车下,属于车下人员**,上诉人提出的一审法院引用条款中“车上人员”存在两种解释的意见没有事实和法律依据,本院不予支持,故温某也不属于车上人员险的赔付对象。

典型案例14　科美公司与人保丹东分公司财产保险合同纠纷案①

【法院认定事实】

2012年10月26日,科美公司在人保丹东分公司处投保了一份财产综合保险。保险期间自2012年10月26日起至2013年10月25日止。科美公司分别于2010年10月26日、2011年10月26日,以存货为保险标的,在人保丹东分公司处投保过两份财产综合险。两次投保的存货均包括半成品。2012年10月26日,科美公司在投保涉案保险时,人保丹东分公司以上级公司规定为由告知科美公司不能再以存货为保险标的投保,而应将存货分项列明进行投保。故科美公司将存货分项为原材料和产成品,并将半成品计入2012年9月存货明细中进行了投保。2012年9月30日的资产负债表、原材料明细表、生产成本明细表及库存明细表中计算的原材料、生产成本、库存商品(产成品)三项之和与科美公司投保时提供的2012年9月存货明细计算的存货投保总额6,270,096.16元一

① 丹东市中级人民法院(2015)丹审民再字第00015号财产保险合同纠纷民事判决书。

致。因保险理赔，发生保险合同纠纷。

【一审法院观点】

本案争议的焦点是涉案半成品是否属于保险标的，人保丹东分公司应否对半成品承担理赔责任；人保丹东分公司对未入账的新购机器是按照公估报告中的折旧价格还是按照设备重置价格进行理赔。人保丹东分公司虽辩称涉案保险标的不包含半成品，但科美公司提供的2012年9月存货明细、公估报告中2012年9月30日的资产负债表、原材料明细表、生产成本明细表及库存明细表，彼此印证，已形成了完整的证据链条，**能够证明科美公司投保时，存货中实际包含了半成品，科美公司是以账面存货总额作为投保标的向人保丹东分公司投保**，故对人保丹东分公司的辩解不予支持。因以往科美公司在人保丹东分公司处投保的财产综合险均以存货为保险标的，存货中包含半成品，而此次科美公司投保的保险标的只是对2012年9月的存货做了分项，账面存货仍然包括半成品。如果人保丹东分公司仅将原材料和产成品作为保险标的，势必会造成与账面存货中的原材料、产成品、半成品分项数额不符，使保险标的发生混淆。而这种混淆，很可能会造成出险时保险人对半成品拒绝理赔。此次投保，人保丹东分公司未将上述风险向科美公司作出提示说明，按照法律规定，拒赔的风险理应由人保丹东分公司自己承担。另外，**科美公司与人保丹东分公司订立保险合同的目的，就是保证公司财产在出险时得到足额赔偿，此次投保的半成品虽未在保险标的中列出，但人保丹东分公司已按存货明细全额收取了保费，根据公平原则，人保丹东分公司理应向科美公司赔偿半成品的损失。**

【二审法院观点】

关于半成品损失是否应当理赔这一问题。首先，从双方自2010年至2012年的投保方式来看，科美公司在2010年投保时，向人保丹东分公司提交的载明有"车间在产品"的存货明细，而2011年和2012年投保时，并未将半成品在存货中列明，故应视为科美公司对投保财产的自愿选择，人保丹东分公司对半成品没有投保的情况也没有提示义务。其次，**双方签订涉案保险单时，对保险标的项目有明确的约定，保险项目仅为"产成品、机器设备、未入账的新购机器、原材料、装置、家具及办公设施"，而产成品和原材料的保险金额与科美公司提供的存货明细数量一致，存货明细中不能体现存在半成品的份额。故科美公司要求对于没有投保的半成品理赔，没有事实和法律依据**，也增加了人保丹东分公司负担。最后，双方对北京君恒保险公估有限责任公司出具的公估报告没有异议,报告中虽对半成品的损失金额作出了核定,但该报告还认定,因"被保险人属存货列明投保,而未对半成品投保,故本次事故受损的半成品不属于保险标的"。故涉案半成品不属于保险标的,对半成品的损失,人保丹东分公司没有理赔义务。

【再审法院观点】

科美公司分别于2010年10月26日、2011年10月26日,以存货为保险标的,在人保丹东分公司处投保过两份财产综合险。2012年10月26日,科美公司在投保涉案保险时,人保丹东分公司以上级公司规定为由告知科美公司不能再以存货为保险标的投保,而应将存货分项列明进行投保。故科美公司将存货分项为原材料和产成品,并将半成品计入2012年9月存货明细中进行了投保。2012年9月30日的资产负债表、原材料明细表、生产成本明细表及库存明细表中计算的原材料、生产成本(半成品)、库存商品(产成品)三项之和与科美公司投保时提供的2012年9月存货明细计算的存货投保总额6,270,096.16元一致,人保丹东分公司在承保时明确以资产负债表存货余额确定保险金额,且以该保险金额全额收取了保险费。保险事故发生后,人保丹东分公司亦承认火灾发生时,科美公司有半成品损失,公估报告中亦核定了半成品的损失金额。**根据保险条款的规定,凡与被保险人具有保险利益的财产均属于保险标的,人保丹东分公司按照存货的全额收取了保险费,就应当承担包括半成品在内的保险责任,人保丹东分公司仅以半成品未列入保险单中的分项,因此不属于保险标的为由拒绝理赔,违反了公平与诚信原则,本院二审对该部分予以改判,依据不足,本院再审予以纠正。**

三、弃权与禁止反言

(一)基本内容

弃权和禁止反言是保险法有关诚实信用原则的具体体现和基本要求。在保险实务中,弃权和禁止反言主要针对和适用于保险人。其中,弃权是指保险人知道或者应当知道享有合同解除权、拒付保险赔偿金等权利,保险人放弃行使上述权利后,不能再向对方主张其放弃的权利,以保护合同相对方的保险信赖利益。禁止反言是指保险人知道或者应当知道保险合同订立、履行过程中的有关情况,可以依照法律法规或者合同约定采取积极行为或行使某项权利,但是保险人没有作出相应的行为或行使某项权利的，视为合同相对方符合保险合同或者保险人的条件和要求，保险人不能再以相对方不符合保险合同的条件或要求为由，行使有关的合同权利。

（二）适用依据

（1）《保险法》第16条第3款规定，前款规定的合同解除权，自保险人知道有解除事由之日起，超过30日不行使而消灭。自合同成立之日起超过2年的，保险人不得解除合同；发生保险事故的，保险人应当承担赔偿或者给付保险金的责任。

（2）《保险法》第16条第6款规定，保险人在合同订立时已经知道投保人未如实告知情况的，保险人不得解除合同；发生保险事故的，保险人应当承担赔偿或者给付保险金责任。

（3）《保险法司法解释（二）》第7条规定，保险人在保险合同成立后知道或者应当知道投保人未履行如实告知义务，仍然收取保险费，又依照《保险法》第16条第2款的规定主张解除合同的，人民法院不予支持。

上述保险法规定内容和保险法其他有关保险人权利行使规定内容以及有关司法解释的规定，确立了保险法律实务中保险人弃权和禁止反言的法律规定内容。一般来说，在保险实务中，弃权表现为保险人的消极不作为，放弃自己本可以行使的权利。禁止反言，表现为保险人的积极作为，保险人不能在事后进行反悔，并作出与事先积极作为相反的行为或提出与事先积极行为相反的要求。弃权与禁止反言在保险法律实务中的具体适用，需要依照保险合同纠纷案件的具体情况进行分析和确定。

典型案例15　罗子川与人民财保成都公司财产保险合同纠纷案①

【法院认定事实】

罗子川为登记在其名下的京J××号车在人民财保成都公司处购买了交强险及限额258,883.2元的车辆损失险，含不计免赔率，保险期间自2016年6月7日0时起至2017年6月6日24时止。2016年7月29日19时30分许，罗子

① 成都市中级人民法院（2017）川01民终5925号财产保险合同纠纷民事判决书。

川驾驶该车与符海蓉驾驶车辆发生碰撞,致使两车受损。事故车辆京J××号车行驶证载明的检验有效期至2016年5月。事故发生后,罗子川将车辆进行了年检,现该车行驶证载明的检验有效期至2018年5月。因保险索赔,发生保险合同纠纷。

【一审法院观点】

本案中,罗子川在投保时车辆未年检,人民财保成都公司作为保险人对此**应当知晓,人民财保成都公司在明知投保车辆未年检的情况下仍予以承保,应视为人民财保成都公司愿意承受投保车辆未年检给其带来的保险理赔风险,故保险事故发生后人民财保成都公司不能再以投保车辆未年检构成免责为由拒赔支付保险金**。故人民财保成都公司应当按照保险合同的约定支付罗子川车辆维修费32,890元、拖车费200元,共计33,090元,因罗子川当庭放弃无责车财产项限额100元的赔偿权利,故人民财保成都公司应支付罗子川32,990元。

【二审法院观点】

案涉车辆在订立保险合同时虽存在未按期进行安全技术检验的情形,但并不影响车辆所有人在合同订立后对车辆进行安全技术检验。**该义务系车辆所有人的法定义务,无须保险人在订立合同时约定,故不能以人民财保成都公司对未按期进行安全技术检验的车辆承保之行为,认定人民财保成都公司放弃了该免责条款。罗子川援引保险法弃权与禁止反言原则不当,其关于免责条款效力的抗辩意见本院不予采纳**。罗子川驾驶未在规定期限内进行安全技术检验的案涉机动车上路行驶,发生交通事故,导致本车及对方车辆受损,根据案涉保险合同免责条款"发生保险事故时被保险机动车行驶证、号牌被注销的,或未按规定检验或检验部合格,保险人不负责赔偿"的约定,人民财保成都公司不承担赔偿保险金的责任。**本案并不存在罗子川在订立保险合同时就保险标的未向人民财保成都公司如实告知的情形,并无适用《保险法》第16条第6款关于"保险人在合同订立时已经知道投保人未如实告知的情况的,保险人不得解除合同;发生保险事故的,保险人应当承担赔偿或者给付保险金的责任"规定的前提**。一审法院适用法律错误,本院予以纠正。

典型案例16 弘合公司与安邦保险公司财产保险合同纠纷案①

【法院认定事实】

2011年4月11日，弘合公司将位于浙江温州工业园区长海路110－1号的机器设备、原材料、半成品、成品向安邦保险公司估价投保。同日保险公司出具保险单，并载明保险期限自2011年4月12日零时起至2012年4月11日二十四时止。2011年4月20日0时7分许，温州工业园区长海路110号的弘合公司发生火灾，该次火灾烧毁建筑面积1600余平方米，烧毁保险标的物，火灾成因为弘合公司对机器设备维护保养不到位导致火灾发生。双方因保险赔偿，发生合同纠纷。

【二审法院观点】

《保险法》第16条规定，订立保险合同，保险人就保险标的或者被保险人的有关情况提出询问的，投保人应当如实告知。保险人在合同订立时已经知道投保人未如实告知的情况的，保险人不得解除合同；发生保险事故的，保险人应当承担赔偿或者给付保险金的责任。对弘合公司的建筑物和生产状况进行现场考察，了解标的物出险的风险状况，是安邦保险公司评估合同利益，确定保险费率，以及决定是否承保所应当采用的基本方法。**本案保险合同的签订与火灾发生时间间隔较短，弘合公司擅自搭建建筑物、占用防火间距，违规堆放布料、物品，公司内部消防设施设备缺乏等情况不可能发生于上述期间，而应当发生于本案保险合同签订之前**。显然，安邦保险公司只需现场考察便可知晓上述情况，因此，**上述情况属于安邦保险公司在投保时就应当知道的情况，安邦保险公司以弘合公司没有告知上述情况为由，主张其无须承担保险责任的上诉观点，与法律规定不符，故不予采纳**。

第二节 保险责任

保险责任的内涵、外延、法律适用和责任认定等事项是确定保险人是否应当承担保险责任的重要内容。在保险法律实务中，有关保险责任的主要内容包

① 温州市中级人民法院(2014)浙温商终字第1570号财产保险合同纠纷民事判决书。

括保险责任属性、保险责任的确定、近因关系的认定以及保险责任范围认定产生不同理解时适用不利解释原则等。

一、保险责任属性

在保险法律实务中,保险合同中有关保险责任内容是否属于免除保险人责任条款,还存有争议和不同认定。按照保险法有关规定要求,如认定保险责任属于免除保险人责任条款的,保险人在订立合同时应就保险责任内容向投保人履行提示和明确说明义务。如认定保险责任不属于免除保险人责任条款的,保险人在订立保险合同时无须履行保险责任内容的提示和明确说明义务。因此,针对保险实务中存在的问题,有必要对保险责任基本属性及相关内容进行分析和梳理。

(一)保险责任基本属性

在保险合同内容中,保险责任约定了保险人承担赔偿或者给付保险金责任的基本范围和边界,是保险实务中区分不同保险产品的重要依据,也是保险人计算和确定保险费率的基本标准,属于保险合同的基本内容。在保险实务中,通过分析保险责任内容,可以明确保险人承担责任的风险种类或者给付义务范围,界定被保险人、受益人享有保险合同保障的权利义务内容和范围。可见,保险合同中的保险责任条款,约定了保险合同基本权利义务内容和范围,是保险合同当事人达成保险意思表示一致并订立保险合同的前提和基础,也是投保人在投保时应当审查和注意的保险合同基本内容。一般来说,保险合同成立生效后,保险责任条款随即产生合同效力,对保险合同当事人、关系人具有约束力。

(二)保险责任不属于责任免除内容

如上所述,保险责任确定保险人承担赔偿或者给付保险金责任的范围和边界。在保险理论和实务中,保险责任与责任免除的逻辑关系是,责任免除是对原本属于保险责任范围内的部分责任进行约定,将该部分责任排除在保险人承担赔偿或者给付保险金责任范围之外,保险人对该部分责任不再承担保险责任。可见,从保险责任与责任免除之间的相互关系来说,应当是先有保险责任范围,后有责任免除内容。其中,保险责任是确定责任免除的前提和基础,责任免除是在保险责任基础上约定保险人不承担赔偿或者给付保险金责任的范围和内容。因此,从两者具体内容和相互关系上来说,保险责任不属于责任免除内容。

(三)保险责任的实务运用

在保险法律实务中,保险合同纠纷案件中涉及保险责任内容的,应当全面考虑保险责任有关内容的理解与解释,在此基础上确认是否属于免除保险人责任内容,以及保险责任条款是否属于保险法规定的格式条款无效情形,从而确定具体保险合同纠纷案件中保险人是否应当承担赔偿或者给付保险金责任。具体来说,包括以下三个方面的内容:

(1)在保险合同纠纷案件中,首先需要分析纠纷案件所涉事故是否属于保险合同约定责任范围内的事故。如果认为纠纷案件所涉事故不属于保险合同约定责任范围内的事故,应当进一步分析和确定有关保险责任条款内容是否存在适用《保险法》第 19 条规定的有关格式条款无效情形,以确定保险人是否应当承担赔偿或者给付保险金责任。

(2)在保险合同纠纷案件中,经过对具体案件情形的分析,如认为纠纷案件所涉事故属于保险合同约定责任范围内的事故的,则需要进一步分析和确定所涉事故是否存在适用保险合同约定的责任免除条款内容和情形,以确定保险人是否应当承担赔偿或者给付保险金责任。

(3)在保险合同纠纷案件中,如认为纠纷案件所涉事故适用保险合同约定的责任免除条款内容或情形的,应当进一步分析和确认保险人在订立合同时是否就保险合同约定的责任免除条款内容向投保人履行提示和明确说明义务,以确认责任免除条款内容是否具有法律约束力,以及保险人是否应当承担赔偿或者给付保险金责任。

典型案例 17 南通兴泰公司与人保公司人身保险合同纠纷案[①]

【法院认定事实】

2013 年 12 月 30 日,南通兴泰金属制品有限公司通过明亚公司介绍在人保公司处投保了团体意外伤害保险,投保附加意外伤害医疗保险、附加意外伤害

① 南通市中级人民法院(2017)苏 06 民终 884 号人身保险合同纠纷民事判决书。

住院津贴保险、附加人身保险残疾程度与保险金给付比例调整保险，人保公司出具了保险单。保险单载明：被保险人共60人（其中包括朱春霞）；按照《保险A条款》，保障项目为调整保险金给付表调整A。保险期间自2014年1月1日0时起至2014年12月31日24时止。双方当事人因保险责任内容发生保险合同纠纷。

【一审法院观点】

保险条款版本不是免责条款，不属于保险人应当提示和明确说明的范围，故对于朱春霞伤残保险金赔付标准应适用《保险A条款》。关于朱春霞主张《保险A条款》中关于给付比例系免责条款，人保公司未尽到明确说明的义务，该条款不生效。法院认为，当事人对自己提出的主张，有责任提供证据。本案中**朱春霞主张的赔付金额依据系《保险A条款(2009版)》。而该条款并非案涉保险合同的组成部分，不具有证明效力。而《保险A条款》记载于保险单保障内容部分，用于约定保险人需要承担保险责任的范围。其中给付比例系根据被保险人残疾程度认定等级逐层递减，不存在免除保险人责任的情形。该条款作为案涉保险合同基本组成部分，系保险合同双方协商一致的结果，予以确认。**

【二审法院观点】

《保险法》第11条第1款规定，“订立保险合同，应当协商一致，遵循公平原则确定各方的权利和义务”。根据该条规定，保险合同的订立应兼顾投保人与保险人的利益，合理分担各方的权利义务。《最高人民法院关于适用〈中华人民共和国保险法〉若干问题的解释(二)》第9条规定，保险人提供的格式合同文本中的责任免除条款、免赔额、免赔率、比例赔付或者给付等免除或者减轻保险人责任的条款，可以认定为《保险法》第17条第2款规定的“免除保险人责任的条款”。**免除保险人责任条款中的“比例赔付或者给付”应当是指保险公司不按实际损失的全额承担赔偿责任，而是按照实际损失乘以保险金额与保险价值的比例承担赔偿责任，属于在确定的损失范围内减免保险人责任的情形。**本案中，《保险A条款》第2.1条保险责任中约定“在保险期间内，被保险人遭受意外伤害事故，并自该事故发生之日起180日内因该事故造成《劳动能力鉴定职工工伤与职业病致残等级》所列残疾程度之一的，保险人按下表所列比例乘以保险金额给付残疾保险金。如第180日治疗仍未结束的，按当日的身体情况进行残疾鉴定，并据此给付残疾保险金”。**该约定将被保险人伤残程度的重与轻和保险人给付保险金的多与少相对应，是兼顾被保险人利益的同时合理分担各方权**

利义务的约定，并未在人保公司承担保险责任的范围内减轻或排除其应当承担的风险与损失，且经中国保监会备案，不属于《最高人民法院关于适用〈中华人民共和国保险法〉若干问题的解释（二）》第9条规定的“比例赔付或者给付”，不应当认定为免除保险人责任的条款，也不适用经提示、明确说明才生效的相关规定。

典型案例18　金石公司与阳光财保公司财产保险合同纠纷案①

【法院认定事实】

金石公司对鄂H00168轿车在阳光财保公司处投保了车损险（不计免赔），保险金额690，000元，保险期间自2012年3月18日至2013年3月17日。2013年2月27日，覃建飞驾驶金石公司所有的鄂H00168轿车，在掇刀区深圳大道与长坂坡路交汇处，与案外人孙志驾驶的鄂HCG067车辆相撞，造成两车受损交通事故。阳光财保公司认为应按事故责任比例承担相应赔偿责任，对第三方责任造成的损失不应赔偿，因此双方发生保险合同纠纷。

【一审法院观点】

阳光财保公司抗辩应按事故责任比例承担相应赔偿责任，对第三方责任造成的损失不应赔偿的主张，虽有保险条款约定，但该条款与其他条款相冲突，也与《保险法》第17条的规定相背离。该格式条款加重了投保人责任，免除了保险人义务，依照《保险法》第19条之规定，应认定无效。

【二审法院观点】

通常而言，保险责任条款是确定保险人承保范围的条款。**只有保险人依保险责任条款应承担保险责任，才存在免除或减轻其责任的问题。保险责任条款是确定免责条款的前提，其本身不属于免责条款。**但保险人的保险责任，建立在诸多保险合同条款（包括保险格式条款）的规定之上，这些条款对于具体地确立保险人的责任，都具有规范意义，广义而言，都是确定保险人保险责任的条款。由于《保险法》第17条第2款就免责条款的生效作出规定，需要对保险责任条款作出狭义解释，并与免责条款相区别。**保险条款中，哪些属于保险责任条款，哪些属于免责条款，并非总是界限分明。**作出区分的努力，**首先会集中在**

① 荆门市中级人民法院（2015）鄂荆门民二终字第00034号财产保险合同纠纷民事判决书。

保险格式条款的设计上。本案中,从非营业用汽车损失保险条款整体结构看,“保险责任”部分仅有第4条、第5条,该两条应属界定保险人承保范围的基础条款,而第26条属于“赔偿处理”部分,亦即后续操作部分。因此,在条款设计上,并未将第26条作为界定承保范围的保险责任条款。其次,《最高人民法院关于适用〈中华人民共和国保险法〉若干问题的解释(二)》第9条第1款规定:**“保险人提供的格式合同文本中的责任免除条款、免赔额、免赔率、比例赔付或者给付等免除或者减轻保险人责任的条款,可以认定为保险法第十七条第二款规定的‘免除保险人责任的条款’。”**在保险条款就保险责任条款与免责条款的区分出现模糊、混淆等情形时,这一规定提供了判断免责条款的标准。本案中,**阳光财保公司援引的保险条款第26条,从内容看,是关于按事故责任比例赔付车损的规定,属于“比例赔付的条款”,依上述第9条第1款的规定,可认定为免责条款。**

典型案例19　新华人寿保险公司与胡显琼等人身保险合同纠纷案[①]

【再审法院观点】

关于本案医疗保险金的赔付是否应当适用损失补偿原则的问题。本案的保险合同约定:“被保险人所发生的本合同保险责任范围内的医疗费用,已从社会基本医疗保险、其他商业医疗保险保障计划或其他任何途径获得补偿或赔偿,本公司仅对剩余部分按照上述约定承担保险责任”,**按照该约定,保险人对被保险人已从社保或其他商业保险处理赔的部分不予赔偿,因此该约定属于免除保险人承担保险责任的条款。**根据《保险法》第17条第2款关于“对保险合同中免除保险人责任的条款,保险人在订立合同时应当在投保单、保险单或者其他保险凭证上作出足以引起投保人注意的提示,并对该条款的内容以书面或者口头形式向投保人作出明确说明;未作提示或者明确说明的,该条款不产生效力”的规定,因新华人寿德阳支公司未举出相应证据证明其对以上免责条款尽到了法定的提示或者明确说明义务,故依照前述法条的规定,损失补偿原则条款不发生法律效力。原二审判决对医疗保险金的计付未适用损失补偿原则并无不当。

---

① 四川省高级人民法院(2014)川民申字第122号人身保险合同纠纷民事裁定书。

二、保险责任确定

在保险法律实务中，如要确定纠纷案件所涉事故是否属于保险合同约定责任范围内的事故以及保险人是否应当承担赔偿或者给付保险金责任，涉及有关保险法、司法解释和保险合同约定内容等的理解和适用，具体来说包括近因关系的认定、保险责任的确定和纠纷案件当事人之间举证责任合理分配等方面的内容和问题。

（一）近因原则的内容

近因原则，是在保险实务中确定保险人对纠纷案件所涉事故是否应当承担保险赔偿责任的重要标准，是指保险人对于合同约定承保风险范围内发生的保险事故，因该事故直接、有效、起决定作用导致损失发生的，保险人承担赔偿或者给付保险金责任；保险人对于合同约定承保风险范围以外原因造成损失发生的，保险人不承担赔偿或者给付保险金责任。按照《保险法》第 2 条规定，保险是指投保人根据合同约定，向保险人支付保险费，保险人对于合同约定的可能发生的事故因其发生所造成的财产损失承担赔偿保险金责任。可见，上述保险法规定和近因原则的有关内容，是保险法律实务中认定保险人对纠纷案件所涉事故是否应当承担赔偿或者给付保险金责任的基本标准和依据。

（二）保险责任的确定

在保险法律实务中，可能存在多种原因导致损失结果发生的情形。同时，在可能涉及的多种原因中，其中部分原因属于承保风险，部分原因属于除外责任或责任免除等不保风险。一般来说，按照近因原则，保险人对于属于承保风险原因所造成的损失承担赔偿或者给付保险金责任，或者按照可以确定的承保风险原因与不保风险原因对造成事故损失的比例承担相应保险责任。但是，在保险法律实务中，在不能确定是否属于承保风险原因或者不保风险原因导致损失发生的情况下，应当如何进行处理？按照《保险法司法解释（三）》第 25 条规定内容，被保险人的损失系由承保事故或者非承保事故、免责事故造成难以确定，当事人请求保险人给付保险金的，人民法院可以按照相应比例予以支持。

(三)举证责任分配

在保险法律实务中,在确定纠纷案件所涉事故是否属于保险责任范围内事故以及保险人是否应当承担赔偿或者给付保险金责任的过程中,涉及事故性质、原因、损失程度等与事故相关材料的举证责任合理分配的问题。一般情况下,在民事诉讼中按照"谁主张,谁举证"的基本原则,主张事实成立的一方当事人负有举证证明有关事实成立的责任。结合保险合同条款有关约定内容,投保人、被保险人、受益人应当提供有关事故发生的性质、原因、损失程度等证明材料。同时,根据《保险法》第21条、第22条有关规定内容,投保人、被保险人、受益人应当提供确认事故性质、原因、损失程度等有关的证明和资料。可见,在保险合同纠纷案件中,投保人、被保险人、受益人负有举证证明有关事故性质、原因、损失程度,并负有要求保险人承担赔偿或者给付保险金责任的举证义务。

典型案例20　栾维钢受益人与平安财险公司人身保险合同纠纷案①

【法院认定事实】

2016年6月21日,第三人固原三泰公司为承建华城国际西区北大门工程的20位民工在被告平安财险公司投保了"平安建筑工程团体意外伤害保险",保险期从2016年6月21日0时起,保险期限120天。特别约定的第14条第4项:"本保险仅承保被保险人在指定的施工区域和生活区域内发生的意外伤害事故,除此以外区域发生的事故,保险公司不承担保险责任。施工区域和生活区域以承保时投保人提供的施工合同和(或)施工图样说明为准。"所承保的20人当中包括在工地看大门的栾维纲。2016年10月2日晚,栾维纲突发疾病,被家人送往固原市人民医院治疗,2016年10月3日出院,栾维纲出院后的当晚不治身亡。后因保险理赔发生合同纠纷。

【二审法院观点】

关于四上诉人诉讼主体是否适格的问题。本案四位上诉人系死者栾维纲的配偶及子女,属于法定的第一顺序继承人。原中国人民保险公司发布的《团体人身意外伤害保险条款》第10条规定:"被保险人在投保时,可以指定受益

① 固原市中级人民法院(2017)宁04民终539号意外伤害保险合同纠纷民事判决书。

人。如果没有指定受益人，以法定继承人为受益人。”因此，四位上诉人的诉讼主体适格。《最高人民法院关于适用〈中华人民共和国保险法〉若干问题的解释（三）》第25条规定：“被保险人的损失系由承保事故或者非承保事故、免责事故造成难以确定，当事人请求保险人给付保险金的，人民法院可以按照相应比例予以支持。”本案中，**栾维纲在工作期间摔倒后，经抢救无效死亡是客观事实，但究竟是意外摔倒头部着地导致脑出血死亡，还是自身疾病高血压发作引发脑出血后倒地致其死亡？法院对其死亡原因无法确认，也无法准确判断。因此，根据前述法律规定和本案的实际，本案可以适用近因原则和比例原则确定被上诉人平安保险公司和四上诉人分别按照比例承担责任。保险公司承担60%的责任。**

典型案例21　陈某受益人与泰康人寿湖北分公司人身保险合同纠纷案[①]

【法院认定事实】

2014年3月13日黄冈市京海船务有限公司向泰康人寿湖北分公司投保团体意外伤害保险和附加意外伤害团体医疗保险，被保险人为陈某等14人。泰康团体意外伤害保险条款载明：被保险人遭受意外伤害事故，因该意外伤害事故直接导致被保险人在该意外伤害事故发生之日起180日内身故，泰康人寿保险股份有限公司按合同项下该被保险人名下的保险金额向该被保险人的意外身故保险金受益人给付意外身故保险金，被保险人故意自伤、醉酒、主动吸食或者注射毒品导致身故的，保险公司不承担给付保险金的责任。2014年11月2日20时30分，陈某从船上落水，下落不明。2015年10月8日法院宣告陈某死亡，发生保险合同纠纷。

【一审法院观点】

近因原则是保险法的基本原则，当一个原因对损害结果的发生具有决定性意义，且这个原因是保险合同承保的风险时，保险人才承担保险责任，相对于保险利益原则通过排除局外人防范道德风险，近因原则通过排除无关之事防范道德风险。陈某已被人民法院生效判决宣告死亡，发生了保险合同约定的承保损

---

① 湖北省高级人民法院（2017）鄂民再181号人身保险合同纠纷民事判决书。

失，陈某落水溺死的原因可能是意外事件，也可能是非意外事件。如果是意外事件，则属于保险责任范围内，保险公司应承担赔付责任，如果是非意外事件，则不属于保险责任范围，保险公司不承担赔付责任。由于对落水原因不能做出判断，法院依照公平原则，在保险人和受益人间分摊损失，各占50%责任，泰康人寿湖北分公司应支付25万元的保险金。

【二审法院观点】

二审法院认为，根据《最高人民法院关于适用〈中华人民共和国保险法〉若干问题的解释（三）》第25条的规定，**被保险人的损失系由承保事故或者非承保事故、免责事由造成难以确定，当事人请求保险人给付保险金的，人民法院可以按照相应比例予以支持。一审确定保险人与受益人之间各担50%的责任，并无不当。**

典型案例22　谭永忠与贵港分公司财产合同纠纷案[①]

【法院认定事实】

2010年5月12日，谭永忠为其自有的桂R11878号重型自卸货车在贵港分公司处投保了一份机动车损失保险、第三者责任险、车上人员责任险（司）、车上人员责任险（乘），并不计免赔率。保险责任第4条约定："保险期间内，被保险人或其允许的合法驾驶人在使用被保险机动车过程中，因下列原因造成被保险机动车的损失，保险人依照本保险合同的约定负责赔偿：（一）碰撞、倾覆、坠落……"责任免除第7条："被保险人机动车的下列损失和费用，保险人不负责赔偿……（五）火灾、爆炸、自燃造成的损失……"附则第37条："本保险合同（含附加险）中下列术语的含义：碰撞，指被保险机动车与外界物体直接接触并发生意外撞击、产生撞击痕迹的现象。包括被保险机动车按规定载运货物时，所载货物与外界物件的意外撞击；火灾，指被保险机动车本身以外的火源引起的、在时间或空间上失去控制的燃烧（即有热、有光、有火焰的剧烈的氧化反应）所造成的灾害。"双方因保险理赔发生保险合同纠纷。

【一审法院观点】

虽然贵港分公司主张保险条款已经对"碰撞"进行了定义，本案涉案车辆只

---

① 广西壮族自治区高级人民法院（2013）桂民提字第65号财产保险纠纷民事判决书。

是接触“高压线”,不属于碰撞,而之后发生的火灾也在免责范围内,但在诉讼过程中,贵港分公司没有提交证据证实在签订保险合同过程中其已向谭永忠明确解释相关术语的定义,该术语限制了谭永忠的权利,在贵港分公司没有明确告知、解释义务的情况下,该条款对被保险人不生效。且根据《保险法》第30条的规定,在本案中“碰撞”应作出有利于被保险人的解释,按照可能订立该合同的普通当事人理解,应解释为“碰触、撞击”。因此,本次事故,桂R11878号重型自卸货车碰触到高压线而引起的火灾燃烧,应属保险责任范围。

【二审法院观点】

保险人承担赔偿责任须与它所承保的危险有因果关系,这就是保险合同的近因原则。只有引起保险标的的损失的直接、有效、起决定作用的近因才属于保险责任。谭永忠的车辆碰触高压电线后触电发生火灾而导致烧毁,火灾是其被烧毁的直接的、决定性的、有效的、主导性的、不可避免的因素,而不是碰撞。根据保险的近因原则和保险合同的约定,对本次事故,贵港分公司不承担保险责任。保险合同已对“碰撞”和“火灾”等术语作出明确的提示和解释,谭永忠辩称未作解释与事实不符,本院不予支持。

【再审法院观点】

“碰撞”按照可能订立该合同的一般人的理解,可以解释为“碰触、撞击”,而且案涉自卸型货车与一般汽车不同,其主要功能不是在道路上行驶,而是运输、装卸货物,碰触高压线虽然与汽车正常行驶时与其他物体发生一定力度的撞击不同,但应考虑案涉车辆的使用特点,保险公司在承保时应考虑到该车在正常工作时碰触“高压线”引起火灾这种可能性的存在,案涉保险合同对碰撞的定义过于狭隘。故在“碰撞”这个词语按一般人的理解存在两种含义,而保险人与被保险人有争议的情况下,根据《保险法》第30条的规定,应当作出有利于被保险人和受益人的解释。因此,本案涉案车辆碰触到高压线造成事故,属于案涉保险合同第4条约定的贵港分公司承保的“碰撞”致损的保险责任范畴,贵港分公司应承担相应的赔偿责任。在存在碰撞、火灾多个事故原因的情况下,应根据近因原则确定导致损害发生原因,但是在确定保险事故的近因时,要对因果关系链进行整体考量,并作出符合普通公众的常识性判断。本案属于多项原因连续发生致损的情形,碰到高压线进而引起火灾最后导致案涉车辆被烧毁,火灾是触碰高压线所产生后果的合理连续。在现实生活中,车辆碰触高压线是极易引起火灾的,因此,在本案中,火灾作为后因,是触碰“高压线”直接的、必然的结果,是前因的合理连续。在前因属承保风险,后因是除外风险或未保风险的情况下,保险人仍应承担赔偿责任。

典型案例23 石柱交通建设公司、巨能建设公司与人保公司财产保险合同纠纷案①

【法院认定事实】

2005年3月8日,二原告与被告签订了《建筑工程一切保险》合同约定:遇地震、海啸、洪水、风暴、暴雨造成的损失按75%~80%的限额赔偿。2005年3月中旬,龙河藤子沟水电站775米水位线以下移民迁建安置工作通过初验,并于同月底下闸蓄水。2005年4月8日下午6时许,石柱县境内普降暴雨,龙河藤子沟水电站所在地桥头乡及其上游范围数小时内形成洪水,一夜之间将桥头大桥下部工程中已浇灌18.2米高的2#桥墩淹没和未淹没的已浇灌的1#、3#桥墩的墩基报废,二原告被迫改变原设计,由原来的134米T梁桥变更为单跨130米箱体拱桥。双方因是否属于保险责任,发生保险合同纠纷。

【一审法院观点】

原、被告于2005年3月8日签订保险合同的当月底藤子沟水电站就已下闸蓄水,并且在电站下闸蓄水至发生淹没事故之前的10多天时间里,并没有因此而影响原告正常施工,这是因为藤子沟电站下闸蓄水后,要泄水发电,有蓄有放,加之枯水季节,库区水位保持平稳或缓慢上升状态。而二原告施工的大桥下部T桥墩浇灌也在逐渐上升,这就形成水涨船高的良性循环状态,**在未遇暴雨引发洪水的正常情况下,不可能在一夜之间淹没已浇灌18.2米高的2#桥墩,因此暴雨引发洪水才是造成本次淹没事故的近因。**

【二审法院观点】

引起本案财产保险事故的近因是暴雨还是藤子沟水电站下闸蓄水。**所谓保险事故的近因是指由保险合同约定的引起保险事故发生的直接的、起决定作用的原因,并在这一原因发生作用的过程中没有其他来自新的独立渠道的能动力量的介入。双方约定的保险事故的近因只能是一种将来偶然性的可能发生的事件,而不是订立合同时已经发生或者将来必然发生的事件。**而双方签订合

① 重庆市第四中级人民法院(2006)渝四中法民一终字第256号财产保险合同纠纷民事判决书。

同时,被上诉人的桥墩还没有完成其基础坑槽隐蔽工程,不能保证在电站下闸蓄水后不被淹没,并且电站下闸蓄水是签订合同时双方都知道的必然发生的,而不是将来或然发生的事件,故电站下闸蓄水是双方签订保险合同的一个前提条件即是因为电站将在近期下闸蓄水双方才签订保险合同,也是暴雨引发洪水淹没桥墩的前提条件,所以电站下闸蓄水不是引发保险事故的近因。因此从双方签订保险合同的时间、前提条件和被保险标的性质分析,**双方约定的暴雨责任应当理解为在电站下闸蓄水后若遇暴雨将被保险财产淹没致投保人财产损失则由保险人赔偿的责任,较为公平合理**。在电站下闸蓄水后,于2005年4月8日因电站及其上游地区普降暴雨引发洪水将被上诉人的2#号桥墩淹没,造成被上诉人财产损失217,845.80元,双方对此事实无异议,并且符合双方合同约定的暴雨近因条件,故暴雨才是本案保险事故的真正近因,原判对此认定正确,应予维持。

典型案例24　政旺兴公司与太平保险公司财产保险合同纠纷案[①]

【法院认定事实】

2015年4月28日,政旺兴公司将其所有的车牌号闽A××古思特SCA664L0(劳斯莱斯)小型轿车,向太平保险公司投保了车辆损失险、发动机特别损失险等险种,保险期限从2015年5月15日0时至2016年5月14日24时止。2015年8月8日,政旺兴公司的驾驶员驾驶闽A××小型轿车行驶,因"苏迪罗"台风将至,暴雨导致路面积水等原因,致使车辆在行驶过程中发生故障无法行驶。后因保险理赔发生保险合同纠纷。

【一审法院观点】

《太平财产保险有限公司机动车商业保险条款》第2章车辆损失险第1条约定:"在保险期间内,被保险人或其允许的合法驾驶人在使用保险车辆过程中,因下列原因造成保险车辆的损失,保险人按照本保险合同的规定负责赔偿……(四)雷击、暴风、龙卷风、暴雨、洪水、海啸、地陷、冰陷、崖崩、雪崩、雹灾、泥石流、滑坡",同时第6条约定:"下列损失和费用,保险人不负责赔偿……(三)保险车辆因遭水淹或因涉水行驶致使发动机损坏"。**根据以上条款,在暴**

---

① 福州市中级人民法院(2016)闽01民终1238号财产保险合同纠纷民事判决书。

雨情况下,车辆涉水行驶,发动机进水导致的发动机损坏可能形成“暴雨导致的车辆损失保险公司负责赔偿”和“发动机进水导致的发动机损失保险公司不予赔偿”两种解释。因太平保险公司属于格式条款的提供方,根据《合同法》第41条关于“对格式条款的理解发生争议的,应当按照通常理解予以解释”的规定,应作出不利于太平保险公司的解释。因此,太平保险公司应向政旺兴公司赔付因暴雨导致发动机进水损坏而支付的全部车辆维修费用人民币914,000元。

【二审法院观点】

对于保险责任中因果关系的判断,应当遵循近因原则。近因是指导致损失的最直接、最有效、起决定性作用的原因,而不是指时间或空间上最接近的原因。保险近因原则是指在风险与保险标的损失的关系中,如果近因属于承保风险,保险人应负赔偿责任;若近因属于除外或不保风险,则保险人不负赔偿责任。本案中,“苏迪罗”台风导致福州市区发生大暴雨到特大暴雨,城区出现了罕见的严重内涝,在此情况下出现了案涉车辆涉水行驶并发生发动机损坏之事故。**故暴雨与涉水行驶均系导致案涉车辆发生事故之原因**。对于该承保原因与除外原因并立的情况下,应当判断何者为保险事故发生之近因。**本院认为,造成发动机损坏的因果关系链条为:“暴雨(大暴雨、特大暴雨)——城区路面积水——车辆涉水行驶——发动机进水——发动机损坏”,暴雨系推动其他事件发展之主要原因,是导致事故发生的最有效、起决定性作用之原因,故暴雨是引发事故之有效近因**。车辆涉水行驶虽系最接近损失的一个原因,但在当时暴雨情况下案涉车辆行驶路段严重积水,车辆涉水行驶实难避免,被上诉人的驾驶人并未有意涉水行驶而放任事故之发生,故涉水行驶不应认定为导致发动机损坏事故之近因。因此,案涉保险免责条款从文义上理解,不应当适用于本案。有必要先明确对保险责任免除条款之认识。**保险责任免除条款,实质包含“除外”及“不保”条款,“除外”系从原因着眼,凡为除外原因所致损失,无论该原因所引发事故是否在承保范围,保险公司均可拒赔;“不保”系从事故着眼,凡该事故所导致之损害,无论引发事故原因为何,保险公司均无须承担责任。“不保”又细分为“绝对不保”和“相对不保”,绝对不保是指不在承保范围内,保险免责条款之所以列举,无非使承保范围更为明确;相对不保是指原在承保范围内之事故,经保险免责条款列为不保**。本案中,对于案涉保险免责条款,从该条款的上下文体系出发,本院以第6条第(一)、(二)、(三)项免责情形为例,第(一)项“保险车辆的自然磨损、锈蚀、电气机械故障”等情形均非承保原因所致,不在承保范围,属于绝对不保;第(二)项"倒车镜单独损害、车灯单独损坏、玻璃(不包括天窗玻璃)单独破碎、车身表面油漆单独划伤、车轮(包括轮胎及轮毂)单独损坏"则属于相对不保;**第(三)项"保险车辆因遭水淹或因涉水行驶致使发动机损坏"则属于除外条款,水淹或涉水行驶为除外原因,并不以事故是否在保险责任范围为其适用前提,其能否适用仅需判断该除外情形是否系引发事故之有效原因。故上诉人主张的案涉保险责任免除条款应当是保险责任前提下的除外规定的上诉观点**,不能成立,本院不予采纳。

三、不利解释适用

在保险法律实务中,保险合同内容中有关条款、概念、词语的理解与解释,是保险合同纠纷案件的争议焦点问题之一。根据《保险法》第30条的规定,采用保险人提供的格式条款订立的保险合同,保险人与投保人、被保险人或者受益人对合同条款有争议的,应当按照通常理解予以解释。对合同条款有两种以上解释的,人民法院或者仲裁机构应当作出有利于被保险人和受益人的解释。可见,依据保险法的规定,针对保险人提供格式条款有关内容的解释,在实务中主要涉及以下几个方面的内容。

(一)通常解释

在保险法律实务中,采用保险人提供的格式条款订立的保险合同,保险人与投保人、被保险人或者受益人对合同条款理解产生争议的,一般情况下首先应当按照通常理解予以解释。在这里的"通常理解",是指在保险实务过程中应作如下的理解:如属于非保险专业术语的,应当按照专业意义的解释;如属于行业惯例的,应当采取行业通行解释;如属于常识的,应当采取众所周知的认知和理解。

(二)不利解释

采用保险人提供的格式条款订立的保险合同,适用不利解释的前提条件是,保险人与投保人、被保险人或者受益人对合同条款理解产生争议,并且争议条款按照通常理解可以产生两种以上不同解释。在这种情况下,才能适用不利解释,作出有利于投保人、被保险人和受益人的解释。如通常理解并不存在两种以上解释的,不应当适用不利于保险人的解释,而应该按照通常理解进行解释。

(三)特殊情形

按照保险法司法解释(二)第17条规定,保险人在其提供的保险合同格式条款中对非保险术语所作的解释符合专业意义,或者虽不符合专业意义,但有利于投保人、被保险人或者受益人的,人民法院应予认可。可见,有关格式条款对于非保险术语的解释,如符合专业解释,或者虽不符合专业解释,但有利于投保人、被保险人、受益人的,该解释在法律实务中可以被认可。如有关格式条款对于非保险术语没有作出解释,但是因该非保险术语理解发生争议的,或者格式条款中有关保险术语的理解产生争议的,仍应当按照《保险法》第30条规定进行认定和处理。

(四)注解内容

采用保险人提供的格式条款订立的保险合同,对有关格式条款中保险术语或非保险术语的注解内容,涉及免除或减少保险人责任的,应该根据《保险法》第17条有关规定,要求保险人在订立保险合同时,对上述格式条款中的注解内容向投保人履行提示和明确说明义务。否则,上述格式条款中有关注解内容不产生效力。

典型案例25 侯春林与人保财险仪征公司财产合同纠纷案①

【法院认定事实】

2015年1月1日,侯春林为其所有的苏K××号小型越野客车向人保财险仪征公司投保机动车损失保险、第三者责任保险、盗抢险等,保险期间自2015年1月1日至2016年1月1日。2015年6月29日,侯春林向人保财险仪征公司报险称其驾驶的苏K××号客车因暴雨积水导致发动机进水,后该车在扬州金迪汽车销售服务有限公司进行维修。侯春林提交的2015年6月29日道路救援服务单就苏K××号车辆救援情况记载:救援原因,进水、发动不着;抛锚原因,进水、熄火。随后,双方因保险索赔发生纠纷成诉。

① 江苏省高级人民法院(2016)苏民申2344号财产损失保险合同纠纷民事裁定书。

【一审法院观点】

根据保险条款的约定，被保险机动车发动机进水后导致的发动机损坏，保险人不负责赔偿。对此，**人保财险仪征公司在投保单上已经通过足以引起投保人注意的文字作出提示，侯春林作为投保人在投保单上也签字确认，应当认定人保财险仪征公司已经履行了提示和明确说明义务，该免责条款应属有效。**据此，因被保险车辆发动机进水导致的发动机损坏，人保财险仪征公司不应承担赔偿责任。一审法院判决驳回侯春林的诉讼请求。

二审法院观点同一审法院。

【再审法院观点】

虽然案涉机动车损失保险条款第4条约定，因暴雨原因造成被保险机动车损失的，保险人负有赔偿责任，但第7条第10项同时约定，发动机进水后导致的发动机损坏，保险人不予赔偿。后一条款的效力及解释问题直接关系人保财险仪征公司是否应当承担保险赔偿责任。**首先，该条款属于免除保险人责任的格式条款，产生效力的前提是格式条款提供方已作提示和明确说明。**人保财险仪征公司以字体加粗方式就第7条作了区别于其他文字的明显标示，侯春林亦已在投保人声明栏签字，应认定人保财险仪征公司已履行提示和明确说明义务。其次，《保险法》第19条规定，保险人提供的免除保险人依法应当承担的义务，以及排除投保人、被保险人或者受益人依法享有权利的格式条款无效。**该规定适用前提是免除的保险人义务系法定，排除的投保人、被保险人或受益人权利亦是法定，发动机进水导致的发动机损坏不予赔偿的约定，并不具备前述前提，该条款已发生法律效力。**最后，**案涉保险条款以除外责任方式表述发动机进水导致发动机损坏不予赔偿，并不存在两种以上解释，并无不利解释规则适用余地。**基于上述分析，二审法院认定人保财险仪征公司不承担案涉机动车损坏赔偿责任，并无不当。

典型案例26　曹雅龙与人寿保险公司人身保险合同纠纷案[①]

【法院认定事实】

1998年6月11日，曹雅龙与保险公司签订《重大疾病保险》(97版)保险合

① 甘肃省高级人民法院(2016)甘民终394号保险合同纠纷民事判决书。

同一份,合同约定基本保险金额为50,000元,保险期限为37年,缴费期为20年,保险费为每年780元。保险责任起止时间为1998年6月12日至2035年6月11日。合同签订后曹雅龙按期缴纳保险费。2016年3月1日曹雅龙主动脉瓣狭窄不全在中国人民解放军第四军医大学西京医院治疗,2016年3月7日在该院做"体外循环下行主动脉瓣置换术"。随后,双方因保险责任范围发生争议成诉。

【一审法院观点】

本案双方争议的"体外循环下行主动脉瓣置换术"是否为保险合同约定的主动脉手术,双方签订的重大疾病第28条(十)规定的主动脉手术,指接受胸腹主动脉手术,矫正狭窄,分割或切除主动脉瘤。但胸或腹主动脉的分支除外。保险公司无证据确定曹雅龙的手术不属于主动脉。根据《保险法》第30条的规定:"采用保险人提供的格式条款订立的保险合同,保险人与投保人、被保险人或者受益人对合同条款有争议的,应当按照通常理解予以解释。对合同条款有两种以上解释的,人民法院或者仲裁机构应当做出有利于被保险人和受益人的解释。"**本案保险公司所附条款关于"重大疾病"的解释应当在签订合同时对曹雅龙做出明确的说明,保险公司未能提前说明,庭审中保险公司也未能提供主动脉瓣置换术已排除在主动脉手术之外的证据,对保险公司的辩称不予采信,**对曹雅龙的主张予以支持。

【二审法院观点】

《保险法》第30条规定了不利解释原则,但**保险法中的不利解释原则并非解释保险条款的唯一原则,而是在适用其他解释方法存在两种以上理解时,方才做出对被保险人有利的解释**。现行通说对本案所涉主动脉瓣膜手术的解释并不存在不同的理解,故不能得出"主动脉瓣置换术"属于主动脉手术的结论。**一审法院将保险人的明确说明义务与不利解释原则相混淆,得出的结论不符合客观事实和医学定义,本院予以纠正。**

典型案例27　金火林与人保公司人身保险合同纠纷案[①]

【法院认定事实】

1999年4月24日,双方当事人签订人寿保险合同一份,约定:投保人金火

---

① 嘉兴市中级人民法院(2009)浙嘉民终字第115号人身保险合同纠纷民事判决书。

林，受益人金学良、金一虹，缴费方式20年缴，缴费标准1600元。2007年5月23日，金火林续期缴纳2007年4月25日至2008年4月24日保费1600元。2008年4月11日，金火林因阵发性室上性心动过速入住上海长海医院，4月14日在局麻下行心脏电生理检查+射频消融术，手术顺利，于4月17日出院。在保险理赔过程中，双方因保险责任范围内容发生保险合同纠纷。

【一审法院观点】

本案争议焦点在于金火林所患疾病(阵发性室上性心动过速)是否符合“中保人寿保险有限公司重大疾病终身保险条款”关于重大疾病之约定，此项判断，应当在明确相关合同条款的含义后作出。据上述保险条款第20条“释义”规定，重大疾病是指十种疾病或手术，其中第一项记载为“心脏病(心肌梗死)；(注1)”，在此，应当确定此项记载是否指所有的心脏疾病，从而包含金火林所患“阵发性室上性心动过速”，或者金火林订约时是否可得信赖所有的心脏疾病均在保险责任范围内。**以上判断的关键在于对括号中“心肌梗死”的理解——其为心脏病的同一性解释还是例示性列举。**该院认为，考察括号的使用，除标示序次外，其功能或在于对前述词、句的解释，或在于对相关内容的补充说明，如果要作例示，当有“如……”之类的形式，**金火林在本案中将心肌梗死理解为心脏病的例示性列举不当。退而言之，即使可作如此解释，由于该项下直接标示“注1”，金火林在作投保的意思表示前也应阅读标注的内容，即应当认为金火林是在了解“注1”的内容后再行投保的，而“注1”之记载已明确将本条款所谓心脏病限缩于心肌梗死，并不包括所有的心脏疾病。再则，金火林所行手术(心脏电生理检查+射频消融术)也不属于保险条款规定的保险责任范围。因此，金火林请求赔偿没有依据，不予支持。**

【二审法院观点】

本案争议焦点为金火林所患心脏病是否属于保险范围的问题，而保险范围的确定关键在于对保险条款第20条中“心脏病(心肌梗死)”概念的理解。从语法逻辑来讲，心脏病是属概念，心肌梗死是种概念，两者是从属关系，心肌梗死只是心脏病的一种，可以说心肌梗死是心脏病，而不能说心脏病是心肌梗死。**人保桐乡公司提供的格式保险条款第20条中，将重大疾病中的“心脏病”这一概念置于条文首位的显目位置，而将“心肌梗死”这一概念仅在括号中标出，这一表述方式，存在偷换概念的逻辑错误，容易误导投保人对该条款的注意力，并在内心作出与行文本意不同的理解。**而“注1”中对“心脏病(心肌梗死)”所作

“指因冠状动脉阻塞而导致部分心肌坏死……”的解释,更属医学性解释,由于格式保险条款所面对的是不特定的、并非均具有医学专业知识的投保人群体,对于普通投保人而言,“注1”是对“心脏病”还是对“心肌梗死”所作的解释,不可能当然清楚。“注1”欲使用排除法对承保的心脏疾病的范围作进一步限定,但从行文看,仅排除了心绞痛这一种心脏病,没有明确将其他种类的心脏病排除在承保范围之外,因此,足以使缺乏医学专业知识的普通投保人产生误解,从而推理出心肌梗死是对心脏病的例举规定这一结论。**如果人保桐乡公司本意是要将心脏疾病的承保的范围限定在心肌梗死这一种疾病上,可以直接表述为心肌梗死,或在括号中明确仅承保心肌梗死一种心脏疾病即可,而没有必要使用“心脏病(心肌梗死)”这一易使人产生误解的概念,并通过复杂的释义、注释形式再对此作普通公众难以理解的专业性解释。**人保桐乡公司此举意欲缩小心脏病范围,减轻其责任,但同时使心脏病范围不明,产生歧义。因此,本案保险条款第20条中涉及“心脏病(心肌梗死)”的内容应认定为歧义条款。人保桐乡公司认为保险条款第20条不存在歧义的抗辩理由不能成立。本案中,**人保桐乡公司提供的格式保险条款第20条蕴含保险责任免除的内容,且存在歧义,人保桐乡公司就该条款未采取合理的方式提请投保人金火林注意并予明确说明,双方就条款的理解发生争议,依法应作不利于人保桐乡公司的解释,故对于保险条款第20条约定的“心脏病(心肌梗死)”,应解释为心脏病包括心肌梗死,而不能解释为心脏病仅指心肌梗死。**

第三节　免除保险人责任条款

根据《保险法》第17条的有关规定,采用保险人提供格式条款订立保险合同的,对保险合同中免除保险人责任的条款,保险人在订立合同时应向投保人履行提示和明确说明义务;未作提示或者明确说明的,该条款不产生效力。在保险法律实务中,涉及免除保险人责任条款内容产生争议纠纷的,主要包括以下内容:如何界定免除保险人责任条款的内容范围;免除保险人责任条款内容本身是否适用保险法规定的无效情形;保险人如何在实务中履行免除保险人责任条款的提示和明确说明义务。

一、免除保险人责任条款范围

（一）免除保险人责任条款的认定标准和依据

在保险法律实务中，根据《保险法司法解释（二）》第9条的规定，保险人提供的格式合同文本中的责任免除条款、免赔额、免赔率、比例赔付或者给付等免除或者减轻保险人责任的条款，可以认定为《保险法》第17条第2款规定的“免除保险人责任的条款”。因此，本条司法解释规定内容是法律实务中认定免除保险人责任条款内容、范围的基本标准和依据。

（二）保险责任内容不属于免除保险人责任条款

保险合同中有关保险责任的条款，属于保险合同的基本内容，约定保险人承担赔偿或者给付保险金责任的风险内容和责任范围。根据《保险法司法解释（二）》第9条规定内容，免除保险人责任条款包括责任免除条款、免赔额、免赔率、比例赔付或者给付等免除或者减轻保险人责任的条款。这些条款都是将原本属于保险责任的范围和内容，通过具体约定以实现减轻或者免除保险人的责任范围或内容。可见，保险合同约定的保险责任内容，是确定免除保险人责任条款的前提和基础。免除保险人责任条款是通过具体约定将保险责任的部分内容去除，对该部分去除的保险责任内容，保险人不承担赔偿或者给付保险金责任。因此，保险责任本身并不属于免除保险人责任的条款。

（三）除外责任不属于免除保险人责任条款

保险合同有关除外责任内容，是在保险合同约定的保险责任之外，保险人不承担赔偿或者给付保险金责任的内容。可见，除外责任本身就不属于保险合同约定的保险责任范围和内容。当然，除外责任也不属于在保险责任之内进行约定而形成的免除保险人责任内容。因此，保险合同约定的除外责任内容，既不属于保险责任的范围，也不属于免除保险人责任的范畴。

（四）保险人依法享有合同解除权不属于免除保险人责任条款

根据《保险法司法解释（二）》第9条的规定，保险人因投保人、被保险人违反法定义务或约定义务，享有解除合同权利的条款，不属于免除保险人责任的条款。

(五)特别约定内容不属于免除保险人责任条款

《保险法》第17条规定和《保险法司法解释(二)》第9条规定的有关免除保险人责任条款,适用对象是保险人提供格式合同文本和格式条款。但是,在保险实务中,一般来说,特别约定内容是投保人与保险人针对具体承保对象和情况,经双方协商一致后变更部分承保条件或者提出保险特别要求,不属于保险人提供的格式合同文本或格式条款内容。因此,保险合同中的特别约定内容,不适用保险法和司法解释规定的有关保险人提供格式条款中涉及免除保险人责任条款所需要履行提示和明确说明义务的范围。

典型案例28　余小彬与平安保险公司财产保险合同纠纷案①

【再审法院观点】

(一)关于责任免除条款的性质界定问题。本案中,再审申请人与被申请人签订的车辆损失险保险服务中"责任免除"部分的内容有30多项。那么,是否所有写入责任免除部分的保险条款都能界定为法律意义上的免责条款?**保险合同的免责条款是指保险合同当事人在保险合同中约定的免除或者限制保险人保险责任的条款。免责条款的本质是保险责任范围内的保险事故发生之后,属于保险责任范围内的、保险公司本应当赔偿或给付的保险金,由于某些特定事由出现,保险公司赔偿或给付保险金的责任完全或部分免除。也就是说,认定是否属于免责条款的前提是该条款首先应属于保险责任范围。**本案中,**写入责任免除部分的30多项保险条款,从性质上看既有保险责任范围内的责任免除,也有保险责任范围外的内容列举,即并非所有写入责任免除部分的保险条款都是法律意义上的免责条款。**其中,第6条规定:"下列损失和费用,保险人不负责赔偿……(四)保险车辆全车被盗窃、抢劫、抢夺,以及在全车被盗窃、抢劫、抢夺期间或由于被盗窃、抢劫、抢夺未遂受到损坏或车上零部件、附属设备丢失。"那么,该条款的性质如何界定,是否属于免责条款?经查明,再审申请人与被申请人签订的车辆损失险保险服务中"保险责任"规定:"在保险期间内,被保险人或其允许的合法驾驶人在使用保险车辆过程中,因下列原因造成保险车

---

① 四川省高级人民法院(2014)川民申字第2367号保险合同纠纷民事裁定书。

辆的损失,保险人按照本保险合同的规定负责赔偿:(一)碰撞、倾覆;(二)火灾、爆炸,按照保险合同约定为非营运企业或机关车辆的自燃;(三)外界物体倒塌或坠落、保险车辆行驶中平行坠落;(四)雷击、暴风、龙卷风、暴雨、洪水、海啸、地陷、冰陷、崖崩、雪崩、雹灾、泥石流、滑坡;(五)载运保险车辆的渡船遭受本条第(四)项所列自然灾害(只限于有驾驶人随船照料者)。”也就是说,**车辆损失险保障的是因雷击、暴风等自然灾害或碰撞、倾覆等意外事故造成的车辆损失以及相关的施救费用。而保险车辆全车被盗窃、抢劫、抢夺,以及在全车被盗窃、抢劫、抢夺期间或由于被盗窃、抢劫、抢夺未遂受到损坏或车上零部件、附属设备丢失既不属于因自然灾害造成的损失,也不属于因碰撞、倾覆造成的意外事故,因此,车辆被盗窃并不在车辆损失险的保险责任范围之内。也就是说包含该内容的保险条款虽然规定在保险合同的“责任免除”部分,但不是法律意义上的免责条款,而是保险责任范围外的内容列举。**因此,对再审申请人关于车辆损失险应包含盗抢损失的再审理由不予支持。在财保锦城支公司未履行明确说明义务的情况下,关于车辆被盗抢的责任免除条款是否产生效力?**本案中,车辆被盗抢的损失并不在车辆损失险的保险责任范围内。也就是说,关于车辆被盗抢的责任免除并不属于保险法中界定的免责条款的范畴,并不适用《保险法》第17条第2款规定。**因此,对再审申请人关于财保锦城支公司未履行明确说明义务而导致免责条款无效,应承担相应的保险责任的再审理由不予支持。

典型案例29 希尔公司与太平保险公司财产保险合同纠纷案[①]

【法院认定事实】

2013年4月26日,希尔公司、太保苏州分公司及案外人吴江市松陵镇洪志搬运服务部(以下简称搬运部)签订货物运输保险单,按照太平财产保险有限公司(2009年)《国内水路、陆路货物运输保险条款》规定承保基本险。基本险规定:……3.在装货、卸货或转载时因遭受不属于包装质量不善或装卸人员违反操作规程所造成的损失。2013年4月29日,案外人在希尔公司厂区内搬运设备时发生保险事故,造成设备毁损。后因保险理赔,希尔公司起诉至法院。

---

① 苏州市中级人民法院(2015)苏中商终字第00887号财产保险合同纠纷民事判决书。

【一审法院观点】

事故造成损失是否属于保险责任范围应当按双方签订的保险合同及所附条款来确认,投保人对保险单及保险条款的签收及盖章行为说明投保人在投保时对所投保的险种及保险责任范围已有所了解,双方签订的保险单中已列明投保人投保的为基本险,保险条款中"保险责任"第2条明确将险种分为基本险和综合险,确定了应予理赔的事故范围,并与除外责任单独分列。希尔公司主张保险条款中基本险第3项规定"在装货、卸货或转载时因遭受不属于包装质量不善或装卸人员违反操作规程所造成的损失"也应认定为免责条款的主张于法无据,**而此次保险标的物损失已经民太安公估公司出具的公估报告认定因转载时装卸人员违反操作规程所造成,故不在保险责任范围内,因而无须审查免责条款的效力**。对希尔公司主张太保苏州分公司未向投保人履行对保险条款免责条款法定的说明义务,免责条款不发生效力,要求太保苏州分公司予以赔偿的主张,本院不予支持。

【二审法院观点】

根据《国内水路、陆路货物运输保险条款》基本险第3项的约定,**希尔公司现主张的损失,显然不属于保险合同约定的保险责任范围,太保苏州分公司有权拒赔。上述条款是对保险责任范围的约定,而不是在确定保险责任范围后对承担责任的免除,所以不属于责任免除条款**。综上,原审判决认定事实清楚,但其依据公估报告认定装卸人员违反操作规程,不在保险责任范围而认为无需审查免责条款效力确有不当,应予纠正。

典型案例30 诚信公司与紫金财险张家港公司财产保险合同纠纷案①

【法院认定事实】

2011年7月8日,诚信公司为豫J××的车辆(行驶证载明车主为李协兴)向紫金财险张家港公司投保了特种设备责任险,保险期间自2011年7月9日至2012年7月8日,投保单载明的被保险人是耿帅。2011年8月21日,耿帅驾驶豫J××车辆与驾驶电动三轮车的虞庆丰发生交通事故,造成虞庆丰受伤和电动三轮车损坏。事后公安部门作出道路外交通事故认定书,认定虞庆丰和耿帅

① 江苏省高级人民法院(2015)苏审二商申字第00004号保险纠纷民事裁定书。

负事故的同等责任,并认定了耿帅具有超载情形。诚信公司因理赔遭拒,故诉至法院。

【一审法院观点】

投保单特别约定中超载引起的事故为除外责任是否有效的问题。该条款对诚信公司无约束力,理由如下:投保单和保险单上特别约定栏中的"超载引起的事故为除外责任"及序言、投保人声明是紫金财险张家港公司预先拟定的,并不是在订立保险合同时与诚信公司协商确定的条款,属于格式条款,故紫金财险张家港公司认为该免责条款不是格式条款的观点不能成立。**根据相关法律规定,保险合同中提供格式条款的一方应对格式条款采取足以引起对方注意的标志,并向对方进行明确说明,未作提示或者明确说明的,该条款不产生效力。**本案中,首先,紫金财险张家港公司对投保单和保险单中的这一条款并未采取足以引起诚信公司注意的标志,说明紫金财险张家港公司未尽到提示义务。而**提示义务是说明义务的前置性义务,紫金财险张家港公司在未尽到提示义务的情况下,其说明义务也就丧失了说明的对象。**其次,虽然紫金财险张家港公司在投保单的序言中载明要求投保人注意免除保险人责任的内容,**在投保人声明栏中"特别是对保险合同中免除保险人责任的条款和投保人、被保险人义务的内容"文字进行了加黑,但此加黑不显著,不足以引起他人注意。**此外,序言、投保人声明本身也属于格式条款,其内容均是笼统性的,针对的是《特种设备责任保险条款》中的内容,并不足以证明对特别约定中超载引起的事故为除外责任的条款进行了明确说明。更重要的是**紫金财险张家港公司所提供的投保单文本上仅留有一处供投保人签章,即按照紫金财险张家港公司设计的合同样本,当诚信公司的真实意思仅是与紫金财险张家港公司订立保险合同而在投保人签章处盖章,紫金财险张家港公司也可以此主张投保人声明也是诚信公司的真实意思,而证实其已经履行明确说明义务,在此情况下,紫金财险张家港公司的行为实际是侵害了诚信公司应享有的权利。**由此可见,紫金财险张家港公司设计的合同样本明显减轻了其应尽的法定义务,未正确履行明确说明义务,其主张的已尽到明确说明义务的理由不能成立。

【二审法院观点】

"因超载引起的事故为除外责任"的条款记载于投保单特别约定一栏中,系打印体,紫金财险张家港公司认为,特别约定一栏中的条款系其与投保人协商后确定,故不属于格式条款及免责条款,但投保单序言中要求投保人阅读完保险条款并已充分理解后即可填写投保单并签章确认,可见**投保单系紫金财险张家港公司一方提供,并未反映出对特别约定中打印条款的协商过程,紫金财险张家港公司也未能进一步提供证据证明双方就此有协商行为,因此该条款系免责条款**。依据《保险法》及《最高人民法院关于适用〈中华人民共和国保险法〉若干问题的解释(二)》的相关规定,保险合同订立时,保险人应对合同中的免责条款作出足以引起投保人注意的提示并对条款内容向投保人作出明确说明,否则该条款不产生效力,保险人将法律、行政法规中禁止性情形作为保险合同免责事由,只要不是法定免责事由,保险人也应向投保人作出提示后方能生效。**本案中被保险车辆发生事故时存在超载情况,违反我国《道路交通安全法》中关于机动车载物应当符合核定的载质量并严禁超载的禁止性规定,但超载免责尚不属于法定免责条款,因此紫金财险张家港公司就此免责条款仍应向投保人诚信公司作出提示后方能生效**。该免责条款记载于投保单"特别约定"一栏第6条,无论是"特别约定"还是该栏中的具体条款,其打印的文字的字体、大小及颜色均与投保单上其他绝大部分文字一致,未以特别的文字、字体、符号或其他明显标识对该免责条款加以标注,不足以引起投保人诚信公司的注意。紫金财险张家港公司在投保单上方序言及下方投保人声明栏所指向的内容也不包括特别约定中的免责条款。基于上述理由,**紫金财险张家港公司就"因超载引起的事故为除外责任"的免责条款未能履行提示义务,故依法不产生法律效力,紫金财险张家港公司应按约赔偿诚信公司因被保险车辆发生事故而造成的相应损失**。

【再审法院观点】

本案所涉特种设备责任保险投保单和特种设备责任**保险单明细表上特别约定部分"因超载引起的事故为除外责任"、投保单序言及投保人声明等内容形式上均为打印字体**;投保单序言内容示明要求投保人阅读完保险条款并已充分理解后填写投保单并签章确认,亦表明**投保单及保险单明细表均为紫金财险张家港公司单方预先拟定的;且上述内容更不是在订立保险合同时紫金财险张家港公司与诚信公司相互协商而达成合意的结果,故上述除外责任条款即免责条款属于格式条款**。紫金财险张家港公司申请再审认为上述免责条款不属于格式条款的理由不能成立,不予采信。一、二审判决对该条款的定性是正确的。**本案中被保险车辆发生事故时存在超载情况,违反《道路交通安全法》中关于机动车载物应当符合核定的载质量并严禁超载的禁止性规定**。紫金财险张家港

公司将“因超载引起的事故为除外责任”作为条款记载于投保单及保险单明细表，故紫金财险张家港公司依法对该免责条款应向投保人诚信公司作出提示。该免责条款记载于投保单及保险单明细表“特别约定”部分，然而无论是“特别约定”文字本身还是具体条款，其打印的文字的字体、大小及颜色均与投保单及保险单明细表上其他绝大部分文字分别一致，并未用特别的文字、字体、符号或其他明显标识对该免责条款加以标注，不足以引起投保人诚信公司的注意，无法产生提示的效果。而且，投保单序言及投保人声明的内容均是笼统的，内容所指向是《特种设备责任保险条款》，并不是针对“特别约定”中的上述免责条款，故紫金财险张家港公司就“因超载引起的事故为除外责任”的免责条款未能履行提示义务，依法不产生法律效力，对诚信公司不具有法律约束力。故依法不能免除紫金财险张家港公司应按约向诚信公司承担的因诚信公司的被保险车辆发生事故而造成的相应损失的赔偿责任。因此，一、二审判决认定事实清楚，适用法律正确，处理结果适当，应当予以维持。

二、免除保险人责任条款的无效情形

（一）基本内容

根据《保险法》第 17 条的规定要求，投保单、保险单、保险条款等保险合同约定免除保险人责任条款有关内容，要对投保人、被保险人、受益人产生效力，保险人在订立保险合同时应向投保人履行提示和明确说明义务。除此之外，免除保险人责任条款内容要产生法律效力，还应当确定免除保险人责任条款本身是否存在违反保险法规定而导致无效的情形。具体来说，根据《保险法》第 19 条的规定，采用保险人提供的格式条款订立的保险合同中的下列条款无效：免除保险人依法应承担的义务或者加重投保人、被保险人责任的；排除投保人、被保险人或者受益人依法享有的权利的。可见，根据保险法上述规定，免除保险人责任条款无效的情形包括免除保险人依法承担的义务和排除投保人、被保险人、受益人依法享有的权利。

（二）实务运用

在保险法律实务中，发生保险合同争议纠纷后，尤其是涉及免除保险人责任条款的争议纠纷案件，首先应当分析并确定免除保险人责任条款内容是否存在《保险法》第19条规定的格式条款无效情形,即是否存在免除保险人依法应承担的义务或者排除投保人、被保险人、受益人依法享有的权利。在此基础上,如免除保险人责任条款不存在格式条款无效规定情形的,需要进一步分析和确定在订立保险合同时,保险人是否已经向投保人履行该免除保险人责任条款的提示和明确说明义务,以认定该免除保险人责任条款是否有效、能否对投保人、被保险人、受益人产生法律约束力。

典型案例31 长城物资公司与平安保险公司财产保险合同纠纷案[①]

【法院认定事实】

2013年12月3日,长城物资公司为其所有的车牌号川M11281中型厢式货车在平安保险公司处投保了机动车交通事故强制责任保险、机动车商业第三者责任险(商业第三者责任险限额为300,000元)、车辆损失险、不计免赔等机动车辆保险,保险期间为一年(自2013年12月8日零时起至2014年12月7日二十四时止)。2014年10月8日14时28分许,长城物资公司驾驶员陈余持失效驾驶证驾驶该车,因观察不周,与怀抱李俊熙未从人行横道横过道路的行人段秀相撞,造成段秀受伤后经医院抢救无效死亡、李俊熙受伤的交通事故。事故经资阳市交警二大队认定:陈余因未按交通规范安全驾驶、文明驾驶,承担事故的主要责任,行人段秀承担次要责任,李俊熙无责任。平安保险公司以不属于保险责任范围为由拒赔。

【再审法院观点】

本案争议的焦点为双方所签订保险合同中对驾驶员持未按规定审验的驾驶证发生交通事故,平安保险公司免责的约定效力问题。根据查明的事实,双方在该机动车辆保险条款对商业第三者责任保险责任约定,发生交通事故时,驾驶人持未按规定审验的驾驶证,保险人不承担赔偿责任。该免责条款已用黑体字加以显示,且投保人长城公司在投保单中声明其确认已收到平安机动车辆保险条款,平安保险公司已详细介绍了条款的内容,特别就黑体字部分的条款内容和手写或打印版的特别约定内容做了明确说明,已完全理解并同意投保。长城公司在投保单投保人声明栏以及机动车辆保险条款上加盖公章予以确认。

---

① 四川省高级人民法院(2016)川民申305号保险合同纠纷民事裁定书。

该免责条款就商业第三者责任保险部分免除的保险责任，系保险合同约定义务而非保险公司的法定义务，并不属于《保险法》第19条规定的无效条款情形，属于有效条款。本案中，长城公司驾驶员是否会受到行政处罚，并不影响长城公司基于保险合同应承担的民事责任。长城公司驾驶员在发生交通事故时，其驾驶证已逾期半年时间未进行审验。长城公司对驾驶员管理存在疏漏，未按照保险合同约定安排适格驾驶员负责投保车辆的驾驶。故其提出平安保险公司应当在机动车辆商业第三者责任保险责任范围内承担责任的主张，于法无据。长城公司的再审申请理由不成立，不予支持。

典型案例32 王玉国与人寿保险公司人身保险合同纠纷案[①]

【法院观点】

保险公司以保险合同格式条款限定被保险人患病时的治疗方式，既不符合医疗规律，也违背保险合同签订的目的。被保险人有权根据自身病情选择最佳的治疗方式，而不必受保险合同关于治疗方式的限制。**保险公司不能以被保险人没有选择保险合同指定的治疗方式而免除自己的保险责任**。本案中，根据江苏省人民医院司法鉴定所法医学鉴定意见书及答复函意见，原告王玉国所患主动脉夹层（stanfordb 型）疾病属于主动脉疾病，符合康宁终身保险合同约定重大疾病的保险责任范围。该合同第23条第10款项目关于“实际实施了开胸或开腹进行的切除、置换、修补病损主动脉血管”显然不属于对疾病症状的解释和描述，而是对于疾病治疗方式的限制，排除了被保险人享有的对疾病治疗方式的选择权。按通常理解，重大疾病并不会与某种具体的治疗方式相联系。**保险人以限定治疗方式来限制原告获得理赔的权利，免除自己的保险责任，根据《保险法》第19条的规定，该条款应认定无效**。而且，随着医学技术的进步，外科手术向微创化发展，许多原先需要开胸或开腹的手术，已被腔镜或介入手术所取代，而重大疾病的保险期间往往很长甚至终身，因此保险人以被保险人投保时的治疗方式来限定被保险人患重大疾病时的治疗方式不符合医学发展规律。保险公司不能因为被保险人没有选择合同指定的治疗方式而拒绝理赔。

---

① 载《中华人民共和国最高人民法院公报》2015年第12期（总第230期），淮安市中级人民法院保险合同纠纷民事判决书。

典型案例33　宏涛机械公司与安邦保险公司财产保险合同纠纷案[①]

【法院认定事实】

2014年10月14日,原告就其号牌为浙D××小型客车向被告投保了机动车交通事故强制保险与机动车商业保险车辆损失险、第三者责任险等保险。原告投保的《非营业用汽车损失保险条款》第6条第7款第4项约定,驾驶人持未按规定审验的驾驶证,以及在暂扣、扣留、吊销、注销驾驶证期间驾驶被保险机动车造成损失的,保险人不负责赔偿。《机动车第三者责任保险条款》也有相同条款的约定。2015年2月22日,吕宏伟驾驶保险标的车辆发生交通事故。新昌县公安局交通警察大队认定吕宏伟在驾驶证逾期未审验期间驾驶机动车且未确保安全,负事故全部责任。被告保险公司依据免责条款拒赔,遂成诉。

【一审法院观点】

事故发生时吕宏伟所持驾驶证确属逾期未审验,但《机动车驾驶证申领和使用规定》规定,驾驶人无法在规定时间内办理驾驶证期满换证、审验的,可以申请延期办理,超过机动车驾驶证有效期一年以上未换证的才注销驾驶证。因此**机动车驾驶证逾期未审验,并不必然产生持证人丧失驾驶资格的法律后果,事实上事故发生时吕宏伟的机动车驾驶证并未被公安机关注销**。原、被告保险条款第6条第7款第4项虽约定了对驾驶人持未按规定审验的驾驶证发生事故的保险人可免责,且原告也在被告的说明书上签章,但如前所述**吕宏伟在发生交通事故时未丧失驾驶资格,不属无证驾驶,被告将其等同于无证驾驶,根据《保险法》第19条的规定,显然属于免除保险人依法应承担的义务或者加重投保人、被保险人责任的格式条款,依法应认定为无效**。综上,原告的诉讼请求符合法律规定,予以支持。

【二审法院观点】

本案关键在于保险公司依据免责条款上诉要求拒赔,理由是否成立。其一,证据证实驾驶人吕宏伟1999年初次领取驾驶证,2011年二次领证且该证件有效期为10年。其在本案情形下能否驾驶车辆,并没有禁止性的规定。至于**事故认定书认定驾驶人存在驾驶证逾期未审验等违章行为,此内容系交警事故确认、公安行政管理范畴,不能仅仅凭事故认定和相关规定免除保险人的保险**

① 绍兴市中级人民法院(2016)浙06民终字第595号财产保险合同纠纷民事判决书。

责任。其二,原审法院认为根据《机动车驾驶证申领和使用规定》,驾驶人无法在规定时间办理审验的,可以申请延办。同时驾驶证审验相关规定亦有调整完善。交警部门出具的审验证明亦载明,驾驶人在事后第4天参加学习班通过了审验,交警部门还提醒其在记分周期有记分记录的须接受审验,反之免予本周期审验。这份审验证明恰恰印证了规定等内容。其三,本案中,难以回避免责条款效力的评判问题。《保险法》第19条是基于保险活动的特殊性,按照公平原则和高度诚信原则,对免责条款效力问题确立评判规则,充分保障投保人、被保险人或者受益人的合法利益。**原审法院依据第19条,认定保险公司提供的"驾驶人持未按规定审验的驾驶证,驾驶被保险机动车造成损失的,保险人不负责赔偿"的格式条款,免除了保险人义务、加重了对方责任或者排除了对方权利,在本案中系无效条款,可以照准。**

三、免除保险人责任条款的提示和明确说明义务

(一)基本内容

在保险法律实务中,认定保险人是否履行免除保险人责任条款的提示和明确说明义务,是保险合同纠纷案件的争议焦点和难点问题。按照保险法和有关司法解释规定内容,采用保险人提供的格式条款订立保险合同的,对保险合同中免除保险人责任的条款,保险人在订立合同时应当向投保人履行提示和明确说明义务,否则免除保险人责任条款不产生效力。具体来说,根据《保险法》第17条的有关规定,采用保险人提供的格式条款订立保险合同,保险人向投保人提供的投保单应当附格式条款,保险人应当向投保人说明合同的内容。对保险合同中免除保险人责任的条款,保险人在订立保险合同时应当在投保单、保险单或者其他保险凭证上作出足以引起投保人注意的提示,并对该条款内容以书面或者口头形式向投保人作出明确说明;未作提示或者明确说明的,该条款不产生效力。同时,按照《保险法司法解释(四)》第2条规定,保险人已向投保人履行了保险法规定的提示和明确说明义务,保险标的受让人以保险标的转让后保险人未向其提示或者明确说明为由,主张免除保险人责任的条款不成为合同内容的,人民法院不予支持。可见,在保险法律实务中,保险人履行提示和明确说明义务的时间与对象是在订立保险合同时的投保人,保险合同订立后履行过程中发生保险标的转让的,保险标的受让人不是保险人履行提示和说明义务的对象。

(二)格式条款的说明义务

在保险实务中,从方便当事人订立保险合同和节约保险合同订立成本角度考虑,一般情况下投保人都是采用保险人提供的格式条款和格式合同文本订立保险合同。可见,保险合同属于典型格式合同。同时,采用保险人提供的格式条款签订保险合同的,在实务中涉及能否公平合理地确定保险人、投保人、被保险人、受益人等各方权利义务内容问题。对此,《保险法》第17条第1款规定,采用保险人提供格式条款订立保险合同的,保险人提供的投保单应当附格式条款,保险人应向投保人说明合同内容。但是,保险法该条内容并没有规定,在保险人没有提供格式条款或者没有向投保人说明合同内容的情况下,该格式条款或者合同内容不产生法律效力。可见,按照保险法规定内容要求,保险人提供格式条款的说明义务标准与格式条款中免除保险人责任条款的效力认定标准是完全不同的。因此,在保险法律实务中,以保险人没有履行格式条款提示义务或说明义务为由,认定该格式条款无效的,缺乏相应的法律依据。

(三)免除保险人责任条款

1. 保险法意义上的免除保险人责任条款,是指采用保险人提供的格式条款订立保险合同的,对保险合同中涉及的免除保险人责任的条款内容。在保险法律实务中,免除保险人责任条款具体来说,包括保险人提供格式条款中的责任免除条款、免赔额、免赔率、比例赔付或者给付等免除或者减轻保险人责任的条款。针对保险法意义上的免除保险人责任条款,依照保险法和有关司法解释的规定,保险人在订立保险合同时应向投保人履行提示和明确说明义务。否则,该条款不产生效力。

2. 保险法和司法解释有关规定内容。根据《保险法》第17条的有关规定,采用保险人提供的格式条款订立保险合同,对保险合同中免除保险人责任的条款,保险人在订立保险合同时应当在投保单、保险单或者其他保险凭证上作出足以引起投保人注意的提示,并对该条款内容以书面或者口头形式向投保人作出明确说明;未作提示或者明确说明的,该条款不产生效力。同时,根据保险法司法解释(二)第11条的规定,保险合同订立时,保险人在投保单或者保险单等其他保险凭证上,对保险合同中免除保险人责任的条款,以足以引起投保人注意的文字、字体、符号或者其他明显标志作出提示的,人民法院应当认定其履行了《保险法》第17条第2款规定的提示义务。保险人对保险合同中有关免除保险人责任条款的概念、内容及其法律后果以书面或者口头形式向投保人作出常人能够理解的解释说明的，人民法院应当认定保险人履行了《保险法》第17条第2款规定的明确说明义务。

3. 特别约定、保险责任、除外责任等内容中涉及保险人不承担或者部分承担赔偿、给付保险金责任的情形。通常来说，特别约定并非属于为重复使用而预先拟定、并在订立合同时未与投保人协商的格式条款。保险责任条款是约定保险合同权利义务基本内容，是确定免除保险人责任条款的前提和基础。除外责任属于保险责任之外保险人不承担赔偿或者给付保险金责任的情形。上述内容，在保险法律实务中实际上会产生保险人不承担赔偿或者给付保险金责任的法律后果，但是并非保险法意义上的免除保险人责任条款，不适用《保险法》第17条第2款规定要求“对保险合同中免除保险人责任的条款，保险人在订立保险合同时应当在投保单、保险单或者其他保险凭证上作出足以引起投保人注意的提示，并对该条款内容以书面或者口头形式向投保人作出明确说明，未作提示或者明确说明的，该条款不产生效力”。因此，特别约定、保险责任、除外责任等内容，如不存在违反法律法规规定的无效情形，在保险合同成立生效后依法产生法律效力，无须保险人在订立保险合同时向投保人履行保险法有关免除保险人责任条款的提示和明确说明义务。

(四)法定情形下的提示义务

在保险法律实务中，涉及保险人提供的格式条款中将抢劫、盗窃、醉酒驾驶、无照驾驶等法律法规明令禁止事项或违法犯罪行为，规定为保险合同责任免除条款的免责事由。这些免责事由属于众所周知的违法行为或犯罪事实，普通公众对于相应免责事由的概念、内容及其法律后果应当能够充分理解，因此在保险合同中作出提示后可以相应地免除保险人的明确说明义务和要求。对此，保险法司法解释(二)第10条规定，保险人将法律、行政法规中的禁止性规定情形作为保险公司责任免责条款的免责事由，保险人对该条款作出提示后，投保人、被保险人或者受益人以保险人未履行明确说明义务为由主张该条款不成为合同内容的，人民法院不予支持。

典型案例34 江龙公司与中华联合财险公司财产保险合同纠纷案[①]

【法院认定事实】

2014年1月2日,广东江龙船舶制造有限公司(后更名为江龙公司)作为投保人,向中华联合财险公司投保财产一切险,中华联合财险公司向江龙公司出具保险单,约定:保险标的为装置、家俱及办公实施或用品、仓储物、机器设备、建筑物。保险期间自2014年1月3日0时起至2015年6月30日24时止,共18个月。特别约定:本保险单仅承保在建船舶在船台上所发生的保险责任,下水和试航期间所发生的任何事故均不属于保险责任,若在建船舶已投保其他保险的在其他保险项下先行赔偿。2014年5月23日,保险标的船舶发生火灾。后因保险理赔问题,江龙公司向法院提起诉讼。

【法院观点】

法院主要审查涉案船舶损失是否属于保险责任范围。涉案保险单特别约定:本保险单仅承保在建船舶在船台上所发生的保险责任,下水和试航期间所发生的任何事故均不属于保险责任。根据原审查明的事实,中华联合财保珠海支公司在与江龙公司签订保险合同时,出具了特约附件由江龙公司盖章确认,中华联合财保珠海支公司已经作出足以引起江龙公司注意的提示并作了明确说明,不存在《保险法》第17条规定的无效格式条款的情形,该免责条款应为有效。江龙公司主张火灾事故发生在船台上,且事故发生时不属于下水和试航期间,符合涉案保险单关于"本保险单仅承保在建船舶在船台上所发生的保险责任,下水和试航期间所发生的任何事故均不属于保险责任"的特别约定,中华联合财保珠海支公司应向其承担赔偿责任。根据查明的事实,江龙公司与中华联合财保珠海支公司未对涉案保险特别约定中"船台"另作定义,江龙公司主张有建造设施的地方即为船台,事发时,涉案船舶正在码头上的趸船旁进行装饰和调试,故在趸船旁发生的事故自然属于在船台上发生的事故,但江龙公司尚未提供充分证据证明该主张。原审中,双方当事人均确认本案火灾事故发生时,投保船舶已经完成下水,停泊于江龙公司中山分公司厂内栈桥码头边。**根据双方当事人保险条款特别约定中关于"下水和试航期间所发生的任何事故均不属于保险责任"的约定,投保船舶在下水期间发生的保险事故损失不属于保险责**

---

① 最高人民法院(2017)最高法民申4137号财产保险合同纠纷民事裁定书。

任的范围。原审判决根据保险单的特别约定,认定涉案火灾事故不属于保险责任范围,并无不当。

典型案例 35 段天国与人保南京分公司财产保险合同纠纷案①

【法院认定事实】

2008 年 3 月 24 日,原告段天国为苏 0141557 拖拉机在被告人保南京分公司处投保了机动车第三者责任保险,保险金额为 20 万元,保险期间自 2008 年 3 月 25 日至 2009 年 3 月 24 日,双方特别约定,保险车辆车主为段天玲,被保险人为段天国。在保险理赔过程中,双方因保险合同条款争议,发生保险合同纠纷。

【法院观点】

关于涉案保险合同的争议条款能否理解为"医保外用药不予理赔"的问题。涉案保险合同第 25 条第 2 款约定:"保险人按照国家基本医疗保险的标准核定医疗费用的赔偿金额。"对于该条规定,原告段天国与被告人保南京分公司有不同的理解。**人保南京分公司认为,该条规定的含义是"医保外用药"不予理赔,段天国认为,该条款中的"国家基本医疗保险的标准"并无明确具体的含义,人保南京分公司将其定义为"医疗用药的范围"无法律依据。法院认为,在涉案保险合同争议条款的含义不明确的情况下,应当作出不利于人保南京分公司的解释。即使涉案保险合同的争议条款可以被理解为"医保外用药不予理赔",该条款的效力也应当结合保险合同的相关法律规定全面加以分析。**从保险合同的性质来看,保险合同是最大的诚信合同,保险合同的免责条款决定着投保人的投保风险和投保根本利益,对于投保人是否投保具有决定性的影响。根据《保险法》第 17 条第 1 款、第 18 条的规定:"保险人应当向投保人说明保险合同的条款内容。保险合同中规定有关于保险人责任免除条款的,保险人在订立保险合同时应当向投保人明确说明,未明确说明的,该条款不产生效力。"据此,**保险人在订立保险合同时必须向投保人就责任免除条款作明确说明,前述义务是法定义务,也是特别告知义务,这种义务不仅是指经过专业培训而具有从事保险资格的保险人在保险单上提示投保人特别注意,更重要的是要对有关免责条款**

① 载《中华人民共和国最高人民法院公报》2011 年第 3 期(总第 173 期),江苏省南京市江宁区人民法院保险合同纠纷。

内容做出明确解释，如合同当事人对保险人就保险合同的免责条款是否明确说明发生争议，保险人应当负有证明责任，即保险人还必须提供其对有关免责条款内容做出明确解释的相关证据，否则该免责条款不产生效力。本案中，人保南京分公司为证明已经尽到告知义务而提供的证据是涉案保险投保单的投保人声明以及段天国的签名，但该段声明的内容并没有对争议条款的具体内容作出明确的解释，不能证明人保南京分公司已经向段天国陈述了该条款包含"医保外用药不予理赔"即部分免除保险人责任的含义。因此，即使该条款可以被理解为"医保外用药不予理赔"，也不能发生相应的法律效力。

典型案例36　张作军等与天安保险公司机动车交通事故责任纠纷案①

【法院认定事实】

2014年10月29日13时30分，张作军醉酒驾驶行车制动和转向不符合技术标准的川11－123××中型拖拉机，在从道路左侧超越渝F057××车的过程中，与从渝F057××号车上下来后从其车头横穿道路的行人陈顺明相撞，造成陈顺明经抢救无效死亡和川11－123××号中型拖拉机受损的道路交通事故。经重庆市万州区公安局交通巡逻警察支队渝公交认字［2014］第00208号道路交通事故认定书认定张作军承担本次交通事故的主要责任，陈顺明承担本次交通事故的次要责任。川11－123××号中型拖拉机系张作军所有，并在天安保险公司投保交强险和第三者责任险（限额为10万元），未投不计免赔险。投保车辆全部责任，保险公司免赔20%，主要责任保险公司免赔15%，次要责任保险公司免赔5%。后因保险免责条款争议成诉。

【一审法院观点】

张作军虽系醉酒驾驶，但根据《最高人民法院关于审理道路交通事故损害赔偿案件适用法律若干问题的解释》第18条的规定，天安保险公司应在交强险责任限额范围内予以赔偿，其辩称的应免除交强险赔偿责任的理由不成立，不予采信。超出交强险的部分损失，张作军所有的川11－123××号中型拖拉机虽在天安保险公司投保了第三者责任险，按第三者责任险保险条款约定"驾驶人饮酒、吸食或注射毒品、被药物麻醉后使用被保险机动车"等情形，保险公司

① 重庆市高级人民法院（2016）渝民再168号机动车交通事故责任纠纷民事判决书。

不负责赔偿和垫付，张作军系醉酒驾驶，天安保险公司应免除第三者责任险的赔偿责任。张作军将投保交强险和第三者责任险的保险费交给车行，是委托车行代为办理保险手续，张作军认可在事后收到天安保险公司邮寄的相关保险单和保险条款，说明张作军是认可车行代办的交强险和第三者责任险的。天安保险公司提供的第三者责任险条款就免责条款是加黑加粗的，已尽到特别告知义务。天安保险公司在第三者责任险限额范围内不承担赔偿责任。

【二审法院观点】

保险人应当举证证明其对禁止性规定向投保人作出了提示，否则应当承担保险赔偿责任。本案张作军否认《保险单及附件确认签收单》上的签名系其本人所签，庭审中张作军仅认可收到邮寄的保险单，没有认可收到保险条款，因此，现有证据不能证明天安保险公司将保险条款交给张作军并对免责条款作出提示，天安保险公司应当承担保险赔偿责任。牟来芬、陈家富、张作军提出天安保险公司承担第三者责任险赔偿责任的上诉理由成立，予以支持。虽然《机动车第三者责任保险条款》还约定了负事故主要责任的免赔率为15%，但因没有证据证明天安保险公司将保险条款交给了投保人，故不能证明天安保险公司尽到了提示义务，因此，该免责条款不产生效力，天安保险公司仍然应当在第三者责任险限额范围内承担全部责任。

【再审法院观点】

本案再审中争议的焦点是对于第三者责任险免除保险人责任的条款，天安保险公司是否尽到必要的提示和明确说明义务，进而是否应当在第三者责任险限额范围内承担赔偿责任。根据《最高人民法院关于适用〈中华人民共和国保险法〉若干问题的解释（二）》第3条第1款“投保人或者投保人的代理人订立保险合同时没有亲自签字或者盖章，而由保险人或保险人的代理人代为签字或盖章的，对投保人不生效。但投保人已经交纳保险费的，视为对其代签字或者盖章行为的追认”的规定，张作军订立保险合同时没有亲自签字或者盖章，但其已经交纳保险费，视为对代签字或者盖章行为的追认，保险合同对张作军生效。根据《保险法》第17条第2款“对保险合同中免除保险人责任的条款，保险人在订立合同时应当在投保单、保险单或者其他保险凭证上作出足以引起投保人注意的提示，并对该条款内容以书面或者口头形式向投保人作出说明，未作提示或者明确说明的，该条款不产生效力”及《最高人民法院关于适用〈中华人民共和国保险法〉若干问题的解释（二）》第11条第1款“保险合同订立时，保险人在投保单或者保险单等其他保险凭证上,对保险合同中免除保险人责任的条款,以足以引起投保人注意的文字、字体、符号或者其他明显标志作出提示的,人民法院应当认定其履行了保险法第十七条第二款规定的提示义务”的规定,**本案中,虽然张作军否认天安保险公司提供的《营业用汽车保险投保提示事项确认书》《保险单及附件确认签收单》上的签名是其本人签名,亦否认收到第三者责任险保险条款,但认可收到天安保险公司机动车第三者责任险保险单及保费发票等手续,而该保险单上保险人以“特别约定”“明示告知”等文字载明本人已收到《营业用汽车保险条款》,并且仔细阅读,已充分理解条款的保险责任、责任免除及法律后果等规定,同意遵守并签署正式保险单及提醒被保险人“请详细阅读承保险种对应的保险条款,特别是责任免除和投保人、被保险人的义务”等内容,且张作军亦未对没有收到第三者责任险保险条款提出过异议,故可以确认保险人已经以足以引起投保人注意的文字作出提示,应当认定天安保险公司履行了《保险法》第17条第2款规定的提示义务。**《最高人民法院关于适用〈中华人民共和国保险法〉若干问题的解释(二)》第10条规定:“保险人将法律、行政法规中的禁止性规定情形作为保险合同免责条款的免责事由,保险人对该条款作出提示后,投保人、被保险人或者受益人以保险人未履行明确说明义务为由主张该条款不生效的,人民法院不予支持。”**饮酒驾车作为法律明文规定的禁止性情形,张作军应当了解饮酒驾驶车辆的含义及对社会的危害性,而不会对前述免责条款的理解发生歧义。因此,在天安保险公司对该禁止性规定情形作为保险合同免责条款的免责事由作出提示后,就已经达到了“明确说明”的要求,无须再进一步解释饮酒驾驶车辆的定义和法律后果,张作军应当知道醉酒驾驶车辆免赔。故张作军主张该免责条款不生效的理由不能成立,不予支持。**

典型案例37 兰定金受益人与民生保险公司人身保险合同纠纷案[1]

【法院认定事实】

2012年2月16日,四川鑫合鑫建筑劳务有限公司(以下简称鑫合鑫公司)在民生保险公司为温江区“西班牙森林”二期工程投保了“民生建筑施工人员团

[1] 四川省高级人民法院(2015)川民申字第801号人身保险合同纠纷民事裁定书。

体意外伤害保险”（以下简称建工保险），意外伤害保险金额20万元/人，保险期间自2012年2月17日起至2014年6月15日止。2012年10月3日上午10点左右，鑫合鑫公司员工兰定金在“西班牙森林”二期工程工地生活区内上厕所时摔地，经成都市第五人民医院抢救无效后死亡，成都市第五人民医院出具的抢救记录中明确诊断为猝死。被保险人家属与民生保险公司就猝死是否属于保险公司免责范围，产生争议成诉。

【再审法院观点】

民生保险公司《建筑施工人员团体意外伤害保险条款》第2.2条“保险责任”载明：“在本合同有效期内，被保险人从事建筑施工及与建筑施工相关的工作，或在施工现场或施工期限指定的生活区域内遭受意外事故，本公司对被保险人承担下列保险责任……1.身故保险金被保险人自意外事故发生之日起一百八十日内因此原因导致身故的（**不包括猝死**），本公司按保险单载明的该被保险人的保险金额向受益人给付身故保险金。”该保险条款对意外事故的释义为：“外来的、非本意的、突然的、剧烈的、非疾病的使被保险人身体受到剧烈伤害的客观事件。”根据现行医学文献，猝死是指平时貌似健康的人，因潜在的自然疾病突然发作或恶化而发生的急骤死亡。因此，猝死原则上不属于意外伤害保险合同约定的意外事故。只有在猝死是由明显的外来因素诱发的特定情况下，才可能属于意外伤害保险的承保范围。可见，**案涉保险条款中“不包括猝死”的约定并不属于责任免除的范围，而是对于保险责任的进一步说明或澄清，因而不适用《保险法》第17条第2款的规定。蒋福春、兰萍、兰文兵以民生保险公司未将“不包括猝死”的内容列入责任免除中，也未进行任何加粗、变换字体等以引起投保人注意，违反法定的提示义务，该条款应当认定无效的主张，缺乏事实和法律依据。**

典型案例38　鸿盛公司与都邦保险公司财产保险合同纠纷案①

【法院认定事实】

2012年9月25日，鸿盛公司为其公司的机器设备等向都邦保险公司投保财产保险综合险，2013年9月22日，鸿盛公司为其公司的房屋建筑等又向被告

① 福州市中级人民法院（2014）榕民终字第3869号财产保险合同纠纷民事判决书。

投保财产保险综合险,该财产保险综合险的《保险合同双方特别约定说明》中载明"本保险单项下因火灾造成的保险责任事故,每次事故绝对免赔额(率)为RMB10000元或损失金额的20%,二者以高者为准;其他原因造成的保险责任事故,每次事故绝对免赔额(率)为RMB10000元或损失金额的10%,二者以高者为准。另外,与发泡工艺相关所发生的火灾损失,每次事故绝对免赔RMB50000元或总损失金额的50%,二者以高者为准"(保险单上的"特别约定"栏亦加注该内容)。2013年9月25日14时50分许,鸿盛公司位于长乐市玉田镇新埔路的生产车间发生火灾。后因保险理赔金额问题成诉。

【一审法院观点】

除了在都邦保险公司签发给鸿盛公司的《财产保险综合险保险单》的"特别约定"栏加注提示外,鸿盛公司与都邦保险公司共同盖章确认的《保险合同双方特别约定说明》中亦载明"与发泡工艺相关所发生的火灾损失,每次事故绝对免赔RMB50000元或总损失金额的50%,二者以高者为准"的内容,**该特别约定内容不属于由保险公司预先拟定,并在订立合同时未与对方协商的格式保险条款范畴,是讼争双方在订立保险合同时通过平等协商后确定的,为保险合同的组成部分**。况且,鸿盛公司在投保单等相关保险凭证上加盖印章声明"本人已经仔细阅读保险条款,尤其是黑体字部分的条款内容,并对保险公司就保险条款内容的说明和提示完全理解,没有异议"以及"投保人已详细阅审并充分理解以上各项特别约定及其他相关内容。若保险合同双方自本《特别约定说明》签发之日起5日内不提出书面异议,则视同上述内容为双方协商并同意作为保险合同的补充特别约定,保险合同双方应遵守本保险合同之全部约定"等,并承诺投保人对保险合同的内容,尤其是保险合同中关于免除保险人责任条款的内容,已全部知悉并完全理解,愿意受保险合同约束。而上述加注和载明的特别约定内容,足以引起作为投保人的鸿盛公司的注意,但鸿盛公司在收到都邦保险公司签发的保险单及其盖章确认的《保险合同双方特别约定说明》后,并没有提出异议。即便该特别约定内容属于讼争保险合同的格式条款,也应作为约束双方权利义务的有效条款予以适用。

【二审法院观点】

本案《财产综合险投保单》中"保险合同双方特别约定说明"中明确投保人与保险人双方"经友好协商达成下述保险合同的特别约定内容",包括了本案讼争的"与发泡工艺相关所发生的火灾损失,每次事故绝对免赔人民币50,000元或总损失金额的50%，二者以高者为准”的绝对免赔率条款，**投保人鸿盛公司与保险人都邦保险公司均在落款处盖章确认，故本案讼争绝对免赔率条款是经双方协商后达成的合同约定内容，并非被上诉人都邦保险公司为重复使用而预先拟定的格式条款，故不适用于《保险法》第17条、第19条关于保险合同格式条款的规则。**并且，**保险公司虽系保险合同当事人，具有营利目的，但保险亦具有分摊社会风险的公益性质，保险公司兼具危险管理人角色，故在保险合同中约定免赔率，亦有利于督促投保人或被保险人谨慎防范风险发生，符合保险业的行业惯例，故保险合同关于绝对免赔率的约定并不会导致双方利益失衡。**因此，讼争保险合同绝对免赔率条款合法有效，一审对此认定正确。

典型案例39 浩林汽车公司与安盛天平保险公司财产保险合同纠纷案[①]

【再审法院观点】

双方当事人签订的机动车保险合同特别约定“本保险单承保非营运车辆，如用于营运运输或出租、租赁，并在此期间发生事故，保险人对事故损失不负赔偿责任”。原审时肇事司机孟建军在天平保险车辆事故询问笔录中表述，事故车辆晋A02K29号车系租用山西浩林汽车服务有限公司的，结合晋A02K29号机动车辆保险索赔申请书中载明的租车内容，可以认定晋A02K29号车系山西浩林汽车服务有限公司出租，因此安盛天平财产保险股份有限公司山西分公司免除保险合同中约定的保险责任。**双方当事人于保险合同中的“特别约定”并不属于合同格式条款部分，因此不适用《保险法》关于格式条款的规定。**

典型案例40 谌敦树与永安保险公司保险合同纠纷案[②]

【法院认定事实】

2003年8月12日，上诉人与被上诉人(原永安财产股份有限公司广州分公司)签订《机动车辆保险单》，约定由上诉人向被上诉人投保广正牌水泥挂车车辆损失险，第三者责任险等险种，保险单特别约定：“本保险承保之挂车仅供在

---

① 山西省高级人民法院(2015)晋民申字第899号财产保险合同纠纷民事裁定书。
② 广州市中级人民法院(2006)穗中法民二终字第411号保险合同纠纷民事判决书。

我司投保的拖车使用，否则发生保险事故属于除外责任。”2004 年 4 月 30 日，谌敦树驾驶粤 AB2025 号牵引车（带粤 A1583 挂重型罐式半挂车）从英德往清远方向行驶，15 时许，陈奀仔无证驾驶的无号牌两轮摩托车发生碰撞，造成两轮摩托车损坏以及陈奀仔受伤的一般交通事故。双方就保险条款效力产生争议，向法院提起诉讼。

【一审法院观点】

本案争议的焦点是原被上诉人在保险合同中作出特别约定的“本保险单承保之挂车仅供在我司投保的拖车使用，否则发生保险事故属于除外责任”条款是否有效。上诉人并未举证证明双方的该特别约定违反法律禁止性规定，该特别约定对双方均有约束力。**由于上诉人投保的是挂车，该挂车本身并不能行驶，需要由拖车带动，而发生事故的拖车未在被上诉人处投保，根据该特别约定，被上诉人无须承担赔偿责任。**

【二审法院观点】

本案争议的焦点是保险合同特别约定的第 2 款即“本保险单承保之挂车仅供在我司投保的拖车使用，否则发生保险事故属于除外责任”的效力问题。**本院认为，该条款有效。**理由如下：1. **该条款不违反法律法规的强制性规定。**2. 保险合同特别约定第 3 款约定“领取正式牌照后请及时办理批改车牌手续，新车未上牌前全车盗抢险不负赔付责任”。而此后上诉人也已在领取车牌后向被上诉人申请批改并经被上诉人同意，双方当事人批改车牌的事实，足以认定上诉人对保险合同特别约定的条款应当是清楚的，并已按该特别约定履行了义务。3. **由于挂车需在拖车的牵引下才能行使，拖车的状况对挂车可能出现的保险事故有较大的影响，双方在保险合同特别约定的第 2 款的约定，有利于被上诉人控制风险，符合拖挂车保险的行业惯例。**综上所述，**本院认为保险合同特别约定的第 2 款即“本保险单承保之挂车仅供在我司投保的拖车使用，否则发生保险事故属于除外责任”有效，对双方当事人均有约束力。上诉人、被上诉人签订的《机动车辆保险单》是当事人的真实意思表示，合法有效。**上诉人投保的挂车在保险期间发生事故，保险事故已发生，被上诉人应依保险合同的约定履行义务，而由于上诉人未依约将挂车挂于在被上诉人处投保的拖车，依约被上诉人可免予赔偿。综上所述，**上诉人认为被上诉人未对该特别约定作明确说明、该条款是免除被上诉人责任的格式条款的主张没有事实及法律依据，本院不予支持。**

典型案例41　广信公司与泰山保险公司财产保险合同纠纷案[①]

【法院认定事实】

2016年4月11日，广信公司委托泛华博成保险经纪有限公司（以下简称保险经纪公司）向泰山公司投保了雇主责任险，泰山公司签发了保险单及保险条款，保险单载明被保险人为广信公司，保险单附的雇主责任保险人员清单中包含黄国斌，黄国斌的工种载明为司机，保险期间为2016年4月12日至2017年4月11日。2016年6月23日16时30分许，黄国斌驾驶车辆外出为广信公司送汽车保险单，与对向驶来的车辆相撞，致两车损坏，黄国斌受伤，后经天津市静海区医院抢救无效死亡。天津市公安局静海分局交通警察支队城区大队（以下简称交管部门）出具交通事故认定书，认定黄国斌负事故全部责任。双方就保险单中“特别约定”内容性质效力产生分歧，要求法院处理。

【一审法院观点】

涉案保险单中“特别约定”的性质。原告认为保险单所附的“特别约定”属于被告提供的格式条款。被告主张“特别约定”是原、被告之间在投保时达成的合意，并非格式条款。对此，法院认为，《合同法》第39条第2款规定，格式条款是当事人为了重复使用而预先拟定，并在订立合同时未与对方协商的条款。从该定义可见，格式条款具有内容定型化、预先拟定、重复使用、未与相对人协商等特点。**综观本案所涉“特别约定”条款，其内容具有普遍适用性，而非针对原告量身定做，故法院采信原告关于“特别约定”实为格式条款的主张，对被告有关“广信公司与泰山公司就特别约定条款达成合意”的主张，法院不予采信。**

【二审法院观点】

关于双方争议的涉案“特别约定”条款第23条的性质及保险人泰山公司是否已尽到提示说明义务问题，本案雇主责任保险条款第3条约定“因公外出期间，由于工作原因受到伤害”的情形属于保险责任范围，而“特别约定”第23条载明保险人仅承保被保险人主厂区内发生的雇主赔偿责任，可以看出，雇主责任保险条款和“特别约定”均对雇主责任险的保险责任范围进行了明确约定，**但“特别约定”第23条实际限缩了雇主责任保险条款中的保险责任范围，将在工作时间内发生在主厂区以外的事故排除在保险责任之外，因此“特别约定”第**

---

① 北京市第四中级人民法院（2017）京04民终73号责任保险合同纠纷民事判决书。

23条虽然形式上表现为对保险责任范围的约定,但其性质实为责任免除条款。对于保险责任免除条款,我国《保险法》第17条有明确规定,保险人在订立合同时须尽到足以引起投保人注意的提示及明确说明义务。而本案中,该条款在"特别约定"中与其他条款在外观上并无差别,且上诉人泰山公司亦不能举证证明其就该条款对于雇主责任保险条款第3条的保险责任范围所做的限缩向投保人进行了明确说明,故泰山公司未就"特别约定"第23条向广信公司依法尽到提示和明确说明义务,该条款对于广信公司依法不发生法律效力。

第四节 解除权与撤销权

根据保险法有关规定,投保人和保险人在符合保险法规定或者保险合同约定的情形下,可以行使保险合同的解除权,使已经成立或者生效的保险合同终止履行。通常来说,除保险法规定或者保险合同约定不得解除合同外,投保人享有保险合同的任意解除权。区别于投保人的保险合同任意解除权,保险人行使合同解除权的,需要符合保险法规定或者保险合同约定。同时,按照保险法有关规定,保险标的转让导致危险程度显著增加、投保人或被保险人未按照约定履行对保险标的安全责任、合同有效期限内保险标的危险程度显著增加等情形下,保险人享有合同解除权。然而,投保人在订立保险合同时未履行如实告知义务的,保险人依照《保险法》第16条规定行使合同解除权的,在保险法律实务中容易引起较多的争议纠纷。另外,现行保险法没有保险人合同撤销权的规定。因此,在保险法没有规定保险人可以行使合同解除权的情形下或者在保险人享有的合同解除权消灭后,保险人能否按照合同法的有关规定行使保险合同撤销权?上述问题,在保险法律实务中存在较多争议,下面进行详细阐述和分析。

一、解除权

根据《保险法》第15条的规定,除保险法另有规定或者保险合同另有约定外,保险合同成立后,投保人可以解除合同,保险人不得解除合同。可见,按照保险法的规定,保险人行使合同解除权的,必须有保险法明确规定或者保险合同具体约定。否则,保险人不享有保险合同解除权。同时,根据《保险法》第16

条的规定，保险人在投保人未履行重要事实如实告知义务的情况下，享有保险合同的解除权。在保险实务中，保险人应当如何行使该项保险合同解除权，主要涉及以下三方面的内容。

（一）解除权行使的条件

1. 询问告知

根据《保险法》第16条规定订立保险合同，保险人就保险标的或者被保险人的有关情况提出询问的，投保人应当如实告知。可见，投保人在订立保险合同时，对保险人就保险标的或者被保险人有关情况的询问事项未履行如实告知义务，是保险人行使合同解除权的前提条件。在保险法律实务中，保险人对保险标的或被保险人的有关情况进行询问，应当针对具体事项和问题。保险人不能以投保人未就概括性问题履行如实告知义务而行使合同解除权，除非该概括性询问包括具体事项。因此，在实务中保险人不能以投保人未履行概括性问题的如实告知义务，行使合同解除权。

2. 主观过错

根据《保险法》第16条的规定，投保人故意或者重大过失未履行如实告知义务，足以影响保险人决定是否同意承保或者提高保险费率的，保险人有权解除合同。可见，投保人未履行重要事实的如实告知义务，其主观上应当具有故意或者重大过失的主观过错。在实务中，如投保人未履行重要事实的如实告知义务，主观上没有故意或者重大过失的，保险人不享有合同解除权。

3. 重要事实

保险人行使保险法规定的合同解除权，不仅需要具备保险人提出具体事项的询问、投保人主观上具有故意或者重大过失，而且投保人未履行如实告知义务的事实，限于足以影响保险人决定是否同意承保或者提高保险费率的重要事实。如未履行如实告知义务的事项，不是属于重要事实，则保险人不享有保险合同解除权。同时，在保险法律实务中，保险人负有对投保人未履行如实告知的事实属于重要事实的举证责任。

4. 限制条件

根据《保险法》第16条的规定，保险人在合同订立时已经知道投保人未如实告知的情况的，保险人不得解除合同；发生保险事故的，保险人应当承担赔偿或者给付保险金责任。需要特别注意的是，按照保险法的规定，保险人解除权的该项限制性规定,限于在订立保险合同时保险人已经知道投保人未如实告知的情形,而不适用保险人应当知道投保人未如实告知的情形。同时,在保险法律实务中,投保人、被保险人、受益人负有证明保险人在订立保险合同时已经知道投保人未如实告知的情况的举证责任。

(二)解除权行使期限

根据《保险法》第16条的规定,保险人本项保险合同解除权行使期限为,自保险人知道有解除事由之日起,超过30日不行使而消灭。自合同成立之日起超过2年的,保险人不得解除合同,发生保险事故的,保险人应当承担赔偿或者给付保险金的责任。

1. 解除权行使期限为自知道解除事由之日起30日内

保险人知道解除事由之日起,超过30日不行使而消灭。按照保险法的规定,保险人该项解除权行使的起始时间,为保险人知道解除事由之日。在保险实务中,保险人知道解除事由之日,按照具体情况可以是在保险合同成立之日起、保险事故发生后、保险理赔结束前的期间内,具体应以保险人知道该解除事由之日确定,但自知道解除事由之日起超过30日不行使的,该项解除权归于消灭。

2. 解除权存续期限为自合同成立之日起2年内

自合同成立之日起超过2年的,保险人不得解除合同。可见,按照保险法的规定,保险人行使该项合同解除权,应在保险合同成立之日起2年内行使。该项合同解除权,自保险合同成立之日起算,不得超过2年。如保险合同成立之日起超过2年的,保险人的该项合同解除权归于消灭。

3. 保险人享有合同解除权期限中有关30日和2年的规定,属于除斥期间

上述期限届满,保险人该项合同解除权将归于消灭。同时,保险人该项合同解除权的上述期限不适用民事诉讼时效的中止、中断或者延长的规定,保险人未在上述期限内行使合同解除权的,该项合同解除权归于消灭。

(三)解除权行使的方式

《保险法》第16条规定的有关内容,没有明确保险人行使该项合同解除权的方式。但是,按照合同法的有关规定,合同解除权行使的方式包括书面、口头或者其他方式,自解除的通知到达对方时合同解除。在保险法律实务中,保险

人行使合同解除权的,可以参考合同法的有关规定。因此,保险人可以通过书面、口头或者其他方式行使该项合同解除权。在保险实务中,保险人行使该项合同解除权的,应当通知投保人,自解除的通知到达投保人时,保险合同解除。同时,按照民事诉讼证据规则要求,保险人应当承担举证证明已经向投保人履行解除合同的通知,否则应当承担相应不利后果。

典型案例42 何平与华夏人保宣城中心支公司人身保险合同纠纷案[①]

【法院认定事实】

2014年6月29日,何平在华夏人保宣城中心支公司投保华夏常青树重大疾病保险(2014),合同生效日期为2014年7月1日,保险金额为20万元,保险期间为终身。合同签订后,何平交纳保费8120元,2015年7月1日续交保费8120元。2015年8月3日,何平在广德县人民医院经抢救无效死亡。何平在2011年被浙江省肿瘤医院诊断为恶性淋巴瘤。双方对于何平是否故意隐瞒病情投保,保险公司能否解除保险合同产生争议,形成诉讼。

【一审法院观点】

华夏人保宣城中心支公司辩称何平投保前就患有疾病,故意隐瞒病情,属于保险合同中的责任免除范围,不应给付保险金。**因华夏人保宣城中心支公司无证据证明订立该保险合同前其就何平的有关情况提出过询问,即便被保险人何平有病史,投保人也无法履行告知义务,故对华夏人保宣城中心支公司抗辩不予支持。**同时,**案涉保险合同为格式条款,华夏人保宣城中心支公司无证据证明对保险合同中免除其责任的条款以书面或者口头形式向投保人作出过明确说明,亦无证据证明其在保险单或者其他保险凭证上作出足以引起投保人注意的提示,故该免责条款不产生效力。**

【二审法院观点】

根据华夏人保宣城中心支公司提供的何平历次住院病历、病理诊断报告单等,足以证实何平于2011年2月被诊断为恶性淋巴瘤以来,多次在浙江省肿瘤医院接受化疗。但何平于2014年6月29日向华夏人保宣城中心支公司投保华夏常青树重大疾病保险,**在填写人身保险投保单告知事项及声明"是否曾有下**

---

① 宣城市中级人民法院(2017)皖18民终217号健康保险合同纠纷民事判决书。

列症状,曾被告知患有下列疾病或因此接受治疗:……癌症、肿瘤……”时,均填写“否”。该告知事项属于保险法规定的重要事实,足以影响保险人决定是否同意承保或者提高保险费率,何平未能如实填写,违反了保险法规定和保险合同约定的如实告知义务,华夏人保宣城中心支公司享有案涉保险合同的解除权。一审法院认定华夏人保宣城中心支公司未对何平相关情况提出询问、投保人无法履行告知义务,明显不当,二审予以纠正。《保险法》第16条第3款规定,合同解除权自保险人知道有解除事由之日起,超过30日不行使而消灭。《最高人民法院关于适用〈中华人民共和国保险法〉若干问题的解释(二)》第8条规定,保险人未行使合同解除权,直接以存在《保险法》第16条第4款、第5款规定的情形为由拒绝赔偿的,人民法院不予支持。何平违反告知义务,华夏人保宣城中心支公司的解除权应当在知道解除事由的30日内行使。根据本案事实,华夏人保宣城中心支公司在收到何平家属理赔申请后,经过调查核实,于2015年12月16日作出《理赔通知书》,通过该通知可以确定,在2015年12月16日保险公司即应当知道有解除事由,但华夏人保宣城中心支公司仅是认为合同效力终止,并未在法律规定的30日内行使解除权。保险公司未在解除期间内行使解除权,其解除权消灭。案涉保险合同未被依法解除的情况下,仍具有约束力,华夏人保宣城中心支公司应当按照合同约定承担给付江秀春等人保险金的责任。

典型案例43　陈语嫣与太平保险公司人身保险合同纠纷案①

【法院认定事实】

2011年10月,陈语嫣经中南大学湘雅医院诊断为慢性粒细胞白血病,同年11月29日,陈语嫣的法定代理人余海燕在保险益阳公司处投保。被保险人为陈语嫣,投保单上健康告知第七栏第1项“您是否曾经有下列症状,曾被告知患有白血病或接受治疗?”投保人及被保险人的选项皆为“否”。2012年至2014年,陈语嫣相继在北京大学人民医院及中国人民解放军海军总医院接受治疗,于2013年7月进行了骨髓移植手术。双方就投保人是否违反如实告知义务,保险人能否解除保险合同问题产生争议。

① 湖南省高级人民法院(2017)湘民申1548号人身保险合同纠纷民事裁定书。

【再审法院观点】

《保险法》第16条第2款、第3款规定，对于保险合同纠纷中投保人“故意不履行如实告知义务”这种欺诈行为的法律后果作出明确规定，即赋予保险公司合同解除权，但同时对该合同解除权的行使期限予以限制，即使投保人不如实履行告知义务，其后果足以影响保险人决定是否同意承保或者提高保险费率的，**自保险人知道有解除事由之日起，超过30日不行使而消灭或者自保险合同成立之日起超过2年的，保险公司不得据此解除合同。该款规定了保险合同解除权的除斥期间，两个期间都是不可抗辩期间，超过任何一个期间解除权即丧失。**本案投保人虽有未如实向保险人告知的事实，但自保险合同成立至保险事故发生已超过2年，无论太平保险益阳公司对投保人询问的范围和内容是否明确、对合同的格式条款是否进行了告知，在投保人申请理赔时是否发出了解除合同通知，在案涉合同成立近4年后，太平保险益阳公司要求行使案涉保险合同解除权，没有法律依据。

典型案例44　杨淑清与人寿保险公司人身保险合同纠纷案[①]

【再审法院观点】

保险合同的特殊性在于体现最大诚实信用原则。投保人在订立保险合同时应当如实回答保险公司询问的告知事项，保证其所填写健康询问事项的真实性，否则保险公司就有权解除合同并不承担保险责任。因此，**投保人不履行其身体健康状况的告知义务，而且无论故意或过失，都是保险公司解除合同的法定理由，这正是最大诚信原则的体现。即使新保险法在如实告知条款中对于双方利益进行了平衡，但并没有降低对投保人如实告知义务的要求。**本案中，杨淑清在投保前多次住院治疗，至迟于2006年年底至2007年年初住院，但在2007年7月订立保险合同时，在所有“告知事项”中均填写“否”，显然具有《个人保险投保单》“告知事项”中应当如实告知的情形而未如实告知，构成对如实告知义务的违反。《合同法》第96条第1款规定，当事人一方依照第94条的规定主张解除合同的，应当通知对方，合同自通知到达对方时解除。根据上述法律规定，**解除权是一种形成权，即一方当事人依法定事由作出解除合同的意思**

---

① 广东省高级人民法院(2012)粤高法民二申字第1号人寿保险合同纠纷民事裁定书。

表示,并且该意思表示到达对方时即产生解除合同的法律后果,无须征得对方同意。同时,法律没有规定行使解除权必须以书面形式,只要能够证明已经使解除合同的意思表示到达对方即产生法律效力。故此,二审法院认为,对于本案争议的问题,人寿保险珠海分公司已经在新保险法实施前处理完毕,符合事实和法律规定亦无不当。杨淑清申请再审的理由不成立,本院不予采纳。

二、撤销权

(一)解除权与撤销权的竞合

在保险实务中,存在“带病投保”的现象:即在订立保险合同时,保险人询问保险标的或者被保险人有关情况的,投保人故意隐瞒保险标的或者被保险人有关的、足以影响保险人决定是否同意承保或者提高保险费率的事项,导致保险人在投保人隐瞒重要事实的情形下订立保险合同。在该种情形下,保险人可依据《保险法》第16条规定内容,行使保险合同的解除权。自解除合同的通知到达投保人,保险合同依法解除,保险人对于保险合同解除前发生的保险事故,不承担赔偿或者给付保险金责任。同时,投保人未履行重要事实的告知义务、故意隐瞒重要事实投保的,属于保险欺诈行为。根据《合同法》第54条的有关规定,一方以欺诈手段,使对方在违背真实意思的情况下订立的合同,受损害方有权请求人民法院或仲裁机构变更或者撤销。可见,投保人故意未履行重要事实的如实告知义务的,存在保险人可以依照保险法规定行使合同解除权或者依照合同法规定行使合同撤销权,产生合同解除权与合同撤销权竞合问题。

(二)撤销权适用主要情形

在保险法律实务中,保险人依据《合同法》第54条的规定行使保险合同撤销权,主要是针对保险合同成立之日起超过2年发生保险事故的情形。因为,在这种情形下,根据《保险法》第16条的规定,保险人的合同解除权已经归于消灭。在保险法律实务中,保险人没有行使保险合同解除权之前,无法抗辩被保险人、受益人的保险金赔偿或者给付请求权。但是,如果依据《合同法》第54条的规定,保险人自知道撤销事由之日起1年内,仍可以请求人民法院行使合同撤销权,使保险合同归于消灭。可见,行使保险合同撤销权主要适用于解除权期限届满,保险人依法不能行使合同解除权的情况下,通过行使合同撤销权使得保险合同归于消灭，保险人不承担赔偿或者给付保险金责任。

（三）在保险法律实务中，保险人能否行使合同撤销权

在保险法没有规定保险人享有撤销权的情形下，保险人能否依据合同法的规定行使保险合同撤销权？对此，在实务中还有较大的分歧和争议。

1. 认为可以行使合同撤销权，主要事实和理由如下：

第一，保险法的规定相对于合同法的规定，属于特别法与普通法之间的关系。一方面，在投保人“带病投保”情况下，保险人行使保险合同解除权或者保险合同撤销权，两种权利的行使并不存在冲突；另一方面，保险法对保险人有无保险合同撤销权未作明确规定的情况下，保险人依据合同法的规定行使保险合同撤销权并无不当。

第二，投保人违反如实告知义务、隐瞒重要事实“带病投保”，不履行保险法规定的如实告知义务，故意规避《保险法》第16条有关保险人行使解除权的时效规定，具有明显的主观恶意，违反保险合同诚实信用原则，有违社会公序良俗并有损保险行业健康发展。

2. 认为不能行使合同撤销权，主要事实和理由如下：

第一，投保人“带病投保”情况下，《保险法》第16条规定与《合同法》第54条规定，属于特别法与普通法的关系，且两者在适用法律效果上互相排斥，保险法规定的保险人合同解除权实际上排除了合同法规定的保险人享有合同撤销权。

第二，从保险法规定合同解除权与合同法规定撤销权的具体规定内容来看，《合同法》第54条规定的因欺诈而产生的合同撤销权，与《保险法》第16条规定的因故意未履行如实告知义务而产生的合同解除权，二者在权利表现形式上虽有所不同，但两者在立法目的、构成要件以及法律效果上具有高度竞合性，二者在实质上高度一致，因此只能选择其中之一行使。

典型案例45　石立学与泰康人寿保险公司人身保险合同纠纷案[①]

【法院认定事实】

2012年2月13日至3月8日，被保险人石立学曾在邢台市人民医院住院

① 石家庄市中级人民法院(2017)冀01民终4480号人身保险合同纠纷民事判决书。

治疗,被该院诊断为:慢性肾脏病,肾功能不全。石计秋于2012年4月16日通过保险中介机构与泰康人寿河北公司签订人身保险合同一份,被保险人系石计秋之子石立学,合同生效日为2012年4月24日。重大疾病包括终末期肾病(或称慢性肾功能衰竭尿毒症期),指双肾功能慢性不可逆性衰竭,达到尿毒症期,经诊断后已经进行了至少90天的规律性透析治疗或实施了肾脏移植手术。2013年1月27日至3月9日,石立学在邢台市人民医院住院治疗,被该院诊断为:慢性肾功能衰竭、尿毒症期。2014年8月12日,石立学向泰康人寿河北公司提出给付保险金申请并发生纠纷。

【一审法院观点】

石计秋明知石立学患有慢性肾病正在治疗期间却向泰康人寿河北公司申请投保,足以说明其未履行如实告知义务系故意行为,且石立学在2013年1至3月住院治疗并被确诊为"慢性肾功能衰竭,尿毒症期"后,仍不及时通知被告并申请理赔,一直拖延至合同生效两年后的2014年8月12日方才向被告提出理赔申请,致使被告不能依照保险法的规定行使解除权。由此可见,石计秋隐瞒石立学的真实病情带病投保,并不及时履行通知义务意图规避保险法关于解除权的相关规定,其主观恶意明显,根据《最高人民法院关于贯彻执行〈中华人民共和国民法通则〉若干问题的意见(试行)》第68条的规定,石计秋的行为应认定为欺诈行为;保险合同是最大诚信合同,双方应本着诚信原则签订并履行。**而投保人的如实告知义务是保险合同最大诚信原则的具体体现。如果投保人是以欺诈的形式违反如实告知义务的,保险人除了可以根据《保险法》的规定解除合同外,也可以根据民法意思表示瑕疵制度即《合同法》第54条的规定撤销合同。法律之所以唯有在欺诈情形发生时才赋予保险人此种选择权,目的在于平衡保险人与投保人双方的利益关系:**一方面,体现了对投保人欺诈行为的惩罚,有利于维护诚信的保险市场环境;另一方面。保险人也不得任意寻求民法上意思表示瑕疵制度的规定,逃避保险法中保险人解除权的限制。本案中,原告违反如实告知义务隐瞒被保险人的病情带病投保,不履行及时告知义务规避保险法,具有明显的主观恶意,此种行为不应得到支持与鼓励。**如果在此情形下,原告的诉求仍能得到支持并获得保险赔偿,则无异于是在鼓励欺诈,鼓励带病投保,诚实信用原则将受到冲击与破坏,法律亦无法发挥其防范道德风险的作用。**故本合同被撤销后,被告应当退还原告石计秋已经交纳的保险费6578元(已退还)。

【二审法院观点】

针对本案所争议的保险合同,《保险法》的规定相对于《合同法》的规定而言属于特别规定,但本案在法律适用上不存在两部法律规定相冲突的情形,不应以适用《保险法》而排除适用《合同法》。在《保险法》对作为合同一方当事人的保险人有无合同撤销权未作规定的情况下,保险人依据《合同法》的规定请求撤销保险合同并未不当。

典型案例46　尚巧平与华夏人寿保险公司人身保险合同纠纷案①

【法院认定事实】

尚巧平于2009年10月4日至27日在河南省肿瘤医院住院23天,被确诊为左肺癌Ⅳ期,入院记录上载明,在此之前尚巧平已被郑州大学第一附属医院确诊为肺癌。2009年11月16日,尚巧平以自己为被保险人在华夏人寿保险河南分公司投保《华夏福富有余》保险,投保人、被保险人均是尚巧平,身故受益人为温太宗。保险合同订立后,尚巧平为治疗肺癌于2011年4月30日至5月3日在巩义市人民医院住院3天。2012年1月11日,尚巧平因肺癌死亡。因保险金索赔问题产生争议,形成诉讼。

【一审法院观点】

人民法院一审认为,依法成立生效的合同必须完全体现当事人的真实意思表示,同时又符合国家法律规定。尚巧平在投保前已先后被郑州大学第一附属医院和河南省肿瘤医院确诊系肺癌及肺癌晚期,但在华夏人寿保险河南分公司对其进行健康询问时仍隐瞒事实真相,在订立保险合同时,尚巧平未履行如实告知义务,构成欺诈,使保险人在违背真实意思的情况下订立合同。华夏人寿保险河南分公司作为受损害方,有权请求人民法院对该合同予以撤销,故对华夏人寿保险河南分公司要求撤销本案保险合同的反诉请求予以支持。

【二审法院观点】

郑州市中级人民法院二审认为,温太宗的妻子尚巧平在与华夏人寿保险河南分公司订立人身保险合同时,未如实告知患病情况,直至因肺癌身故,其行为对华夏人寿保险河南分公司而言已构成合同欺诈,华夏人寿保险河南分公司有

① 河南省高级人民法院(2016)豫民再418号人身保险合同纠纷民事判决书。

权依据合同法的规定请求撤销保险合同,不予理赔。由于保险法没有规定撤销权,所以华夏人寿保险河南分公司以合同法为主张权利的法律依据,应予支持。

【再审法院观点】

根据《立法法》第83条"同一机关制定的法律、行政法规、地方性法规、自治条例和单行条例、规章,特别规定与一般规定不一致的,适用特别规定;新的规定与旧的规定不一致的,适用新的规定"的关于法律适用的规定,在一般规定和特别规定存在冲突时,应当适用特别规定。针对本案所争议的保险合同,虽然《保险法》的规定相对《合同法》的规定而言属于特别规定,但本案在法律适用上不存在两部法律规定相冲突的情形,故不应以前述法律适用规则排除《合同法》的适用。在《保险法》对作为合同一方当事人的保险人有无合同撤销权未作规定的情况下,保险人依据《合同法》的规定请求撤销保险合同并无不当。

典型案例47 李强与人寿保险绵阳公司人身保险合同纠纷案①

【法院认定事实】

2012年5月22日,杨晓燕为其配偶李强向人寿保险绵阳公司投保了"温暖人生终身寿险(分红型)"和"附加温暖人生提前给付重大疾病"人寿保险。该保险合同主要约定:被保险人为李强,系投保人杨晓燕的丈夫;保险期限为终身。同日杨晓燕在《人身保险投保单》的"健康告知及说明"中,投保人杨晓燕和被保险人李强签名否认曾经或正在接受诊查、治疗、用药、住院、手术或上述建议;否认患有贫血、白血病、再生障碍性贫血……及其他血液系统疾病。双方后因索赔发生保险合同纠纷。

【一审法院观点】

首先,我国《合同法》适用于该法规定的所有平等主体之间设立、变更、终止民事权利义务关系的协议,当然适用于本案争议的保险合同。其次,我国《保险法》在规定保险公司有权解除合同时,并未禁止其撤销合同请求权。因此,《保险法》与《合同法》关于合同撤销的规定没有不一致的地方,保险合同当事人有权依据《合同法》的规定,请求撤销合同。再次,关于在保险合同签订中,杨晓燕是否存在欺诈的问题。据查明事实,被告人杨晓燕理应知晓李强患病并住院治

---

① 绵阳市中级人民法院(2017)川07民终8号保险合同纠纷民事判决书。

疗的事实，但在《人身保险投保单》的“健康告知及说明”中，隐瞒这些事实，未履行如实告知义务，违背了诚信原则，足以证明其存在欺诈行为，该行为致使人寿保险绵阳公司产生错误认识，违背真实意思签订保险合同。因此，人寿保险绵阳公司要求撤销案涉保险合同的诉讼请求符合法律规定，一审法院予以支持。

【二审法院观点】

保险合同属于射幸合同，保险事故只能是投保时尚未发生的事故。在已经发生事故的情况下进行投保，系具有主观恶意的欺诈行为，且违反保险合同法理。因此，《保险法》第16条第2款规定保险人在投保人故意或者因重大过失未履行如实告知义务时享有解除权。虽然《保险法》第16条第3款中规定“自合同成立之日起超过二年的，保险人不得解除合同；发生保险事故的，保险人应当承担赔偿或者给付保险金的责任”。**但其中“自合同成立之日起超过二年的，保险人不得解除合同”的规定结合下文及保险法理，理应限缩解释为以合同成立二年后发生保险事故为前提。**而本案中，保险合同成立时所投保的事故已经发生，不符合前述条款适用的情形。被上诉人人寿保险绵阳公司以及**一审法院均认为《保险法》第16条第2款所规定的保险人解除权与《合同法》第54条所规定的撤销权之间并不矛盾，保险人可以同时享有解除权与撤销权，不适用《立法法》第92条关于特别法优于一般法的规定，并据此认为因投保人存在欺诈行为，被上诉人人寿保险绵阳公司有权撤销本案保险合同。**但是，**无论保险人是否能够享有《合同法》第54条所规定的撤销权，撤销权的行使都存在一个更加基础的前提，即当事人之间依然存在合法有效的合同关系。**本案投保人未履行如实告知义务，足以影响保险人决定是否同意承保，依照《保险法》第16条第2款的规定，被上诉人人寿保险绵阳公司有权解除合同。并且，被上诉人人寿保险绵阳公司收到理赔申请并通过调查知晓解除事由后，于2015年6月15日向上诉人杨晓燕发出解除保险合同兼拒赔通知，已经依法行使了解除权。根据《合同法》第96条的规定，**案涉保险合同自2015年6月15日通知到达对方时解除，合同的权利义务已经终止。此后，被上诉人人寿保险绵阳公司又于2015年10月22日起诉请求撤销同一保险合同，此时行使合同撤销权的基础已不复存在，故其诉讼请求不应得到支持。**

典型案例 48　杨琦云与平安保险公司人身保险合同纠纷案①

【法院认定事实】

2012 年 8 月 25 日,陈建平向平保公司投保,被保险人为陈建平配偶杨琦云,主险为“平安鑫盛终身寿险”,保险责任为“被保险人身故,保险人按保险金额给付身故保险金,主险合同终止”。投保时,平保公司就被保险人杨琦云的健康状况询问陈建平是否存在相应事项,陈建平均答“否”。2015 年 10 月 5 日,被保险人杨琦云以“2015 年 9 月 24 日入院检查,诊断为鼻咽癌,现尚在治疗中”为由,向平保公司申请给付保险的重大疾病保险金。

【一审法院观点】

本案中,被保险人杨琦云于 2010 年被诊断为鼻咽癌,且自 2010 年起 15 次住院治疗,陈建平作为杨琦云配偶及住院联系人,理应知晓该情况。但陈建平于投保时,就平保公司针对杨琦云的健康状况的询问,意图使平保公司误认为杨琦云符合承保条件并签订合同,而平保公司也正是因为陈建平的隐瞒陷入了杨琦云符合承保条件的错误认识,并最终基于这种错误认识而与陈建平签订案涉保险合同。由此可知,陈建平的行为构成合同法中所规定的欺诈。《保险法》第 16 条与《合同法》第 54 条第 2 款规定的适用关系,即前者是否排除后者的适用。《保险法》第 16 条规定的是投保人在故意或重大过失未履行如实告知义务且足以影响保险人决定是否同意承保或者提高保险费率的情形下保险人所享有的权利,其中包含四种情形:一是投保人故意未履行如实告知义务且足以影响保险人决定是否同意承保;二是投保人因重大过失未履行如实告知义务且足以影响保险人决定是否同意承保;三是投保人故意未履行如实告知义务且足以影响保险人决定是否提高保险费率;四是投保人因重大过失未履行如实告知义务且足以影响保险人决定是否提高保险费率。《合同法》第 54 条第 2 款规定的是一方以欺诈、胁迫的手段或者乘人之危,使对方在违背真实意思的情况下订立合同时另一方所享有的权利,其中包含三类情形:一是一方以欺诈手段使对方在违背真实意思的情况下订立合同;二是一方以胁迫手段使对方在违背真实意思的情况下订立合同;三是一方乘人之危使对方在违背真实意思的情况下订立合同。对比《保险法》第 16 条第一种情形与《合同法》第 54 条第 2 款第一种

① 厦门市中级人民法院(2016)闽 02 民终 1539 号人身保险合同纠纷民事判决书。

情形可知:就合同类型而言,前者系针对保险合同,而后者系针对所有合同;就行为主体而言,前者系针对投保人,而后者系针对合同任意一方;就情形而言,前者系针对故意未履行如实告知义务,在实践中实际为投保人对保险人的健康状况故意隐瞒,而后者则包括捏造虚假情况或者歪曲、掩盖、隐瞒真实情况。可见,凡能充分满足《保险法》第 16 条第一种情形之构成要件者,皆能充分满足《合同法》第 54 条第 2 款第一种情形之构成要件,反之则不然,故两者的法条逻辑关系为:前者为特别法,后者为普通法。

然而,**法条间虽有逻辑上的特别与普通关系,但并非特别法一律排除普通法的适用,两者的适用情形为:一是在特别法未作规定而普通法有所规定的情况下,应适用普通法规定;二是在普通法未作规定而特别法有所规定的情况下,应适用特别法规定;三是普通法与特别法就某种情形均有规定但法律效果互不排斥时,应允许当事人自由选择;四是普通法与特别法就某种情形均有规定但法律效果互相排斥时,应适用特别法优于普通法之原则,优先适用特别法规定并排除普通法的适用**。因此,《保险法》第 16 条是否排除《合同法》第 54 条第 2 款之适用,仍需以两者法律效果是否互相排斥为依据。然而,**法律效果的相容性抑或排斥性不应单纯以法律所赋予的权利名称观之,而应从权利的实质内容及终极结果予以检视,故单以"合同法规定的是撤销权,而保险法规定的是解除权,两者是不同的权利"为由主张两法条绝无排斥断不可取**。可分两种情形讨论之:在保险合同成立 2 年内,保险人发现投保人故意未履行如实告知义务且足以影响保险人决定是否同意承保的,其若依据《保险法》第 16 条主张权利则可要求解除保险合同,并不退还保费;但若依《合同法》第 54 条第 2 款主张权利则只能要求撤销保险合同,并依据合同撤销须返还财产的法律效果向投保人退还保费。由此观之,适用两个法条的法律效果互相排斥,故作为特别法之《保险法》应排除作为普通法之《合同法》的适用。在保险合同成立 2 年后,保险人发现投保人故意未履行如实告知义务且足以影响保险人决定是否同意承保的,其依据《保险法》第 16 条丧失解除合同的权利,并承担赔偿或给付保险金责任;但若依《合同法》第 54 条第 2 款,其又可主张撤销合同并无须承担赔偿或给付保险金责任。由此观之,适用两个法条的法律效果亦互相排斥,故作为特别法之《保险法》仍应排除作为普通法之《合同法》的适用。综上,在投保人故意未履行如实告知义务且足以影响保险人决定是否同意承保的情形下,适用《保险法》第 16 条与适用《合同法》第 54 条第 2 款在法律效果上互相排斥,故前者应排除后者的适用。综上所述,法院认为,**在投保人故意未履行如实告知义务且足以影响保险人决定是否同意承保的情形下,《保险法》第16条与《合同法》第54条第2款在逻辑上存在特别法与普通法之关系,且适用两者的法律效果互相排斥,故《保险法》中保险人合同解除权之规定应排除《合同法》上撤销权之适用。**故本案中,虽陈建平之行为构成合同法之欺诈,但平保公司仍不得依《合同法》规定主张撤销权。

【二审法院观点】

本案双方当事人的争议在于在投保人故意未履行如实告知义务的情况下,《保险法》第16条规定的合同解除权是否排除《合同法》第54条撤销权的适用。对此,**本院分析认为,合同解除权是否排除合同撤销权的适用,应从《合同法》与《保险法》的关系、两者的权利内容即是否存在竞合等进行综合判定。**首先,从《保险法》和《合同法》的关系上,两者虽法律位阶相同,但《保险法》出台时间晚于《合同法》,且《保险法》系专门针对保险实务制定的法律,属于特别法,《合同法》则为一般法。在涉及保险合同的效力认定上,应优先适用特别法即《保险法》的规定。其次,**从解除权和撤销权的内容上看,《合同法》第54条规定的因欺诈而产生的合同撤销权与《保险法》第16条规定的因故意未履行如实告知义务而产生的合同解除权虽在权利表现形式上有所不同,但从立法目的、构成要件以及法律效果上具有高度的竞合性,两者在实质上是高度一致的。从立法目的上,**《合同法》第54条赋予受欺诈者或者发生重大误解的一方当事人以撤销权,其目的在于给该意思表示有瑕疵的表意人以救济,确保当事人的意思表示真实,其背后所隐含的法律价值是民事活动的诚实信用原则。而《保险法》第16条基于最大诚信原则,课以投保人告知义务,其目的在于保障保险人测定危险因素资料的正确性,使保险人能正确估计危险率,计算保险费,进而作出真实的意思表示,顺利缔结保险合同。因此,两者在深层次的价值取向上是一致的。**从构成要件上,**《合同法》第54条对于因欺诈导致的合同撤销权构成要件为:一方当事人具有欺诈行为;当事人具有主观上的欺诈故意;撤销权人基于对方欺诈而陷入错误的认识并为意思表示;欺诈行为和撤销权人基于错误认识而为的意思表示具有因果关系。《保险法》规定的解除权构成要件为:投保人就保险人××的事项没有履行如实告知义务;投保人主观上具有过错,即故意或重大过失;投保人未履行如实告知义务与保险人基于错误认识的承保行为具有因果关系;保险人主观上不具备可归责性。两者在构成要件上也具有高度的重合性。

从法律效果上，两者亦产生竞合。因投保人故意未履行如实告知义务的，撤销权与解除权的行使均使合同对双方当事人的拘束力归于消灭，其差异在于撤销权的行使发生保险费的返还，解除权的行使不退还保费。而当投保人因重大过失被解除合同时，则与行使重大误解撤销权法律效果一致，均应返还保险费。故在撤销权与解除权存在立法目的、构成要件及法律效果实质一致性的情况下，没有必要对保险合同的效力进行重复性评价。对于投保人的欺诈行为，《保险法》既已赋予了保险人依据第16条进行救济的权利，在2年的可抗辩期间内保险人怠于行使该解除权，再以欺诈为由主张撤销合同，将导致《保险法》的不可抗辩条款形同具文。因此，综合上述分析，本院认为，本案中陈建平虽存在故意未履行告知义务的行为，符合《合同法》上的欺诈，但《保险法》第16条保险人合同解除权已排除《合同法》第54条第2款合同撤销权之适用，平保公司诉请撤销讼争人身保险合同缺乏依据，其上诉主张，本院不予支持。

第五节　保险理算

保险理算是指保险事故发生后或者保险合同约定的给付条件成就时，保险人或者受委托保险公估公司依照保险法规定和保险合同约定，在责任审核和损失核定基础上确定保险人应当承担赔偿或者给付保险金的具体数额。可见，在实务中保险理算内容，包括具体保险合同有关的保险金额、保险价值、免赔率（额）的确定，保险标的具体损失金额和投保比例的计算，以及定值保险或者不定值保险、足额投保或者不足额投保等保险法规定和保险合同约定有关内容的理解和适用。因此，保险理算实务，不仅涉及保险法、保险合同有关概念、内容的理解和运用，还包括保险责任审核、保险损失核定、保险金计算等相关内容，具有较强的保险专业性内容和保险法律法规政策性要求。

在物质财产损失保险中，保险事故发生后，保险人或受委托保险公估公司按照保险法和保险合同约定进行保险理算并确定最终保险赔偿金数额，在保险理算实务中具有较强的典型性和代表性。具体来说，物质财产损失保险理算内容包括在确定保险标的财产实际损失金额、残值金额基础上，按照保险合同约定的免赔额（率）和保险价值确定方式认定是否属于定值保险或者不定值保险，以及依照保险金额与保险价值的比例确定是否属于足额投保，并在不足额投保情形下依据保险金额与保险价值的比例计算投保比例,计算并最终确定保险人应承担保险赔偿金数额。

一般来说,物质损失财产保险中,保险赔偿金额的计算公式可以概括如下:保险赔偿金额=(损失金额-残值金额)×投保比例×(1-免赔率)。其中,投保比例=保险金额÷保险价值。

一、保险金额与保险价值

(一)保险金额

保险金额是指保险人承担赔偿或者给付保险金责任的最高限额。在保险实务中,保险金额是保险人收取保险费的计算基础,是计算投保人是否足额投保和确定投保比例的基本依据。但是,保险金额不是实务中确定保险人支付保险赔偿金的标准。有关保险金额的内容,本书第一章、第二章已经作了详细阐述,在此不再赘述。

(二)保险价值

保险价值是指对保险标的具有保险利益在经济上用货币表示的金额。在人身保险中,由于人身利益无法用货币衡量,因此,保险价值属于财产保险的专属概念。在保险实务中,保险价值是投保人与保险人在订立保险合同时约定的,并记载在保险合同中的保险标的的价值,或者投保人和保险人在订立保险合同时约定保险价值的确定方式,在保险事故发生后按照约定方式确定具体保险价值。其中,一般来说,在企业财产保险中,固定资产保险价值按照出险时的重置价值确定,流动资产保险价值按照出险时的账面余额确定,账外财产和代保管财产依据相应财产性质,可以按照出险时的重置价值或账面余额确定。由于保险价值有关的内容,本书第一章、第二章已经作了详细阐述,在此不再赘述。

(三)二者关系

在财产保险实务中,保险金额可以按照估价、账面余额(原值)、重置价值等方式确定,但是在订立保险合同时必须确定具体保险金额。保险价值可以在订立保险合同时确定具体金额,也可以在订立保险合同时约定保险价值的确定方式，待保险事故发生后按照约定方式计算和确定保险价值的具体金额。保险价值是保险金额的基础。在保险实务中，保险金额与保险价值不一致的情况下，按照保险法的有关规定应进行如下处理：

（1）保险金额不得超过保险价值，超过保险价值的，超过部分无效，保险人应当退还相应的保险费。

（2）保险金额低于保险价值的，除合同另有约定外，保险人按照保险金额与保险价值的比例承担赔偿保险金的责任。

典型案例 49　廖德生与太平洋保险公司财产保险合同纠纷案①

【法院认定事实】

2012 年 4 月 9 日，浙江世纪广场投资有限公司为沃尔沃牌小型轿车向被告太平洋保险杭州支公司投保了机动车商业保险。承保险种包括车辆损失险和车上责任险（驾驶员）等，三责险不计免赔。2013 年 1 月 30 日，上述案涉车辆保险单投保人、被保险人更改为原告廖德生，并加保全车盗抢险。神行车保系列产品批单（正本）载明：加保全车盗抢险，保险金额为 179,148 元，保险费为 113.08 元；全车盗抢险不计免赔。2013 年 7 月 10 日，广西壮族自治区南宁市公安局兴宁分局责任区刑侦三大队出具说明 1 份，载明：2013 年 4 月 8 日，廖德生到三塘派出所报称，其把黑色沃尔沃停在南宁市兴宁区昆仑大道 1 号大嘉汇里面的球场被盗，至今案件未破，所被盗小汽车也未追回。双方因保险人应支付保险金数额无法达成一致成诉。

【一审法院观点】

本案争议焦点在于被告太平洋保险杭州支公司应向原告廖德生赔付的保险金数额。原告廖德生主张应按保险单上所载的保险金额 179,148 元予以理赔，被告太平洋保险杭州支公司则认为应当按照案涉车辆实际价值 45,000 元进行赔付。**本院认为，首先，应当明确保险金额与保险价值的区别。所谓保险金额，是指保险合同项下保险人承担赔偿或给付保险金责任的最高限额。而保险价值指投保人与保险人订立保险合同时，约定并记载于保险合同中的保险标的的价值，或保险事故发生后保险标的实际价值。**根据《保险法》第 55 条第 2

① 杭州市中级人民法院（2015）浙杭商终字第 2172 号财产保险合同纠纷民事判决书。

款的规定:“投保人和保险人未约定保险标的的保险价值的,保险标的发生损失时,以保险事故发生时保险标的的实际价值为赔偿计算标准。”可见,**保险价值是确定保险金数额的基础。而保险金额则是保险事故发生后保险人支付保险金的最高限额,该金额是保险人收取保险费的计算基础,而非保险人支付赔偿金的计算标准**。其次,关于案涉车辆的保险价值。因**原、被告在保险单中仅约定了保险金额和保险费,未约定案涉车辆的保险价值,故本案所涉全车盗抢险为不定值保险。对于不定值保险,应当以标的物的实际价值作为保险赔偿金额的计算依据,这也符合财产保险损失补偿原则的要求。故本案中,应以案涉车辆被盗时的实际价值为赔偿计算标准**。根据被告太平洋保险杭州支公司提交的原告廖德生购买案涉车辆的发票所记载,案涉车辆价值为45,000元,故本院确认被告太平洋保险杭州支公司应当赔偿原告廖德生车辆被盗损失45,000元。原告廖德生主张车辆价值非45,000元,且在其购车后曾对车辆进行维修,产生维修费,车辆价值有所增加,但未能提交相应的证据材料佐证,故本院对该意见不予采纳。

【二审法院观点】

本案争议焦点为保险金额和保险价值的区别问题,**保险金额是指保险人承担赔偿或者给付保险金责任的最高限额;保险价值是指投保人对保险标的所享有的保险利益在经济上用货币估计的价值额。廖德生与太平洋保险杭州支公司签订的保险合同中只约定了保险金额,而并未约定车辆的保险价值**,根据《保险法》第55条第2款的规定:“投保人和保险人未约定保险标的的保险价值的,保险标的发生损失时,以保险事故发生时保险标的的实际价值作为赔偿计算标准。”**故本案应以案涉车辆的实际价值作为赔偿计算**,根据太平洋保险杭州支公司提交的廖德生购买案涉车辆的发票所载,案涉车辆价值为45,000元,本院予以确认。廖德生主张实际价值超过45,000元,但并未提交有效证据予以证实,故本院对廖德生该上诉请求不予支持。另外,根据《保险法》第55条第3款的规定,**“保险金额不得超过保险价值。超过保险价值的,超过部分无效,保险人应当退还相应的保险费”**。故关于保险费的问题,当事人可另案解决。

典型案例50　第三运输公司与联合财保公司财产保险合同纠纷案[①]

【法院认定事实】

2015年8月26日，第三运输公司向联合财保投保了×××号北奔ND3315D47J自卸营运货车的车辆损失险、车辆损失险不计免赔险等保险，其中车辆损失险的保险金额310,680元，2016年8月13日7时30分许，保险车辆侧翻于道路东侧的深沟，随后燃烧报废。镇原县公安局交通警察大队于2016年8月19日对该起事故作出事故责任认定：赵来云负本起事故的全部责任。因保险金索赔问题起诉到法院。

【一审法院观点】

联合财保出具的保险单约定的**保险金额为310,680元**，并以此为准核定了第三运输公司应交付的保险费，第三运输公司按照该保险金额交付了保险费，**证明联合财保在第三运输公司投保时核定的保险标的的保险价值为310,680元**，现第三运输公司投保的车辆发生保险事故报废，应推定为全损，联合财保应赔付的保险金额应为310,680元，赔偿后该车的全部权利应归于联合财保。中华联合财产保险股份有限公司庆阳市中心支公司于本判决生效后10日内支付庆阳市西峰区第三汽车运输公司保险金310,680元。

【二审法院观点】

保险金额是指保险人承担赔偿或者给付保险金责任的最高限额。第三运输公司在联合财保为××号北奔ND3315D47J自卸营运货车投保了车辆损失险，**保险金额为310,680元，即联合财保支付保险金的最高限额为310,680元。**《保险合同》第27条约定："**保险事故发生时被保险机动车的实际价值根据保险事故发生时的新车购置价减去折旧金额后的价格确定**。折旧金额=保险事故发生时的新车购置价×被保险机动车已使用月数×月折旧率"，××号北奔ND3315D47J自卸营运货车的登记日期为2009年8月10日，事故发生时，已使用84个月，合同约定此类型车辆的月折旧率为0.9%，故××号北奔ND3315D47J自卸营运货车的保险价值为75,805.92元（310,680元－310,680×84个月×0.9%）。根据《保险法》第40条第2款"保险金额不得超过保险价值；超过保险价值的，超过的部分无效"的规定，超额投保部分无效。《保险法》

① 庆阳市中级人民法院(2017)甘10民终385号财产保险合同纠纷民事判决书。

第24条规定,“……保险合同对保险金额及赔偿或者给付期限有约定的,保险人应当按照保险合同的约定,履行赔偿或者给付保险金义务”;《保险合同》第27条约定,“保险人按下列方式赔偿:(一)按投保时被保险机动车的新车购置价确定保险金额的:1.发生全部损失时,在保险金额内计算赔偿,保险金额高于保险事故发生时被保险机动车实际价值的,按保险事故发生时被保险机动车的实际价值赔偿……”××号北奔ND3315D47J**自卸营运货车发生保险事故时的保险价值为75,805.92元,故联合财保应支付第三运输公司的保险金为**75,805.92元。

典型案例51　郑刚与中国财保盐城分公司财产保险合同纠纷案[①]

【法院认定事实】

2015年7月13日,郑刚为自有的苏J××号宝马越野客车在中国财保盐城分公司投保了机动车损失保险、第三者责任保险、自燃损失险条款、不计免赔等保险。其中机动车损失保险金额为717,300元,自燃损失保险金额为570,970.8元。新车购置价717,300元。自燃损失保险的保险金额由投保人和保险人在投保时被保险机动车的实际价值内协商确定。赔偿处理:全部损失,在保险金额内计算赔偿;部分损失,在保险金额内按实际修理费用计算赔偿。每次赔偿实行20%的免赔率。2015年11月24日21时许,郑刚驾驶苏J××号宝马越野客车发生车辆燃烧事故。郑刚就保险金赔付问题向法院起诉。

【一审法院观点】

郑刚所投自燃损失险金额为570,970.8元,系双方在投保时商定的价格,该价格未超过投保车辆的实际价值,且郑刚按照该投保价值交纳保费,故中国财保盐城分公司应当按照条款约定进行赔付。虽然郑刚投保了不计免赔,但该不计免赔并不覆盖自燃损失险。自燃损失险条款明确每次赔偿实行20%的免赔率,故中国财保盐城分公司应当赔偿郑刚456,776.64元。拖车费820元是郑刚处理事故所支付的必要的、合理的费用,应由中国财保盐城分公司负担。郑刚主张处理事故交通费1300元,但未能提供票据,结合实际情况,综合考虑酌定交通费300元。关于中国财保盐城分公司辩称,车辆初始登记时间是2008

① 盐城市中级人民法院(2016)苏09民终1794号财产保险合同纠纷民事判决书。

年,应按2008年车辆在自燃险限额内折旧赔偿问题。该车虽系2008年购买,郑刚投保时,中国财保盐城分公司并未按照购买时间折旧计算保险限额,且保险单上按照2012年作为新车购置时间签订自燃险保险限额。现中国财保盐城分公司要求按照2008年折旧赔偿,违反了诚实信用原则,故中国财保盐城分公司辩称理由不予采信。

【二审法院观点】

(1)关于是否超额投保问题。双方签订的自燃损失险条款第3条约定,保险金额由投保人和保险人在投保时被保险机动车的实际价值内协商确定。从该约定可以看出,案涉保险车辆的实际价值是由双方当事人协商确定的,而上诉人并未有证据证明该车辆实际价值与协商确定的不符。故无论是案涉车辆记载的初始登记时间是2008年还是2012年,均不影响对案涉车辆实际价值的商定,因为上诉人对案涉车辆实际登记时间是明知2008年的,此点在前一年案涉车辆投保时可以看出。在上诉人无证据证明双方确定案涉车辆实际价值是按照合同约定的折旧率确定的情况下,其主张要求按照案涉车辆的实际登记时间即2008年以折旧率重新计算车辆投保时的实际价值,缺乏法律与事实依据,本院不予支持。如此,上诉人主张的本案为超额投保的理由并不充分,本院不予采信。(2)关于原审法院未启动鉴定程序是否妥当问题。因本案车辆为全损。发生保险事故后车辆已经作为报废处理,进行鉴定已经事实上不可能。故原审法院没有启动鉴定程序并无不当。当然,**因为车损险为典型的不定值保险,保险金的给付应以保险事故发生时的实际价值确定。原审法院直接以投保时的保险金额作为车辆发生保险事故的实际价值,存有不当,应予纠正。因车辆价值鉴定事实上无法进行,则车辆发生事故时的实际价值应以合同约定的折旧率计算为宜**。同时,由于发生事故距投保时有4个多月,**依据合同约定折旧时间为4个月。故事故发生时车辆的实际价值应为570,970.8×(1-0.6%×4)=557,267.5元。同时,根据保险合同的约定,扣除20%的免赔率后为上诉人应给付的保险金,也即445,814元**。综上,上诉人的上诉理由部分成立,对此部分本院予以支持。原审法院认定事实部分不清,应予纠正。

二、定值保险与不定值保险

（一）基本概念

根据《保险法》第55条的有关规定，投保人和保险人约定保险标的的保险价值并在合同中载明的，保险标的发生损失时，以约定的保险价值为赔偿计算标准。投保人和保险人未约定保险标的的保险价值的，保险标的发生损失时，以保险事故发生时保险标的的实际价值为赔偿计算标准。可见，按照保险法上述规定内容，在实务中以保险价值是否在订立保险合同时确定，保险可以分为定值保险和不定值保险。

（二）二者区别

1. 计算标准不同

如属于定值保险的，以约定的保险价值为赔偿计算标准。如属于不定值保险的，以保险事故发生时保险标的的实际价值为赔偿计算标准。

2. 计算要求不同

在保险事故发生后，确定保险赔偿金额时，定值保险只须确定损失比例，按照保险价值的损失比例计算确定保险赔偿金数额；不定值保险不仅需确定损失比例，而且必须确定保险事故发生时保险标的实际价值，按照保险金额与实际价值比例确定投保比例，并在确定保险标的实际损失基础上，计算确定具体保险赔偿金数额。

（三）实务运用

（1）保险单“以何种价值投保”内容中，以“估价”形式投保并确定保险金额，未对保险价值的具体金额作出约定的，或者在其他财产保险合同中没有约定保险价值具体金额，或者只约定保险价值的确定方式，如出险时重置价或账面余额等，应认定为不定值保险。具体来说，在机动车保险领域，保险单约定保险金额，但并没有明确保险价值，属于不定值保险，应按照出险时车辆的实际价值确定保险价值。

（2）在实务中，涉及保险单中有保险价值内容约定的，应当区分不同情况进行认定：

一是如果只约定保险价值按照出险时重置价值或账面余额确定，没有明确具体保险价值金额的，虽然有保险价值内容的约定，仍是属于不定值保险，在出险时按照约定方式确定具体保险价值金额。

二是如果明确约定保险价值为某个具体时间点的重置价值或账面余额的，且该具体时间点的重置价值或账面余额的金额具体确定的，应认为属于定值保险。出险后无须再行计算保险标的价值，在确定损失比例基础上，计算保险赔偿金数额。

典型案例52　陈永梁与人保公司财产保险合同纠纷案[①]

【法院认定事实】

2002年3月12日，阿荣旗森利达木制品有限公司与保险公司签订了保险合同，投保标的为车间、宿舍，保险金额车间14万元，宿舍4万元，2002年6月28日，该公司经股东会议决定解散，公司的债权债务归陈永梁承担，同年7月19日办理了公司注销手续。2002年7月23日，陈永梁个人申请注册成立了阿荣旗森利达木制品厂。2002年8月19日，阿荣旗森利达木制品厂与保险公司签订一份财产保险合同，投保标的为火柴梗生产线、旋转烘干线、雪糕棍生产线、冷热风烘干线、筛理生产线、开刀机、磨刀机、截锯、电焊机，保险金额为128万元。合同第10条格式条款载明，"固定资产的保险金额由被保险人按照账面原值或原值加成数确定，也可以按照当时重置价值或其他方式确定。固定资产的保险价值是出险时的重置价值"。该合同双方按照估价的方式确定保险金额。呼伦贝尔信实会计师事务所阿荣旗分所于2001年12月5日作出的资产评估报告及验资报告表明，阿荣旗森利达木制品有限公司至2001年12月5日固定资产额为218万元人民币。2003年4月22日，保险公司委托广东方中保险公估有限公司对受损资产进行公估。该公估机构于2003年7月10日做出《保险公估报告书》，结论为在不扣除残值的情况下，公估理算金额总值140,400元，固定资产残值已无法计算。呼伦贝尔市中级人民法院指定呼伦贝尔万华会计师事务所对该保险标的价值进行鉴定。经鉴定该部分保险标的价值为214,550.40元，机械设备现场残值1200元。关于陈永梁请求的房产损失部分，

---

① 最高人民法院(2011)民提字第238号财产保险合同纠纷民事判决书。

因房屋所有权人阿荣旗那吉屯农场金库砖瓦厂已经就火灾损失向陈永梁提起诉讼,因此在本次鉴定中没有包括。2003年12月8日,阿荣旗人民法院经审理以(2003)阿民初字第01388号民事判决,判决陈永梁作为该房产承租人赔偿出租人因火灾造成房产损失87,033元人民币。

【一审法院观点】

在双方均不主张鉴定的情况下,呼伦贝尔市中级人民法院委托有关评估鉴定机构进行鉴定是必要的,经鉴定出具鉴定结论,陈永梁不出庭质证,应视为放弃质证权利,在保险公司认可鉴定结论的情况下,应确认该《资产评估报告书》的鉴定结果。对于有关房产损失,阿荣旗人民法院已经判决确认,其判决具有当然既判力。根据鉴定结论及阿荣旗人民法院的判决,扣除残值后,保险公司总计应支付陈永梁保险标的损失300,383.40元(注:保险标的价值214,550.40元-残值1200元+房产损失87,033元=300,383.40元)。

【二审法院观点】

原审法院在双方当事人均表示不鉴定的情况下,依职权委托呼伦贝尔万华会计师事务所对上诉人投保的标的物价值进行鉴定,因该评估报告的基准日为2004年1月9日,距火灾发生时间较长。依据资产评估报告第9项特别事项说明,该评估报告评估结果在现场缺损严重,资产占有人的"索赔申请"中所列主体设备已不知去向,无法取得相应的现场勘查结果的情况下,仅依据国家木工机械质量监督检验中心出具的《检验报告》和不具鉴定资格的星光电机修理部姜建飞出具的检测结果做出的评估价,显然不具有客观真实性和完整性。该评估报告只是针对该厂生产线组成的单机单项评估,并不是对该生产线整体评估。因此,该资产评估报告依法不应予以采信,不能作为定案依据。**现上诉人陈永梁主张142万元保险金额是投保人与保险人在订立保险合同时,对保险标的事先予以估价,并将其估价额载明于保险合同,符合定值保险特征。应尊重双方协商自愿原则,依双方签订的保险合同约定,保险人认可的估价投保金额予以理赔。**判决保险公司支付保险赔偿金142万元。

【再审法院观点】

一审法院依职权委托呼伦贝尔万华会计师事务所对陈永梁因火灾造成的机械设备损失进行鉴定,鉴定结论为:受损机械设备的重置价为221,200.40元,扣除未烧毁的8台电机及残值,受损金额为214,550.40元该报告对陈永梁所报损雪糕棍生产线、磨刀机的全部机械进行了重置价的鉴定;对陈永梁报损的理筛生产线仅鉴定了2台筛理机、1台理梗机的重置价值。比陈永梁提供的设备安装草图少鉴定2台筛理机、1台理梗机；少评估价款25,764元；对陈永梁报损的火柴梗生产线的鉴定，比陈永梁提供的设备安装草图少打片机、送梗机、筛梗机。对应武汉轻工机械厂选梗机、切梗机、筛选机价目表再加运费及安装费综合定价为93,749.30元。另外因厂房被烧毁，法院判决陈永梁赔偿厂房损失87,033元。呼伦贝尔万华会计师事务所做出的鉴定结论，是对单机评估后作出的，其所评估的机械设备数量比陈永梁提供的设备安装草图少6台机械设备，其价款应加入鉴定结论中，评估报告已经做出评估价款的机械设备按评估价格认定。评估报告没有做出评估的机械设备比照价格高的定价，以避免单机定价的不足。厂房损失以生效判决认定，金额为87,033元。因双方签订的保险合同没有约定保险标的价值，二审判决以定值保险判令保险公司理赔，属适用法律错误。

【最高人民法院再审观点】

关于本案保险合同性质为定值保险或者不定值保险问题。《保险法》于1995年10月1日实施，2002年10月第一次修改，本案所涉保险合同签订于2002年3月12日和8月19日，故本案应当适用1995年保险法。**该法第39条规定，保险标的的保险价值，可以由投保人和保险人约定并在合同中载明，也可以按照保险事故发生时保险标的的实际价值确定。保险金额不得超过保险价值；超过保险价值的，超过部分无效。保险金额低于保险价值的，除合同另有约定外，保险人按照保险金额与保险价值的比例承担赔偿责任。**该规定不仅提及保险价值和保险金额的不同概念和作用，也对保险金额与保险价值之间关系作了原则性规定，同时也对保险标的实际损失如何确定作了规定。根据2009年3月2日保监会保监发〔2009〕29号《关于发布行业标准的通知》中，全国保险业标准化技术委员会（保标会）制定的《2009版保险术语》行业标准（标准编号为JR/T 0032—2009），该《保险术语》6.3.2　财产保险确定保额一栏列明，**保险价值为经保险合同当事人约定并记载于保险合同中的保险标的的价值，或保险事故发生后保险标的的实际价值。**而**保险金额**按照1995年《保险法》第23条第4款规定，**是指保险人承担赔偿或者给付保险金责任的最高限额。对于财产保险，保险价值是保险人赔偿计算标准。保险人赔偿责任以保险标的的实际损失为限，保险赔偿基本原则为损失补偿原则，要确定保险标的的实际损失必先确定保险标的的实际价值亦即保险价值，保险标的的价值是确定实际损失的条件，从而决**

定着保险赔偿金数额。而保险金额是保险事故发生后保险人支付保险赔偿金的最高限额,而非保险人支付赔偿金计算标准。二者有本质区别,但彼此相互联系。当保险标的实际损失超过保险金额时,保险人赔偿责任只能以保险金额为限;但当保险标的实际损失低于保险金额的,除当事人有特别约定外,保险人应按照保险金额与保险价值的比例承担赔偿保险金责任。保险金额必须在订立保险合同时按照一定方法确定,而保险价值可以不在订立保险合同时约定,而在事故发生后确定。保险价值和保险金额有不同确定方法。根据中国人民保险公司《财产保险基本险条款》的规定,固定资产的保险价值是出险时重置价值。即以同一或类似的材料和质量重新换置受损财产的价值或费用。固定资产的保险金额由被保险人按照账面原值或原值加成数确定,也可按照当时重置价值或其他方式确定。流动资产的保险价值是出险时账面余额。流动资产(存货)的保险金额由被保险人按最近12个月任意月份的账面余额确定或由被保险人自行确定。以估价方式确定保险金额投保的,发生保险事故后,保险价值应当按照发生保险事故时保险标的实际价值确定。因此,按照当事人对保险价值是否事先在保险合同作出约定,将保险合同分为定值保险和不定值保险。保险合同对保险价值有约定的为定值保险;否则为不定值保险。二者区别在于保险合同约定的保险事故发生后确定赔偿金额时,定值保险只须确定损失比例,而不定值保险不仅需确定损失比例,且必须确定事故发生时保险标的实际价值,以实际价值作为保险赔偿金额的计算依据。保险单中"以何种价值投保"中的"估价"并未对保险价值作出明确约定,因此本案应定性为不定值保险。本案保险合同条款文字按其文义不应引起争议或异议,也不存在两种以上解释从而适用有利于被保险人解释的前提。本案保险合同保险标的保险价值只能按照保险事故发生时保险标的实际价值确定。维持内蒙古自治区高级人民法院(2007)内民再提字第29号民事判决。

典型案例53 朱丹赤与绥化平安保险公司财产保险合同纠纷案[①]

【法院认定事实】

朱丹赤在经营绥棱县大有纺纱厂期间,于2010年5月10日向绥化平安保

---

① 黑龙江省高级人民法院(2016)黑民再198号财产保险合同纠纷民事判决书。

险公司投保了财产保险,投保的设备及租赁的厂房投保金额为220万元。双方在绥化平安保险公司提供的格式化保险单中约定每次事故绝对免赔额为损失金额的20%或免赔1万元,以高者为准。2011年3月22日,朱丹赤经营的绥棱县大有纺纱厂发生火灾,造成投保设备及其厂房受损。经绥棱县公安局消防科认定,该事故为梳棉车间电闸箱下方电线短路喷溅火花,导燃附近棉条桶内的棉麻和地面的可燃粉尘,导致火灾发生。因保险索赔问题,产生保险合同纠纷。

【二审法院观点】

根据《保险法》第55条之规定"投保人和保险人约定保险标的的保险价值并在合同中载明的,保险标的发生损失时,以约定的保险价值为赔偿计算标准。投保人和保险人未约定保险标的的保险价值的,保险标的发生损失时,以保险事故发生时保险标的的实际价值为赔偿计算标准"。保险价值分为定值保险与不定值保险。**保险价值由投保人和保险人在订立合同时约定,并在合同中明确作出记载。这种事先约定保险标的价值的保险为定值保险。定值保险发生保险责任范围内的损失时,保险人应按保险合同中载明的保险价值计算赔偿金额。本案保险合同中明确约定,保险金额"房屋建筑保险金额**45万元,保险金额确定依据为估价,机器设备保险金额为175万元,保险金额确定依据账面原值"。本案中保险价值等于保险金额,且朱丹赤属于足额投保。

【再审法院观点】

关于原审法院按定值保险处理本案是否错误的问题。《保险法》第55条规定"投保人和保险人约定保险标的的保险价值并在合同中载明的,保险标的发生损失时,以约定的保险价值为赔偿计算标准。投保人和保险人未约定保险标的的保险价值的,保险标的发生损失时,以保险事故发生时保险标的的实际价值为赔偿计算标准",**保险价值是指订立保险合同时或者发生保险事故时财产保险标的所具有的实际价值,而本案朱丹赤与绥化平安保险公司签订的《财产基本险投保单》约定"房屋建筑保险金额**45**万元,保险金额确定依据为估价,机器设备保险金额为**175**万元,保险金额确定依据账面原值",双方并未在合同中载明保险价值,因此本案所涉及的保险合同应为不定值保险合同,二审法院认为属于定值保险合同有误,应予纠正。**

典型案例54 东达经销中心与太平洋财产保险阜新中心支公司财产保险合同纠纷案[①]

【法院认定事实】

2012年1月27日，东达经销中心在太平洋财产保险阜新中心支公司为其所有的辽JB3888号轿车投保了神行车宝系列产品保险。承保险别有车辆损失险、车上责任险（驾驶员）、车上责任险（乘客）、第三者商业责任险、车损险不计免赔条款。保险期内2012年8月10日20时30分，东达经销中心司机张泽旭驾驶保险车辆与横过高速公路的行人刘树龙相撞，造成行人刘树龙死亡、车辆损坏、路产损失的交通事故。事故发生经事发地交警部门现场查勘认定车方及死者负事故的同等责任。就保险人应支付的具体保险金金额问题，东达经销中心提起诉讼。

【再审法院观点】

本案争议焦点为，保险事故发生后，保险赔偿金额应如何确定。关于赔偿比例及项目问题，原审认定正确。关于赔偿金额应具体如何确定问题，涉及保险金额与保险价值的区分确认，**《保险法》第18条规定，保险金额是指保险人承担赔偿或者给付保险金责任的最高限额。《保险法》第55条第2款规定，投保人和保险人未约定保险标的的保险价值的，保险标的发生损失时，以保险事故发生时保险标的的实际价值为赔偿计算标准。第3款规定，保险金额不得超过保险价值。超过保险价值的，超过部分无效，保险人应当退还相应的保险费。本案原审判决将车辆损失险视为定值保险，将当事人约定的保险金额视为保险价值，混淆了定值保险与不定值保险、保险金额与保险价值的基本概念，判决结果违背保险补偿原则。**本案中，**车辆损失险为不定值保险，新车购置价是保险金额而不是保险价值，旧车发生全损保险事故的，保险赔偿不能大于保险价值，只能赔偿保险事故发生时被保险车辆的实际价值。投保人与保险人协商确定保险金额的，不能违反《保险法》的规定。**具体而言，**保险金额并非指的是事故发生后保险人的理赔金额，而是指保险人承担保险金赔偿责任的最高限额。**保险事故发生后，如果被保险人的实际损失与保险金额相等，那么保险金额就可以作为理赔金额；如果被保险人的实际损失小于保险金额，那么应当以实际损

① 辽宁省高级人民法院（2016）辽民再334号财产保险合同纠纷民事判决书。

失作为理赔金额,这才符合损失补偿的保险原则。而实际损失的确定方法,如果保险合同中有明确约定,从其约定。本案车辆于投保时以新车购置价作为基准,投保的险种约定的保险金额明显超出了保险价值,出现超额保险。**无论超额保险原因如何,保险金额超过保险价值部分都属无效,保险公司应退还对被保险人超额收取的保费,但被保险人不可以通过超额保险获得超出其实际损失的不当利益**。因此,太平洋财产保险阜新中心支公司主张的按合同约定计算车辆损失险理赔额428,688元,出险时的新车购置价824,400元×(1-保险机动车已使用月数2005年12月至2012年8月为80个月×月折旧率6‰=428,688元,符合《保险法》规定和合同约定,应予支持。同时对于超额收取的保费5513.01元(已收保费11,106.38元-应收保费5593.37元),应予退还东达经销中心。

典型案例55 方正公司与永安财险青岛公司财产保险合同纠纷案①

【法院认定事实】

2008年10月21日,方正公司将公司的财产在永安财险青岛公司处投财产综合保险,永安财险青岛公司承保的财产及保险金额分别为固定资产(房屋),保险金额为150万元,固定资产(机器设备),保险金额为1,518,800元,存货(包括模具),保险金额为5,760,000元,上述三项“何种价值承保栏”中均载明“估价”。附加机损险的保险金额为151,800元,保险金额合计8,778,800元。保险期间自2008年10月22日至2009年10月21日。2009年2月5日,方正公司仓库发生火灾,后因保险索赔问题,提起诉讼。

【一审法院观点】

双方形成的保险合同关系在性质上属于定值保险合同还是不定值保险合同。**所谓定值保险合同是当事人将保险标的保险价值事先约定并在合同中载明作为保险金额,在保险事故发生时根据载明的保险价值进行赔偿**。本案中,**双方就保险标的进行了事先估价,并制作了财产清单。各方均在财产清单中盖章确认,财产清单中双方对保险标的估价价值又作为保险金额记入了保险单,其估价的保险价值与保险单载明的保险金额是一致的,保险单中的特别约定部**

---

① 青岛市中级人民法院(2014)青金商终字第373号保险纠纷民事判决书。

分,虽有本保险为不定值保险的记载,但方正公司以未经协商为由不予认可,永安财险青岛公司提交的保险抄单中虽有方正公司签字,但该签名系在保险事故发生后,在刑事侦查过程中让方正公司签署的,不能证明特别约定系在签订保险合同中双方协商达成一致,对特别约定条款不予采信。综上,双方形成的保险合同符合定值合同的特征,应认定为定值合同。

【二审法院观点】

关于案涉保险合同是否为定值保险合同的问题。方正公司认为,其与上诉人签订的保险合同系定值保险合同,保险公司应当按照保险金额予以赔偿,对此上诉人永安财险青岛公司不予认可。**在保险实务上,依据保险价值在订立保险合同时是否确定,将保险合同分为定值保险合同与不定值保险合同。对于定值保险合同,投保人与保险人在订立保险合同时即确立保险标的的保险价值,并将其载明于保险合同中。而不定值保险合同在订立时不预先约定保险标的的价值,仅载明保险金额作为保险事故发生后赔偿的最高限额,保险人在保险金额的范围内依据实际损失承担保险责任。上述两类合同的区分标准主要在于保险合同中是否明确确定保险标的的价值,而一旦合同中明确约定了保险标的的价值,则保险事故发生后无须对财产损失再行评估确定。**本案中,在订立保险合同的要约过程中,投保人方正公司只是单方向保险公司填写、提交投保单、投保标的明细表等相关投保资料,**其中投保标的明细表中对保险财产"以何种价值投保"的询问栏中方正公司均填写"估价"。永安财险青岛公司同意承保后,在向方正公司交付的保险单正面特别约定条款中明确注明"本保险合同为不定值保险合同""收到保险单证请立即核对,如无疑义,即视为同意合同、条款及约定的全部内容",被保险人方正公司收到保险单后并没有提出异议。而且,保险条款也明确约定固定资产的保险价值为出险时的重置价值,流动资产的保险价值是出险时的账面价值。由此可见,双方订立的保险合同系不定值保险合同。**方正公司无证据证明在订立保险合同时双方已就保险标的价值进行过协商确定,保险合同中也没有保险价值的记载,方正公司主张定值保险合同,无事实依据,本院不予支持。原判决混淆了保险合同的性质,将本案保险合同认定为定值保险合同显属错误,本院予以纠正。

典型案例56　曼妮公司与永安保险南通公司财产保险合同纠纷案[①]

【法院认定事实】

2010年7月20日，曼妮公司为其所有的固定资产及流动资产在永安保险南通公司投保财产险，投保单中载明的保险期限为12个月。固定资产投保金额为1,608,412.75元，保额确定依据为账面原值；流动资产的投保金额为777,789.71元，保额确定依据为账面余额；总保险金额为2,386,202.46元。保险单载明固定资产的保险价值确定方式为账面原值，流动资产的保险价值确定方式为账面余额。保险单中特别约定部分载明，本保险单保险标的中固定资产（流动资产）的保险价值按2010年6月资产负债表确定。2011年7月11日4时30分，曼妮公司因暴雨致车间、仓库全部进水，发生保险责任事故。后因永安保险南通公司未能支付保险金遂成诉。

【一审法院观点】

关于案涉财产保险合同为定值保险还是不定值保险，为足额保险还是不足额保险，以及保险价值如何确定的问题，本院认为案涉保险合同为定值保险、足额保险，保险价值应以曼妮公司2010年6月的资产负债表中载明的固定资产账面原值及流动资产账面余额为准。理由如下：1.投保人曼妮公司在投保时确认固定资产的保额确定依据为账面原值，投保金额为1,608,412.75元；流动资产的保额确定依据为账面余额（存货），投保金额为777,789.71元。均与曼妮公司2010年6月资产负债表中记载的相关数据相吻合。2.在永安保险南通公司出具的保险单中明确约定固定资产的保险价值确定方式为账面原值，保险金额为1,608,412.75元；流动资产的保险价值确定方式为账面余额，保险金额为777,789.71元。亦与曼妮公司2010年6月资产负债表中记载的相关数据相吻合。且在该保险单中特别约定了本保险标的中固定资产（流动资产的）的保险价值按2010年6月资产负债表确定。3. 2011年8月30日，永安保险南通公司与曼妮公司达成的《财产损失定损协议书》中双方再次确认赔偿金额根据保险合同和保险条款的约定理算为准。**上述事实足以证明，曼妮公司与永安保险南通公司达成了一致协议，即固定资产及流动资产的保险价值分别按曼妮公司2010年6月资产负债表中记载的固定资产账面原值及流动资产账面余额（存**

---

① 江苏省高级人民法院（2014）苏审二商申字第0355号财产损失保险合同纠纷民事裁定书。

货)确定,该保险价值显然为唯一、确定的固定值即定值保险,同时保险合同约定的保险金额与保险价值完全一致即足额保险。因为双方在曼妮公司投保时明确约定为定值保险,起到"拟制"保险价值的作用,故按法律规定,无论被保险财产的实际价值在出险时增减与否,应按双方事先"拟制"的保险价值确定赔偿数额,部分损失的,按比例赔偿。考察本案中保险合同所附保险条款,保险人一方面将案涉保险约定为定值保险,另一方面在保险条款中又约定按实际损失赔偿,混淆了定值保险与非定值保险的赔偿方式,但鉴于该格式条款系保险人所制定,在本案中适用该条款有利于对被保险人的赔偿,故法院对该条款予以适用。对于曼妮公司因保险事故造成的固定资产及流动资产的损失,不超过保险金额,应按实际损失赔偿。对于抢救被保险财产的施救费2700元,按照法律规定及合同约定,亦应由保险人赔偿。徐海峰在本案中主张的赔偿总额408,862.26元与保险人已赔偿给曼妮公司的数额111,137.64元相加未超过双方确认的损失总额52万元,故应予以支持。

二审法院维持原判。

【再审法院观点】

关于案涉保险合同是否为定值保险合同的问题。根据案涉保险合同约定,保险标的物价值确定方式为固定资产为账面原值,流动资产为账面余额。曼妮公司2010年6月资产负债表中记载的固定资产账面价值为1,608,412.75元,流动资产的余额为777,789.71元,前述数据与合同载明的固定资产、流动资产保险金额一致。《保险条款》第11条亦规定,"保险标的的保险价值可以为出险时的重置价值、出险时的账面余额、出险时的市场价值或其他价值,由投保人与保险人协商确定,并在本保险合同中载明"。据此,保险合同特别约定"本保险单保险标的中固定资产(流动资产)的保险价值按2010年6月资产负债表确定"。因此,**合同订立时固定资产、流动资产的保险价值分别为1,608,412.75元、777,789.71元,故案涉保险价值为唯一、确定的固定值即定值保险,同时保险合同约定的保险金额与保险价值完全一致即足额保险。**关于永安保险南通公司应支付的保险金额的问题。案涉保险合同的保险标的包含了投保人曼妮公司的固定资产及流动资产,永安保险南通公司作为专业保险机构,应当预料到曼妮公司的固定资产及流动资产随着时间的推移其价值会发生变化,然而其在订立保险合同时并未明示其保险的范围仅包含投保时的投保人的固定资产及流动资产,而是特别约定保险单保险标的中固定资产(流动资产)的保险价值按2010年6月资产负债表确定,即保险金额与保险价值相同。**按法律规定,无论被保险财产的实际价值在出险时是否发生变化,均应按双方事先确定的保险价值确定赔偿数额,部分损失的,按比例赔偿。曼妮公司因保险事故造成的固定资产及流动资产的损失,没有超过保险金额,应按实际损失赔偿。**

三、足额保险与不足额保险

1. 在保险实务中,定值保险在订立保险合同时确定保险价值,不定值保险在出险后按照约定方式确定保险价值。因此,在保险价值确定后,产生保险金额与保险价值大小比较问题。如保险金额小于保险价值的,为不足额投保;如保险金额大于等于保险价值的,为足(超)额投保。

2. 根据《保险法》第55条的有关规定,保险金额低于保险价值的,除合同另有约定外,保险人按照保险金额与保险价值的比例承担赔偿保险金的责任。在保险实务中,需要比较保险金额与保险价值的大小确定是否足额投保。在不足额投保的情况下,除合同另有约定外,应按照保险金额与保险价值的比例确定投保比例,并计算确定相应的保险赔偿金数额。

典型案例57 广林科技公司与人保公司财产保险合同纠纷案①

【法院认定事实】

2012年6月25日,原告广林科技公司与被告人保公司签订《财产综合险保险合同》一份,约定:原告将其所有的厂房、设备及板材等财产在被告处投保,约定每次事故免赔额2000元,或损失金额的20%,二者以高者为准,并约定了保险金额。该合同自2012年6月30日起至2013年6月29日24时止。2012年7月8日至10日,因临沂市突降大暴雨致使原告的厂房、设备及板材等受淹。原告与被告对赔偿数额未达成一致,为此原告诉至法院。

【一审法院观点】

关于本案的理赔数额,双方争议的焦点为“染色单板、刨切夹芯板、刨切面板及毛方是否属于不足额投保”。**本院认为,所谓不足额投保是指保险金额低于保险价值的投保。本案中,双方在保险合同中约定了保险金额,没有约定保**

---

① 临沂市中级人民法院(2015)临商重初字第3号财产保险合同纠纷民事判决书。

险价值,但约定了保险价值的确定方法即“出险时的重置价值或市场价值”,因此,对于保险价值应按“出险时的重置价值或市场价值”来确定,本院将结合出险时的存货价值来认定是否属于不足额投保。参照文正公司评估报告结论,本院认定保险价值及保险性质如下:对于染色单板,全部数量为3,442,300张(无门仓库457,800张+有门仓库2,984,500张),按每张2.7元计算,**计款9,294,210元,保险合同约定的保险金额是5,170,000元,实际价值高于保险金额,应属于不足额投保,投保比例约为55.63%。**对于刨切夹芯板,全部数量为250,900张,按每张6.15元计算,计款1,543,035元;对于刨切面板,全部数量为288,000张,按每张2元计算,计款576,000元;两者相加合计款2,119,035元,保险合同约定的保险金额是2,000,000元,**实际价值高于保险金额,应属于不足额投保,投保比例约为94.38%。**对于毛方,全部数量为241条,按每条4000元计算,计款964,000元,保险合同约定的保险金额是600,000元,**实际价值高于保险金额,应属于不足额投保,投保比例约为62.24%。**因此,染色单板、刨切夹芯板、刨切面板及毛方属于不足额投保,其他均为足额投保。

典型案例58　赵永良与寿县大地财保公司海上、通海水域保险合同纠纷案①

【法院认定事实】

寿县农行于2011年6月2日代赵永良为“皖寿县2229”轮向寿县大地财保投保内河船舶一切险。投保单载明:被保险人为赵永良,保险船舶为“皖寿县2229”轮,险别内河船舶保险一切险,保险金额为120万元,免赔额为10,000元或损失金额的20%,保险期限自2011年6月3日零时起至2012年6月2日二十四时止。保险单载明“皖寿县2229”轮的保险价值为150万元。赵永良未在投保单及特别约定清单上签名,但对“皖寿县2229”轮投保的事实予以认可,并交纳了保险费12,800元。2012年2月6日14时许,“皖寿县2229”轮碰撞,造成本船和上述四轮不同程度受损。后因保险理赔无法达成一致形成诉讼。

【一审法院观点】

“皖寿县2229”轮碰撞事故发生于涉案保险合同存续期间内,该事故导致

① 湖北省高级人民法院(2015)鄂民四终字第00003号海上、通海水域保险合同纠纷民事判决书。

的损失亦属于保险合同约定的承保范围，故因涉案碰撞事故导致的本船及第三方船舶的直接损失应由寿县大地财保按约定予以赔偿。**因赵永良未在特别约定**清单上签字，亦不认可清单中的特别约定内容，寿县大地财保也未能证明保险单及特别约定清单所载明的内容系其与赵永良协商一致的结果，故保险单及特别约定清单所载明的内容对赵永良不产生合同约束力，赵永良就“皖寿县2229”轮向寿县大地财保投保一切险的合同内容应以投保单记载的内容为准。

【二审法院观点】

对于寿县农行代赵永良在投保单及特别约定清单上的签字，应视为受赵永良委托所签，其内容对赵永良应有合同约束力。因此，对于**寿县大地财保称其向赵永良支付保险金时应按保险合同约定扣除免赔额，并按不足额投保约定比例赔付的上诉请求，本院予以支持。**保险单及特别约定清单均载明本保险为不足额投保，且保险单约定了保险价值为150万元，保险金额为120万元，按照不足额投保比例赔付的原则，寿县大地财保对此次保险事故中赵永良所受损应承担80%的保险责任。同时，按照特别清单第1条“本保险单每次事故绝对免赔额10,000元或损失金额的20%，以高者为准”之约定，**赵永良在此次保险事故中所受损失为第三方船舶损失12,975元+本船损失149,994元=162,969元，免赔额取高者即损失的20%为32,593.8元。即寿县大地财保应向赵永良支付的保险金额为全部损失162,969元×80%－免赔额32,593.8元=97,781.4元。**

典型案例59　川渝公司与平安保险公司财产保险合同纠纷案[①]

【法院认定事实】

保险条款约定：“每次事故免赔额（率）由投保人与保险人在订立保险合同时协商确定，并在保险合同中载明”，且出具的《保险单》第9项免赔说明注明：“本保险对洪水每次事故绝对免赔为200,000元人民币或者损失金额的15%，两者以高者为准。”

【再审法院观点】

根据《保险法》第55条第4款之规定：“保险金额低于保险价值的，除合同

---

① 四川省高级人民法院（2014）川民申字第2225号财产保险合同纠纷民事裁定书。

另有约定外,保险人按照保险金额与保险价值的比例承担赔偿保险金的责任。”**川渝公司购买的该保险为不足额保险,而不是属于免责条款,应当按照保险金额与保险价值的比例计算赔偿金额,即保险金=(保险金额4,636,618.09元÷保险价值5,341,577元)×实际损失(1,167,733.6元-251,648.1元)=795,162.21元。**川渝公司认为平安财保违背诚信原则误导其进行不足额投保,但并未提供相应证据予以证明,该申请再审理由不成立。

四、损失补偿原则

(一)基本内容

损失补偿原则是财产保险中计算和确定保险赔偿金的一项基本原则。在保险实务中,损失补偿原则的基本内容是,保险人应当按照保险合同约定,在保险责任范围内对被保险人因保险事故所受实际损失进行填补,以弥补被保险人因保险事故发生而遭受的经济利益损失。损失补偿原则的基本要求是,被保险人不能因保险事故发生后的保险赔付,而获得超过其在保险事故中所受实际损失的额外利益。

(二)实务处理

(1)按照保险法的有关规定,损失补偿原则在保险实务中的运用,包括保险人行使物上代位权、保险人行使代位求偿权以及在不足额保险和重复保险的情形下按照比例分摊损失等内容。

(2)注意事项:

一是人身意外伤害保险属于人身保险性质,由于人身保险利益无法用财产直接衡量,不适用损失补偿原则。但是,当事人可以在人身意外伤害保险合同中约定,医疗费等费用按照实际发生的金额进行损失补偿,该约定对合同当事人、关系人具有约束力。

二是医疗费用保险可以分为补偿性医疗保险和非补偿性医疗保险。其中,按照保险合同约定,补偿性医疗保险应当适用损失补偿原则,有关医疗费用不能重复计算、主张和索赔。

三是在订立保险合同时保险价值具体金额没有确定的,属于不定值保险。不定值保险应按照保险事故发生后保险标的实际价值为基础,计算确定保险赔偿金额。

典型案例60　冯跃顺与光大永明保险公司财产保险合同纠纷案①

【法院认定事实】

光大永明于2005年1月27日向冯跃顺出具保险单,“永宁康顺综合个人意外伤害保险(精英计划)”,载明:光大永明承保冯跃顺投保的“永宁康顺综合个人意外伤害保险(精英计划)”,意外伤害医疗保险金为5000元,每日住院给付金额为20元。2005年6月24日,原告冯跃顺因交通事故受伤住院治疗,至同年7月28日出院,其间共计支付住院医疗费用6690.41元,门诊医疗费用491.6元。天津市公安交通管理局河西支队认定肇事司机黄宝岐对此次交通事故负全部责任,冯跃顺不负责任。后双方因对保险条款产生争议,无法达成保险赔偿协议成诉。

【一审法院观点】

意外伤害保险具有一些类似于财产保险的特点,例如意外伤害造成医疗费用的支出是一种经济损失,这种损失的数额可以确定,等等。但是,**意外伤害保险从根本上讲是基于人身发生意外伤害而形成的保险,不能仅因涉及财产损失而将其归属于财产性质的保险。作为人身保险的个人意外伤害保险不适用损失补偿原则。意外伤害保险的被保险人或受益人依保险合同取得赔偿系基于保险合同关系,这与意外伤害保险的被保险人作为受害人,因侵害人的过错获取赔偿属于不同的法律关系。因此,保险人不能以实施致害行为的第三人已经向被保险人、受益人给予赔偿为由拒绝保险理赔。**

典型案例61　薛秀娟与赣中旅公司、大地保险公司旅游合同纠纷案②

【法院认定事实】

2013年1月17日,被告赣中旅公司作为投保人与第三人中国大地财产保险股份有限公司江西分公司签订了一份《旅行社责任保险统保示范项目保险

① 天津市和平区人民法院(2005)和民三初字第1592号保险合同纠纷民事判决书,载《中华人民共和国最高人民法院公报》2011年第11期(总第181期)。

② 江西省高级人民法院(2017)赣民终248号旅游合同纠纷民事判决书。

单》,约定:责任限额类别及责任限额金额如下:每次事故责任限额200万元,累计责任限额400万元;每次事故每人人身伤亡责任限额40万元,每人有责延误费用责任限额5000元,每人精神损害责任限额1万元;每次事故每人财产损失责任限额100万元;法律费用每次限额为30%;无责救助费每次事故责任限额为10%;免赔额为每次事故每人绝对免赔额为人民币200元(仅适用于基本险旅游者的财产损失),其他损失无免赔。2013年9月25日上午,原告薛秀娟因突遇大风浪致使快艇连续剧烈颠簸,造成其背部剧烈疼痛。因此,原告起诉到法院要求被告承担违约责任,要求第三人中国大地财产保险股份有限公司江西分公司承担赔偿责任。

【一审法院观点】

因保险合同的约定该免赔额适用于基本险旅游者的财产损失,而本案系人身损害赔偿,故第三人大地保险江西分公司所称适用免赔额的辩解意见不予采纳。

【二审法院观点】

上诉人大地保险江西分公司提出,本案与(2015)洪民四初字第30号案存在重复赔偿问题。因被上诉人赣中旅旅行社在上诉人大地保险江西分公司所投保的**责任险属于财产保险,根据财产保险的"损失补偿原则"以及损害赔偿"禁止得利"原则,保险人根据保险合同的约定在其承担的保险金给付义务范围内对被保险人所受实际损失进行填补,保险人履行给付义务旨在弥补被保险人因承保危险发生所失去的利益,被保险人不能因保险给付义务的履行而获得额外利益。根据中国保险监督管理委员会制定的《健康保险管理办法》的规定,医疗费用保险可以分为补偿性医疗保险和非补偿性医疗保险。补偿性医疗保险应适用损失补偿原则。本案被上诉人薛秀娟在永诚财产保险股份有限公司江西分公司所投保的意外伤害险附加的医疗险,系补偿性医疗保险,应适用损失补偿原则。**因此,对于被上诉人薛秀娟已获永诚财产保险股份有限公司江西分公司赔付的治疗费4680.89元、护理费7375.2元、合计12,056.09元,在本案不得重复计赔。

典型案例62　陈芝会与太平洋保险公司人身保险合同纠纷案[①]

【法院认定事实】

2014年12月10日，吴亮作为投保人与保险公司签订保险合同，吴亮母亲陈芝会为被保险人。该附加险保险合同的保险责任条款处明确说明：本附加险合同属于费用补偿型医疗保险合同，若被保险人从除基本医疗保险以外的其他途径取得医疗费用补偿或赔偿，我们给付保险金以扣除上述所得医疗费用补偿或赔偿后的剩余医疗费用中符合保险单签发地政府基本医疗保险管理规定的费用金额为限。后因保险索赔问题成诉。

【再审法院观点】

本院经审查认为，陈芝会之子吴亮为其在太平洋保险公司投保，双方签订《附加意外伤害医疗费用医疗保险》《附加安心住院费用医疗保险》保险合同。**意外伤害保险具有人身保险的性质，但由此产生的医疗费用支出是可以确定的数额。本案陈芝会所购买的附加险属于费用补偿型医疗保险，医疗保险合同适用损失补偿原则**，保险条款对保险责任和医药费用的承保范围作了明确约定，太平洋保险公司对此进行了告知，其亦签字认可。故陈芝会申请再审认为医疗保险属人身险，不适用损失补偿原则的理由不能成立。

典型案例63　孙清平与天安保险公司人身保险合同纠纷案[②]

【法院认定事实】

2013年4月4日，孙清平向天安保险公司投保2份人身保险，被保险人系孙清平，保险期间为1年。保险责任包括三项：一是意外身故、残疾，二是意外伤害医疗，三是意外伤害住院津贴，该项的文字说明为："每次事故绝对免赔天数3天，意外住院津贴每次事故最多给付60天，全年累计给付180天为限。"2013年11月24日，孙清平为自家维修房屋时摔伤，导致左足跟骨骨折。后孙清平认为其投保了2份保险，但天安保险公司只按照1份保险理赔，显失公平，遂成诉。

---

① 陕西省高级人民法院(2017)陕民申206号人身保险合同纠纷民事裁定书。

② 北京市第三中级人民法院(2015)三中民(商)终字第02504号意外伤害保险合同纠纷民事判决书。

【一审法院观点】

意外伤害保险合同属于人身保险合同,《保险法》仅在财产保险合同一节中对重复保险进行了相关规定,并且体现了损失补偿原则,在人身保险合同中未规定损失补偿原则,天安保险公司在本案中引用该保险原则缺乏法律依据。同时,保险卡上载明本卡同一被保险人限投2份,多投保部分无效。本案孙清平向天安保险公司投保2份保险,符合双方的约定,孙清平要求按照2份保险进行赔偿,有合同依据。孙清平提交了住院收据等证据表明其因意外伤害支出医疗费4949.62元,扣除绝对免赔额100元之后,孙清平要求天安保险公司赔偿医疗费4849.62元,符合合同约定,该院予以支持。

【二审法院观点】

本案中,天安保险公司在《碧升天安卡》的"投保特别告知"中明确载明,"意外伤害医疗保险每次事故绝对免赔额100元,超过100元部分按被保险人每次保险事故所实际支出的,当地符合社会基本医疗保险支付范围内的必要且合理医疗费用,扣除当地社会基本医疗保险或其他途径已补偿或给付部分后,在保险金额内,本公司按100%的比例给付意外伤害医疗保险金"。该约定明确了以下几个方面的内容:第一,事故的绝对免赔额。这是对金额较低的医疗费用采用免赔额的规定,使天安保险公司只负责对超过免赔额的部分承担赔付责任。**第二,强调天安保险公司负责对被保险人实际支出的必要且合理的医疗费用承担赔付责任,明确了被保险人不能因为投保意外伤害医疗保险而获取额外的利益。第三,强调天安保险公司只负责对被保险人没有实际获得补偿或给付部分承担赔付责任,即天安保险公司的赔付采用损失补偿原则。**基于此,本院认为,**一审法院仅以意外伤害保险合同属于人身保险合同,而损失补偿原则仅适用于财产保险为由,确认在人身保险合同中不能适用损失补偿原则,并由此判令天安保险公司给付孙清平双份医疗费用不当。**本案中,**在双方当事人有特别约定时,应当尊重当事人的约定,适用损失补偿原则进行赔付。**即孙清平花费的医疗费用的补偿应以其实际花费为限,如果其实际花费未超过1份保险的赔付标准,天安保险公司仅需在1份保险单中予以赔付,孙清平不可以获得双份赔偿。如果孙清平的实际支出超过1份保险单的赔付范围,就其超出部分,可以在另1份保险单中获得赔付。本案中,孙清平实际支出的医疗费用并未超过1份保险单的赔付额度,其只能获得1份保险单项下的赔付,现其要求双份赔付没有相应的合同依据,本院对此不予支持。故此,天安保险公司要求以实际损失为赔付标准的上诉理由成立，本院对此予以采信。

典型案例64 李昊与人保公司财产保险合同纠纷案①

【法院认定事实】

李昊为其车在人保公司投保商业机动车损失险104300元，且不计免赔，保险期间自2013年11月14日起至2014年11月13日止。2014年10月7日0时45分，保险车辆发生交通事故。西安市公安局交通管理支队雁塔大队《道路交通事故认定书》认定，此次事故，案外人董磊磊承担全部责任，李昊无责任。后被保险人李昊在向侵权方董磊磊主张赔偿，未获得赔偿情况下，向法院起诉要求人保公司承担保险赔偿责任。

【一审法院观点】

本案争议焦点为，被保车辆发生保险事故，已经向侵权方（董磊磊、赵堤涵）主张赔偿，且判决已生效，在李昊申请执行未获赔偿的情况下，被保险人即李昊是否有权依据双方保险合同向人保公司主张赔偿。《保险法》第60条规定："因第三者对保险标的的损害而造成保险事故的，保险人自向被保险人赔偿保险金之日起，在赔偿金额范围内代位行使被保险人对第三者请求赔偿的权利。前款规定的保险事故发生后，被保险人已经从第三者取得损害赔偿的，保险人赔偿保险金时，可以相应的扣减被保险人从第三者已取得的赔偿金额。保险人依照本条第一款规定行使代位请求赔偿的权利，不影响被保险人就未取得赔偿的部分向第三者请求赔偿的权利。"**从上述规定可见，其目的在于防止被保险人由于保险事故的发生，从保险人和第三者责任方同时获得双重赔偿而额外获利，确保损失补偿原则的贯彻。因为损失补偿原则要求被保险人获得的补偿不得超过其所遭受的损害，而当保险事故是由第三者责任造成时被保险人有权依据保险合同向保险人请求赔偿，也有权对造成损害的第三者请求赔偿。如果允许被保险人同时拥有双重求偿权或者多于保险标的实际损害的补偿，则违反损失补偿原则**，因此在被保险人取得保险赔偿后，应当将向第三者请求赔偿的权利转移保险人，由保险人代位求偿。事故发生后，李昊为受害方，有权向侵权人董磊磊、赵堤涵请求赔偿，也有权依据保险合同向人保公司请求赔偿，但**李昊主张保**

① 西安市中级人民法院(2017)陕01民终6604号财产保险合同纠纷民事判决书。

险赔偿时不能违反保险法的损失补偿原则。虽然李昊已经向侵权方主张赔偿,且判决已生效,但因被执行人无执行能力至今未获得实际赔偿。案件审理中,李昊明确表示在人保公司赔偿金额范围内,根据相关法律规定将其执行追偿权转让给人保公司,于法不悖,且不损害他人利益,因此李昊有权依据双方保险合同向人保公司主张赔偿。保险事故发生后,李昊支出车辆维修费 18,873.50 元,业经生效判决认定,故人保公司应当在车辆损失险限额 104,300 元的范围内赔偿李昊 18,873.50 元。人保公司自向李昊赔偿 18,873.50 元之日起,有权在赔偿金额范围内代位行使李昊对侵权方(董磊磊、赵堤涵)请求赔偿的权利。

五、保险利益原则

(一)基本内容

保险利益原则是保险法律的重要特征和内容。按照保险法的规定,保险利益是指投保人或者被保险人对保险标的具有法律上承认的利益。人身保险是以人的寿命和身体为保险标的的保险。财产保险是以财产及其有关利益为保险标的的保险。人身保险的投保人在保险合同订立时,对被保险人应当具有保险利益。财产保险的被保险人在保险事故发生时,对保险标的应当具有保险利益。在财产保险中,保险事故发生时,被保险人对保险标的不具有保险利益的,不得向保险人请求赔偿保险金。

(二)法律适用

1. 人身保险

针对人身保险合同,依照投保人在投保时对被保险人是否具有保险利益为标准确定保险合同效力,以及被保险人、受益人能否主张保险合同的利益。只要投保人在保险合同订立时对被保险人具有保险利益的,即使在保险合同履行过程中,投保人对被保险人不具有保险利益,除非保险合同按照约定解除或者履行终止,人身保险合同依然合法有效,被保险人仍可向保险人主张支付保险金。

2. 财产保险

针对财产保险合同,按照保险事故发生时,被保险人对保险标的是否具有保险利益,来确定被保险人能否要求保险人承担保险赔偿责任。如保险事故发生时,被保险人对保险标的不具有保险利益的,不得向保险人请求赔偿保险金。

3. 不同投保人可以对同一保险标的分别投保

根据《保险法司法解释(二)》第1条的规定，财产保险中，不同投保人就同一保险标的分别投保，保险事故发生后，被保险人在其保险利益范围内依据保险合同主张保险赔偿的，人民法院应予支持。可见，在财产保险实务中，具有不同保险利益的投保人，可以针对同一保险标的，分别进行投保，并在出险后依照各自保险合同约定主张和要求保险赔偿。

4. 保险利益

在保险实务中，保险标的不合法，不当然导致保险利益不合法。同时，财产保险的保险利益可分为财产上的既有利益、基于现有利益而产生的期待利益、责任利益三类。

一是财产保险上的既有利益，是指投保人或被保险人对保险标的所享有的现存利益。既有利益不以所有权利益为限，主要包括财产所有人对其所有的财产拥有的利益，抵押权人、质权人、留置权人对抵押、出质、留置的财产拥有的利益(但债权人对债务人没有设定抵押权、质押权、留置权的其他财产，则不应认定有保险利益)，合法占有人对其占有的财产拥有的利益，财产经营管理人对其经营管理的财产拥有的利益。

二是期待利益，是指投保人或被保险人对保险标的利益尚未存在，但基于其既有权利预期未来可获得的利益。期待利益必须具有得以实现的法律根据或合同根据。

三是责任利益，是指因被保险人依法应承担民事赔偿责任而产生的经济利益。①

典型案例65 王连顺与人保公司人身保险合同纠纷案②

【法院认定事实】

1995年10月30日，原中国人民保险公司永顺县支公司为本单位6名女职工(包括原告王连顺之妻陈晓兰)投保妇科癌病普查保险，投保人和保险人均为

① 转引自《浙江省高级人民法院关于审理财产保险合同纠纷案件若干问题的指导意见》第13条内容。

② 载《中华人民共和国最高人民法院公报》2001年第4期(总第72期)，湘西土家族苗族自治州中级人民法院保险合同纠纷民事判决书。

永顺县保险公司,被保险人和受益人是这6名女职工,保期3年。1996年6月,原中国人民保险公司永顺县支公司分立为人寿保险公司和财产保险公司两个单位,陈晓兰被分到被告永顺人保工作。1997年7月,陈晓兰从永顺人保调往中国平安保险公司吉首分公司工作。同年8月5日,永顺人保作出业务批单,以陈晓兰不具有可保利益为由解除了保险合同,没有书面通知陈晓兰。1998年1月陈晓兰患癌症,后又确诊为子宫膜腺癌。1999年7月8日因癌症恶化死亡。后因保险索赔问题成诉。

【一审法院观点】

人员流动是社会发展正常现象。以可流动人员的身体作为保险标的的人身保险合同,投保人在投保时对保险标的具有的保险利益,可能由于人员流动而在投保后发生变化。**对人身保险合同,只能根据投保人在投保时是否具有保险利益来确定合同效力,不能随保险合同成立后的人事变化情况来确定合同效力,这样才能保持合同的稳定性。**被告永顺人保以陈晓兰调离后,永顺人保已没有可保利益为由,主张本案合同无效,理由不能成立。

【检察院抗诉后一审法院再审观点】

抗诉机关认为保费是由原中国人民保险公司永顺县支公司支出,没有举出任何证据;认为陈晓兰调离后,保险合同因投保人失去保险利益而无效,理由不能成立。

典型案例66 欣盛公司与财保榆林分公司财产保险合同纠纷案①

【法院认定事实】

2015年4月11日,欣盛公司与财保榆林分公司签订物流货物保险合同。保险单载明,投保人、被保险人均为榆林市榆阳区欣盛货运服务有限责任公司,被保险人地址为陕西省榆林市榆阳区王家楼麻地湾二组,被保险人的业务范围为:货物仓储。保险标的主险为:日用杂货及行李物品。保险金额为2600万元,并购买有附加盗窃等三项附加险,特别约定“每次事故绝对免赔额为1000元”。2015年9月19日,欣盛公司所有的位于榆林市榆阳区麻地湾的投保库房第三排发生火灾。欣盛公司与财保榆林分公司因保险赔偿无法

① 最高人民法院(2017)最高法民申3222号保险纠纷民事裁定书。

达成一致成诉。

【再审法院观点】

财保榆林分公司与欣盛公司签订的《物流货物保险条款》(2009 版)第 2 条约定:“物流是指被保险人根据实际需要,将运输、储存、装卸、搬运、包装、流通加工、配送和信息处理等基本功能实施有机结合,使物品从供应地向接受地实体流动的过程。物流货物是指被保险人进行物流的物品。”**本案所涉物流货物保险合同的保险标的物,系欣盛公司履行运输或储存、装卸等物流义务的物品,并未限定必须是被保险人拥有所有权的货物。欣盛公司的营业范围为普通货物仓储,依据欣盛公司与承租人的租赁合同,欣盛公司作为出租人,在保证承租人仓库内财产安全方面收取了承租人的费用,应承担相应的安全保障义务,且欣盛公司连续四年投保物流货物保险,对仓库承租人的货物负有保管义务,具有保险利益。**原审判决认定欣盛公司对受损货物具有保险利益并不缺乏证据,也非不能证明,适用法律亦无不当。

典型案例 67 远龙公司与阳光保险柳州支公司海上、通海水域保险合同纠纷案[①]

【法院认定事实】

2009 年 7 月 9 日,原告远龙公司为“柳州明泰 162”船向被告阳光保险柳州支公司投保沿海内河船舶一切险。第一受益人为融安县农村信用合作联社;船舶所有人为谭庆录;被保险人为柳州市远龙航运有限公司。2009 年 8 月 28 日上午 7 时 30 分,“柳州明泰 162”船装载货物(卷钢)从柳州下航至象山县运江下游小麻子滩时发生触礁搁浅事故。后因被告阳光保险柳州支公司拒赔,原告向法院提起诉讼。

【一审法院观点】

关于原告是否具备保险利益的问题。保险利益是保险合同法特有的制度,财产保险合同的被保险人对保险标的是否具有保险利益直接决定被保险人是否能够请求赔偿保险金。根据《最高人民法院关于适用〈中华人民共和国保险法〉若干问题的解释(二)》第 1 条“财产保险中,不同投保人就同一保险标的的分

---

① 广西壮族自治区高级人民法院(2014)桂民四终字第 48 号通海水域保险合同纠纷民事判决书。

别投保,保险事故发生后,被保险人在其保险利益范围内依据保险合同主张保险赔偿的,人民法院应予支持”之规定,**不同投保人可以就同一保险标的分别投保。也就是说法律承认财产的使用人、租赁人、承运人等主体对保险标的也具有保险利益。据此,本案原告作为“柳州明泰162”船财产的使用人、经营人和本案货物承运人,其对保险标的“柳州明泰162”船当然具有保险利益。**此外,“柳州明泰162”船在海事局登记的所有人虽然是柳州市明泰船务有限公司,但实际所有人为谭庆录,而原告远龙公司系谭庆录、陈柳玲夫妇所开办,故原告远龙公司对“柳州明泰162”船具有保险利益。

【二审法院观点】

根据《保险法》第12条第6款的规定:“保险利益是指投保人或者被保险人对保险标的具有的法律上承认的利益。”本案的投保单、保险单及特别约定清单均显示,被上诉人远龙公司既是投保人,也是被保险人。另外,从案件的证据材料及查明的事实来看,**虽然在投保时“柳州明泰162”号船的登记所有权人是柳州市明泰船务有限公司,实际所有权人是谭庆录,但2009年5月时该船舶已转由被上诉人远龙公司实际经营,那么被上诉人远龙公司对该船舶具有合法的、直接的经济利益,一旦船舶受损则被上诉人远龙公司亦遭受经济损失。故被上诉人远龙公司在本案中对“柳州明泰162”船具有保险利益。**上诉人阳光保险柳州支公司认为谭庆录是“柳州明泰162”船的实际所有权人同时又是被上诉人远龙公司的股东,但股东的个人财产不等同于公司财产,所以远龙公司为“柳州明泰162”船投保并不能代表远龙公司就肯定具备保险上的利益,但其对远龙公司实际经营管理着“柳州明泰162”船的事实并未予以否认,也未提出相反的证据,因此,上诉人阳光保险柳州支公司认为被上诉人远龙公司对涉案船舶没有保险利益的理由不能成立,本院对其该主张不予采纳。

典型案例68 刘全与平安保险公司财产保险合同纠纷案①

【法院认定事实】

2012年5月9日,公司法定代表人原告刘全作为投保人将楼房向中国平安保险股份有限公司投保,保险金额15,575,800元,并按合同约定缴纳了保险

① 河北省高级人民法院(2014)冀民一终字第178号财产保险合同纠纷民事判决书。

费，保险期间自2012年5月10日0时起至2014年5月9日24时止。2013年2月18日早6:30左右，该投保楼房发生火灾。后原告因向被告索赔未果，诉至法院。

【一审法院观点】

原告刘全对该楼房虽只有20%产权，但在签订保险单及保险合同时，被告已验明房屋产权证，其明知投保楼房有五位产权人，而只将刘全一人列为投保人，说明被告认可产权人之一的刘全作为被保险人对全部楼房进行投保，并且该房屋的其他共有人已出具声明，将对该楼房的保险金的请求权及保险金的所有权转给原告刘全，故原告有权请求该楼房的全部保险权益。

【二审法院观点】

关于刘全对受损房屋的保险利益请求权。首先，**本案的保险标的是整体房屋，保险利益亦是针对整体房屋而存在，在签订保险合同时，虽未将房屋的全部共有人列为被保险人，但其他共有人对刘全作为整体房屋的被保险人并无异议，应视为其他共有人同意刘全以被保险人的身份享有整体房屋的保险利益**，因此，刘全在签订保险合同时即已取得作为整体房屋被保险人的一切权利，其他共有人在保险事故发生后的转让声明系进一步对此加以确认，即使没有该声明，亦应当认定刘全对整个保险标的享有全部保险利益。其次，从保险合同的签订过程看，可以认定保险公司知道或者应当知道保险标的的产权归属，在此情况下，保险公司仍同意并接受刘全一人作为被保险人对整体房屋进行投保，事实上，在二审上诉状中，保险公司亦认为："刘全投保时可以将个人与他人共有的房屋整体投保，上诉人作为承保人无权拒绝"，而保险事故发生后，保险公司既否认刘全对整体房屋全部保险利益的请求权，同时又认为其它共有人因不是被保险人而无权主张保险利益，那么，由此导致的结果将是，保险公司既接受对整体房屋的承保又按整体房屋的保险金额收取保险费，而刘全只能就20%的保险利益请求赔偿，其余80%的保险利益则无从保障和救济，这显然既不符合公平原则，亦不符合诚实信用原则。故保险公司主张刘全只享有20%保险利益请求权的上诉理由，于法于理皆不能成立，本院对此不予支持。

典型案例69　瓯潮公司与永安保险常州支公司财产保险合同纠纷案①

【法院认定事实】

2011年1月17日,瓯潮公司、升亮公司与永安保险常州支公司订立财产保险合同。为坐落于常州市武进区湖塘镇东升村的房屋及存放于其中的机器设备和存货投保财产保险综合险。保险价值确定方式为估价,其中房屋的保险金额为500万元;机器设备的保险金额为542.4万元;存货的保险金额为600万元。保险期限自2011年1月18日0时起至2012年1月17日24时止。2010年9月24日下午13时30分许,瓯潮公司生产车间一清花机附近发生火灾。后因永安保险常州支公司没有支付保险赔偿金成诉。

【再审法院观点】

《保险法》第12条第6款规定,保险利益是指投保人或者被保险人对保险标的具有的法律上承认的利益。根据双方签订的《永安保险财产综合险》条款第2条约定,其他具有法律上承认的与被保险人有经济利害关系的财产财产可在保险标的范围以内。据此,**保险利益的确定,并不单纯依据财产所有权归属,还应根据被保险人在法律上对保险标的是否具有法律上承认的利益,其主要表现形式有:物权产生的利益、债权产生的利益、现有利益产生的期待利益、特定法律关系产生的利益**。根据吴显国等人与瓯潮公司签订的承包经营协议以及该协议履行情况,吴显国等人对外以瓯潮公司名义经营,对内实行独立核算,招聘工人、采购原料、产品销售等均独立进行,与瓯潮公司无关。吴显国等人在承包区域内生产经营的存货所有权应当归属吴显国等人。但是,基于双方存在的承包经营关系,承包区域内吴显国等人经营的财产与瓯潮公司亦有一定经济利害关系,属于特定法律关系产生的利益。**因此,吴显国等人承包经营的财产亦属上述条款中其他具有法律上承认的与被保险人有经济利害关系的财产,因瓯潮公司对其具有保险利益而应当成为保险理赔的保险标的**。永安保险常州支公司主张吴显国等人经营的受损财产不属于理赔范围缺乏事实和法律依据,一、二审法院未支持该主张,并无不当。一、二审法院认定瓯潮公司与吴显国等人之间为承包经营关系,有承包合同予以证明。永安保险常州支公司认为瓯潮公司与吴显国等人系租赁关系,无证据证明,其申请再审理由不能成立。

---

① 江苏省高级人民法院(2014)苏审二商申字第037号保险纠纷民事裁定书。

第六节　其 他 内 容

在保险法律实务中，容易产生争议纠纷的情况，还包括保险金请求权转让、财产保险合同约定受益人、责任保险的被保险人或者第三者的诉讼主体是否适格，重复保险赔偿金的计算，以及保险人是否应当承担保险金迟延支付产生的利息损失等问题。

一、诉讼主体

在保险法律实务中，诉讼主体问题是保险合同纠纷案件的争议焦点内容之一，主要包括被保险人、受益人以及其他主体的诉讼主体是否适格等问题。具体来说，在实务中，主要涉及保险金请求权能否进行转让、财产保险合同约定受益人能否具有起诉主体资格、责任保险的被保险人或第三者的起诉主体资格等内容。

（一）保险金请求权的转让

1. 现有法律规定

根据《保险法》第 12 条、第 18 条的规定，被保险人是其财产或者人身受保险合同保障，享有保险金请求权的人。受益人是指人身保险合同中由被保险人或者投保人指定的享有保险金请求权的人。《保险法》第 42 条规定，被保险人死亡后，有下列情形之一的，保险金作为被保险人的遗产，由保险人依照《继承法》的规定履行给付保险金义务：没有指定受益人，或者受益人指定不明无法确定的；受益人先于被保险人死亡，没有其他受益人的；受益人依法丧失受益权或者放弃受益权，没有其他受益人的。同时，《合同法》第 79 条规定，债权人可以将合同的权利全部或者部分转让给第三人，但有下列情形之一的除外：根据合同性质不得转让；按照当事人约定不得转让；依照法律规定不得转让。

2. 保险实务情形

（1）人身保险合同指定受益人且合法有效的情况下，根据《保险法司法解释（三）》第 13 条的规定内容，保险事故发生后，受益人将与本次保险事故相对应的全部或者部分保险金请求权转让给第三人，当事人主张该转让行为有效的，人民法院应予支持,但根据合同性质、当事人约定或者法律规定不得转让的除外。依照保险法和司法解释规定,发生人身保险赔偿金转让的,除根据合同性质、当事人约定或者法律规定不得转让的外,转让行为合法有效,受让人可以作为权利主体起诉。

(2)人身保险合同没有指定受益人或者受益人指定无效情形下,《保险法司法解释(三)》第13条有关受益人转让的规定不具有适用前提。如发生被保险人死亡的,则应当根据《保险法》第42条的规定,保险金作为被保险人遗产,保险人根据《继承法》的有关规定履行保险金的给付义务。

(3)财产保险和人身保险合同中,根据合同性质、当事人约定或者法律规定,被保险人或者受益人的保险金不得转让的,应由被保险人或受益人作为保险合同保险金请求权主体行使权利,被保险人或受益人将保险合同权益转让给第三人的,转让行为无效,该第三人不能作为保险合同保险金请求权主体主张相应的保险合同权利。

(4)根据《最高人民法院〈关于审理道路交通事故损害赔偿案件适用法律若干问题的解释〉》第24条的规定,当事人主张交强险人身伤亡保险金请求权转让或者设定担保的行为无效的,人民法院应予支持。可见,在交通事故强制责任保险中,人身伤亡保险金请求权转让的,该转让行为无效,受让人不能取得保险金请求权。

典型案例70　王功臣与人保公司人身保险合同纠纷案[①]

【法院认定事实】

王功臣经营的车辆挂靠在徐州众旺物流有限公司经营,其通过徐州市马山运输有限公司向人民财险徐州公司投保了团体意外伤害保险,于兴红系王功臣雇用的司机,系团体意外保险的被保险人之一。团体意外伤害保险保险单载明:身故保险金受益人由被保险人或投保人指定,若投保人未填写身故保险金受益人信息的,保险人将根据《保险法》第42条的规定给付保险金;意外身故、残疾给付,每人保险金额为30万元。2017年4月1日早上4时许,于兴红被发现死于本市铜山区利国镇蓝海停车场内。徐州市铜山区公安局利国派出所接

① 徐州市中级人民法院(2017)苏03民终7725号意外伤害保险合同纠纷民事判决书。

警后,民警及法医到达现场。经公安机关初步勘查,认定死者于兴红系意外死亡。2017 年 4 月 19 日,王功臣(甲方)与于兴红亲属(乙方)达成死亡赔偿协议书一份,载明:于兴红于 2017 年 4 月 1 日发生意外事故死亡……甲方向乙方支付各项赔偿金共计 45 万元整,该费用包括甲方应依法支付的全部费用,包括但不限于丧葬费、死亡赔偿金、精神损害抚慰金、被抚养人生活费、处理丧葬事宜人员费用等……乙方及其近亲属自愿放弃基于于兴红意外死亡所产生的各项权利及所享有仲裁、诉讼的权利,不得再就赔偿事宜向甲方提出任何形式的赔偿要求,并将保险理赔权利让渡给甲方,否则乙方应无条件返还甲方支付的全部款项……甲方于 2017 年 4 月 9 日前支付乙方赔偿金 30 万元,余款 15 万元在 60 日内支付完毕,支付方式为现金支付,乙方开具收款收条……乙方保证在签署本协议时,确认其为死者于兴红的全部直系亲属,并已得到所有近亲属的授权及认可……赔偿协议书还约定了其他相关事项,原告王功臣在甲方处签名并捺印,乙方处由于兴林、于秀平、于晴、于唐签名并捺印。当日,王功臣向于兴红近亲属支付 30 万元,于兴林在死亡赔偿协议尾部书写收款收据:今收到王功臣给付人民币叁拾万元整。2017 年 5 月 15 日,王功臣向于兴林家属支付 15 万元,于兴林在死亡赔偿协议复印件尾部书写收款收据:今收到王功臣给付人民币壹拾伍万元整。后王功臣诉至法院要求人民财险徐州公司支付保险赔偿金。

【一审法院观点】

关于王功臣的一审诉讼主体资格问题。**因涉案保险并未指定保险受益人,根据《保险法》第 42 条之规定,保险金作为于兴红的遗产,由保险人依照《继承法》的规定履行给付保险金的义务。**根据《最高人民法院关于适用〈中华人民共和国保险法〉若干问题的解释(三)》第 13 条之规定,保险事故发生后,受益人将与本次保险事故相对应的全部或者部分保险金请求权转让给第三人,当事人主张该转让行为有效的,人民法院应予支持,但根据合同性质、当事人约定或者法律规定不得转让的除外。该案中,王功臣与于兴红家属达成死亡赔偿协议,于兴红的母亲刘美荣虽未在死亡赔偿协议上签名,但结合死亡赔偿协议载明的"乙方保证在签署本协议时,确认其为死者于兴红的全部直系亲属,并已得到所有近亲属的授权及认可"以及徐州市铜山区利国镇吴庄村村民委员会出具的关于刘美荣身体状况、精神状况的证明,该院认定死亡赔偿协议成立并生效。**王功臣已按照死亡赔偿协议向于兴红家属支付了赔偿金,于兴红家属将保险理赔权利让度给王功臣。该保险金的请求权具有财产性和确定性,属于纯财产性质**

的债权,与其他普通财产权利的转让并未二致,可以自由转让。同时保险合同中也并未约定不得转让,故王功臣具备诉讼主体资格。

【二审法院观点】

关于涉案保险金请求权转让行为是否有效的问题。《最高人民法院关于适用〈中华人民共和国保险法〉若干问题的解释(三)》第13条规定:"保险事故发生后,受益人将与本次保险事故相对应的全部或者部分保险金请求权转让给第三人,当事人主张该转让行为有效的,人民法院应予支持,但根据合同性质、当事人约定或者法律规定不得转让的除外。"本案中,**首先,涉案保险事故发生后,死者于兴红的继承人所享有的保险金请求权即从不确定的期待转化为确实的要求太平财险按照保险合同给付保险金的权利,该保险金请求权属于纯财产性质的债权,不具有人身属性,且涉案保险合同并未对保险金请求权的转让进行限制,本案中的转让情形亦不属于法律规定不得转让的情形,故涉案保险金请求权依法可以转让**。其次,王功臣一审提供的死亡赔偿协议已约定于兴红的继承人将涉案保险金请求权转让给王功臣,并由除于兴红母亲刘美荣之外的其他继承人及案外人于兴林签字确认,王功臣二审提供的情况说明亦可以证明刘美荣已对于兴林代为在赔偿协议中签字的效力进行了追认,故本院依法认定涉案保险金请求权转让行为有效,王功臣有权向人民财险徐州公司主张涉案保险金。另外,因本案系意外伤害保险合同纠纷,王功臣在赔偿于兴红继承人时有无明确赔偿项目并不影响人民财险徐州公司根据保险合同的约定进行理赔。

典型案例71 源利泰公司与人寿保险天津分公司人身保险合同纠纷案①

【法院认定事实】

2014年9月3日,源利泰公司在人寿保险天津分公司投保人身保险一份(合同号2014-120223-845-70000647-0)。合同生效日为2014年9月3日,合同期满日为2015年9月2日,被保险人数为30人,合同中被保险人名单中包括张义和。张义和在医院住院治疗期间支付医药费23,741.14元,由源利泰公司垫付。庭审过程中,张义和出庭明确表示自愿将向人寿保险天津分公司

① 天津市第一中级人民法院(2018)津01民终1117号人身保险合同纠纷民事判决书。

索赔的权益转让给源利泰公司，其不再向人寿保险天津分公司主张。

【一审法院观点】

本案的争议焦点是：本案源利泰公司是否享有保险金请求权。对此分析如下：根据相关法律规定，保险事故发生后，受益人将与本次保险事故相对应的全部或者部分保险金请求权转让给第三人，当事人主张该转让行为有效的，人民法院应予支持。本案中，**张义和为源利泰公司与人寿保险天津分公司所签团体意外保险合同中的被保险人，该合同未指定受益人，而根据保险法的规定，被保险人是指其财产或人身受保险合同保障，享有保险金请求权的人。故在未指定受益人的情况下，被保险人亦有权转让保险金请求权。张义和将保险权益转让给源利泰公司系其真实意思表示，不违反法律法规的相关规定，应予支持。**故本案源利泰公司是适格的主体。

二审维持原判。

（二）财产保险合同约定受益人能否具有起诉主体资格

1. 实务现状

在保险法律实务中，财产保险合同中约定受益人的，该约定受益人能否具有起诉主体资格并主张保险合同权益存在争议。一般来说，现阶段在实务中主要有以下四种情形。

一是认为财产保险合同中约定受益人属于当事人意思自治，在不违反法律法规的禁止性规定情况下，该约定合法有效。但是，财产保险合同中约定的受益人为“约定受益人”，该约定受益人权利义务按照合同约定内容确定，并不能直接产生保险法上的“受益人”权利。

二是肯定财产保险合同中约定受益人，认为被保险人和受益人共同享有保险金请求权。如《浙江省高级人民法院关于审理财产保险合同纠纷案件若干问题的指导意见》第 15 条规定，财产保险合同中约定受益人条款的，在受益人与被保险人非同一人的情形下，被保险人未主张保险金请求权时，受益人可以作为原告向保险人主张权利。

三是直接认定财产保险合同中约定的受益人等同于保险法规定的受益人，即该约定受益人等同于《保险法》第 18 条规定的受益人，并享有保险法规定的保险金请求权。

四是不支持财产保险合同中约定受益人。依照保险法的有关规定，受益人属于人身保险合同的专属概念。只有在人身保险合同中,投保人或者被保险人指定受益人,该受益人才享有保险金请求权。财产保险合同中没有约定或指定受益人的规定。

2. 财产保险合同约定受益人不具有起诉主体资格

财产保险合同约定受益人不具有起诉主体资格的具体事实、理由、内容以及相关权益人的保障措施,在本书第五章已作详细分析和阐述,在此不再赘述。

典型案例72 谢丹与中银保险河北分公司财产保险合同纠纷案①

【法院认定事实】

2015年10月2日,谢丹作为投保人在中银保险河北分公司为车辆分别投保了机动车交强险和机动车商业险,被保险人为谢丹,其中机动车损失保险金额为6万元,机动车第三者责任保险金额为20万元及不计免赔率特约条款、指定专修厂特约条款等险种,机动车交强险和机动车商业险保险期间均自2015年10月2日至2016年10月1日。2015年11月2日,朱乐驾驶谢丹所有的保险车辆发生交通事故。石家庄市公安局交通管理局新华交警大队出具的道路交通事故认定书(简易程序),认定朱乐负全部责任。后谢丹与中银保险河北分公司保险理赔协商未果遂成诉。

【一审法院观点】

被告以机动车商业保险单特别约定中第一受益人为北京汽车集团财务有限公司,当一次事故的保险赔款高于人民币5000元时,保险人须征得第一受益人书面同意后可对被保险人支付为由进行抗辩。**根据保险法的规定,只有在人身保险合同中被保险人或者投保人才能指定受益人,财产保险合同中并无指定受益人的规定,故该机动车商业保险合同中约定受益人不符合保险法的规定,保险金请求权仍应以对保险标的具有保险利益的人享有**,故本院对于被告上述的抗辩主张不予采信。

---

① 石家庄铁路运输法院(2015)石铁民一初字第615号财产保险合同纠纷一审民事判决书。

典型案例73　中国银行吉水支行与人寿财险吉安中支公司财产保险合同纠纷案①

【法院认定事实】

2012年8月14日在向人寿财险吉安中支公司投保了全额险，保险期限自2012年7月17日0时起至2013年7月16日24时止。2012年8月2日，人寿财险吉安中支公司对机动车保险批单进行了批改，在批单上增加了“本保险单第一受益人为中国银行股份有限公司吉水支公司”的特约。2013年6月，中国银行吉水支行以客户张淑华未按期还款为由，向法院起诉。

【二审法院观点】

根据《中华人民共和国保险法》第18条的规定，受益人是指人身保险合同中由被保险人或者投保人指定的享有保险金请求权的人；**而在财产保险中，保险法并无关于受益人权利、义务的相关规定。本案中保险标的是车辆，不能参照人身保险中第一受益人的相关规定确定合同当事人的权利义务。**因此，中国银行吉水支行以“第一受益人”身份主张其诉请，不予支持。

典型案例74　苏讯物流有限公司与永安财保南京支公司财产保险合同纠纷案②

【法院认定事实】

2014年1月22日，沭阳县苏讯物流有限公司在被告永安财保南京支公司投保交强险及商业险，其中商业险被保险人为沭阳县苏讯物流有限公司，承保险种包括第三者责任险、车上人员责任险、车辆损失险等，保险合同中特别约定：本保险单第一受益人江苏民丰农村商业银行股份有限公司。2014年8月11日12时56分，保险车辆发生交通事故。2015年2月，受益人江苏民丰农村商业银行股份有限公司以永安财保南京支公司，未按保险合同特别约定向其保险赔偿金，侵害了其合法权益为由，提起诉讼。

---

① 吉安市中级人民法院(2014)吉中民二终字第153号财产保险合同纠纷二审民事判决书。

② 沭阳县人民法院(2015)沭商初字第00096号财产保险合同纠纷一审民事判决书。

【一审法院观点】

《保险法》第18条第2款规定:“投保人和保险人可以约定与保险有关的其他事项。”投保人沭阳县苏讯物流有限公司在为被保险车辆投保商业险时与被告永安财保南京支公司约定第一受益人为江苏民丰农商行,**该约定系双方真实意思表示,不违背公序良俗、不损害他人利益、不危害社会公共利益,双方一致愿意以合同外的第三人作为受益人是处分自己的私权,不违反法律禁止性规定,具有法律效力。**被告辩解该约定无效理由不成立,本院不予支持。根据《保险法》第18条第3款的规定:“受益人是指人身保险合同中由被保险人或投保人指定的享有保险金请求权的人。”**根据《保险法》规定,受益人的概念仅存在于人身保险合同中,对于财产保险合同中受益人的相关权利义务,法律并未作出规定,因此,双方保险合同约定的第一受益人并非《保险法》中规定的受益人。**本案系争的财产保险合同中,投保人沭阳县苏讯物流有限公司向原告江苏民丰农商行按揭贷款购买投保车辆,并将该车辆作为贷款抵押,如抵押的投保车辆灭失或遭受重大损失时必然给原告的抵押权造成损害。**原告江苏民丰农商行对被保险车辆享有抵押权且作为投保人指定的第一受益人,与保险标的具有保险利益关系,可以依据法律规定和保险合同约定行使保险金请求权。但本案系争的保险合同中并未对第一受益人的权利义务作出明确具体的约定,**沭阳县苏讯物流有限公司按时向原告偿还贷款,原告也没有提供抵押车辆灭失或遭受重大损失等可能损害其抵押权的证据,原告以第一受益人的身份要求被告向其给付车辆损失保险金无事实依据。

典型案例75　崇明农商银行与安信农保崇明支公司保证保险合同纠纷案①

【法院认定事实】

添益合作社欲申请贷款50万元,经崇明县农村合作经济组织联合会、安信农保崇明支公司审核同意后,向安信农保投保了《小额信贷保证保险》一份,保险金额50万元,保险期限自2015年9月1日起至2016年8月31日止,第一受益人为农商银行。2016年11月,受益人农商银行向法院起诉,要求安信农保崇

① 崇明县人民法院(2016)沪0230民初8147号保证保险合同纠纷一审民事判决书。

明支公司赔偿保险金。

【一审法院观点】

一是原告是保险单载明的第一受益人，根据《保险条款》第3款的约定，保险金应当直接支付给第一受益人。如果原告作为第一受益人没有直接的保险金赔付请求权。那么当发生保险事故后，若被保险人怠于报案和申请理赔时，除非被告及时主动作为，否则难以启动保险理赔程序，原告作为受益人的权益将无法实现。二是虽然保险法规定，受益人是指人身保险合同中由被保险人或者投保人指定的享有保险金请求权的人，**但法律也没有禁止当事人在其他保险中设立受益人。**被告是保证保险条款的提供方和保险单的出具方，**如果原告作为受益人的权利有别于人身保险中受益人的法定权利的，被告应履行说明和明确告知义务，然被告并未履行该项义务。保险条款及保险单中也未明文排斥第一受益人直接请求保险金的权利。三是**根据法律规定，责任保险中的被保险人怠于请求保险赔偿金的，第三者有权就其应获赔偿部分直接向保险人请求赔偿保险金。本案之保证保险合同关系，实质上也是被告对被保险人应当向第三者承担的还款责任承担保险责任，因此，**本案也可比照责任保险的规定，由原告在被保险人怠于请求保险赔偿金的情况下直接向被告行使赔偿保险金的请求权。**综上，原告作为涉案保险合同的第一受益人，与本案有直接的利害关系，在发生保险事故后，有权要求被告履行相应的保险金给付义务。

（三）责任保险被保险人或者第三者的诉讼主体资格

根据《保险法》第65条的规定，责任保险是指以被保险人对第三者依法应负的赔偿责任为保险标的的保险。

1. 第三者的原告主体资格

按照保险法规定，保险人对责任保险的被保险人给第三者造成的损害，可以依照法律规定或者合同的约定，直接向该第三者赔偿保险金。责任保险的被保险人给第三者造成损害，被保险人对第三者应负的赔偿责任确定的，根据被保险人的请求，保险人应当直接向该第三者赔偿保险金。被保险人怠于请求的，第三者有权就其应获赔偿部分直接向保险人请求赔偿保险金。由此可见，一般情况下，在责任保险中，受损害的第三者可以依照法律规定或者合同约定要求保险人支付保险赔偿金。

（1）被保险人可以请求保险人直接向第三者赔偿保险金的情形。在保险法律实务中,根据《保险法司法解释(四)》第 14 条的规定,具有下列情形之一的,被保险人可以依照《保险法》第 65 条第 2 款的规定请求保险人直接向第三者赔偿保险金:被保险人对第三者所负的赔偿责任经人民法院生效裁判、仲裁裁决确认;被保险人对第三者所负的赔偿责任经被保险人与第三者协商一致;被保险人对第三者应负的赔偿责任能够确定的其他情形。前款规定的情形下,保险人主张按照保险合同确定保险赔偿责任的,人民法院应予支持。

(2)被保险人怠于请求的认定。在保险法律实务中,根据《保险法司法解释(四)》第 15 条的规定,被保险人对第三者应负的赔偿责任确定后,被保险人不履行赔偿责任,且第三者以保险人为被告或者以保险人与被保险人为共同被告提起诉讼时,被保险人尚未向保险人提出直接向第三者赔偿保险金的请求的,可以认定为属于《保险法》第 65 条第 2 款规定的"被保险人怠于请求"的情形。

2. 被保险人向第三者承担赔偿责任后,可以向保险人主张要求保险赔偿

按照保险法规定,责任保险的被保险人给第三者造成损害,被保险人未向该第三者赔偿的,保险人不得向被保险人赔偿保险金。可见,责任保险的被保险人主张要求保险人向其支付保险赔偿金的前提条件,是被保险人已经向受损害的第三者承担赔偿责任。同时,保险法司法解释(四)第 20 条规定,责任保险的保险人在被保险人向第三者赔偿之前向被保险人赔偿保险金,第三者依照《保险法》第 65 条第 2 款的规定行使保险金请求权时,保险人以其已向被保险人赔偿为由拒绝赔偿保险金的,人民法院不予支持。保险人向第三者赔偿后,请求被保险人返还相应保险金的,人民法院应予支持。因此,在保险法律实务中,如果被保险人没有向第三者承担赔偿责任的,保险人向被保险人赔偿保险金后,不能抗辩第三者要求保险人继续承担保险赔偿责任。

3. 被保险人与第三者签订协议对保险人的约束力问题

在保险法律实务中,经常涉及被保险人与第三者达成和解协议,对保险人是否具有约束力的问题。按照合同的相对性原理,被保险人与第三者达成的赔偿协议,在被保险人与第三者之间有效,对保险人不能直接产生法律约束力,除非保险人认可该协议内容。同时,根据《保险法司法解释(四)》第 19 条的规定,责任保险的被保险人与第三者就被保险人的赔偿责任达成和解协议且经保险人认可,被保险人主张保险人在保险合同范围内依据和解协议承担保险责任的,人民法院应予支持。被保险人与第三者就被保险人的赔偿责任达成和解协

议，未经保险人认可，保险人主张对保险责任范围以及赔偿数额重新予以核定的，人民法院应予支持。

典型案例 76　胡来锋与太平洋财险盘锦支公司财产保险合同纠纷案[①]

【法院认定事实】

胡来锋乘坐的车辆在太平洋财险盘锦支公司处投保了机动车车上人员责任险(乘客)，保险期间自 2016 年 3 月 15 日 0 时起至 2017 年 3 月 14 日 24 时止。周青玉是车辆被保险人海伦市凯盛运输有限公司允许的驾驶人。胡来锋系周青玉驾驶的车辆的乘车人。2016 年 5 月 26 日 0 时 42 分，驾驶人周青玉驾驶保险车辆发生交通事故。后胡来锋起诉到法院，要求太平洋财险盘锦支公司承担赔偿责任。

【一审法院观点】

原告主体资格是否适格。根据太平洋财险盘锦支公司提供的《机动车车上人员责任险条款》第 23 条的规定：被保险人给车上人员造成损害，被保险人对车上人员应付的赔偿责任确定的，根据被保险人的请求，保险人可在获得被保险人书面授权后直接将赔款支付给车上人员。**被保险人怠于请求的，车上人员有权就其应获赔偿部分直接向保险人请求赔偿。**《机动车车上人员责任险条款》是太平洋财险盘锦支公司在诉讼过程中已经认可的证据，对其内容对太平洋财险盘锦支公司的约束性予以确认。**在太平洋财险盘锦支公司没有相反证据足以推翻该证据的情况下，确认当被保险人海伦市凯胜运输有限公司怠于请求赔偿，且被保险人对车上人员应付的赔偿责任已经由法院已生效的判决确定时，胡来锋作为车上人员有权就其应获赔偿部分直接向保险人请求赔偿。**胡来锋具备原告主体资格，对太平洋财险盘锦支公司的该项抗辩不予认可。

【二审法院观点】

关于胡来锋作为原告的诉讼主体是否适格的问题。胡来锋所乘坐的解放半挂货车，辽宁金碧集团作为该车的投保人，与太平洋财险盘锦支公司订立了保险合同，该保险合同依法成立并有效，双方应当按照保险合同约定，履行各自义务。被保险车辆在保险期间内发生保险事故，并造成车上人员人身损害，太

① 绥化市中级人民法院(2017)黑 12 民终 1148 号保险合同民事判决书。

平洋财险盘锦支公司应当按照保险合同约定,在保险限额范围内承担赔偿责任。胡来锋虽然不是案涉被保险车辆的被保险人,但根据双方签订的《机动车车上人员责任险条款》第23条的约定,**胡来锋作为车上人员有权就其应获赔偿部分直接向保险人请求赔偿,所以胡来锋以原告身份对保险公司提起诉讼并无不当,太平洋财险盘锦支公司提出的胡来锋不具备原告主体资格的主张,于法无据,不予支持。**

典型案例77 谢远大与人民财保广州公司财产保险合同纠纷案[①]

【法院认定事实】

2015年12月8日23时30分,谢远大驾驶贵JS×号牌小型轿车碰撞上同方向由谢海金驾驶搭载谢东华的无牌普通二轮摩托车,造成谢海金当场死亡、谢东华受伤及车辆损坏的交通事故。谢远大驾驶的贵JS×号轿车的登记车主是都匀市明福车辆信息咨询有限公司,该车于2015年3月30日在人民财保广州公司购买了机动车交通事故责任强制保险,该交通事故发生在保险期间内。后谢远大向法院起诉,要求人民财保广州公司承担赔偿责任。

【二审法院观点】

关于本案诉讼主体是否适格的问题。人民财保广州公司上诉称本案保险合同的被保险人及投保人均不是谢远大,故谢远大并非涉案保险合同的相对人,也不是交通事故的第三者,其无权主张保险的赔付。经查,谢远大是涉案肇事车辆的驾驶人,根据《机动车交通事故责任强制保险条例》第42条的规定,**谢远大属于涉案肇事车辆的被保险人。因此,在谢远大将赔偿款支付给受害人谢东华、谢海金的亲属后,谢远大依法取得了向人民财保广州公司的追偿权,谢远大以谢远大的身份起诉人民财保广州公司,诉讼主体适格**,故人民财保广州公司该上诉主张理由不充分,本院不予采纳。

---

① 茂名市中级人民法院(2016)粤09民终1233号财产保险合同纠纷民事判决书。

典型案例78 四川路桥公司与中国财产保险云南分公司财产保险合同纠纷案[①]

【法院认定事实】

2010年12月，中国长江三峡集团公司移民局就“雷波S307复建公路工程项目、黄华至码口公路工程项目、金阳S208复建公路工程项目”向中国财产保险云南分公司投保了建筑工程一切险。保险期限自2010年12月1日起至2013年12月31日止。2013年4月13日，西苏角河暴发洪水，原告四川路桥公司承建的西苏角河临时保通便道被冲毁。后原告以被告未向其支付保险赔偿金为由提起诉讼。

【一审法院观点】

中国长江三峡集团公司与中国财产保险云南分公司和中国大地财产保险股份有限公司湖北分公司签订的《溪洛渡库区移民代建项目建筑工程一切险保险合同》，是双方当事人真实的意思表示，合同不违反法律法规的强制性规定，合同内容真实有效。合同约定了中国长江三峡集团公司为本保险合同的第一受益人，保险人应将本保险合同物质损失项下的赔款先支付给中国长江三峡集团公司，且在合同履行过程中，**作为投保人、被保险人及第一受益人的中国长江三峡集团公司向保险人即被告及各被保险人发出了含案涉被保工程在内的《向家坝、溪洛渡水电站库区“五路三桥”代建移民项目工程保险管理实施细则》，通知保险人案涉工程的保险理赔工作由三峡经济技术咨询公司负责，保险理赔的赔付费用由金沙江筹建处会计核算中心接受，由中国长江三峡集团公司移民工作局进行赔付费用的分配。**原告四川路桥公司所承建工程发生保险事故后，应按《溪洛渡库区移民代建项目建筑工程一切险保险合同》的约定和业主中国长江三峡集团公司移民工作局《向家坝、溪洛渡水电站库区“五路三桥”代建移民项目工程保险管理实施细则》规定的程序，向业主指定的机构报案，**由中国长江三峡集团公司或其指定的机构向保险人主张理赔事宜。原告四川路桥公司，不能直接向保险人主张理赔事宜，且保险事故发生后，被告中国财产保险云南分公司已向中国长江三峡集团公司移民管理局支付了理赔款。综上，四川路桥公司作为原告诉讼主体不适格。**

---

① 凉山彝族自治州中级人民法院(2015)川凉中民终字第211号财产保险合同纠纷民事裁定书。

二、重复保险

重复保险是指投保人对同一保险标的、同一保险利益、同一保险事故分别与两个以上保险人订立保险合同,且保险金额总和超过保险价值的保险。在保险实务中,如何认定是否属于重复保险?如属于重复保险的,各保险人的保险赔偿金如何计算确定?

(一)重复保险的认定

重复保险是指投保人针对同一保险标的、同一保险利益、同一保险事故,分别与两个以上保险人订立保险合同,且保险金额总和超过保险价值的保险。在保险实务中,下列情形不属于重复保险。

1. 投保人针对同一保险标的、同一保险利益、同一保险事故,分别与两个以上保险人订立保险合同,但是保险金额总和没有超过保险价值的,不属于重复保险。

2. 根据《保险法司法解释(二)》第1条的规定:财产保险中,不同投保人就同一保险标的分别投保,保险事故发生后,被保险人在其保险利益范围内依据保险合同主张保险赔偿的,人民法院应予支持。可见,在保险实务中,不同投保人针对同一保险标的分别投保,由于各投保人享有不同保险利益,因此不属于重复保险。被保险人在保险利益范围内,可以按照分别投保的保险合同内容主张保险赔偿。

(二)重复保险赔偿计算

1. 法律依据

根据《保险法》第56条的规定,重复保险的各保险人赔偿保险金的总和不得超过保险价值。除合同另有约定外,各保险人按照其保险金额与保险金额总和的比例承担赔偿保险金的责任。同时,根据《保险法》第55条的规定,保险金额不得超过保险价值。超过保险价值的,超过部分无效,保险人应当退还相应的保险费。

2. 计算方法

有关重复保险赔偿的计算,应当考虑重复保险的各保险人的保险金额。根据《保险法》第55条的规定,如单一保险人的保险金额超过保险价值的,超过保险价值部分无效，应当按照保险价值金额确定该单一保险人的保险金额。在此基础上，各保险人按照其承保的保险金额与保险金额总和的比例承担赔偿保险金责任。

典型案例 79 林恩良与渔业互保协会海上、通海水域保赔合同纠纷案[①]

【法院认定事实】

2014 年 9 月 11 日，经原告申请，被告同意其作为会员加入渔业互保协会，并对其所有的“浙椒渔冷 87007”轮进行承保。被告同日出具渔船互保凭证，载明：会员名林恩良；船名号“浙椒渔冷 87007”；航区近海；责任类别综合责任；船舶价值 600 万元，互保比例 80%，保额 480 万元；保费小计 64,800 元，补贴 8640 元，无理赔优惠 5616 元，应实缴保费 50,544 元；互保期限自 2014 年 9 月 15 日 00:00 时起至 2015 年 9 月 14 日 24:00 时止；特别约定 5 项免赔、拒赔条款。原告于同年 9 月 12 日支付互保费 50,544 元。9 月 26 日，被告根据原告的申请，出具互保业务批改单，约定第一受益人更改为第三人中国工商银行股份有限公司台州椒江支行。9 月 22 日，原告为“浙椒渔冷 87007”轮向人寿财险舟山中心支公司投保沿海内河船舶一切险，保险金额为 1000 万元，保险期限自 2014 年 9 月 23 日 0 时起至 2015 年 9 月 22 日二十四时止。2014 年 12 月 24 日晚 21 时，发生保险事故。原告认为本次事故属于渔业互保条款规定的保障范围，依法应由被告负责补偿船舶的全部损失，遂于 2015 年 6 月向法院起诉。

【一审法院观点】

本案原告在向被告投保互保综合责任险后，又向人寿财险舟山中心支公司投保沿海内河船舶一切险，构成对同一保险标的就同一保险事故向几个保险人重复订立合同的重复保险。关于重复保险，我国《保险法》第 56 条规定：“重复保险的投保人应当将重复保险的有关情况通知各保险人。重复保险的各保险人赔偿保险金的总和不得超过保险价值。除合同另有约定外，各保险人按照其保险金额与保险金额总和的比例承担赔偿保险金的责任。”我国《海商法》也规定，被保险人获得的赔偿金额总和不得超过保险标的的受损价值，各保险人按照其承保的保险金额同保险金额总和的比例承担赔偿责任。故重复保险允许

---

① 宁波海事法院(2015)甬海法商初字第 633 号海上、通海水域保险合同纠纷民事判决书。

存在,只要保险赔偿金总和不超过保险价值即可。原告与人寿财险舟山中心支公司达成赔偿协议,未取得足额赔偿,其放弃或减少保险赔偿金,或者人寿财险舟山中心支公司事后降低保险金额,均不能加重被告按其保险金额与保险金额总和所应承担的赔偿比例。关于涉案渔船的价值,渔船互保凭证载明的定值保险价值600万元,属保险合同双方对保险价值的约定,为保险法所允许,该约定价值以船舶实际价值为限,可以低于或等于船舶实际价值。人寿财险舟山中心支公司所委托评估确定的740万元,反映涉案渔船出险时的实际价值。在重复保险情形下,出现两个保险合同下的两个不同的保险价值和保险金额,应取法律所允许的最大值740万元来计算不同保险人的赔偿限度。被告承保的保险金额为480万元,人寿财险舟山中心支公司承保的保险金额为1000万元,其中超出船舶价值部分无效,应以740万元为保险金额。按照保险金额与保险金总和的比例,被告本应承担的赔偿金为291万元[注:计算方式为:480÷(480+740)×740,其中人寿财险保险金额为1000万元,超过保险价值740万元,法院按照740万元计算]。

典型案例80 李亚光与安华保险公司财产保险合同纠纷案①

【法院认定事实】

李亚光于2016年10月1日与安华保险公司签订了《喜乐农家——农村家庭财产保险与农村人身意外伤害保险组合保险》一份,房屋及配套附属设备保险金额50,000元,保险单号:16220006024号,支付了120元的保险费,保险期间自2016年4月13日零时起至2017年4月12日二十四时止。2016年5月21日9时许,李亚光的保险房屋发生火灾后,房屋全部被烧毁,被烧毁房屋实际损失价值人民币30,000元。另查,李亚光保险的该房屋在阳光财产保险股份有限公司长春中心支公司也保险了80,000元的保险单,出险后该公司赔付了李亚光15,195元。因保险金赔付问题,李亚光与安华保险公司产生争议并成诉。

【一审法院观点】

安华保险公司提出李亚光因该房屋失火在阳光保险公司已经理赔了15,195元,故不予理赔,本次李亚光要求安华保险公司理赔15,000元,因房屋

---

① 长春市中级人民法院(2017)吉01民终3888号财产保险合同民事判决书。

实际损失认定为30,000元,因此,在阳光公司赔偿基础上赔付14,805元为宜。此赔偿未超过保险标的实际损失,亦未超过李亚光的保险金额50,000元的范围。

【二审法院观点】

本案中,涉案房屋系李亚光在2015年7月1日以55,000元的价格购买,**庭审中李亚光陈述房屋价值5万元,安华保险公司陈述投保时对房屋价值进行了了解且保险金额为5万元,故应认定涉案房屋价值5万元。因李亚光在阳光财产保险股份有限公司长春中心支公司的保险金额为8万元,超过保险价值,依据上述法律规定,超过的3万元部分无效,故应认定李亚光在阳光财产保险股份有限公司长春中心支公司的保险金额为5万元。**依照《中华人民共和国保险法》第56条第4款"重复保险是指投保人对同一保险标的、同一保险利益、同一保险事故分别与两个以上保险人订立保险合同,且保险金额总和超过保险价值的保险"的规定,**李亚光就涉案房屋分别与两个保险公司订立保险合同,且保险金额总和为10万元已超过保险价值,故应认定李亚光就涉案房屋存在重复保险的情形。**依照《保险法》第56条第2款"重复保险的各保险人赔偿保险金的总和不得超过保险价值。除合同另有约定外,各保险人按照其保险金额与保险金额总和的比例承担赔偿保险金的责任"的规定,**安华保险公司与阳光财产保险股份有限公司长春中心支公司应按照其保险金额与保险金额总和的比例承担赔偿保险金的责任,即各自承担一半的赔付责任。**现安华保险公司既不能提供证据证明损失的具体数额,亦不能提供证据证明李亚光认可15,195元系全部损失,且李亚光当庭陈述已将重复保险一事告知阳光财产保险股份有限公司长春中心支公司及安华保险公司,安华保险公司亦认可系李亚光主动告知,结合阳光财产保险股份有限公司长春中心支公司已经赔付李亚光15,195元的事实,应认定报警回执上记载的损失数额30,000元为实际损失,安华保险公司应承担赔付另一半损失的责任,即15,000元。

典型案例81 天成公司与太平洋保险公司财产保险合同纠纷案[①]

【法院认定事实】

2013年5月11日天成公司与太平洋保险公司签订财产综合险保险合同,约定:保险期间自2013年5月11日起至2014年5月10日止;保险金额为固定资产17,606,921.06元(其中四台转杯纺纱机金额为7,690,366.1元)、流动资产(存货)7,561,307.62元,合计为25,168,228.68元;每次事故造成保险标的的损失,保险人扣除损失金额的30%的绝对免赔率或20万元的绝对免赔额后计算赔偿金额,两者以高者为准。2013年8月仲利公司与平安保险公司签订财产一切险保险合同,合同约定:保险期间自2012年8月27日起至2015年8月27日止;第一年机器设备的保险金额为16,318,706元、第二年为9,307,706元、第三年为3,034,706元(不包含增值税);保险期间为2012年8月27日起至2015年8月27日止;被保险人及受益人均系天成公司、仲津公司,其中仲津公司为第一受益人;每次事故绝对免赔率为1000元。后仲利公司于2013年2月2日向平安保险公司申请变更设备保险内容并确定保险总金额为19,563,859.3元(含增值税),其中四台转杯纺纱机的保险总额为3,853,000元(含增值税)。2014年2月6日保险标的发生火灾事故。2014年天成公司固定资产折旧表中载明四台转杯纺纱机与清梳联生产线的净值分别为2,346,965.1元与904,880元。2014年12月,天成公司以财产保险合同纠纷为由,向法院起诉。

【一审法院观点】

由于该机器在平安保险公司的投保机器中的比例为3,853,000元÷19,563,859.3元×第二年机器设备保险金额9,307,706元=第二年四台转杯纺纱机在平安保险公司的投保金额1,833,104.1元;而四台转杯纺纱机在太平洋保险公司的投保金额为7690366.1元,故平安保险公司与太平洋保险公司承担责任比例分别为19.25%[注:1,833,104.1÷(1,833,104.1+7,690,366.1)]与80.75%[注:7,690,366.1÷(1,833,104.1+7,690,366.1)]。由于四台转杯纺纱机的损失价值为4,901,600元,故平安保险公司应赔付天成公司损失为4,901,600元(损失金额)×19.25%(重复保险比例)-1000元(免赔金额)=942,558元。太平洋保险公司应赔付天成公司损失为950,000元(房屋货物损

---

① 温州市中级人民法院(2016)浙03民终663号财产保险合同纠纷民事判决书。

失）+4,901,600 元（四台转杯纺纱机）+1,828,900 元（清梳联生产线的损失）-4,901,600 元×19.25%（平安保险公司承担比例部分）-200,000 元（免赔金额）-1,500,000 元（已赔付金额）=5,036,942 元。四台转杯纺纱机在平安保险公司所交纳的保险费为投保金额为其中第二年的保费为 4653.85 元（第二年总保费）×3,853,000 元÷19,563,859.3 元=916.55 元、第三年的保费为 1517.35 元（第三年总保费）×3,853,000 元÷19,563,859.3 元=298.8 元；四台转杯纺纱机在太平洋保险公司所交纳的保险费为 63,384.92 元（固定资产保险费）×7,690,366.1 元÷17,606,921.06 元=27,685.32 元；四台转杯纺纱机在平安保险公司与太平洋保险公司第二年的投保金额分别为投保金额为 1,833,104.1 元和 7,690,366.1 元，而在四台转杯纺纱机全损且不计免赔的情况下理赔金额分别为 943,558 元和 3,958,042 元（4,901,600 元-943,558 元=3,958,042 元），故理赔的保险价值与保险金额的比例均为51.47%（943,558 元÷1,833,104.1 元=51.47%）和（3,958,042 元÷7,690,366.1 元=51.47%），故第二年的保险费均应退还 48.53% 即分别为 2258.5 元和 13,435.6 元。由于四台转杯纺纱机在平安保险公司保险第二年时已全损，故第三年的保险合同已无法履行，故平安保险公司应退还第三年的保费 298.8 元，平安保险公司共计应退还保费 2557.3 元。由于天成公司只主张太平洋保险公司退还保费 9918 元，故予以支持。

【二审法院观点】

《保险法》第 56 条规定，重复保险的各保险人赔偿保险金的总和不得超过保险价值；除合同另有约定外，各保险人按照其保险金额与保险金额总和的比例承担赔偿保险金的责任。太平洋保险公司与投保人在保险合同中约定的保险金额为 790 万元，平安保险公司与投保人在保险合同中约定的保险金额为 330 万元。虽然，经鉴定出险时 4 台转杯纺纱机的保险价值 4,901,600 元，但由于太平洋保险公司与天成公司在保险合同约定的保险金额为 790 万元，**因此，原审依据太平洋保险公司与天成公司约定的保险金额，确定二家保险公司保险赔偿金的分摊比例并无不当**，故予以确认。**太平洋保险公司主张其应当依据鉴定机构确定的保险价值作为计算其承担分摊比率的依据，与法律规定不符**，故不予采纳。

典型案例82 恒义公司与人保财险莒县财产保险合同纠纷案[1]

【法院认定事实】

2012年2月25日,冯加文以恒义公司的名义与鑫华纺织签订租赁合同。2013年5月22日,恒义公司就其租赁的建筑厂房、机器设备及其所有的原材料、成品、半成品等与人保财险莒县公司签订财产综合险保险合同,保险期限自2013年5月22日至2014年5月21日,保险金额共计1071.7万元。2012年11月7日,鑫华纺织与永安财保日照支公司签订财产综合险,鑫华纺织将其所有的房屋建筑、机器设备、产成品、半成品及原材料投保,总计保险金额为1050.8万元,投保的房屋建筑和机器设备等与本案中房屋建筑和机器设备基本相同。2013年6月29日1时34分,恒义公司的厂区西侧仓库发生火灾,烧毁仓库、机器设备、配件辅料、皮棉等。恒义公司于2013年11月9日向人保财险莒县公司提交材料请求理赔,双方未达成一致意见,恒义公司遂诉至法院。

【一审法院观点】

《保险法》第56条第4款对重复保险给出了明确定义,是指投保人对同一保险标的、同一保险利益、同一保险事故分别与两个以上保险人订立的保险合同,且保险金额总和超过保险价值的保险。《最高人民法院关于适用〈中华人民共和国保险法〉若干问题的解释(二)》第1条规定:财产保险中,不同投保人就同一保险标的分别投保,保险事故发生后,被保险人在保险利益范围内依据保险合同主张保险赔偿的应予支持。保险利益是投保人或被保险人对保险标的物所具有的利益关系,当同一保险标的物上基于不同保险利益有多个保险合同时,虽都是针对同一保险标的物,但因保险利益的不同,而不构成重复保险。本**案中,恒义公司对厂房、设备的投保基于租赁权,其大部分损失是基于所有权投保的皮棉,鑫华纺织的投保是基于所有权,且双方的保险内容也有差别,恒义公司与鑫华纺织投保的标的并不完全相同,两份保险合同是不同投保人基于不同的保险标的物就不同的保险利益向不同的保险公司投保,不符合法律关于重复保险的条件,恒义公司的投保不属于重复保险**,人保财险莒县公司应当在保险限额内对恒义公司的合法损失给予赔偿。

---

[1] 日照市中级人民法院(2014)日商终字第206号保险合同纠纷民事判决书。

【二审法院观点】

根据《保险法》第56条的规定，重复保险是指投保人就同一保险标的、同一保险利益、同一保险事故分别与两个以上保险人订立的保险合同，且保险金额总和超过保险价值的保险。当同一保险标的物上基于不同保险利益有多个保险合同时，虽都是针对同一保险标的物，但因保险利益的不同，而不构成重复保险。《最高人民法院关于适用〈中华人民共和国保险法〉若干问题的解释（二）》第1条规定：财产保险中，不同投保人就同一保险标的分别投保，保险事故发生后，被保险人在保险利益范围内依据保险合同主张保险赔偿的应予支持。**本案中，尽管被上诉人与鑫华纺织双方投保的保险标的物中都包含了同一厂房、设备等生产设施，但双方的保险利益不同，被上诉人的保险利益是基于租赁合同产生的占用使用收益权，而鑫华纺织的保险利益是基于所有权，两份保险合同是不同投保人基于不同的保险利益向不同的保险公司投保，不符合法律关于重复保险的规定**，被上诉人的投保不属于重复保险。上诉人关于被上诉人重复保险的主张不成立。

三、迟延支付的损失

（一）法律依据

在保险实务中，保险人承担迟延支付保险金损失的法律依据，主要是依据《保险法》第23条的规定内容。根据保险法该条规定，保险人收到被保险人或者受益人赔偿或者给付保险金的请求后，应当及时作出核定；情形复杂的，应当在30日内作出核定，但合同另有约定的除外。保险人应当将核定结果通知被保险人或者受益人；对属于保险责任的，在与被保险人或者受益人达成赔偿或者给付保险金的协议后10日内，履行赔偿或者给付保险金义务。保险合同对赔偿或者给付保险金的期限有约定的，保险人应当按照约定履行赔偿或者给付保险金的义务。保险人未及时履行前款规定义务的，除支付保险金外，应当赔偿被保险人或者受益人因此受到的损失。

（二）法律要件

1. 成立前提

按照保险法的规定，保险人应当将核定结果通知被保险人或者受益人；对属于保险责任的，在与被保险人或者受益人达成赔偿或者给付保险金的协议后10日内，履行赔偿或者给付保险金义务。保险合同对赔偿或者给付保险金的期限有约定的，保险人应当按照约定履行赔偿或者给付保险金的义务。保险人未及时履行前款规定义务的，除支付保险金外，应当赔偿被保险人或者受益人因此受到的损失。

可见，保险人承担赔偿被保险人或受益人损失的前提，是保险人未及时履行规定的义务。同时，按照保险法的该条规定，规定义务为：除保险合同对赔偿或者给付保险金的期限有约定的外，对属于保险责任的，在与被保险人或者受益人达成赔偿或者给付保险金的协议后10日内，履行赔偿或者给付保险金义务。

因此，按照保险法的上述规定，保险人承担迟延支付保险金损失的基本要求是，除保险合同对赔偿或者给付保险金的期限有约定的外，保险人在与被保险人或者受益人达成赔偿或者给付保险金的协议后10日内，履行赔偿或者给付保险金义务。除此之外，保险法没有规定，也不存在保险人需要承担迟延支付保险金损失的责任。

2. 无须承担损失的情形

一是保险人收到索赔请求后，核定不属于保险责任的，或者发出拒赔通知的，不存在保险人与被保险人或受益人达成赔偿或支付保险金协议的前提。即使随后保险合同纠纷争议，经人民法院审理后认定属于保险责任的，保险人也无须承担迟延支付保险金的损失。

二是保险人收到索赔请求后，核定属于保险责任，并对损失进行审核，但是保险人与被保险人或者受益人对损失金额有争议，未能达成赔偿或者给付保险金协议的，保险人无须承担迟延支付保险金的损失。

三是其他原因导致保险人与被保险人或者受益人未能达成赔偿或者给付保险金协议的，保险人无须承担迟延给付保险金的损失。

典型案例83　李艾珉受益人与建信人寿河北公司人身保险合同纠纷案[①]

【法院认定事实】

投保人石家庄市协和药业有限公司以李艾珉为被保险人,向建信人寿河北公司投保贷无忧借款人意外伤害保险C款、贷无忧借款人意外伤害定期寿险,并签订了保险合同。2015年4月5日,留营派出所接到派警任务,出警发现李艾珉在石家庄市桥西区××小区××301非正常死亡,排除刑事案件可能。后被保险人家属因保险赔偿问题向法院起诉,要求被告赔偿保险金及利息。

【一审法院观点】

关于被告是否应向原告支付保险金利息的问题,一审法院认为,根据《中华人民共和国保险法》第23条规定:保险人收到被保险人或者受益人的赔偿或者给付保险金的请求后,应当及时作出核定;情形复杂的,应当在30日内作出核定,但合同另有约定的除外。保险人应当将核定结果通知被保险人或者受益人;对属于保险责任的,在与被保险人或者受益人达成赔偿或者给付保险金的协议后10日内,履行赔偿或者给付保险金义务。保险合同对赔偿或者给付保险金的期限有约定的,保险人应当按照约定履行赔偿或者给付保险金的义务。保险人未及时履行前款规定义务的,除支付保险金外,应当赔偿被保险人或者受益人因此受到的损失。如前所述,**本案中被告建信人寿保险有限公司河北分公司于2015年10月15日收到原告方的理赔申请及资料,2015年11月24日被告即作出拒赔通知,因此不能认定其未及时履行相关义务,故原告主张保险金利息损失的诉求,缺乏法律依据,该院不予支持。**

二审未涉及利息问题。

典型案例84　鑫桥物流公司与太平财保上海支公司财产保险合同纠纷案[②]

【法院认定事实】

2015年1月22日,鑫桥物流公司向太平财保上海支公司投保货物运输保

---

① 石家庄市中级人民法院(2017)冀01民终2268号人身保险合同纠纷民事判决书。

② 成都市中级人民法院(2017)川01民终15011号财产保险合同纠纷民事判决书。

险;被保险人为鑫桥物流公司的客户,保险期限自2015年1月22日0时起至2016年1月21日24时止,自双方签章后生效;2015年5月1日凌晨6时左右,驾驶人员陈冬发驾驶川A××货车在佛山容桂轻轨站旁鑫桥物流公司仓库起火,川A××货车所有权人为鑫桥物流公司。保险事故发生后,鑫桥物流公司赔偿了被保险人的损失,鑫桥物流公司因此提起诉讼,要求太平财保上海支公司赔偿保险金并支付相应利息。

【一审法院观点】

关于资金利息的问题。在被保险人将保险金请求权转让给鑫桥物流公司前,鑫桥物流公司作为投保人并不能直接向太平财保上海支公司索赔,只有在取得保险金请求权后,太平财保上海支公司才负有向鑫桥物流公司支付保险金的义务。**一审诉讼中,鑫桥物流公司并未举证证明在取得保险金请求权后何时向太平财保上海支公司提起索赔,故资金利息自鑫桥物流公司向人民法院提起诉讼之日起计算为宜。综上,太平财保上海支公司应当以80,000元为本金,自2016年11月21日起至实际付清之日止,按照中国人民银行同期同类基准贷款利率向鑫桥物流公司支付保险金利息。**

【二审法院观点】

关于利息,**因鑫桥物流公司向太平财保上海支公司提交的理赔资料中无相关的货物价值单证,导致保险金数额尚未确定,故本案不存在产生利息的问题。**太平财保上海支公司此项上诉理由成立,本院予以支持。

典型案例85 刘乃明受益人与太平洋保险阳江公司保险纠纷案①

【法院认定事实】

2010年10月9日,严嫦为其所有的粤QY3×××号车辆向太平洋保险阳江公司投保了商业保险,其间,严嫦亦为其雇员(驾驶粤QY3×××号车辆的司机)刘乃明附带投保了"驾驶员人身意外伤害综合保障(100元)保险",身故受益人为法定继承人;意外伤害(含烧伤)保险金额8万元;意外伤害医疗保险金额2000元。保险期间内,2013年7月26日晚上19时左右,刘乃明临时停车在车顶整理帆布时不慎从车上跌落。事后,刘乃明抢救无效死亡。后被保险人第

① 阳江市中级人民法院(2014)阳中法民二终字第58号保险纠纷民事判决书。

一顺序法定继承人与太平洋保险阳江公司,就刘乃明死亡是否属于保险责任范围产生争议,遂成诉。

【一审法院观点】

根据《保险法》第23条第2款"……保险人未及时履行前款规定义务的,除支付保险金外,应当赔偿被保险人或者受益人因此受到的损失……"的规定,**太平洋保险阳江公司作为保险人未依照法定时间或者合同约定的时间履行赔偿或者给付保险金义务的,除应当支付保险金外,还应赔偿被保险人或者受益人因此受到的损失,保险人应当支付相应的利息,故李建英、李水兰、刘健请求太平洋保险阳江公司支付保险金利息(以保险金182,000元为基数,按中国人民银行同期同类贷款利率计算,从起诉之日起即2013年10月25日计至付清保险金时止),合法合理,原审法院亦予以支持。**

【二审法院观点】

关于李建英、李水兰、刘健请求太平洋保险阳江公司支付保险金逾期利息应否获得支持的问题。**太平洋保险阳江公司接到报险后,对事故情况进行核查,并向黄华宣、卫明天进行了调查,后因认为本案事故不属保险责任范围而不予赔偿。理赔过程中,因双方对刘乃明从车顶跌落受伤致死是否属于保险责任范围存在实质性争议,李建英、李水兰、刘健认为太平洋保险阳江公司怠于履行理赔义务,请求太平洋保险阳江公司支付保险金逾期利息,理据不足,本院不予支持。**原审法院判决太平洋保险阳江公司支付保险金利息,处理不当,应予以纠正。

典型案例86 龙口晨亮公司与太平洋财险公司人身保险合同纠纷案[①]

【法院认定事实】

2012年8月14日,龙口晨亮公司在太平洋财险公司为被保险人孟祥卫等人投保了意外伤害保险金40万元,保险期间内,2013年1月13日,被保险人孟祥卫发生保险事故摔伤死亡。龙口晨亮公司起诉太平洋财险公司支付保险金及相应利息。

---

① 济南市中级人民法院(2016)鲁01民终6400号财产保险合同纠纷民事判决书。

【二审法院观点】

关于应否支付保险金利息问题。**根据双方保险合同的约定,太平洋财险公司的义务是按约定给付保险金,保险合同中并未有关于保险金利息的约定,故龙口晨亮公司要求保险金利息的请求,缺乏合同依据,不予支持。**

典型案例87　鑫鑫汽运公司与天安保险吉安支公司财产保险合同纠纷案[①]

【法院认定事实】

2007年10月31日,鑫鑫汽运公司以赣D8291挂车为标的物向天安保险吉安支公司投保了交强险;2008年2月28日,鑫鑫汽运公司又以赣D22399车辆(后改号为赣D22928)为标的物向天安保险吉安支公司投保了交强险、第三者责任险、车上人员责任险,被保险人负事故全部责任时免赔20%等险种。保险期间内,2008年3月26日,邓建平雇请的司机邓小彪驾驶赣D22399牵引赣D8291挂车在广州机场高速公路行驶,因超载货物散落路面造成事故车辆车厢前部位及护栏、路面损坏的交通事故。后因天安保险吉安支公司拒赔成诉。

【二审法院观点】

关于一审判决天安保险吉安支公司承担利息是否正确的问题。本案事故发生后,诉讼双方就事故理赔事宜进行过交涉,后因对天安保险吉安支公司是否承担事故保险责任存在分歧,故起诉至法院请求裁判。**在法院终审裁判之前,天安保险吉安支公司是否承担事故保险责任尚存争议,双方间债权债务状态尚未明确,一审法院对尚未明确的债务而判令天安保险吉安支公司承担利息没有法律依据,应予纠正。**故天安保险吉安支公司提出要求不得计算保险金利息损失的上诉请求成立,依法予以支持。

---

① 吉安市中级人民法院(2010)吉中民二终字第108号保险合同纠纷民事判决书。

典型案例 88　朱祥峰与平安保险东莞分公司财产保险合同纠纷案[①]

【法院认定事实】

2012 年 2 月 25 日，原告朱祥峰在被告处为车牌号码为粤 S－0806Z 的金杯 SY6471EZ 多用途乘用车投保机动车辆保险一份。保险期间内，2012 年 5 月 27 日上午 10 时 30 分左右，原告驾驶粤 S－0806Z 号车与路面堆积的麦秸垛相撞致车辆起火燃烧报废。双方后因保险赔偿，发生保险合同纠纷。

【一审法院观点】

被告拒绝理赔违反了合同约定和法律规定，应承担给付保险金 147,700 元及违约给原告造成保险金利息损失的赔偿责任。

【二审法院观点】

关于朱祥峰上诉称平安东莞分公司应赔付其保险金利息损失的问题，**本院经审查认为，朱祥峰与平安东莞分公司并未就本案保险金的给付达成协议，也与《保险法》第 23 条规定的损失赔偿情形不符，故朱祥峰的上诉请求不成立，本院依法不予支持，而原审判决对此评述不当，属适用法律错误，本院予以纠正。**

典型案例 89　荣祥公司与联合保险公司财产保险合同纠纷案[②]

【法院认定事实】

2012 年 9 月 13 日，荣祥公司为其所有的“骏鑫 888”轮向联合公司投保沿海船舶一切险、附加船东对船员责任保险和船舶承运货物责任保险。保险期间内，2013 年 8 月 14 日，“骏鑫 888”轮在码头停泊卸货时，大副罗锋突然晕倒，经东莞市麻涌医院抢救无效死亡。双方后因是否保险赔偿以及迟延支付损失发生纠纷。

【一审法院观点】

关于荣祥公司主张的利息。**因荣祥公司要求联合公司给付保险金的请求符合保险合同约定，联合公司未及时履行给付保险金义务，根据《保险法》第 23 条之规定，其除支付保险金外，应当赔偿荣祥公司因此受到的损失，故依法支持**

---

① 南阳市中级人民法院(2014)南民二终字第 00031 号保险合同纠纷民事判决书。

② 湖北省高级人民法院(2015)鄂民四终字第 00065 号保险合同纠纷民事判决书。

荣祥公司的该项诉讼请求。

【二审法院观点】

关于联合公司应否支付保险金利息的问题。本案死者罗锋死亡发生时间是2013年8月14日,保险事故发生后,荣祥公司立即报警并向联合公司报案。死者罗锋的法定继承人代表罗不伍、罗瑞成出具赔偿金收条的时间是2013年8月17日。荣祥公司要求联合公司给付保险金的请求符合保险合同约定,**其向联合公司提出保险金申请后,联合公司于2014年4月10日出具书面《拒赔通知书》**。根据《中华人民共和国保险法》第23条之规定,联合公司除应向荣祥公司支付保险金外,还应赔偿荣祥公司因此受到的损失,**一审以联合公司发出书面拒赔通知书的时间,即自2014年4月10日起,按中国人民银行规定金融机构同期贷款利率计算保险金利息并无不当**,因此,**对联合公司认为不应支付保险金利息的上诉请求,本院不予支持**。

典型案例90　龙源木业公司与大地保险公司财产保险合同纠纷案①

【法院认定事实】

2014年2月19日,原告在被告处投保财产综合险。保险期间内,2014年8月5日12时52分,龙源木业公司厂房发生火灾,造成原告厂房、机器设备、成品半成品及原料以及厂房烧毁。双方因是否支付保险金迟延产生的赔偿问题发生争议。

【一审法院观点】

保险事故发生后,被告即派工作人员到火灾现场进行核实。由于火灾原因尚不明,需等待相关部门的事故认定。**2014年10月8日相关部门作出《火灾事故认定书》,此后,被告仍不履行赔偿给付保险金义务,除支付保险金外,应当赔偿被保险人因此受到的损失。原告的该项损失应为原告要求被告给付的利息,利息按人民银行同期贷款利率计算。**

【二审法院观点】

关于大地保险是否应当支付保险金利息问题。根据《保险法》第22条、第23条、第24条、第25条的规定,保险事故发生后,龙源木业应当向大地保险提

① 抚顺市中级人民法院(2016)辽04民终830号财产保险合同纠纷民事判决书。

供其所能提供的与确认保险事故的性质、原因、损失程度等有关的证明和资料。大地保险也应在法律规定的期限内尽快作出核定，对不属于保险责任的，也应以书面形式说明理由。保险人未及时履行给付保险金义务的，除支付保险金外，应当赔偿被保险人或受益人因此受到的损失。**本案中，大地保险没有及时给付保险金，但其抗辩是因为龙源木业没有提供有关资料，导致其不能及时核定损失所致。大地保险提供2014年10月向龙源木业发出的企业财产保险索赔指引及损失清单，欲证明其已经履行了一次性告知义务，是龙源木业没有提供有关证明和资料。该份索赔指引中写明提供相关理赔资料，具体清单详见背面。但背面的清单其并未提供，大地保险没有完成举证责任。因此大地保险没有及时履行保险合同的义务，应当赔偿龙源木业的损失，即承担给付保险金利息的责任。**

第九章 保险人代位求偿权纠纷

1995 年我国颁布施行的第一部保险法,规定了保险人代位求偿权的内容。根据该法第 44 条的规定,因第三者对保险标的的损害而造成保险事故的,保险人自向被保险人赔偿保险金之日起,在赔偿金额范围内代位行使被保险人对第三者请求赔偿的权利。此后,在 2002 年、2009 年修订后的保险法保留了保险人代位求偿权有关内容的规定。至今,保险人代位求偿权纠纷案件,成为财产保险合同纠纷案件重要组成部分。在保险法律实务中,保险人代位求偿权纠纷案件的有关内容还存有较多争议。因此,本章将对保险人代位求偿权有关理论和实践问题进行系统梳理和分析。

第一节 保险人代位求偿权内容

我国现行《保险法》第 60 条规定:因第三者对保险标的的损害而造成保险事故的,保险人自向被保险人赔偿保险金之日起,在赔偿金额范围内代位行使被保险人对第三者请求赔偿的权利。前款规定的保险事故发生后,被保险人已经从第三者取得损害赔偿的,保险人赔偿保险金时,可以相应扣减被保险人从第三者已取得的赔偿金额。保险人依照本条第一款规定行使代位请求赔偿的权利,不影响被保险人就未取得赔偿的部分向第三者请求赔偿的权利。这是保险法对保险人代位求偿权的有关法律规定,是在保险法律实务中处理保险人代位求偿权纠纷案件的基本依据和标准。

一、基本内容

（一）概念

保险人代位求偿权，又称保险人代位权或者保险代位求偿权，是指因第三者对保险标的的损害造成保险事故的，保险人自向被保险人赔偿保险金之日起，在赔偿金额范围内代位行使被保险人对第三者请求赔偿的权利。

（二）法律属性

在法律本质上，保险人代位求偿权，属于债权的法定转移，是债权转让制度在保险法律中的运用。按照保险法的规定，自保险人向被保险人赔偿保险金之日起，被保险人将其享有的债权请求权，即被保险人对第三者的损害赔偿请求权，在保险人赔偿金额范围内，被保险人依法将相应金额的债权转移给保险人，债权债务关系的内容不变，但是债权人变更为保险人。可见，保险人代位求偿权是保险人享有的一项法定权利。该项权利内容的实质为，保险人在保险赔偿金额范围内依法享有代位被保险人行使对侵害保险标的第三者的损害赔偿请求权。

（三）取得条件

根据《保险法》第60条的规定，保险人自向被保险人赔偿保险金之日起，在赔偿金额范围内代位行使被保险人对第三者请求赔偿的权利。可见，我国保险法明确规定，保险人代位求偿权是保险人依法享有的一项法定权利。根据保险法的规定，保险人取得该项权利的条件为保险人向被保险人赔偿保险金。除此之外，就该项权利取得而言，无须对保险人提出其他要求。但是，在保险理赔实务中，保险人在与被保险人就保险赔偿金额达成一致后，保险人在向被保险人赔付保险金之前，一般都会要求被保险人出具权益转让书，约定在保险人赔偿保险金额范围内，被保险人将其享有对第三者的损害赔偿请求权利转让给保险人。由此可见，按照保险法的有关规定，被保险人是否出具权益转让书，并非保险人行使代位求偿权的要件和依据。

（四）价值意义

保险人代位求偿权，存在于填补被保险人损失为目的的财产保险，是财产保险损失补偿原则的重要体现。在保险实务中,由于第三者对保险标的损害造成保险事故,同时构成保险人的保险责任和第三者的损害赔偿责任。如被保险人同时主张保险赔偿金和第三者赔偿责任,则可能获得两份赔偿,超过被保险人所受到的实际损失。为了解决被保险人的不当得利问题,同时避免第三者逃脱应当承担的损害赔偿责任,保险法规定了保险人代位求偿权,使保险人在向被保险人支付保险赔偿金后,在支付的保险赔偿金额范围内依法取得代位被保险人向第三者请求赔偿权利。可见,保险人代位求偿权为解决被保险人的保险给付请求权和损害赔偿请求权,在发生重叠时的利益归属问题提供了制度依据,是保险法损失补偿原则的派生和必然结果。①

二、构成要件

按照保险法的有关规定,在保险法律实务中,保险人行使代位求偿权必须具备三个构成要件。

(一)第三者原因对保险标的损害造成保险事故发生

在保险实务中,保险事故的发生可能涉及不同法律主体和多种原因,但并不是所有的保险事故发生后保险人都取得代位求偿权,如被保险人自身原因、意外事故或者不可抗力等因素导致保险事故发生的,保险人在向被保险人赔偿保险金后并不能依法行使代位求偿权。保险人代位求偿权行使的前提是第三者原因对保险标的损害造成保险事故发生。具体来说,第三者原因对保险标的损害,可以是基于对保险标的侵权行为产生,也可以是由于第三者违反合同义务所致,如租赁合同中妥善保管租赁物义务的违反、买卖合同中出卖标的物质量瑕疵保证义务违反,还包括其他由于第三者原因导致保险标的损害等。可见,保险人代位求偿权行使的前提条件,是由于第三者原因对保险标的损害造成保险事故发生,否则保险人不能行使该项权利。

(二)被保险人对第三者享有损害赔偿请求权

被保险人对第三者享有损害赔偿请求权,是保险人代位求偿权行使的实质要求。保险人代位求偿权的产生,是财产保险损失补偿原则的体现和要求,目

---

① 李玉泉主编:《保险法学——理论与实务》,高等教育出版社2010年版,第227页。

的是解决在保险事故发生后，被保险人可以同时向保险人主张保险赔偿金和向第三者主张损害赔偿的两个请求权重叠问题，避免被保险人的不当得利，同时防止第三者逃脱应当承担的赔偿责任。在保险法律实务中，由于第三者原因对保险标的损害造成保险事故的，存在被保险人对该第三者并不具有损害赔偿请求权的情形。如在损害发生前被保险人与第三者约定，第三者原因导致保险标的损害的，第三者不承担赔偿责任。在这种情形下，被保险人对第三者不具有损害赔偿请求权，保险人在向被保险人赔偿保险金后，依法不能行使代位被保险人对第三者请求赔偿权利。对此，《保险法司法解释（四）》第 9 条规定，在保险人以第三者为被告提起的代位求偿权之诉中，第三者以被保险人在保险合同订立前已放弃对其请求赔偿的权利为由进行抗辩，人民法院认定上述放弃行为合法有效，保险人就相应部分主张行使代位求偿权的，人民法院不予支持。

（三）保险人在支付保险赔偿金范围内行使代位求偿权

保险人在向被保险人支付保险赔偿金范围内行使代位求偿权，这是保险人代位求偿权的金额限制要求。保险人代位求偿权，虽是基于财产保险损失补偿原则要求，但从权利产生的属性上来说，属于被保险人债权请求权的法定转让。即保险法规定保险人在向被保险人赔偿保险金之日起，在赔偿金额范围内代位行使被保险人对第三者请求赔偿的权利。可见，被保险人向保险人转让的债权，限于保险人向被保险人支付的保险赔偿金范围。保险人未向被保险人赔偿的保险标的损失，被保险人仍可向第三者主张赔偿权利，该部分权利保险人不能行使代位求偿权。因此，保险人行使代位求偿权的金额范围，仅限于其向被保险人支付的保险赔偿金额。

（四）第三者的例外情形

根据《保险法》第 62 条的规定，除被保险人的家庭成员或其组成人员故意造成本法第 60 条第 1 款规定的保险事故外，保险人不得对被保险人的家庭成员或者其组成人员行使代位请求赔偿的权利。这是保险法对保险人行使代位求偿权的限制性规定，除被保险人的家庭成员或其组成人员故意造成保险事故的，保险人不能向被保险人的家庭成员或其组成人员行使代位求偿权。保险法的该限制性规定，一方面是基于被保险人的家庭成员与被保险人财产混同，如果允许保险人向他们行使代位求偿权，实际上保险人将支付给被保险人的保险赔偿金,又从被保险人家庭成员处要回,不符合财产保险的损失补偿原则和要求。另一方面,被保险人的组成人员的行为,实际上是代表被保险人的行为,由于被保险人自身行为导致保险事故发生的,保险人不能在向被保险人赔偿保险金后,又向被保险人行使代位求偿权。因此,在保险法律实务中,保险人不能向被保险人的家庭成员或其组成人员行使代位求偿权。但是,上述人员故意造成保险事故发生的,属于例外情形,保险人仍可向他们行使代位求偿权。

三、权利行使

(一)权利主体

根据《保险法》第60条的规定,保险人代位求偿权是保险人依法享有的法定权利,该权利本质上为债权的法定转移,即保险法律直接规定被保险人将其享有对第三者的赔偿请求权转移给保险人,被保险人与第三者之间债权债务关系的内容不变,但债权人变更为保险人,债务人仍为第三者。可见,保险人作为保险法规定的代位求偿权主体,以自己的名义直接要求第三者承担保险赔偿金范围内的赔偿责任。同时,根据《保险法司法解释(二)》第16条第1款的规定,保险人应以自己的名义行使保险人代位求偿权。

(二)权利范围

保险人行使代位求偿权,在权利内容本质上源自被保险人将其享有对第三者的债权请求权,依照保险法的规定直接转移给保险人。根据《保险法》第60条的规定,保险人自向被保险人赔偿保险金之日起,在赔偿金额范围内代位行使被保险人对第三者请求赔偿权利。可见,保险人行使代位求偿权的范围为保险赔偿金额范围。这也符合被保险人债权转让有关权利义务数量对等要求,即保险人在向被保险人支付保险赔偿金后,被保险人将保险人支付保险赔偿金数额相等债权转让给保险人。因此,保险人可以在向被保险人支付保险赔偿金范围内向第三者要求承担赔偿责任。

(三)诉讼时效

《保险法》第60条规定了保险人代位求偿权的产生依据,即保险人自向被保险人赔偿保险金之日起,在赔偿金额范围内代位行使被保险人对第三者请求赔偿的权利。可见,自保险人向被保险人赔偿保险金之日起,保险人可以依法取得和行使代位求偿权。我国《民法通则》第 137 条规定,诉讼时效期间从知道或者应当知道权利被侵害时起计算。《民法总则》第 188 条第 2 款规定,诉讼时效期间自权利人知道或者应当知道权利受到损害以及义务人之日起计算。因此,保险人代位求偿权的诉讼时效,起算时间为保险人取得代位求偿权之日,即保险人向被保险人赔偿保险金之日。同时,《保险法司法解释(二)》第 16 条第 2 款的规定,保险人代位求偿权的诉讼时效期间应自其取得代位求偿权之日起算。

(四)优先顺序

从保险人代位求偿权制度的产生来看,该项权利本身源于财产保险损失补偿原则要求,其目的主要体现在防止被保险人的双重获利以及第三者逃脱赔偿责任。可见,从该项权利产生的制度价值来看,首先应该弥补被保险人的损失,实现被保险人保险标的损失补偿,其次才应考虑保险人代位被保险人向第三者请求赔偿。在保险实务中,被保险人的赔偿请求权与保险人代位求偿权发生冲突的,被保险人赔偿请求权优先受偿。同时,根据《保险法》第 60 条的规定,保险人行使代位请求赔偿的权利,不影响被保险人就未取得赔偿的部分向第三者请求赔偿的权利。

(五)第三者的例外

根据保险法的规定,因第三者对保险标的的侵害而造成保险事故的,保险人在赔偿保险金之日起,在赔偿金额范围内代位行使被保险人对第三者请求赔偿的权利。在保险法律实务中,不是所有第三者对保险标的的侵害造成保险事故的,保险人都可以向第三者行使代位求偿权,如第三者是被保险人的家庭成员或者组成人员,由于他们与被保险人之间存在财产上的关联性、行为上的委托或代理关系,特别是当上述人员不是故意造成保险事故的情况下,保险人向他们进行代位追偿,在事实上不合逻辑,在法律上不合情理。为此,《保险法》第 62 条规定,除被保险人的家庭成员或者其组成人员故意造成本法第 60 条第 1 款规定的保险事故外,保险人不得对被保险人的家庭成员或者其组成人员行使代位请求赔偿的权利。因此,在保险实务中,保险人行使代位求偿权的,除非被保险人的家庭成员或者其组成人员故意造成保险事故,否则在实务中应当将他们排除在代位求偿权之外。

(六)协助义务

保险人代位求偿权从性质上来看,是被保险人对第三者的损害赔偿请求权依法转让给保险人,保险人代位被保险人行使对第三者请求赔偿的权利。可见,保险人代位求偿权的权利基础,是被保险人对第三者的损害赔偿请求权。保险人行使代位求偿权,有赖于被保险人提供必要的文件和所知道的有关情况,被保险人有相应的协助义务。同时,保险人代位求偿权属于保险法规定保险人依法享有的权利,该权利自产生之日起就相对独立于被保险人。保险人的该项代位求偿权受到保险法律保护,被保险人侵犯保险人该项权利的,保险法规定应当承担相应法律后果。对此,我国《保险法》第 61 条规定,被保险人故意或者重大过失致使保险人不能行使代位请求赔偿的权利的,保险人可以扣减或者要求返还相应的保险金。同时,《保险法司法解释(四)》第 11 条规定,被保险人因故意或者重大过失未履行《保险法》第 63 条规定的义务,致使保险人未能行使或者未能全部行使代位请求赔偿的权利,保险人主张在其损失范围内扣减或者返还相应保险金的,人民法院应予支持。

第二节　保险人代位求偿权的常见问题

在保险人代位求偿权纠纷案件的实务处理过程中,一般来说比较常见的问题主要包括管辖法院、诉讼时效起算、请求权的基础法律关系、当事人举证责任分配、保险法规定的第三者的例外情形以及被保险人优先受偿等。

一、管辖法院问题

(一)法律和司法解释

1. 保险法的规定

根据《保险法》第 60 条第 1 款的规定,因第三者对保险标的的损害而造成保险事故的,保险人自向被保险人赔偿保险金之日起,在赔偿金额范围内代位行使被保险人对第三者请求赔偿的权利。

2. 诉讼法的规定

根据《民事诉讼法》第23条的规定,因合同纠纷提起的诉讼,由被告住所地或者合同履行地人民法院管辖。《民事诉讼法》第24条规定,因保险合同纠纷提起的诉讼,由被告住所地或者保险标的物所在地人民法院管辖。《民事诉讼法》第28条规定,因侵权行为提起的诉讼,由侵权行为地或者被告住所地人民法院管辖。

3. 司法解释内容

(1)《保险法司法解释(四)》第12条规定,保险人以造成保险事故的第三者为被告提起代位求偿权之诉的,以被保险人与第三者之间的法律关系确定管辖法院。

(2)《保险法司法解释(四)》第13条规定,保险人提起代位求偿权之诉时,被保险人已经向第三者提起诉讼的,人民法院可以依法合并审理。保险人行使代位求偿权时,被保险人已经向第三者提起诉讼,保险人向受理该案的人民法院申请变更当事人,代位行使被保险人对第三者请求赔偿的权利,被保险人同意的,人民法院应予准许;被保险人不同意的,保险人可以作为共同原告参加诉讼。

(二)管辖有关问题

1. 不适用保险合同纠纷管辖的规定

根据《民事诉讼法》第24条的规定,因保险合同纠纷提起的诉讼,由被告住所地或者保险标的物所在地人民法院管辖。保险人代位求偿权纠纷案件,虽民事案由中规定在财产保险合同纠纷项下,但是根据《保险法》第60条的规定内容,因第三者对保险标的的损害而造成保险事故的,保险人自向被保险人赔偿保险金之日起,在赔偿金额范围内代位行使被保险人对第三者请求赔偿的权利。可见,从该权利内容本身而言,并非保险人与被保险人之间有关保险合同内容的纠纷,而是保险人向被保险人支付保险赔偿金后,代位行使被保险人对第三者请求赔偿的权利。同时,按照民事诉讼法有关规定,应当按照纠纷案件所主张实体权利义务的基础法律关系性质确定案件管辖法院。因此,保险人代位求偿权纠纷案件,不属于保险合同当事人之间的合同纠纷,不适用有关保险合同纠纷案件管辖法院的规定。

2. 适用代位权基础法律关系确定管辖

根据《保险法》第60条的规定,保险人代位求偿权是保险人代位行使被保险人对第三者请求赔偿的权利。保险人代位求偿权的基础法律关系，是被保险人对第三者的损害赔偿请求权。可见，在保险法律实务中，因第三者对保险标的的损害造成保险事故，保险人向被保险人赔偿保险金后，代位行使被保险人对第三者请求赔偿的权利而提起诉讼的，应当根据保险人所代位的被保险人对第三者损害赔偿请求权基础法律关系确定管辖法院。同时，《保险法司法解释（四）》第 12 条有相应内容规定，保险人以造成保险事故的第三者为被告提起代位求偿权之诉的，以被保险人与第三者之间的法律关系确定管辖法院。具体来说，在实务中应当包括以下三种情形：

（1）按照侵权法律关系确定管辖，如第三者因侵权行为对保险标的实施侵害并造成保险事故的，保险人行使代位求偿权的，应当按照侵权行为法律关系提起诉讼，由侵权行为地或者被告住所地人民法院管辖。

（2）按照违约法律关系确定管辖，如第三者因违反合同约定造成保险标的侵害并发生保险事故的，保险人行使代位求偿权的，应当按照合同法律关系提起诉讼，由被告住所地或者合同履行地人民法院管辖。

（3）在第三者构成侵权行为和违约行为竞合时，保险人享有选择权。如因第三者对保险标的侵害造成保险事故，并且该第三者对保险标的的侵害构成侵权行为和违约行为的竞合，保险人行使代位求偿权的，可以选择按照其基础法律关系，即侵权法律关系或者违约法律关系，确定保险人代位求偿权纠纷案件的诉讼管辖法院。

3. 保险人与被保险人共同诉讼问题

根据《保险法司法解释（四）》第 13 条的规定，保险人提起代位求偿权之诉时，被保险人已经向第三者提起诉讼的，人民法院可以依法合并审理。保险人行使代位求偿权时，被保险人已经向第三者提起诉讼，保险人向受理该案的人民法院申请变更当事人，代位行使被保险人对第三者请求赔偿的权利，被保险人同意的，人民法院应予准许；被保险人不同意的，保险人可以作为共同原告参加诉讼。可见，在保险法律实务中，保险人代位求偿权纠纷诉讼与被保险人对第三者的损害赔偿纠纷诉讼共同发生的，人民法院可以依法合并审理；保险人对被保险人已经开始的诉讼可以申请变更当事人或者申请作为共同原告参加诉讼。

典型案例 91　人保公司与张金武、平安保险黑龙江分公司保险人代位求偿权纠纷案①

【法院认定事实】

2015 年 10 月 22 日,被保险人王彦阳为其黑 AE732N 号小型轿车向人保哈尔滨分公司投保机动车交强险及商业险,2016 年 1 月 2 日,张金武驾驶车牌号为黑 KU5351 号小型轿车与王圣雯驾驶的被保险人王彦阳所有的车牌号为黑 AE732N 号小型轿车在哈伊公路发生交通事故,后经交警部门认定在此起交通事故中王圣雯负事故次要责任,张金武负事故主要责任。人保公司在向被保险人王彦阳赔付后,向张金武及承保的平安保险黑龙江分公司行使保险人代位求偿权成诉。

【一审法院观点】

平安保险黑龙江分公司在立案前已对张金武赔付完毕,履行了保险赔付义务,不应再承担赔付责任。张金武的住所地为黑龙江省海伦市,不在该院辖区内。人保哈尔滨分公司依据《保险法》第 60 条**主张保险人代位求偿权,该权利系因交通肇事侵权行为产生**。依据《民事诉讼法》第 28 条之规定,**因侵权行为提起的诉讼,由侵权行为地或者被告住所地人民法院管辖。本案侵权行为地为黑龙江省铁力市,故该院对本案无管辖权**。南岗区人民法院于 2017 年 6 月 16 日裁定:本案移送黑龙江省伊春市铁力市人民法院(以下简称铁力市法院)审理。

【省法院指定管辖观点】

《保险法》第 60 条第 1 款规定,因第三者对保险标的的损害而造成保险事故的,保险人自向被保险人赔偿保险金之日起,在赔偿金额范围内代位行使被保险人对第三者请求赔偿的权利。**保险人代位求偿权的基础是被保险人对第三者享有债权,因第三者对保险标的的损害造成保险事故,保险人向被保险人赔偿保险金后,代位行使被保险人对第三者请求赔偿的权利而提起诉讼的,应根据保险人所代位的被保险人与第三者之间的法律关系确定管辖法院**。本案中,王彦阳所有的黑 AE732N 号小型轿车与张金武所有的黑 KU5351 号小型轿车在哈伊公路发生交通事故,人保哈尔滨分公司作为保险人向被保险人王彦阳

① 黑龙江省高级人民法院(2017)黑民辖 19 号保险人代位求偿权纠纷民事裁定书。

进行了赔偿，人保哈尔滨分公司现行使保险人代位求偿权起诉张金武和为张金武的小型轿车承保交强险的平安保险黑龙江分公司，**应按照代位求偿权所依据的法律关系即侵权纠纷来确定管辖法院**。《民事诉讼法》第28条规定，因侵权行为提起的诉讼，由侵权行为地或者被告住所地人民法院管辖。**张金武住所地位于海伦市，平安保险黑龙江分公司住所地位于哈尔滨市南岗区，本案诉讼标的额13,474.60元，人保哈尔滨分公司选择向南岗区法院提起诉讼，符合法律规定**。且，《最高人民法院关于适用〈中华人民共和国民事诉讼法〉的解释》第35条规定，**当事人在答辩期间届满后未应诉答辩，人民法院在一审开庭前，发现案件不属于本院管辖的，应当裁定移送有管辖权的人民法院**。**南岗区法院在本案开庭审理后，以平安保险黑龙江分公司在立案前已对张金武赔付完毕，履行了保险赔付义务，不应再承担赔付责任为由，裁定将本案移送铁力市法院审理不当**，本院予以纠正。

典型案例92　太平洋保险北京分公司与邮政物流公司保险人代位求偿权纠纷案①

【法院认定事实】

2012年10月10日，中外运河南分公司与河南省邮政速递物流有限公司郑州市物流分公司（改制后该公司名称变更为中国邮政速递物流股份有限公司郑州市分公司）签订《仓库租赁合同》。约定解决合同纠纷的方式：协商不成，可向郑州市仲裁委员会申请仲裁。发生保险事故后，太平洋保险北京分公司向中外运河南分公司支付了保险金，中外运河南分公司作为《仓库租赁合同》的原权利人，将向郑州市分公司追索的权利转让给太平洋保险北京分公司，使太平洋保险北京分公司依据该合同代位取得向被告追索的权利。

【一审法院观点】

保险人代位求偿权源于法律的直接规定，属于保险人的法定权利，并非基于保险合同而产生的约定权利。在提起保险代位求偿权诉讼中，应根据保险人所代位的被保险人与第三者之间的法律关系确定管辖法院。本案中，**被保险人与第三者之间所签协议的仲裁条款对保险人具有约束力，无须以保险人同意为**

① 北京市第四中级人民法院（2016）京04民终99号保险人代位求偿权纠纷民事裁定书。

前提。《仓库租赁合同》中所约定的仲裁条款有效，故同样对保险人具有约束力。综上，依照《仲裁法》第5条，《最高人民法院关于适用〈中华人民共和国保险法〉若干问题的解释》第3条、第6条，《民事诉讼法》第154条第（三）项之规定，裁定如下：驳回原告中国太平洋财产保险股份有限公司北京分公司的起诉。

【二审法院观点】

保险人代位求偿权是依照法律规定转让取得的求偿权而不是依据债权债务转让合同取得的债权，该权利是源于法律的直接规定，并非基于保险合同而产生的约定权利；**保险人并非被保险人中外运与郑州市分公司签订的《仓库租赁合同》中的仲裁条款的当事人，仲裁条款并非保险人的意思表示，除非保险人明确表示接受，否则该仲裁条款对保险人不具有约束力。现保险人太平洋保险北京分公司明确表示不接受仲裁条款，因此该仲裁条款对保险人没有约束力。**上诉人关于仲裁条款对上诉人不具有约束力的上诉理由成立，本院予以支持。**鉴于仲裁条款对保险人不具有约束力，保险人可以依法向人民法院起诉。在提起保险人代位求偿权的诉讼中，应根据保险人所代位的被保险人与第三者之间的法律关系确定管辖法院。**本案所涉《仓库租赁合同》应当属于房屋租赁合同性质，根据《最高人民法院关于适用〈中华人民共和国保险法〉的解释》第28条第2款的规定，**房屋租赁合同纠纷，按照不动产纠纷确定管辖，应由不动产所在地的人民法院管辖。**根据《仓库租赁合同》，租赁仓库位于郑州市高新区，非一审法院辖区。因此，上诉人太平洋保险北京分公司关于本案由一审法院管辖的上诉理由不能成立，上诉人太平洋保险北京分公司的起诉不符合起诉条件，应当依法予以驳回。一审法院认定仲裁条款对保险人具有约束力并据此驳回上诉人太平洋保险北京分公司的起诉属于适用法律错误，本院予以纠正。但一审法院裁定驳回太平洋保险北京分公司的起诉的裁判结果是正确的，本院在依法改正后对该裁判结果予以维持。

典型案例93 人寿保险公司与石家庄工大化工设备有限公司保险人代位求偿权纠纷案[1]

【一审法院观点】

因侵权行为提起的诉讼,由侵权行为地或者被告住所地法院管辖。根据《保险法》第60条的规定,保险人的代位求偿权是指保险人依法享有的,代位行使被保险人向造成保险标的损害负有赔偿责任的第三者请求赔偿的权利。**因第三者对保险标的的损害造成保险事故,保险人向被保险人赔偿保险金后,代位行使被保险人对第三者请求赔偿的权利而提起诉讼的,应根据保险人所代位的被保险人与第三者之间的法律关系确定管辖法院。本案中,被告生产的保险标的因质量问题造成被保险人损害,被保险人可以要求被告承担违约责任,也可以要求被告承担侵权责任。现原告选择侵权之诉,以侵权行为发生地位于浙江省建德市为由诉至本院,符合法律规定。**故本院对本案享有管辖权,被告石家庄工大化工设备有限公司的异议理由不成立。

【二审法院观点】

本案中,因上诉人生产的盘式连续干燥机设备故障导致本案保险事故发生,造成被保险人损害,被保险人有权要求上诉人承担侵权责任。现中国人寿财产保险股份有限公司建德支公司诉讼请求的实质为保险人代位求偿权行使,**该权利系保险法特定之权利,本质上是一种债权的转移,即被保险人将其享有的债权损害赔偿请求权转移给保险人,原债权债务关系的内容不变,但其债权人则变更为保险人。据此,原审裁定依据原债权债务关系即侵权责任法律关系确定本案管辖权无误,本院予以确认。**因本案侵权行为地位于原审法院辖区内,故原审法院对本案具有管辖权。石家庄工大化工设备有限公司的上诉理由依据不足,本院不予支持。

二、诉讼时效问题

保险人代位求偿权纠纷案件中有关诉讼时效的确定,是保险法律实务中争议问题之一。其主要内容包括保险人代位求偿权诉讼时效的起算,诉讼时效的中止、中断、延长以及分批支付保险赔偿金的情形下有关诉讼时效起算等。

---

① 浙江省杭州市中级人民法院(2014)浙杭辖终字第874号保险人代位求偿权纠纷民事裁定书。

（一）诉讼时效自取得代位求偿权之日起算

从本质上来说，保险人代位求偿权是被保险人依法将其享有对第三者的损害赔偿请求权转让给保险人。可见，保险人行使代位求偿权的内容，应与被保险人对第三者请求赔偿的权利内容相一致，其中包括实体权利义务内容和程序方面的权利。比如，保险人的代位求偿权诉讼时效，理论上来说应按照被保险人对第三者的诉讼时效确定。但是，就法律规定内容而言，保险人代位求偿权毕竟是保险法规定的保险人的一项法定权利，存在区别于一般民事法律中债权转让的特殊属性。根据《保险法》第 60 条的规定，保险人自向被保险人赔偿保险金之日起，在赔偿金额范围内代位行使被保险人对第三者请求赔偿权利。可见，保险人取得代位求偿权的时间为向被保险人赔偿保险金之日，也就是说在保险人向被保险人赔偿保险金之日，保险人才取得该项实体权利，保险人才能够向第三者主张赔偿权利。诉讼时效制度产生的主要目的，是为督促权利主体及时行使权利。依据民事诉讼时效有关规定，诉讼时效从知道或者应当知道权利被侵害以及义务人时起计算。因此，保险人代位求偿权诉讼时效起算时间点，应为保险人取得代位求偿权之日，具体应为保险人向被保险人赔偿保险金之日。

（二）保险人代位求偿权诉讼时效有关内容

1. 适用诉讼时效中止、中断、延长的有关规定

按照民事法律的有关规定，诉讼时效期间从知道或者应当知道权利被侵害以及义务人时起计算。但是，从权利被侵害之日起超过 20 年的，人民法院不予保护。有特殊情况的，人民法院可以延长诉讼时效期间。同时，在诉讼时效期间的最后 6 个月内，因不可抗力或者其他障碍不能行使请求权的，诉讼时效中止。从中止时效的原因消除之日起，诉讼时效期间继续计算。诉讼时效因提起诉讼、当事人一方提出要求或者同意履行义务而中断。从中断时起，诉讼时效期间重新计算。保险人代位求偿权，是保险人依法享有的民事权利。因此，保险人行使代位求偿权的，同样适用上述诉讼时效中止、中断、延长的规定。

2. 分批支付保险赔偿金的诉讼时效问题

根据《保险法》第 60 条的规定，保险人自向被保险人支付保险赔偿金之日起，在赔偿金额范围内代位被保险人行使对第三者请求赔偿权利。同时，保险法司法解释（二）第 16 条第 2 款规定，保险人代位求偿权的诉讼时效期间应自

其取得代位求偿权之日起算。在保险法律实务中,根据保险合同的有关约定和《保险法》第 25 条规定,在最终赔付保险金之前,保险人对于能够确定的保险赔偿金应当先行支付,因此在实务中产生分批支付保险赔偿金的问题。在保险法律实务中,按照上述保险法和有关司法解释的规定,保险人分批支付保险赔偿金的,应当分批计算保险赔偿金的诉讼时效,具体应按照保险人取得该批次代位求偿权之日起算该批次代位求偿权的诉讼时效。

典型案例 94 天安保险公司与闫留东保险人代位求偿权纠纷案①

【法院认定事实】

2010 年 5 月 22 日 22 时 10 分,闫留东驾驶车主为余文军的浙 A××中型客车与高慧娟所有的浙 F××轿车发生追尾,造成两车损坏的交通事故,经交警部门认定闫留东负事故全部责任。高慧娟浙 F××轿车在天安保险公司处投保了机动车商业险。天安保险公司赔偿高慧娟损失 162,937.68 元后,行使保险人代位求偿权向事故责任方闫留东追偿。

【一审法院观点】

根据《保险法》第 60 条的规定:因第三者对保险标的的损害而造成保险事故的,保险人自向被保险人赔偿保险金之日起,在赔偿金额范围内代位行使被保险人对第三者请求赔偿的权利。故在天安保险公司向高慧娟支付了赔偿保险金后,即取得了代位求偿的权利。但是**保险代位求偿权不是一种独立的请求权,而是法定请求权转让,故天安保险公司取得的代位求偿权是高慧娟转移的请求权,天安保险公司取代高慧娟行使求偿权,其所享有的权利应当与高慧娟的权利一致,即永安保险公司取得以对高慧娟行使的抗辩权同样可以对天安保险公司行使,该抗辩包括诉讼时效的抗辩。诉讼时效期间从知道或者应当知道权利被侵害时计算,本案高慧娟财产权利被侵害发生在 2010 年 5 月 22 日即事故发生时,其损失数额确定在 2010 年 8 月 5 日,即高慧娟车辆修理完毕并取得了相应发票。**本案即使从 2010 年 8 月 5 日开始计算诉讼时效期间,但天安保险公司未提供其或高慧娟在 2010 年 8 月 5 日至 2012 年 8 月 4 日向永安保险公司主张过损害赔偿的证据,也未曾在此期间向闫留东、余文军、永安保险公司告知

① 杭州市中级人民法院(2013)浙杭商终字第 1368 号保险代位求偿权纠纷案件民事判决书。

将由其行使保险人代位求偿权，故天安保险公司在2012年8月22日向原审法院起诉已超过诉讼时效期间。

【二审法院观点】

关于诉讼时效问题，根据法律规定，因第三者对保险标的的损害而造成保险事故的，保险人自向被保险人赔偿保险金之日起，在赔偿金额范围内代位行使被保险人对第三者请求赔偿的权利。**保险人代位求偿权的诉讼时效期间应自其取得代位求偿权之日起算。高慧娟要求天安保险公司支付赔偿款，经嘉兴市南湖区人民法院审理，于2010年11月5日作出判决，确定天安保险公司的赔偿责任。天安保险公司也于此后根据该判决履行了支付义务。天安保险公司取得代位求偿权应在判决作出之后。至天安保险公司向原审法院提起保险人代位求偿权诉讼，期限并未超过法律规定的诉讼时效期限。**原审法院认定本案起诉已经超过诉讼时效期限错误，本院予以纠正。

典型案例95　人保公司与胡俊能、大地财产保险公司保险人代位求偿权纠纷案①

【法院认定事实】

东莞市上明纽扣有限公司作为被保险人为车牌为粤S××小轿车向被上诉人人民财产保险公司投保了责任限额为30万元的车辆损失险等商业险种。胡俊能作为被保险人为车牌为粤A××的小客车向上诉人大地财产保险公司投保了责任限额为50万元的商业第三者责任险等商业险种。2010年7月1日16时40分，上述两辆保险车辆以及案外人袁冠东、案外人田勇驾驶车辆追尾。《道路交通事故认定书》认定黄景伟承担事故的全部责任2010年11月5日，被上诉人人民财产保险公司向案外人袁冠东支付了车辆损失的保险赔偿款93000元后，向事故责任方行使保险人代位求偿权。

【一审法院观点】

因第三者对保险标的的损害而造成保险事故的，作为保险人的被上诉人可自向案外人袁冠东赔偿保险金之日起，在赔偿金额范围内代位行使袁冠东对胡俊能、上诉人请求赔偿的权利。故**被上诉人行使代位求偿权的诉讼时效应自其**

---

① 广州市中级人民法院(2013)穗中法金民终字第1076号保险人代位求偿权纠纷案件民事判决书。

向案外人支付保险赔偿金之日起开始计算,即自2010年11月5日开始计算被上诉人的保险代位求偿权的诉讼时效。因被上诉人在2012年9月19日向上诉人主张过涉案金额,故被上诉人的诉讼时效中断,即被上诉人就涉案金额的保险代位求偿权的诉讼时效应自2012年9月19日重新开始计算。为此,被上诉人现向胡俊能、上诉人主张涉案金额即93,000元明显未超过诉讼时效。

【二审法院观点】

本案的争议焦点之一在于被上诉人的主张是否超过诉讼时效。**本案是保险人代位求偿权纠纷,因而本案的诉讼时效应当自被上诉人即保险人向被保险人袁冠东赔偿保险金之日起开始计算**。在本案中,2010年11月5日被上诉人向袁冠东支付保险金,诉讼时效应当自2010年11月5日开始计算,2012年9月19日被上诉人向上诉人主张过涉案金额,构成了诉讼时效中断,被上诉人2013年提起本案诉讼,故原审法院认定被上诉人的本案主张没有超过诉讼时效正确,本院予以维持。

典型案例96　太平保险公司与清新温矿泉保险人代位求偿权纠纷案①

【法院认定事实】

2011年12月28日,案外人广东青旅向太平保险投保了旅行社责任险。案外人劳锦胜作为中远佐敦船舶涂料(广州)有限公司员工参加组团旅游,并于2012年3月3日下午在清新温矿泉经营管理的清新牧场参加"骑马两圈"活动时从所骑马坠落并被马匹拖行受伤。2015年1月14日,广东青旅依据所投保旅行社责任险向太平保险进行索赔,太平保险经理算后向广东青旅支付理赔款172218.27元,并向事故责任方行使保险人代位求偿权。

【一审法院观点】

法院认为,在案涉事故中,广东青旅作为组团社,清新温矿泉作为履行辅助人,而《中华人民共和国旅游法》第71条(**由于地接社、履行辅助人的原因导致违约的,由组团社承担责任;组团社承担责任后可以向地接社、履行辅助人追偿**。由于地接社、履行辅助人的原因造成旅游者人身损害、财产损失的,旅游者可以要求地接社、履行辅助人承担赔偿责任,也可以要求组团社承担赔偿责任;

① 清远市中级人民法院(2016)粤18民终305号保险人代位求偿权纠纷案件民事判决书。

组团社承担责任后可以向地接社、履行辅助人追偿。但是,由于公共交通经营者的原因造成旅游者人身损害、财产损失的,由公共交通经营者依法承担赔偿责任,旅行社应当协助旅游者向公共交通经营者索赔)的规定**明确组团社广东青旅拥有对清新温矿泉的法定追偿权,且追偿权行使时间应为组团社承担责任后,为此,广东青旅对被告行驶追偿权时效应从其赔付游客劳锦胜损失后起算**。从太平保险提交的招商银行电子回单可见,广东青旅于2015年1月14日依照(2013)穗越法民一初字第4252号民事判决书确定的履行义务赔付了劳锦胜的损失,故广东青旅对清新温矿泉的追偿权时效应从2015年1月15日起算,为此,鉴于保险人向第三者行使保险代位求偿权的诉讼时效与被保险人向第三者行使赔偿请求权的诉讼时效期间相同的规定,现太平保险于2015年11月通过诉讼向清新温矿泉提起保险代位求偿权,并未超出诉讼时效,对清新温矿泉辩称太平保险诉求已超过诉讼时效的意见,缺乏事实依据,本院不予采纳。

【二审法院观点】

本案系保险人代位求偿权纠纷,根据《中华人民共和国保险法》第60条第1款关于"因第三者对保险标的的损害而造成保险事故的,保险人自向被保险人赔偿保险金之日起,在赔偿金额范围内代位行使被保险人对第三者请求赔偿的权利"及《最高人民法院关于适用〈中华人民共和国保险法〉若干问题的解释(二)》第16条第2款关于"根据保险法第六十条第一款的规定,**保险人代位求偿权的诉讼时效期间应自其取得代位求偿权之日起算**"的规定,**本案诉讼时效应从太平保险向广东青旅赔偿保险金之日起算**。而据查明的事实,太平保险于2015年4月2日向广东青旅支付了保险赔偿款,故本案诉讼时效从该日起算,并未超过诉讼时效。

三、法律基础关系问题

根据《保险法》第60条的规定,因第三者对保险标的损害造成保险事故的,保险人自向被保险人赔偿保险金之日起,在赔偿金额范围内代位行使被保险人对第三者请求赔偿的权利。可见,保险人代位求偿权,其本质是保险人代位行使被保险人对第三者请求赔偿的权利。因此,保险人代位求偿权的基础法律关系是被保险人对第三者的损害赔偿请求权。在保险法律实务中,认定被保险人对第三者的损害赔偿请求权的法律关系性质,具有十分重要的意义。具体来说,主要涉及以下三方面的内容。

(一)请求权的基础法律关系

保险人代位求偿权是保险法规定保险人享有的权利,本质上是一种债权的法定转移。保险人向被保险人支付保险金后,被保险人将其享有的债权,即其对第三者的损害赔偿请求权转移给保险人,原债权债务关系的内容不变,但其债权人则变更为保险人。可见,保险人代位求偿权的基础法律关系是保险人所代位的被保险人与第三者之间损害赔偿法律关系。在保险法律实务中,保险人代位的被保险人与第三者的损害赔偿法律关系,可以是侵权法律关系,也可以是违约法律关系。对此,《保险法司法解释(四)》第 7 条有相应规定,保险人根据《保险法》第 60 条的规定,主张代位行使被保险人因第三者侵权或者违约等享有的请求赔偿的权利的,人民法院应予支持。因此,结合具体纠纷案件的实际情况,如构成侵权法律关系的,保险人应以侵权责任要求第三者承担赔偿责任;如构成违约法律关系的,保险人应按照违约责任要求第三者承担赔偿责任;如构成侵权法律关系和违约法律关系竞合的,保险人可以选择按照侵权法律关系或者违约法律关系要求第三者承担损害赔偿责任。

(二)主要审查基础法律关系内容

从法律本质上来说,保险人代位求偿权是被保险人享有损害赔偿请求权的法定转让。保险人行使的代位求偿权,是原本属于被保险人对第三者的损害赔偿请求权,该损害赔偿请求权与保险合同中保险人与被保险人之间的保险合同纠纷,属于不同当事人之间的不同法律关系。因此,在保险法律实务中,保险人行使代位求偿权的,应当审查保险人代位求偿权的基础法律关系,即被保险人与第三者之间损害赔偿法律关系,而不是保险人与被保险人之间的保险合同效力、保险人保险责任以及保险赔偿金额的计算。对此,《最高人民法院关于审理海上保险纠纷案件若干问题的规定》第 14 条有相应内容规定,受理保险人行使代位请求赔偿权利纠纷案件的人民法院应当仅就造成保险事故的第三人与被保险人之间的法律关系进行审理。具体来说:一方面,依照合同相对性原理,保险人与被保险人才是保险合同的双方当事人,保险合同之外第三者不享有保险合同抗辩权利。另一方面,只要被保险人对第三者的损害赔偿请求权依法成立,保险人在向被保险人赔偿保险金之日,在赔偿金额范围内依法取得代位行使被保险人对第三者的赔偿请求权。可见,保险人代位求偿权的请求权实质是第三者应当向被保险人承担的损害赔偿责任，被保险人依法将保险人支付保险赔偿金数额相等的损害赔偿请求权转让给保险人代位行使。但是，针对第三者来说，并没有发生实体权利义务内容的变更。

典型案例97　太平洋财险公司与康达物流保险人代位求偿权纠纷案①

【法院认定事实】

2012年4月2日，招商物流与康达物流签订货物托运单，由康达物流承运招商物流交付的货物。承运货物后，康达物流将货物交由米迎东雇佣的司机周国龙进行运输。2012年4月4日16时30分，周国龙驾驶车辆发生侧翻，造成车辆、车上所载货物及路产受损的交通事故。招商物流在太平洋财险深圳分公司投保了物流责任险。太平洋财险公司在支付保险赔偿金后，向责任方行使保险人代位求产权。

【法院观点】

根据《保险法》第60条的规定，保险人代位求偿权的行使对象是第三人对保险标的的毁损依法负有损害赔偿责任。**无论是基于第三人的侵权行为还是合同关系所产生的损害赔偿请求权，保险人代位求偿权行使的范围应当限于因保险标的毁损或灭失而直接产生的损害赔偿请求权。本案的基础法律关系系运输合同，被告依据其被保险人招商物流与康达物流的公路货物运输合同而提起保险人代位求偿权之诉，因此作为运输合同的一方当事人，康达物流应以其**在基础法律关系中应当向招商物流承担的违约责任为限向原告承担相应责任。

典型案例98　人保财险上海分公司与紫运公司保险人代位求偿权纠纷案②

【法院认定事实】

2013年1月1日，紫运公司（乙方）与案外人浙江纳迪克数控设备有限公司

① 石家庄铁路运输法院（2014）石铁民一初字第192号保险人代位求偿权纠纷案件民事判决书。

② 上海市第一中级人民法院（2014）沪一中民六（商）终字第188号保险人代位求偿权纠纷案件民事判决书。

(甲方)签订《货物运输合同》一份,约定:甲方委托乙方办理全国范围内的货物运输工作。2013年6月1日,紫运公司填写《货物运输保险投保单》一份,就涉案货物向人保财险上海分公司投保。紫运公司填写的被保险人为纳迪克公司。2013年6月3日,载货车辆行至北京市石景山区时发生单车事故,造成所载货物受损。2013年10月11日,人保财险上海分公司向纳迪克公司支付保险赔款104,580元后向事故责任方行使保险人代位求偿权。

【一审法院观点】

本案中,**人保财险上海分公司向紫运公司行使保险人代位求偿权的基础法律关系是紫运公司与纳迪克公司之间的货物运输合同法律关系,紫运公司出具的涉案货物托运单清楚载明,承运人对承运货物的货损、货差和货物安全负全部责任。现涉案货物因发生单车事故受损,无论是依照法律规定还是紫运公司与纳迪克公司的约定,紫运公司都应当向纳迪克公司承担赔偿责任。**人保财险上海分公司在依据保险合同向被保险人纳迪克公司支付104,580元保险赔偿金后,当然有权在此赔偿金额范围内代位行使纳迪克公司对紫运公司请求赔偿的权利。

【二审法院观点】

本案中,**被上诉人人保财险上海分公司向上诉人紫运公司行使保险人代位求偿权的基础法律关系是上诉人与货主之间的货物运输合同法律关系,上诉人在其出具的涉案货物托运单中已清楚载明"承运人对承运货物的货损、货差和货物安全负全部责任"**,现涉案货物因发生单车事故受损,无论是依照法律规定还是运输合同的约定,上诉人都应当向货主承担赔偿责任。被上诉人在依据保险合同向被保险人支付了104,580元保险赔偿金后,其在此赔偿金额范围内代位行使案外人纳迪克公司对上诉人紫运公司请求赔偿的权利,当受到法律的保护。

典型案例99 富邦保险公司与李永华保险人代位求偿权纠纷案①

【法院认定事实】

2013年11月4日,厦门福泉钢业有限公司向富邦公司投保了国内货物运

① 龙岩市中级人民法院(2014)岩民终字第1133号保险人代位求偿权纠纷案件民事判决书。

输保险一份，保险单上主要载明"保险标的为钢材，数量 20802kg，保险金额为 612,000 元。起运地厦门，目的地长沙，起运日期 2013 年 11 月 4 日。运输工具为汽车，车牌号为赣 F72983 号"。当天，李永红驾驶运输车辆运输上述货物（李永华也在该车上），发生交通事故，造成保险标的货物受损。富邦公司向被保险人赔偿保险金后，向事故责任方行使保险人代位求偿权。

【一审法院观点】

富邦公司与福泉公司之间系保险合同关系，富邦公司向福泉公司作出赔偿后，富邦公司即取代福泉公司的地位向责任方要求赔偿，**赔偿的请求权基础可以是依据合同关系或依据侵权关系。富邦公司提起保险代位求偿权的法律关系基础是运输合同关系，因此根据合同相对性原则，李永华是实际承运人，是运输合同相对方，富邦公司有权向其主张权利。**

【二审法院观点】

本案中，上诉人富邦公司在承保的货物发生保险事故后，向福泉公司赔偿了 313,034.1 元，上诉人富邦公司取得了对导致货物损坏的责任人请求赔偿的权利。**赔偿请求权基础可以依据运输合同关系或依据侵权关系，上诉人一审主张按侵权关系行使代位求偿权是其对民事权利的选择，本院予以支持。原审法院认定上诉人提起代位求偿权的基础法律关系是运输合同关系不当，本院予以纠正。因被上诉人李永红系原审被告李永华雇用的驾驶员，发生事故时李永红正在从事雇佣活动，故其侵权后果由其雇主即原审被告李永华承担。**

典型案例 100　人民保险公司与伟盛工贸公司保险人代位求偿权纠纷案①

【法院认定事实】

2013 年 4 月 3 日，诸暨市店口林江五金店向原告人民保险公司投保财产综合险。保险标的为固定资产和流动资产（存货），其中固定资产保险金额为 5,052,156.74 元、流动资产（存货）保险金额为 10,030,746.94 元。2013 年 9 月 29 日，被告伟盛工贸公司、诸暨市店口林江五金店、诸暨市店口杭万汽车零部件厂发生火灾，本次火灾烧毁建筑面积约 4000 平方米，烧毁厂房、原料、机器

---

① 绍兴市中级人民法院(2016)浙 06 民终 3736 号保险人代位求偿权纠纷案件民事判决书。

等物品,无人员伤亡。2014 年 6 月 25 日,原告人民保险公司向诸暨市店口林江五金店支付保险金 6,773,860.88 元后向事故责任方行使保险人代位求偿权。

【一审法院观点】

根据人民保险公司所提交的保险单,诸暨市店口林江五金店坐落于诸暨市店××镇××号的固定资产和存货投保了财产损失综合险,双方之间的保险合同依法成立。**本次火灾事故发生于保险合同约定的保险期间范围内,原告人民保险公司对上述保险标的损失进行赔偿,符合保险合同约定和法律规定。**被告辩称原告人民保险公司的理赔无任何依据,与该院已查明事实不符,该院不予采纳。关于公估报告效力。首先,根据《保险法》第 129 条之规定,“保险活动当事人可以委托保险公估机构等依法设立的独立评估机构或者具有相关专业知识的人员,对保险事故进行评估和鉴定”。**本次火灾事故发生后,原告人民保险公司委托民太安财产保险公估有限公司对火灾所造成的保险标的损失程度进行评估,符合有关法律规定,所出具的公估报告书亦应具有相应效力。**公估报告书中虽申明“本公估报告仅供保险理赔之用,不作其他任何证明”,但仅系对公估报告书的用途所进行的限定,不能据此否认其在本案中的证据资格。**被告伟盛工贸公司虽未参与本次公估程序,但根据原告庭审所提供的证据材料,其在正式委托公估前已将有关评估事项以书面函件的方式通知被告,并告知被告伟盛工贸公司可就本次公估提出任何建议或异议。被告收到原告所发送的通知后既未参与公估程序,也未提出任何异议;**原告与被保险人即诸暨市店口林江五金店达成在保险金额范围内赔偿协议并予以赔付,上述公估及理赔程序并无不当之处。对被告伟盛工贸公司提出的公估及理赔程序违规的抗辩意见,该院不予采纳。

【二审法院观点】

在案证据已充分证明被上诉人已向被保险人诸暨市林江五金店赔偿保险金,本院仅需就被保险人与造成保险人事故的上诉人之间的法律关系进行审理,至于被上诉人人民保险公司是否应当赔偿保险金以及赔偿金额是否有误,属于人民保险公司与诸暨市林江五金店之间的保险合同纠纷,本院不予理涉。被上诉人人民保险公司未经上诉人伟盛工贸公司同意单方委托作出的公估报告,属于保险人自行委托作出的鉴定意见,现上诉人虽不予认可,但未提供足够的证据予以反驳,一审对公估报告的效力予以认定,并据此作出判决并无不当。

四、举证责任分配问题

在保险法律实务中，保险人行使代位求偿权的，应当按照民事诉讼“谁主张，谁举证”的证据规则要求，对自己提出的诉讼请求所依据的事实，或者反驳对方诉讼请求所依据的事实，提供证据加以证明，保险人没有证据或者证据不足以证明自己的事实主张的，应承担不利后果。

(一)保险人的举证责任和要求

保险人代位求偿权的基础法律关系是保险人所代位的被保险人对第三者的损害赔偿请求权。同时，该损害赔偿请求权的基础内容可以是侵权法律关系也可以是违约法律关系。可见，保险人行使代位求偿权的，实际上是代位被保险人行使对第三者请求赔偿权利。因此，其在民事诉讼的证据证明标准上，应与被保险人对第三者主张损害赔偿的证明标准相同。即保险人应当根据侵权法律关系或违约法律关系的证明标准要求提供证据证明第三者应当承担对保险标的损害赔偿责任，否则应当承担不利后果。

(二)第三者的举证责任和要求

一般情况下，在保险人代位求偿权纠纷案件中，保险人首先应当对第三者应负损害赔偿责任承担举证证明责任，包括第三者对保险标的实施侵权行为或者违约行为造成保险事故和财产损失的发生。在保险人代位求偿权纠纷案件中，作为被告的第三者，对于保险人上述举证证明的事实应当提供相反的证据，用以证明其不应当承担保险标的的损害赔偿责任。同时，鉴于保险人代位求偿权纠纷案件的基础法律关系可以为侵权法律关系或者违约法律关系，尤其是在特殊侵权或者其他举证责任倒置的情形下，第三者则应当承担举证责任，用以证明自己对保险事故的发生，没有过错或者无需承担赔偿责任。否则，该第三者应当承担不利后果。

(三)优势证据规则和高度盖然性的证明标准

1. 优势证据规则运用

保险人代位求偿权纠纷案件的诉讼过程中，保险人与第三者围绕第三者是否应当承担赔偿责任，各自提供证据用以证明有关的待证事实。根据《最高人民法院关于民事诉讼证据的若干规定》第85条规定,人民法院应当结合案件情况,判断一方提供证据的证明力是否明显大于另一方提供证据的证明力,并对证明力较大的证据予以确认。可见,在保险人代位求偿权纠纷案件中,应当按照优势证据规则要求,判断保险人提供证据的证明力是否明显大于第三者提供证据的证明力,并对证明力较大的证据予以确认。

2. 高度盖然性证明标准

根据《最高人民法院关于适用〈中华人民共和国民事诉讼法〉的解释》第108条的规定,对负有举证证明责任的当事人提供的证据,人民法院经审查并结合相关事实,确信待证事实的存在具有高度可能性的,应当认定该事实存在。对一方当事人为反驳负有举证证明责任的当事人所主张事实而提供的证据,人民法院经审查并结合相关事实,认为待证事实真伪不明的,应当认定该事实不存在。可见,在保险人代位求偿权纠纷案件中,保险人与第三者之间应当按照"待证事实的存在具有高度可能性""待证事实真伪不明"的标准要求,围绕各自待证事实承担相应的举证责任。

典型案例101 人寿保险通州公司与三一公司保险人代位求偿权纠纷案①

【法院认定事实】

2011年5月,南通三瑛混凝土有限公司(以下简称三瑛公司)从三一公司处购买混凝土泵车一辆,登记牌照为苏F×××××。2015年5月18日,三瑛公司为涉案泵车向人寿通州公司投保交强险、车损险等险种,保险期限为一年。同年5月30日,泵车在海门市临江新区336省道临永大道交界处起火并烧损。2016年4月21日,民太安财产保险公估股份有限公司将上述款项公估合计1,712,000元,人寿公司向三瑛公司进行赔付后,向事故责任方行使保险人行使代位求偿权。

【一审法院观点】

《侵权责任法》第41条规定:"因产品存在缺陷造成他人损害的,生产者应当承担侵权责任。"**人寿通州公司要求三一公司承担侵权责任,首先应举证涉案**

---

① 南通市中级人民法院(2017)苏06民终968号保险人代位求偿权纠纷案件民事判决书。

泵车存在缺陷。审查人寿通州公司提交的《技术意见书》,其结论为“混凝土泵车起火点位置位于大臂限位螺栓附近,该车起火与大臂限位螺栓附近电气故障有关”,**并未明确是因泵车本身的原始缺陷造成火灾**。**对车辆而言,造成电气故障的原因并不具有单一性,仅根据上述鉴定结论不足以推定涉案泵车存在质量问题**。**相反涉案泵车在领取牌照前亦已经过有关部门的车辆检测为合格**,人寿通州公司亦对涉案泵车进行了承保,故对人寿通州公司认为泵车存在质量问题的主张,不予支持。再者,《技术意见书》的形成系由人寿通州公司在本案诉讼前单方委托鉴定,在人寿通州公司得知保险事故发生后,应明确知晓涉案泵车的生产商为三一公司,但人寿通州公司并未与三一公司就泵车的起火原因共同协商并委托鉴定,也未有证据证明三一公司怠于履行相关鉴定事宜,故人寿通州公司单方委托鉴定并不符合法律规定。**诉讼中,人寿通州公司明确表示不申请对涉案泵车是否存在质量问题进行司法鉴定**。**故在此前提下,人寿通州公司应自行承担举证不能的法律后果,三一公司不应对涉案泵车的损失承担赔偿责任**。

【二审法院观点】

人寿通州公司认为案涉泵车存在质量缺陷引起火灾导致泵车烧损,在其依据与三瑛公司间的保险合同,向三瑛公司赔偿保险金后,依法取得保险人代位求偿权,要求泵车的生产者、销售者三一公司予以赔偿其相应损失,**该代位求偿的基础法律关系是产品损害赔偿**。**在产品损害赔偿案件中,受害人应当就产品存在缺陷、缺陷产品造成其损害的事实、损害后果以及缺陷产品与损害后果之间的因果关系承担举证责任;生产者应当对其主张的免责事由承担举证责任**。本案中,人寿通州公司要求三一公司承担侵权责任,应举证证明案涉泵车存在缺陷,且该缺陷与发生火灾具有因果关系。人寿通州公司提交的《技术意见书》不足以认定涉案泵车存在质量缺陷,其要求三一公司赔偿损失无事实依据。

典型案例102 平安财险太仓公司与红太阳公司保险人代位求偿权纠纷案①

【法院认定事实】

2011年4月25日,矽美仕公司为其机器设备向平安财险太仓公司投保财产基本险。2011年11月4日,矽美仕公司制绒车间发生火灾,太仓市公安消防大队出具苏太公消火认字(2011)第0021号火灾事故认定书,认定起火原因为:火灾从制绒车间制绒机上的13号槽处首先起火,可排除雷击、遗留火种和人为因素等引起火灾,不排除电气故障引发火灾的可能。2012年6月15日平安财险太仓公司向矽美仕公司支付保险理赔款3,000,000元、8,800,000元。随后向事故责任方行使保险人代位求偿权。

【一审法院观点】

从起火原因来看,《火灾事故认定书》对起火原因的认定采取了排除规则,对雷击、遗留火种及人为纵火的因素予以了排除,但未能排除电气故障引发火灾的可能,也因而不能排除导致电气故障的责任。通常来讲,电气故障一般包括电源故障、电路故障及设备和元件故障等,故障的产生既包括生产使用过程中发生电压、电路等意外因素或电气设备操作不当的因素,也包括设备设计、制造及产品质量的因素。结合矽美仕公司员工火灾后在消防部门的询问笔录,多个笔录中均反应起火点所在的制绒机13号槽当时并不处于生产状态,槽内供生产所用的化学药水均已排出,并灌入了清水。多名矽美仕员工对该情况在调查笔录中所作陈述较为一致,且是在消防部门调查时第一时间作的原始笔录,故可以认定起火点所在设备于起火时并不处于生产使用状态,此时应认定红太阳公司对于火灾原因不属于制造及设计因素负有更高的证明责任。**本案中,红太阳公司并无充分证据证明火灾原因为矽美仕公司使用不当造成,亦未提供证据排除其提供的设备未发生电气故障的情况,故红太阳公司对于火灾损失应承担一定责任。此外,平安财险太仓公司亦无充分证据证明红太阳公司设备的因素是火灾发生的唯一原因。因此,从举证责任的角度,红太阳公司与平安财险太仓公司应各自承担举证不能的后果。**

① 江苏省高级人民法院(2015)苏商终字第00102号保险人代位求偿权纠纷案件民事判决书。

【二审法院观点】

公安消防部门的意见排除了使用方人为因素遗留火种，也排除了自然原因，平安财险太仓公司作为代位追偿的权利主张方已尽到举证责任，而具有专业能力的红太阳公司如能提供证据证明导致火灾还有与其无关的其他可能性或者排除电气故障原因，则其可免除责任，但作为交钥匙工程的提供方红太阳公司除一再强调对方应证明违约与火灾具有直接因果关系的抗辩外，并未积极从技术角度分析可排除火灾可能发生的原因，因此，比较双方提供证据的情况，可以认定案涉火灾由电气故障引起具有高度的可能性。生产线电气故障的责任既可能与红太阳公司的生产设计有关，也可能与矽美仕公司的使用、操作有关，双方当事人欲排除自己的责任，均有义务提交证据证明设计制造或操作使用分别是电气故障产生的唯一原因，进而排除自身对电气故障产生的责任。作为代位生产线使用方矽美仕公司主张权利的平安财险太仓公司，在火灾事故责任认定书指向电气故障引发火灾可能性的情况下，应当举证证明电气故障非使用原因导致，或者矽美仕公司的使用行为与火灾损失之间不存在因果关系，但其对此未能举证证明，故应承担相应不利后果。而作为设备提供方的红太阳公司根据合同约定，负有案涉生产线的设计、制造、安装、人员培训及跟踪保养等义务，相关义务的履行，应当以符合合同目的为前提，而确保生产线的安全性，正是合同基本目的之一。在火灾事故责任认定书指向电气故障引发火灾可能性的情况下，红太阳公司作为具有技术优势的专业生产企业，应当举证证明其合同义务的履行符合约定，或违约履行与火灾损失之间不存在因果关系，但其也未能对此进行举证，也应承担不利后果。

典型案例 103　中银保险公司与唯尔派公司保险人代位求偿权纠纷案①

【法院认定事实】

唯尔派公司、联盛公司均系向大地公司租用厂房。2011 年 6 月 30 日，联盛公司向保险公司投保了财产综合险。2012 年 3 月 6 日，唯尔派公司发生火灾，火灾烧损厂房、生产设备及部分产品、半成品，过火面积约 9516 平方米，无人员

① 无锡市中级人民法院(2014)锡商终字第 0207 号保险人代位求偿权纠纷案件民事判决书。

伤亡。联盛公司亦受到火灾影响。2012年4月20日,江阴市公安消防大队出具火灾事故认定书,认定起火原因为:起火部位位于唯尔派公司一至四层,起火点为四层烘房西南角,起火原因系烘房设备故障引起。经分析,灾害成因为:1.消防安全制度不健全,员工培训教育不到位;2.车间内可燃物多。保险公司向被保险人赔付保险金后,向事故责任方行使保险人代位求偿权。

【一审法院观点】

保险公司与联盛公司之间的财产保险合同合法有效,因唯尔派公司烘房设备故障引发火灾造成联盛公司遭受损失,保险公司向联盛公司赔偿损失后取得了向唯尔派公司追偿的权利。**但保险公司未能举证证明其诉讼主张**,理由如下:**1.保险公司作为保险人代位行使被保险人对第三者的损害赔偿请求权,其应当对第三者存在侵权过错(或合同违约)、造成被保险人损害结果、第三人侵权(或违约)与损害结果之间存在因果关系等承担举证责任;2.保险公司作为追偿依据的公估报告不具有证据的证明力,保险公司对公估人员资质审查不严导致公估报告存在瑕疵,其应承担不利后果;3.保险人在单方委托保险公估机构进行保险事故鉴定时,应当预见在将来的保险人代位求偿诉讼中第三人可能对保险公估报告提出异议,而应采取措施保存现场或证据,但该案中火灾现场已不存在、受损物品已被处理、受损程度无法确认,保险公司未采取措施保存现场或证据导致重新鉴定不能,故重新鉴定不能的责任应由保险公司承担**。综上,保险公司未提供证据证明其诉讼主张中联盛公司损失539,868.24元的合法性、合理性,其关于公估费22,698元的诉讼请求亦无法律依据,故保险公司诉讼请求所依据的证据尚不充分,该院依法不予支持。

【二审法院观点】

本案中,**保险公司在其向被保险人联盛公司赔偿保险金后,依法享有在赔偿金额范围内对第三者唯尔派公司的保险人代位求偿权;但保险公司仍应就此承担相应的举证责任**。涉案公估报告在本案保险人代位求偿权纠纷中属保险公司一方提供的鉴定意见,该公估报告因主办公估师及查勘人员时某某在进行查勘、检验、估损理算等业务时并不持有合法有效的公估人员从业资格证书而存在瑕疵,且资产清点过程中现场人员签署日期有误、公估报告中的现场查勘清点记录与后附的盘点清单不能一一对应等,在唯尔派公司、大地公司均对此不予认可的情形下,一审判决认定涉案公估报告不能作为定案依据并无不当。关于联盛公司因火灾事故而致损失的重新鉴定事宜,保险公司提出鉴定申请,一审法院予以准许并依程序通过摇号产生国衡公司为鉴定机构，保险公司、唯尔派公司、大地公司均对此予以认可；后国衡公司因火灾现场已不存在、受损物品已被处理、受损程度无法确认，故无法对实际情况作出客观公正的鉴定；由此而导致了重新鉴定不能的法律后果。**因当事人对自己提出的诉讼请求所依据的事实或者反驳对方诉讼请求所依据的事实有责任提供证据加以证明，没有证据或者证据不足以证明当事人的事实主张的，应承担不利后果；故上述重新鉴定不能的法律后果应由保险公司承担。**

典型案例104　人寿保险嘉兴支公司与红帆公司保险人代位求偿权纠纷案①

【法院认定事实】

红帆公司向吉力公司承租嘉兴市二环北路3200号2号楼厂房，租赁期自2013年4月1日至2014年3月31日。2013年6月8日，人寿嘉兴支公司与吉力公司签订财产保险基本险保险合同，承保嘉兴市二环北路3200号1、2幢工业用房。2014年3月3日21时许，红帆公司承租的上述厂房发生火灾。2014年6月13日，中国人寿财产保险股份有限公司浙江省分公司向吉力公司支付保险赔偿金800,000元后，向事故责任方红帆公司进行追偿。

【一审法院观点】

本案中，消防部门认定起火部位位于厂房2幢生产车间1号生产线，起火点位于生产车间1号生产设备烘箱内的1号辅助加热设备处，该处有1根电线脱落，并发现电线脱落处螺母有明显熔珠痕迹，铁片处颜色异常，电线上和附近绒毛有焦痕及烟熏，**起火原因排除自然灾害、遗留火种、自燃、放火等可能性，但不排除1号生产线烘箱内1号辅助加热设备处电线脱落产生火花引燃周围可燃物引发火灾可能性。尽管消防部门未肯定地确认火灾原因为电线脱落所致，但也说明该原因未能排除，而且电线脱落处螺母熔珠痕迹、电线上和附近绒毛焦痕及烟熏等证据均指向电线脱落为火灾原因，根据日常生活经验和逻辑推理，该原因引发火灾具有高度的盖然性。**由于该厂房系红帆公司承租并经营，应当认定火灾系红帆公司工作人员在生产经营中的不当操作行为所致。

---

① 嘉兴市中级人民法院(2014)浙嘉商终字第557号保险人代位求偿权纠纷案件民事判决书。

【二审法院观点】

红帆公司认为本次火灾为意外事件,与消防部门查明的火灾原因不符,也无相关证据予以证明,本院不予采信。根据消防部门认定,起火部位位于厂房2幢生产车间1号生产线,起火点位于生产车间1号生产设备烘箱内的1号辅助加热设备处,起火原因排除自然灾害、遗留火种、自燃、放火等可能性,但不排除1号生产线烘箱内1号辅助加热设备处电线脱落产生火花引燃周围可燃物引发火灾可能性。**尽管事故报告采用了"不能排除"这样的表述,但结合红帆公司法定代表人俞亦春在消防部门调查时的陈述及该报告中排除了自然灾害、遗留火种、自燃、放火等可能性,原审从高度盖然性的角度认定该起事故系红帆公司工作人员在生产经营中操作不当引起,并无不当。**根据《合同法》第222条的规定:"承租人应当妥善保管租赁物,因保管不善造成租赁物毁损、灭失的,应当承担损害赔偿责任。"据此,红帆公司应当妥善保管、使用所租赁的厂房,尽到安全注意义务。而红帆公司与吉力公司之间的《房屋租赁合同》也约定"红帆公司使用房屋导致产生环保、安全等问题,由红帆公司负责",故吉力公司有权对红帆公司就涉案厂房因火灾遭受的损失提出赔偿请求,鉴于吉力公司已就其损失向人寿嘉兴支公司索赔,红帆公司也未对吉力公司的损失作出过赔偿,人寿嘉兴支公司依法有权向红帆公司行使追偿权。

五、第三者的例外情况

根据《保险法》第62条的规定,除被保险人的家庭成员或者其组成人员故意造成本法第60条第1款规定的保险事故外,保险人不得对被保险人的家庭成员或者其组成人员行使代位请求赔偿的权利。可见,保险人行使代位求偿权,除被保险人的家庭成员或者其组成人员故意造成保险事故的外,上述人员应当作为第三者的例外情形,排除在保险人行使代位求偿权对象之外。具体来说,第三者的例外情况主要包括以下几方面的内容。

(一)被保险人的家庭成员或者其组成人员范围

1.被保险人的家庭成员范围

在保险法律实务中,依据第三者与被保险人是否因共同生活或法定义务建立了共同的、经济上的利害关系来确定被保险人的家庭成员范围。一般来说,被保险人的家庭成员范围包括配偶、父母、子女、兄弟姐妹、祖父母、外祖父母、孙子女、外孙子女等具有共同生活或法定继承关系的近亲属，以及其他与被保险人具有抚养、赡养或扶养关系的人。

2. 被保险人的组成人员范围

在保险法律实务中，与被保险人的家庭成员自然人属性相对应，被保险人的组成人员则体现法人组织性，其判断标准应是组成人员与被保险人是否具有经济上的一致利益。一般来说，被保险人内部与其存在共同经济利害关系的人员，包括被保险人的雇佣人员、合伙人等。但是，"受雇人应作狭义解释，即第三人仅受被保险人雇佣，且被保险人对其行为，亦应负责任而言"。[①]

（二）投保人是否属于第三者范围

在保险法律实务中，投保人对保险标的损害造成保险事故的，如投保人与被保险人是同一人，保险人不能对投保人行使代位求偿权，没有争议；如投保人与被保险人不是同一人的情况下，投保人是否属于《保险法》第 60 条规定的第三者，保险人能否对投保人行使代位求偿权。其中，有观点认为，投保人不属于第三者，不能行使代位求偿权。其主要理由是，投保人是与保险人签订保险合同并负有保险费支付义务的当事人，自然不属于保险合同之外的第三者，如机动车商业第三者责任保险中就明确投保人、被保险人等不属于第三者范围。但是，在保险法律实务中，普遍倾向于认为投保人属于第三者，可以行使代位求偿权。其主要理由是，按照保险法的有关规定，被保险人是其财产或人身受保险合同保障，享有保险金请求权的人。财产保险合同保障对象是被保险人，投保人不在保险合同保障的范围内，故保险人可以根据《保险法》第 60 条的规定，对投保人行使保险人代位求偿权，但保险合同另有约定的除外。对此，《保险法司法解释（四）》第 8 条规定，投保人和被保险人为不同主体，因投保人对保险标的的损害而造成保险事故，保险人依法主张代位行使被保险人对投保人请求赔偿的权利的，人民法院应予支持，但法律另有规定或者保险合同另有约定的除外。

（三）第三者已经向被保险人赔偿

根据《保险法司法解释（四）》第 10 条的规定内容，因第三者对保险标的的

---

① 施文森：《保险法总论》，三民书局 1985 年版，第 204 页。

损害而造成保险事故,保险人获得代位请求赔偿的权利的情况未通知第三者或者通知到达第三者前,第三者在被保险人已经从保险人处获赔的范围内又向被保险人作出赔偿,保险人主张代位行使被保险人对第三者请求赔偿的权利的,人民法院不予支持。保险人就相应保险金主张被保险人返还的,人民法院应予支持。保险人获得代位请求赔偿的权利的情况已经通知到第三者,第三者又向被保险人作出赔偿,保险人主张代位行使请求赔偿的权利,第三者以其已经向被保险人赔偿为由抗辩的,人民法院不予支持。可见,在保险法律实务中,在保险人获得代位求偿权之前或者保险人将获得代位求偿权的情况通知第三者之前,第三者就保险人保险赔付部分损失已经向被保险人承担赔偿责任的,构成对保险人行使代位求偿权的有效抗辩。

典型案例105 安邦财险石河子支公司与李雅雯保险人代位求偿权纠纷案①

【法院认定事实】

被告李雅雯为石河子市天富玉城玉兴园4栋7号楼房屋的共有人。2014年8月22日17时许,在石河子市天富玉城玉兴园4栋7号楼下停放的新C89533号车被该栋楼楼顶落下的瓷砖击穿发动机机舱舱盖,造成车辆损坏。该车在原告安邦财险石河子支公司投保了家庭自用汽车损失保险,被保险人为李锐,保险期限自2014年2月21日至2015年2月20日。该车的登记车主为李锐,被告李雅雯与其系同胞姐弟关系。原、被告对上述事实均予以认可无异议。庭审中,被告李雅雯述称其为前述受损车辆的实际车主,对此原告表示认可无异议。

【一审法院观点】

《保险法》第62条规定:“除被保险人的家庭成员或者其组成人员故意造成本法第六十条第一款规定的保险事故外,保险人不得对被保险人的家庭成员或者其组成人员行使代位请求赔偿的权利。”**该法规定的家庭成员,应是指与被保险人共同生活的近亲属及其他与被保险人有抚养、赡养、扶养关系的人,包括保**

① 新疆生产建设兵团第八师中级人民法院(2015)兵八民一终字第190号保险人代位求偿权纠纷案件民事判决书。

险事故发生时,与被保险人共同生活的配偶、父母、子女、兄弟姐妹、祖父母、外祖父母、孙子女、外孙子女等。家庭成员对保险财产同样具有保险利益,实质上他们同被保险人共同构成保险合同的主体。根据前述法律规定,本案被告李雅雯与被保险人李锐为同胞姐弟,系属于家庭成员,加之原告当庭亦认可被告李雅雯即是受损车辆的实际所有人,因此,原告安邦财险石河子支公司在给予李锐理赔后无权再向被告李雅雯行使代位追偿权。综上所述,原告的诉讼请求不符合法律规定,该院不予支持。

【二审法院观点】

法律限制保险人代位求偿权的行使对象,其根本原因在于限制对象是否与被保险人具有经济上的一致利益。如果限制对象与被保险人在经济上存在利害与共的关系,即具有一致利益,则保险人向限制对象行使代位求偿权无异于在保险人向被保险人赔偿保险金之后,又将保险赔偿金从被保险人处取回。该行为与保险的补偿目的相悖,被保险人不能通过保险降低风险,保险功能无从体现。上诉人以被上诉人李雅雯与被保险人李锐未共同生活,不应被视为家庭成员为由向被上诉人主张保险人代位求偿权。本院认为,判断家庭成员范围,应着重审查被上诉人与被保险人是否因共同生活或法定关系建立了共同的、经济上的利害关系。根据本案查明的事实,新 C89533 号车的登记车主为被保险人李锐,该车停放在被上诉人李雅雯与他人共有的房屋下,因该房屋落下的瓷砖击穿车辆发动机机舱舱盖而损坏。上诉人在原审中认可被上诉人为该车的实际车主,被上诉人与李锐系近亲属关系的同胞姐弟,二人对涉案车辆存在经济上的利害与共关系,对该车涉及的家庭自用汽车损失保险合同具有共同的保险利益。故上诉人在给予被保险人李锐理赔后无权再向被上诉人行使代位求偿权,上诉人的上诉主张缺乏事实和法律依据,本院不予支持。

典型案例 106 太平洋财保公司与刘海波保险人代位求偿权纠纷案[①]

【法院认定事实】

川 RAS×××号车的所有人为陈炜。2013 年 11 月 7 日,陈炜在太平洋财保公司投保了车辆损失险,保险金额为 444.000 元,保险期间从 2013 年 11 月 8

① 南充市中级人民法院(2015)南中法民终字第 2287 号保险人代位求偿权纠纷案件民事判决书。

日至2014年11月7日。川R58×××号车的所有人为陈炜,刘海波为陈炜聘请的驾驶员,2014年4月18日,陈炜在中国人民财产保险股份有限公司蓬安支公司(以下简称财保蓬安公司)为该车投保了交强险和第三者责任险。2014年6月6日,刘海波驾驶川R58×××号车,在进停车场过程中因操作不当撞到川RAS×××号车,造成两车翻入停车场河沟内,造成两车受损的交通事故,经蓬安县公安局交警大队认定,刘海波承担事故全部责任。太平洋财保公司赔偿陈炜车辆损失393,384元。后太平洋财保公司向刘海波进行追偿。

【一审法院观点】

对于太平洋财保公司是否具有向刘海波代位求偿的权利,诉讼过程中查明,刘海波系陈炜聘请的驾驶员。《保险法》第62条"被保险人的家庭成员或者其组成人员故意造成本法第六十条第一款规定的保险事故外,保险人不得对被保险人的家庭成员或者其组成人员行使代位请求赔偿的权利"规定的被保险人的组成人员如何理解的问题,**原审认为被保险人的组成人员应理解为,为被保险人的利益或者接受被保险人的委托或者与被保险人有某种特殊法律关系而进行活动的人,包括但不限于被保险人的雇佣人员、合伙人、委托代理人等,这部分人是代替被保险人履行行为的人,其所从事的行为即是被保险人的行为,与被保险人具有主体的同一性。刘海波是陈炜的雇佣人员,刘海波根据陈炜的指示,从事行为,其从事行为的后果归于陈炜,因此属被保险人陈炜的组成人员。**根据《保险法》第62条之规定,陈炜也不是本案保险代位求偿权追偿的对象。故对太平洋财保公司向刘海波行使追偿权,不予支持。

二审法院观点同一审法院。

典型案例107 爱普香料集团与太平洋保险公司保险人代位求偿权纠纷案[①]

【法院认定事实】

被保险人为爱普食品公司,保险财产为存货(冷冻食品、食品配料),保险财产地址为上海市曹新公路×××号。《租赁协议书》第1条租赁内容约定:爱普香料集团将位于上海市曹新公路×××号的食品配料仓库给爱普食品公司,用

① 上海市第二中级人民法院(2018)沪02民终325号保险人代位求偿权纠纷案件民事判决书。

于日常经营。爱普香料集团对所出租的仓库具有所有权,爱普食品公司按约支付租金。在保险合同期间发生保险事故,保险公司向爱普食品公司赔偿保险金后,向爱普香料集团行使保险人代位求偿权。

【二审法院观点】

关于争议焦点,本案是否适用《保险法》第 62 条规定的保险人代位求偿权的除外情况。保险人行使其代位求偿权的,应当向因造成标的物损害而引起保险事故发生的第三人求偿,即应当向在债权转让之前对被保险人具有损害赔偿义务的第三人请求赔偿。有以下方面需要明确:首先,**《保险法》第 62 条规定的除外情况的理论基础是什么?** 财产保险一贯秉承财产损失补偿原则,因此,若保险事故的责任人就被保险标的物具有合法的利益关系,保险标的物的损失与该第三人密切相关,换句话讲,被保险人就保险标的物遭受损失如同该第三人遭受损失,则此时应该认定其与被保险人形成了"利益共同体",此处的利益共同体并非广义的经济利益关系,而是明确针对保险标的物的利益关系。保险人向被保险人进行保险理赔,实质是用于弥补保险标的物的财产损失,若允许保险人再向该第三人求偿该部分保险理赔款,实际等于取回对该部分损失的财产补偿,保险目的落空,因此**《保险法》第 62 条规定的除外情况是源于对保险标的物是否具有合法的利益关系**。其次,该条明确了除外情况适用范围是被保险人的家庭成员或者组成人员。**作为法人被保险人的组成人员应做狭义解释。为被保险人的利益或者接受被保险人的委托或者与被保险人有某种特殊法律关系而进行活动的人,包括被保险人的雇佣人员、合伙人和代理人等,相对具有身份依附关系,这部分人通常是代替被保险人履行职务行为的人,其行为所造成的损害由被保险人承担责任,保险人不能向其求偿**。本案被保险人爱普食品公司系有限责任公司,为独立法人主体,爱普香料集团系该公司的全资股东,**爱普食品公司的组成机构根据《公司法》的规定应为股东会、董事会、监事会及经理,但其通过公司章程另行规定该公司不设股东会,股东行使股东会权利。但不能解释为股东为公司的组成机构**。爱普香料集团与爱普食品公司签订仓库租赁协议,协议双方系为各自利益,**以各自独立法律人格而为民事法律行为**。最后,《公司法》第 14 条第 2 款规定,公司可以设立子公司,子公司具有法人资格,依法独立承担民事责任。**爱普香料集团与爱普食品公司两者虽为全资母子公司关系,但其均为独立法人主体,对外独立承担民事责任。不可否认母公司与子公司在经济利益上具有牵连关系,股东与其持股公司在利益上也具有一致性,**

但不能解读为股东与公司财产具有直接的利益关系。股东出资一经转化为公司财产,股东对公司享有股东权,股东权包括财产收益权和重大事项决策权等,股东权益(净资产)=资产总额-负债总额。**公司因其人格上之独立性,对公司财产独立享有权益并承担风险,股东不得干涉公司之独立经营,即股东不能直接对公司财产享有权益,同理股东所承担的风险也并非公司财产之损失风险**。即公司独立经营,自行承担经营风险和财产损失。另外,本院注意到,**爱普香料集团抗辩称,因爱普香料集团系爱普食品公司的全资股东,所以二者间具有高度利益一致关系,爱普食品公司受到的财产损失等同于爱普香料集团受到相应损失。本院认为,《公司法》所规定的公司系具有法律拟制人格的独立民事行为主体,爱普香料集团主张在本案中与爱普食品公司就保险标的财产损失具有一致关系,该项主张实质是否认了爱普食品公司的独立法律人格**。《公司法》规定的否认公司人格的情况是指阻止公司独立人格的滥用和保护公司债权人利益及社会公共利益,就具体法律关系中的特定事实,否认公司与其背后股东的独立人格及股东的有限责任,责令公司股东对公司债权人或公共利益直接负责。显然,本案并非属于否定公司人格的情况。此外,本院还注意到,《公司法》第63条规定,一人有限责任公司的股东不能证明公司财产独立于股东自己的财产的,应当对公司债务承担连带责任。**该条虽规定的系股东与一人公司财产混同的情况下,股东与公司人格混同,股东对公司债务对外承担连带责任,但在一般情况下,一人公司仍秉承《公司法》所确立的公司人格独立及股东有限责任**。本案所涉的《租赁协议书》及其实际履行情况恰恰证明了爱普香料集团与爱普食品公司分别为独立法人人格主体,**二者财产独立、经营独立,爱普香料集团作为全资股东并未发生与一人公司爱普食品公司的财产混同**。因此,爱普香料集团主张其作为全资股东对爱普食品公司的财产损失具有直接关系,本院不能认同。

典型案例108　中华联合保险公司与德汇公司保险人代位求偿权纠纷案①

【法院认定事实】

2007年7月6日,德汇公司就火车头房产公司所有的德汇大酒店、德汇国际广场及部分存货与中华联合保险公司签订一份《财产保险基本险投保单》。

① 最高人民法院(2015)民申字第2408号保险人代位求偿权纠纷民事裁定书。

2007 年 7 月 20 日，中华联合保险公司依德汇公司和火车头房产公司的申请同意自 2007 年 7 月 20 日零时起，对原保险单中的客户信息进行批改。被保险人由德汇公司批改为火车头房产公司，投保人由德汇公司批改为火车头房产公司。2008 年 1 月 2 日，德汇国际广场发生火灾事故并蔓延至德汇大酒店，造成德汇广场和酒店及其内的部分设施设备等受损。中华联合保险公司依据生效判决向火车头房产公司赔付保险金 14,393,440.78 元后向德汇公司进行追偿。

【再审法院观点】

关于中华保险公司能否代火车头公司向德汇公司请求赔偿的问题。《保险法》第 62 条规定"除被保险人的家庭成员或者其组成人员故意造成本法第六十条第一款规定的保险事故外，保险人不得对被保险人的家庭成员或者其他组成人员行使代位请求赔偿的权利"。**尽管目前对该条款中被保险人的组成人员范围尚无具体界定，但该条款实际是限制代位求偿权的相对人，目的在于保护与被保险人属于利益共同体的第三人。**在本案中，**火车头公司作为德汇公司的全资子公司，尽管两公司在法律关系上属于彼此独立的法人，但在经济利益上具有高度一致性，应属于利益共同体，德汇公司在火灾中承受实际损失，并事后出面协调解决问题，赔付受灾商户，中华保险公司根据保险合同向火车头公司赔付的保险金也应实际用于补偿德汇公司的损失和支出，故中华保险公司要求德汇公司返还该笔保险金显然不符合我国《保险法》第 62 条的立法本意。**因此，虽然二审判决未支持中华保险公司就其对火车头公司的赔偿部分具有代位求偿权的理由不妥，但判决结果并无不当。

典型案例 109 人保财险上海分公司与紫运公司保险人代位求偿权纠纷案[①]

【法院认定事实】

2013 年 1 月 1 日，紫运公司（乙方）与案外人浙江纳迪克数控设备有限公司（甲方）签订《货物运输合同》一份，约定：甲方委托乙方办理全国范围内的货物

---

① 上海市第一中级人民法院(2014)沪一中民六(商)终字第 188 号保险人代位求偿权纠纷案件民事判决书。

运输工作。2013 年 6 月 1 日,紫运公司填写《货物运输保险投保单》一份,就涉案货物向人保财险上海分公司投保。紫运公司填写的被保险人为纳迪克公司。2013 年 6 月 3 日,载货车辆行至北京市石景山区时发生单车事故,造成所载货物受损。2013 年 10 月 11 日,人保财险上海分公司向纳迪克公司支付保险赔款 104,580 元后向事故责任方行使保险人代位求偿权。

【一审法院观点】

我国保险法规定,因第三者对保险标的的损害而造成保险事故的,保险人自向被保险人赔偿保险金之日起,在赔偿金额范围内代位行使被保险人对第三者请求赔偿的权利。**投保人如与被保险人并非同一人,则其并非保险合同的保障对象,当其因保险事故的发生而对被保险人负损害赔偿责任时,并不能因保险合同的订立而免除该赔偿责任,法律亦未规定保险人不可向该投保人行使代位求偿权,除非该投保人是被保险人的家庭成员或组成人员。**

【二审法院观点】

上诉人紫运公司认为,其系涉案保险合同的投保人,属于被保险人即案外人纳迪克公司的组成人员,故被上诉人人保财险上海分公司不得对其行使代位请求赔偿的权利。对此,原审法院认为,根据现有证据表明,上诉人紫运公司系代理案外人纳迪克公司为承运的货物办理相关保险的事实成立。本院认为,上诉人关于其为涉案保险合同的投保人,与该合同上记载的事项并不相符,故上诉人认为该公司为涉案保险合同的投保人一说,与事实不符,本院对此不予采信。**即便上诉人紫运公司系本案所涉的"投保人",其认为"投保人"系"被保险人"的组成人员,保险公司不得向其行使代位求偿权的观点,也不符合我国保险法的规定,相关条款中的"被保险人的组成人员",一般是指作为法人和其他组织的被保险人的内部工作人员。**

六、被保险人优先受偿问题

(一)被保险人理赔优先

在保险法律实务中,因第三者对保险标的损害造成保险事故的,被保险人可以基于第三者的损害赔偿责任要求该第三者赔偿,也可以基于保险合同要求保险人承担赔偿保险金责任。同时,按照保险法的规定,保险人自向被保险人赔偿保险金之日起,在赔偿金额范围内代位行使被保险人对第三者请求赔偿的权利。虽然从上述赔偿责任的指向上说，造成保险标的损害的第三者应当承担最终赔偿责任，但是保险人并不享有要求被保险人对第三者优先进行索赔的抗辩权。相反，如果被保险人要求保险理赔的，保险人应当按照保险合同约定承担相应保险金赔偿责任。

（二）被保险人受偿优先

根据《保险法》第60条第1款的规定，保险人自向被保险人支付赔偿金之日起，在赔偿金额范围内代位行使被保险人对第三者请求赔偿的权利。同时，该法条第3款规定，保险人行使代位求偿权的，不影响被保险人就其未取得赔偿的损失，可以向第三者请求赔偿的权利。可见，保险人代位求偿权与被保险人对第三者的赔偿请求权，共同构成了造成保险标的损害的第三者应承担赔偿义务的范围。保险人代位求偿权的行使，不影响被保险人就其未取得赔偿部分要求该第三者承担赔偿责任。

典型案例110 太平洋保险公司与黄志平保险人代位求偿权纠纷案[①]

【法院认定事实】

2014年10月18日20时30分，陆某驾驶粤R×××××号重型自卸货车沿354省道由西往东方向行驶至354省道3公里25米（从化市良口镇良新村大岭路段），与沿354省道东往西方向行驶的被告驾驶的无号牌两轮摩托车发生碰撞，造成被告受伤、车辆损坏的交通事故。事后两车起火燃烧，损害了附近树木。本次事故经交警部门作出事故责任认定，陆某承担事故主要责任，被告承担事故次要责任。陆某驾驶的粤R×××××号重型自卸货车在本次事故中损坏，该车在原告处投保有车辆损失险。原告向陆某支付保险赔偿金后，向被告进行追偿。

【法院观点】

对于本案原告提起的代位求偿诉讼能否支持，本院认为，第三人购买保险的本意在于填补其损失，根据保险法关于代位求偿的定义，原告应是在代侵权人即被告履行了对第三人车辆损失赔偿的情况下，才能代位第三人行使向被告的求偿权。**本案中，在原告赔偿第三人240,000元及被告赔偿原告106,361.6**

① 从化市人民法院（2015）穗从法民二初字第825号保险人代位求偿权纠纷民事判决书。

元的情况下,第三人的车损损失尚未全部受偿,因此被告的赔偿义务应当先予赔偿第三人的损失。本案被告所应承担的赔偿额最高为106,361.6元,其已在(2015)穗从法民二初字第876号案件第三人提起的反诉中承担赔偿给第三人106,361.6元的义务,其已承担了法律规定的赔偿义务。如上所述,不存在原告已代被告向第三人履行赔偿义务的情况,因此原告的代位求偿权不成立,原告的诉请无法律依据,本院不予支持。

典型案例111　中银保险公司与李关钊保险人代位求偿权纠纷案[①]

【法院认定事实】

2013年4月17日,中行上虞支行与被告、章江军、王景泉签订《个人经营银保贷款暨担保合同》一份,约定:被告向中行上虞支行借款180万元;借款期限为一年,自贷款人实际放款日起算;借款年利率为7.5%。2013年4月19日,被告为上述《个人经营银保贷款暨担保合同》,向原告投保个贷保(B)个人抵押贷款保证保险,被保险人为中行上虞支行,承保比例为15.56%,保险金额为361,303.20元。借款期限届满后,被告未全额还本付息。原告向中行上虞支行赔付保险金211,945.37元后,向被告进行追偿。

【法院观点】

因第三者对保险标的的损害而造成保险事故的,保险人自向被保险人赔偿保险金之日起,在赔偿金额范围内代位行使被保险人对第三者请求赔偿的权利。因被告未按约履行2013年营业部字JEKJGA20130321号《个人经营银保贷款暨担保合同》项下债务,致原告向中行上虞支行赔付211,945.37元保险金,原告依法有权向被告代位求偿。现原告要求被告支付赔款211,945.37元及自赔款支付之日起按银行同期贷款利率计算的利息,理由正当,本院予以支持。**同时根据保险合同特别约定和保险条款第22条、第23条确立的被保险人优先受偿原则,该款的支付应以中行上虞支行实现《个人经营银保贷款暨担保合同》项下扣除保险理赔款金额后的债权为前提。**

---

① 绍兴市上虞区人民法院(2016)浙0604民初7004号保险人代位求偿权纠纷案件民事判决书。

典型案例112　中银保险公司与孟志远保险人代位求偿权纠纷案[①]

【法院认定事实】

被告孟志远向中国银行圆通支行申请个人投资经营贷款,用途为购货。2014年1月26日被告就上述贷款向原告投保,购买了"个人抵押贷款保证保险",被保险人为中国银行股份有限公司昆明市圆通支行。2015年1月7日,被告的贷款出现逾期,经中国银行圆通支行多次向被告催收无果,后向原告发出《出险通知书》,要求进行理赔。原告于2015年6月30日向中国银行市圆通支行支付保险赔款525,781.63元。中国银行圆通支行向原告出具了《权益转让书》,根据保险法的规定,将其赔偿金额范围内的权益转给原告。

【法院观点】

《中华人民共和国保险法》第60条第3款规定"保险人依照本条第一款规定行使代位请求赔偿的权利,不影响被保险人就未取得赔偿的部分向第三者请赔偿的权利"。根据此规定,**应优先赔偿被保险人的损失**。代位求偿权在本质上是债权转让,代位权一经产生,被保险人对第三人的损害赔偿请求权便移转予保险人。**故原告主张上述代位求偿权,要求就借款合同中设定的抵押物在银行行使抵押物优先权剩余价款优先受偿,符合法律规定,本院予以支持。**

典型案例113　英大保险上海分公司与刘洪波、人保公司保险人代位求偿权纠纷案[②]

【法院认定事实】

2012年,英大保险上海分公司与上海上升公司签订货物运输预约协议书,约定由英大保险上海分公司采用预约方式对上海上升公司、青岛上升公司及货主运输的货物进行承保。刘洪波以刘金柱名义购买了鲁A××牵引车/鲁A××挂半挂车,并向人民保险济南分公司投保有交强险和第三者责任险。2012年4月7日,董全森驾驶挂半挂车(登记所有权人为青岛上升公司),与刘洪波驾驶的鲁A××牵引车/鲁A××挂半挂车追尾,造成印刷机、车辆及高速

---

① 昆明市官渡区人民法院(2017)云0111民初6426号保险人代位求偿权纠纷案件民事判决书。

② 南通市中级人民法院(2014)通中商终字第00537号保险人代位求偿权纠纷案件民事判决书。

公路设施不同程度损坏。公安机关认定董全森承担事故的主要责任，刘洪波承担次要责任。2013 年 10 月 30 日，英大保险上海分公司向上海上升公司理赔 729,350 元，上海上升公司向英大保险上海分公司出具了权益转让书。

【一审法院观点】

《保险法》第 60 条第 3 款规定："保险人依照第一款规定行使代位请求赔偿的权利，不影响被保险人就未取得赔偿的部分向第三者请求赔偿的权利。"根据该条规定，上海上升公司和青岛上升公司仍有权就未理赔部分的损失向刘洪波主张。在上海上升公司转让赔偿请求权后，青岛上升公司向刘洪波的赔偿请求权与英大保险上海分公司的代位求偿权在本案中发生竞合。刘洪波在案涉事故中承担次要责任，且肇事车辆均为机动车辆，故刘洪波对上海上升公司和青岛上升公司的损失只应承担 30% 的赔偿责任，即 905,562 元（3,018,540 元 × 30%）。显然，**刘洪波应当承担的赔偿责任不足以满足上海上升公司和青岛上升公司的全部赔偿请求权。由此产生了英大保险上海分公司的代位求偿权和青岛上升公司的求偿权冲突问题**。尽管我国保险法对此冲突如何处理没有作出具体规定，但**保险代位求偿权的立法宗旨主要在于防止被保险人"双重受益"进而产生不当得利，以及将保险人承保的损失归由真正的责任人承担，而不在于填补保险人因给付保险金而遭受的风险损失，保险人有其自身的风险分担机制，并不主要依赖于保险代位求偿权的实现；而被保险人的求偿权既是为了让真正的责任人对损失承担赔偿责任，亦是为了完全弥补被保险人所受损失之必需。被保险人购买第三者责任保险的目的正是使其可能遭受的损失得到更好的填补，而不是使其固有的损失赔偿请求权受到减损**。因此，**填补被保险人损失应优先于保险人代位权的实现**。故在保险人给付的保险赔偿金不足以弥补被保险人实际损失的情形下，**根据《保险法》第 60 条第 3 款的规定，认定被保险人的求偿权优于保险人的代位求偿权，符合损害填补原则，亦不违反保险代位求偿权的立法旨意**。因此，在青岛上升公司已经单独就其损失向刘洪波和人民保险济南分公司提起赔偿请求的情况下，应当优先保障青岛上升公司的该损害赔偿请求权。由于刘洪波及人民保险济南分公司应当给付的赔偿金额（905,562 元）远不足以弥补青岛上升公司的实际损失（2,289,190 元），因此，英大保险上海分公司的代位求偿请求权落空，英大保险上海分公司向刘洪波和人民保险济南分公司代位求偿 729,350 元的诉讼请求不能成立，不予支持。

【二审法院观点】

本院归纳本案争议焦点为：在不足额保险中，保险人的保险代位求偿权与被保险人对第三者赔偿请求权同时存在且冲突时，应当如何处理。本院认为，不足额保险中，本案保险人英大保险上海分公司取得的代位求偿权与被保险人上海上升公司、青岛上升公司对刘洪波、人民保险济南分公司的第三者赔偿请求权同时存在且冲突，是应当按不足额保险的比例承担还是应当区分优先权对本案的判决具有决定意义。区分不足额保险中第三者赔偿请求权是否优先于保险人代位求偿权的意义则在于在这种特殊情况中，法院着眼于保护保险人即英大保险上海分公司的利益还是着眼于保护被保险人刘洪波的利益。**保险代位求偿权的立法旨趣主要在于防止被保险人“双重收益”进而产生不当得利，以及将保险人投保的损失归由真正的责任人承担，而不在于填补保险人因给付保险金而遭受的风险损失，保险人有其自身的风险分担机制，并不主要依赖于保险代位求偿权的实现；**而被保险人的求偿权既是为了让真正的责任人对损失承担赔偿责任，亦是为了完全密闭被保险人所受损失之所需。被保险人购买第三者责任险的目的正是使其可能遭受的损失得到更好的填补，而不是使其固有损失赔偿请求权受到减损。因此，**填补被保险人损失应当优先于保险人代位权的实现，在保险人给付的保险赔偿不足以弥补被保险人实际损失的情形下，认定被保险人的求偿权优先于保险人的代位求偿权，符合损害填补原则，亦不违反保险代位求偿权的立法本意。**因此，英大保险上海分公司的保险人代位求偿权成立，但从本案目前的情况看，不能实现。

第十章　海上保险合同纠纷

我国《海商法》第12章中规定的海上保险合同有关内容，是海上保险法律实务中处理相关纠纷案件的基本法律规范。海上保险合同纠纷案件，由于受《海商法》的规范和调整，在法律实务中有区别于一般保险合同纠纷案件的特殊规定。这些主要体现在法律适用，与保险合同、保赔保险合同、预约保险合同的区别，保险责任有关内容，保险金额和保险价值的确定，被保险人的告知义务，保险人赔偿责任，委付制度以及保险人代位求偿权等方面。

一、有关法律适用

（一）优先适用《海商法》

在保险立法领域，《保险法》属于一般法，是调整普通商业保险关系的基本法律制度；《海商法》则属于特别法，是针对海上保险活动所作出的专门法律规定。按照特别法优于一般法的法律适用原则，对海上保险合同及其相关内容应优先适用《海商法》的规定。如在《海商法》没有规定的情况下，应当适用《保险法》的规定进行规范和调整。如《海商法》《保险法》都没有规定的，可能适用《合同法》等其他相关民商事法律法规的规定。

（二）港口设施、码头的法律适用

按照有关司法解释的规定，保险合同标的涉及港口设施和码头，发生保险事故的，由于不属于海上事故及与海上航行有关的发生于内河或者陆上的事故，发生纠纷案件后应当适用《保险法》的有关规定。如船舶碰撞港口设施或码头发生保险事故的，承保港口设施和码头的保险人向造成保险事故的第三者行使保险人代位求偿权时，应当适用《海商法》的有关规定。

(三)涉外民事关系的法律适用

按照《中华人民共和国涉外民事关系法律适用法》的有关规定,在该法和其他法律对涉外民事关系法律适用没有规定的,适用与该涉外民事关系有最密切联系的法律。当事人依照法律规定可以明示选择涉外民事关系适用的法律。中华人民共和国法律对涉外民事关系有强制性规定的,直接适用该强制性规定。诉讼时效,适用相关涉外民事关系应当适用的法律。涉外民事关系的定性,适用法院地法律。

典型案例114　阿斯旺公司与天安保险公司海上、通海水域保险合同纠纷案①

【法院认定事实】

2006年5月22日,阿斯旺公司与鹏翔公司签订水泥厂项目合同,约定后者为阿斯旺公司在埃及阿斯旺省建立水泥厂,其中成套设备在中国采购,合同总价28,000,000美元。2007年4月14日,涉案货物装载于TS轮,从中国上海港驶往埃及亚历山大港。提单记载:承运人为暨阳船务有限公司,托运人为鹏翔公司,收货人凭埃及国家银行指示,通知方为阿斯旺公司,装货港为中国上海,目的港为埃及亚历山大,提单编号为B001,船名航次为TSV.0405轮,货物品名为767件年产750,000吨水泥厂项目机械、电器、仪器、设备及配套零件,提单签发日期为2007年4月14日。2006年7月19日,埃及国家银行应阿斯旺公司的申请,签发了编号为TWR77/10655/XXX6的跟单信用证,申请人为阿斯旺公司,受益人为鹏翔公司,金额为23,500,000美元,货物描述为:年产量75万吨水泥厂项目的机电设备、仪器、元件及配件(交钥匙固定价)。涉案货物投保了海洋货物运输保险,保险人为天安保险。根据保险单记载,保险单号码为B0020××××400,保险标的为767件机电设备及元件,保险金额7,237,593美元,保险险别一栏填写的是"COVERINGRISKS:MARINE,WAR,MINESANDALLRISKS",保险单背面印制人保1981/1/1版"海洋运输货物保险条款"及"海洋运输货物战争险条款",出单日期为2007年4月14日。TS轮于2012年8

① 上海市高级人民法院(2016)沪民终136号海上、通海水域保险合同纠纷民事判决书。

月23日约11时在北纬××°××.16，东经××°××.158附近位置沉没。另据在http://www.equasis.org网页查询到的船舶信息表显示，TS轮于2012年8月23日全损。2012年8月阿斯旺公司要求天安保险理赔，天安保险拒赔成诉。

【一审法院观点】

关于本案的法律适用。阿斯旺公司系境外企业，涉案保险单项下纠纷涉及货物自中国港口运至埃及港口的海上运输，故本案具有涉外因素。阿斯旺公司认为应当适用中国法律审理本案，天安保险认为本案投保人在投保时向天安保险出具了"情况说明"，确认其投保的险别为协会条款，由于协会条款明确约定该条款项下的争议适用英国法和惯例，故本案应当适用英国法律。**一审法院认为，协会条款中关于适用英国法和惯例的记载系格式条款，仅表明在解释协会条款时应适用英国法和惯例，并无证据证明本案当事人就适用英国法和惯例进行协商并达成一致意见。天安保险系中国企业，保险合同在中国签订，保险所涉海上运输从中国港口起运，在斯里兰卡港口终结，全案与英国没有任何连接点，根据最密切联系原则，本案应当适用中华人民共和国法律。**一审法院对天安保险提交的英国法不再予以查明。

【二审法院观点】

本案系海上保险合同纠纷，天安保险系保险人，阿斯旺公司通过信用证付款方式受让了涉案保险单、提单等单证，系被保险人。阿斯旺公司系外国公司，本案保险合同承保自中国港口至埃及港口的海上货物运输风险，本案具有涉外因素。**涉案保险合同没有明示选择法律适用的条款，双方当事人就本案纠纷应适用的法律亦未达成一致意见，故根据法律规定，应适用与保险合同有最密切联系的国家或者地区的法律。天安保险的住所地在中国上海，一审法院适用中华人民共和国法律作为处理本案争议的准据法于法有据。**

二、与相关保险合同关系

海上保险合同是指被保险人支付保险费，保险人按照约定对被保险人遭受保险事故造成保险标的的损失和产生的责任负责赔偿的合同。其中，保险事故是指保险人与被保险人约定的任何海上事故，包括与海上航行有关的发生于内河或者陆上的事故。

(一)与保险合同

1. 二者联系

根据《海商法》第216条的规定,海上保险合同中约定的保险事故主要是海上事故,包括与海上航行有关的发生于内河或者陆上的事故。可见,海上保险合同主要适用在海上发生的保险事故,属于海上及与海上航行有关的特定领域范围内适用的保险合同。

2. 二者区别

一是保险合同标的不同。根据《海商法》第218条的规定,海上保险合同保险标的为船舶、货物、船舶营运收入、货物预期利润、船员工资和其他报酬、对第三人责任、可能受到损失的其他财产和产生的责任和费用。可见,海上保险合同的保险标的不包括被保险人的生命、身体和健康,其保险标的为物质财产及有关利益,因此属于财产保险合同范畴。

二是法律适用与管辖不同。在保险法律实务中,海上保险合同应首先考虑选择适用《海商法》及相关司法解释的规定。在《海商法》及相关司法解释没有规定情况下,可以适用《保险法》及其他民商事法律的有关规定。同时,根据《最高人民法院关于海事法院受理案件范围的规定》及有关规定,海上保险合同属于海事法院专属管辖。

典型案例115 长海益得公司与人保公司海上、通海水域保险合同纠纷案[①]

【法院认定事实】

原告大连长海益得水产养殖有限公司诉称,原告就其养殖海产品的风灾保险事宜于2015年8月3日与被告人保长海支公司达成《海水养殖风力指数保险》合意,并就该项保险的付费方式双方签订了一份《付费协议》,该协议约定原告的保险单号为:×××,保费总额为10,000,004元,保险费分两期交付,交付的时间分别为2015年8月5日交200,000元;2015年8月25日交9,800,004元。原告于达成合意的当天,即2015年8月3日按被告人保长海支公司指示向

① 辽宁省大连市中级人民法院(2017)辽02民初171号民事裁定书。

被告人保大连分公司以银行汇款的方式支付了首期保险费200,000元。2015年8月6日,被告人保大连分公司通过被告人保长海支公司向原告下发了由其加盖公章的×××号《海水养殖风力指数保险》保险单、保险条款和《不同风级对应的赔偿比例及累积赔偿限额表》,同时承诺理赔时一律按风灾发生时长海海域遭遇的最高风力指数对应的风级作为理赔风级。保险单载明的总保险金额为142,857,200元;总保险费为10,000,004元;保险期间为2015年8月6日零时起至2016年6月5日二十四时止。2015年8月18日,原告又以电汇的形式向被告人保大连分公司支付了剩余的9,800,004元保险费。2015年8月6日凌晨,长海海域遭受了风力指数为13级的暴风,二被告受理该风灾理赔申请后认为原告在风灾发生时并没有按总保险金额全额缴纳保险费用,故对原告的此次风灾仅按已缴纳的200,000元保险费对应的保险金额和13级风力对应的赔偿标准向原告支付了857,143.20元的理赔款,原告少获赔偿款42,000,016.80元。就此事原告多次向二被告申辩要求二被告按保险单载明的保险金额和《付费协议》的约定进行理赔,但均遭二被告拒绝。

被告大连分公司、长海支公司在提交答辩状期间,对管辖权提出异议,认为:**一、本案所涉及的《海水养殖风力指数保险》在性质上属于海上保险,本案是海上保险合同纠纷案件,依法由海事法院专属管辖,贵院作为一审普通法院对本案不应受理和管辖**。依据双方之间保险合同的约定,保险标的为养殖于长海县海洋岛海域的海珍品,保险事故是保险标的所在海域遭遇极大风速对应的风级达到或超过起赔风级的风灾事故,是专指发生于海上、海上所特有的风险事故。依据《中华人民共和国海商法》第216条的规定,海上保险合同,是指保险人按照约定,对被保险人遭受任何海上事故造成保险标的的损失和产生的责任负责赔偿,而由被保险人支付保险费的合同。由此可见,本案中原、被告双方之间的《海水养殖风力指数保险》性质上属于《中华人民共和国海商法》规定的"海上保险合同"的一种。根据《最高人民法院关于海事法院受理案件范围的规定》第40条的规定,海上保险、保赔合同纠纷案件属于海事法院专属管辖。**二、本案所涉及的《海水养殖风力指数保险》在内容上也是与海洋渔业开发、收益和经营相关的合同,此类合同纠纷案件依法属于海事法院专属管辖,贵院作为一审普通法院对本案不应受理和管辖**。本案所涉及的《海水养殖风力指数保险》,在合同内容方面也是与海洋渔业开发、收益、风险和经营相关的合同,根据《最高人民法院关于海事法院受理案件范围的规定》第44条规定"以海洋渔业、海洋开发利用、海洋工程建设等活动所用的设备设施以及预期收益、对第三人的责任为保险标的的保险合同纠纷案件”及第58条规定“海洋、通海可航水域渔业经营（含捕捞、养殖等）合同纠纷案件”属于规定的海事法院专属受案范围。基于以上事实和理由，异议申请人认为本案属于海事法院专属管辖范围，特向贵院提出管辖权异议，请求将本案移送大连海事法院管辖和审理。

【法院审查认为】

根据案涉中国人民财产股份有限公司大连市分公司风力指数保险条款，**本案保险标的为养殖于大连长海增养殖海域（以投保时提供的拥有或租赁的海域使用证所载明的坐标为准）的以底播、浮筏形式增养殖的虾夷扇贝、鲍鱼、刺参、海胆等增养殖海珍品；保险责任为保险期间内，保险海珍品所在海域遭遇极大风速对应的风级达到或超过保险合同约定的起赔风级，视为风灾事故**，保险人依照本保险合同的约定负责赔偿。依据《中华人民共和国海商法》第216条的规定，“海上保险合同，是指保险人按照约定，对被保险人遭受任何海上事故造成保险标的的损失和产生的责任负责赔偿，而由被保险人支付保险费的合同”。**本案应属海上保险合同纠纷，根据《最高人民法院关于海事法院受理案件范围的规定》第40条的规定，海上保险、保赔合同纠纷案件属于海事法院管辖，故本案应属大连海事法院专属管辖。且本案保险合同的保险标的亦符合《最高人民法院关于海事法院受理案件范围的规定》第44条的规定“以海洋渔业、海洋开发利用、海洋工程建设等活动所用的设备设施以及预期收益、对第三人的责任为保险标的的保险合同纠纷案件”，本案亦应属于大连海事法院专属管辖**。综上，被告大连分公司、长海支公司对本案管辖权提出的异议成立，依照《中华人民共和国海商法》第216条，《最高人民法院关于海事法院受理案件范围的规定》第40条、第44条，《中华人民共和国民事诉讼法》第127条第1款的规定，裁定如下：被告中国人民财产保险股份有限公司大连市分公司、中国人民财产保险股份有限公司长海支公司对管辖权提出的异议成立，本案移送大连海事法院处理。

典型案例116　人保公司与马士基公司保险人代位求偿权纠纷案[①]

【法院认定事实】

被告马士基公司提供的提单背面条款第26条显示:本提单项下运往或运自美国的货物运输,适用美国法律且纽约南区联邦法院对由于该运输而产生的争议有排他的管辖权。除涉及美国的运输合同,与本提单有关的其他所有索赔和纠纷,应由英国伦敦高等法院管辖,并适用英国法。与此同时,承运人有权单方选择货方所在地的适格法院提起针对货方的诉讼。

【一审法院观点】

根据人保厦门分公司的诉称和提供的证据材料,本案系海上货物运输合同纠纷。根据《最高人民法院关于海事法院受理案件范围的规定》第25条的规定,属海事法院专门管辖。**保险人代位求偿权源于法律的直接规定,属于保险人的法定权利,应根据保险人所代位的被保险人与第三者之间的法律关系确定管辖法院,但涉案提单背面所载管辖条款系承运人提供的格式条款,该条款排除了托运人选择纠纷解决管辖法院的权利,且马士基公司并未提供证据证明其在与托运人订立运输合同时已就该条款与托运人进行了协商,也未在提单中对该条款进行显著标示或释明,以充分提请托运人注意,因此**根据《中华人民共和国合同法》第39条、第40条和《最高人民法院关于适用〈中华人民共和国合同法〉若干问题的司法解释(二)》第10条的规定,**该管辖条款应认定无效**。根据《中华人民共和国民事诉讼法》第27条的规定:"因铁路、公路、水上、航空运输和联合运输合同纠纷提起的诉讼,由运输始发地、目的地或者被告住所地人民法院管辖。"**本案中,货物的运输目的地在宁波,属一审法院辖区范围,据此一审法院对本案依法享有管辖权**。综上,马士基公司提出的管辖权异议理由不成立,不予支持。

【二审法院观点】

虽然涉案提单提单背面条款第26条记载:"本提单项下运往或运自美国的货物运输,适用美国法律且纽约南区联邦法院对由于该运输而产生的争议有排他的管辖权。除涉及美国的运输合同,与本提单有关的其他所有索赔和纠纷,应由英国伦敦高等法院管辖,并适用英国法。与此同时,承运人有权单方选择

---

① 浙江省高级人民法院(2017)浙民辖终119号海上、通海水域货物运输合同纠纷管辖裁定书。

货方所在地的适格法院提起针对货方的诉讼”，**但管辖权属程序问题，应适用法院地法律。涉案提单管辖条款是承运人提供的格式条款，没有托运人的签字确认，该条款排除了托运人在发生纠纷时选择管辖法院的权利，且上述关于管辖法院的条款系以英文小字体印刷于提单背面，未以明示、显著的形式区别于其他条款，作为承运人单方签发的已装船提单也不足以证明承运人事先已就该条款与托运人进行协商或者予以充分的提醒和释明**，根据《中华人民共和国合同法》第39条、第40条和《最高人民法院关于适用〈中华人民共和国合同法〉若干问题的司法解释（二）》第10条的规定，**该管辖条款应认定无效**。同时，《最高人民法院关于适用〈中华人民共和国民事诉讼法〉的解释》第531条规定，**涉外合同或者其他财产权益纠纷的当事人，可以书面协议选择被告住所地、合同履行地、合同签订地、原告住所地、标的物所在地、侵权行为地等与争议有实际联系地点的外国法院管辖**。《中华人民共和国民事诉讼法》第34条的规定，合同或者其他财产权益纠纷的当事人可以书面协议选择被告住所地、合同履行地、合同签订地、原告住所地、标的物所在地等与争议有实际联系的地点的人民法院管辖，但不得违反本法对级别管辖和专属管辖的规定。**本案由于没有证据表明涉案提单管辖条款所约定的英国伦敦与本案争议有实际联系，该管辖条款也违反上述法律规定，应属无效**。《中华人民共和国民事诉讼法》第27条规定：“因铁路、公路、水上、航空运输和联合运输合同纠纷提起的诉讼，由运输始发地、目的地或者被告住所地人民法院管辖。”涉案货物的运输始发地在宁波，属于宁波海事法院辖区范围，故宁波海事法院对本案具有管辖权。

（二）与保赔保险合同

1. 主体不同

保赔保险合同的承保主体中国船东互保协会是经国务院批准的船东互助非营利组织，在民政部注册登记并享有社团法人资格，能够向会员提供保赔险（P&I）、互助船舶险（Mutual Hull）、战争险（War Risks）、租船人险（Charterers' Cover）和抗辩险（FD&D）等多险种的一站式海上互助保障和专业服务。按照保险条款的约定，保赔保险合同承保范围包括船员责任、第三者人身伤亡责任、货物责任、油污责任、清除残骸责任、船舶险除外的碰撞责任和触碰责任、罚款、偷渡、拖带责任等[①]。

2. 合同性质不同

中国船东互保协会与会员之间保赔保险，既不属于强制责任保险，也不同于一般商业保险。而是会员基于自愿加入原则，在加入协会后按照协会章程和保险条款内容确定协会与会员之间权利义务关系的民事法律行为。

3. 适用法律不同

中国船东互保协会与会员之间保赔保险，不属于保险公司与投保人、被保险人之间的商业保险，不适用我国《保险法》的规定，也不适用《海商法》有关海上保险合同内容的规定，一般适用我国《合同法》等民商事法律的规定。

典型案例117　中国船东互保协会与南京宏油船务公司海上、通海水域保赔合同纠纷案[②]

湖北省高级人民法院：

你院〔2003〕鄂民四终字第6号《关于中国船东互保协会与南京宏油船务有限公司海上保险合同纠纷上诉一案有关适用法律问题的请示》收悉。经研究，答复如下：

中国船东互保协会不属于我国《保险法》规定的商业保险公司。中国船东互保协会与会员之间签订的保险合同不属于商业保险，不适用我国《保险法》规定，应当适用我国《合同法》等有关法律的规定。中国船东互保协会2000年保险条款第7条通则第1款第6项约定的保证义务，是承保范围的前提条件，不属于免责条款。上述约定符合我国《合同法》规定，属于协会会员必须遵守的我国法律规定的关于船舶和船员安全管理方面的强制性义务，应当认定其效力。南京宏油船务有限公司违反了我国《海上交通安全法》《船舶最低安全配员规则》《油船安全生产管理规则》等有关规定，对“隆伯6”轮触礁沉没事故造成的损失应当承担责任。中国船东互保协会已经垫付了本应由南京宏油船务有限公司支付的清污打捞费用，南京宏油船务有限公司应当向中国船东互保协会返还该

---

① 参见中国船东互保协会网站，关于协会/产品服务，http://www.cpiweb.org/cpiwebmanager/pages/about.jsp? type = XHGK&SYSMODULE_ID = 1426，最后访问日期：2018年6月19日。

② 最高人民法院关于中国船东互保协会与南京宏油船务有限公司纠纷上诉一案有关适用法律问题的请示的复函（2004年5月26日，〔2003〕民四他字第34号）。

笔费用及相应利息。

典型案例118　人保公司与华茂运贸公司海上、通海水域保险合同纠纷案①

【法院审查认为】

《中华人民共和国海商法》第216条规定："海上保险合同，是指保险人按照约定，对被保险人遭受保险事故造成保险标的的损失和产生的责任负责赔偿，而由被保险人支付保险费的合同。前款所称保险事故，是指保险人与被保险人约定的任何海上事故，包括与海上航行有关的发生于内河或者陆上的事故。"根据该法第218条第1款第7项的规定，"由于发生保险事故可能受到损失的其他财产和产生的责任、费用"可作为海上保险合同的保险标的。可见，为保险事故所致赔偿责任提供保障的保险合同是海上保险合同的类型之一。**本案中，华茂运贸公司以"锦江春"轮所有人的身份向人保湖北公司国际部投保沿海内河船东保障和赔偿责任保险，人保湖北公司国际部接受其投保并出具了保险单，双方之间成立保险合同关系，人保湖北公司国际部为保险人，华茂运贸公司为被保险人。**涉案货物运输为广东东莞运至茂名的沿海运输，涉案部分玉米货物于目的港卸货过程中因雨淋而受损，华茂运贸公司作为承运人向有关方作出货损赔偿后，依据保险合同关系向人保湖北公司国际部提出保险索赔，**故本案为海上保险合同纠纷。**人保湖北公司国际部关于其与华茂运贸公司之间为保赔合同关系、本案系海上保赔合同纠纷的主张缺乏事实和法律依据，本院不予支持。

根据《海事诉讼特别程序法》第四条、《最高人民法院关于适用〈中华人民共和国民事诉讼法〉的解释》第二条第二款、《最高人民法院关于适用〈中华人民共和国海事诉讼特别程序法〉若干问题的解释》第一条及《最高人民法院关于海事法院受理案件范围的规定》之"二、海商合同纠纷案件"中第40条所列案件类型等的规定，**本案为海上保险合同纠纷，属于海商合同纠纷案件，应由海事法院专门管辖。有关法律并未就海上保险合同纠纷的地域管辖作出特殊规定，根据《中华人民共和国海事诉讼特别程序法》第六条第一款的规定，本案应依照**

---

① 广东省高级人民法院(2017)粤民辖终244号海上、通海水域保险合同纠纷民事裁定书。

《中华人民共和国民事诉讼法》的有关规定来确定地域管辖。《中华人民共和国民事诉讼法》第二十四条规定:“因保险合同纠纷提起的诉讼,由被告住所地或者保险标的物所在地人民法院管辖。”涉案保险的险种为沿海内河船东保障和赔偿责任险,其保险标的为因“锦江春”轮发生保险事故而产生的由被保险人华茂运贸公司向第三人承担的赔偿责任。涉案纠纷中,被告人保湖北公司国际部的住所地位于湖北省武汉市,属于武汉海事法院的辖区范围,故本案应由武汉海事法院管辖。一审法院并非被告住所地的海事法院,其对案件无管辖权。一审裁定适用《中华人民共和国海事诉讼特别程序法》第六条第二款第四项关于海上保赔合同纠纷管辖确定依据的规定,认定一审法院作为事故发生地的海事法院,对涉案纠纷具有管辖权,其法律适用错误、处理结果不当,应予纠正。人保湖北公司国际部关于撤销一审裁定、将案件移送武汉海事法院审理的上诉请求于法有据,本院予以支持。

典型案例 119　焉英娟与中船保、北海救助局海上、通海水域保赔保险合同纠纷案①

【法院认定事实】

2012 年 2 月 9 日,北海救助局与中船保根据“北海救 159”轮入会保险而签订编号为 120314B《入会证书》,其约定:本证书与协会现行保险条款组成协会与下述公司的赔偿保险合同,公司名称为北海救助局(船东),该证书载明入会时间为 2012 年 2 月 20 日。2012 年 11 月 14 日,生旭新作为北海救助局的职工在“北海救 159”轮工作。2013 年 2 月 9 日,生旭新在“北海救 159”轮上死亡。2013 年 5 月 28 日,中船保依据《入会证书》“本协会对任何海员的伤亡责任为 80,000 美元”的条款向北海救助局支付保险赔偿 80,000 美元。焉英娟与生旭新是夫妻关系。后因保险金赔偿问题,焉英娟向法院提起诉讼。

【一审法院观点】

中船保、北海救助局之间的合同性质及生旭新与中船保、北海救助局之间的法律关系。**根据中船保与北海救助局订立的合同,即《入会证书》及保险条款附件,双方形成合法有效的保赔保险合同关系,该合同双方当事人是中船保和**

① 山东省高级人民法院(2017)鲁民终 121 号保赔保险合同纠纷民事判决书。

北海救助局,中船保为保险人,北海救助局为被保险人。该保赔保险合同属于责任保险的性质。在保赔保险合同条款及《入会证书》的各项内容中双方约定,中船保就北海救助局对第三者的责任承担保险赔偿责任以及中船保在保赔保险合同下就北海救助局对船员伤、病、亡应承担的赔偿或补偿责任的保险赔偿责任为80,000美元。根据该合同的互助性、限定补偿性等基本特征,该涉案保赔保险合同的部分保险标的实质上为北海救助局对船员伤、病、亡应承担的赔偿或补偿责任。**对于焉英娟提出的该合同性质为船员人身保险、死亡船员为被保险人、该保险合同标的是死亡船员及其人身权和健康权的各项主张,无事实和法律依据,**一审法院不予支持。

【二审法院观点】

本案系保赔保险合同纠纷。焉英娟因生旭新死亡而产生保险理赔事由的出现提起诉讼。焉英娟以保赔保险合同支持其主张。该保险是北海救助局对其所有的船舶的潜在责任风险向中船保投保而成立的保险合同。**中船保是经国务院批准成立的非营利性的船东互相保险的组织,依法享有社团法人资格,不属于我国保险法规定的商业保险公司,中船保与北海救助局之间签订的保险合同也不属于商业保险,不适用我国保险法的规定。**因此,焉英娟主张本案适用保险法缺乏法律依据,本院不予支持。**中船保和北海救助局通过《入会证书》和中船保现行保险条款,构成双方之间的保赔保险合同法律关系。**保险条款“三、保赔险承保风险”第(一)款对“人员伤、病或死亡—入会船船员”承保的风险作出规定,即“对任何入会船船员的伤、病或死亡支付赔偿金或补偿费的责任”。由此可见,**中船保是对北海救助局因船员伤、病或死亡支付赔偿金应承担的责任负有保险赔偿责任,而不是对船员伤、病或死亡本身,并不是保险法第十二条第三款规定的人身保险合同的保险标的。该保赔保险合同的保险人是中船保,被保险人是北海救助局,保险标的是北海救助局对第三人应承担的责任。**生旭新不是该保赔保险合同的一方主体,焉英娟关于本案合同性质为人身保险合同、北海救助局是保险合同的投保人、中船保是保险人、生旭新是被保险人、××是保险标的等主张,没有事实和法律依据,本院不予支持。**既然生旭新不是该保赔保险合同的被保险人,对保赔保险合同下的保险赔偿金,焉英娟不享有请求权,且北海救助局已履行了生旭新死亡赔偿金的支付责任,中船保向北海救助局支付保险赔偿金的行为符合中船保现行保险条款的规定。**因此,焉英娟关于中船保和北海救助局连带支付生旭新死亡赔偿金497,552元人民币以及本案诉讼时效的主张,没有事实和法律依据,本院不予支持。

(三)预约保险合同

1. 预约保险合同的适用情形

根据《海商法》第231条的规定,被保险人在一定期间分批装运或者接受货物的,可以与保险人订立预约保险合同。预约保险合同应当由保险人签发预约保险单证加以确认。在实务中,预约保险合同,是投保人为了简化烦琐投保程序及避免漏保而与保险人签订一定期限的保险合同,主要存在于海上或水路货物运输保险。

在法律性质上,预约保险合同具有总合同性质,在预约保险合同中规定的期限内,就每一批具体货物的保险仍需订立独立的分合同或由保险人分别签发保险单证。在预约保险合同项下,每一批货物分别订立的分合同或签发的保险凭证可以构成一个独立的货物运输保险合同,是预约保险总合同项下独立的分保险合同。预约保险合同与分合同内容发生冲突的,根据《海商法》第232条的规定,保险人分别签发的保险单证的内容与预约保险单证的内容不一致的,以分别签发的保险单证为准。

2. 预约保险合同的法律效力

根据《海商法》第221条的规定,被保险人提出保险要求,经保险人同意承保,并就海上保险合同的条款达成协议后,合同成立。保险人应当及时向被保险人签发保险单或者其他保险单证,并在保险单或者其他保险单证中载明当事人双方约定的合同内容。可见,"并就海上保险合同的条款达成协议后"是认定保险合同是否成立的关键。在实务中,不是所有的预约保险合同,保险人都要承担保险赔偿责任。保险人承担责任的预约保险合同,必须具备海上保险合同的主要内容。《海商法》第217条的规定,海上保险合同的主要内容:包括保险人名称、被保险人名称、保险标的、保险价值、保险金额、保险责任和除外责任、保险期间、保险费。如预约保险合同规定了上述合同内容的,则应该认为其已具备了海上保险合同所应具备的内容,可以产生海上保险合同的权利义务法律关系,否则不能产生相应法律效力。

3. 预约保险合同当事人的权利义务

(1)被保险人及时通知义务。根据《海商法》第233条的规定,被保险人知道经预约保险合同承保的货物已经装运或者到达的情况时,应当立即通知保险人。通知的内容包括装运货物的船名、航线、货物价值和保险金额。如被保险人未及时通知的，保险人有权要求被保险人支付未通知部分的保险费。

(2)保险金赔偿支付义务，根据《保险法》第237条的规定，发生保险事故造成损失后，保险人应当及时向被保险人支付保险赔偿金。在保险实务中，预约保险合同项下分别签发的保险单的货物发生保险事故造成损失的，除非预约保险合同明确约定外，保险人应就每一个分合同项下被保险人所遭受的损失及时向被保险人支付保险赔偿金，而不能在整个预约保险合同的保险责任终止时，再向被保险人作概括赔付。

典型案例120　长春大成玉米开发公司与人保公司海上、通海水域保险合同纠纷案[①]

辽宁省高级人民法院：

你院〔2001〕辽经一终字第13号请示报告收悉，经研究，答复如下：

本案中预约保险合同是当事人就长期货物运输保险达成的一种协议。投保人长春大成玉米开发有限公司(以下简称大成公司)依据该协议向中国人民保险公司吉林省分公司(以下简称保险公司)投保，保险公司在协议约定的期限内不得拒绝投保人大成公司的投保，投保人大成公司也要在协议约定的期限内将其出运的货物全部在保险公司投保，这应是预约保险合同的对等义务，**但预约保险合同不具备我国《海商法》第二百一十七条规定的海上保险合同的全部内容，故其不能直接产生保险合同义务，大成公司不能据此向保险公司主张保险权益。本案中，大成公司向保险公司投保时，已经知道四份保险单项下货物全部随船沉没，货损事故已经发生**。同意你院审判委员会多数人意见，根据我国《海商法》第二百二十四条的规定，保险公司不应承担保险赔偿责任。

三、保险利益

根据《保险法》第12条的规定，保险利益是投保人或者被保险人对保险标的具有的法律上承认的利益。财产保险的被保险人在保险事故发生时，对保险

① 最高人民法院关于长春大成玉米开发公司与中国人民保险公司吉林省分公司海上保险合同纠纷一案的请示的复函(2001年11月7日，〔2001〕民四他字第25号)。

标的应当具有保险利益。可见,订立保险合同时,被保险人对保险标的不具有保险利益,但发生保险事故时被保险人对保险标的具有保险利益的,保险人应当对被保险人承担保险金赔偿责任;反之,如订立保险合同时被保险人对保险标的具有保险利益,但保险事故发生时不具有保险利益的,被保险人对保险人不具有保险金赔偿请求权。

在保险法律实务中,如保险事故发生当时,被保险人发生变更或者同一保险标的项下有多个被保险人、存在多个不同保险合同的,涉及以下四个方面内容的处理。

(1)财产保险的被保险人在投保时具有保险利益,在保险事故发生时不具有保险利益的,被保险人不享有保险金赔偿请求权。但是,在这种情形下,财产保险合同并非就当然无效。根据《保险法》第49条的规定,发生保险标的转让的情况下,保险标的受让人承继被保险人的权利和义务,享有保险金赔偿请求权。

(2)财产保险中,一个投保人就保险标的进行投保,并在保险单中约定多个被保险人,且不同被保险人享有相同或不同保险利益的,任何被保险人可以在各自保险利益范围内请求赔偿,但保险人支付的保险赔偿金总额应以该保险单项下约定的保险金额为限。

(3)财产保险中,不同投保人就同一保险标的分别投保,保险事故发生后,不同被保险人在其保险利益范围内,可以依据各自保险合同的约定内容主张保险赔偿。保险人应当按照各自保险合同的约定内容,向保险合同所保障的被保险人承担保险金赔偿责任。

典型案例121 安邦公司与平安保险公司海上、通海水域保险合同纠纷案①

【法院认定事实】

安丰8轮系干货船,2010年10月12日登记为何忠丰占股34%、王俊强占股60%、陈志军占股6%。安邦公司登记为光船承租人。天诚公司于2012年1月31日向平安天津公司投保了2012年度安丰8轮船舶一切险,平安天津公司出具保险单,载明航行范围远东及东南亚,保险价值及保险金额人民币1100万

① 浙江省高级人民法院(2016)浙民终513号海上、通海水域保险合同纠纷民事判决书。

元,保险期限自2012年2月1日起至2013年1月31日止,被保险人一栏记载为何忠丰、王俊强、陈志军作为船舶所有人、安邦公司作为光船承租人、天诚公司作为船舶管理人。保费分两期支付,分别为2012年2月29日、2012年8月30日,天诚公司于2013年3月7日支付了第二期保费人民币46,750元。2012年11月20日,安丰8轮登记船舶共有情况变更为王俊强占股60%、曾曙光34%、陈志军占股6%。安邦公司仍登记为光船承租人。九信公司于2013年1月22日向平安天津公司投保了2013年度安丰8轮船舶一切险,平安天津公司出具保险单,载明:航行范围远东及东南亚,保险价值及保险金额人民币1100万元,保险期限自2013年2月1日起至2014年1月31日止,被保险人一栏仍记载为何忠丰、王俊强、陈志军作为船舶所有人、安邦公司作为光船承租人、天诚公司作为船舶管理人。2013年3月1日,安丰8轮因大风浪走锚而搁浅于日本海域发生全损。后安邦公司以平安天津公司减少保险赔付,没有按照保险金额赔付为由,提起诉讼。

【一审法院观点】

本案双方没有签订保险合同,但平安天津公司签发了保险单,双方的权利义务应以保险单的记载为准。在2012年度、2013年度的两份保险单中,记载的被保险人均一致,何忠丰、王俊强、陈志军作为船舶所有人、安邦公司作为光船承租人、天诚公司作为船舶管理人。安丰8轮股份在2012年11月20日发生了变更,何忠丰的34%的股份全部转让给了曾曙光,并进行了变更登记。对此,是否影响到保险单的效力。该院认为,**涉案的保险险种是船舶一切险,保险标的是船舶**,尽管2013年度安丰8轮保险单上的船舶所有人没有进行变更,但除此项变化外,保险单其他记载与2012年度均一致,**安丰8轮的光船承租人及船舶管理人没有发生变更,航区也没有变化,并未加重船舶本身的风险和保险人的责任**。保险人也按照整船的标准收取保险费。因此,**船舶所有人股份登记实际情况与被保险人记载不一致,不影响船舶保险合同的效力**。本案何忠丰、陈志军已经退出诉讼,**光船承租人安邦公司系保险单记载的被保险人之一,且其作为船舶营运主体,对船舶享有占有、使用和收益的权利,也将因船舶灭失负有对出租人即船舶所有人的赔偿责任。因此,安邦公司具有保险利益,有权向保险人平安天津公司提出索赔。**

【二审法院观点】

关于争议焦点一,即安邦公司是否具有保险利益并且是否有权提起本案诉讼。经查明，案涉船舶所有人原为何忠丰、王俊强、陈志军，何忠丰已于2012年11月20日将其船舶份额转让给曾曙光，并进行了船舶变更登记。但九信公司于2013年1月22日向平安天津公司投保2013年度保险时，仍将船舶所有人记为何忠丰、王俊强、陈志军。**虽然九信公司在如实告知义务上存在过失，但没有证据表明其存在故意或者该事实对船舶保险合同有重大影响，故本案船舶保险合同应为合法有效。**《中华人民共和国保险法》第十二条将保险利益界定为投保人、被保险人对保险标的具有的法律上承认的利益，且财产保险的被保险人在保险事故发生时，对保险标的应当具有保险利益。而本案中订立保险合同时和保险事故发生时何忠丰均无保险利益，其无权作为原告参加诉讼，其委托安邦公司参加诉讼的行为亦属无效。**安邦公司作为光租人对案涉船舶具有经营的权益，天诚公司作为管理人对案涉船舶具有管理的职能，均享有一定的保险利益。故本案适格的被保险人应为曾曙光、王俊强、陈志军、安邦公司和天诚公司。**本案诉讼过程中，陈志军、王俊强、天诚公司均向一审法院出具申明，将诉讼权利和实体利益转由安邦公司行使。而根据各方当事人于2015年10月27日签订的《保险事故索赔处分协议》，**曾曙光亦将本案诉讼权利委托安邦公司行使。故安邦公司已取得保险单载明的所有被保险人的授权，有权向保险人平安天津公司提出索赔并享有被保险人的全部权益。**

关于争议焦点二，即王俊强和天诚公司是否有权代表被保险人理赔并签订赔偿协议。本案船舶发生保险事故后，船舶所有人之一的王俊强持正本保险单向平安天津公司理赔，并与平安天津公司达成赔付意向以及权益转让书，王俊强在上述协议上签名并加盖了天诚公司的印章。庭审中双方当事人对于天诚公司的法定代表人为曾曙光并无异议。因曾曙光占案涉船舶所有权34%，王俊强占船舶所有权60%，两人合计已占船舶所有权94%，故平安天津公司认为该赔付协议已经为多数所有权人所认可，应约束全体被保险人。本院认为，**王俊强向平安天津公司索赔保险赔款时，并未出具其他所有权人和光租人的授权文件，本案也无其他证据表明王俊强和天诚公司的行为构成表见代理，故其签署的赔付意向和权益转让书对于其他被保险人不发生效力。**至于天诚公司的公章效力问题，本案中双方对于天诚公司的公章的真实性并无异议，但平安天津公司无法说明盖章人员的身份，而安邦公司的代理人称其经询问曾曙光，曾曙光称其并不同意该协议，系王俊强拿了公章在协议上加盖。由于天诚公司系在香港注册登记的法人，依据《中华人民共和国涉外民事关系法律适用法》第十四条的规定，其民事行为能力应适用登记地法律即香港法律。故本案赔付意向及权益转让书仅凭天诚公司的公章而无授权人员的签名不足以认定系天诚公司的真实意思表示，该协议不能约束天诚公司和曾曙光个人。平安天津公司作为专业的保险机构，对此审查不严，应当承担相应的责任。

虽然船舶保险单将所有权人、光租人、管理人均列为被保险人，但就同一保险标的，不同被保险人存在不同保险利益，任何被保险人只能在各自的保险利益范围内获得赔偿。光租人、管理人基于合同关系享有相应的保险利益属于责任利益，以其因保险事故发生可能须向所有权人承担的赔偿数额为限。本案王俊强、陈志军等向法院出具的申明中称：根据法律规定，安邦公司作为光船承租人对安丰8轮使用和营运使出租人遭受损失时，需要对船舶所有人承担赔偿责任，出于诉讼风险和诉讼效益考虑，其将诉讼权利和实体利益唯一地指定安邦公司行使。安邦公司二审庭审中亦认为，其一旦领取赔款将向王俊强等船舶所有人承担赔偿责任。**故在船舶所有权人已经参加理赔的情况下，安邦公司作为光租人无权对所有权人获得的赔偿主张权利，即本案船舶保险赔款最终应赔付给所有权人。**案涉船舶系王俊强、曾曙光、陈志军三人按份共有，故对于船舶保险赔款，三人亦应按份进行分配。王俊强签署的赔付意向和权益转让书虽对其他当事人不发生效力，但该协议已经载明本赔款金额为本次事故的最终赔偿金额，立书人不再就本次事故向前述保险人提出任何形式的索赔，王俊强同意将代表上述赔款部分保险标的的一切合法权益转让给保险人，保险人依法取得代位求偿权，并可以保险人名义向责任方追偿，故王俊强签署协议且收到赔款后，对于船舶的相应权益已转让给平安天津公司，平安天津公司取得代位求偿权，安邦公司取得的该部分赔偿款亦应归属于平安天津公司。**因此，就王俊强应得的赔偿部分，安邦公司已无相应的权利再行主张。综上，王俊强签署的赔付意向及权益转让书仅能约束其所有的60%所有权部分，对于其他被保险人的部分无约束力。**

四、保险责任

（一）保险责任范围

基本内容

保险责任是指保险合同约定的，保险人承担赔偿或给付保险金责任的风险种类和范围。在保险法律实务中,保险责任范围的认定对于确定责任免除和除外责任范围,确认发生的事故是否属于保险责任范围内事故,以及保险人是否应当承担保险赔偿责任等都具有十分重要的意义。比如,在海上保险法理论界和司法实务中,如何理解海洋运输货物保险条款中一切险的责任范围,一直存在不同的观点。一般而言,海洋运输货物保险条款规定的一切险,除包括平安险和水渍险的各项责任外,还包括被保险货物在运输途中由于外来原因所致的全部或部分损失。如不存在被保险人故意或者过失的情况下,除非被保险货物的损失属于保险合同规定的保险人的除外责任,保险人应当承担运输途中外来原因所致的一切损失责任。

典型案例122　丰海粮油公司与人保公司海上、通海水域保险合同纠纷案[①]

【案情摘要】

1995年11月28日,海南丰海粮油工业有限公司(以下简称丰海公司)在中保财产保险有限公司海南省分公司(以下简称海南人保)投保了"哈卡"轮(HAGAAG)所运载的4999.85吨桶装棕榈油,投保险别为一切险。根据保险条款规定,一切险的承保范围除包括平安险和水渍险的各项责任外,海南人保还"负责被保险货物在运输途中由于外来原因所致的全部或部分损失"。该条款还规定了5项除外责任。1995年11月23日至29日,"哈卡"轮起航后,由于该轮的船东与租船人之间发生船舶租金纠纷,"哈卡"轮中止了提单约定的航程并对外封锁了该轮的动态情况,直至1996年4月"哈卡"轮走私至中国汕尾被我国海警查获。根据广州市人民检察院《免予起诉决定书》的认定,"哈卡"轮所载棕榈油已被盗卖或被我国检察机关作为走私货物没收上缴国库。丰海公司向海南人保提出索赔申请,海南人保明确表示拒赔,丰海公司因此向海口海事法院提起诉讼。

【裁判结果】

海口海事法院一审认为,本案投保货物的损失是由于船东盗卖和走私行

---

① 海南丰海粮油工业有限公司与中保财产保险有限公司海南省分公司海运货物保险合同纠纷案(2014年9月3日最高人民法院公布海事审判十大典型案例)。

为造成的，应属于丰海公司所不能预测和控制的外来原因，符合丰海公司投保的一切险的承保条件。一审判决海南人保应赔偿丰海公司保险价值损失3,593,858.75美元。海南省高级人民法院二审认为，根据保险单所附的保险条款和保险行业惯例，一切险的责任范围属于列明风险，包括平安险、水渍险和普通附加险。丰海公司投保货物的损失不属于一切险的责任范围。二审判决撤销一审判决，驳回丰海公司的诉讼请求。丰海公司向最高人民法院申请再审。最高人民法院再审认为，**本案保险标的的损失不属于保险条款中规定的除外责任之列，应为收货人即被保险人丰海公司无法控制的外来原因所致，本案保险事故属一切险的责任范围**。最高人民法院于2004年7月13日判决撤销海南省高级人民法院二审判决，维持海口海事法院一审判决。

典型案例123　平安保险公司与沈阳变压器公司海上、通海水域保险合同纠纷案①

最高人民法院经审查认为：

本案是海上保险合同纠纷申请再审案件，应仅就平安保险公司的再审申请事由进行审查。根据平安保险公司的再审申请和沈阳变压器公司的意见，本案重点审查二审判决适用法律是否错误。根据涉案保险条款，平安保险公司承保的"一切险"的含义是指"除包括上列平安险和水渍险的各项责任外，本保险还负责被保险货物在运输途中由于外来原因所致的全部或部分损失"。**根据该条款的内容可知，涉案"一切险"承保的为非列明风险，即只要导致保险标的损失的原因发生在运输途中且不属于货物自身原因，即可认定为"一切险"承保范围，其中并未将船舶晃动排除在一切险的承保范围之外**。根据大连海事大学司法鉴定中心出具的鉴定结论，"HAMRA轮在从大连港至拉普拉塔港的航程中，在航线所经航区正常的天气和海况条件下，会经常发生20度以上的横摇，发生25度以上的横摇也较为常见"。据此可知，船舶在运输途中虽会发生晃动，但晃动的幅度、频率以及对货物的影响均具有不确定性，是无法预见的。涉案变压器内部组件发生位移，是因运输途中船舶晃动所致，船舶晃动相对于变压器而

① 中华人民共和国最高人民法院(2017)最高法民申4861号海上、通海水域保险合同纠纷民事裁定书。

言属于外部原因。二审判决认定船舶晃动所致变压器的损坏属于一切险的承保责任范围,并无不当。平安保险公司关于船舶晃动不属于一切险的承保风险,二审判决适用法律错误的申请理由,没有事实及法律依据,本院不予支持。

典型案例124 大众保险公司与浙申企业海上、通海水域保险合同纠纷案[①]

湖北省高级人民法院:

你院鄂高法〔2007〕115号《关于大众保险股份有限公司苏州中心支公司、大众保险股份有限公司与苏州浙申实业有限公司海上货物运输保险合同案适用法律问题的请示》收悉。

经研究认为:根据你院查明的事实,大众保险股份有限公司苏州中心支公司与苏州浙申实业有限公司之间的海上货物运输保险合同合法有效,双方的权利义务应当受保险单及所附保险条款的约束。依照本案"海洋运输货物保险条款"的规定,一切险除平安险和水渍险的各项责任外,还包括被保险货物在运输途中由于外来原因所致的全部或部分损失。保险条款中还列明了保险人不负赔偿责任的五项除外责任条款。因此,**"一切险"的承保风险应当为非列明风险,如保险标的的损失系运输途中的外来原因所致,且并无证据证明该损失属于保险条款规定的除外责任之列,则应当认定保险事故属于一切险的责任范围**。同意你院倾向性意见的处理结果。

(二)保险责任期间

1. 基本内容

根据《海商法》第217条的规定,保险期间属于保险合同内容应当包含的基本事项,规定保险合同当事人基本权利义务内容的边界。可见,虽然保险责任期间与保险人承担保险责任有关,但是并非属于免除保险人责任条款的范围。因此,保险人在订立保险合同时,无须向被保险人履行责任免除条款的提示和

① 最高人民法院关于大众保险股份有限公司苏州中心支公司、大众保险股份有限公司与苏州浙申实业有限公司海上货物运输保险合同案适用法律问题的请示的复函(2007年7月24日,〔2007〕民四他字第8号)。

明确说明义务。

2. 实践运用

在海上保险合同实务中,“仓至仓”条款在海上货物运输保险实践中大量存在。保险合同约定保险责任期间为“仓至仓”,当投保人在投保险单中填写的目的地只是海运区段的目的港,并非收货人的最终目的地,当事人对保险责任期间终点的理解容易产生争议。“仓至仓”条款本质上就是保险责任期间的扩展条款,将“起运港”扩展至“发货人仓库”,“目的港”扩展至“收货人仓库”,其责任期间终止包括四种情形:①

一是货物运至目的地收货人的最后仓库或存储处。一般来说,如果投保时明确告知具体地点的,则该地点应为“最后仓库或存储处”;如果仅载明目的港,那么货物实际运至收货人在港区内的任一仓库均可视为“最后仓库或存储处”;如果仅载明目的地,比如某一城市,那么收货人在该地区的行政区划范围的任一仓库均为“最后仓库或存储处”;如果记载的港口名称不明确,且当事人理解存在争议的,可作有利于被保险人和受益人的解释。

二是货物被用于分配、分派或被非正常运输至其他处所。判断是否属于正常运输很难有具体界定,通常需要结合被保险人的具体行为和目的。一般来说,为了分拣、重新包装、分销等目的或者其他与货物运输无直接关联且属于收货人可控的原因,应当视为“非正常运输”;若为了货物运输而入仓,如货物在转运港入仓、目的港临时入仓等待货车等,后在合理的时间内继续货物运输的,应视为“正常运输”。

三是货物卸离海轮后满 60 日。该款为保险责任期间的兜底条款,60 日时间是绝对的,不包含任何阻断事由。

四是货物开始转运时终止。保险合同是合同双方合意的结果,对保险合同涉及的保险标的、责任承担等均建立在双方明确预期之上,货物在运至目的港后转运至约定之外的目的地,属于投保人单方行为,对保险人而言该行为造成的风险不可预见,因此不能要求其对此承担保险责任,一旦转运行为开始,保险责任期间立即终止。

---

① 上海海事法院倪涌、李海跃,尤迪特包装私人有限公司等诉大众保险股份有限公司海上保险合同纠纷案—仓至仓条款的理解与适用,载北大法律信息网,http://zjlx. pkulaw. cn/Case/pfnl_1970324839988893. html? match = Exact,最后访问日期:2018 年 6 月 1 日。

典型案例125　耀科公司、尤迪特公司与大众保险公司海上、通海水域保险合同纠纷案[①]

【法院认定事实】

2009年4月11日，原告上海耀科印刷机械有限公司（以下简称耀科公司）与原告尤迪特包装私人有限公司（以下简称尤迪特公司）签订了一份贸易合同，约定由原告尤迪特公司向原告耀科公司购买一台自动模切机，总价格为218,000美元，付款条件为100%不可撤销信用证，CIF价加10%的金额投保海运保险。根据信用证记载，涉案货物的装货港为中国任何海港，卸货港为印度那瓦什瓦港，最后装船日期为2009年7月15日，贸易条件为CIF印度那瓦什瓦港。同年7月3日，原告耀科公司出具了一份商业发票，载明涉案货物的CIF印度那瓦什瓦港的价格为218,000美元。涉案货物于同日装箱。嗣后，原告耀科公司向被告进行了投保，投保险单显示被保险人为原告耀科公司，涉案货物自中国上海港运至印度那瓦什瓦港，数量为4件，投保险别为一切险、海运战争险、罢工险、骚乱和民变险，从受益人仓库至申请人仓库。该投保险单还记载了涉案货物的唛头、保险货物的项目、保险金额等，在投保人、发票号、发票金额、提单号、最终目的地等处空白。原告耀科公司在投保险单上作了签章。根据被告陈述，原告耀科公司在投保时未提供涉案货物的出口文件。同月6日，被告向原告耀科公司出具了保险单，主要内容与投保险单相同，该保险单还注明了被告在印度的代理人的地址和联系方式。涉案货物于同年7月12日装船出运。根据提单记载，托运人为原告耀科公司，收货人按印度IDBI银行有限公司指示，通知人亦为该银行。收货地和装货港均为上海港，卸货港和交货地均为印度那瓦什瓦港，堆场至堆场。提单记载的银行地址为印度的浦那。货物出运后，原告耀科公司将保险单背书转让给了原告尤迪特公司。涉案货物运抵目的港后，原告尤迪特公司于同月27日进行了进口报关。同年8月1日，箱号为HDMU7407047的集装箱从印度那瓦什瓦海鸟集装箱集散站提出，装上车牌号为MH－06－AQ－5155的集装箱卡车，经陆路运往原告尤迪特公司在印度浦那的场所。次日，该卡车在离印度潘维尔（PANVEL）市约3公里的高速公路上驶向浦那的一侧发生翻车事故。根据保险单背面条款三责任起讫约定，本保险

---

① 上海海事法院（2011）沪海法商初字第101号海上、通海水域保险合同纠纷民事判决书。

负“仓至仓”责任，自被保险货物运离保险单所载明的起运地仓库或储存处所开始运输时生效，包括正常运输过程中的海上、陆上、内河和驳船运输在内，直至该项货物到达保险单所载明目的地收货人的最后仓库或储存处所或被保险人用作分配、分派或非正常运输的其他储存处所为止。如未抵达上述仓库或储存处所，则以被保险货物在最后卸货港全部卸离海轮后满60日为止。如在上述60日内被保险货物需转运到非保险单所载明的目的地时，则以该项货物开始转运时终止。

【法院观点】

保险单背面条款三责任起讫约定的“仓至仓”责任，保险责任的终止是被保险货物到达保险单所载明目的地收货人的最后仓库或储存处所或被保险人用作分配、分派或非正常运输的其他储存处所为止。由此可见，**被保险货物运抵卸货港卸货后，保险责任并没有当然终止，如果该货物通过陆路运往保险单载明的卸货港所在地区的收货人的仓库，则保险责任直至该仓库为止**。本案保险单载明自中国上海港至印度那瓦什瓦港，贸易合同和信用证均载明CIF印度那瓦什瓦港，提单载明堆场至堆场。显然，**涉案货物被告的保险责任期间为中国上海至印度那瓦什瓦。结合保险单背面条款，被告的保险责任应从中国上海至印度那瓦什瓦收货人的仓库**。“仓至仓”责任还约定，如被保险货物未抵达上述仓库或储存处所，则以被保险货物在最后卸货港全部卸离海轮后满60日为止。**如在上述60日内被保险货物需转运到非保险单所载明的目的地时，则以该项货物开始转运时终止。涉案货物从目的港提离后，运往印度的浦那，在过印度潘维尔市往浦那方向3公里处的高速公路上发生事故，已经离开了印度的那瓦什瓦，而浦那和那瓦什瓦并非同一城市或地区，因此，根据上述条款，被告的保险责任自涉案货物提离目的港开始运输时终止**。原告耀科公司认为投保时被告应对该条款作出解释，否则发生歧义时应对保险公司作不利解释。法院认为，**保险合同中关于保险责任期间的约定并非免除保险人责任的条款，法律没有规定保险人需作出解释，而且对该条款的理解并不存在争议**。被告要求原告耀科公司填写的书面格式投保险单已明确载明了最终目的地一栏，然原告耀科公司并未填写。海上保险合同的订立，与其他经济合同的签订一样，遵循“要约”—“承诺”程序，投保险单即为一种要约，保险人根据投保人填写的投保险单内容来确定保险费率。投保险单印制的内容，已足以引起投保人的注意，特别是“最终目的地”一栏，更是一种明示的提示。原告耀科公司认为投保险单由被告填写，但原告耀科公司并未提供证据予以证明。通常情况下，投保险单应由投保人填写，如果是保险人填写，保险人也应根据投保人提供的文件信息填写。本案中，原告耀科公司在投保时并未向被告提供涉案货物的出口文件，原告耀科公司在本案审理过程中也未向本院提供证据证明其在投保时已向被告提供了涉案货物的出口文件，且其在投保险单上盖章时也应对投保险单内容进行核实，因此，没有证据证明投保险单由被告填写，被告根据原告耀科公司填写的投保险单内容签发保险单并无过错。根据目前网络及通信技术，在填写式单证的空白处进行打印填写，已不是很难的技术问题，只要当事人之间有网络通信，任何人都可以做到。原告耀科公司认为投保险单空白处因是打印填写，故而推定由被告填写，依据不足，未予采信。

（三）除外责任

保险责任与除外责任

《海商法》第217条第（6）项规定有保险责任和除外责任等概念，在海上保险法律实务中，如何理解和适用保险责任与除外责任，仍有较大争议。一般来说，保险责任是保险合同中约定保险人承担赔偿责任的范围，除外责任是在保险合同中约定保险人不承担赔偿责任的具体情形。两者在确定保险人赔偿责任过程中的作用相反，共同确定保险人应当承担保险责任范围。在实务中，被保险人举证证明发生了保险责任条款约定的事故，保险人仍可以依据除外责任条款的约定内容主张免责，如保险事故符合除外责任情形的，保险人免除保险责任。

典型案例126　长鑫公司与永安保险公司海上、通海水域保险合同纠纷案①

【法院认定事实】

2013年5月31日，长鑫公司为其所属的“长鑫顺888”轮向永安保险投保水路货物运输承运人责任险，投保险单记载投保人和被保险人均为长鑫公司，保险期间从2013年6月2日零时起至2014年6月1日24时止。该保险单背面所附保险条款第三条约定，保险人按照本保险合同约定负责赔偿包括：船舶

① 最高人民法院（2017）最高法民再269号海上、通海水域保险合同纠纷民事判决书。

触礁、搁浅、倾覆、沉没、失踪。同时,该《保险条款》第六条约定,下列原因造成的损失、费用和责任,保险人不负责赔偿:……(三)雷击、台风、大风、暴雨、洪水、冰雹、崖崩、泥石流、地震、海啸等自然灾害。2013年6月23日,该船因在台风风浪的作用下坐底沉没,船载货物全损。后长鑫公司向法院起诉,要求永安保险承担保险赔偿责任。

【一审法院观点】

本案系通海水域保险合同纠纷。长鑫公司为其所属"长鑫顺888"轮向永安保险投保水路货物运输承运人责任险,永安保险同意承保并出具保险单,涉案保险合同依法成立并生效,双方当事人均应当按照合同约定享有权利和履行义务。关于涉案保险条款第六条第(三)项是否存在两种解释问题。在解释保险合同条款时,应当首先依据合同的词句予以解释即文义解释。如果可以作出两种或两种以上的合理解释,则可以结合合同的其他条款进行解释即体系解释。如果采取体系解释的方法依然存在两种或者两种以上的合理解释,则可以作出不利于保险人、有利于被保险人和受益人的解释。涉案合同将船舶沉没纳入保险责任范围,即船舶沉没属于保险事故,而该保险条款第六条第(三)款约定台风造成的损失、费用和责任,保险人不负责赔偿。**从文义上理解,该免责条款存在两种合理解释:(一)免责条款与保险责任条款系包含关系,即台风引起的包括保险事故在内的所有损失均不属于保险责任范围;(二)免责条款与保险责任条款系并列关系,即台风引起的除保险事故以外的损失不属于保险责任范围。上述两种截然不同的解释,即使结合合同其他条款亦无法排除其中任何一种**。在该免责条款没有明确且唯一的解释的前提下,应当按照《中华人民共和国保险法》第三十条"采用保险人提供的格式条款订立的保险合同,保险人与投保人、被保险人或者受益人对合同条款有争议的,应当按照通常理解予以解释。对合同条款有两种以上解释的,人民法院或者仲裁机构应当作出有利于被保险人和受益人的解释"的规定,作出对被保险人有利的第二种解释,即台风引起的除保险事故以外的损失不属于保险责任范围。因此,涉案货物损失系由船舶沉没所导致,属于保险人承担保险责任的范围,保险人不能依据保险合同第六条第(三)款的约定免责。

【二审法院观点】

涉案保险条款第三条约定,因船舶触礁、搁浅、倾覆、沉没、失踪造成船舶所载的货物毁损、灭失,应由被保险人承担的经济赔偿责任,保险人负责赔偿。涉案保险条款第六条第(三)项约定,雷击、台风、大风等自然灾害造成的损失、费用和责任,保险人不负责赔偿。根据上述内容,保险条款第三条和第六条第(三)项之间的关系存在两种理解:一、**台风造成的任何货物损失(包括台风造成船舶沉没进而导致的货损),保险人不负责赔偿;二、台风直接造成货损(船舶未沉没),保险人不负责赔偿。台风造成船舶沉没而导致的货损,保险人应当赔偿**。按照第二种理解,涉案保险条款的第三条保险责任中对于船舶沉没的原因并未明确,故台风造成船舶沉没而产生的货损,不适用第六条第(三)项的责任免除。根据《中华人民共和国保险法》第三十条规定,当保险条款存在两种不同的理解时,应作出对被保险人长鑫公司有利的解释。故本案货损系台风造成船舶沉没而导致,属于永安保险承担赔偿责任的范围。

【再审法院观点】

本案为通海水域保险合同纠纷,涉案保险合同是双方当事人的真实意思表示,合法有效,双方当事人均应依法行使合同权利,履行合同义务。长鑫公司主张永安保险未向其说明、解释免责条款,涉案保险合同中的免责条款无效。**但永安保险提供的投保险单证明,长鑫公司在投保险单中签章确认"保险人已将《水路货物运输承运人责任保险条款》内容,特别是对保险责任、责任免除及被保险人义务向投保人作了明确告知"**。长鑫公司关于永安保险实际上并未将免责条款向其进行说明、解释的主张,与其在投保险单中确认的内容不符,也没有其他证据能够推翻前述书面盖章确认的事实。长鑫公司关于永安保险未向其提示说明免责条款的主张,本院不予支持。根据涉案保险单的记载,"长鑫顺888"轮航行区域为沿海,涉案保险合同属于《中华人民共和国海商法》第二百一十六条规定的海上保险合同。**涉案保险条款第三条约定了保险人承担保险责任的范围,第六条约定了保险人不承担保险责任的除外情形,分别属于《中华人民共和国海商法》第二百一十七条第六项规定的"保险责任和除外责任"**,二者都是海上保险实务中常见的合同条款。**保险责任条款主要约定保险人负责赔偿的风险项目,除外责任条款则用于明确保险人不承担保险赔偿责任的风险项目。两类条款从正反两个角度对承保风险的范围进行明确约定。在被保险人举证证明发生了保险责任条款约定的事故时,保险人仍有权依据除外责任条款的约定主张免责,只是需要对其主张的免责事实承担举证责任**。根据涉案保险条款第六条第(三)项的约定,因台风自然灾害造成的损失、费用和责任,保险人不负责赔偿。该项除外责任条款的约定是明确的,只要保险人举证证明损失是由于台风造成的,即可免予承担保险责任,不存在两种以上的解释。**一审、二审法院混淆了保险责任条款与除外责任条款的不同功能,认为涉案除外责任条款的含义存在两种理解,进而认定因台风造成船舶沉没不属于除外责任的情形,认定事实错误,本院予以纠正。**长鑫公司因船舶在台风中沉没而遭受损失,永安保险主张事故是由于台风造成的,属于保险条款第六条第(三)项规定的不予赔偿的情形。**正确处理本案的关键是准确分析长鑫公司遭受损失的原因究竟是船舶沉没还是台风。**永安保险提交的《八所"6·23""长鑫顺888"轮沉没事故调查报告》证明,"长鑫顺888"轮在防台期间,因风浪的持续影响,发生走锚,舱盖板脱落,大量海水进入货舱,最终导致沉没,可以证明"长鑫顺888"轮涉案事故是由于台风造成的。长鑫公司主张事故是由于船艉部搁浅导致船体倾斜及沉没,并非台风直接导致,但又称是由于巨浪致使船舶艉部搁浅,也印证了船舶在台风的作用下搁浅、沉没进而造成货物受损的事实。因台风属于涉案保险条款第六条第三项约定的保险人不负责赔偿的风险,永安保险关于其不应承担保险赔偿的主张,符合合同约定,本院予以支持。

五、保险价值与保险金额

(一)保险价值

根据《海商法》第219条的规定,保险标的的保险价值由保险人与被保险人约定。保险人与被保险人未约定保险价值的,保险价值依照下列规定计算:船舶的保险价值,是保险责任开始时船舶的价值,包括船壳、机器、设备的价值,以及船上燃料、物料、索具、给养、淡水的价值和保险费的总和;货物的保险价值,是保险责任开始时货物在起运地的发票价格或者非贸易商品在起运地的实际价值以及运费和保险费的总和;运费的保险价值,是保险责任开始时承运人应收运费总额和保险费的总和;其他保险标的的保险价值,是保险责任开始时保险标的的实际价值和保险费的总和。有关保险价值,在实务中比较常见的分类,包括定值保险和不定值保险。

1. 定值保险

一般来说,海上保险合同,保险标的在地域范围上往往跨海域或跨区域,在不同时间和地域价格变化差异较大,导致保险事故发生后保险价值的确定过程中,需要考虑诸多的变化和因素。因此,在海上保险实务中,为了便于保险事故发生后核定损失和保险理赔,合同当事人在订立海上保险合同时,尤其在涉及船舶保险和海上货物运输保险合同的,采取约定保险价值的方式订立保险合同,是为定值保险。

2. 不定值保险

有关不定值保险,《保险法》与《海商法》的规定不同。根据《保险法》第55条的规定,投保人和保险人未约定保险标的的保险价值的,保险标的发生损失时,以保险事故发生时保险标的的实际价值为赔偿计算标准。对于海上保险合同,如保险人与被保险人未约定保险标的的保险价值,《海商法》规定了应按照保险责任开始时间点的保险标的实际价值、价格或费用,作为确定保险价值的依据和标准。可见,在不定值保险的情形下,《海商法》与《保险法》有关保险价值的确定有不同的规定。

(二)保险金额

根据《海商法》第220条的规定,保险金额由保险人与被保险人约定。保险金额不得超过保险价值;超过保险价值的,超过部分无效。这是《海商法》有关保险金额的规定内容,与《保险法》有关保险金额的规定内容相似。但在实务中,需要注意以下两点:

(1)在海上保险合同订立时,必须约定保险标的的保险金额,可以约定保险标的的保险价值。如不约定保险价值的,在出险时应根据《海商法》的规定确定保险价值。可见,订立海上保险合同的,约定保险价值内容并非法定的要求,法律法规没有规定在订立保险合同时,保险人有义务提醒投保人、被保险人约定保险标的的保险价值。

(2)保险金额不得超过保险价值,超过保险价值的,超过部分无效。这是财产保险损失补偿原则的必然要求,属于《保险法》《海商法》的强制性规定,违反该规定内容无效。在保险法律实务中,有观点认为,既然保险人按照保险金额收取保费,那么即使保险金额超过保险价值的,保险事故发生后保险人就应当按照保险金额进行赔偿。这种朴素的公平观点,没有从根本上理解财产保险的损失补偿基本原则,也不明白保险属于风险管理行业和风险分摊原理。同时,对于《保险法》《海商法》相关强制性规定内容缺乏必要认识和理解。

（三）保险赔付

根据《海商法》第238条的规定，保险人赔偿保险事故造成的损失，以保险金额为限。保险金额低于保险价值的，在保险标的发生部分损失时，保险人按照保险金额与保险价值的比例承担保险赔偿责任。可见，海上保险与其他保险一样，保险金额是保险人承担保险赔偿金的最高限额。同时，在保险金额低于保险价值的不足额保险中，发生部分损失的，保险人应当按照保险金额与保险价值的比例承担保险赔偿责任。

典型案例127 李耀钊与太平保险公司海上、通海水域保险合同纠纷案[1]

【法院认定事实】

2012年10月16日，太平保险公司分别出具“鲁荣渔50993/50994”对渔船定期险保险单。投保人：李耀钊。被保险人：李耀钊。航行范围：C1渔区。保险险别：渔船保险。保险金额：450万元。保险期限：从2012年10月17日00时起至2013年10月16日24时止。绝对免赔额：每次事故绝对免赔额为人民币1000元或损失金额的10%，两者以高者为准，发生全损或推定全损时，绝对免赔率为保额的20%。特别约定：发生部分损失及施救、救助费用，按保险金额与新船重置价值比例赔付，该船新船重置价值为600万元。2013年4月18日，“鲁荣渔50993”号渔船的右舷中部与“锦昌鑫”轮球鼻艏发生碰撞。后因太平保险公司拒赔成诉。

【一审法院观点】

“鲁荣渔50993”号渔船是**部分损坏，依据保险合同的约定，维修费用按保险金额与保险价值的比例赔付，即船舶修理费用1,663,705.26元乘以保险金额450万元与保险价值600万元的比例**，太平保险公司承担1,247,778.95元（注：4,500,000÷6,000,000×1,663,705.26）维修费用的保险责任。“鲁荣渔50993”号渔船经及时救助安全靠泊台州南洋船舶有限公司码头，李耀钊支付了4万元的救助费用。**《中华人民共和国海商法》第一百八十三条的规定：救助报**

[1] 山东省高级人民法院（2015）鲁民四终字第140号海上、通海水域保险合同纠纷民事判决书。

酬的金额应当由获救船舶和其他财产的各所有人,按照船舶和其他各项财产各自的获救价值占全部获救价值的比例承担。本案船舶获救时已经受损,获救时船舶价值为保险价值600万元扣减船舶的维修费用1,663,705.26元即4,336,294.74元。获救的鱼货价值为427,500元。获救财产的总额为4,763,794.74元。**船舶承担的救助费用为36,410.42元**(注:4,336,294.74÷4,763,794.74×40,000),**再乘以保险金额450万元与重置价值600万元的比例**,即27,307.82元(注:4,500,000÷6,000,000×36,410.42)是太平保险公司赔付的救助费用。依据保险单中绝对免赔额的约定,本次保险事故的绝对免赔额为损失金额的10%,即(1,247,778.95元+27,307.82元)×10%=127,508.68元。故本案的理赔款应当支付给李耀钊,因此太平保险公司应当给付李耀钊保险理赔款1,147,578.09元(注:1,247,778.95+27,307.82-127,508.68)。

【二审法院观点】

维持原判决。

典型案例128 群明公司与太平洋保险公司海上、通海水域保险合同纠纷案[①]

【法院认定事实】

吴燕升就涉案货物运输向太保公司投保货物运输险,被保险人为货主或吴燕升。群明公司确认,货物完好价值为人民币1,411,116.70元,保险金额为人民币120万元。每个集装箱的免赔额为人民币800元。2014年10月10日,涉案货物由揭阳出发,经厦门中转运至江阴,承运船名航次为华晟19/1432N。同年10月15日,装载涉案货物的船舶到达江阴港。揭通公司于12月4日出具的情况说明记载,由于受到第19号台风“黄蜂”的影响,海上风浪较大,船舶在航行过程中摇晃相对比较剧烈,集装箱内货物移位导致货物变形、受损。2014年12月4日,吴燕升代表群明公司向太保公司就涉案货损事故进行索赔。

【一审法院观点】

关于赔偿的金额。群明公司和太保公司确认涉案货损金额为人民币121,305.34元,货物价值为人民币1,411,116.70元。保险金额为人民币120

① 上海海事法院(2015)沪海法商初字第2264号海上、通海水域保险合同纠纷民事判决书。

万元。根据法律规定，保险金额低于保险价值的，保险人按照保险金额与保险价值的比例负赔偿责任。经按比例计算得出为人民币 103,156.89 元（注：1,200,000 ÷ 1,411,116.70 × 121,305.34）。根据保险合同的约定，还应扣除每个集装箱免赔额人民币 800 元，5 个集装箱共计人民币 4000 元，计算得出保险赔款金额为人民币 99,156.89 元（注：103,156.89 – 4000）。

六、被保险人告知义务

（一）主动告知义务

在保险立法上，《海商法》和《保险法》对投保人、被保险人的告知义务，采取了两种完全不同的立法例。其中，《保险法》第 16 条规定了投保人的询问告知义务，《海商法》第 222 条规定了被保险人的主动告知义务。按照《海商法》的规定，合同订立前被保险人应当将其知道的或者在通常业务中应当知道的有关影响保险人据以确定保险费率或者确定是否同意承保的重要情况，如实告知保险人。保险人知道或者在通常业务中应当知道的情况，保险人没有询问的，被保险人无须告知。

（二）未告知的责任

由于被保险人的故意，未将《海商法》第 222 条第 1 款规定的重要情况如实告知保险人的，保险人有权解除合同，并不退还保险费。合同解除前发生保险事故造成损失的，保险人不负赔偿责任。不是由于被保险人的故意，未将《海商法》第 222 条第 1 款规定的重要情况如实告知保险人的，保险人有权解除合同或者要求增加相应保险费；保险人解除合同的，对于合同解除前发生保险事故造成的损失，保险人应当负赔偿责任；但是，未告知或者错误告知的重要情况对保险事故的发生有影响的除外。

（三）在订立保险合同前保险标的已受损的情形

按照海商法的有关规定，在订立海上保险合同时，被保险人已经知道或者应当知道保险标的已经因发生保险事故而遭受损失的，保险人不负赔偿责任，但是有权收取保险费；保险人已经知道或者应当知道保险标的已经不可能因发生保险事故而遭受损失的，被保险人有权收回已经支付的保险费。可见，被保险人和保险人在订立保险合同时,是否知道保险标的已经发生保险事故或受损,对保险责任的承担有实质性影响。

(四)例外情形

按照有关司法解释的规定,保险人知道被保险人未如实告知《海商法》第222条第1款规定的重要情况,仍收取保险费或者支付保险赔偿,保险人又以被保险人未如实告知重要情况为由请求解除合同的,人民法院不予支持。可见,按照诚实信用原则要求,保险人在订立保险合同时知道被保险人未如实告知的情况,仍收取保险费或支付保险赔偿金的,又以被保险人未如实告知重要情况为由请求解除合同的,构成保险人的禁止反言,在保险法律实务中不能得到人民法院的支持。

典型案例129　西谷会社与人保公司海上、通海水域保险合同纠纷案[①]

【法院认定事实】

1998年1月20日,西谷会社与北海船厂签订合同,约定由北海船厂为西谷会社制造一套土石装船输送设备。日本东京三菱银行向北海船厂开立了不可撤销信用证,上面载明货物为一套土石装船输送设备。6月20日,该套设备被拆分成塔架、支架、伸缩架和转台四大部分,然后在驳船"HANG BO 5001"的甲板表面焊接楔入角铁,将上述部分固定在驳船甲板上由拖轮"HANG TUO 2001"拖带运输(中国船级社出具了检验报告和适拖证明,认为在不超过6级风的情况下,"HANG BO 5001"可由"HANG TUO 2001"拖带从中国青岛至日本玉野从事一个航次的运输)。此前,北海船厂开具了商业发票,出具了装箱单。该发票载明:买方西谷会社,海运船舶"HANG TUO 2001",运输始发地青岛,目的地日本冈山县玉野,装船日期1998年6月20日,货物为一套土石装船输送设备,货物毛重524.805吨,净重524.805吨,CIF日本冈山县玉野,总价1,309,326.59美元。该装箱单载明,体积6400立方米。北海船厂作为被保险人,并就上述土石装船输送设备海上运输,向中保财产保险有限公司青岛分公司(青岛人保)投保,根据北海船厂具体经办人胡德吉向法院提交的书面证言,

① 山东省高级人民法院(2002)鲁民四终字第45号海上货物运输保险合同纠纷民事判决书。

其当时向青岛人保经办人员赵斌提供了信用证和发票(赵斌只要求其提供信用证和发票),未将上述运输情况(将土石装船输送设备装载于驳船甲板上由拖轮拖带运输至日本这一情况)告知青岛人保。青岛人保签发了TO05/986300074号正本海洋货物运输保险单一式二份,该保险单载明:保险货物项目、包装、数量为一套土石装船输送设备,保险金额为1,440,337美元,装载运输工具为"HANG TUO 2001",开航日期为1998年6月20日,自中国青岛至日本冈山县玉野,承保险别为根据中保财产保险有限公司1981年1月1日修订的海洋运输货物保险条款、海洋运输货物战争险条款和货物运输罢工险条款的一切险、战争险和罢工险。在海上运输过程中,货物的承运人上海东方疏浚工程公司发给胡德吉(其又转发给西谷会社)关于航程中情况的传真若干,其中有"偏东风7至8级,大至巨浪"的记载。1998年6月26日,"HANG TUO 2001"船到达日本玉野港。该船船长出具了《土石装船输送设备运抵日本玉野港损坏报告》,该报告记载:6月26日上午10时至下午4时进行了勘验,关于水平伸缩梁,输送带头部滚筒架断落,主架H型支柱变形,涂层脱落,其中一个回转托辊脱落;关于塔架,连接在甲板作为定位之角铁套支架焊接损坏,而因定位之角铁支架脱落引至塔架移位及在定位支架附近之涂层脱落;因塔架移位,导致定位木头倒下及破裂;部分加固钢索脱落;因定位加固钢索脱落,定位角铁套损坏,木头倒下而导致塔架与甲板碰撞,塔架保护钢环弯曲,涂层脱落;部分楼梯扶手断落弯曲及变形;焊接在甲板定位之钢架用作承托塔架头部之支柱弯曲及折断;关于回转台,共有8套螺丝脱落,内部结构不清楚。1998年7月14日,日本海事检定协会检验了上述土石装船输送设备,后出具了检验报告,确认该设备产生了凹痕、弯曲和脱落等损坏,认为总计为12,055,000日元的维修成本和费用是合理的,符合日本目前的成本和费用标准,同时认为,货物的损害并非仅由单一原因造成,而是由以下列出的几个原因共同造成的:船长在遭遇声明中所述恶劣天气时未能作出合适的判断;在恶劣天气下,船长未能对船舶进行合适的操纵。后因保险理赔问题成诉。

【一审法院观点】

《海商法》规定的被保险人在海上保险中承担的是无限告知义务,如实告知义务是被保险人遵守最大诚信原则的主要方面。法院已查明的货物装载于驳船甲板上由拖轮拖带运输的情况,对于一个合理谨慎的保险人来说,在其考虑是否接受承保或确定保险费率的高低时,是绝对有影响的,所以可以认定该情况为《海商法》规定的“**重要情况**”,由于北海船厂在国际贸易中负责货物运输事宜,所以其对该重要情况是实际知道的。从被保险人订立合同前仅向保险人提供的材料(信用证和商业发票)来看,对于信用证和商业发票上的记载,即使再加上装箱单上的记载,都无法使保险人真正了解上述所说的“重要情况”。虽然从材料上的若干记载,比如“ONE SET OF SHIP - LOADER CONVEYOR”、海运船舶“HANG TUO 2001”、净重“524. 805 吨”、体积“6400 立方米”等,似乎可以看出一些与“重要情况”的联系,但很显然,这是人们在事后了解了全部情况之后才可能自然引起的某种“联想”,而且,法律并没有要求海上保险人在订立合同时有对被保险人提供材料中的所谓蛛丝马迹进行询问的义务。**本案货物海运日本的情况曾在当时当地的报纸、电视等媒体上报道过,但这并不能证明本案货物海运日本(包含上述重要情况)已成为公众关注的事件,所以也不能因此认为保险人应该知道该重要情况**。因此,在保险人未真正了解某一“重要情况”之前,是不能认为保险人知道或者在通常业务中应当知道这一“重要情况”的。**由于青岛人保主张北海船厂未在海上保险合同订立前将土石装船输送设备装载于驳船甲板上由拖轮拖带运输至日本这一情况如实告知,其主张的是一否定事实(消极事实),根据举证责任分配的一般原理,其对此不承担举证责任**。西谷会社在北海船厂投保时是否将上述运输情况如实告知青岛人保方面没有完成其举证责任,其应该承担对其不利的后果,**因此,北海船厂投保时未将上述情况如实告知青岛人保(青岛人保提交其计算本案海上保险费所依据的保险费率,也从一方面说明不知道上述情况,因而其按照一般货物的普通费率计收保险费),未尽如实告知义务;同时,因为没有证据表明北海船厂系故意未将重要情况如实告知保险人,所以可以认定北海船厂在未尽如实告知义务方面不存在故意**。对于青岛人保提出的未告知的重要情况对保险事故的发生有影响的主张,根据西谷会社提交的上述有关货物损坏的证据(上海东方疏浚工程公司发给胡德吉的传真、“HANG TUO 2001”船船长出具的《土石装船输送设备运抵日本玉野港损坏报告》、日本海事检定协会出具的检验报告)以及胡德吉的证言,**上述重要情况确实与保险事故的发生有一定因果上的牵连,因此可以认为被保险人未告知的重要情况对保险事故的发生有影响**。

【二审法院观点】

关于青岛人保是否应承担赔偿责任,(1)本案中的土石装船输送设备在运输时是被拆分成四大部分,在驳船“HANG BO 5001”的甲板表面焊接楔入角铁，将上述部分固定在驳船甲板上由拖轮“HANG TUO 2001”拖带运输，这种运输方式对于远距离的海上运输来说，风险明显要高于舱内货。而且，中国船级社的适拖证明认为，在不超过6级风的情况下，可以以这种方式从事运输，那么，在超过6级风时，其风险就明显加大，因此，**货物装在甲板上并用拖轮拖带运输这种方式有自己特殊的风险，能够影响保险人据以确定保险费率或是否同意承保的判断，构成《海商法》第二百二十二条规定的“重要情况”**。(2)青岛北海船厂的胡德吉提交了书面证言，**证明其在当时投保时只向青岛人保经办人员赵斌提供了信用证和发票，未将货物装载于驳船甲板上由拖轮拖带运输这一“重要情况”告知青岛人保**。胡德吉作为北海船厂投保的经办人员，是证明当时投保情况的直接证人，虽然没有出庭作证，但其提交书面证言经过了原审法院的准许，不是无正当理由不出庭作证，本院对其证言予以采信，西谷会社以证人没有出庭为由认为其证言不应采信的上诉理由不能成立。**经查明北海船厂在投保时未将上述“重要情况”告知青岛人保，即被保险人未尽如实告知义务**(没有证据表明其系故意未将“重要情况”如实告知保险人，可以认定北海船厂在未尽如实告知义务方面不存在故意)，西谷会社关于被保险人已尽如实告知义务的上诉理由不能成立，本案中亦不需要确认关于被保险人是否已尽如实告知义务的举证责任分担问题。(3)北海船厂在投保时向青岛人保提供了信用证和商业发票，根据信用证和商业发票上的记载，可以看出“ONE SET OF SHIP－LOADER CONVEYOR”、海运船舶“HANG TUO 2001”、净重“524.805吨”的信息，但是，“HANG TUO 2001”不是“航拖2001”，依一般人包括保险人的常识，要从以上零散的信息中得出货物装在驳船甲板上并用拖轮拖带运输的情况是比较困难的，而且，**《海商法》第二百二十二条规定的如实告知义务，是用来约束被保险人的，被保险人有义务将所有“重要情况”如实告知保险人，如果是因为被保险人没有告知全部“重要情况”，而要求保险人从被保险人告知的部分信息就推定其知道或者在通常业务中应当知道上述“重要情况”，那么此种义务对于保险人——本案中的青岛人保来说，显然是不合理的**。另外，在本案货物海运日本时，青岛当地的报纸、电视进行了报道，但这并不能推断出青岛人保以此知道或者应当知道上述“重要情况”。因此，**本院认定，该“重要情况”不属于青岛人保知道或者在通常业务中应当知道的情况，被保险人应该告知**。(4)根据“HANG TUO 2001”船船长出具的《土石装船输送设备运抵日本玉野港损坏报告》和日本海事检定协会的检验报告，本案的保险标的在海上运输过程中产生了损害。那么本案中的“重要情况”——货物装载于驳船甲板上由拖轮拖带运输对该保险事故的发生有无影响?首先,中国船级社的适拖证明说明了以本案中的运输方式进行运输的条件是不超过6级风,而本案货物的运输过程中,风力达到了7级以上,可以认定,在这种自然条件下,驳船由拖轮拖带运输是不适航的,这种拖带运输方式对保险事故的发生有影响;其次,本案货物是用角铁、捆绑钢索固定在驳船甲板上运输,根据“HANG TUO 2001”船船长《土石装船输送设备运抵日本玉野港损坏报告》中“固定位加固钢索脱落,定位角铁套损坏,木头倒下而导致塔架与甲板碰撞,塔架保护钢环弯曲,涂层脱落”等损坏情况的描述,将货物装在甲板上并需要用角铁、钢索加以固定的运输方式对本案保险事故的发生有影响。**因此,本院认定,上述“重要情况”对本案保险事故的发生有影响。根据《海商法》第二百二十三条第二款的规定,青岛人保不承担赔偿责任。**

七、保险人赔偿责任

按照海商法的有关规定,发生保险事故造成损失后,保险人应当及时向被保险人支付保险赔偿金。保险人赔偿保险事故造成的损失,以保险金额为限。在海上保险合同实务中,在确定保险人的保险赔偿责任范围时,应当注意以下方面内容。

1. 保险人需支付的费用,包括被保险人为防止或者减少根据合同可以得到赔偿的损失而支出的必要的合理费用,为确定保险事故的性质、损失程度而支出的检验、估价的合理费用,以及为执行保险人的特别通知而支出的费用,应当由保险人在保险标的损失赔偿之外另行支付;保险人对上述费用的支付,以相当于保险金额的数额为限。

2. 除合同另有约定外,保险人对货物损失不承担赔偿责任的法定情形包括航行迟延、交货迟延或者行市变化,货物的自然损耗、本身的缺陷和自然特性以及包装不当。

3. 除合同另有约定外,保险人对船舶损失不承担赔偿责任的法定情形包括船舶开航时不适航,但是在船舶定期保险中被保险人不知道的除外;以及船舶自然磨损或者锈蚀。运费保险比照适用上述法定情形。

典型案例130　仁科公司与中银保险公司海上、通海水域保险合同纠纷案[①]

【法院认定事实】

2009年10月30日，仁科公司和中银保险广东公司签订保险单号为3110220××××××00000004的《沿海内河船舶保险合同》，由中银保险广东公司承保仁科公司所有的"某某1"轮。保险价值及保险金额231,800,000元、保险费率3.90‰。其中第十四条"特别约定"部分，分别对"部分损失、全损、推定全损，包括碰撞、触碰及救助责任""附加四分之一碰撞、触撞责任险""附加螺旋桨、舵、锚、锚链及子船单独责任险"的免赔条件作了记载。此外还载明"附加险费率：保险人免费赠送本保险单项下的附加四分之一碰撞、触撞责任险""本保险单项下的附加船东对船员责任险，另出具附加船东对船员责任险保险单，该附加险在另出具的保险单项下收费。本保险单项下不收取附加船东对船员责任险保费。""本保险单若一年内赔付率不超过50%，我司承诺明年续保除油污险外，各险种费率按今年费率下浮10%"等内容。"某某1"轮2010年度《沿海内河船舶保险合同》，记载保险费率为9.51‰、保费747,000元。就"免赔条件"相较于2009年度增加"附加船东对船员责任险：每人每次事故绝对免赔额为RMB400元"。"某某1"轮该年度"承保方案"险种列明了与上年度保额、费率差别，及最终的费率和保费金额，其中费率合计为9.51‰、保费合计为747,000元。"某某2"轮2010年度保险单及投保险单记载内容与"某某1"轮相应记载基本一致，但另有材料载明了航线变更前后承保条件，其中载明的变更航线前承保条件与"某某1"轮及"某某2"轮"承保方案"一致。保险合同所附的《中银保险沿海内河保险条款》第二条"一切险"约定："本保险承保第一条列举的六项原因（原因之三为碰撞、触碰）所造成保险船舶的全损或部分损失以及所引起的下列责任和费用：一、碰撞、触碰责任：本公司承保的保险船舶在可航水域碰撞其他船舶或触碰码头、港口设施、航标，致使上述物体发生的直接损失和费用，包括被碰船舶上所载货物的直接损失，依法应当由被保险人承担的赔偿责任……"第三条约定："保险船舶由于下列情况所造成的损失、责任及费

① 中华人民共和国最高人民法院（2017）最高法民申4639号海上、通海水域保险合同纠纷民事裁定书。

用,本保险不负责赔偿:"……五、清理航道、污染和防止或清除污染、水产养殖及设施、捕捞设施、水下设施、桥的损失和费用;六、因保险事故引起本船及第三者的间接损失和费用以及人员伤亡或由此引起的责任和费用……"第十一条约定:"保险人对每次赔款均按保险单中的约定扣除免赔额(全损、碰撞、触碰责任除外)"。2011年2月3日,"某某1"轮触碰中国石油化工股份有限公司上海石油分公司罗泾油库码头,"某某1"轮和码头均受损。2011年3月8日,罗泾油库向上海海事法院起诉。

【二审法院观点】

关于受损码头清障费用、事故现场及航道看护费、设标费用是否属于保险责任范围。根据另案再审判决认定的事实,**涉案受损码头清障费用**系基于上海海事局《海事行政强制措施决定书》而发生,而上海海事局出具该《海事行政强制措施决定书》的原因则是"罗泾油库码头水域船舶交通密集、码头损毁并倒塌沉入江底部分已经严重影响了该水域的通航安全"。因此,**该笔费用来由清晰、指向明确,性质上是为保障航道安全与畅通所发生的清理航道费用,属于《中银保险有限公司沿海内河船舶保险条款》第三条第五项除外责任范围。事故现场及航道看护费、设标费用,根据再审判决的认定,均是为保障水域航行安全所采取必要措施的费用,非属船舶触碰码头造成的直接损失和费用,亦属于《中银保险有限公司沿海内河船舶保险条款》第三条第六项除外责任范围。**因此,受损码头清障费用、事故现场及航道看护费、设标费用均不属于中银保险广东公司保险责任范围,一审判决对仁科公司相应诉讼请求不予支持并无不妥。

关于中银保险广东公司是否应承担另案诉讼费用和律师费。《中华人民共和国保险法》第六十六条规定,责任保险的被保险人因给第三者造成损害的保险事故而被提起仲裁或者诉讼的,被保险人支付的仲裁或者诉讼费用以及其他必要的、合理的费用,除合同另有约定外,由保险人承担。本案中,仁科公司因船舶触碰码头给罗泾油库造成损害而被罗泾油库提起诉讼,根据上述第六十六条的规定,仁科公司由此而支付的诉讼费用应由作为保险人的中银保险广东公司承担。一审法院根据另案一审、二审诉讼情形对相应诉讼费用所作处理并无不当,本院予以支持;仁科公司与中银保险广东公司关于另案一审、二审诉讼费用的上诉理由无事实与法律依据,本院均不予采纳。**至于另案一审、二审及再审律师费用,由于双方并未在保险合同中对律师费用的负担进行约定,现有事实亦仅能证明中银保险广东公司对负担另案一审律师费用作出承诺,故要求中**

银保险广东公司负担另案二审及再审律师费用的事实与法律依据不足，本院对中银保险广东公司不予承担另案二审及再审律师费用的上诉请求予以支持。对于另案一审律师费金额，虽然目前仁科公司尚未按《律师聘请合同》予以全额支付，但由于该费用金额合理，仁科公司支付义务确定，一审法院从避免讼累角度对合同约定金额全额予以支持，亦属妥当，本院予以确认。

关于是否应对船舶触碰险保险赔偿责任及律师费、诉讼费用适用免赔条款。根据已经查明的事实，涉案保险合同及此前年度或关联船舶投保险单"承保方案""特别约定"，及保险单"特别约定"中均包含关于触碰责任下绝对免赔额的记载，该记载虽与《中银保险有限公司沿海内河船舶保险条款》第十一条"保险人对每次赔款均按保险单中的约定扣除免赔额（全损、碰撞、触碰责任除外）"的记载不一致，相互冲突，但从以下几个因素来看，**涉案保险合同"特别约定"中的绝对免赔额条款应具有优先适用的效力：**首先，从涉案保险单结构及内容来看，第十四部分"特别约定"构成保险单的主要内容，而"免赔条件"又是"特别约定"中的首要内容，足以引起被保险人的充分注意。其次，2009 年度保险单"特别约定"的内容与涉案保险单"特别约定"的内容相比存在明显不同，如免赔条件部分不包括"附加船东对船责任险：每人每次事故绝对免赔额为RMB400 元"的记载，但又载明"附加险费率：保险人免费赠送本保险单项下的附加四分之一碰撞、触撞责任险""本保险单项下的附加船东对船员责任险，另出具附加船东对船员责任险保险单，该附加险在另出具的保险单项下收费。本保险单项下不收取附加船东对船员责任险保费"。"本保险单若一年内赔付率不超过 50%，我司承诺明年续保除油污险外，各险种费率按今年费率下浮10%"。这一事实说明，保险单中的"特别约定"包括"免赔条件"是双方协商一致的结果，被保险人知悉相关约定的内容。最后，涉案投保险单作为仁科公司向中银保险广东公司申请订立保险合同的书面要约，其中包含的免赔条款与保险单亦相一致。**因此，免赔条款作为双方当事人协商一致的结果，对双方当事人有约束力，适用于中银保险广东公司保险赔偿金的计算，**本院对中银保险广东公司该部分上诉理由予以采纳；但另案一审律师费与一审、二审诉讼费用并非保险赔偿金之范围，无适用免赔条款的前提，本院对中银保险广东公司该部分上诉理由不予采纳。

综上所述，仁科公司关于不应按其享受赔偿责任限制后与之前承担责任的比例折算保险赔偿金的上诉理由，以及中银保险广东公司关于船舶触碰险保险赔偿责任适用免赔条款、不应由其承担另案二审、再审律师费的上诉理由成立，本院予以采纳；双方其余上诉理由缺乏事实与法律依据均不成立，本院不予采纳。按此，结合本案查明的事实，中银保险广东公司应向仁科公司支付的保险赔偿金及其余需另行支付的金额为：船壳险保险赔偿金713,119.50元、船舶触碰责任险保险赔偿金16,622,430.38元［18,469,367.09×（1－10%）］、另案一、二审诉讼费用225,001.78元、另案一审律师费713,069.28元、码头探摸和重置设计费200,000元及输油臂损失评估费22,500元，合计18,496,120.94元。该金额未超出中银保险广东公司已向仁科公司预先赔付金额范围，故一审判决虽存在部分认定不当的问题，但结果正确。

【再审法院观点】

本案是海上保险合同纠纷。根据仁科公司的再审申请，**本案审查的重点是中银保险广东分公司应向仁科公司支付保险赔偿金的金额，具体包括受损码头清障费、事故现场及航道看护费、设标费、另案律师费及诉讼费等费用是否属于涉案保险责任范围**，中银保险广东分公司应否享有10%免赔额等问题。

关于受损码头清障费、事故现场及航道看护费、设标费是否属于涉案保险责任范围的问题。另案一审原告罗泾油库起诉主张仁科公司赔偿受损码头清障费用560万元，已生效的再审判决认定，罗泾油库根据上海海事局限期打捞清除的行政决定立即委托打捞作业人清除码头残骸，由此产生的清障费用属于为保障航道畅通所必然发生的费用。涉案触碰事故受害人罗泾油库以清理障碍的名目主张打捞码头残骸的费用，另案再审判决亦认定该笔费用系为保障航道畅通所作的支出，仁科公司认为清理码头水下残骸的费用应属于修复重建受损码头的费用名目缺乏依据。再审判决还认定，码头触碰事故发生后，为防止发生次生事故而在现场水域设立专用浮标并派船守护事故现场，由此产生事故现场及航道看护费用和设标费用，均是为保障水域航行安全所采取必要措施的费用。**故依据再审判决的认定，受损码头清障费用、事故现场及航道看护费、设标费均系为了保障航道畅通、安全所发生，不属于罗泾油库码头因涉案触碰事故产生的直接损失。**依据《中银保险有限公司沿海内河船舶保险条款》第二条之约定，中银保险广东分公司承保的碰撞、触碰责任仅包括承保的保险船舶在可航水域碰撞其他船舶或触碰码头、港口设施、航标，致使上述物体发生的**直接损失和费用。故二审判决认定受损码头清障费、事故现场及航道看护费、设标费不属于涉案保险责任范围并无不当。**仁科公司称再审判决认定受损码头清障费、事故现场及航道看护费、设标费的赔偿请求属于限制性海事赔偿请求即意味着这些费用为涉案触碰事故导致的直接损失缺乏法律依据,不能成立。

关于另案诉讼费、律师费等费用是否属于涉案保险责任范围的问题。保险法第六十六条规定:“责任保险的被保险人因给第三者造成损害的保险事故而被提起仲裁或者诉讼的,被保险人支付的仲裁或者诉讼费用以及其他必要的、合理的费用,除合同另有约定外,由保险人承担。”**因涉案保险合同对诉讼费的承担未作特别约定,另案诉讼费用应由中银保险广东分公司承担**。二审法院根据另案一审、二审诉讼情形对相应诉讼费用所作处理并无不当。海商法第二百四十条规定:“**被保险人为防止或者减少根据合同可以得到赔偿的损失而支出的必要的合理费用,为确定保险事故的性质、程度而支出的检验、估价的合理费用,以及为执行保险人的特别通知而支出的费用,应当由保险人在保险标的损失赔偿之外另行支付**。”仁科公司主张,依据以上条文之规定,**另案律师费应属于施救费用,该主张与以上条文规定不符。由于涉案保险合同未对律师费用的负担进行约定,二审判决基于中银保险广东分公司曾承诺负担另案一审律师费用的事实,判决中银保险广东分公司承担另案一审律师费并无不当**。

关于中银保险广东分公司是否可享有10%免赔额的问题。《中银保险有限公司沿海内河船舶保险条款》系保险人为了重复使用而预先拟定的格式条款,《沿海内河船舶保险保险单》系保险人签发载明涉案保险合同内容的保险凭证。根据二审查明的事实,《沿海内河船舶保险保险单》第十四条约定:“免赔条件:1)部分损失、全损、推定全损,包括碰撞、触碰及救助责任:每次事故绝对免赔额为RMB150,000或损失金额的10%,两者以高者为准。”《中银保险有限公司沿海内河船舶保险条款》第十一条约定:“保险人对每次赔款均按保险单中的约定扣除免赔额(全损、碰撞、触碰责任除外)。”**尽管保险单与保险条款就触碰责任免赔的约定不一致,但投保单中关于触碰责任免赔条件的特别约定与保险单一致。仁科公司在投保单上盖章确认,明确保险人已就保险条款及附加条款(包括免除保险人责任的部分)的内容向投保人作了明确说明**。在此情形下,二审判决认定中银保险广东分公司保险赔偿金的计算适用10%免赔额并无不当。**二审判决认定,另案一审律师费与一审、二审诉讼费用并非保险赔偿金之范围,无适用免赔条款的前提,并未针对该项费用适用10%免赔额**。仁科公司称中银保险广东分公司无权请求对律师费以及诉讼费扣减10%的免赔额,该项主张已经为二审法院所支持,不构成再审理由。

典型案例 131　富虹公司与平安保险公司海上、通海水域保险合同纠纷案[①]

【法院认定事实】

2004 年 4 月 27 日,富虹公司就其从巴西进口的一批大豆向深圳平保公司发出货物运输险投保单,投保单载明投保险别为一切险加战争险、罢工险等,但没有载明险别内容。4 月 28 日,深圳平保公司签发了货物运输保险单,以邮政快递方式寄送富虹公司,保险单载明:被保险人为富虹公司;被保险货物为 60,500 公吨散装巴西大豆,货物单价 396.09 美元/公吨;货物由"韩进大马"轮于 2004 年 5 月 4 日从巴西桑托斯(Santos)起运至中国湛江,该轮船旗为巴拿马旗;保险金额 23,963,445 美元。保险单没有记载保险价值。保险单正面载明承保条件为:(1)按照中国人民保险公司(1981/1/1)海洋运输货物保险条款(包括仓至仓条款)承保一切险,按照中国人民保险公司(1981/1/1)海洋运输货物战争险条款承保战争险,并按照中国人民保险公司货物罢工险条款承保罢工险;(2)短量责任为"港至港"责任,其他责任为"仓至仓"责任;(3)短量事故绝对免赔为保险金额的 0.5%,其他事故绝对免赔为保险金额的 0.3% 等。8 月 1 日,富虹公司在与其他检验人员对"韩进大马"轮所载大豆抽样时发现大豆有霉变、受损现象,同日电话通知深圳平保公司,于次日向深圳平保公司发出出险通知书,告知货损情况。富虹公司于 8 月 6 日书面通知"韩进大马"轮船长金锡现货物有霉变情况。中国检验认证集团广东有限公司(以下简称广东检验公司)受波斯特保赔协会[Post&Co(P&I)]的委托,派检验人员从 2004 年 8 月 2 日至 9 月 10 日在湛江港对"韩进大马"轮运载进口的大豆进行了检验,于 10 月 11 日作出《检验报告》,表明:该轮经 86 天的航行及到港待泊时间,未进行通风或通风不良,货损的主要原因为:(1)第 2～6 舱顶表层货物之霉变、结块及发臭,系由于缺乏通风而产生大量汗水所致;(2)第 7 舱内严重烧伤为黑色、褐色的货物,系因船舶在航行和等泊期间缺乏通风,加上燃油柜和机舱的大量热量直接传导并积聚于舱内上层货物所致;(3)第 2～7 舱之热损货物,系因缺乏通风而产生高温所致。受富虹公司的委托,广东检验公司湛江分公司从 2004 年 8 月 2 日至 10 月 20 日在湛江港对"韩进大马"轮所载大豆进行了检验,于 10 月 20 日

---

① 广东省高级人民法院(2005)粤高法民四终字第 304 号海上货物运输保险合同纠纷民事判决书。

以广东检验公司的名义作出《检验证书(残损鉴定)》,其主要内容与广东检验公司的《检验报告》基本一致。货损的主要原因是船方通风不良或无效通风(无法考虑其他原因),船舶上没有机械通风装置,船长说该轮没有开舱通风;大豆在正常情况下可完好保存2年,在35摄氏度以下可完好保存8个月等。后富虹公司向法院起诉。

【一审法院观点】

本案属海上货物运输保险合同纠纷。深圳平保公司接受富虹公司投保海运货物险,向富虹公司签发了保险单及保险批单;富虹公司接受了保险单及保险批单,并向深圳平保公司支付了保险费。双方自愿订立了以保险单及保险批单为主要形式的保险合同。保险合同承保57,750公吨大豆从巴西桑托斯至中国湛江的海运风险,有关保险合同法律关系具有涉外因素。合同双方当事人均选择适用中华人民共和国的法律处理本案纠纷。依据《中华人民共和国海商法》第二百六十九条关于涉外合同关系当事人可以选择合同适用的法律的规定,本案应适用中华人民共和国的法律。

除法律另有规定外,依法成立的合同,自成立时生效。鉴于保险合同条款一般由保险人格式化拟定,且被保险人充分了解免责条款对于公平保护其利益具有重要意义,法律对保险免责条款的生效另有特别规定。《中华人民共和国保险法》第十八条规定:"保险合同中规定有关于保险人责任免除条款的,保险人在订立保险合同时应当向投保人明确说明,未明确说明的,该条款不产生效力。"**富虹公司向深圳平保公司投保时在投保险单上选择投保一切险等险别,但没有载明险别内容,这不能说明富虹公司在投保时明确了解承保范围、除外责任等险别内容。**双方当事人均为国内当事人,而深圳平保公司向富虹公司签发的保险单却以英文规定本保险不负责赔偿运输迟延所引起的损失和费用等除外责任,这可能不便于富虹公司及时了解对其利益有重大影响的除外责任条款,以决定是否同意接受保险单的条款内容并订立保险合同。**深圳平保公司先签发保险单,再邮寄给富虹公司接受,不是当面向富虹公司签发保险单,不可能在签发保险单时面对面向富虹公司说明除外责任条款。因此,仅依据富虹公司选择了险别并接受了保险单,尚不能推定富虹公司在接受保险单以前已明确了解保险单规定的除外责任条款,因而深圳平保公司没有必要向富虹公司明确说明;更不能推定深圳平保公司在富虹公司接受保险单以前已向富虹公司明确说明了除外责任条款。深圳平保公司没有举证证明其在富虹公司接受保险单以**

前已向富虹公司明确说明了保险除外责任条款,应认定深圳平保公司在订立保险合同时没有向富虹公司说明除外责任条款,保险单规定的除外责任条款不产生效力,深圳平保公司无权依据保险单中的除外责任条款拒赔。但是,《中华人民共和国海商法》第二百四十三条规定:“除合同另有约定外,因下列原因之一造成货物损失的,保险人不负赔偿责任:(一)航行迟延、交货迟延或者行市变化;(二)货物的自然损耗、本身的缺陷和自然特性;(三)包装不当。”深圳平保公司可以依据法律关于保险除外责任的规定对因航行与交货迟延所造成的货物损失不予赔偿。

双方当事人在保险单上约定深圳平保公司按照中国人民保险公司(1981/1/1)海洋运输货物保险条款承保一切险,对货物短量外的损失承担“仓至仓”责任。按照保险单关于一切险的承保范围与“仓至仓”责任条款的约定,深圳平保公司应负责被保险货物在运输途中由于外来原因所致的全部或部分损失,保险期间从保险单载明的起运地仓库至货物运至保险单载明的目的地仓库。保险合同约定“仓至仓”责任“包括正常运输过程”,不是仅限于正常运输,从而间接将运输迟延排除在保险期间之外。保险合同也没有直接排除运输迟延于保险期间之外的措辞,而是明确约定保险责任“直至”货物达到目的地仓库。而且,保险单正面约定:短量责任为“港至港”责任,其他责任为“仓至仓”,保险单对于“港”与“仓”有明显区分。如果对于在船舶到目的港后等泊期间货物发生的非短量损失,保险人可以就此拒赔,那么其对非短量损失的保险期间为“仓”至“港”,而不是“仓至仓”。因此,即使发生运输迟延,只要货物尚未达到目的地仓库,“仓至仓”保险期间不应终止,运输迟延仍属于该保险期间。法律规定航行与交货迟延所造成的损失为保险除外责任,也不意味航行与交货迟延期间不属于保险期间。法律规定保险人可因航行与交货迟延而不负责赔偿的损失,是与航行与交货迟延有因果关系的损失。迟延期间所发生的损失不等于因迟延所造成的损失,因为在迟延期间可能存在外来原因造成被保险货物损失,也可能因迟延等其他因素或多种因素综合作用造成货损。因运输迟延属保险期间,在运输迟延中因承保风险所造成的损失,保险人仍应负责赔偿;如果在运输迟延中因承保风险与迟延等保险除外风险共同造成被保险货物损失,保险人仅可拒赔因迟延等保险除外风险所造成的损失,即与迟延等保险除外风险有因果关系的部分损失。

广东检验公司及其湛江分公司的《检验报告》与《检验证书(残损鉴定)》、

深圳检验公司的《评估报告》、罗便士公估公司的《最终报告》一致表明:承运船舶"韩进大马"轮从2004年5月8日启航至8月1日靠泊卸货期间(包括从6月16日至8月1日等泊期间)舱内一直通风不良,舱内缺乏通风而产生高温和舱汗是导致被保险货物霉变、烧伤、热损的重要原因之一,损失相当于5868.428公吨货物全损。这些事实是双方当事人一致举证证明的内容,应予以认定。广东检验公司及其湛江分公司在《检验报告》与《检验证书(残损鉴定)》中认为船舶在航行和等泊期间舱内没有通风或通风不良是货损的主要原因;罗便士公估公司与深圳检验公司分别在《最终报告》《评估报告》中认为船舱通风不良、运输迟延(货物在船时间较长)等因素是货损的原因,但没有分析并划清各种原因的致损作用主次或比例,更没有进一步划分在运输迟延期间通风不良因素与迟延等因素各自的致损作用比例,分清承保风险与除外风险各自所造成的损失,而是主要按运输迟延(船舶等泊时间)占所估算的总货损时间的比例,分别得出在船舶等泊期间发生的货损占总货损的78%、76.32%,**仅试图证明运输迟延期间发生的货损,而没有证明运输迟延所造成的损失**。"东方皇后"轮与"韩进大马"轮在同时期均从巴西运载一批大豆至湛江,前者运载期间为119天(从2004年4月21日装船至8月18日靠泊卸货)比后者运载期间86天(从2004年5月7日装船至8月1日靠泊卸货)长33天,而前者运载进口的大豆无明显损伤(装船时损伤粒、热损伤粒分别为5.85%、0.56%;卸船时的损伤粒、热损伤粒分别为7.3%、3.7%),而后者运载进口的大豆损伤较大(装船时损伤粒、热损伤粒分别为7.22%、0.75%;卸船时的损伤粒、热损伤粒分别为13.6%、8.9%)。这说明大豆较长时间在船并不一定明显受损,运输与交货迟延并不是导致货损的必然因素,同时进一步佐证了广东检验公司及其分公司关于货损主因是通风不良的结论,该结论应予采纳。

富虹公司已举证证明了被保险货物在运输途中因船舱通风不良引起高温和舱汗而遭受净损失达5868.428公吨。船舱通风不良(引起高温和舱汗)对于货物而言是一种外来原因。上述货损属于保险合同约定的险别"一切险"的承保范围,深圳平保公司应予以赔偿。**深圳平保公司没有举证证明货损中因航行迟延、交货迟延等法律规定的保险除外风险所造成的部分,应依法承担不利后果**。被保险货物在装船时状况良好,本案也没有证据表明货物本身具有致损的缺陷。货物的发货人在船舶于2004年6月19日做好卸货准备前一天已办好进口批文,没有影响船舶及时卸货。富虹公司在船舶到港41天后才取得货物进境动植物检疫许可证，会引起运输迟延，富虹公司迟延获得许可证的事实也一并归于运输迟延因素予以考虑。本案没有证据表明富虹公司有迟延获得许可证的故意。而且，因保险合同中的除外责任条款不生效，深圳平保公司无权援引其中关于保险人不负责因被保险人故意或过失，或发货人责任所引起的损失的约定，主张免除赔偿责任。深圳平保公司提出货损大部分是被保险人与发货人方面的原因、运输迟延造成的，其相应地不应予以赔付的抗辩，缺乏事实与法律依据，不予支持。

【二审法院观点】

深圳平保公司没有充分举证证明其向富虹公司明确说明了除外责任条款，原审判决认定深圳平保公司没有履行明确说明义务并认定除外责任条款不生效并无不当。《中华人民共和国海商法》第二百四十三条规定，除合同另有约定外，保险人不负责赔偿因航行迟延、交货迟延或者行市变化造成的货物损失。**这里的航行、交货迟延是指船舶实际的航行时间以及交货时间晚于运输合同约定的航行时间以及交货时间。而本案提单没有明确约定航行时间以及交付时间。在承托双方没有明确约定航行时间和交付时间的情况下，深圳平保公司主张涉案货物发生了航行迟延和交货迟延缺乏事实依据。既然本案不存在航行迟延和交货迟延的情形，深圳平保公司以航行迟延和交货迟延造成货物损失为由主张对涉案78%的货损不承担赔偿责任理由不充分，不予支持。**深圳平保公司认为涉案78%的货损系因富虹公司、发货人的原因所致并以此作为免责事由的上诉理由缺乏事实和法律依据，不予采信。因此，原审判决深圳平保公司对涉案货损承担赔偿责任并无不当，予以维持。

典型案例132　鸿达公司与阳光保险公司海上、通海水域保险合同纠纷案①

【法院认定事实】

2015年1月12日，鸿达公司为其名下的鸿达158轮向阳光财保温州公司投保沿海内河船舶一切险，并附加投保船东对船员责任保险。阳光财保温州公

① 中华人民共和国最高人民法院（2017）最高法民申4824号海上、通海水域保险合同纠纷民事裁定书。

司于同日同意承保,并于次日收取了保险费合计24,120元。1月14日,阳光财保温州公司向鸿达公司打印出具了《沿海内河船舶保险保险单》,保险单上约定保险期限自2015年1月14日0时起至2016年1月13日24时止;承保船舶为鸿达158轮;船舶保险价值和保险金额均为90万元;被保险人为鸿达公司。保险单特别约定清单上载明,每次事故实行绝对免赔额20,000元或者免赔率20%,两者以高者为准;本保险所承担的碰撞、触碰是指:碰撞:两船之间在短时间内相互接触并产生的力的作用。触碰:船舶与码头、港口设施、航标等位于水面或水边的固定物体在短时间内相互接触并产生力的作用;船东对船员特别约定本保险单附加船东对船员责任险,每人赔偿限额人民币70万元(每次事故每人医疗费用最高赔偿限额3万元),每次事故及累计赔偿限额为人民币420万元(医疗费用每次及累计赔偿限额人民币42万元),船员须持有船员服务证,出险时人员名单以船舶服务簿及航运管理处签证簿、特定船舶配员标准所列的数目、等级,即符合安全配员的要求为准,附被保险船舶最低安全配员证书,出险时如超过投保人数按投保人数与实际出险时船上人员人数比例计算赔偿金额等等。2015年9月26日船舶在逆向经过高速公路飞云江大桥下行通航孔发生事故。2015年12月28日,温州飞云江海事处对上述水上交通事故调查后作出认定书,认定事故发生的直接原因是鸿达158轮航行通过沈海高速公路飞云桥大桥所在水域时,错误选择通航孔,逆向从下行通航孔通过,船长对水文条件不掌握,对流压估计不足,导致船位偏向通航孔北侧,船舶右舷机舱处触碰下行通航孔下游北侧的10号防撞墩,导致船体变形进水,最后在三虎码头前沿沉没;事故发生的间接原因是鸿达158轮事发时装载不当,导致船舶操纵性能下降,储备浮力不足;事故损失扩大的原因是鸿达158轮船体破损进水后,船员未采取诸如抢滩、堵漏等应急处置措施,也未准备救生衣、救生筏等救生设备,仍按照正常计划准备靠泊三虎码头。事故发生后,鸿达公司向阳光财保温州公司提出保险理赔要求并涉本案诉讼。

【一审法院观点】

本案船舶保险事故发生原因和船舶损失认定。鸿达公司主张本案系船长操作不当导致案涉船舶触碰沈海高速公路飞云江大桥防撞墩事故从而引发的保险赔偿争议;鸿达公司作为投保人,有权向阳光财保温州公司主张船舶触碰造成的船舶险项下的船舶全损和两名船员意外死亡导致的船东对船员责任保险项下的保险赔款;根据其与阳光财保温州公司之间的保险合同和保险条款第十一条约定,全损、触碰、碰撞责任属于保险人免赔约定的除外情形,不应当扣除免赔额;保险条款第三条记载的船舶不适航情况和本次事故没有因果关系,本次事故发生的原因是船长操作不当引起的,并非阳光财保温州公司理解的超载或者船员未达到最低安全配员要求所致。故根据保险事故近因原则,船长操作不当造成的船舶触碰沉没属于船舶全损险的保险责任范围,阳光财保温州公司应当给予理赔。阳光财保温州公司抗辩认为,鸿达158轮发生事故航次存在不适航情况,超载、船员未达最低安全配员要求、违法航行,开航当时的不适航导致航行中发生船舶沉没和两名船员落水死亡的严重后果,根据保险合同特别约定条款和保险条款的约定,因船舶不适航引起的船舶损失、责任和费用,保险人不负责赔偿。**该院认为,鸿达公司所有的鸿达158轮于2015年9月24日从福建宁德装运黄沙后开航当时,船员未达到最低安全配员要求,仅船长一人持有有效适任证书,其余船员均无适任证书,即贸然启航驶往浙江瑞安,装载的货物根据海事调查部门事后调查认定又构成超载,该航次开航时构成船舶不适航**。抵达目的港指定卸货的三虎码头前,该轮曾先后在望东码头、锦港码头靠泊过,水手潘银娒在该轮靠泊锦港码头期间上岸办理业务后,剩余船员四名再次开航驶往三虎码头,航行途中发生触碰事故。该轮机舱进水后,船长处置不当,鸿达158轮掉头后随之沉没,全体船上船员落水。因影响航道安全,鸿达公司委托案外人福建正和海洋工程有限公司对沉船进行清障打捞。2015年12月3日打捞完毕。该轮保险价值约定90万元,沉船残骸船体抵偿清障打捞费外,另行支付清障打捞费用为20万元。故本案中认定船舶保险事故发生的原因为船员不适航、船上货物存在超载,构成开航时船舶不适航,现船舶保险合同项下的标的已构成全损。

【二审法院观点】

案涉船舶沉没系因船舶触碰高速公路飞云江大桥,属于双方签订的《沿海内河船舶保险保险单》中约定的保险事故。虽然案涉船舶构成超载及船员不适任,属于船舶不适航,根据案涉保险合同中的保险条款第三条第一项的规定,因船舶不适航引起的船舶损失、责任和费用,阳光财保温州公司不负保险赔偿责任,**但根据温州飞云江海事处对案涉事故出具的调查报告,船舶超载和船员不适任仅是事故发生的间接原因和损失扩大的原因,事故发生的直接原因是驾驶员错误选择通航孔,不掌握航经水域的水文条件,属于船长的驾驶过失,此系事故发生的决定性和居支配地位的原因,保险人应对以该承保风险为近因所导致**

的损失承担赔偿责任，一审法院认为保险人可援引上述条款而免责的理由不能成立。**由于本案属于多因一果致损的情况，保险合同对此种情形下如何理赔并无约定，保险人亦不能证明船舶不适航可以有效阻断鸿达公司所主张的近因，因此应当根据不同原因力大小即原因对损害结果的发生或扩大所发挥的作用力来确定责任范围。参考海事部门对事故责任的认定，结合双方当事人对事故及损失认定的举证情况，本院酌定阳光财保温州公司对案涉船舶损失承担70%的保险责任。**案涉保险单约定船舶保险价值及保险金额均为90万元，因此阳光财保温州公司的保险责任即为90万元×70%=63万元。阳光财保温州公司主张案涉保险单的特别约定清单中明确约定了每次事故的绝对免赔额20,000元或者免赔额20%，两者以高者为准，故应扣除免赔额的问题，但经审查，案涉保险单在上述条款中已注明全损、碰撞、触碰责任除外，而本案系因触碰所致的船舶全损事故，因此不应予以扣除。鸿达公司还主张船舶保险赔款应自2015年9月26日即事故发生之日起计算利息。本院认为，案涉保险合同第十八条约定保险公司应在被保险人请求赔偿并提供理赔所需资料后60天内进行核定，根据本案查明的事实，阳光财保温州公司在鸿达公司向其提出索赔后，于2016年3月31日向鸿达公司函复，同意赔付因船长游仁吉死亡而致的责任保险赔款70万元，因此本院酌定自2016年3月31日计算利息。

【再审法院观点】

关于船舶损失的赔偿问题。案涉《沿海内河船舶保险条款(2009年版)》(以下简称《保险条款》)第一条中约定，碰撞、触碰造成保险船舶发生的全损，本保险负责赔偿。本案事故为触碰所致的船舶全损事故，属于保险合同全损险的承保范围。《保险条款》第三条约定，船舶不适航，包括船舶技术状态、配员、装载等所造成的损失、责任及费用，该保险不负责赔偿。**虽然案涉船舶构成超载和船员不适任，属于船舶不适航，阳光保险公司可根据保险合同的约定主张免责，但免责范围应当根据船舶不适航的状况与保险事故之间的因果关系程度进行综合判定。**温州飞云江海事处作出的《水上交通事故责任认定书》(以下简称事故责任认定书)认定事故的直接原因是船长操作不当，间接原因是装载不当，损失扩大的原因是船员应急处置措施不当。**鉴于本案事故发生的主要原因和决定性因素是船长操作不当，而非船员不适任和船舶超载等不适航因素，二审判决根据原因对损害结果的发生或扩大所发挥的作用力来确定责任范围，酌定阳光保险公司对案涉船舶损失承担70%的保险责任并无不当。**无论船员不适任还是船员应急处置不当造成本案损失的扩大,上述因素均非损失发生的决定性因素。阳光保险公司并未对事故责任认定书提出足以反驳的证据,二审判决参考该责任认定书对事故责任的认定结论,结合当事人对事故及损失认定的举证情况认定责任承担份额并无不当。在阳光保险公司已因船舶不适航等原因而免除部分保险责任情形下,二审判决认定阳光保险公司对本案事故承担70%的保险责任,并未扩大或加重阳光保险公司的保险责任。

八、委付

(一)委付的前提

根据《海商法》第246条的规定,在海上保险实务中,委付发生在以下两种情形:一是在船舶发生保险事故后,认为实际全损已经不可避免,或者为避免发生实际全损所需支付的费用超过保险价值的,为推定全损。二是在货物发生保险事故后,认为实际全损已经不可避免,或者为避免发生实际全损所需支付的费用与继续将货物运抵目的地的费用之和超过保险价值的,为推定全损。

(二)委付的履行

根据《海商法》第249条的规定,在海上保险实务中,保险标的发生推定全损,被保险人要求保险人按照全部损失赔偿的,应当向保险人委付保险标的。保险人既可以接受委付,也可以不接受委付,但是应当在合理的时间内将接受委付或者不接受委付的决定通知被保险人。委付不得附带任何条件。委付一经保险人接受,不得撤回。

(三)委付的效力

根据《海商法》第250条的规定,保险人接受委付的,被保险人对委付财产的全部权利和义务转移给保险人。在海上保险法律实务中,如保险人不接受委付,或者在收到被保险人委付通知的合理时间内没有就是否接受委付作出意思表示的,将产生不接受委付的法律后果,保险人依法将不能取得保险标的相应残值的权利。

典型案例133 青岛荣冠与太平洋保险公司海上、通海水域保险合同纠纷案①

【法院认定事实】

青岛荣冠船舶租赁有限公司(以下简称青岛荣冠)于1994年8月26日向福建省粮食海运公司买受"荣盛"轮。青岛荣冠因无海运经营资质,事先于1994年6月21日与海南安泰船务公司签订联营协议,约定将该轮注册在海南安泰船务公司名下经营。海南安泰船务公司以"荣盛"轮船舶所有人身份于1994年8月3日向海南港务监督办理船舶登记并取得船舶国籍证书,在取得交通部同意外租的批复后于1994年9月7日将该轮光船租赁给香港荣冠船务公司,租期一年,改挂方便旗,并于1994年10月19日取得圣文森特和格林纳达颁发的登记证书。1994年10月20日,青岛荣冠提供该证书及船舶规范向中国太平洋保险公司青岛分公司(以下简称青岛太保)投保,青岛太保于10月24日签发船舶保险单。该保险单载明:被保险人为青岛荣冠;船名"荣盛";保险价值和保险金额均为900万元人民币;保险期限从1994年11月1日0时起至1995年10月31日0时止;免赔额为7万元人民币;保险条件为中国人民保险公司船舶保险条款(1986年1月1日)一切险。之后,"荣盛"轮由青岛荣冠管理和经营。

1995年3月5日,"荣盛"轮自青岛开航驶往日本。3月7日,该轮左主机发生故障,失去运转能力。3月23日,该轮使用右主机自日本返回青岛,29日靠泊北海船厂码头。4月22日,青岛汇捷海上安全技术咨询服务公司应青岛荣冠的申请检验该轮,出具检验报告表明事故系轮机长及轮机员在检修左主机时更换的第四缸主轴承瓦与曲轴配合间隙过大,未能形成足够的润滑所致;该报告同时建议该轮在4月30日前就左主机故障去山海关船厂进行永久性修理。1995年4月28日至7月17日,"荣盛"轮在山海关船厂由山海关尉海船舶机电有限公司对该轮左主机进行修理,因该次机损事故产生的费用共计2,460,978.11元人民币。"荣盛"轮主机修复后,于1995年10月9日再次由青岛驶往日本志布志港。10月11日,该轮在航行途中左主机又一次发生故障,利用右主机单机航行于10月18日抵日本志布志港。抵港后船员对该轮主机第四缸吊缸发现大端轴瓦破碎,连杆、轴承变形,曲柄销出现裂纹。之后,该轮由青岛荣冠安排

① 最高人民法院(2011)民提字第249号船舶保险合同纠纷民事判决书。

在日本港口作必要的修理,于1996年2月6日启航,2月15日抵青岛港锚地。1996年3月25日,应青岛荣冠的申请,中国船级社青岛分社验船师在青岛锚地登上该轮,就左主机损坏的原因、范围及程度进行了检验并于4月18日出具检验报告。青岛荣冠就左主机曲轴的更换及修理向国内外有关厂家进行了询价,发现仅备件费用约达400万元人民币,再加上检修、服务等费用可达600万~700万元人民币。该轮驶回青岛前,青岛荣冠就主机故障在日本港口进行必要的修理,产生的检查、配件、修理等费用约达400万元人民币。鉴于该轮修复费用将超过保险价值900万元人民币,青岛荣冠于1996年4月21日向青岛太保发出委付通知书,青岛太保于次日收到该通知书,但未明确表示是否接受委付。就"荣盛"轮发生的两次机损事故,青岛太保曾向青岛荣冠赔付80万元人民币并借支10万美元,合计163万元人民币。青岛荣冠于1995年12月13日以"荣盛"轮在保险期间发生两次机损事故并构成推定全损为由,向青岛海事法院起诉,请求青岛太保赔付该轮修理费3,115,238.64元人民币和推定全损900万元人民币并承担诉讼费用。

【一审法院观点】

青岛荣冠在投保时已履行了如实告知义务,并不存在保险单签发后青岛荣冠又将该轮光船出租的事实,青岛太保提出保险合同已自动终止的主张不能成立。青岛荣冠负责"荣盛"轮的经营管理,并承担全部风险与责任,对该轮具有保险利益。双方船舶保险合同关系依法成立,对双方均具有约束力。"荣盛"轮在保险期限内两次发生机损事故,均系轮机员的过错所致,属于保险责任范围,青岛太保应对由此而造成的损失及合理费用承担赔偿责任。青岛荣冠不应返还青岛太保已支付的赔款及预借的款项。"荣盛"轮发生第二次机损事故后,临时修理费与永久性修理所需费用的总和已超过保险价值,青岛荣冠已向青岛太保发出委付通知,应视为推定全损,**青岛太保应按保险金额900万元人民币进行赔付**。青岛太保的赔偿额包括"荣盛"轮第一次保险事故产生的费用2,460,978.11元人民币和第二次保险事故产生的应付费用900万元人民币,扣除已付的163万元人民币及免赔额7万元人民币,共计9,760,978.11元人民币。青岛太保亦应赔偿该款项的利息损失,利息自青岛荣冠发出委付通知之日起算。

【二审法院观点】

青岛海事法院认定青岛荣冠对"荣盛"轮具有保险利益以及青岛荣冠在投保时已履行了如实告知的义务,与事实相符。**青岛荣冠在"荣盛"轮被推定全损**

的情况下向青岛太保发出了委付通知，但青岛太保在合理期限内未表示接受委付，应视为拒绝接受委付。青岛太保请求对“荣盛”轮的残值作价后从保险赔偿额中扣除的主张，缺乏法律依据。一审判决认定事实清楚，适用法律适当。依照《中华人民共和国民事诉讼法》第一百五十三条第一款第（一）项的规定，该院于1999年7月12日作出（1998）鲁经终字第533号民事判决：驳回上诉，维持一审判决。

【二审法院再审观点】

青岛太保不服上述二审判决，于1999年7月28日以青岛荣冠涉嫌保险欺诈为由向山东省高级人民法院申请再审，该院于1999年11月14日裁定再审。在再审过程中，经该院主持调解，青岛荣冠与青岛太保达成调解协议：青岛荣冠因对“荣盛”轮第一次机损事故告知有误，放弃该次事故索赔；对第二次机损事故，青岛太保扣除前期已付款230万元人民币，再付给青岛荣冠30万元人民币，以总赔付260万元人民币结案。该院于2000年3月30日出具（1999）鲁经监字第190号民事调解书确认了上述调解协议。山东省高级人民法院作出（1999）鲁经监字第190号民事调解书后，东方资产公司青岛办作为案外人于2002年1月8日以青岛太保与青岛荣冠恶意串通放弃债权致使其到期债权不能实现为由，向青岛市中级人民法院起诉请求撤销该民事调解书，青岛市中级人民法院于2003年3月3日作出（2002）青知初字第10号民事裁定，以对该调解书不服应采取申诉方式而不应采取起诉方式为由，驳回了东方资产公司青岛办的起诉。东方资产公司青岛办不服该裁定，向山东省高级人民法院提起上诉，山东省高级人民法院经审理于2003年10月13日作出（2003）鲁民二终字第322号民事裁定：驳回上诉，维持原裁定。东方资产公司青岛办于2005年11月25日向本院申请再审，请求撤销上述民事调解书，本院函示山东省高级人民法院复查。山东省高级人民法院经审查于2010年1月25日作出（2007）鲁民监字第62号民事裁定，决定对本案进行再审。因青岛太保和青岛荣冠已注销，山东省高级人民法院在该次再审中分别将太保集团公司和青岛荣冠的股东王志刚、胡建君列为再审被申请人。青岛太保于1999年7月20日在其《关于暂缓执行山东省高级人民法院（1998）鲁经终字第533号判决书的紧急请示报告》中称：“青岛海事法院对青岛荣冠的债权登记已达2000多万元人民币。”山东省高级人民法院再审认为：青岛太保明知青岛荣冠的对外债务，双方达成调解协议，青岛荣冠由此放弃到期债权，造成东方资产公司青岛办的权益得不到实现，该调解协议依法应予撤销。依照《中华人民共和国民法通则》第五十八条第（四）项、《中华人民共和国合同法》第五十二条第（二）项、《中华人民共和国民事诉讼法》第一百七十七条的规定，该院于2010年9月6日作出（2007）鲁民监字第62号民事判决：撤销该院（1999）鲁经监字第190号民事调解书。

【最高人民法院再审观点】

本案为船舶保险合同纠纷。综合太保集团公司、东方资产公司青岛办、王志刚的诉辩意见，本案争议的焦点是山东省高级人民法院以（2007）鲁民监字第62号民事判决撤销该院（1999）鲁经监字第190号民事调解书，是否具有充分事实与法律依据。东方资产公司青岛办在对山东省高级人民法院（1999）鲁经监字第190号民事调解书提出再审申请前，于2004年10月15日将涉案债权转让给青岛通达信公司，已与本案没有利害关系。东方资产公司青岛办基于其已转让的债权申请再审，没有事实和法律依据。

山东省高级人民法院于1999年7月12日作出（1998）鲁经终字第533号民事判决后，对于该判决认定的青岛荣冠的债权9,760,978.11元人民币及其利息，青岛海事法院从1999年7月28日至2001年11月23日为执行该判决实际向青岛太保强制划款740,486元人民币；青岛太保于2000年3月31日在本案诉讼程序外另向青岛荣冠支付船舶保险赔款610万元人民币。该两项赔款共计684.0486万元人民币，比上述判决确认的债权本金少2,920,492.11元人民币。**"荣盛"轮发生第二次机损事故构成推定全损后，青岛荣冠于1996年4月21日向青岛太保发出委付通知，但青岛太保没有依照《中华人民共和国海商法》第二百四十九条第一款的规定，在合理时间内将接受委付或者不接受委付的决定通知青岛荣冠，应认定青岛太保不接受委付，青岛太保不应取得对"荣盛"轮残值的权利。**山东省高级人民法院在（1998）鲁经终字第533号民事判决中确认青岛太保应按保险金额全额赔付而不扣除该轮残值，事实和法律依据充分。尽管青岛太保无权主张"荣盛"轮的残值，但结合青岛荣冠实际取得船舶残值290.9万元人民币的事实来看，青岛荣冠的损失已经基本得到补偿。青岛太保以青岛荣冠涉嫌保险欺诈为由，对山东省高级人民法院（1998）鲁经终字第533号民事判决申请再审，山东省高级人民法院在对该判决进行再审的过程中，主持青岛太保与青岛荣冠自愿达成调解协议，于2000年3月30日出具（1999）鲁经监字第190号民事调解书，确认了双方的调解协议。**在青岛太保对山东省高级人民法院（1998）鲁经终字第533号民事判决书提出的再审申请是否成立**

并不明确，且青岛荣冠的损失能够基本得到补偿的情况下，青岛太保与青岛荣冠各自出于对诉讼风险等因素的考虑而自愿达成调解协议，并无不当。山东省高级人民法院在对该院(1999)鲁经监字第190号民事调解书再审的过程中，没有查明东方资产公司青岛办已经将债权转让给青岛通达信公司和青岛太保另行赔付青岛荣冠610万元人民币等基本事实，仍将东方资产公司青岛办作为涉案债权人，并认定青岛太保与青岛荣冠恶意串通放弃债权损害第三人利益，从而撤销上述民事调解书，没有事实和法律依据。太保集团公司请求撤销山东省高级人民法院(2007)鲁民监字第62号民事判决有理，本院予以支持。综上，山东省高级人民法院(2007)鲁民监字第62号民事判决认定事实不清，适用法律错误，应予纠正。依照《中华人民共和国民事诉讼法》第一百三十条，第一百五十三条第一款第(二)项、第(三)项之规定，缺席判决如下：一、撤销山东省高级人民法院(2007)鲁民监字第62号民事判决；二、维持山东省高级人民法院(1999)鲁经监字第190号民事调解书。

九、其他内容

除了上述内容外，海上保险合同纠纷案件中，还涉及保险人代位求偿权纠纷等内容。在海上保险法律实务中，保险人代位求偿权是基于《海商法》的有关规定产生，存在适用《海商法》和《保险法》等有关法律法规规定和内容的问题。因此，有必要对海上保险相关的保险人代位求偿权进行分析和梳理。

(一)法律定义

根据《海商法》第252条的规定，保险人代位求偿权是指保险标的发生保险责任范围内的损失是由第三人造成的，被保险人向第三人要求赔偿的权利，自保险人支付赔偿之日起，相应转移给保险人。被保险人应当向保险人提供必要的文件和其所需要知道的情况，并尽力协助保险人向第三人追偿。

(二)法律实务中审查的主要内容

根据《最高人民法院关于审理海上保险纠纷案件若干问题的规定》第14条的规定及合同相对性原则，受理保险人行使代位请求赔偿权纠纷的法院应当仅就第三者与被保险人之间的法律关系进行审理，第三者对保险人行使代位请求赔偿权利依据的保险合同效力提出异议的，海事法院不予审查。

(三)保险人代位求偿权的例外情形

根据《保险法》第 62 条的规定,除被保险人的家庭成员或者其组成人员故意造成本法第六十条第一款规定的保险事故外,保险人不得对被保险人的家庭成员或者其组成人员行使代位请求赔偿的权利。

(四)诉讼时效

根据《海商法》及《最高人民法院关于审理海上保险纠纷案件若干问题的规定》关于保险人行使代位请求赔偿权利的相关规定,以及最高人民法院关于海上保险合同的保险人行使代位请求赔偿权利的诉讼时效期间起算日的批复内容,海上保险合同的保险人行使代位请求赔偿权利的诉讼时效期间起算日,应根据《海商法》第十三章规定的相关请求权之诉讼时效起算时间进行确定。

典型案例 134 平安保险公司与镇海修造厂、许定扬保险人代位求偿权纠纷案[①]

【法院认定事实】

"绪扬 11"轮系绪扬公司所有的油船。2013 年 8 月 8 日,绪扬公司就该轮向平安财保宁波分公司投保船舶污染责任险,保险单记载被保险人为绪扬公司,保险期限自 2013 年 10 月 1 日 0 时至 2014 年 9 月 30 日 24 时,赔偿限额为 4800 万元,每次事故绝对免赔额为 5 万元等。2013 年 10 月 11 日因"绪扬 11"轮右舷第 4 货油舱输油管阀门上有渗油孔(平时用铁水泥封堵),钟信良联系镇海修造厂电焊车间主任傅阿军,要求在停泊间隙帮助修复,后傅阿军带领王亚辉、梁国领、杨军、王章林、赵世坤 5 名电焊工到"绪扬 11"轮进行修理作业并发生爆炸和燃烧,造成多人死伤。2013 年 10 月 12 日,宁波市政府授权宁波市安监局牵头成立事故调查组,2014 年 6 月 10 日,事故调查组作出《调查报告》,认定事故发生的直接原因为:镇海修造厂职工傅阿军、梁国领、杨军、王亚辉和"绪扬 11"轮船员钟信良、孙仕忠等对"绪扬 11"轮阀门漏油处进行维修,在使用钢锯、气割等方式拆卸过程中,产生火花引爆货油舱内爆炸混合性气体,导致右舷

① 浙江省高级人民法院(2016)浙民终 477 号船舶污染损害责任纠纷民事判决书。

第4、第2货油舱相继爆炸起火。事故间接原因为:绪扬公司与镇海修造厂未认真履行安全生产主体责任,管理混乱等。甬洁公司根据其与绪扬公司签订的《船舶污染清除协议》及海事主管机关的指令采取污染控制和清污行动。2014年11月20日,甬洁公司向一审法院提起诉讼[(2014)甬海法商初字第869号],要求平安财保公司支付涉案事故的溢油救助清污费等共计10,444,046元及利息,审理过程中,甬洁公司将诉请本金变更为700万元,并与平安财保公司达成总额为650万元(包含2013年12月13日预付款200万元)的和解协议,该案以调解结案。镇海修造厂系个人独资企业,许定扬系其投资人,绪扬公司的法定代表人许孙佳系许定扬女儿,绪扬公司由许定扬实际控制,广扬公司法定代表人、总经理为许定扬。

【一审法院观点】

镇海修造厂对涉案船舶爆炸溢油事故是否承担责任。平安财保公司、平安财保宁波分公司主张涉案"绪扬11"轮爆炸溢油系因镇海修造厂落实安全管理责任失当,其工人傅阿军等人在不具备动火条件下动用明火维修船舶导致油舱爆炸起火,镇海修造厂应对涉案船舶爆炸溢油事故承担责任。镇海修造厂辩称"绪扬11"轮并未停靠在其码头维修,其对维修事项不知情,傅阿军等人的行为非职务行为,镇海修造厂不是"绪扬11"轮修理的安全生产主体,亦无过错,不应承担任何责任。该院认为,镇海修造厂将其码头长期租给广扬公司用于"绪扬11"轮靠泊,事发前"绪扬11"轮停靠在紧邻码头的"恒顺达78"轮外档,其靠泊位置属于镇海修造厂码头,事发修理事项由"绪扬11"轮二副钟信良联系镇海修造厂的电焊车间主任傅阿军,后傅阿军提前一天指派车间电焊工人将维修工具放置到"恒顺达78"轮,修理当天带领5名电焊工上船维修作业(包括傅阿军在内4人拆卸阀门,2人在船艏焊补导索缆孔),虽然涉案修理事项的报修及派工流程不符合"绪扬11"轮通常的维修流程,事后亦发现拆卸阀门等应由机务车间负责,但**涉案修理事项的负责人和组织人傅阿军系镇海修造厂的车间主任,具体的维修人员亦系其车间工人,维修工具来自镇海修造厂,维修作业发生于傅阿军等人的工作时间内,且维修的船舶为许定扬实际控制的绪扬公司所属船舶,镇海修造厂、许定扬虽辩称傅阿军等人行为非职务行为,但其未提供任何证据证明傅阿军等人系私下承揽维修作业,傅阿军等人"违规作业"系违反镇海修造厂的内部规章制度,镇海修造厂作为管理者对此理应承担管理不到位的失职责任**,故对镇海修造厂的上述抗辩不予采信。**傅阿军等人在没有确认"绪扬11"**

轮是否具备安全作业条件,也没有办理动火作业审批情况下违规动火作业,导致船舶油舱爆炸起火,傅阿军等人行为明确具有过错,镇海修造厂作为用人单位应对“绪扬11”轮爆炸溢油造成的损失承担责任,而“绪扬11”轮船员钟信良在报修时亦违反绪扬公司相关规定和报修流程,且钟信良等船员亦参与修理作业,同理绪扬公司对涉案事故发生亦有过错,由此可以减轻镇海修造厂的责任,鉴于镇海修造厂系涉案修理作业的主导方,其应对涉案爆炸溢油事故承担主要责任,一审法院酌定镇海修造厂对事故油污损害负60%的责任。

650万元保险赔款是否合理。镇海修造厂、许定扬认为,平安财保公司以和解的方式向清污单位甬洁公司支付650万元保险赔款,没有征得镇海修造厂、许定扬的同意,镇海修造厂、许定扬对此亦不知情,该赔款对镇海修造厂、许定扬没有约束力,平安财保公司应提供证据证明实际清污费用损失。一审法院认为,涉案事故发生后,平安财保公司、绪扬公司及甬洁公司在行政主管机关的协调下,曾就清污费用及赔付事宜进行多次磋商,最终各方将该费用确定在600万~700万元,但后因绪扬公司考虑平安财保公司将向镇海修造厂、许定扬追偿而拒绝签署金额为620万元的和解协议,从该节事实可以看出,绪扬公司作为涉案被保险人,参与并知情清污费用的磋商,镇海修造厂、许定扬称因清污费用由保险公司支付,绪扬公司在磋商过程中对具体金额并不关注,不符合常理亦有违被保险人的基本义务和职责,包括绪扬公司在内的三方对会议确认的费用范围没有提出反对意见,表明600万~700万元的赔款符合三方利益诉求,绪扬公司最后拒绝签署协议也并非费用虚高和不合理,而是顾及其关联公司利益所致,故甬洁公司诉平安财保公司一案中,双方在前述磋商基础上以650万元和解合情合理,并不违反法律规定,该保险赔款的确定无须征得事故责任方的同意,而同为被告的许定扬实际控制镇海修造厂,其作为事故责任方在本案中却以不知情为由对650万元保险赔款提出质疑,一审法院认为镇海修造厂的不知情理由不能成立,在镇海修造厂、许定扬对涉案保险赔款的合理性抗辩未能提供任何证据予以佐证情况下,一审法院基于绪扬公司和镇海修造厂同属涉案保险事故的利害关系方及其关联关系,确认涉案650万元保险赔款基本合理,平安财保宁波分公司有权在该款范围内向镇海修造厂索赔。本案诉前财产保全申请费5000元系平安财保宁波分公司为维护自身合法权益而支出的合理诉讼费用,其要求镇海修造厂承担,合法有理,予以保护。镇海修造厂系个人独资企业,许定扬系其投资人,根据法律规定,许定扬应以其个人财产对镇海修造厂的

债务承担无限责任，故在镇海修造厂资产不足以清偿上述债务时，许定扬应对该债务承担清偿责任。

【二审法院观点】

《中华人民共和国保险法》第六十条规定，因第三者对保险标的的损害而造成保险事故的，保险人自向被保险人赔偿保险金之日起，在赔偿金额范围内代位行使被保险人对第三者请求赔偿的权利。本案中，平安财保宁波分公司作为涉案保险标的的保险人，自支付保险赔偿金之日起，依法可向造成保险事故的第三者行使代位求偿权。根据各方当事人的主张，本院归纳本案的争议焦点为：一、镇海修造厂对本案事故油污损害是否应承担赔偿责任；二、一审确认650万元保险赔偿款是否正确；三、一审酌定责任比例以及对许定扬承担补充赔偿责任的认定是否正确。各方当事人对本院归纳的争议焦点并无异议。

镇海修造厂对本案事故油污损害是否应承担赔偿责任。根据宁波市镇海区"绪扬11号"油船"10·12"爆燃较大事故调查组出具的《调查报告》记载：2013年10月11日8时左右，"绪扬11"轮停靠至镇海修造厂码头"绪扬7"轮外档。下午3时30分左右，"绪扬7"轮离港，"绪扬11"轮停靠至"恒顺达78"轮外档。因"绪扬11"轮右舷第4货油舱输油管阀门上有渗油孔，该船二副钟信良违反绪扬公司规定联系镇海修造厂的电焊车间主任傅阿军，要求帮助修理。傅阿军于10月11日上午10时左右指派车间电焊工人将维修工具放置到"恒顺达78"轮，并于12日早上7时30分左右，带领5名电焊工上船进行维修作业。虽然"绪扬11"轮停靠在"恒顺达78"轮外档，但该位置仍属于镇海修造厂码头。故一审判决认定涉案维修作业系在10月11日上午开始准备，其修理事项的报修及派工流程虽不符合绪扬公司和镇海修造厂相关规章制度和流程，但涉案修理事项的负责人和组织人傅阿军系镇海修造厂的车间主任，具体的维修人员系其车间工人，维修工具来自镇海修造厂，维修作业发生于傅阿军等人的工作时间内，有相应证据佐证。镇海修造厂和许定扬上诉称涉案船舶维修作业系"绪扬11"轮的自修行为，并无相应证据支持，应不予采信。**傅阿军等人在没有确认"绪扬11"轮是否具备安全作业条件，也没有办理动火作业审批情况下违规动火作业，是导致船舶油舱爆炸起火的直接原因，傅阿军等人行为过错明显，镇海修造厂作为用人单位应对"绪扬11"轮爆炸溢油造成的损失承担责任。**镇海修造厂和许定扬上诉主张镇海修造厂对涉案船舶爆炸溢油事故不承担责任的理由不能成立，不予支持。此外，**虽然镇海修造厂的投资人和绪扬公司的股东是**

家庭成员,但镇海修造厂系个人独资企业,绪扬公司系有限责任公司,在法律上均属于独立法人主体,而《中华人民共和国保险法》第六十二条中“被保险人的家庭成员”应指被保险人为自然人的情形,“被保险人的组成人员”应指作为法人和其他组织的被保险人的内部工作人员或作为组成部分的非自然人,故该条关于限制保险代位求偿权相对人的规定不适用于本案。

一审确认650万元保险赔偿款是否正确。根据平安财保宁波分公司和平安财保公司一审提交的多份《“绪扬11”轮清污工作通报会议纪要》,涉案事故发生后,平安财保公司、绪扬公司及甬洁公司在行政主管机关的协调下,曾就清污费用及赔付事宜进行多次磋商,最终各方将该费用确定在600万~700万元。镇海修造厂员工傅继南代表绪扬公司始终参与会议。因此,**600万~700万元的赔款是在各方磋商下达成,属于各方利益平衡的结果。绪扬公司考虑平安财保公司将向镇海修造厂、许定扬追偿而拒绝签署金额为620万元的和解协议,也是顾及其关联公司利益所致。因绪扬公司拒绝签署和解协议,甬洁公司向一审法院起诉平安财保公司,诉讼中在一审法院主持下,双方在前述磋商基础上以650万元达成调解合情合理,并不违反法律规定。**故本案一审中,一审法院确认涉案保险赔款为650万元并无不当。镇海修造厂和许定扬上诉提出650万元保险赔款缺乏客观依据等理由不能成立,不予支持。

一审酌定的责任比例以及对许定扬承担补充赔偿责任的认定是否正确。平安财保宁波分公司、平安财保公司上诉认为,“绪扬11”轮船员并未参与维修作业,且镇海修造厂维修人员的违规动火行为是造成爆炸事故的必然原因,镇海修造厂应就涉案事故的发生承担全部责任。镇海修造厂和许定扬则认为傅阿军等人仅是帮助维修而非主导维修,一审判决酌定镇海修造厂对涉案事故油污损害负60%的赔偿责任过高。本院认为,《调查报告》已明确认定本起事故直接原因为,镇海修造厂工人傅阿军等四人和绪扬公司“绪扬11号”油船船员钟信良、孙仕忠在维修过程中,违规操作导致爆炸起火。间接原因是,绪扬公司、镇海修造厂未认真履行安全生产主体责任,管理混乱。因此,**一审判决根据《调查报告》确定的事故原因,并结合双方员工在维修作业中所起的作用大小,酌定镇海修造厂和绪扬公司对事故油污损害各负60%和40%的责任,并无不妥。**镇海修造厂系个人独资企业,许定扬系其投资人,根据法律规定,许定扬应以其个人财产对镇海修造厂的债务承担无限责任。一审法院判决其在镇海修造厂资产不足以清偿本案债务时,对该债务承担清偿责任,并无不妥。

第十一章　互联网保险

近年来，随着互联网、大数据、人工智能、物联网、便捷支付、区块链等新技术的快速发展和实践应用，社会各行各业的新场景、新业态、新模式不断呈现，正颠覆和改造着众多社会传统行业，深刻影响和改变了人们的工作、生活、消费习惯。针对保险行业来说，以互联网、移动通信技术为基础的保险科技迅速发展和广泛应用，不仅能够有效降低保险产品的销售费用和成本、实现保险销售渠道的拓展和变革，而且能够满足广大保险消费者便捷地购买所需保险产品，实现他们对美好生活的保险需求和期待。总的来说，互联网保险的发展，经历了从最初尝试着进行保险产品销售的"渠道拓展"，发展到保险产品的"场景创造"，再到当前"保险科技"迅猛蓬勃发展的历程。结合互联网保险实务现状，保险公司众多互联网保险产品在销售和服务过程中还存在诸多问题，如网页格式不规范、误导消费者、侵害消费者知情权、保单承保主体不明确、没有履行责任免除条款的提示和明确说明义务等。可见，因应保险金融科技的发展要求，对互联网保险产品从方案设计、销售、理赔、服务等环节和方面进行改进、调整和完善，显得尤为必要和紧迫。

一、互联网保险概要

2020 年 2 月 1 日起施行的《互联网保险业务监管办法》（以下简称《办法》）。按照《办法》第 2 条规定，本办法所称互联网保险业务，是指保险机构依托互联网订立保险合同、提供保险服务的保险经营活动。本办法所称保险机构包括保险公司（含相互保险组织和互联网保险公司）和保险中介机构；保险中介机构包括保险代理人（不含个人保险代理人）、保险经纪人、保险公估人；保险代理人（不含个人保险代理人）包括保险专业代理机构、银行类保险兼业代理机构和依法获得保险代理业务许可的互联网企业;保险专业中介机构包括保险专业代理机构、保险经纪人和保险公估人。本办法所称自营网络平台,是指保险机构为经营互联网保险业务,依法设立的独立运营、享有完整数据权限的网络平台。保险机构分支机构以及与保险机构具有股权、人员等关联关系的非保险机构设立的网络平台,不属于自营网络平台。本办法所称互联网保险产品,是指保险机构通过互联网销售的保险产品。

(一)概念

互联网保险是指保险机构依托互联网订立保险合同、提供保险服务的保险新业态。可见,与传统保险代理人营销模式相比较,互联网保险主要是代表了通过计算机、互联网、移动通信等为媒介和平台的保险经营活动新模式。在实务领域,互联网保险产生和快速发展,主要是随着互联网和通信技术等信息科技的迅猛发展,有力推动了保险经营模式的发展。

(二)主体

互联网保险经营主体是保险机构,包括保险公司(含相互保险组织和互联网保险公司)和保险中介机构。具体来说,包括以下主体内容和事项:

(1)保险中介机构,包括保险代理人(不含个人保险代理人)、保险经纪人、保险公估人。

(2)保险代理人(不含个人保险代理人)包括保险专业代理机构、银行类保险兼业代理机构和依法获得保险代理业务许可的互联网企业。

(3)保险专业中介机构包括保险专业代理机构、保险经纪人和保险公估人。

(4)有关事项

①互联网保险业务,应由依法设立的保险机构开展,其他机构和个人不得开展互联网保险业务。保险机构开展互联网保险业务,不得超出该机构许可证(备案表)上载明的业务范围。

②保险机构开展互联网保险业务,应由总公司集中运营、统一管理,建立统一集中的业务平台、业务流程和管理制度。保险机构应科学评估自身风险管控能力、客户服务能力,合理确定适合互联网经营的保险产品及其销售范围,不能有效管控风险、保障售后服务质量的,不得开展互联网保险销售或保险经纪活动。

③保险机构通过互联网和自助终端设备销售保险产品或提供保险经纪服

务，消费者能够通过保险机构自营网络平台的销售页面独立了解产品信息，并能够自主完成投保行为。投保人通过保险机构及其从业人员提供的保险产品投保链接自行完成投保的，应同时满足本办法及所属渠道相关监管规定。保险机构开展互联网保险营销宣传活动应符合《中华人民共和国广告法》、金融营销宣传以及银保监会相关规定。

④保险公司通过自营网络平台开展互联网保险业务的，应通过自有保费收入专用账户直接收取投保人交付的保费；与保险中介机构合作开展互联网保险业务的，可通过该保险中介机构的保费收入专用账户代收保费。保费收入专用账户包括保险机构依法在商业银行及第三方支付平台开设的专用账户。

⑤非保险机构不得开展互联网保险业务，包括但不限于以下商业行为：提供保险产品咨询服务，比较保险产品、保费试算、报价比价，为投保人设计投保方案，代办投保手续，代收保费。

⑥对于部分无法在线完成核保、保全、理赔等保险业务活动的，保险公司应通过本公司分支机构或线下合作机构做好落地服务，销售时应明确告知投保人相关情况。线下合作机构应是其他保险机构及其分支机构，包括区域性保险专业中介机构。对于完全无法在线完成批改、保全、退保、理赔等保险业务活动的，保险公司不得经营相关互联网保险产品。

⑦保险公司向保险中介机构支付相关费用，或保险机构向提供技术支持、客户服务等服务的合作机构支付相关费用，应按照合作协议约定的费用种类和标准，由总公司或其授权的省级分支机构通过银行或合法第三方支付平台转账支付，不得以现金形式进行结算。保险机构不得直接或间接给予合作协议约定以外的其他利益。

⑧互联网保险公司是指银保监会为促进保险业务与互联网、大数据等新技术融合创新，专门批准设立并依法登记注册，不设分支机构，在全国范围内专门开展互联网保险业务的保险公司。互联网保险公司不得线下销售保险产品，不得通过其他保险机构线下销售保险产品。

⑨保险公司总公司应对互联网保险业务实行统一、垂直管理。保险公司总公司可将合作机构拓展、营销宣传、客户服务、投诉处理等相关业务授权省级分支机构开展。经总公司同意，省级分支机构可将营销宣传、客户服务和投诉处理相关工作授权下级分支机构开展。总公司、分支机构依法承担相应的法律责任。

⑩保险中介机构开展互联网保险业务，经营险种不得突破承保公司的险种

范围和经营区域,业务范围不得超出合作或委托协议约定的范围。同时,保险专业中介机构将互联网保险业务转委托给其他保险中介机构开展的,应征得委托人同意,并充分向消费者进行披露。受托保险中介机构应符合本办法规定的条件。银行类保险兼业代理机构及其销售从业人员不得将互联网保险业务转委托给其他机构或个人。

⑪互联网企业代理保险业务应获得经营保险代理业务许可,应明确高级管理人员负责管理,建立科学有效的管理制度和工作流程,实现互联网保险业务独立运营。互联网企业可根据保险公司或保险专业中介机构委托代理保险业务,不得将互联网保险业务转委托给其他机构或个人。同时,互联网企业代理保险业务,应按照有关要求建立互联网保险售后服务快速反应工作机制,增强服务能力。

⑫保险机构应于每年4月30日前向互联网保险监管相关信息系统报送上一年度互联网保险业务经营情况报告。报告内容包括但不限于:业务基本情况、营销模式、相关机构(含技术支持、客户服务机构)合作情况、网络安全建设、消费者权益保护和投诉处理、信息系统运行和故障情况、合规经营和外部合规审计情况等。同时,保险机构总经理和互联网保险业务负责人应在报告上签字,并对报告内容的真实性和完整性负责。中国保险行业协会对互联网保险业务进行自律管理,开展保险机构互联网保险业务信息披露相关管理工作。

(三)互联网保险产品

互联网保险产品是指保险机构通过互联网销售的保险产品。目前,互联网销售的保险产品,险种主要涉及电商类保险、旅行类保险、车险、意外险、健康险,以及一些场景创新类产品(如航班延误险、退货运费险等)。《办法》未对互联网保险产品作出特殊的规定。同时,明确保险机构开展互联网保险业务,应符合新发展理念,依法合规,防范风险,以人为本,满足人民群众多层次风险保障需求,不得损害消费者合法权益和社会公共利益。可见,尽管互联网保险产品种类繁多,创新产品层出不穷,与传统保险产品相互补充,以满足多层次的保险需求。在保险产品监管方面,《办法》明确涉及线上线下融合开展保险销售或保险经纪业务的,其线上和线下经营活动分别适用线上和线下监管规则;无法分开适用监管规则的,同时适用线上和线下监管规则,规则不一致的,坚持合规经营和有利于消费者的原则。

二、互联网保险的主要特征

互联网保险是指保险机构依托互联网订立保险合同、提供保险服务的保险新业态。在实务中，与传统保险产品及服务相比，互联网保险主要有以下几个方面特征。

（一）主体特定性

互联网保险经营主体是保险机构，具有主体特定性。其中，保险机构包括保险公司（含相互保险组织和互联网保险公司）和保险中介机构；保险中介机构包括保险代理人（不含个人保险代理人）、保险经纪人、保险公估人；保险代理人（不含个人保险代理人）包括保险专业代理机构、银行类保险兼业代理机构和依法获得保险代理业务许可的互联网企业；保险专业中介机构包括保险专业代理机构、保险经纪人和保险公估人，且应是全国性机构。

（二）渠道网络化

在实务中，互联网保险改变了传统保险行业要通过保险代理人的营销模式。互联网保险主要是依赖互联网和移动通信等技术，并通过保险机构自营网络销售平台向投保人直接销售保险产品和提供保险服务。其中，自营网络平台，是指保险机构为经营互联网保险业务，依法设立的独立运营、享有完整数据权限的网络平台。可见，互联网保险的根本特征，就是运用互联网、移动通信等新技术，通过网络平台销售保险产品和提供保险服务。互联网保险的网络化销售渠道，突破了传统保险销售的时间和空间限制，提升了消费者感受直观、方便和快捷的保险消费服务体验。

（三）文本电子化

在互联网保险实务中，保险机构和第三方网络平台将互联网保险产品及相关保险信息放置在网络平台上，消费者可以通过浏览网站上相应保险人情况、保险产品介绍、价格等信息，确定是否购买。如购买的，继续通过点击保险产品相应的投保人须知、购买信息并填写相应被保险人资料，完成保险合同订单的生成。在此基础上，消费者可以通过选择网络支付，完成保险产品的购买，并由网络平台最终生成电子保单。可见，互联网保险，改变了传统投保、承保等需要纸质文本材料的习惯,完全通过电子文本实现了保险产品的销售,包括最终电子保单文本的生成。

三、互联网保险的现状

互联网保险是互联网+在保险领域实践和探索的产物。应当说,互联网保险在世界范围内的产生和发展,时间尚短,主要还是在近些年兴起和发展起来的。但是,包括我国在内的互联网保险,在近些年发展异常迅猛。具体来说,从2011年我国互联网保险的兴起,2012年到2018年仅仅在数年时间内,互联网保险便在国内迎来了爆发式增长和发展。保险业内人士认为,我国互联网保险正在经历从表层渠道变革向中层模式优化的发展,网络比价平台、直销网站、APP等模式基本已经落地,而基于线上场景的拓展和新技术的应用,包括从数据来源的扩展到业务流程数据的获取,为风险定价、核保、理赔流程再造提供支持等内容,已成为现阶段互联网保险发展的重要内容①。

(一)保险公司数量不断增加

依据《2011中国互联网保险行业发展报告》的内容显示,2011年我国经营互联网保险业务的保险公司数量为28家。但是,按照《2017中国互联网保险行业发展报告》的内容显示,截至2016年底我国共有124家保险公司经营互联网保险业务,与2015年相比增加14家,同比增长12.73%,其中经营互联网人身保险业务的公司为64家,同比增加3家;经营互联网财产保险业务的公司达60家,同比增加11家。

(二)保费收入增速有所放缓

依据《2017中国互联网保险行业发展报告》的内容显示,2016年中国互联网保险保费收入达到2299亿元,同比增长65亿元,同比增幅为3%。可见,相比较于2015年160%的增幅,互联网保险保费收入增速明显放缓。互联网保险保费增速的下降,在互联网人身险和财产险上均有所体现。2016年互联网人身险和财产险保费同比增长速度分别为22.6%和-34.63%,而在2015年的同比

---

① 赵广道:《中国保险报》,载http://xw.sinoins.com/2017-11/22/content_248138.htm,最后访问日期:2017年11月22日。

增长分别 315.01%、52.07%。

（三）保单数量有显著增加

按照有关统计数据显示，2018 年以来我国互联网保险业务继续保持了高速增长态势。具体从签单件数来看，2018 年第一季度，互联网保险业务签单件数合计 40.96 亿件，同比增长 109.16%。其中，退货运费险 20.02 亿件，同比增长 73.39%；责任险类业务 2.82 亿件，同比增长 42.45%；保证险类业务 4.28 亿件，同比增长 43.77%；互联网健康险和意外伤害险分别为 4.89 亿件、4.6 亿件，同比增长 41.4 倍、5.8 倍①。

（四）第三方网络平台销售比重增加

依据《2017 中国互联网保险行业发展报告》的内容显示，2016 年互联网保险通过自营平台实现销售收入 413.45 亿元，通过第三方平台实现销售收入 1885.75 亿元。从 2014 年到 2016 年数据统计情况来看，互联网保险公司通过自营平台实现的销售额占互联网保险销售总额的比例逐年降低，从 2014 年的 57.73% 下降至 2016 年的 17.98%。同时，互联网保险公司通过第三方平台实现的销售额占互联网保险销售总额比例逐渐增加，从 2014 年的 42.27% 上升至 2016 年的 82.02%。

（五）保费收入的市场集中度继续上升

依据《2017 中国互联网保险行业发展报告》的内容显示，2016 年互联网保费收入排前十位保险公司的保费收入合计为 1820.54 亿元，占 2016 年全国互联网保险总保费收入的 79.19%。与 2015 年互联网保险保费的数据相比，2016 年互联网保险保费收入的市场集中度同比上升了 1.95 个百分点。同时，这也说明了在保险公司与互联网平台公司有关互联网保险业务资源整合上，效果得到进一步的显现。

四、互联网保险的模式

互联网保险，既是互联网、移动通信、大数据、人工智能等新技术对传统保

---

① 《银保监会通报 2018 年 1－4 月保险市场运行情况》，载中国保险报网，http://www.sinoins.com/zt/2018－06/01/content_262739.htm，最后访问日期：2018 年 6 月 1 日。

险行业改造提升,也是保险公司商业模式优化的路径选择。在互联网保险实务中,互联网保险机构和网络服务平台,通过资源整合实现优势互补,借助互联网、移动通信、人工智能、便捷支付等新技术提升服务效率,为客户创造更大价值,实现保险业的新增长。在现阶段,我国互联网保险的商业模式主要可以分为以下几类:

(一)保险公司官方网站销售模式

保险公司官方网站销售模式是指保险公司通过建立自主经营的互联网官方网站,并以这些官方网站作为保险产品销售平台,进行保险产品的展示、介绍、销售、服务等。保险公司的官方网站销售模式,产生较早、使用广泛,是保险产品互联网化的最初形态。这种互联网保险销售模式的优势,是能够充分展现保险公司的品牌价值,展示保险公司保险产品的丰富体系,以及公司的较强运营和服务能力。保险公司官方网站销售模式,最先是由新华人寿、中国平安、太平洋保险、泰康人寿等几家保险公司进行尝试,发展至今国内保险公司基本都采取在自己的官方网站销售保险产品。

(二)综合性电商平台销售模式

综合性电商平台销售模式是指保险公司与互联网公司合作搭建网络销售平台,利用互联网公司网络技术优势支持进行网上保险销售的商业模式。这种互联网保险销售商业模式,能够充分利用互联网公司在大数据、云计算等网络技术优势并整合客户需求资源,有效提升保险产品销售的有效性和针对性。在现阶段,综合性电商平台销售模式发展迅速,有力推动互联网保险的发展。其中,参与合作的互联网公司众多,其中比较知名的包括淘宝网、京东网、苏宁易购等互联网公司。

(三)专业互联网保险公司销售模式

专业互联网保险公司销售模式是指保险公司或者互联网公司通过单独或共同设立子公司等形式,专业从事互联网保险销售的商业模式。专业互联网保险公司销售模式,是按照“互联网+保险”模式设立的专门销售互联网保险产品的公司。这种互联网保险销售商业模式,实现了保险产品从设计、销售、理赔、客户等完全依靠互联网、大数据、人工智能等互联网科技,并与其他简单地将线下保险产品移至互联网销售的模式不同，完全改变了保险产品开发、运营、服务的现有模式。在实务中，阿里巴巴、中国平安和腾讯共同设立的第一家互联网保险公司—众安保险，就是其中比较典型的范例。这种互联网保险销售的商业模式，可以充分发挥专业互联网保险公司的技术优势、营销渠道、客户优势和创新优势，实现互联网保险业务的爆发式增长。

（四）专业中介代理机构网销模式

专业中介代理机构网销模式是指保险代理、经纪公司通过自己的互联网站代理销售保险公司保险产品的商业模式。当前，采取这种互联网保险销售商业模式的，主要有中民保险网、慧择网、优保等专业中介代理机构网站。这种互联网保险销售商业模式的优点是，可以有多家保险公司的相同或类似保险产品可以选择，保险产品的购买、理赔和服务相对比较便捷；不足之处只是依靠互联网销售保险产品、理赔和服务还是要走线下传统保险服务方式、产品销售成本较高等。同时，按照《办法》等有关规定和内容，专业中介机构应当是具备全国性保险销售资质的保险专业代理公司、保险经纪公司。

五、法律问题与完善建议

互联网保险在国内产生和兴起的时间尚短，在实践中还处于探索和逐步发展阶段。在实务中，互联网保险面临的法律问题，不仅有传统保险业所面临的各种法律实务问题，而且还涉及互联网保险中网络和通信技术特征本身所包含的技术性法律问题。结合现阶段互联网保险实务情况，概括起来主要包括以下几个方面的问题。

（一）保险人诉讼主体问题

互联网保险业务由保险机构总公司建立统一集中的业务平台和处理流程，实行集中运营、统一管理。可见，现阶段在互联网保险实务中，互联网保险业务不能以分支公司的名义对外经营互联网保险业务。但是，分支机构可以在总公司统一管理和调配下，承担出单、理赔、客户服务等落地工作。因此，在法律实务中，保险合同的当事人应当是保险公司总公司和投保人，而不是保险公司分支机构。目前，许多互联网保险电子保单只印有保险公司总公司名称或LOGO，在保险事故发生后的索赔中，被保险人、受益人向所在地的保险公司分支机构索赔的,在没有发生争议的情况下,一般来说当地的分支机构也会提供咨询和理赔服务。但是,如果发生保险合同纠纷的,按照现行民事诉讼法规定,由于保险公司当地的分支机构不是保险合同订立当事人,被保险人、受益人无法直接起诉被保险人、受益人所在地保险公司的分支机构,只能直接起诉承保的保险公司总公司。在互联网保险实务中,这导致被保险人、受益人进行互联网保险合同纠纷诉讼实务的诸多困难和不便。同时,也会产生保险公司总公司所在地保险合同纠纷诉讼案件过分集中的问题。因此,建议在互联网保险条款中约定,发生纠纷进行诉讼的,被保险人、受益人可以选择其住所地保险公司分支机构作为被告进行诉讼,或者出台相应司法解释规定互联网保险纠纷案件的诉讼,原告所在地法院享有管辖权,切实解决有关诉讼管辖问题。

(二)投保人电子签名认证

在实务中,投保人与保险机构订立保险合同的,投保人电子签名法律效力的认定,对于投保人告知义务的履行,保险合同特别是人身保险合同的效力,以及保险人在订立保险合同时对免除保险人责任条款向投保人履行提示和明确说明义务的法律效力评价,都具有十分重要的意义。在电子签名法律实务中,虽然我国早在2004年8月就颁布了《中华人民共和国电子签名法》(以下简称《电子签名法》),应该说该法的实施对于规范电子签名行为、确立电子签名的法律效力,提供了法律规范和制度保障。但是,电子签名本身在我国法律实践中还处于探索阶段,很多电子签名的效力以及司法认定还存有很多争议。同时,按照《电子签名法》第14条规定,可靠的电子签名与手写签名或者盖章具有同等的法律效力。结合目前的互联网保险实务,消费者在购买互联网保险产品的时候,大部分网页上只有单一的购买链接或简单的投保人或被保险人信息,根本不具备或者达不到《电子签名法》第13条规定的"可靠的电子签名"的各项条件和要求。因此,建议互联网保险实务过程中,在互联网上订立保险合同时,涉及投保人电子签名的,应提供法律规定"可靠的电子签名"所要求的技术或设备,诸如人脸识别技术、身份证上传、CA证书认证、数字密码签名等,以确保投保人电子签名为法律上"可靠的电子签名"所要求的,电子签名人专有、控制和不能改变等实质性特征和要件。

（三）保险人明确说明义务履行

在实务中，互联网保险与其他传统保险一样，在保险合同订立时，保险人对免除保险人责任条款履行提示和说明义务的法律适用要求相同。按照《保险法》第17条有关规定，对保险合同中免除保险人责任的条款，保险人在订立合同时应当在投保单、保险单或者其他保险凭证上作出足以引起投保人注意的提示，并对该条款的内容以书面或者口头形式向投保人作出明确说明；未作提示或者明确说明的，该条款不产生效力。同时，保险法司法解释（二）第12条规定，通过网络、电话等方式订立的保险合同，保险人以网页、音频、视频等形式对免除保险人责任条款予以提示和明确说明的，人民法院可以认定其履行了提示和明确说明义务。上述保险法和司法解释中有关保险人对责任免除条款履行提示和明确说明义务要求，在传统保险实务的认定和适用上还存有诸多争议，那么其在互联网保险中如何认定和适用更是一个全新的课题。目前，在互联网保险实务中，一般情况下在互联网保险合同订立过程中，保险人将保险合同中免除保险人责任的条款内容，嵌入《投保须知》内容中，并将《投保须知》作为一个链接，要求投保人在递交投保申请时必须在同意《投保须知》栏目选勾，而不是将点击《投保须知》链接、阅读《投保须知》内容，作为递交投保申请的必经程序。更有甚者，某些在线销售平台在其票务、酒店预定页面通过默认勾选的方式销售一些保险产品，未明确列明承保主体或代理销售主体，未完整披露保险产品条款等相关重要信息，侵害了消费者的知情权、自主选择权等权益①。笔者认为，保险法规定保险人在订立保险合同时对免除保险人责任条款内容履行提示和明确说明义务，是保险法规定保险人应当履行的积极义务，属于保险法强制性规定和要求。保险人在订立保险合同时应当积极促成该义务的履行，而不是通过默认勾选或其他不积极作为方式履行该义务的要求。因此，在互联网保险合同订立过程中，保险人仅仅将同意《投保须知》栏目选勾，作为认定保险人对《投保须知》链接中免除保险人责任条款内容已经履行提示和说明义务，这种做法在互联网保险实务中有待进一步改进和完善。同时，该种做法，在保险法律实务中能否有效认定保险人履行了相应提示和明确说明义务，存在较大法律风险。

---

① 《关于互联网保险的风险提示》，载中国保险监督管理委员会网站，http://bxjg.circ.gov.cn//web/site0/tab5247/info4105501.htm，最后访问日期：2018年4月25日。

第十二章　保险非诉讼法律业务

随着中国特色社会主义进入新时代，企业的法治化、市场化、制度化发展不断深入，保险公司日益重视和委托、聘请律师参与公司的日常业务经营发展、决策管理和项目运作，通过听取律师专业法律意见、建议，确保公司经营、决策、管理的合法和合规性，有效防范和化解可能出现的各种法律风险。具体来说，保险公司的法律服务需求范围包括：保险公司设立，保险公司重组、并购、上市，保险资金运用，公司债券发行，保险产品开发，承保、理赔等需要专业保险法律服务的事项，以及保险公司的常年法律顾问服务等。可见，在保险法律服务领域，保险类纠纷案件法律诉讼业务之外，上述保险非诉讼法律业务正日益成为保险专业法律服务的重要内容。一般来说，在保险法律实务中，保险非诉讼法律业务内容包括常年法律顾问服务和保险专项法律服务。结合保险法律实务的现状，本章重点围绕保险非诉讼法律服务的有关具体内容，进行系统和全面的梳理。

第一节　常年法律顾问服务

在保险非诉讼法律业务中，常年法律顾问服务是比较常见的形式和内容。从法律服务内容和形式上来说，律师事务所与保险公司签订的常年法律顾问合同以及律师提供的保险专业法律服务内容，除了一般公司企业常年法律顾问服务内容之外，还包括保险公司经营和发展保险业务、保险有关项目合作、承保与理赔等保险相关的专业性、法律性和政策性内容。同时，依据《中华人民共和国律师法》（以下简称律师法）、《中共中央办公厅、国务院办公厅印发〈关于推行法律顾问制度和公职律师公司律师制度的意见〉》以及有关规定内容，结合保险公司日常法律顾问服务的实践，本节具体阐述保险公司常年法律顾问有关的法律服务内容和要求。

一、主要服务内容

（一）提供日常法律咨询服务

针对保险公司日常经营、投资、管理、决策过程中遇到的各类法律专业问题，通过电话、电子邮件、传真和约谈等多种形式，出具相关法律分析意见及建议，提供日常法律咨询服务。

（二）起草、审查、修改法律文本

按照保险公司日常经营和管理需要，起草有关法律合同文本，审查和修改待签协议，并提出有关修改意见和法律建议；协助保险公司对常用合同的起草、审核、签订、履行、归档等事项进行专业指导，协助进行制度化运作、规范化建设，并改进档案管理。

（三）完善公司组织框架和治理结构

针对保险公司内部人员结构、组织架构、运行管理等具体情况，按照《公司法》《公司章程》的有关规定和要求，对公司的组织结构、管理模式、经营决策机制等事项提供专业化、制度化、规范化的意见和建议；如涉及公司重大事项变动，需要办理《公司章程》变更的，提供修改意见和建议，协助办理《公司章程》的工商变更登记。

（四）协助建立和健全各项规章制度

按照保险公司稳健审慎的经营发展要求，对公司各项规章和制度，进行合法性、合规性审查，提出修改意见和建议；协助公司建立健全相关规章制度，并就完善公司的财务、劳动人事、行政管理等各项规章制度，提供合法化、专业化、合理化的意见和建议。

（五）参与重要事项谈判、决策活动

参加保险公司经营、管理、投资、收购等重要事项的谈判、决策、签约活动，帮

助公司防范和化解各类法律风险。同时,对公司经营、管理、投资、并购及其他项目运作中遇到的问题,在法律层面进行可行性分析论证,并提出法律意见和建议。

(六)出具法律意见书、律师函

按照保险公司经营发展需要,为公司重大经营决策和业务活动提供专门法律意见,撰写法律分析意见书,供公司决策参考。针对公司在经营、管理、项目运作中遇到的各类法律问题,向有关客户、个人、单位出具律师函,维护公司合法权益。

(七)针对合作方资信情况进行调查

按照保险公司日常经营与项目合作需要,对相关合作方或有关客户进行初步资信情况的调查,包括通过市场监督管理部门调查有关公司的设立、变更等材料情况;通过土地管理部门调查其土地使用权情况;通过房屋管理部门调查其房屋产权登记情况等。

(八)开展保险、法律业务专题培训

按照保险公司经营发展需要,针对投保、承保、理赔等保险业务环节涉及的有关法律问题,公司在日常经营管理中涉及的合规管理、风险管理、知识产权管理、法制宣传、法务岗位能力提升等事项,通过讲座、座谈、研讨会等形式开展法律专题培训。

(九)代理催收保险费

针对保险公司在业务发展中出现的大量应收未收保险费问题,按照保险公司的实际情况和需要,接受公司委托,通过诉讼、非诉讼方式向投保人催收应收的保险费。

(十)处理各类法律纠纷

针对保险公司日常经营管理中遇到的各类法律纠纷,受托担任公司仲裁案件的仲裁代理人,参加有关仲裁活动;受托担任公司经济、民事、行政案件诉讼代理人,参加诉讼及行政案件的听证、复议等活动;受托为公司遇到的各类保险诈骗案件提供法律帮助;受托为公司向法院和有关部门申请执行各类生效的法律文书，提供法律服务。

二、工作基本要求

（一）合法性、合规性要求

按照《律师法》以及律师行业行政主管部门、中华全国律师协会的有关规定，律师事务所和律师在开展业务和执业过程中，应当遵守宪法和法律，恪守律师职业道德和执业纪律，以事实为根据，以法律为准绳。同时，律师担任保险公司常年法律顾问，应当按照约定为保险公司就有关法律问题提供意见、建议，草拟、审查法律文书，代理参加诉讼、调解、仲裁活动，依法办理受托的其他法律事务，维护保险公司的合法权益。

（二）独立性、专业性要求

律师事务所与保险公司之间属于平等民事主体，双方通过签订《常年法律顾问合同》，使律师事务所成为保险公司的法律顾问，为保险公司提供专业法律服务。可见，双方之间地位相互独立，不存在隶属管理关系。律师不是受聘于保险公司的内部员工，而是接受律师事务所的指派，为保险公司提供具体的法律服务。因此，律师在法律顾问服务中，应当依据法律法规要求和《常年法律顾问合同》约定内容，充分运用自己的法律专业知识和技能，尽职尽责地完成各项委托事项，最大限度地维护公司的合法利益。

（三）诚实守信、勤勉尽责

律师事务所和律师担任保险公司常年法律顾问，应当遵循诚实守信的原则，依据对受托事项的认知理解，基于自身法律专业能力优势，作出相对独立专业判断，并客观地告知公司所委托事项可能出现的法律风险，不做虚假承诺或者对可能出现的法律风险进行不恰当的分析和表述。同时，应当按照勤勉尽责要求，努力维护公司合法权益。如有关事项超出自身法律专业能力，或者属于法律或律师执业规范所禁止的事项，应做到主动提前告知，并提出相关合理化替代意见和建议。

（四）避免利益冲突要求

律师事务所和律师在从事常年法律顾问服务期间，未经保险公司同意，不得在同一个项目或案件中为与公司有利益冲突的第三方提供法律服务；不得利用在工作期间获得的非公开信息或者便利条件，为本人及所在单位或他人牟取利益；不得以法律顾问的身份从事商业活动以及与法律顾问职责无关的活动；不得接受其他当事人委托，办理与公司有利益冲突的法律事务，法律顾问与所承办的业务有利害关系、可能影响公正履行职责的，应当主动提出回避要求。

（五）依约履行保密要求

律师事务所和律师在从事常年法律顾问服务期间，或者在常年法律顾问合同约定的其他期间内，应当自觉遵守有关保密规定和要求，不得泄漏公司秘密、工作秘密、商业秘密以及其他不应公开的信息，不得擅自对外透露所承担的工作内容。同时，律师应严格保守在工作中知悉的其他客户秘密，除非因法定事由和法定程序，不得向任何第三人泄漏其在法律顾问服务中知悉、了解的其他客户的商业秘密、客户内部事务及有关资料，切实维护公司和客户的合法权益。

三、法律服务方案示例

关于B公司火灾事故发生后进行保险人代位求偿权诉讼的法律服务方案

A保险公司：

×年×月×日，贵司承保的被保险人B公司生产设备发生火灾保险事故。按照贵司提供的现有材料，本次保险事故的发生系B公司生产设备故障原因引起，B公司生产设备是由C公司生产销售，且该生产设备事故发生当时处于质保期内。按照保险法有关规定，贵司在向B公司赔付保险金后，在赔偿金额范围内依法取得对第三人—故障设备生产厂商（C公司）的保险人代位求偿权。针对本案实际情况，结合保险人代位求偿权诉讼法律实务，现提出如下法律服务方案，供贵司参考。

一、保险人代位求偿权的法律分析

通过对本次保险事故有关材料的分析，贵司存在依法向本次火灾事故的责任方C公司行使保险人代位求偿权的可能，具体理由如下：一是按照公安消防部门出具的火灾事故认定书内容，本次火灾事故的起火原因为生产设备故障导致高温导热油泄漏起火蔓延所致。同时，C 公司是该故障设备的生产者和销售者，在质保期内依法负有对其生产销售的故障设备，因质量瑕疵造成的损失承担赔偿责任。二是按照《保险法》第 60 条的规定，因第三者对保险标的的损害造成保险事故的，保险人自向被保险人赔偿保险金之日起，在赔偿金额范围内代位行使被保险人对第三者要求赔偿的权利。因此，贵司向被保险人（B 公司）赔偿保险金后，在赔偿金额范围内依法取得代位行使被保险人（B 公司）要求 C 公司承担赔偿责任的权利。

二、本次法律诉讼有关工作内容

结合以往保险人代位求偿权纠纷案件的诉讼代理经验，本所律师在接受贵司委托后将重点做好以下几个方面工作，以确保取得较好的诉讼和执行效果。第一，在起诉立案的同时申请诉讼财产保全，主要是基于第三者 C 公司住所地位于××省××市，如不采取财产保全措施，法院判决后赴外省市执行相对较为困难。同时，按照目前掌握的材料，能够找到 C 公司银行账号等部分财产线索。因此，如前期能够做好财产保全工作，将有利于本案最终取得较好的执行效果。第二，认真、高效、尽职地做好诉讼相关工作。具体来说，包括案件在诉讼立案前的材料准备、立案、财产保全、出庭诉讼、诉讼执行等事项，及时向贵司沟通和反馈案件有关进展情况。第三，认真做好案件审理法院和主审法官就案件有关情况的联系和沟通工作，及时跟进和反馈案件有关证据和材料，争取较好的诉讼和执行结果，切实维护贵司合法权益。

三、服务团队及费用

1. 服务团队

本次保险人代位求偿权纠纷案件将由本所××律师、××律师组成律师服务团队，提供专业诉讼法律服务。同时，本所可以依据案件进展情况及贵司的实际需要，安排其他律师或律师助理加入法律服务团队。本次法律服务团队的主办律师，基本情况如下：

××律师，本所主任律师，教育背景，主要从事××法律业务……

××律师，本所专职律师，教育背景，主要从事××法律业务……

2. 收费方案

本次律师服务收费采取前期收取基本费用与后期诉讼执行回款项提成相结合的方式。具体内容如下：(1) 在诉讼立案同时，收取基本费用人民币××

元;(2)剩余律师费按照实际执行回款项的××% 收取。上述收费主要基于以下因素考虑:一是按照基本费用与工作成果收费相结合的方式,相比较在委托时一次性收取××元律师费的方式,更显公平合理,也符合法律服务合同双方当事人的利益。二是上述律师费用包括一审和执行代理费用,如有二审的,还包括二审律师代理费用。三是上述律师费用还考虑了C公司住所地不在本省内、诉讼管辖问题等可能对律师诉讼代理收费产生的影响。

(以下无正文内容)

××律师事务所(盖章)

××××年××月××日

四、律师函示例

律 师 函

(20××)律函字第××号

A公司:

××律师事务所受B保险公司委托(以下简称委托人),并指派本律师就委托人与贵司有关先行支付部分保险赔偿金事宜,特向贵司致函如下:

××××年××月××日贵司在我委托人处投保的位于××地址厂房2幢1楼北侧发生火灾事故,造成贵司保险标的厂房等财产损失。在事故发生后,我委托人就本次火灾事故造成的损失、先行赔付、理赔等事宜与贵司进行了多次磋商。同时,根据《中华人民共和国保险法》第25条的规定,我委托人应按照已有证明和资料对本次火灾事故可以确定的数额(××元)向贵司进行先行赔付,待最终确定保险赔偿金数额后再向贵司支付差价。但是,我委托人依法向贵司提出先行赔付要求后,贵司明确表示拒绝先行赔付,并且不配合、不接受我委托人提出的先行赔付要求。

根据公安消防部门的火灾事故认定书内容,本次火灾事故系贵司保险标的厂房承租方C公司原因引起。按照《中华人民共和国保险法》第60条的规定,我委托人在向贵司先行赔付保险金之日起,在赔偿保险金额范围内依法可以向C公司行使保险人代位求偿权。按照现有证据显示,本次火灾事故发生后,C公司正在转移有关资产,有逃避责任承担的情形。如贵司继续拒绝我委托人的先行赔付要求,将对我委托人行使保险人代位求偿权产生直接不利影响。因此，按照我委托人的要求，现本律师将贵司拒绝先行赔付的不利后果正式书面通知贵司。按照《中华人民共和国保险法》第61条的规定，被保险人故意或者因重大过失致使保险人不能行使代位请求赔偿的权利，保险人可以扣减或者要求返还相应的保险金。

本律师认为，按照保险法的上述规定，先行赔付既是我委托人依法应当履行的保险赔偿义务，也是我委托人向事故责任人行使保险人代位求偿权的前提。贵司依法负有协助我委托人进行追偿的义务，如因贵司故意或者重大过失致使我委托人不能行使保险人代位求偿权的，我委托人可以扣减相应的保险金。同时，按照《中华人民共和国保险法》第5条的规定，保险活动当事人行使权利、履行义务应当遵循诚实信用原则。现本律师经委托人授权并正式函告贵司，我委托人将向贵司先行赔付保险金××元，请贵司在收到本律师函之日起5日内与我委托人联系，并提供先行赔付所需书面单证。否则，我委托人今后在向贵司赔付保险金时，将直接扣减因贵司拒绝先行赔付造成不能行使保险人代位求偿权所造成的财产损失。

B保险公司联系人和联系方式：联系人：××，联系电话：××，地址：××。

特此函告。

××律师事务所（盖章）

××律师（签字）

××××年××月××日

五、法律服务工作记录示例

法律服务工作记录

（××公司××年度）

序号	收到时间	事项内容	联系人	承办律师	处理结果	工作时间	完成时间
1							
2							
3							
4							
5							
6							

续表

序号	收到时间	事项内容	联系人	承办律师	处理结果	工作时间	完成时间
7							
8							
9							
10							
11							
12							
13							

第二节　保险专项法律服务

保险专项法律服务是指律师事务所接受保险公司或被保险人委托,与保险公司或被保险人签订《专项法律服务合同》,并指派具有保险法律专业能力的律师,为保险公司的设立、并购、重组、上市和资金运用,保险产品开发,承保和理赔等涉及专业法律服务事项,提供诸如律师见证、尽职调查、出具法律意见、专项法律顾问以及其他保险相关的专业性法律服务工作。结合保险法律实务有关情况,本节将重点分析和梳理保险专项法律服务内容中,涉及的有关律师见证、法律意见、尽职调查、专项顾问服务、保险产品开发、保险资金运用等保险专项法律服务的内容和要求。

一、律师见证

按照《律师法》的有关规定,律师可以接受委托,提供非诉讼法律服务。在法律实务中,律师见证属于律师非诉讼法律服务内容之一。近年来,律师见证业务在经济交往、财产处分、金融消费等领域受到广泛应用,成为律师新型非诉讼法律服务项目。具体来说,在继承、赠与、转让以及各类经济合同的签订或者履行过程中,律师接受当事人委托参与有关事实和法律行为的见证,并审查和确认有关法律行为或者法律事实的真实性和合法性。

在保险法律实务中,在订立保险合同时,保险法规定了投保人、保险人应当履行的合同义务内容，包括投保人对有关事项的如实告知义务，保险人对所提供格式合同的说明义务以及应当履行免除保险人责任条款的提示和明确说明义务等。在实务中，上述内容历来是保险合同纠纷案件争议的焦点和难点问题。针对上述保险法和保险实务热点和难点问题，保险理论和实务界一直以来都不断进行着探索。但是，国内至今还没有出现在保险合同订立阶段，保险合同当事人委托律师提供保险合同订立有关的、当事人之间权利义务履行的见证业务。如律师接受委托提供见证法律服务，审查并确认保险合同订立时投保人、保险人行使合同权利、履行合同义务的真实性和合法性等相关内容。笔者认为，保险合同订立时，律师接受委托并提供见证法律服务，能够较好地固定保险合同订立当时当事人履行有关权利义务内容的证据。可见，这种做法将有利于上述实务热点和难点问题的解决。因此，结合保险实务有关情况，对律师见证有关法律服务事项进行分析和梳理，显得十分必要且有意义。

（一）律师见证的概念

按照中华全国律师协会制定的《律师见证业务工作细则》内容，律师见证是指律师应客户的申请，根据见证律师本人亲身所见，以律师事务所的名义依法对具体的法律事实或法律行为的真实性、合法性进行证明的一种活动。上述概念阐述了律师见证的基本内容，结合见证实务情况，律师见证有以下四个方面的特点：

（1）律师见证目的。律师见证的目的主要是通过律师见证来证明具体法律事实或者法律行为的真实性和合法性。具体来说，包括以下两个方面内容，一是律师通过见证对某一具体法律事实或者法律行为的真实性进行见证并确认；二是律师通过见证对某一法律事实或者法律行为的合法性进行见证并确认。

（2）律师见证内容。律师见证内容只能限于见证律师本人亲身所见的事实。在实务中，律师见证书涉及的有关内容或者事项，限于见证律师本人亲身所见的内容或者事项。如果有关内容或者事项不是律师亲身所见的，律师不能对这些内容或者事项发表意见，这些内容或者事项也不能成为律师见证书发表见证意见的对象。

（3）律师见证形式。律师见证的形式，是指客户提出见证申请和委托，律师提供见证法律服务并以其所在律师事务所名义出具律师见证书。在实务中，律师见证是应客户要求进行的，而且通常需要见证所涉内容或者事项的所有当事人的共同书面委托，律师才能提供见证法律服务。同时，律师见证书不仅需要见证律师签字，还必须以律师所在律师事务所名义出具，才能具备律师见证书的形式要件。

（4）律师见证效力。律师见证属于当事人意思自治产生的自由意思行为，不能直接产生法律证明效力和执行效力，这是律师见证与公证的根本区别。按照我国现有法律规定和司法解释，经过法定程序公证证明的法律行为、法律事实和文书，人民法院应当作为认定事实的依据，但有相反证据足以推翻公证证明的除外。对依法公证的债权文书，一方当事人不履行的，对方当事人可以申请人民法院强制执行。但是，在法律实务中，律师见证书属于一般民事证据，法院必须查证属实才能作为认定事实的依据。同样，律师见证的债权文书不能产生强制执行的法律效力。

（二）律师见证的原则

依据《律师见证业务工作细则》的有关规定，结合律师见证实务情况，律师和律师事务所在提供见证法律服务的过程中，应当自觉坚持以下工作原则：

（1）自愿原则。律师见证是当事人意思自治的自愿行为，依据客户的委托产生，并限于见证客户委托的事项，见证律师不能超出客户委托事项提供见证法律服务。

（2）直接原则。见证律师仅能就本人亲眼所见的法律事实或者法律行为提供见证服务。同时，律师见证书不能对不是见证律师亲身所见的法律事实或者法律行为发表见证意见。

（3）公平原则。见证律师应秉持客观公正的理念，平等地对待各方委托人，真实反映委托当事人的意思表示，客观和公正地确认所见证的法律事实或者法律行为。

（4）回避原则。律师见证内容或者事项与见证律师、律师事务所不能有直接或间接的利害关系，律师不得办理与本人、配偶或本人、配偶的近亲属有利害关系的见证业务。

（5）以事实和法律为基础。律师见证必须依据律师亲眼所见的法律事实或者法律行为，不能歪曲事实出具律师见证意见。同时，律师见证必须在法律的框架内，坚持以事实为根据，以法律为准绳的原则，不能违反法律法规的强制性规定或禁止性规定。

(6)保守秘密。见证律师和律师事务所对在提供见证法律服务中了解和知悉的客户商业信息、个人隐私以及其他材料,负有保密义务。未经许可,不能用作任何其他用途或泄露给他人。

(三)律师见证的范围

(1)一般项目。按照中华全国律师协会《律师见证业务工作细则》的规定,律师可以承办下列见证业务:各类经济合同的签订与履行行为;企业章程、董事会决议、股权转让协议等法律文书;继承、赠与、转让、侵害等民事行为;各种委托代理关系。

(2)特定项目。按照中国证券监督管理委员会《上市公司股东大会规则》、中国银行业监督管理委员会《商业银行公司治理指引》规定和要求,上市公司以及商业银行股东大会实行律师见证制度。即上市公司、商业银行在召开年度、临时股东大会时,应当委托律师进行见证,见证律师应对股东大会召开程序、出席股东大会的股东资格、股东大会决议内容等事项的合法性,以律师事务所名义发表法律意见。

(3)禁止项目。凡是法律法规、行政规章规定不应由律师见证事项,不属于律师见证的业务范围。

(四)律师见证的程序

(1)书面委托。客户委托进行律师见证的,律师事务所应与客户签订书面的委托合同,并明确约定律师事务所与客户之间的权利义务内容。同时,涉及重大疑难律师见证业务,必须经律师事务所主任审批同意。

(2)律师见证。律师事务所接受客户委托后,应指派两名律师进行见证业务。律师见证业务的主要审核内容包括客户是否具有民事权利能力和民事行为能力;客户的意思表示是否真实;客户所要求见证的事项是否合法;客户提供的证明材料和其他文件是否具有真实性、合法性和有效性。

(3)出具见证书。律师以见证当时亲身所见法律事实或者法律行为的真实性和合法性进行审核,并以律师事务所名义发表《律师见证书》。《律师见证书》的主要内容应当包括客户委托的见证事项、律师见证的过程、律师见证的法律依据、律师见证的结论、见证律师的签字、律师事务所盖章、律师见证的时间。

(4)整理归档。《律师见证书》由律师事务所统一编号后打印和盖章,并按照客户需要确定份数并增发若干副本留存。见证业务办理完毕后,应由律师事务所统一整理并归档。

(五)律师见证的格式

在实务中,一般来说《律师见证书》应当包括以下内容:委托人信息、委托事项、见证过程、见证结论、见证律师及律师事务所签章、出具见证书时间、份数等。

(1)首部

律师见证书的首部主要内容应当包括标题、文书编号、委托人有关身份信息等内容。

(2)正文

律师见证书的正文是见证书的内容主体,包括委托人要求见证的内容、范围等见证事项,见证律师亲身所见的法律事实或法律行为的过程,律师对所见证法律事实或法律行为的真实性、合法性发表见证结论意见。

(3)结尾

律师见证书的结尾主要内容,应当包括见证的律师和律师事务所的签章以及见证的具体日期等。

(六)律师见证书示例

律师见证书

(20××)见证字第××号

委托人(保险人):××保险股份有限公司

法定代表人(负责人):______ 统一社会信用代码:______

住所:______ 联系电话:______

委托人(投保人):××公司

法定代表人(负责人):______ 统一社会信用代码:______

住所:______ 联系电话:______

按照委托人的书面委托,××律师事务所指派本所______律师、______律师于2018年____月____日在________(地点),见证上列委托人订立保险合同一份(保单号××)。本律师见证内容如下:委托人(保险人)在订立保险合同时,通过书面形式向委托人(投保人)履行了保险合同内容说明义务,并提供了委托人(投保人)投保险种的保险条款,对免除保险人责任的条款,包括责任免除条款、免赔额、免赔率等免除或者减轻保险人责任的条款以及保险合同特别约定内容向委托人(投保人)履行了提示和明确说明义务。委托人(投保人)表示,在订立保险合同当时收到了条款全文,并仔细阅读了保险条款,特别是加黑突出标注的、免除保险人责任的条款内容,委托人(保险人)已就保险合同涉及免除其责任条款的概念、内容及法律后果作了能够理解的解释和说明。委托人(投保人)对订立本保险合同的真实后果完全理解,并同意订立本保险合同。基于上述见证内容,本律师认为,上列委托人订立的保险合同系各方当事人的真实意思表示;委托人(保险人)在订立保险合同时,已经履行保险合同内容的说明义务,对保险合同中免除保险人责任条款内容已经向委托人(投保人)履行了提示和明确说明义务。因此,保险合同内容,包括免责条款、免赔率等免除保险人责任条款内容,依法成立并合法有效。

特此见证。

××律师事务所(盖章)
见证律师(签章):
××××年××月××日

二、法律意见

法律意见主要是指专业服务律师对保险公司经营和管理中涉及的项目合同、诉讼仲裁、产品设计、投资并购等重要事项,围绕相关事实依据、法律规定和实务要求,进行法律分析、风险提示并提出法律意见和建议的一种常用法律服务文书。在保险实务中,依照出具法律意见书所涉保险公司事项和要求的不同,法律意见书可以分为诉讼仲裁法律意见书和项目(专项)法律意见书两大类。这两类法律意见书,在法律意见书的适用性质、要求和用途上有差异,具体内容和格式上有所不同。总体来说,两者都是围绕有关法律事实,进行法律分析,并提出有关法律意见和建议。

保险实务相关的法律意见书,在形式上与其他法律意见书大致相同,主要是通过对保险基本法律事实和有关材料的分析,在法律法规层面进行可行性论证,并根据客户需要出具法律分析意见和建议。可见,在保险法律实务中,出具保险实务相关法律意见书,不仅需要服务律师具备较强法律专业能力,精通保险法律、法规、规章和司法解释,而且还需要服务律师了解并熟悉保险专业知识、保险行业习惯和保险业务操作流程等,只有同时符合上述要求才能出具有价值的法律意见书。下面结合法律意见书的基本要求,围绕保险实务相关的法律意见书形式、内容和注意事项进行阐述。

(一)主要内容

在实务中,一份保险实务相关的法律意见书,应由头部、主体和结尾三个部分的内容组成。

1. 头部

法律意见书头部是指一份法律意见书的开头部分。法律意见书的头部内容,一般应包括标题、编号、抬头、前言等组成。

(1)标题。法律意见书的标题,可以采取“××律师事务所关于××的法律意见书”或者“××律师事务所关于××的法律分析意见”等形式,直接说明该法律意见书出具的主体、具体事项或主要问题,做到简洁明了、主旨明确、内容突出。

(2)编号。为加强法律意见书的统一规范和管理,律师事务所在出具法律意见书的时候,可以对法律意见书进行编号,如采取“杭经法意(20××)第××号”的形式。

(3)抬头。法律意见书的抬头是指法律意见书的委托人或者适用对象,可以采用“××保险公司”或“××女士/先生”等表述。法律意见书的抬头,应使用当事人全称。

(4)前言。法律意见书前言,可以采取概括性陈述方式简明扼要地指出或交代出具法律意见书的主要背景、委托依据、法律依据、律师事务所和律师的合法主体资格等内容。

2. 主体

法律意见书的主体是一份法律意见书的核心部分和主要内容。针对委托人保险公司的不同要求、项目的不同情况以及律师事务所和律师的不同表述和习惯,法律意见书主体内容可以采取不同的体例和表述规范。但总体来说,主体内容应当包括基本事实和法律依据、主要内容或主要问题、法律分析论证、结论和建议等事项。

(1)基本事实和法律依据

基本事实和法律依据是法律意见书的前提和基础。其中,基本事实是律师事务所和律师出具法律意见书的事实基础,是法律意见书产生的背景和存在的事实依据。法律意见书就是要围绕基本事实所产生的问题或需要解决的内容,从法律角度进行分析和论证,确保合法合规性要求。法律依据是律师事务所和律师出具法律意见书的法律要件,也是法律意见书区别于其他文书的根本内容。从本质上来说,法律意见书就是依照法律规范对有关事实、问题、项目内容的法律分析。可见,法律依据是法律意见书的本质要求和主要依据,体现法律意见书合法性的根本要求。因此,基本事实和法律依据在法律意见书的内容中,都会有不同程度或不同方式的体现。

(2)主要内容或主要问题

主要内容或主要问题是法律意见书需要着手解决的目标问题和客体对象。法律意见书必须要概括相关事实内容或存在的主要问题,明确需要解决的主要事项。这是一份法律意见书,能够满足委托人保险公司的需求,实现法律意见书自身功能、定位、价值、意义的主要体现和必然要求。针对保险实务相关的法律意见书,如涉及投资、并购、保险产品设计、合同等非诉项目的,需要明确法律意见书所要体现的主要内容;如涉及诉讼、仲裁等争议解决的,需要概括法律意见书所要解决的主要问题。

(3)法律分析论证

法律分析论证,体现了法律意见书的价值和意义,是律师依照现行有效法律法规等分析、认定法律意见书所涉内容或主要问题的法律意义、法律评价或法律责任,是法律意见书的主体和精髓部分。法律分析论证的基础是现行有效的保险法律法规、规章以及相关司法解释。法律分析论证的对象是在基本事实基础上概括提炼的主要内容或需要解决的主要问题。法律分析论证的方法包括归纳、演绎、综合、法律逻辑推理等。通过上述法律分析论证方法使法律规范与主要内容或问题之间产生适用链接和发生作用,完成法律分析和论证过程,解决法律意见书涉及的主要内容和问题。

(4)结论和建议

结论是法律意见书的关键内容。法律规范适用于法律基础事实,围绕需要解决的主要内容和问题,通过法律分析论证,得出相应的结论,这是法律意见书的形成过程和应有之义。建议是对法律意见书中涉及的有关问题,结合实务经验、通行做法,在现有法律框架范围内,提出的改进或完善意见,是法律意见书的价值体现。同时,按照委托人保险公司的具体要求或法律意见书的用途,法律意见书还可以对存在的问题有针对性地进行风险提示和防范,以满足有关风险控制的要求。

3. 结尾

法律意见书的结尾,通常由声明、签章和日期等内容组成。

一般来说,声明内容可以包含对当事人使用的声明和律师事务所、律师的免责声明。其中,对当事人使用的声明,通常指出当事人使用该法律意见书的范围,如“本法律意见书仅限于××使用,未经本律师事务所同意,不得作其他用途使用”。律师免责声明,用作说明法律意见书仅供决策或使用时进行参考,并不能作为直接依据,如“本法律意见书仅供参考,贵司应当结合实际情况和其他材料,自行做出决策或判断”。

签章是指律师事务所和律师在法律意见书上盖章和签字,从而使该份法律意见书具备相应合法形式要件。在实务中,签章并没有严格统一要求,各律师事务所会有不同习惯和使用格式,也可以按照当事人具体要求有所调整。一般来说,法律意见书签章必须要有律师事务所的盖章,以确认签章律师事务所是该份法律意见书的主体。同时,对于是否需要律师事务所负责人签字以及是否需要一名或两名律师签字,可以依照法律意见书的具体用途和实际需要进行确定,并没有统一的要求。

日期是指律师事务所和律师出具法律意见书的具体时间。一般来说,日期会显示在律师事务所和律师签章的正下方,可以采用“20××年××月××日”或者“二〇××年××月××日”。

(二)注意事项

1. 明确要求

律师事务所和律师接受保险公司委托,出具法律意见书的,首先应当明确保险公司的具体想法、用途和有关要求。一般来说,保险公司在涉及投资与并购、重组、上市和发行公司债券、保险条款和保险产品的开发以及承保和理赔等不同项目和不同业务情况下,对律师事务所出具的法律意见书会有不同的使用要求、不同的形式要求和不同的内容要求。在实务中,明确保险公司的具体要求,是律师事务所和律师出具法律意见书的出发点和前提要求,也是律师事务所和律师出具的法律意见书能否满足当事人要求、符合使用要求,充分体现该份法律意见书价值的基础。

2. 掌握事实

律师事务所和律师出具法律意见书，应当全面分析、准确掌握和了解保险公司有关项目、诉讼仲裁案件的基本情形，包括项目的前期论证、进展情况、有关协议合同内容、履行情况以及诉讼仲裁案件相关的投保单、保险单等承保资料、出险后现场查勘、公估定损材料以及现有的诉讼材料等。这些项目和诉讼仲裁基本情况，是律师事务所和律师出具法律意见书的主要事实基础。在这些事实基础上，律师需要进行总结、归纳、概括出法律意见书需要的基本法律事实、需要解决的主要法律问题，确保出具的法律意见书围绕上述主要事实内容进行和展开，使法律意见书的事实基础扎实、准确和完整。

3. 运用法律

本质上来说，法律意见书就是律师运用法律法规和有关司法解释规定，分析解决保险公司实际内容和问题的法律文书。可见，律师事务所出具的法律意见书，首先需要全面收集、整理和比较、鉴别相关法律法规和司法解释的内容，并认定有关法律法规和规定内容是否能够适用本次法律意见书的具体实际情况，以及相关法律法规和规定内容之间的联系、区别和适用上的优先程度。在此基础上，将上述法律法规和规定适用法律意见书的基本事实内容和需要解决的主要问题，通过演绎、归纳等法律方法和法律逻辑推理，分析论证法律意见书中的有关事实和法律问题，完成法律法规和有关规定适用具体内容和解决实际问题的法律意见书主体部分。

4. 审视行规

律师事务所和律师在出具保险相关法律意见书时需要注意保险行业规定和行业惯例等与保险实务相关的规定和内容。一方面，保险行业监管部门针对保险业实际情况出台了大量规章和制度，在指导和规范保险业健康发展上发挥了重要作用，在保险项目运作的相关法律意见书中应充分考虑上述规章和内容的规定和要求。另一方面，大量保险行业惯例，如保单次日生效规定、免责条款提示和说明义务履行等，与现行法律法规和司法解释以及司法审判实践惯例之间存在矛盾、甚至冲突，在保险诉讼仲裁相关法律意见书中需要认真分析，并指出上述保险行业惯例在司法实践中面临的风险和问题。

5. 结合实情

律师事务所和律师在出具法律意见书，不仅需要注重法律事实和法律规定的逻辑分析和运用，而且还需要注意结合社会经济形势和诉讼地司法惯例和实际情况。在涉及保险产品开发、股权收购、保险资金运用等非诉讼项目的,如仅仅从法律规定和协议角度考虑,如存在违约责任条款或兜底条款,在法律层面上具有一定的可操作性,但是如果结合经济形势或交易背景,可能会出现实际上不可能实施或者实务风险难以控制的问题。在涉及诉讼仲裁等纠纷案件的,除了法律法规和司法解释规定外,还需要收集和分析纠纷案件的诉讼仲裁地法院有关内部规定和习惯判例,在实务中这些情况实际上会对诉讼和仲裁结果产生实质性的影响。因此,需要在法律意见书中进行相应的风险提示。

(三)法律意见书示例

××公司雇员××死亡产生的
雇主责任保险纠纷案件的法律意见书

(20××)法意字第××号

××保险公司:

贵司承保被保险人××公司(以下简称被保险人)雇主责任保险。在保险期间内,发生被保险人雇员××在上班途中与路边违停车辆相撞,造成该雇员××抢救无效死亡的事故。

按照贵司提供的有关投保材料,该雇员××在投保单名单内,且在上下班途中发生交通事故,符合贵司雇主责任险条款第3条:"在保险期间内,被保险人的工作人员在中华人民共和国境内(不包括香港、澳门和台湾地区)因下列情形导致伤残或死亡,(六)在上下班途中,受到交通事故及意外事故伤害"等有关规定。同时,本所律师认为,按照贵司有关保险合同内容,贵司没有将工伤认定程序作为赔偿前提条件,也没有明确以被保险人有过错为赔偿前提。因此,在实务中贵司以上述事项作为拒赔理由,在司法实务中存在较大的风险。但是,考虑到本案实际情况以及保险条款约定,被保险人向贵司索赔,仍须符合"依照中华人民共和国法律(不包括港澳台地区法律)应由被保险人承担的经济赔偿责任"的条件,而在本案纠纷中,本所律师认为,被保险人对本次事故发生无须承担赔偿责任,具体理由如下:

一是按照被保险人提供的《返聘合同书》第11条约定,雇员××退休之后,与被保险人之间形成的是雇佣关系,而不是劳动关系。

二是按照《最高人民法院关于审理人身损害赔偿案件适用法律若干问题的解释》第11条规定，雇员在从事雇佣活动中遭受人身损害，雇主应当承担赔偿责任。同时，该解释第9条对雇员职务行为作出了明确界定，从事雇佣活动是指从事雇主授权或者指示范围内的生产经营活动或者其他劳务活动。雇员的行为超出授权范围，但其表现形式是履行职务或者与履行职务有内在联系的，应当认定为“从事雇佣活动”。本所律师认为，具体结合本案所涉事故以及有关司法判例，雇员××在赶赴劳作地途中发生交通事故，不属于从事雇佣活动，被保险人则无须承担经济赔偿责任。

三是根据贵司雇主责任险条款的有关规定，贵司承担保险赔偿责任，限于依法应由被保险人承担的经济赔偿责任。但是本所律师认为，案涉事故不属于从事雇佣活动发生的事故，被保险人依法无须承担赔偿责任，贵司依照保险合同约定也无须承担保险赔偿责任。同时，被保险人与死者家属签订的调解协议，是被保险人自愿承担的合同责任，并不是被保险人依法应当承担经济赔偿责任，对贵司不具有法律约束力。

综合上述分析，结合有关司法实务情况，本所律师认为，雇员与被保险人之间属于雇佣关系，且本次事故不是在雇佣活动中发生的保险事故，被保险人依法无须承担经济赔偿责任，贵司也无须承担保险赔偿责任。同时，在具体案件诉讼过程中，还需要考虑其他因素或形成新的证据，可能会对本案件的处理产生一定影响。

上述法律意见，依照贵司提供的现有证据和材料作出，仅供贵司参考。

（以下无正文内容）

××律师事务所（盖章）

××律师（签字）

××××年××月××日

三、尽职调查

尽职调查是指企业在进行资产收购、股权转让、项目合作或者其他交易过程中，对目标企业的法律风险、财务状况、税务情况、商业运行、资源环境等方面的内容进行调查、分析并出具相应的调查意见，为企业有关项目提供意见、建议和决策参考。在保险实务中，保险公司在重组、并购、上市和资金运用，或者其他重大项目合作过程中，需要委托律师和律师事务所对标的公司企业的有关法律风险情况进行尽职调查。结合尽职调查有关实务，下文主要针对法律尽职调查中涉及的有关内容、方法、渠道等事项进行全面的分析和梳理，供保险公司尽职调查实务参考。

（一）主要内容

1. 公司（包括分公司、控股子公司）有关情况

包括公司整套工商资料，分公司、控股公司包含股东构成内容在内的工商资料；公司统一社会信用代码证书、银行开户许可证；最新公司章程、股权结构、公司组织机构图、分公司以及控股公司名称及其股东构成情况、生产经营情况；公司设立时政府主管部门批准文件（如有）；公司商业模式、销售模式、盈利模式的情况说明；报告期内公司主营业务是否发生变化、公司未来业务发展目标、所属行业情况及市场竞争状况的情况说明；公司《股东大会议事规则》《董事会议事规则》《监事会议事规则》《总经理工作细则》等公司治理制度和公司劳动用工、财务等规章制度以及具体执行情况说明；公司股份是否存在质押等转让限制以及是否存在股权纠纷或潜在纠纷的情况说明；公司、控股公司、分公司以及管理层历年获得荣誉、奖励情况及相关证明。

2. 公司财务资料

包括报告期内的年度审计报告、财务报告；报告期内最新的重大债权、债务清单（对方名称、金额、发生原因）；报告期内最新的在各金融机构借款余额清单及对账单；报告期内最新的对外投资、对外担保资料及情况说明；报告期内下属控股公司、分公司经营情况及审计报表、财务报表等。

3. 公司资产及经营情况

包括公司产权资料，如公司现有资产清单（包括有形资产以及持有其他公司的股份、股票、债券、债权凭证或其他投资工具等无形资产）；土地使用权证、土地出让合同以及相关批文；房屋所有权证；公司拥有的知识产权清单（著作权、专利、商标、许可、专有技术等）、注册名称、是否登记、登记机关名称、登记日期、许可使用情况、许可或转让协议等资料；主要生产经营设备等主要财产的权属证明、相关合同等资料；上述资产的保险、抵押、担保合同；房屋（资产）租赁协议。

公司尚未履行或正在履行的重要合同，包括但不限于下述合同：公司历次重大收购、出售资产的相关合同、协议、资产评估报告；合资、合作合同；担保合

同(保证合同、抵押合同、质押合同、留置合同等);借款、贷款、银企合作协议和其他融资合同;房屋、设备租赁合同;知识产权(专利、商标、非专利技术等)转让、使用许可合同等;对外担保、重大投资、委托理财等重要事项的决策和执行情况。

4. 股东、董事、监事、高管人员情况

包括公司股东基本情况、自然人股东的身份证复印件及简介;公司(包括控股公司)董事、监事、总经理、副总经理、财务负责人等高管人员简历,包括个人履历、教育经历、专业资质等;高管人员及其直系亲属是否存在自营或为他人经营与公司同类业务的情况说明;高管人员是否存在与公司利益冲突的对外投资的情况说明;高管人员是否存在个人重大债务负担的情况说明;公司及控股公司、分公司与公司股东、高管之间有无借款、担保的情况说明;董事、监事、高管人员产生方式及任命文件,有无变动及情况说明。

5. 公司人事资料

包括公司员工人数、构成(包括年龄、学历、职务、工作内容等)以及签订劳动合同情况;公司与工会有关协议以及工会代表职工签署的集体合同情况;员工社会保险情况(险种、参保人数及保险缴纳情况);未来薪酬安排、利润分享或期权;未决或可能发生的劳动争议详情;公司管理层及核心技术人员的持股情况。

6. 公司税务资料

包括公司纳税申报表及纳税缴款财务凭证;公司是否存在欠税、是否受过税务部门处罚的情况说明;公司如享受税收、财政补贴优惠,提供有关依据(包括但不限于省级政府或税务部门关于公司税负减免和优惠的批文或证明等)。

7. 同业竞争与关联方调查

包括公司控股股东或实际控制人及其控制的企业实际业务范围、业务性质、客户对象;公司控股股东或实际控制人及其控制的企业与公司业务的可替代性情况;报告期内关联交易明细表;公司关联交易的决策制度和定价策略制度以及其他相关股东大会、董事会决议资料以及执行情况。

8. 公司的重大资产变化及收购兼并

包括公司合并、分立、减少注册资本的资料;资产置换、资产剥离、资产出售或收购的决议、协议和定价依据;拟进行资产置换、资产剥离、资产出售或收购的计划。

9. 公司重大法律纠纷情况

包括公司是否存在因环境保护、知识产权、产品质量、劳动安全、人身权等原因产生债务的情况说明;以往涉及的诉讼、仲裁、行政处罚和违法违规情况(提供起诉书、答辩状、法院裁定书、判决书、承办人员就有关情况所作的书面说明、主要证据资料等);目前公司是否存在重大诉讼、仲裁及未决诉讼、仲裁的情况说明;公司生产经营符合环境保护、产品质量、技术标准的情况说明。

10. 其他重要文件资料

包括但不限于政府部门的有关批文、公司重大事件的相关资料等。

(二)主要方法、渠道

1. 主体信息查询

(1)国家企业信用信息公示系统(http://www. gsxt. gov. cn/index. html)能查询企业的工商登记基本信息,具体包括公司注册号、法定代表人、类型、注册资本、成立日期、住所地、营业期限、经营范围、登记机关、经营状态、投资人信息、公司主要备案的高管人员名单、分支机构、清算信息、行政处罚信息等。

(2)中国证监会指定信息披露网站——巨潮资讯网(http://www. cninfo. com. cn),仅适用于上交所、深交所上市的公众公司,可查寻内容包括两市公众公司各重大事项发布的公告、分红情况、财务指标、公司年报等。

(3)上海证券交易所官方网站(http://www. sse. com. cn)和深圳证券交易所官方网站(网址:http://www. szse. cn),可查寻上市公司发布公告、财务、企业年报等情况。

2. 涉诉讼信息查询

(1)中国裁判文书网(http://wenshu. court. gov. cn),该网站可查询自2014年1月1日起全国各级法院判决书,但涉及国家秘密、个人隐私的、未成年人犯罪、调解结案的判决文书除外。

(2)中国执行信息公开网(http://zxgk. court. gov. cn),该网站可查询2007年1月1日以后新收及此前未结的执行案件的被执行人信息以及失信人员名单,部分信息和名单可能会存在一定延时问题。

(3)人民法院公告网(https://rmfygg. court. gov. cn),该网站可以查询到大量法院公告信息,了解调查对象的涉诉讼情况。

(4)北大法律信息网(http://www. pkulaw. cn),该网站收录了部分中国裁判文书网没有的裁判文书。

（5）人民法院诉讼资产网（http://www.rmfysszc.gov.cn）可以查询全国范围内法院正在被执行的资产以及正在执行拍卖的资产情况。

（6）阿里拍卖司法（http://sf.taobao.com）可以查询有关司法拍卖信息。

3. 有关财产信息查询

（1）中国土地市场网（http://www.landchina.com）可查询国土资源部网站所示的全国范围内土地抵押、转让、招拍挂等信息，以及查询全国范围内的供地计划、出让公告、大企业购地情况等。

（2）国家知识产权局综合服务平台“专利检索及分析”（http://www.pss-system.gov.cn/sipopublicsearch/portal/uiIndex.shtml）网站可查询专利基本信息，如发明人、专利权人、公开日等，以及各专利权法律状态、专利证书发文、年费计算及全国大部分省市的专利代理机构名录等内容。

（3）中国商标网（www.ctmo.gov.cn sbj.saic.gov.cn）可查询注册商标信息及申请商标信息等。

4. 相关政府职能部门查询

（1）市场监督管理局，可以查阅并调取公司的全套工商登记材料，包括企业基本信息、设立、变更、审计报告、年检等信息。

（2）房管局，可以查阅调取企业的房产信息，包括权属、抵押、查封、变更登记等情况。

（3）国土资源局，可以查阅并调取企业的土地使用权信息，包括权属、抵押、查封等情况。

（4）车管所，可以查阅并调取企业的车辆信息，包括权属、抵押、查封等情况。

（5）人民银行征信系统，可以查阅并调取企业的信用报告。

（6）社保局，可以查阅并调取企业社会保险缴纳情况。

（7）环保部门，可以查阅并调取企业是否有环保行政违法或处罚情况。

（8）税务部门，可以查阅并调取企业纳税情况以及是否有税务行政处罚。

5. 现场查看

针对企业的土地、房屋、在建工程、机器设备、生产经营情况及有关场地设施等，可以通过实地查看并了解和掌握有关情况。

6. 现场交流

(1)访谈,可以通过与公司经营管理人员访谈,了解企业历史情况、经营现状、组织构架、业务情况等,了解掌握企业的大概运营情况,结合专项调查,使尽职调查报告能够更全面反映企业实际情况。

(2)询问,涉及财务、审计、评估的事项,可以与公司财务审计、资产评估等其他中介机构询问和交流意见,掌握更多实际情况。

7. 承诺函

部分无法通过官方渠道取得的材料或者原件缺失的材料,可以采用公司出具承诺函方式,确保公司提供的资料真实、完整、准确,在企业尽职调查中承诺函是一种辅助方式。

(三)尽职调查报告示例

××律师事务所

关于××公司尽职调查报告

(20××)尽调字第××号

一、公司基本情况

按照公司提供的有关材料,并查阅了××交所公开披露的有关资料、报告和信息,同时查阅全国企业信用信息网等信息渠道,现将公司有关情况梳理报告如下内容:

(一)公司的现状,××××××

(二)公司的设立,××××××

(三)公司的主要历史沿革,××××××

(四)主要经营情况,××××××

(五)公司核心竞争力分析,××××××

(六)行业有关情况说明,××××××

经核查,本所律师认为:公司设立主体、程序、资格、条件与方式以及历次重大变更符合法律法规以及规范性文件的规定和要求。公司为依法设立并有效存续的非上市股份有限公司;公司具备主营业务相应资质要求和完备的企业管理制度体系,在所在区域拥有竞争优势和持续经营能力。

二、公司的法人治理结构及管理体制

（一）法人治理结构

按照公司提供的有关材料，公司依据《公司法》《证券法》等法律法规的要求，公司制定了《××公司章程》，设立了股东大会、董事会、监事会以及其他相关经营管理机构，建立了健全的法人治理结构。××××××

（二）管理体制，××××××

经核查，本所律师认为：公司股东大会、董事会、监事会和经理管理层依照《公司法》和公司章程有关规定设立，公司高管人员任职符合法律法规和公司章程有关规定，公司法人治理结构完备。

三、公司的对外投资

（一）子公司，××××××

（二）分公司，××××××

（三）公司对外投资，××××××

经核查，本所律师认为：公司对外投资股权关系清晰，公司子公司、分公司设立依法合规。

四、公司的主要资产

依据公司提供的有关材料，经查阅××交所披露信息及公司网站信息，公司主要资产情况如下：

（一）固定资产，××××××

（二）投资性房地产，××××××

（三）长期股权投资，××××××

（四）存货，××××××

（五）无形资产，××××××

经核查，本所律师认为：公司具有从事主营业务相关的房屋建筑、设备、运输工具、存货、无形资产等资产条件，拥有一定数量和金额、与公司经营和规模相适应的房地产和股权投资资产。

五、借款及担保

按照公司提供的材料、公司××年度审计报告以及公司××年度审计报告，公司借款及担保情况如下：

（一）借款及负债情况，××××××

（二）对外担保情况

按照公司××××年度审计报告,截至××××年××月底,公司及子公司作为被担保方情况:××××××

(三)抵质押情况

按照公司××××年度审计报告,公司抵质押登记情况如下:××××××

经核查,本所律师认为:截至××××年××月底,公司具有一定数量金额的借款,公司母公司为公司提供了一定数量金额的担保。公司因业务经营发展需要有一定数量的质押和受限制货币资金资产。

六、公司的重大债权债务

按照公司提供的有关材料、公司××××年度审计报告,公司重大债权债务情况如下:

(一)公司债权,××××××

(二)公司债务,××××××

(三)预收账款,××××××

(四)重大合同或重要事项,××××××

经核查,本所律师认为:公司重大合同履行总体情况正常,公司主要债权、债务系公司在日常经营管理过程中产生的应收、应付款项。

七、公司的财务、纳税

按照公司提供的有关材料以及公司××年度审计报告,公司财务、纳税情况如下:

(一)公司的财务,××××××

(二)公司的纳税,××××××

经核查,本所律师认为:公司在行业内具有一定的盈利能力,公司各项主要财务指标数据总体情况尚可。公司执行的各项税率和税收合法合规,未发现存在违法违规行为,公司享受一定数量金额的地方政府各类补贴。

八、知识产权

(一)商标,××××××

(二)专利权

根据公司官方网站显示并经本所律师于××××年××月××日通过手机登录App“企查查”查询,公司共有××项专利,其中发明专利××项,部分专利信息如下:××××××

(三)著作权,××××××

（四）注册网站，××××××

经审查，本所律师认为：公司具有开展经营业务所需的商标、专利、著作权及注册网站，相应的商标权、专利权、著作权及注册网站合法有效。

九、公司的关联方及关联交易

（一）关联方，××××××

（二）关联交易，××××××

经核查，本所律师认为：公司已对关联方进行披露，相关关联交易和关联行为系日常业务经营发展所需；关联方向公司拆入资金并为公司提供担保，有利于公司业务经营发展的需要。

十、公司的劳动人事

按照公司提供的有关材料以及××××××查询，公司劳动人事情况如下：

（一）用工情况，××××××

（二）社会保险，××××××

经核查，本所律师认为：公司有与业务经营规模相适应的人员数量和专业技术力量，具有独立的劳动、人事管理制度。公司已为在职员工缴纳了社会保险、住房公积金，公司劳动用工合法合规。

十一、公司的重大诉讼、仲裁和行政处罚

本所律师于××××年××月××日登录全国法院被执行人信息网（http://zhixing.court.gov.cn）、中国裁判文书网（http://wenshu.court.gov.cn）、中国执行信息公开网（http://shixin.court.gov.cn）、信用中国（http://www.creditchina.gov.cn/）对公司涉诉及行政处罚情况进行核查，截至本所律师查询当日，案涉公司的已公布诉讼裁判文书××件、行政处罚××项。

（一）重大诉讼或仲裁，××××××

（二）行政处罚，××××××

经核查，本所律师认为：公司的涉诉案件主要是业务经营过程中产生的合同纠纷，同时公司有两个行政处罚记录。公司涉诉案件及行政处罚属于日常经营中产生的问题，基本上已经执行完毕或已进行账务处理，不会对公司业务经营和发展产生实质性影响。

（本页无正文，为《××律师事务所关于××公司尽职调查报告》签署页）

××律师事务所(盖章)

负责人(签字)

经办律师(签字)

经办律师(签字)

签署日期:××××年××月××日

四、专项顾问服务

区别于其他的法律服务事项,保险理赔法律服务具有较强的保险专业性要求、保险实务性内容、保险法律性规定等特征。因此,在保险事故发生后,保险活动当事人包括保险公司、投保人、被保险人、受益人,对于保险理赔的专业法律服务需求正在不断提升和增加。在实务中,除了诉讼仲裁保险法律服务外,保险专业律师事务所和律师参与保险理赔诉讼仲裁前的法律服务,通过担任保险理赔顾问或其他形式专业顾问为保险公司、投保人、被保险人、受益人提供专业法律服务,日益成为保险法律服务的重要内容。根据相关法律法规和司法解释,结合保险法律实务,现就律师事务所和律师提供保险理赔有关专项顾问服务等内容进行如下梳理。

(一)主要内容

1. 民事责任

保险事故发生后,当事人之间的有关民事责任问题,主要可能存在以下三个方面的内容:一是保险公司与被保险人、受益人之间保险赔偿问题;二是保险公司在向被保险人赔偿保险金后,依法向第三者行使保险人代位求偿权问题;三是被保险人未获保险赔偿部分的损失,要求第三者承担违约责任或者侵权责任问题。具体来说,主要内容如下:

(1)保险赔偿

为投保人、被保险人、受益人提供保险索赔专项顾问服务,主要事实依据和理由如下:按照保险法和保险合同的有关内容,在保险事故发生后,投保人、被保险人、受益人向保险公司索赔的,负有向保险公司提供其所能提供的、与保险事故的性质、原因、损失程度等有关的证明和资料。可见,保险事故发生后,律师事务所和律师可以指导投保人、被保险人、受益人客观、全面、完整地提供上述保险索赔所需材料,这对于认定事故性质、明确保险责任范围以及确定保险赔偿金额等具有重要影响。

为保险人的保险理赔提供专项顾问服务，主要事实依据和理由如下：保险事故发生后，投保人、被保险人、受益人向保险公司索赔的，按照保险法和保险合同有关内容，保险公司应当在现场查勘基础上，确定是否属于保险责任；如果属于保险责任的，进一步需要定损、核赔，并最终向被保险人、受益人承担赔偿或支付保险金责任。在实务中，保险事故发生的情况各不相同，保险法律适用又具有较强法律专业性和诉讼实务性内容要求。因此，保险公司在保险理赔过程中需要专业律师提供保险理赔专项顾问服务，确保理赔工作在合法合规基础上最大限度实现减损。

（2）保险人代位求偿权

按照《保险法》第60条规定，因第三者对保险标的损害造成保险事故的，保险人在向被保险人赔偿保险金后，在赔偿金额范围内代位行使被保险人对第三者请求赔偿的权利。在保险实务中，保险人代位求偿权的行使，一般来说需要通过诉讼、仲裁途径向第三者行使该项权利。但是，针对保险事故的具体情况，在专业律师参与和协助下，不排除保险人与第三者之间就有关保险追偿事宜，可以通过协商处理和解决。

同时，保险人通过诉讼或者仲裁方式行使保险人代位求偿权的，专业律师为第三者提供专业法律服务，或者为保险人行使保险人代位求偿权提供专业法律服务，都具有十分重要现实意义。如专业律师在保险人保险理赔阶段，提前介入后期可能进行的保险人代位求偿权纠纷处理，可以提供后期追偿可能涉及法律事实和法律问题的咨询和顾问法律服务，主要内容包括分析事故法律责任、查找第三者财产线索、采取诉前财产保全措施、提前固定有关证据材料等。这些法律服务，对于保险人以及第三者有关保险人代位求偿权的行使和实现、抗辩，都具有十分重要的价值和意义。

（3）第三者的违约责任或侵权责任

在保险法律实务中，保险事故发生后的有关民事赔偿责任内容，不仅涉及保险人与被保险人、受益人之间的保险赔偿、保险人行使代位求偿权等法律问题，还包括被保险人就其未获保险赔偿部分的损失向第三者要求赔偿的问题。针对保险事故发生的不同情况，被保险人与第三者之间赔偿责任，可以由违约责任构成，也可以由侵权责任构成，或者构成违约责任与侵权责任的竞合。可见，被保险人与第三者之间的赔偿责任，包括诸多法律专业性和实务性内容，专业律师参与并为被保险人或者第三者提供专项法律服务,对于双方之间最终解决赔偿问题起到积极作用。

2. 刑事责任

除上述民事赔偿责任内容外,保险事故的发生以及保险理赔过程中,还可能存在刑事责任或者刑事法律风险问题,诸如投保人、被保险人、受益人在保险索赔过程中实施保险诈骗,保险公司内部人员可能存在职务侵占,机动车驾驶人员危险驾驶行为或者交通肇事行为,工矿企事业单位违反安全生产法规造成重大责任事故,企事业单位违反消防法规造成消防责任事故等。可见,律师事务所和专业律师在提供保险法律服务的过程中,针对上述有关刑事责任和刑事法律风险问题,可以接受有关当事人的委托,依法为当事人提供法律咨询和法律帮助等专项法律服务。

3. 行政责任

当前,保险已经涵盖国民经济和社会发展的广泛领域。在保险事故发生后,涉及有关行政主管部门出具气象证明、交通事故认定、火灾事故责任认定、安全生产事故责任认定、产品质量事故责任认定等事项。这些行政部门出具的有关证明和事故责任认定材料,对于保险事故有关的法律事实或者法律行为的认定,民事责任或者行政责任的承担,甚至刑事责任的追究,都具有重要的作用和影响。同时,按照有关行政法律法规的规定,事故的有关当事人对行政机关出具的事故责任认定书有异议的,应当在法定期限内提出意见或申请行政复议,或者在法律规定的时间内提起行政诉讼,否则有关事故责任认定书将产生相应的法律后果。可见,在行政机关对保险事故有关责任的认定过程中,律师事务所和专业律师为有关当事人提供专业法律服务,能够充分保障当事人的各项权利,维护当事人的合法权益。

(二)服务方式

1. 提供口头或书面法律咨询服务

按照当事人保险事故处理和其他法律风险问题处理的需要,针对可能涉及的各类民事、刑事、行政法律事项,可以通过面谈、电话、传真、电子邮件等形式提供相关问题的专业法律咨询、意见和建议。

2. 参与重要事项协商谈判

结合有关事项的处理需要,接受当事人的委托,参与当事人与有关部门、保险人、有关单位或者个人的重要事项协商与谈判。从维护当事人权益出发，通过实际参与协商谈判，最大限度地实现和维护当事人合法权益。

3. 出具法律意见书或律师函

结合有关事实情况和相应法律规定，给当事人出具法律意见书或法律分析意见书，提供专业法律分析和意见、可行性分析报告，供有关当事人决策、参考。同时，按照当事人委托及实际需要，与对方当事人或有关部门就有关事项进行联系、沟通、协商，并可以按照实际情况需要，向有关单位或个人出具律师函。

4. 协助处理有关鉴定、评估、复议、申诉、控告等事项

按照委托事项处理流程和实际需要，在涉及责任问题鉴定、损失评估等事项的，帮助当事人选择鉴定、评估机构，并对鉴定、评估事项提出意见、建议。在涉及行政事项复议以及有关人员违法违规的，协助当事人申请行政复议，或接受当事人委托就有关人员违法违规行为，向有关部门提出申诉、控告。

5. 指导当事人进行有关证据、材料的收集和提供

涉及保险理赔、保险人代位求偿权、第三人赔偿责任等民事责任承担或者有关行政事项、刑事责任和刑事法律风险问题，接受委托为当事人提供专业法律服务咨询，指导当事人客观、全面、准确地收集并提供有关证据和材料，最大限度地反映实际情况、真实情况，维护当事人的合法权益。

（三）注意事项

1. 合法合规

律师事务所和律师为保险公司或其他保险合同当事人、关系人提供涉及民事、行政、刑事等法律专项顾问服务的，应当在《律师法》和有关法律法规框架范围内，通过提供专业法律服务，指导、帮助和协助当事人依法处理纠纷、法律风险和有关涉诉事项。律师事务所尤其是服务律师，应当遵守律师执业纪律和职业道德，不得与当事人恶意串通损害国家、社会或者第三人的利益，不得协助、帮助当事人伪造、毁灭证据或提供虚假证据，不得鼓动当事人通过非法手段或不合法途径获取有关资料和事项信息，不得非法获取不合法利益。

2. 专业尽责

律师事务所和律师提供专项顾问法律服务的，应当按照不同法律业务和法律专业领域的要求，充分协调律师事务所范围内或者跨律师事务所法律业务专业合作，充分运用各自在法律业务领域内精通法律和较强专业法律服务能力，

为委托的当事人努力提供所需的保险法、民法、刑法、行政法等相关法律领域的优质、高效法律服务。同时,在专项顾问法律服务过程中,律师事务所和律师应当客观、全面、正确地分析有关情况,避免进行虚假宣传和误导性陈述,尽职尽责及时进行有关法律风险提示,最大限度维护委托当事人合法权益。

3. 及早介入

鉴于以往保险专项顾问法律实务经验,在保险事故发生后,律师事务所和专业律师接受委托后第一时间介入有关事项的处理,并协助当事人掌握第一手的证据和材料,不仅可以为当事人在第一时间提供专业法律咨询和服务,帮助分析各种可能的法律问题和风险,提供当事人需要的其他前期必要法律帮助;而且还可以在第一时间为当事人提出最有利的处理方案,并通过第一时间协助调查和收集有关证据、起草有关协议、参与具体谈判等,有效解决当事人因事实和法律认识错误可能产生的各种不利影响,帮助当事人最大限度地争取主动和有利态势。

4. 保守秘密

律师事务所和律师在专项顾问服务过程中,能够了解和知悉部分与处理事项有关的情况以及当事人的商业秘密。按照《律师法》和有关规定以及与当事人签订的协议约定,除法定事由按照法定程序进行披露外,参与服务的律师事务所和律师应当严格保守服务过程中知悉的相关秘密事项。在实务中,上述有关事项的保密期限,不仅包括在担任专项顾问的法律服务期间,而且还应当包括在完成专项顾问服务之后。律师事务所和律师违反有关保密约定和要求,泄露在专项顾问服务过程中知悉的当事人商业信息和秘密,并给委托当事人造成损失的,应当承担赔偿责任。

五、保险产品开发

保险产品开发主要是指保险公司因经营发展需要以及应对保险市场和消费者的需求,设计研发保险产品替代原有产品,或者对自身现有保险产品进行调整的过程和行为。保险公司是保险产品开发的主体,并对保险条款费率承担相应法律责任。在保险实务中,保险产品开发是保险公司经营发展的重要内容,是保险公司适应保险消费市场发展的必然要求,是保险公司增加保费收入和增强产品竞争力的重要渠道。同时,保险产品开发也是满足广大人民群众日益多样保险消费需求的必然要求。

（一）主要内容

保险产品开发的主要内容，按照设计研发保险新产品与对原有保险产品进行修订和调整，两者在内容上有所区别。其中，保险产品开发的内容包括可行性报告、保险费率和保险精算报告、保险条款、投保单、保险单以及产品命名、说明和宣传等。原有保险产品修订和调整的主要内容，在上述保险产品开发的内容基础上，保险条款修订前后比对、保险费率调整说明、同类产品比对说明以及其他需要的材料。

1. 可行性报告

保险产品开发的可行性报告内容，包括重要客户提出的具体要求、市场需求变化和同类产品的市场比对分析；保险条款和保险费率的说明，包括法律法规依据、保险条款与保险费率的主要特点；市场风险和经营风险的分析，相关风险管理措施；目标客户分析，销售目标预期与营销策略安排，盈利性分析等。

2. 保险费率表、保险费率调整说明和保险费率精算报告

保险费率的厘定应当满足合理性、公平性、充足性原则。保险产品的合理定价，应当在经验分析和合理预期的基础上，科学设定精算假设，综合考虑市场竞争等因素，形成保险费率表。原有保险产品修订、调整的，涉及有关保险费率调整原因、必要性、依据等事项的说明。同时，在保险费率精算报告编制过程中，应当依照保险费率管理办法的规定和要求，明确有关保险基准费率和费率调整系数，按照实际风险水平或者行业风险损失测算风险损失率，合理厘定费率调整系数以及其他相关的内容。

3. 保险条款、保险条款修订前后比对表

保险产品的开发，应当按照保险法和保险公司保险产品开发的有关规定要求，制定和完善保险条款的框架和内容。一般来说，保险条款应当包括主险和附加险。其中，保险条款的内容应当包括总则、保险责任、责任免除、保险金额/责任限额与免赔额（率）、保险期间、保险人义务、投保人/被保险人义务、赔偿处理、合同变更与终止、争议处理和法律适用、其他事项、释义等。在实务中，保险条款具体内容可以依据各险种的特点和要求进行增减。同时，保险条款的表述应当严谨，避免过于宽泛。海上保险的保险条款应当按照《海商法》的相关规定约定保险价值。原有保险产品修订、调整的，还应当将修订或者调整前后的保险条款进行对比，说明调整的主要内容。

4. 投保单

在保险产品开发实务中,应当按照保险法和保险公司保险产品开发的有关规定要求,设计完善投保单的内容。结合保险实务有关情况和需要,投保单应当包括以下内容:产品名称、投保人信息、被保险人基本信息、投保险种、免赔额或免赔率、保险费率、保险期间、保险费、保险费交付日期、争议解决方式、特别约定、保险标的项目的明细清单、保险金额和保险价值的确定、附加险种、投保人声明、投保人签章和时间、保险条款内容等。

5. 保险单

在保险产品开发实务中,应当按照保险法和保险公司保险产品开发的有关规定要求,制定完善保险单的内容。结合保险实务有关情况和需要,确定保险单的有关具体内容。一般来说,保险单应当包括以下内容:产品名称、保险单号、被保险人信息、承保险种、免赔额或免赔率、保险金额或赔偿限额、保险费、保险期间、保险费交付日期、争议解决方式、特别约定、保险人信息和签章、附贴险种条款等。

6. 命名

保险条款和保险费率名称应当清晰明了,客观全面反映保险责任的主要内容,不得曲解保险责任,不得误导消费者。一般要求,主险保险条款和保险费率名称应当符合以下格式:保险公司名称 +(地方性产品地域名称)+ 主要保险责任描述(险种)+(版本);附加险保险条款和保险费率名称应当符合以下格式:(保险公司名称)+(主险名称)+ 附加 +(地方性产品地域名称)+ 主要保险责任描述(险种)+(版本)。保险产品命名应当参照保险条款和保险费率命名规则,原则上应当与主要保险条款和保险费率名称保持一致,不得使用低俗、不雅、具有炒作性质的词汇,同时,应当使新开发的保险产品具有较高的识别度和区别性。

7. 说明与宣传

在保险产品开发实务中,按照保险产品开发的实际情况和需要,可以编制保险新产品的使用说明。一般来说,使用说明可以针对保险产品的保险责任、保险费率、适用对象和注意事项等内容进行重点说明,使保险产品销售人员能够更好地宣传和推广新开发的保险产品。同时,在保险产品销售过程中,可以通过媒体宣传、资料宣传、互联网移动通信宣传等不同方式,对新开发的保险产品特征、优势进行推广和宣传,提高保险新产品的市场认知度,促进保险新产品的销售和保险服务的提升,使新开发的保险产品获得经济效益和社会效益的统一。

（二）开发流程

保险公司应当根据有关规定和要求,制定和完善保险产品开发流程,并不断进行优化和调整。保险公司在产品开发过程中,应当充分听取保险消费者的意见和建议,应当尊重法律审查人和精算审查人的专业意见。同时,保险公司开发保险产品,可以参考使用行业示范条款和行业纯风险损失率。国家积极鼓励保险公司加强国际保险产品的研究借鉴,不断提高产品质量水平。一般来说,在保险产品开发实务中,保险公司产品开发的流程应当包括:计划准备、研究论证、条款开发、费率定价、内部论证审核、报送审批备案(注册)、发布和宣传、产品管理。

1. 计划准备

保险公司应根据市场需求、发展变化和公司发展规划等,合理确定公司保险产品开发计划,采取科学合理的调研方法对市场需求信息、同类产品信息等资料数据进行全面收集、整理和分析,做好保险产品开发的各项准备工作。

2. 研究论证

保险公司应加强保险条款开发和保险费率厘定的研究论证,做好保险产品开发的可行性分析和研究,全面准确分析潜在风险,科学制定风险控制措施,明确保险产品在销售推广、承保、理赔等后续各环节的经营管理计划和方案。

3. 条款开发

保险公司应按照保险法和保险公司保险产品开发的有关规定,加强保险条款的合法性、合规性、合理性审核,并结合实务要求完善相关内容。同时,提供的格式合同文本中的责任免除条款、免赔额、免赔率、比例赔付或给付等免除或者减轻保险人责任的条款,应当以足以引起投保人注意的文字、字体、符号或者其他明显标志作出提示,并对保险合同中有关免除保险人责任条款的概念、内容及其法律后果以书面或者口头形式向投保人作出常人能够理解的解释说明。

4. 费率定价

保险公司应根据保险法律法规和监管规定要求,完成保险条款费率开发和其他产品开发要件的编写工作,确保开发的保险产品定价能够满足合理性、公平性和充足性原则要求。保险公司开发的保证保险产品,应当制定相应的风险管控措施,并向中国保监会报送审批备案时提交相关材料。

5. 内部论证审核

保险公司应制定明晰的产品开发内部审核论证机制。保险公司法律审查人对保险条款的依法合规性进行审核并签字;精算审查人对费率定价和精算报告进行审核并签字。同时,政策性较强的产品、应当报送审批的产品、行业首创的产品、预计保费收入或保险金额较高的产品、风险较高的产品、风险或保险标的特殊的产品、经营模式独特的产品等重点产品开发,还应当提交公司产品管理委员会审议,并在报送文件中说明。

6. 报送审批备案(注册)

保险公司应根据保险法律法规和监管规定要求,将开发的保险条款和保险费率报中国保监会审批备案。根据《中国保监会关于开展财产保险公司备案产品自主注册改革的通知》和《中国保监会办公厅关于启动财产保险公司备案产品自主注册平台的通知》规定实行自主注册的产品,应当在自主注册平台注册。

7. 发布宣传

保险公司对保险产品的宣传应当客观准确,不得误导保险消费者。未经审批或注册的保险条款和保险费率不得宣传销售。保险产品名称同保险条款和保险费率名称不一致的,应当在保险合同和保险宣传材料上列明适用的保险条款和保险费率名称。

8. 产品管理

保险公司应加强保证保险产品的管理工作,应对保证保险条款投保人、被保险人的类型予以明晰,进一步加强对保险责任和责任免除的提示说明,有效强化投保人、被保险人的权益保护。保险公司开展的保证保险业务,不得以一年期以内产品通过逐年续保、出具多张保单等方式变相替代一年期以上产品。

(三)注意事项

1. 合法、审慎、被保险人权益保护要求

保险公司开发保险产品应当遵守《保险法》、相关法律法规以及监管部门的规定要求,不得违反保险原理,不得违背社会公序良俗,不得损害社会公共利益和保险消费者的合法权益。保险公司开发保险产品应当综合考虑公司承保能力、风险单位划分、再保险支持等因素,不得危及公司偿付能力和财务稳健。同时,保险公司开发保险产品应当加强被保险人权益保护工作,特别是开发个人保险产品时,要坚持通俗化、标准化,语言应当通俗易懂、明确清楚,切实保护投保人和被保险人的合法权益。

2. 基本原则要求

(1)保险利益原则。按照保险法的规定,财产保险的被保险人在保险事故发生时,对保险标的应当具有保险利益。人身保险的投保人在保险合同订立时,对被保险人应当具有保险利益。

(2)损失补偿原则。损失补偿原则是财产保险的基本原则。财产保险产品应当坚持损失补偿原则,确定保险产品的损失赔偿金额计算,严禁被保险人通过保险产品获得不当利益。

(3)诚实信用原则。按照保险法的规定,保险活动当事人行使权利、履行义务应当遵守诚实信用原则。保险公司在开发保险条款时,应当合理确定各方权利义务内容。保险条款中应明确列明投保人、被保险人权利义务,不得损害投保人、被保险人合法权益。

(4)射幸合同原则。保险合同是射幸合同。保险产品承保的风险是否发生、损失大小等应存在不确定性。保险合同不能承保确定发生的或者已经发生的风险和损失。

(5)风险定价原则。保险活动应当按照市场化要求,兼顾风险管理和公平合理原则。涉及保险费率的厘定,应当基于对实际风险水平和保险责任的测算,确保保费与风险相匹配。

3. 不得开发下列产品

按照保险法和有关监管规定要求,保险公司不得开发下列产品:对保险标的不具有法律上承认的合法利益;约定的保险事故不会造成被保险人实际损失的保险产品;承保的风险是确定的,如风险损失不会实际发生或风险损失确定的保险产品;承保既有损失可能又有获利机会的投机风险的保险产品;无实质内容意义、炒作概念的噱头性产品;没有实际保障内容,单纯以降价(费)、涨价(费)为目的的保险产品;"零保费""未出险返还保费"或返还其他不当利益的保险产品;其他违法违规、违反保险原理和社会公序良俗的保险产品。

六、保险资金运用

按照保险法律法规和有关规定,在实务中保险资金运用是指在中国境内依法设立的保险集团(控股)公司、保险公司按照法律法规和有关监管规定使用保险资金的活动总称。其中,保险资金是指保险集团(控股)公司、保险公司以本外币计价的资本金、公积金、未分配利润、各项准备金以及其他资金。同时,保险资金运用必须以服务保险业为主要目标,坚持稳健审慎和安全性原则,符合偿付能力监管要求,根据保险资金性质实行资产负债管理和全面风险管理,实现集约化、专业化、规范化和市场化。保险监管部门依法对保险资金运用活动进行监督管理。

(一)基本要求

1. 安全性原则

安全性原则是保险资金运用的基本原则,是由保险资金的性质特点决定的。在实务中,保险资金运用中很大比例属于暂时闲置的保险赔偿金。同时,这部分保险资金中很大一部分,最终将通过保险公司承担赔偿或者给付保险金的形式支付给被保险人或受益人。安全性原则体现在保险资金运用众多方面,包括保险资金办理银行存款的,存款商业银行应符合专门条件和要求;保险资金投资债券的,应当达到中国保监会认可的信用评级机构评定的且符合规定要求的信用级别;保险资金投资的股票,主要包括公开发行并上市交易的股票和上市公司向特定对象非公开发行的股票;保险资金投资证券投资基金的,其基金管理人应当符合有关条件和要求;保险资金运用中,保险集团(控股)公司、保险公司购置自用不动产、开展上市公司收购或者从事对其他企业实现控股的股权投资,应当使用自有资金等。

2. 稳健审慎原则

稳健审慎原则是保险业经营的基本要求,也是保险资金运用的重要原则。在实务中,保险资金运用稳健审慎原则,主要体现在根据保险资金性质实行资产负债管理和全面风险管理,坚持资产负债管理,保险资金主要投向债券等固定收益类资产;保险资金运用坚持分散化投资和跨国配置,提高保险资金运用的收益,控制风险;保险资金运用实行集约化、专业化、规范化、市场化运作以及资金托管制度。同时,保险集团(控股)公司、保险公司的保险资金运用行为涉及关联交易的,应当遵守法律、行政法规、国家会计制度,以及中国保监会的有关监管规定。保险集团(控股)公司、保险公司应当建立内部稽核和外部审计制度。保险集团(控股)公司、保险公司应当每年至少进行一次保险资金运用内部稽核。保险集团(控股)公司、保险公司应当聘请符合条件的外部专业审计机构,对保险资金运用内部控制情况进行年度专项审计。

3. 主要目标是服务保险业

按照保险法有关规定,保险业与银行业等其他金融行业实行分业经营和分业管理。可见,在我国保险是金融业的组成部分,同时又相对独立于银行、信托、证券等其他金融行业,其经营和管理活动主要围绕保险业务领域。因此,在保险实务中,保险资金运用主要目标应当围绕和服务保险业,发挥保险资金运用的重要作用。围绕服务保险业的主要目标,保险资金运用的具体要求包括:保险资金应当由保险集团(控股)公司、保险公司、保险资产管理公司集中统一管理和运用,各分支机构不得从事保险资金运用业务;保险资金不得直接从事房地产开发建设;除个人保单质押贷款外,不得将保险资金运用形成的投资资产用于向他人提供担保或者发放贷款等。

4. 符合偿付能力监管要求

按照保险法的规定保险公司应当具有与其业务规模和风险程度相适应的最低偿付能力。保险公司的认可资产减去认可负债的差额不得低于国务院保险监督管理机构规定的数额;低于规定数额的,应当按照国务院保险监督管理机构的要求采取相应措施达到规定的数额。可见,保险公司偿付能力是保险监管的重要指标。一方面,保险资金的运用必须符合偿付能力的监管要求,如保险公司偿付能力状况不符合保险监管部门要求的,将限制保险资金运用的形式和比例。另一方面,保险公司可以通过保险资金运用,获得投资收益和利润,加快保险资金积累,增强保险公司承担赔偿或者给付保险金责任的能力,提升保险公司偿付能力和水平,保障投保人、被保险人、受益人的合法权益。

5. 市场化、专业化、集约化运作

保险公司按照市场化、专业化、集约化要求进行运作,是保险资金运用的必然要求。在保险资金运用实务中,具体要求包括,保险集团(控股)公司、保险公司应当按照"集中管理、统一配置、专业运作"的要求,实行保险资金的集约化、专业化管理。保险集团(控股)公司、保险公司应当选择符合条件的商业银行等专业机构,实施保险资金运用第三方托管和监督。保险集团(控股)公司、保险公司、保险资产管理机构开展保险资金运用业务,应当具备相应的投资管理能力。保险集团(控股)公司、保险公司根据投资管理能力和风险管理能力,可以按照相关监管规定自行投资或者委托符合条件的投资管理人作为受托人进行投资。保险资产管理机构根据中国保监会相关规定,可以将保险资金运用范围内的投资品种作为基础资产,开展保险资产管理产品业务等。

(二)主要形式

1.银行存款

保险资金办理银行存款的,应当选择符合下列条件的商业银行作为存款银行:资本充足率、净资产和拨备覆盖率等符合监管要求;治理结构规范、内控体系健全、经营业绩良好;最近三年未发现重大违法违规行为;信用等级达到中国保监会规定的标准。其中,信用等级达到中国保监会规定的标准,在实务中具体标准应为:最近一年长期信用评级要求达到A级或者相当于A级以上。同时,按照《关于规范保险资金银行存款业务的通知》(保监发〔2014〕18号)规定,保险公司不得将银行存款用于向他人提供质押融资、担保、委托贷款或者为他人谋取利益。保险公司以银行存款质押为自身融资的,融入资金应当主要用于临时调剂头寸和应付大额保险赔付等需要,融资额度纳入融资杠杆监测比例管理。

2.买卖债券

保险资金投资的债券,应当达到中国银保监会认可的信用评级机构评定的、且符合规定要求的信用级别,主要包括政府债券、金融债券、企业(公司)债券、非金融企业债务融资工具以及符合规定的其他债券。按照《保险资金投资债券暂行办法》规定,保险公司投资债券,应当符合下列条件:具有完善的公司治理、决策流程和内控机制,健全的债券投资管理制度、风险控制制度和信用评级体系;已经建立资产托管、集中交易和防火墙机制,资金管理规范透明;合理设置债券研究、投资、交易、清算、核算、信用评估和风险管理等岗位;投资和交易实行专人专岗;具有债券投资经验的专业人员不少于2人,其中具有3年以上债券投资经验的专业人员不少于1人;信用评估专业人员不少于2人,其中具有2年以上信用分析经验的专业人员不少于1人;建立与债券投资业务相应的管理信息系统。同时,具体规定了政府债券、金融债券、企业(公司)债券、非金融企业债务融资工具,以及符合规定的其他债券等应当具备条件和要求,以及债券资产配置比例等相关内容的规定。

3.股票

保险资金投资的股票,主要包括公开发行并上市交易的股票和上市公司向特定对象非公开发行的股票。保险资金开展股票投资,分为一般股票投资、重大股票投资和上市公司收购等,中国银保监会根据不同情形实施差别监管。按照《关于进一步加强保险资金股票投资监管有关事项的通知》(保监发〔2017〕9号)规定,一般股票投资,是指保险机构或保险机构与非保险一致行动人投资上市公司股票比例低于上市公司总股本20%,且未拥有上市公司控制权的股票投资行为。重大股票投资,是指保险机构或保险机构与非保险一致行动人持有上市公司股票比例达到或超过上市公司总股本20%,且未拥有上市公司控制权的股票投资行为。上市公司收购,包括通过取得股份的方式成为上市公司的控股股东,或者通过投资关系、协议、其他安排的途径成为上市公司的实际控制人,或者同时采取上述方式和途径拥有上市公司控制权。保险资金投资全国中小企业股份转让系统挂牌的公司股票,以及以外币认购及交易的股票,另行规定。

4. 证券投资基金份额

保险资金投资证券投资基金的,其基金管理人应当符合下列条件:公司治理良好、风险控制机制健全;依法履行合同,维护投资者合法权益;设立时间一年(含)以上;最近三年没有重大违法违规行为;设立未满三年的,自其成立之日起没有重大违法违规行为;建立有效的证券投资基金和特定客户资产管理业务之间的防火墙机制;投资团队稳定,历史投资业绩良好,管理资产规模或者基金份额相对稳定。按照《保险公司投资证券投资基金管理暂行办法》(保监发〔2003〕6号)规定,保险公司投资基金的比例应符合如下要求:各保险公司投资基金的余额按成本价格计算不得超过本公司上月末总资产的15%;保险公司投资于单一基金的余额按成本价格计算,不得超过上月末总资产的3%;保险公司投资于单一封闭式基金的份额,不得超过该基金份额的10%。

5. 投资不动产

保险资金投资的不动产,是指土地、建筑物以及其他附着于土地上的定着物,具体办法由中国银保监会制定。保险集团(控股)公司、保险公司购置自用不动产,应当使用自有资金。按照《保险资金投资不动产暂行办法》(保监发〔2010〕80号)规定,保险资金可以投资符合下列条件的不动产:已经取得国有土地使用权证和建设用地规划许可证的项目;已经取得国有土地使用权证、建设用地规划许可证、建设工程规划许可证、施工许可证的在建项目;取得国有土地使用权证、建设用地规划许可证、建设工程规划许可证、施工许可证及预售许可证或者销售许可证的可转让项目;取得产权证或者他项权证的项目;符合条件的政府土地储备项目。保险资金投资的不动产,应当产权清晰,无权属争议,相应权证齐全合法有效;地处直辖市、省会城市或者计划单列市等具有明显区位优势的城市;管理权属相对集中,能够满足保险资产配置和风险控制要求。同时,保险资金可以投资符合下列条件的不动产相关金融产品:投资机构符合《保险资金投资不动产暂行办法》(保监发〔2010〕80 号)第九条规定;经国家有关部门认可,在中国境内发起设立或者发行,由专业团队负责管理;基础资产或者投资的不动产位于中国境内,符合《保险资金投资不动产暂行办法》(保监发〔2010〕80 号)第十一条第一款第(一)项至第(五)项的规定;实行资产托管制度,建立风险隔离机制;具有明确的投资目标、投资方案、后续管理规划、收益分配制度、流动性及清算安排;交易结构清晰,风险提示充分,信息披露真实完整;具有登记或者簿记安排,能够满足市场交易或者协议转让需要;中国银保监会规定的其他审慎性条件。不动产相关金融产品属于固定收益类的,应当具有中国银保监会认可的国内信用评级机构评定的 AA 级或者相当于 AA 级以上的长期信用级别,以及合法有效的信用增级安排;属于权益类的,应当建立相应的投资权益保护机制。保险资金投资不动产相关金融产品的规则,由中国银保监会另行规定。

6. 投资股权

保险资金投资的股权,应当为境内依法设立和注册登记,且未在证券交易所公开上市的股份有限公司和有限责任公司的股权。保险集团(控股)公司、保险公司开展上市公司收购或者从事对其他企业实现控股的股权投资,应当使用自有资金。保险集团(控股)公司、保险公司对其他企业实现控股的股权投资,应当满足有关偿付能力监管规定。保险集团(控股)公司的保险子公司不符合中国保监会偿付能力监管要求的,该保险集团(控股)公司不得向非保险类金融企业投资。实现控股的股权投资应当限于下列企业:保险类企业,包括保险公司、保险资产管理机构以及保险专业代理机构、保险经纪机构、保险公估机构;非保险类金融企业;与保险业务相关的企业。《保险资金运用管理办法》(中国保险监督管理委员会令〔2018〕1 号)规定,保险资产管理机构,是指经中国保监会同意,依法登记注册,受托管理保险资金等资金的金融机构,包括保险资产管理公司及其子公司、其他专业保险资产管理机构。《保险资金投资股权暂行办法》(保监发〔2010〕79 号)规定,保险公司直接投资股权,应当符合下列条件:(一)具有完善的公司治理、管理制度、决策流程和内控机制;(二)具有清晰的发展战略和市场定位,开展重大股权投资的,应当具有较强的并购整合能力和跨业管理能力;(三)建立资产托管机制,资产运作规范透明;(四)资产管理部门拥有不少于5名具有3年以上股权投资和相关经验的专业人员,开展重大股权投资的,应当拥有熟悉企业经营管理的专业人员;(五)上一会计年度末偿付能力充足率不低于150%,且投资时上季度末偿付能力充足率不低于150%;(六)上一会计年度盈利,净资产不低于10亿元人民币(货币单位以下同);(七)最近三年未发现重大违法违规行为;(八)中国保监会规定的其他审慎性条件。间接投资股权的,除符合前款第(一)、(三)、(五)、(七)、(八)项规定外,资产管理部门还应当配备不少于2名具有3年以上股权投资和相关经验的专业人员。保险公司投资保险类企业股权,可不受前款第(二)、(四)项的限制。前款所称重大股权投资,是指对拟投资非保险类金融企业或者与保险业务相关企业实施控制的投资行为。

7. 投资资产证券化产品

保险资金可以投资资产证券化产品。所称资产证券化产品,是指金融机构以可特定化的基础资产所产生的现金流为偿付支持,通过结构化等方式进行信用增级,在此基础上发行的金融产品。同时,《关于保险资金投资有关金融产品的通知》(保监发〔2012〕91号)、《资产支持计划业务管理暂行办法》(保监发〔2015〕85号)规定了保险资金可以投资银行业金融机构、证券公司、保险资产管理公司等金融机构发行的资产证券化产品。

8. 投资创业投资基金等私募基金

保险资金可以投资创业投资基金等私募基金。所称创业投资基金是指依法设立并由符合条件的基金管理机构管理,主要投资创业企业普通股或者依法可转换为普通股的优先股、可转换债券等权益的股权投资基金。中国保监会印发《关于保险资金投资创业投资基金有关事项的通知》(保监发〔2014〕101号)规定,保险资金可以投资创业投资基金。

9. 投资设立不动产、基础设施、养老等专业保险资产管理机构

保险资金可以投资设立不动产、基础设施、养老等专业保险资产管理机构,专业保险资产管理机构可以设立符合条件的保险私募基金,具体办法由中国银保监会制定。

10. 不得有下列行为

按照保险法律法规的有关规定,除中国银保监会另有规定以外,保险集团

(控股)公司、保险公司从事保险资金运用,不得有下列行为:存款于非银行金融机构;买入被交易所实行“特别处理”“警示存在终止上市风险的特别处理”的股票;投资不符合国家产业政策的企业股权和不动产;直接从事房地产开发建设;除个人保单质押贷款外,将保险资金运用形成的投资资产用于向他人提供担保或者发放贷款;中国银保监会禁止的其他投资行为。

(三)有关依据

(1)《保险法》(中华人民共和国主席令第26号)

(2)《保险资金运用管理办法》(中国保险监督管理委员会令〔2018〕1号)

(3)《中国保险监督管理委员会关于规范保险资金银行存款业务的通知》(保监发〔2014〕18号)

(4)《中国保监会关于进一步加强保险资金股票投资监管有关事项的通知》(保监发〔2017〕9号)

(5)《中国保险监督管理委员会关于保险资金投资创业板上市公司股票等有关问题的通知》(保监发〔2014〕1号)

(6)《中国保险监督管理委员会关于规范保险机构股票投资业务的通知》(保监发〔2009〕45号)

(7)《中国保监会关于保险资金股票投资有关问题的通知》(2005年2月17日实施)

(8)《中国保险监督管理委员会保险公司投资证券投资基金管理暂行办法》(保监发〔2003〕6号)

(9)《中国保监会关于保险资金投资创业投资基金有关事项的通知》(保监发〔2014〕101号)

(10)《中国保监会关于设立保险私募基金有关事项的通知》(保监发〔2015〕89号)

(11)《保险机构债券投资信用评级指引(试行)》(2007年1月8日实施)

(12)《保险资金投资债券暂行办法》(保监发〔2012〕58号)

(13)《中国保监会关于保险资产管理产品参与融资融券债权收益权业务有关问题的通知》(保监资金〔2015〕114号)

(14)《中国保险监督管理委员会关于保险资金投资有关金融产品的通知》(保监发〔2012〕91号)

(15)《中国保险监督管理委员会保险资金投资不动产暂行办法》(保监发〔2010〕80 号)

(16)《中国保险监督管理委员会关于保险资金投资股权和不动产有关问题的通知》(保监发〔2012〕59 号)

(17)《关于债权投资计划投资重大工程有关事项的通知》(保监资金〔2017〕135 号)

(18)《保险资金投资股权暂行办法》(保监发〔2010〕79 号)

(19)《保险资金境外投资管理暂行办法实施细则》(保监发〔2012〕93 号)

(20)《关于规范保险机构开展内保外贷业务有关事项的通知》(保监发〔2018〕5 号)

(21)《关于规范保险资产托管业务的通知》(保监发〔2014〕84 号)

(22)《保险资金委托投资管理暂行办法》(保监发〔2012〕60 号)

(23)《保险资金运用内控与合规计分监管规则》(保监发〔2014〕54 号)

(24)《关于保险机构投资风险责任人有关事项的通知》(保监发〔2013〕28 号)

(25)《关于保险资产管理产品风险责任人有关事项的通知》(保监发〔2015〕24 号)

(26)《保险资产负债管理监管规则(1－5 号)》(保监发〔2018〕27 号)

(27)《关于进一步加强保险公司关联交易管理有关事项的通知》(保监发〔2017〕52 号)

(28)《保险公司关联交易管理暂行办法》(保监发〔2008〕88 号)

(29)《关于进一步加强保险公司关联交易信息披露工作有关问题的通知》(保监发〔2016〕52 号)

第十三章 《民法典》对我国保险业的影响

《中华人民共和国民法典》(以下简称《民法典》)由中华人民共和国第十三届全国人民代表大会第三次会议于2020年5月28日通过,自2021年1月1日起施行。这标志着我国民事法律制度建设全面进入法典时代。《民法典》是我国进入新时代后,在社会主义法治建设领域的最新实践成果,深刻影响我国政治、经济、文化、社会和生态文明建设各个方面,并对我国保险业的规范、提升和发展产生全面深远影响。

一、《民法典》对保险法律适用影响

1. 与保险法关系

在我国民商合一体系下,《民法典》是调整平等民事主体人身和财产关系的总和。保险法是以保险关系为调整对象的法律规范的总称。保险关系是指保险活动当事人之间依据保险合同发生的权利义务关系,以及国家对保险业进行监督管理所发生的各种关系的总和。一般来说,调整保险活动当事人之间权利义务关系,属于私法范畴,主要指保险合同法、海商法等特别法;而调整保险行业监管关系,具有公法性质,主要是指保险业法和社会保险法。可见,《民法典》对保险法律的影响,主要体现在其对调整保险活动当事人之间权利义务关系的保险合同法、海商法等私法的影响。在此,《民法典》与保险法律的关系是基本法和一般法与部门法和特殊法的关系,保险活动当事人首先要适用保险法律的规定,在保险法律不能解决的情况下,需要援引和适用《民法典》的基本原则和规定。

2. 诉讼时效适用问题

(1)诉讼时效不同规定。我国《民法典》第188条规定,向人民法院请求保护民事权利的诉讼时效期间为三年,法律另有规定的,依照其规定。同时,按照《中华人民共和国保险法》(以下简称《保险法》)第26条规定,人寿保险以外的其他保险的被保险人或者受益人,向保险人请求赔偿或者给付保险金的诉讼时效期间为二年,人寿保险的被保险人或者受益人向保险人请求给付保险金的诉讼时效期间为五年。目前,对于上述保险诉讼时效的具体适用,我国法律没有作出明确规定,最高人民法院也没有相应司法解释。

(2)人寿保险适用五年的诉讼时效。在法理上,诉讼时效制度可分为一般诉讼时效和特别诉讼时效。其中,一般诉讼时效适用没有特别诉讼时效规定的各种民事权利义务关系;特别诉讼时效则适用特定民事权利义务关系。具体来说,《民法典》规定三年诉讼时效,属于一般诉讼时效。我国《保险法》规定人寿保险以外二年的诉讼时效,与当时《民法通则》规定的二年诉讼时效一致,属于一般诉讼时效;而人寿保险五年的诉讼时效,属于特别诉讼时效。因此,按照特别诉讼时效优先适用原则,人寿保险适用五年的诉讼时效。

(3)人寿保险以外适用三年的诉讼时效。有观点认为,《民法典》是一般法,《保险法》是特别法,保险有关诉讼时效应当优先适用《保险法》的诉讼时效规定。《民法典》施行前,实务有观点认为,《民法总则》与《保险法》属于相同位阶法律,但不能适用特别法优先一般法原则,应当按照新法优于旧法原则,优先适用《民法总则》规定的三年诉讼时效。笔者认为,在《民法典》施行后,除了新法优先适用外,在法律效力位阶上,《民法典》属于全国人大制定的基本法律,其效力优先于全国人大常委会制定的部门法——《保险法》。因此,《民法典》与《保险法》的一般诉讼时效规定,应当优先适用《民法典》规定三年的诉讼时效。

二、《民法典》对保险经营合法合规的要求

1. 民事权利保护要求提高

《民法典》坚持以人民为中心理念,全面保护人民的人身权、财产权和人格权,要求保险公司在经营管理中更加注重民事权利保护。具体来说,如《民法典》第123条规定民事主体依法享有知识产权,保险公司在经营管理中要树立知识产权保护意识,更加注重对他人著作权、商标权、专利、商业秘密等知识产权的保护,避免造成对他人知识产权的侵犯。同时,《民法典》第四编第六章规定隐私权和个人信息保护,明确规定除法律另有规定或者权利人明确同意外,

任何组织和个人不得以电话、短信、即时通讯工具、电子邮件、传单等方式侵扰他人的私人生活安宁;同时,还规定自然人的个人信息受法律保护,处理个人信息应当遵循合法、正当、必要原则,未经自然人同意,不得向他人非法提供其个人信息。

2. 经营风险控制难度加大

《民法典》进一步规范了民事法律行为制度、代理制度,完善了调整各类交易关系的合同制度,强化了救济民事权益的侵权责任制度,这些对保险公司日常经营管理合法合规和风险控制的要求提高。具体来说,如《民法典》第 170 条规定法人或者非法人组织对执行其工作任务的人员职权范围的限制,不得对抗善意相对人,以及《民法典》第 172 条规定的无权代理行为、但相对人有理由相信行为人有代理权的,该代理行为有效的表见代理制度,这些规定内容都要求保险公司在日常经营管理中对其内部人员行为、印章管理等的合规性,以及交易(合作)相对方的风险防范控制要求和难度提高,否则将显著增加保险公司承担民事责任和行政责任的法律风险。

3. 格式条款提示说明义务范围扩大

《保险法》第 17 条规定,对保险合同中免除保险人责任的条款,保险人在订立保险合同时应履行提示和明确说明义务,否则该条款不产生效力。但是,按照《民法典》第 496 条规定,提供格式条款的一方应当采取合理的方式提示对方注意免除或者减轻其责任等与对方有重大利害关系的条款,提供格式条款的一方未履行提示或者说明义务,致使对方没有注意或者理解与其有重大利害关系的条款的,对方可以主张该条款不成为合同的内容。可见,《民法典》将格式条款提示说明义务范围,由免除保险人责任条款扩展到免除或者减轻保险人责任等与投保人、被保险人有重大利害关系的条款。这就要求保险公司在订立保险合同时,应当对保险责任及其开始时间、保险金额、保险金赔偿或者给付办法等有关重要合同内容,必须履行相应的提示和明确说明义务,否则将承担不利法律后果。

4. 国有财产保值增值和绿色发展责任

《民法典》具有显著的中国特色、时代特点和民族特征,坚持完善社会主义公有制为主体、多种所有制共同发展的基本经济制度,着力推动我国经济社会高质量发展。为此,《民法典》第 9 条规定,从事民事活动应当有利于节约资源、保护生态环境,这要求保险公司从事民事活动应当坚持绿色发展理念。同时,

《民法典》第259条规定，履行国有财产管理、监督职责的机构及其工作人员，应当依法加强对国有财产的管理、监督，促进国有财产保值增值，防止国有财产流失；滥用职权，玩忽职守，造成国有财产损失的，应当依法承担法律责任。当前，我国放宽了外资准入门槛，允许外资设立和控股保险公司，然而目前国内主要保险公司都是国有或者国有控股。因此，这些保险公司负有管理、监督职责的机构和人员，需要履行对国有财产保值增值、防止国有财产流失的法律义务。

三、《民法典》对承保、理赔和追偿的影响

我国《保险法》第一、二章有关总则、保险合同总共只有66个条款，相关内容相对来说简单、抽象，显然难以适应纷繁复杂的保险实践活动需要。《民法典》秉持“民商合一”立法传统，有关内容规定和变化，也体现了许多商事法律规范的要求，并完善了我国商事领域基本法律制度和行为规则，有利于维护商事主体交易安全和市场秩序。实务中，在《保险法》没有相应规定的情况下，需要适用《民法典》有关规定内容。

1. 承保业务影响

（1）如被保险人欺诈的，保险人享有合同撤销权。《保险法》第16条规定了投保人订立保险合同时应当履行如实告知义务，但是在投保人与被保险人不是同一主体的情况下，被保险人作为人身和财产受保险合同保障对象，其对于保险标的对象掌握更多信息，但法律并没有规定其需要履行如实告知义务。实践中，被保险人故意不告知有关真实信息，导致权利义务的不对等。对此，《民法典》第149条规定，第三人实施欺诈行为，使一方在违背真实意思的情况下实施民事法律行为，对方知道或者应当知道该欺诈行为的，受欺诈方有权请求撤销。可见，在被保险人实施欺诈行为的情况下，赋予保险人合同撤销权，可以更好体现民事活动诚实信用原则要求。

（2）为财产保险约定受益人，提供了法律依据。我国《保险法》第18条规定，受益人是指人身保险合同中由被保险人或者投保人指定的享有保险金请求权的人。在保险法理论和司法实务中，财产保险中约定受益人是否有效，尚有争议，还存在行业监管部门对财产保险合同约定受益人进行行政处罚的案例。按照《民法典》第522条规定，当事人约定第三人可以直接请求债务人向其履行债务，第三人未在合理期限内明确拒绝，债务人未向第三人履行债务或者履行债务不符合约定的，第三人可以请求债务人承担违约责任。可见，《民法典》的

上述规定内容,为财产保险约定受益人提供了相应的法律依据,有利于更好体现民事活动当事人意思自治和保护交易安全。

(3)人身保险的保险利益和法定继承范围扩大。按照《保险法》第31条规定,投保人具有保险利益人员范围包括:本人,配偶、子女、父母,以及其他与投保人有抚养、赡养或者扶养关系的家庭其他成员、近亲属。同时,《民法典》第1045条规定,配偶、父母、子女、兄弟姐妹、祖父母、外祖父母、孙子女、外孙子女为近亲属,配偶、父母、子女和其他共同生活的近亲属为家庭成员。可见,按照《民法典》的上述规定,除了本人、配偶、子女、父母外,其他共同生活的兄弟姐妹、祖父母、外祖父母、孙子女、外孙子女都具有保险利益。同时,依据《民法典》第1128条规定,第二顺位的法定继承人范围扩大,被继承人的兄弟姐妹先于被继承人死亡的,应由被继承人的兄弟姐妹的子女代位继承遗产份额。

2. 理赔业务影响

(1)占有人取得保险金,返还权利人。在实务中,存在财产的所有人、使用人、租赁人、承运人等不同主体对保险标的财产的投保需求,以减少各自承担财产损失的风险。按照《最高人民法院关于适用〈中华人民共和国保险法〉若干问题的解释(二)》第1条的规定,财产保险中,不同投保人就同一保险标的分别投保,保险事故发生后,各被保险人可以在其保险利益范围内依据保险合同主张保险赔偿。因此,在保险理赔实务中,存在不同主体向各自保险公司索赔,部分保险公司则会以部分主体没有实际损失为由拒赔,或者不同保险公司赔付后需要向有关责任方进行追偿,导致产生较多诉讼纷争问题。依据《民法典》第461条规定,占有的不动产或者动产毁损、灭失,该不动产或者动产的权利人请求赔偿的,占有人应当将因毁损、灭失取得的保险金、赔偿金或者补偿金等返还给权利人。可见,在实务中,这有利于减少保险理赔和追偿诉讼纠纷的发生。

(2)保险人不承担被保险人、受益人无正当理由拒绝受领的利息损失。按照《保险法》第23条规定,保险人在与被保险人或者受益人达成赔偿或者给付保险金的协议后十日内,履行赔偿或者给付保险金义务;保险合同对赔偿或者给付保险金的期限有约定的,保险人应当按照约定履行赔偿或者给付保险金义务;保险人未及时履行上述规定义务的,除支付保险金外,应当赔偿被保险人或者受益人因此受到的损失。然而,在保险理赔实务中,存在被保险人、受益人与保险人达成赔偿协议后拒绝受领保险金的情形。如按照《保险法》的上述规定,保险人需要支付被保险人或者受益人的损失。对此,《民法典》第589条规定,债务人按照约定履行债务,债权人无正当理由拒绝受领的,在债权人受领迟延期间,债务人无须支付利息。

(3)知识产权侵权、产品责任、生态环境破坏引起惩罚性赔偿。《民法典》反映了我国生态环境保护的时代特点和对人民群众生命健康安全保护要求,如在知识产权、产品责任、环境污染和生态破坏领域,故意实施侵权行为,造成严重后果的,进行惩罚性赔偿。具体来说,《民法典》第 1185 条规定,故意侵害他人知识产权,情节严重的,被侵权人有权请求相应的惩罚性赔偿。同时,《民法典》第 1207 条规定,明知产品存在缺陷仍然生产、销售,或者没有采取有效补救措施,造成他人死亡或者健康严重损害的,被侵权人有权请求相应的惩罚性赔偿;以及《民法典》第 1232 条规定,侵权人违反法律规定故意污染环境、破坏生态造成严重后果的,被侵权人有权请求相应的惩罚性赔偿。这些规定将直接影响到知识产权保险、产品责任险、环境污染责任险等的保险赔偿责任。

(4)可以适用精神损害赔偿的情形增加。除了之前法律规定,侵害人身权益造成严重精神损害可以主张精神损害赔偿的外,《民法典》增加了违约行为损害人格权并造成精神损害,以及侵害自然人具有人身意义的特定物造成精神损害的,可以要求精神损害赔偿。如《民法典》第 996 条规定,因当事人一方的违约行为,损害对方人格权并造成严重精神损害,受损害方选择请求其承担违约责任的,不影响受损害方请求精神损害赔偿;以及《民法典》第 1183 条规定,侵害自然人人身权益造成严重精神损害的,被侵权人有权请求精神损害赔偿;因故意或者重大过失侵害自然人具有人身意义的特定物造成严重精神损害的,被侵权人有权请求精神损害赔偿。可见,《民法典》实施后,在履约责任险和其他责任保险的理赔项目中,受害人的精神损害赔偿风险显著增加。

(5)物业责任险的赔偿责任范围增加。按照我国之前有关法律规定,建筑物中抛掷或者坠落物品的,侵权人依法承担侵权责任;难以确定具体侵权人的,除能够证明自己不是侵权人的外,由可能加害的建筑物使用人给予补偿。《民法典》实施后,在上述责任基础上,增加了物业服务企业的安全保障义务和责任。如《民法典》第 1254 条规定,物业服务企业等建筑物管理人应当采取必要的安全保障措施防止从建筑物中抛掷物品或者建筑物上坠落物品,未采取必要的安全保障措施的,应当依法承担未履行安全保障义务的侵权责任。因此,在《民法典》实施以后,物业责任险的赔偿责任范围扩大。

3. 追偿业务影响

(1)保险人代位追偿权。按照《保险法》第60条规定,因第三者对保险标的损害而造成保险事故的,保险人在向被保险人赔偿保险金之日起,在赔偿金额范围内代位行使被保险人对第三者请求赔偿权利。可见,保险法规定的保险人代位追偿权,是保险人依法行使被保险人对第三者请求赔偿的权利,实务中的基础法律关系包括违约责任和侵权责任。

(2)具有追偿权情形。《民法典》实施后,明确规定了具有追偿权的情形,具体主要条文内容如下:①《民法典》第178条,实际承担责任超过自己责任份额的连带责任人,有权向其他连带责任人追偿;②第392条,提供担保的第三人承担担保责任后,有权向债务人追偿;③第1191条,用人单位承担侵权责任后,可以向有故意或者重大过失的工作人员追偿;④第1192条,个人之间形成的劳务关系,提供劳务一方因劳务造成他人损害的,接受劳务一方承担侵权责任后,可以向故意或者重大过失的提供劳务一方追偿;⑤第1198条,因第三人的行为造成他人损害的,宾馆、商场、银行、车站、机场、体育场馆、娱乐场所等经营场所、公共场所的经营者、管理者或者群众性活动的组织者,未尽到安全保障义务的,承担补充责任后可以向第三人追偿;⑥第1201条,第三人造成无民事行为能力人、限制民事行为能力人人身损害的,幼儿园、学校或者其他教育机构未尽到管理职责的,承担补充责任后可以向第三人追偿;⑦第1203条,销售者赔偿后,可以向造成产品缺陷的生产者追偿;生产者赔偿后,可以向过错造成产品缺陷的销售者追偿;⑧第1215条,盗抢期间发生交通事故造成损害,保险人在交强险限额内垫付抢救费用的,有权向交通事故责任人追偿;第1233条,因第三人的过错污染环境、破坏生态的,侵权人赔偿后,有权向第三人追偿;第1250条,因第三人过错致使动物造成他人损害的,动物饲养人或者管理人赔偿后,有权向第三人追偿;第1253、1254条,建筑物脱落、坠落物或者从建筑物抛掷物品的,所有人、管理人或者使用人赔偿后,有权向其他责任人追偿,可能加害的建筑物使用人补偿后,也有权向侵权人追偿。

(3)债权的法定转移。除了上述保险人代位求偿权和追偿权情形外,实务中还可以存在保险人向被保险人支付保险金的,被保险人依法将其对债务人的债权转让给保险人,保险人可以向债务人主张债权的情形。区别于保险人代位求偿权,在债权的法定转移中,并不需要债务人对保险标的造成损害为要件。具体来说,按照《民法典》第524条规定内容,债务人不履行债务,第三人对履行该债务具有合法利益的，第三人有权向债权人代为履行；债权人接受第三人履行后，其对债务人的债权转让给第三人，但是债务人和第三人另有约定的除外。

四、《民法典》带来保险业创新发展契机

1. 为保险产品开发，提供制度保障

因应人民对日益增长美好生活的需要，《民法典》健全和充实了民事权利种类，形成了更加完备的民事权利体系，扩展了保险利益和保险标的范围，为保险产品开发提供了法律制度保障。具体来说，《民法典》第一编第五章有关民事权利内容，除基本人身权利外，更加注重个人和法人、非法人组织的姓名权（名称权）、名誉权、荣誉权保护，个人信息，知识产权，股权和其他投资性权利，以及数据、网络虚拟财产等的法律保护。同时，《民法典》第二编物权有关内容中，明确建筑区划内的道路、绿地、其他公共场所、公用设施和物业服务用房属于业主共有，增设对他人住房享有占有、使用的居住权；同时，《民法典》第六编继承有关内容中，规定自然人可以依法设立遗嘱信托，新设遗嘱执行人为遗产管理人，并完备相应遗产管理人制度。

2. 为保险服务创新，提供法律依据

《民法典》以法典化方式巩固、确认和发展民事法治建设成果，在坚持民事法律制度连续性、稳定性基础上，保持了适度前瞻性和开放性，这为保险服务的创新发展提供了法律依据。如《民法典》第二编第四分编担保物权有关规定内容中，开放式定义担保合同，明确将抵押、质押之外其他具有担保功能的合同确定为担保合同，规定抵押期间、抵押人可以转让抵押财产，增设“价款债权抵押权”，修改浮动抵押财产范围的确定时点，以及允许动产动态质押，并将“将有的”应收账款可以作为权利出质等。这些规定内容丰富了担保制度的内容与方式，为保险实务中开展保证保险创新了担保方式，为保险更好服务市场经济主体提供了法律依据。

3. 为保险业发展，提供有利社会基础

《民法典》全面总结了我国改革开放40多年来民事立法和实践经验，与其他法律规范一起共同支撑国家制度和国家治理体系，是保障国家制度和国家治理体系正常有效运转的基础性法律规范，这些都为保险业发展创造了良好社会基础和法治环境。如《民法典》第二编第三分编用益物权有关规定，落实农村土地“三权分置”改革要求、放活土地经营权，明确土地承包经营权人有权将土地

承包经营权互换、转让,可以自主决定依法采取出租、入股或者其他方式向他人流转土地经营权,这些内容将极大地促进我国农业生产发展、推动社会主义新农村建设、并提升广大农民生活水平,从而为我国农业保险、家庭财产保险、人身健康保险、教育医疗和养老保险等的发展奠定坚实的社会基础。

综上,《民法典》全面总结了我国民事立法和司法的实践经验,以法典化方式巩固、确认和发展民事法治建设成果,提供民事法律制度的针对性、有效性和适应性,发挥法治的引领、规范、保障作用,是民事领域的基础性、综合性法律,影响社会和经济生活的方方面面。同时,《民法典》的实施,深刻影响保险公司承保、理赔和追偿业务的各个方面,要求保险公司更加注重民事权利保护,更加注重经营管理合法合规,更加注重产品服务的创新发展,这些都将为我国保险业高质量高水平的发展提供重要契机。

附　录

中华人民共和国保险法

（1995年6月30日第八届全国人民代表大会常务委员会第十四次会议通过　根据2002年10月28日第九届全国人民代表大会常务委员会第三十次会议《关于修改〈中华人民共和国保险法〉的决定》第一次修正　2009年2月28日第十一届全国人民代表大会常务委员会第七次会议修订　根据2014年8月31日第十二届全国人民代表大会常务委员会第十次会议《关于修改〈中华人民共和国保险法〉等五部法律的决定》第二次修正　根据2015年4月24日第十二届全国人民代表大会常务委员会第十四次会议《关于修改〈中华人民共和国计量法〉等五部法律的决定》第三次修正）

目　　录

第一章 总 则

第一条 为了规范保险活动,保护保险活动当事人的合法权益,加强对保险业的监督管理,维护社会经济秩序和社会公共利益,促进保险事业的健康发展,制定本法。

第二条 本法所称保险,是指投保人根据合同约定,向保险人支付保险费,保险人对于合同约定的可能发生的事故因其发生所造成的财产损失承担赔偿保险金责任,或者当被保险人死亡、伤残、疾病或者达到合同约定的年龄、期限等条件时承担给付保险金责任的商业保险行为。

第三条 在中华人民共和国境内从事保险活动,适用本法。

第四条 从事保险活动必须遵守法律、行政法规,尊重社会公德,不得损害社会公共利益。

第五条 保险活动当事人行使权利、履行义务应当遵循诚实信用原则。

第六条 保险业务由依照本法设立的保险公司以及法律、行政法规规定的其他保险组织经营,其他单位和个人不得经营保险业务。

第七条 在中华人民共和国境内的法人和其他组织需要办理境内保险的,应当向中华人民共和国境内的保险公司投保。

第八条 保险业和银行业、证券业、信托业实行分业经营、分业管理,保险公司与银行、证券、信托业务机构分别设立。国家另有规定的除外。

第九条 国务院保险监督管理机构依法对保险业实施监督管理。

国务院保险监督管理机构根据履行职责的需要设立派出机构。派出机构按照国务院保险监督管理机构的授权履行监督管理职责。

第二章 保险合同

第一节 一般规定

第十条 保险合同是投保人与保险人约定保险权利义务关系的协议。

投保人是指与保险人订立保险合同,并按照合同约定负有支付保险费义务的人。

保险人是指与投保人订立保险合同,并按照合同约定承担赔偿或者给付保险金责任的保险公司。

第十一条　订立保险合同,应当协商一致,遵循公平原则确定各方的权利和义务。

除法律、行政法规规定必须保险的外,保险合同自愿订立。

第十二条　人身保险的投保人在保险合同订立时,对被保险人应当具有保险利益。

财产保险的被保险人在保险事故发生时,对保险标的应当具有保险利益。

人身保险是以人的寿命和身体为保险标的的保险。

财产保险是以财产及其有关利益为保险标的的保险。

被保险人是指其财产或者人身受保险合同保障,享有保险金请求权的人。投保人可以为被保险人。

保险利益是指投保人或者被保险人对保险标的具有的法律上承认的利益。

第十三条　投保人提出保险要求,经保险人同意承保,保险合同成立。保险人应当及时向投保人签发保险单或者其他保险凭证。

保险单或者其他保险凭证应当载明当事人双方约定的合同内容。当事人也可以约定采用其他书面形式载明合同内容。

依法成立的保险合同,自成立时生效。投保人和保险人可以对合同的效力约定附条件或者附期限。

第十四条　保险合同成立后,投保人按照约定交付保险费,保险人按照约定的时间开始承担保险责任。

第十五条　除本法另有规定或者保险合同另有约定外,保险合同成立后,投保人可以解除合同,保险人不得解除合同。

第十六条　订立保险合同,保险人就保险标的或者被保险人的有关情况提出询问的,投保人应当如实告知。

投保人故意或者因重大过失未履行前款规定的如实告知义务,足以影响保险人决定是否同意承保或者提高保险费率的,保险人有权解除合同。

前款规定的合同解除权,自保险人知道有解除事由之日起,超过三十日不行使而消灭。自合同成立之日起超过二年的,保险人不得解除合同;发生保险事故的,保险人应当承担赔偿或者给付保险金的责任。

投保人故意不履行如实告知义务的,保险人对于合同解除前发生的保险事故，不承担赔偿或者给付保险金的责任，并不退还保险费。

投保人因重大过失未履行如实告知义务，对保险事故的发生有严重影响的，保险人对于合同解除前发生的保险事故，不承担赔偿或者给付保险金的责任，但应当退还保险费。

保险人在合同订立时已经知道投保人未如实告知的情况的，保险人不得解除合同；发生保险事故的，保险人应当承担赔偿或者给付保险金的责任。

保险事故是指保险合同约定的保险责任范围内的事故。

第十七条 订立保险合同，采用保险人提供的格式条款的，保险人向投保人提供的投保单应当附格式条款，保险人应当向投保人说明合同的内容。

对保险合同中免除保险人责任的条款，保险人在订立合同时应当在投保单、保险单或者其他保险凭证上作出足以引起投保人注意的提示，并对该条款的内容以书面或者口头形式向投保人作出明确说明；未作提示或者明确说明的，该条款不产生效力。

第十八条 保险合同应当包括下列事项：

（一）保险人的名称和住所；

（二）投保人、被保险人的姓名或者名称、住所，以及人身保险的受益人的姓名或者名称、住所；

（三）保险标的；

（四）保险责任和责任免除；

（五）保险期间和保险责任开始时间；

（六）保险金额；

（七）保险费以及支付办法；

（八）保险金赔偿或者给付办法；

（九）违约责任和争议处理；

（十）订立合同的年、月、日。

投保人和保险人可以约定与保险有关的其他事项。

受益人是指人身保险合同中由被保险人或者投保人指定的享有保险金请求权的人。投保人、被保险人可以为受益人。

保险金额是指保险人承担赔偿或者给付保险金责任的最高限额。

第十九条 采用保险人提供的格式条款订立的保险合同中的下列条款无效：

（一）免除保险人依法应承担的义务或者加重投保人、被保险人责任的；

（二）排除投保人、被保险人或者受益人依法享有的权利的。

第二十条 投保人和保险人可以协商变更合同内容。

变更保险合同的，应当由保险人在保险单或者其他保险凭证上批注或者附贴批单，或者由投保人和保险人订立变更的书面协议。

第二十一条 投保人、被保险人或者受益人知道保险事故发生后，应当及时通知保险人。故意或者因重大过失未及时通知，致使保险事故的性质、原因、损失程度等难以确定的，保险人对无法确定的部分，不承担赔偿或者给付保险金的责任，但保险人通过其他途径已经及时知道或者应当及时知道保险事故发生的除外。

第二十二条 保险事故发生后，按照保险合同请求保险人赔偿或者给付保险金时，投保人、被保险人或者受益人应当向保险人提供其所能提供的与确认保险事故的性质、原因、损失程度等有关的证明和资料。

保险人按照合同的约定，认为有关的证明和资料不完整的，应当及时一次性通知投保人、被保险人或者受益人补充提供。

第二十三条 保险人收到被保险人或者受益人的赔偿或者给付保险金的请求后，应当及时作出核定；情形复杂的，应当在三十日内作出核定，但合同另有约定的除外。保险人应当将核定结果通知被保险人或者受益人；对属于保险责任的，在与被保险人或者受益人达成赔偿或者给付保险金的协议后十日内，履行赔偿或者给付保险金义务。保险合同对赔偿或者给付保险金的期限有约定的，保险人应当按照约定履行赔偿或者给付保险金义务。

保险人未及时履行前款规定义务的，除支付保险金外，应当赔偿被保险人或者受益人因此受到的损失。

任何单位和个人不得非法干预保险人履行赔偿或者给付保险金的义务，也不得限制被保险人或者受益人取得保险金的权利。

第二十四条 保险人依照本法第二十三条的规定作出核定后，对不属于保险责任的，应当自作出核定之日起三日内向被保险人或者受益人发出拒绝赔偿或者拒绝给付保险金通知书，并说明理由。

第二十五条 保险人自收到赔偿或者给付保险金的请求和有关证明、资料之日起六十日内，对其赔偿或者给付保险金的数额不能确定的，应当根据已有证明和资料可以确定的数额先予支付；保险人最终确定赔偿或者给付保险金的数额后,应当支付相应的差额。

第二十六条 人寿保险以外的其他保险的被保险人或者受益人,向保险人请求赔偿或者给付保险金的诉讼时效期间为二年,自其知道或者应当知道保险事故发生之日起计算。

人寿保险的被保险人或者受益人向保险人请求给付保险金的诉讼时效期间为五年,自其知道或者应当知道保险事故发生之日起计算。

第二十七条 未发生保险事故,被保险人或者受益人谎称发生了保险事故,向保险人提出赔偿或者给付保险金请求的,保险人有权解除合同,并不退还保险费。

投保人、被保险人故意制造保险事故的,保险人有权解除合同,不承担赔偿或者给付保险金的责任;除本法第四十三条规定外,不退还保险费。

保险事故发生后,投保人、被保险人或者受益人以伪造、变造的有关证明、资料或者其他证据,编造虚假的事故原因或者夸大损失程度的,保险人对其虚报的部分不承担赔偿或者给付保险金的责任。

投保人、被保险人或者受益人有前三款规定行为之一,致使保险人支付保险金或者支出费用的,应当退回或者赔偿。

第二十八条 保险人将其承担的保险业务,以分保形式部分转移给其他保险人的,为再保险。

应再保险接受人的要求,再保险分出人应当将其自负责任及原保险的有关情况书面告知再保险接受人。

第二十九条 再保险接受人不得向原保险的投保人要求支付保险费。

原保险的被保险人或者受益人不得向再保险接受人提出赔偿或者给付保险金的请求。

再保险分出人不得以再保险接受人未履行再保险责任为由,拒绝履行或者迟延履行其原保险责任。

第三十条 采用保险人提供的格式条款订立的保险合同,保险人与投保人、被保险人或者受益人对合同条款有争议的,应当按照通常理解予以解释。对合同条款有两种以上解释的,人民法院或者仲裁机构应当作出有利于被保险人和受益人的解释。

第二节　人身保险合同

第三十一条　投保人对下列人员具有保险利益：

（一）本人；

（二）配偶、子女、父母；

（三）前项以外与投保人有抚养、赡养或者扶养关系的家庭其他成员、近亲属；

（四）与投保人有劳动关系的劳动者。

除前款规定外，被保险人同意投保人为其订立合同的，视为投保人对被保险人具有保险利益。

订立合同时，投保人对被保险人不具有保险利益的，合同无效。

第三十二条　投保人申报的被保险人年龄不真实，并且其真实年龄不符合合同约定的年龄限制的，保险人可以解除合同，并按照合同约定退还保险单的现金价值。保险人行使合同解除权，适用本法第十六条第三款、第六款的规定。

投保人申报的被保险人年龄不真实，致使投保人支付的保险费少于应付保险费的，保险人有权更正并要求投保人补交保险费，或者在给付保险金时按照实付保险费与应付保险费的比例支付。

投保人申报的被保险人年龄不真实，致使投保人支付的保险费多于应付保险费的，保险人应当将多收的保险费退还投保人。

第三十三条　投保人不得为无民事行为能力人投保以死亡为给付保险金条件的人身保险，保险人也不得承保。

父母为其未成年子女投保的人身保险，不受前款规定限制。但是，因被保险人死亡给付的保险金总和不得超过国务院保险监督管理机构规定的限额。

第三十四条　以死亡为给付保险金条件的合同，未经被保险人同意并认可保险金额的，合同无效。

按照以死亡为给付保险金条件的合同所签发的保险单，未经被保险人书面同意，不得转让或者质押。

父母为其未成年子女投保的人身保险，不受本条第一款规定限制。

第三十五条　投保人可以按照合同约定向保险人一次支付全部保险费或者分期支付保险费。

第三十六条 合同约定分期支付保险费,投保人支付首期保险费后,除合同另有约定外,投保人自保险人催告之日起超过三十日未支付当期保险费,或者超过约定的期限六十日未支付当期保险费的,合同效力中止,或者由保险人按照合同约定的条件减少保险金额。

被保险人在前款规定期限内发生保险事故的,保险人应当按照合同约定给付保险金,但可以扣减欠交的保险费。

第三十七条 合同效力依照本法第三十六条规定中止的,经保险人与投保人协商并达成协议,在投保人补交保险费后,合同效力恢复。但是,自合同效力中止之日起满二年双方未达成协议的,保险人有权解除合同。

保险人依照前款规定解除合同的,应当按照合同约定退还保险单的现金价值。

第三十八条 保险人对人寿保险的保险费,不得用诉讼方式要求投保人支付。

第三十九条 人身保险的受益人由被保险人或者投保人指定。

投保人指定受益人时须经被保险人同意。投保人为与其有劳动关系的劳动者投保人身保险,不得指定被保险人及其近亲属以外的人为受益人。

被保险人为无民事行为能力人或者限制民事行为能力人的,可以由其监护人指定受益人。

第四十条 被保险人或者投保人可以指定一人或者数人为受益人。

受益人为数人的,被保险人或者投保人可以确定受益顺序和受益份额;未确定受益份额的,受益人按照相等份额享有受益权。

第四十一条 被保险人或者投保人可以变更受益人并书面通知保险人。保险人收到变更受益人的书面通知后,应当在保险单或者其他保险凭证上批注或者附贴批单。

投保人变更受益人时须经被保险人同意。

第四十二条 被保险人死亡后,有下列情形之一的,保险金作为被保险人的遗产,由保险人依照《中华人民共和国继承法》的规定履行给付保险金的义务:

(一)没有指定受益人,或者受益人指定不明无法确定的;

(二)受益人先于被保险人死亡,没有其他受益人的;

(三)受益人依法丧失受益权或者放弃受益权,没有其他受益人的。

受益人与被保险人在同一事件中死亡，且不能确定死亡先后顺序的，推定受益人死亡在先。

第四十三条　投保人故意造成被保险人死亡、伤残或者疾病的，保险人不承担给付保险金的责任。投保人已交足二年以上保险费的，保险人应当按照合同约定向其他权利人退还保险单的现金价值。

受益人故意造成被保险人死亡、伤残、疾病的，或者故意杀害被保险人未遂的，该受益人丧失受益权。

第四十四条　以被保险人死亡为给付保险金条件的合同，自合同成立或者合同效力恢复之日起二年内，被保险人自杀的，保险人不承担给付保险金的责任，但被保险人自杀时为无民事行为能力人的除外。

保险人依照前款规定不承担给付保险金责任的，应当按照合同约定退还保险单的现金价值。

第四十五条　因被保险人故意犯罪或者抗拒依法采取的刑事强制措施导致其伤残或者死亡的，保险人不承担给付保险金的责任。投保人已交足二年以上保险费的，保险人应当按照合同约定退还保险单的现金价值。

第四十六条　被保险人因第三者的行为而发生死亡、伤残或者疾病等保险事故的，保险人向被保险人或者受益人给付保险金后，不享有向第三者追偿的权利，但被保险人或者受益人仍有权向第三者请求赔偿。

第四十七条　投保人解除合同的，保险人应当自收到解除合同通知之日起三十日内，按照合同约定退还保险单的现金价值。

第三节　财产保险合同

第四十八条　保险事故发生时，被保险人对保险标的不具有保险利益的，不得向保险人请求赔偿保险金。

第四十九条　保险标的转让的，保险标的的受让人承继被保险人的权利和义务。

保险标的转让的，被保险人或者受让人应当及时通知保险人，但货物运输保险合同和另有约定的合同除外。

因保险标的转让导致危险程度显著增加的，保险人自收到前款规定的通知之日起三十日内，可以按照合同约定增加保险费或者解除合同。保险人解除合同的,应当将已收取的保险费,按照合同约定扣除自保险责任开始之日起至合同解除之日止应收的部分后,退还投保人。

被保险人、受让人未履行本条第二款规定的通知义务的,因转让导致保险标的危险程度显著增加而发生的保险事故,保险人不承担赔偿保险金的责任。

第五十条 货物运输保险合同和运输工具航程保险合同,保险责任开始后,合同当事人不得解除合同。

第五十一条 被保险人应当遵守国家有关消防、安全、生产操作、劳动保护等方面的规定,维护保险标的的安全。

保险人可以按照合同约定对保险标的的安全状况进行检查,及时向投保人、被保险人提出消除不安全因素和隐患的书面建议。

投保人、被保险人未按照约定履行其对保险标的的安全应尽责任的,保险人有权要求增加保险费或者解除合同。

保险人为维护保险标的的安全,经被保险人同意,可以采取安全预防措施。

第五十二条 在合同有效期内,保险标的的危险程度显著增加的,被保险人应当按照合同约定及时通知保险人,保险人可以按照合同约定增加保险费或者解除合同。保险人解除合同的,应当将已收取的保险费,按照合同约定扣除自保险责任开始之日起至合同解除之日止应收的部分后,退还投保人。

被保险人未履行前款规定的通知义务的,因保险标的的危险程度显著增加而发生的保险事故,保险人不承担赔偿保险金的责任。

第五十三条 有下列情形之一的,除合同另有约定外,保险人应当降低保险费,并按日计算退还相应的保险费:

(一)据以确定保险费率的有关情况发生变化,保险标的的危险程度明显减少的;

(二)保险标的的保险价值明显减少的。

第五十四条 保险责任开始前,投保人要求解除合同的,应当按照合同约定向保险人支付手续费,保险人应当退还保险费。保险责任开始后,投保人要求解除合同的,保险人应当将已收取的保险费,按照合同约定扣除自保险责任开始之日起至合同解除之日止应收的部分后,退还投保人。

第五十五条 投保人和保险人约定保险标的的保险价值并在合同中载明的,保险标的发生损失时,以约定的保险价值为赔偿计算标准。

投保人和保险人未约定保险标的的保险价值的,保险标的发生损失时,以保险事故发生时保险标的的实际价值为赔偿计算标准。

保险金额不得超过保险价值。超过保险价值的,超过部分无效,保险人应当退还相应的保险费。

保险金额低于保险价值的,除合同另有约定外,保险人按照保险金额与保险价值的比例承担赔偿保险金的责任。

第五十六条 重复保险的投保人应当将重复保险的有关情况通知各保险人。

重复保险的各保险人赔偿保险金的总和不得超过保险价值。除合同另有约定外,各保险人按照其保险金额与保险金额总和的比例承担赔偿保险金的责任。

重复保险的投保人可以就保险金额总和超过保险价值的部分,请求各保险人按比例返还保险费。

重复保险是指投保人对同一保险标的、同一保险利益、同一保险事故分别与两个以上保险人订立保险合同,且保险金额总和超过保险价值的保险。

第五十七条 保险事故发生时,被保险人应当尽力采取必要的措施,防止或者减少损失。

保险事故发生后,被保险人为防止或者减少保险标的的损失所支付的必要的、合理的费用,由保险人承担;保险人所承担的费用数额在保险标的损失赔偿金额以外另行计算,最高不超过保险金额的数额。

第五十八条 保险标的发生部分损失的,自保险人赔偿之日起三十日内,投保人可以解除合同;除合同另有约定外,保险人也可以解除合同,但应当提前十五日通知投保人。

合同解除的,保险人应当将保险标的未受损失部分的保险费,按照合同约定扣除自保险责任开始之日起至合同解除之日止应收的部分后,退还投保人。

第五十九条 保险事故发生后,保险人已支付了全部保险金额,并且保险金额等于保险价值的,受损保险标的的全部权利归于保险人;保险金额低于保险价值的,保险人按照保险金额与保险价值的比例取得受损保险标的的部分权利。

第六十条 因第三者对保险标的的损害而造成保险事故的,保险人自向被保险人赔偿保险金之日起,在赔偿金额范围内代位行使被保险人对第三者请求赔偿的权利。

前款规定的保险事故发生后,被保险人已经从第三者取得损害赔偿的,保险人赔偿保险金时,可以相应扣减被保险人从第三者已取得的赔偿金额。

保险人依照本条第一款规定行使代位请求赔偿的权利,不影响被保险人就未取得赔偿的部分向第三者请求赔偿的权利。

第六十一条 保险事故发生后,保险人未赔偿保险金之前,被保险人放弃对第三者请求赔偿的权利的,保险人不承担赔偿保险金的责任。

保险人向被保险人赔偿保险金后,被保险人未经保险人同意放弃对第三者请求赔偿的权利的,该行为无效。

被保险人故意或者因重大过失致使保险人不能行使代位请求赔偿的权利的,保险人可以扣减或者要求返还相应的保险金。

第六十二条 除被保险人的家庭成员或者其组成人员故意造成本法第六十条第一款规定的保险事故外,保险人不得对被保险人的家庭成员或者其组成人员行使代位请求赔偿的权利。

第六十三条 保险人向第三者行使代位请求赔偿的权利时,被保险人应当向保险人提供必要的文件和所知道的有关情况。

第六十四条 保险人、被保险人为查明和确定保险事故的性质、原因和保险标的的损失程度所支付的必要的、合理的费用,由保险人承担。

第六十五条 保险人对责任保险的被保险人给第三者造成的损害,可以依照法律的规定或者合同的约定,直接向该第三者赔偿保险金。

责任保险的被保险人给第三者造成损害,被保险人对第三者应负的赔偿责任确定的,根据被保险人的请求,保险人应当直接向该第三者赔偿保险金。被保险人怠于请求的,第三者有权就其应获赔偿部分直接向保险人请求赔偿保险金。

责任保险的被保险人给第三者造成损害,被保险人未向该第三者赔偿的,保险人不得向被保险人赔偿保险金。

责任保险是指以被保险人对第三者依法应负的赔偿责任为保险标的的保险。

第六十六条 责任保险的被保险人因给第三者造成损害的保险事故而被提起仲裁或者诉讼的,被保险人支付的仲裁或者诉讼费用以及其他必要的、合理的费用,除合同另有约定外,由保险人承担。

第三章　保 险 公 司

第六十七条　设立保险公司应当经国务院保险监督管理机构批准。

国务院保险监督管理机构审查保险公司的设立申请时，应当考虑保险业的发展和公平竞争的需要。

第六十八条　设立保险公司应当具备下列条件：

（一）主要股东具有持续盈利能力，信誉良好，最近三年内无重大违法违规记录，净资产不低于人民币二亿元；

（二）有符合本法和《中华人民共和国公司法》规定的章程；

（三）有符合本法规定的注册资本；

（四）有具备任职专业知识和业务工作经验的董事、监事和高级管理人员；

（五）有健全的组织机构和管理制度；

（六）有符合要求的营业场所和与经营业务有关的其他设施；

（七）法律、行政法规和国务院保险监督管理机构规定的其他条件。

第六十九条　设立保险公司，其注册资本的最低限额为人民币二亿元。

国务院保险监督管理机构根据保险公司的业务范围、经营规模，可以调整其注册资本的最低限额，但不得低于本条第一款规定的限额。

保险公司的注册资本必须为实缴货币资本。

第七十条　申请设立保险公司，应当向国务院保险监督管理机构提出书面申请，并提交下列材料：

（一）设立申请书，申请书应当载明拟设立的保险公司的名称、注册资本、业务范围等；

（二）可行性研究报告；

（三）筹建方案；

（四）投资人的营业执照或者其他背景资料，经会计师事务所审计的上一年度财务会计报告；

（五）投资人认可的筹备组负责人和拟任董事长、经理名单及本人认可证明；

（六）国务院保险监督管理机构规定的其他材料。

第七十一条　国务院保险监督管理机构应当对设立保险公司的申请进行

审查,自受理之日起六个月内作出批准或者不批准筹建的决定,并书面通知申请人。决定不批准的,应当书面说明理由。

第七十二条 申请人应当自收到批准筹建通知之日起一年内完成筹建工作;筹建期间不得从事保险经营活动。

第七十三条 筹建工作完成后,申请人具备本法第六十八条规定的设立条件的,可以向国务院保险监督管理机构提出开业申请。

国务院保险监督管理机构应当自受理开业申请之日起六十日内,作出批准或者不批准开业的决定。决定批准的,颁发经营保险业务许可证;决定不批准的,应当书面通知申请人并说明理由。

第七十四条 保险公司在中华人民共和国境内设立分支机构,应当经保险监督管理机构批准。

保险公司分支机构不具有法人资格,其民事责任由保险公司承担。

第七十五条 保险公司申请设立分支机构,应当向保险监督管理机构提出书面申请,并提交下列材料:

(一)设立申请书;

(二)拟设机构三年业务发展规划和市场分析材料;

(三)拟任高级管理人员的简历及相关证明材料;

(四)国务院保险监督管理机构规定的其他材料。

第七十六条 保险监督管理机构应当对保险公司设立分支机构的申请进行审查,自受理之日起六十日内作出批准或者不批准的决定。决定批准的,颁发分支机构经营保险业务许可证;决定不批准的,应当书面通知申请人并说明理由。

第七十七条 经批准设立的保险公司及其分支机构,凭经营保险业务许可证向工商行政管理机关办理登记,领取营业执照。

第七十八条 保险公司及其分支机构自取得经营保险业务许可证之日起六个月内,无正当理由未向工商行政管理机关办理登记的,其经营保险业务许可证失效。

第七十九条 保险公司在中华人民共和国境外设立子公司、分支机构,应当经国务院保险监督管理机构批准。

第八十条 外国保险机构在中华人民共和国境内设立代表机构,应当经国务院保险监督管理机构批准。代表机构不得从事保险经营活动。

第八十一条 保险公司的董事、监事和高级管理人员，应当品行良好，熟悉与保险相关的法律、行政法规，具有履行职责所需的经营管理能力，并在任职前取得保险监督管理机构核准的任职资格。

保险公司高级管理人员的范围由国务院保险监督管理机构规定。

第八十二条 有《中华人民共和国公司法》第一百四十六条规定的情形或者下列情形之一的，不得担任保险公司的董事、监事、高级管理人员：

（一）因违法行为或者违纪行为被金融监督管理机构取消任职资格的金融机构的董事、监事、高级管理人员，自被取消任职资格之日起未逾五年的；

（二）因违法行为或者违纪行为被吊销执业资格的律师、注册会计师或者资产评估机构、验证机构等机构的专业人员，自被吊销执业资格之日起未逾五年的。

第八十三条 保险公司的董事、监事、高级管理人员执行公司职务时违反法律、行政法规或者公司章程的规定，给公司造成损失的，应当承担赔偿责任。

第八十四条 保险公司有下列情形之一的，应当经保险监督管理机构批准：

（一）变更名称；

（二）变更注册资本；

（三）变更公司或者分支机构的营业场所；

（四）撤销分支机构；

（五）公司分立或者合并；

（六）修改公司章程；

（七）变更出资额占有限责任公司资本总额百分之五以上的股东，或者变更持有股份有限公司股份百分之五以上的股东；

（八）国务院保险监督管理机构规定的其他情形。

第八十五条 保险公司应当聘用专业人员，建立精算报告制度和合规报告制度。

第八十六条 保险公司应当按照保险监督管理机构的规定，报送有关报告、报表、文件和资料。

保险公司的偿付能力报告、财务会计报告、精算报告、合规报告及其他有关报告、报表、文件和资料必须如实记录保险业务事项，不得有虚假记载、误导性陈述和重大遗漏。

第八十七条 保险公司应当按照国务院保险监督管理机构的规定妥善保管业务经营活动的完整账簿、原始凭证和有关资料。

前款规定的账簿、原始凭证和有关资料的保管期限,自保险合同终止之日起计算,保险期间在一年以下的不得少于五年,保险期间超过一年的不得少于十年。

第八十八条 保险公司聘请或者解聘会计师事务所、资产评估机构、资信评级机构等中介服务机构,应当向保险监督管理机构报告;解聘会计师事务所、资产评估机构、资信评级机构等中介服务机构,应当说明理由。

第八十九条 保险公司因分立、合并需要解散,或者股东会、股东大会决议解散,或者公司章程规定的解散事由出现,经国务院保险监督管理机构批准后解散。

经营有人寿保险业务的保险公司,除因分立、合并或者被依法撤销外,不得解散。

保险公司解散,应当依法成立清算组进行清算。

第九十条 保险公司有《中华人民共和国企业破产法》第二条规定情形的,经国务院保险监督管理机构同意,保险公司或者其债权人可以依法向人民法院申请重整、和解或者破产清算;国务院保险监督管理机构也可以依法向人民法院申请对该保险公司进行重整或者破产清算。

第九十一条 破产财产在优先清偿破产费用和共益债务后,按照下列顺序清偿:

(一)所欠职工工资和医疗、伤残补助、抚恤费用,所欠应当划入职工个人账户的基本养老保险、基本医疗保险费用,以及法律、行政法规规定应当支付给职工的补偿金;

(二)赔偿或者给付保险金;

(三)保险公司欠缴的除第(一)项规定以外的社会保险费用和所欠税款;

(四)普通破产债权。

破产财产不足以清偿同一顺序的清偿要求的,按照比例分配。

破产保险公司的董事、监事和高级管理人员的工资,按照该公司职工的平均工资计算。

第九十二条 经营有人寿保险业务的保险公司被依法撤销或者被依法宣告破产的,其持有的人寿保险合同及责任准备金,必须转让给其他经营有人寿保险业务的保险公司；不能同其他保险公司达成转让协议的，由国务院保险监督管理机构指定经营有人寿保险业务的保险公司接受转让。

转让或者由国务院保险监督管理机构指定接受转让前款规定的人寿保险合同及责任准备金的，应当维护被保险人、受益人的合法权益。

第九十三条　保险公司依法终止其业务活动，应当注销其经营保险业务许可证。

第九十四条　保险公司，除本法另有规定外，适用《中华人民共和国公司法》的规定。

第四章　保险经营规则

第九十五条　保险公司的业务范围：

（一）人身保险业务，包括人寿保险、健康保险、意外伤害保险等保险业务；

（二）财产保险业务，包括财产损失保险、责任保险、信用保险、保证保险等保险业务；

（三）国务院保险监督管理机构批准的与保险有关的其他业务。

保险人不得兼营人身保险业务和财产保险业务。但是，经营财产保险业务的保险公司经国务院保险监督管理机构批准，可以经营短期健康保险业务和意外伤害保险业务。

保险公司应当在国务院保险监督管理机构依法批准的业务范围内从事保险经营活动。

第九十六条　经国务院保险监督管理机构批准，保险公司可以经营本法第九十五条规定的保险业务的下列再保险业务：

（一）分出保险；

（二）分入保险。

第九十七条　保险公司应当按照其注册资本总额的百分之二十提取保证金，存入国务院保险监督管理机构指定的银行，除公司清算时用于清偿债务外，不得动用。

第九十八条　保险公司应当根据保障被保险人利益、保证偿付能力的原则，提取各项责任准备金。

保险公司提取和结转责任准备金的具体办法，由国务院保险监督管理机构制定。

第九十九条 保险公司应当依法提取公积金。

第一百条 保险公司应当缴纳保险保障基金。

保险保障基金应当集中管理,并在下列情形下统筹使用:

(一)在保险公司被撤销或者被宣告破产时,向投保人、被保险人或者受益人提供救济;

(二)在保险公司被撤销或者被宣告破产时,向依法接受其人寿保险合同的保险公司提供救济;

(三)国务院规定的其他情形。

保险保障基金筹集、管理和使用的具体办法,由国务院制定。

第一百零一条 保险公司应当具有与其业务规模和风险程度相适应的最低偿付能力。保险公司的认可资产减去认可负债的差额不得低于国务院保险监督管理机构规定的数额;低于规定数额的,应当按照国务院保险监督管理机构的要求采取相应措施达到规定的数额。

第一百零二条 经营财产保险业务的保险公司当年自留保险费,不得超过其实有资本金加公积金总和的四倍。

第一百零三条 保险公司对每一危险单位,即对一次保险事故可能造成的最大损失范围所承担的责任,不得超过其实有资本金加公积金总和的百分之十;超过的部分应当办理再保险。

保险公司对危险单位的划分应当符合国务院保险监督管理机构的规定。

第一百零四条 保险公司对危险单位的划分方法和巨灾风险安排方案,应当报国务院保险监督管理机构备案。

第一百零五条 保险公司应当按照国务院保险监督管理机构的规定办理再保险,并审慎选择再保险接受人。

第一百零六条 保险公司的资金运用必须稳健,遵循安全性原则。

保险公司的资金运用限于下列形式:

(一)银行存款;

(二)买卖债券、股票、证券投资基金份额等有价证券;

(三)投资不动产;

(四)国务院规定的其他资金运用形式。

保险公司资金运用的具体管理办法,由国务院保险监督管理机构依照前两款的规定制定。

第一百零七条 经国务院保险监督管理机构会同国务院证券监督管理机构批准,保险公司可以设立保险资产管理公司。

保险资产管理公司从事证券投资活动,应当遵守《中华人民共和国证券法》等法律、行政法规的规定。

保险资产管理公司的管理办法,由国务院保险监督管理机构会同国务院有关部门制定。

第一百零八条 保险公司应当按照国务院保险监督管理机构的规定,建立对关联交易的管理和信息披露制度。

第一百零九条 保险公司的控股股东、实际控制人、董事、监事、高级管理人员不得利用关联交易损害公司的利益。

第一百一十条 保险公司应当按照国务院保险监督管理机构的规定,真实、准确、完整地披露财务会计报告、风险管理状况、保险产品经营情况等重大事项。

第一百一十一条 保险公司从事保险销售的人员应当品行良好,具有保险销售所需的专业能力。保险销售人员的行为规范和管理办法,由国务院保险监督管理机构规定。

第一百一十二条 保险公司应当建立保险代理人登记管理制度,加强对保险代理人的培训和管理,不得唆使、诱导保险代理人进行违背诚信义务的活动。

第一百一十三条 保险公司及其分支机构应当依法使用经营保险业务许可证,不得转让、出租、出借经营保险业务许可证。

第一百一十四条 保险公司应当按照国务院保险监督管理机构的规定,公平、合理拟订保险条款和保险费率,不得损害投保人、被保险人和受益人的合法权益。

保险公司应当按照合同约定和本法规定,及时履行赔偿或者给付保险金义务。

第一百一十五条 保险公司开展业务,应当遵循公平竞争的原则,不得从事不正当竞争。

第一百一十六条 保险公司及其工作人员在保险业务活动中不得有下列行为:

(一)欺骗投保人、被保险人或者受益人;

(二)对投保人隐瞒与保险合同有关的重要情况;

(三)阻碍投保人履行本法规定的如实告知义务,或者诱导其不履行本法规定的如实告知义务;

(四)给予或者承诺给予投保人、被保险人、受益人保险合同约定以外的保险费回扣或者其他利益;

(五)拒不依法履行保险合同约定的赔偿或者给付保险金义务;

(六)故意编造未曾发生的保险事故、虚构保险合同或者故意夸大已经发生的保险事故的损失程度进行虚假理赔,骗取保险金或者牟取其他不正当利益;

(七)挪用、截留、侵占保险费;

(八)委托未取得合法资格的机构从事保险销售活动;

(九)利用开展保险业务为其他机构或者个人牟取不正当利益;

(十)利用保险代理人、保险经纪人或者保险评估机构,从事以虚构保险中介业务或者编造退保等方式套取费用等违法活动;

(十一)以捏造、散布虚假事实等方式损害竞争对手的商业信誉,或者以其他不正当竞争行为扰乱保险市场秩序;

(十二)泄露在业务活动中知悉的投保人、被保险人的商业秘密;

(十三)违反法律、行政法规和国务院保险监督管理机构规定的其他行为。

第五章　保险代理人和保险经纪人

第一百一十七条　保险代理人是根据保险人的委托,向保险人收取佣金,并在保险人授权的范围内代为办理保险业务的机构或者个人。

保险代理机构包括专门从事保险代理业务的保险专业代理机构和兼营保险代理业务的保险兼业代理机构。

第一百一十八条　保险经纪人是基于投保人的利益,为投保人与保险人订立保险合同提供中介服务,并依法收取佣金的机构。

第一百一十九条　保险代理机构、保险经纪人应当具备国务院保险监督管理机构规定的条件,取得保险监督管理机构颁发的经营保险代理业务许可证、保险经纪业务许可证。

第一百二十条　以公司形式设立保险专业代理机构、保险经纪人,其注册资本最低限额适用《中华人民共和国公司法》的规定。

国务院保险监督管理机构根据保险专业代理机构、保险经纪人的业务范围和经营规模，可以调整其注册资本的最低限额，但不得低于《中华人民共和国公司法》规定的限额。

保险专业代理机构、保险经纪人的注册资本或者出资额必须为实缴货币资本。

第一百二十一条　保险专业代理机构、保险经纪人的高级管理人员，应当品行良好，熟悉保险法律、行政法规，具有履行职责所需的经营管理能力，并在任职前取得保险监督管理机构核准的任职资格。

第一百二十二条　个人保险代理人、保险代理机构的代理从业人员、保险经纪人的经纪从业人员，应当品行良好，具有从事保险代理业务或者保险经纪业务所需的专业能力。

第一百二十三条　保险代理机构、保险经纪人应当有自己的经营场所，设立专门账簿记载保险代理业务、经纪业务的收支情况。

第一百二十四条　保险代理机构、保险经纪人应当按照国务院保险监督管理机构的规定缴存保证金或者投保职业责任保险。

第一百二十五条　个人保险代理人在代为办理人寿保险业务时，不得同时接受两个以上保险人的委托。

第一百二十六条　保险人委托保险代理人代为办理保险业务，应当与保险代理人签订委托代理协议，依法约定双方的权利和义务。

第一百二十七条　保险代理人根据保险人的授权代为办理保险业务的行为，由保险人承担责任。

保险代理人没有代理权、超越代理权或者代理权终止后以保险人名义订立合同，使投保人有理由相信其有代理权的，该代理行为有效。保险人可以依法追究越权的保险代理人的责任。

第一百二十八条　保险经纪人因过错给投保人、被保险人造成损失的，依法承担赔偿责任。

第一百二十九条　保险活动当事人可以委托保险公估机构等依法设立的独立评估机构或者具有相关专业知识的人员，对保险事故进行评估和鉴定。

接受委托对保险事故进行评估和鉴定的机构和人员，应当依法、独立、客观、公正地进行评估和鉴定，任何单位和个人不得干涉。

前款规定的机构和人员，因故意或者过失给保险人或者被保险人造成损失的,依法承担赔偿责任。

第一百三十条 保险佣金只限于向保险代理人、保险经纪人支付,不得向其他人支付。

第一百三十一条 保险代理人、保险经纪人及其从业人员在办理保险业务活动中不得有下列行为:

(一)欺骗保险人、投保人、被保险人或者受益人;

(二)隐瞒与保险合同有关的重要情况;

(三)阻碍投保人履行本法规定的如实告知义务,或者诱导其不履行本法规定的如实告知义务;

(四)给予或者承诺给予投保人、被保险人或者受益人保险合同约定以外的利益;

(五)利用行政权力、职务或者职业便利以及其他不正当手段强迫、引诱或者限制投保人订立保险合同;

(六)伪造、擅自变更保险合同,或者为保险合同当事人提供虚假证明材料;

(七)挪用、截留、侵占保险费或者保险金;

(八)利用业务便利为其他机构或者个人牟取不正当利益;

(九)串通投保人、被保险人或者受益人,骗取保险金;

(十)泄露在业务活动中知悉的保险人、投保人、被保险人的商业秘密。

第一百三十二条 本法第八十六条第一款、第一百一十三条的规定,适用于保险代理机构和保险经纪人。

第六章 保险业监督管理

第一百三十三条 保险监督管理机构依照本法和国务院规定的职责,遵循依法、公开、公正的原则,对保险业实施监督管理,维护保险市场秩序,保护投保人、被保险人和受益人的合法权益。

第一百三十四条 国务院保险监督管理机构依照法律、行政法规制定并发布有关保险业监督管理的规章。

第一百三十五条 关系社会公众利益的保险险种、依法实行强制保险的险种和新开发的人寿保险险种等的保险条款和保险费率,应当报国务院保险监督管理机构批准。国务院保险监督管理机构审批时,应当遵循保护社会公众利益和防止不正当竞争的原则。其他保险险种的保险条款和保险费率，应当报保险监督管理机构备案。

保险条款和保险费率审批、备案的具体办法，由国务院保险监督管理机构依照前款规定制定。

第一百三十六条 保险公司使用的保险条款和保险费率违反法律、行政法规或者国务院保险监督管理机构的有关规定的，由保险监督管理机构责令停止使用，限期修改；情节严重的，可以在一定期限内禁止申报新的保险条款和保险费率。

第一百三十七条 国务院保险监督管理机构应当建立健全保险公司偿付能力监管体系，对保险公司的偿付能力实施监控。

第一百三十八条 对偿付能力不足的保险公司，国务院保险监督管理机构应当将其列为重点监管对象，并可以根据具体情况采取下列措施：

（一）责令增加资本金、办理再保险；

（二）限制业务范围；

（三）限制向股东分红；

（四）限制固定资产购置或者经营费用规模；

（五）限制资金运用的形式、比例；

（六）限制增设分支机构；

（七）责令拍卖不良资产、转让保险业务；

（八）限制董事、监事、高级管理人员的薪酬水平；

（九）限制商业性广告；

（十）责令停止接受新业务。

第一百三十九条 保险公司未依照本法规定提取或者结转各项责任准备金，或者未依照本法规定办理再保险，或者严重违反本法关于资金运用的规定的，由保险监督管理机构责令限期改正，并可以责令调整负责人及有关管理人员。

第一百四十条 保险监督管理机构依照本法第一百三十九条的规定作出限期改正的决定后，保险公司逾期未改正的，国务院保险监督管理机构可以决定选派保险专业人员和指定该保险公司的有关人员组成整顿组，对公司进行整顿。

整顿决定应当载明被整顿公司的名称、整顿理由、整顿组成员和整顿期限，并予以公告。

第一百四十一条 整顿组有权监督被整顿保险公司的日常业务。被整顿公司的负责人及有关管理人员应当在整顿组的监督下行使职权。

第一百四十二条 整顿过程中,被整顿保险公司的原有业务继续进行。但是,国务院保险监督管理机构可以责令被整顿公司停止部分原有业务、停止接受新业务,调整资金运用。

第一百四十三条 被整顿保险公司经整顿已纠正其违反本法规定的行为,恢复正常经营状况的,由整顿组提出报告,经国务院保险监督管理机构批准,结束整顿,并由国务院保险监督管理机构予以公告。

第一百四十四条 保险公司有下列情形之一的,国务院保险监督管理机构可以对其实行接管:

(一)公司的偿付能力严重不足的;

(二)违反本法规定,损害社会公共利益,可能严重危及或者已经严重危及公司的偿付能力的。

被接管的保险公司的债权债务关系不因接管而变化。

第一百四十五条 接管组的组成和接管的实施办法,由国务院保险监督管理机构决定,并予以公告。

第一百四十六条 接管期限届满,国务院保险监督管理机构可以决定延长接管期限,但接管期限最长不得超过二年。

第一百四十七条 接管期限届满,被接管的保险公司已恢复正常经营能力的,由国务院保险监督管理机构决定终止接管,并予以公告。

第一百四十八条 被整顿、被接管的保险公司有《中华人民共和国企业破产法》第二条规定情形的,国务院保险监督管理机构可以依法向人民法院申请对该保险公司进行重整或者破产清算。

第一百四十九条 保险公司因违法经营被依法吊销经营保险业务许可证的,或者偿付能力低于国务院保险监督管理机构规定标准,不予撤销将严重危害保险市场秩序、损害公共利益的,由国务院保险监督管理机构予以撤销并公告,依法及时组织清算组进行清算。

第一百五十条 国务院保险监督管理机构有权要求保险公司股东、实际控制人在指定的期限内提供有关信息和资料。

第一百五十一条 保险公司的股东利用关联交易严重损害公司利益,危及公司偿付能力的,由国务院保险监督管理机构责令改正。在按照要求改正前,国务院保险监督管理机构可以限制其股东权利;拒不改正的,可以责令其转让所持的保险公司股权。

第一百五十二条 保险监督管理机构根据履行监督管理职责的需要,可以与保险公司董事、监事和高级管理人员进行监督管理谈话,要求其就公司的业务活动和风险管理的重大事项作出说明。

第一百五十三条 保险公司在整顿、接管、撤销清算期间,或者出现重大风险时,国务院保险监督管理机构可以对该公司直接负责的董事、监事、高级管理人员和其他直接责任人员采取以下措施:

(一)通知出境管理机关依法阻止其出境;

(二)申请司法机关禁止其转移、转让或者以其他方式处分财产,或者在财产上设定其他权利。

第一百五十四条 保险监督管理机构依法履行职责,可以采取下列措施:

(一)对保险公司、保险代理人、保险经纪人、保险资产管理公司、外国保险机构的代表机构进行现场检查;

(二)进入涉嫌违法行为发生场所调查取证;

(三)询问当事人及与被调查事件有关的单位和个人,要求其对与被调查事件有关的事项作出说明;

(四)查阅、复制与被调查事件有关的财产权登记等资料;

(五)查阅、复制保险公司、保险代理人、保险经纪人、保险资产管理公司、外国保险机构的代表机构以及与被调查事件有关的单位和个人的财务会计资料及其他相关文件和资料;对可能被转移、隐匿或者毁损的文件和资料予以封存;

(六)查询涉嫌违法经营的保险公司、保险代理人、保险经纪人、保险资产管理公司、外国保险机构的代表机构以及与涉嫌违法事项有关的单位和个人的银行账户;

(七)对有证据证明已经或者可能转移、隐匿违法资金等涉案财产或者隐匿、伪造、毁损重要证据的,经保险监督管理机构主要负责人批准,申请人民法院予以冻结或者查封。

保险监督管理机构采取前款第(一)项、第(二)项、第(五)项措施的,应当经保险监督管理机构负责人批准;采取第(六)项措施的,应当经国务院保险监督管理机构负责人批准。

保险监督管理机构依法进行监督检查或者调查,其监督检查、调查的人员不得少于二人,并应当出示合法证件和监督检查、调查通知书;监督检查、调查的人员少于二人或者未出示合法证件和监督检查、调查通知书的,被检查、调查的单位和个人有权拒绝。

第一百五十五条 保险监督管理机构依法履行职责,被检查、调查的单位和个人应当配合。

第一百五十六条 保险监督管理机构工作人员应当忠于职守,依法办事,公正廉洁,不得利用职务便利牟取不正当利益,不得泄露所知悉的有关单位和个人的商业秘密。

第一百五十七条 国务院保险监督管理机构应当与中国人民银行、国务院其他金融监督管理机构建立监督管理信息共享机制。

保险监督管理机构依法履行职责,进行监督检查、调查时,有关部门应当予以配合。

第七章 法律责任

第一百五十八条 违反本法规定,擅自设立保险公司、保险资产管理公司或者非法经营商业保险业务的,由保险监督管理机构予以取缔,没收违法所得,并处违法所得一倍以上五倍以下的罚款;没有违法所得或者违法所得不足二十万元的,处二十万元以上一百万元以下的罚款。

第一百五十九条 违反本法规定,擅自设立保险专业代理机构、保险经纪人,或者未取得经营保险代理业务许可证、保险经纪业务许可证从事保险代理业务、保险经纪业务的,由保险监督管理机构予以取缔,没收违法所得,并处违法所得一倍以上五倍以下的罚款;没有违法所得或者违法所得不足五万元的,处五万元以上三十万元以下的罚款。

第一百六十条 保险公司违反本法规定,超出批准的业务范围经营的,由保险监督管理机构责令限期改正,没收违法所得,并处违法所得一倍以上五倍以下的罚款;没有违法所得或者违法所得不足十万元的,处十万元以上五十万元以下的罚款。逾期不改正或者造成严重后果的,责令停业整顿或者吊销业务许可证。

第一百六十一条 保险公司有本法第一百一十六条规定行为之一的,由保险监督管理机构责令改正,处五万元以上三十万元以下的罚款;情节严重的,限制其业务范围、责令停止接受新业务或者吊销业务许可证。

第一百六十二条 保险公司违反本法第八十四条规定的,由保险监督管理机构责令改正,处一万元以上十万元以下的罚款。

第一百六十三条 保险公司违反本法规定,有下列行为之一的,由保险监督管理机构责令改正,处五万元以上三十万元以下的罚款:

(一)超额承保,情节严重的;

(二)为无民事行为能力人承保以死亡为给付保险金条件的保险的。

第一百六十四条 违反本法规定,有下列行为之一的,由保险监督管理机构责令改正,处五万元以上三十万元以下的罚款;情节严重的,可以限制其业务范围、责令停止接受新业务或者吊销业务许可证:

(一)未按照规定提存保证金或者违反规定动用保证金的;

(二)未按照规定提取或者结转各项责任准备金的;

(三)未按照规定缴纳保险保障基金或者提取公积金的;

(四)未按照规定办理再保险的;

(五)未按照规定运用保险公司资金的;

(六)未经批准设立分支机构的;

(七)未按照规定申请批准保险条款、保险费率的。

第一百六十五条 保险代理机构、保险经纪人有本法第一百三十一条规定行为之一的,由保险监督管理机构责令改正,处五万元以上三十万元以下的罚款;情节严重的,吊销业务许可证。

第一百六十六条 保险代理机构、保险经纪人违反本法规定,有下列行为之一的,由保险监督管理机构责令改正,处二万元以上十万元以下的罚款;情节严重的,责令停业整顿或者吊销业务许可证:

(一)未按照规定缴存保证金或者投保职业责任保险的;

(二)未按照规定设立专门账簿记载业务收支情况的。

第一百六十七条 违反本法规定,聘任不具有任职资格的人员的,由保险监督管理机构责令改正,处二万元以上十万元以下的罚款。

第一百六十八条 违反本法规定,转让、出租、出借业务许可证的,由保险监督管理机构处一万元以上十万元以下的罚款;情节严重的,责令停业整顿或者吊销业务许可证。

第一百六十九条 违反本法规定,有下列行为之一的,由保险监督管理机构责令限期改正;逾期不改正的,处一万元以上十万元以下的罚款:

(一)未按照规定报送或者保管报告、报表、文件、资料的,或者未按照规定提供有关信息、资料的;

(二)未按照规定报送保险条款、保险费率备案的;

(三)未按照规定披露信息的。

第一百七十条 违反本法规定,有下列行为之一的,由保险监督管理机构责令改正,处十万元以上五十万元以下的罚款;情节严重的,可以限制其业务范围、责令停止接受新业务或者吊销业务许可证:

(一)编制或者提供虚假的报告、报表、文件、资料的;

(二)拒绝或者妨碍依法监督检查的;

(三)未按照规定使用经批准或者备案的保险条款、保险费率的。

第一百七十一条 保险公司、保险资产管理公司、保险专业代理机构、保险经纪人违反本法规定的,保险监督管理机构除分别依照本法第一百六十条至第一百七十条的规定对该单位给予处罚外,对其直接负责的主管人员和其他直接责任人员给予警告,并处一万元以上十万元以下的罚款;情节严重的,撤销任职资格。

第一百七十二条 个人保险代理人违反本法规定的,由保险监督管理机构给予警告,可以并处二万元以下的罚款;情节严重的,处二万元以上十万元以下的罚款。

第一百七十三条 外国保险机构未经国务院保险监督管理机构批准,擅自在中华人民共和国境内设立代表机构的,由国务院保险监督管理机构予以取缔,处五万元以上三十万元以下的罚款。

外国保险机构在中华人民共和国境内设立的代表机构从事保险经营活动的,由保险监督管理机构责令改正,没收违法所得,并处违法所得一倍以上五倍以下的罚款;没有违法所得或者违法所得不足二十万元的,处二十万元以上一百万元以下的罚款;对其首席代表可以责令撤换;情节严重的,撤销其代表机构。

第一百七十四条 投保人、被保险人或者受益人有下列行为之一,进行保险诈骗活动,尚不构成犯罪的,依法给予行政处罚:

(一)投保人故意虚构保险标的,骗取保险金的;

（二）编造未曾发生的保险事故，或者编造虚假的事故原因或者夸大损失程度，骗取保险金的；

（三）故意造成保险事故，骗取保险金的。

保险事故的鉴定人、评估人、证明人故意提供虚假的证明文件，为投保人、被保险人或者受益人进行保险诈骗提供条件的，依照前款规定给予处罚。

第一百七十五条　违反本法规定，给他人造成损害的，依法承担民事责任。

第一百七十六条　拒绝、阻碍保险监督管理机构及其工作人员依法行使监督检查、调查职权，未使用暴力、威胁方法的，依法给予治安管理处罚。

第一百七十七条　违反法律、行政法规的规定，情节严重的，国务院保险监督管理机构可以禁止有关责任人员一定期限直至终身进入保险业。

第一百七十八条　保险监督管理机构从事监督管理工作的人员有下列情形之一的，依法给予处分：

（一）违反规定批准机构的设立的；

（二）违反规定进行保险条款、保险费率审批的；

（三）违反规定进行现场检查的；

（四）违反规定查询账户或者冻结资金的；

（五）泄露其知悉的有关单位和个人的商业秘密的；

（六）违反规定实施行政处罚的；

（七）滥用职权、玩忽职守的其他行为。

第一百七十九条　违反本法规定，构成犯罪的，依法追究刑事责任。

第八章　附　　则

第一百八十条　保险公司应当加入保险行业协会。保险代理人、保险经纪人、保险公估机构可以加入保险行业协会。

保险行业协会是保险业的自律性组织，是社会团体法人。

第一百八十一条　保险公司以外的其他依法设立的保险组织经营的商业保险业务，适用本法。

第一百八十二条　海上保险适用《中华人民共和国海商法》的有关规定；《中华人民共和国海商法》未规定的，适用本法的有关规定。

第一百八十三条　中外合资保险公司、外资独资保险公司、外国保险公司分公司适用本法规定;法律、行政法规另有规定的,适用其规定。

第一百八十四条 国家支持发展为农业生产服务的保险事业。农业保险由法律、行政法规另行规定。

强制保险,法律、行政法规另有规定的,适用其规定。

第一百八十五条 本法自 2009 年 10 月 1 日起施行。

最高人民法院《关于适用〈中华人民共和国保险法〉若干问题的解释(一)》

(2009年9月14日最高人民法院审判委员会第1473次会议通过
2009年9月21日公布　法释〔2009〕12号
自2009年10月1日起施行)

为正确审理保险合同纠纷案件,切实维护当事人的合法权益,现就人民法院适用2009年2月28日第十一届全国人大常委会第七次会议修订的《中华人民共和国保险法》(以下简称保险法)的有关问题规定如下:

第一条　保险法施行后成立的保险合同发生的纠纷,适用保险法的规定。保险法施行前成立的保险合同发生的纠纷,除本解释另有规定外,适用当时的法律规定;当时的法律没有规定的,参照适用保险法的有关规定。

认定保险合同是否成立,适用合同订立时的法律。

第二条　对于保险法施行前成立的保险合同,适用当时的法律认定无效而适用保险法认定有效的,适用保险法的规定。

第三条　保险合同成立于保险法施行前而保险标的转让、保险事故、理赔、代位求偿等行为或事件,发生于保险法施行后的,适用保险法的规定。

第四条　保险合同成立于保险法施行前,保险法施行后,保险人以投保人未履行如实告知义务或者申报被保险人年龄不真实为由,主张解除合同的,适用保险法的规定。

第五条　保险法施行前成立的保险合同,下列情形下的期间自2009年10月1日起计算:

(一)保险法施行前,保险人收到赔偿或者给付保险金的请求,保险法施行后,适用保险法第二十三条规定的三十日的;

(二)保险法施行前,保险人知道解除事由,保险法施行后,按照保险法第十六条、第三十二条的规定行使解除权,适用保险法第十六条规定的三十日的;

(三)保险法施行后,保险人按照保险法第十六条第二款的规定请求解除合同,适用保险法第十六条规定的二年的;

(四)保险法施行前,保险人收到保险标的转让通知,保险法施行后,以保险标的转让导致危险程度显著增加为由请求按照合同约定增加保险费或者解除合同,适用保险法第四十九条规定的三十日的。

第六条 保险法施行前已经终审的案件,当事人申请再审或者按照审判监督程序提起再审的案件,不适用保险法的规定。

最高人民法院《关于适用〈中华人民共和国保险法〉若干问题的解释(二)》

(2013 年 5 月 6 日最高人民法院审判委员会第 1577 次会议通过
2020 年 12 月 29 日公布 法释〔2020〕18 号
自 2021 年 1 月 1 日起施行)

为正确审理保险合同纠纷案件,切实维护当事人的合法权益,根据《中华人民共和国民法典》《中华人民共和国保险法》《中华人民共和国民事诉讼法》等法律规定,结合审判实践,就保险法中关于保险合同一般规定部分有关法律适用问题解释如下:

第一条 财产保险中,不同投保人就同一保险标的分别投保,保险事故发生后,被保险人在其保险利益范围内依据保险合同主张保险赔偿的,人民法院应予支持。

第二条 人身保险中,因投保人对被保险人不具有保险利益导致保险合同无效,投保人主张保险人退还扣减相应手续费后的保险费的,人民法院应予支持。

第三条 投保人或者投保人的代理人订立保险合同时没有亲自签字或者盖章,而由保险人或者保险人的代理人代为签字或者盖章的,对投保人不生效。但投保人已经交纳保险费的,视为其对代签字或者盖章行为的追认。

保险人或者保险人的代理人代为填写保险单证后经投保人签字或者盖章确认的,代为填写的内容视为投保人的真实意思表示。但有证据证明保险人或者保险人的代理人存在保险法第一百一十六条、第一百三十一条相关规定情形的除外。

第四条 保险人接受了投保人提交的投保单并收取了保险费,尚未作出是否承保的意思表示,发生保险事故,被保险人或者受益人请求保险人按照保险合同承担赔偿或者给付保险金责任,符合承保条件的,人民法院应予支持;不符合承保条件的,保险人不承担保险责任,但应当退还已经收取的保险费。

保险人主张不符合承保条件的,应承担举证责任。

第五条 保险合同订立时,投保人明知的与保险标的或者被保险人有关的情况,属于保险法第十六条第一款规定的投保人“应当如实告知”的内容。

第六条 投保人的告知义务限于保险人询问的范围和内容。当事人对询问范围及内容有争议的,保险人负举证责任。

保险人以投保人违反了对投保单询问表中所列概括性条款的如实告知义务为由请求解除合同的,人民法院不予支持。但该概括性条款有具体内容的除外。

第七条 保险人在保险合同成立后知道或者应当知道投保人未履行如实告知义务,仍然收取保险费,又依照保险法第十六条第二款的规定主张解除合同的,人民法院不予支持。

第八条 保险人未行使合同解除权,直接以存在保险法第十六条第四款、第五款规定的情形为由拒绝赔偿的,人民法院不予支持。但当事人就拒绝赔偿事宜及保险合同存续另行达成一致的情况除外。

第九条 保险人提供的格式合同文本中的责任免除条款、免赔额、免赔率、比例赔付或者给付等免除或者减轻保险人责任的条款,可以认定为保险法第十七条第二款规定的“免除保险人责任的条款”。

保险人因投保人、被保险人违反法定或者约定义务,享有解除合同权利的条款,不属于保险法第十七条第二款规定的“免除保险人责任的条款”。

第十条 保险人将法律、行政法规中的禁止性规定情形作为保险合同免责条款的免责事由,保险人对该条款作出提示后,投保人、被保险人或者受益人以保险人未履行明确说明义务为由主张该条款不成为合同内容的,人民法院不予支持。

第十一条 保险合同订立时,保险人在投保单或者保险单等其他保险凭证上,对保险合同中免除保险人责任的条款,以足以引起投保人注意的文字、字体、符号或者其他明显标志作出提示的,人民法院应当认定其履行了保险法第十七条第二款规定的提示义务。

保险人对保险合同中有关免除保险人责任条款的概念、内容及其法律后果以书面或者口头形式向投保人作出常人能够理解的解释说明的,人民法院应当认定保险人履行了保险法第十七条第二款规定的明确说明义务。

第十二条 通过网络、电话等方式订立的保险合同,保险人以网页、音频、视频等形式对免除保险人责任条款予以提示和明确说明的,人民法院可以认定其履行了提示和明确说明义务。

第十三条 保险人对其履行了明确说明义务负举证责任。

投保人对保险人履行了符合本解释第十一条第二款要求的明确说明义务在相关文书上签字、盖章或者以其他形式予以确认的,应当认定保险人履行了该项义务。但另有证据证明保险人未履行明确说明义务的除外。

第十四条 保险合同中记载的内容不一致的,按照下列规则认定:

(一)投保单与保险单或者其他保险凭证不一致的,以投保单为准。但不一致的情形系经保险人说明并经投保人同意的,以投保人签收的保险单或者其他保险凭证载明的内容为准;

(二)非格式条款与格式条款不一致的,以非格式条款为准;

(三)保险凭证记载的时间不同的,以形成时间在后的为准;

(四)保险凭证存在手写和打印两种方式的,以双方签字、盖章的手写部分的内容为准。

第十五条 保险法第二十三条规定的三十日核定期间,应自保险人初次收到索赔请求及投保人、被保险人或者受益人提供的有关证明和资料之日起算。

保险人主张扣除投保人、被保险人或者受益人补充提供有关证明和资料期间的,人民法院应予支持。扣除期间自保险人根据保险法第二十二条规定作出的通知到达投保人、被保险人或者受益人之日起,至投保人、被保险人或者受益人按照通知要求补充提供的有关证明和资料到达保险人之日止。

第十六条 保险人应以自己的名义行使保险代位求偿权。

根据保险法第六十条第一款的规定,保险人代位求偿权的诉讼时效期间应自其取得代位求偿权之日起算。

第十七条 保险人在其提供的保险合同格式条款中对非保险术语所作的解释符合专业意义,或者虽不符合专业意义,但有利于投保人、被保险人或者受益人的,人民法院应予认可。

第十八条 行政管理部门依据法律规定制作的交通事故认定书、火灾事故认定书等,人民法院应当依法审查并确认其相应的证明力,但有相反证据能够推翻的除外。

第十九条 保险事故发生后,被保险人或者受益人起诉保险人,保险人以被保险人或者受益人未要求第三者承担责任为由抗辩不承担保险责任的,人民法院不予支持。

财产保险事故发生后,被保险人就其所受损失从第三者取得赔偿后的不足部分提起诉讼,请求保险人赔偿的,人民法院应予依法受理。

第二十条 保险公司依法设立并取得营业执照的分支机构属于《中华人民共和国民事诉讼法》第四十八条规定的其他组织,可以作为保险合同纠纷案件的当事人参加诉讼。

第二十一条 本解释施行后尚未终审的保险合同纠纷案件,适用本解释;本解释施行前已经终审,当事人申请再审或者按照审判监督程序决定再审的案件,不适用本解释。

最高人民法院《关于适用〈中华人民共和国保险法〉若干问题的解释(三)》

(2015 年 9 月 21 日最高人民法院审判委员会第 1661 次会议通过
2020 年 12 月 29 日公布　法释〔2020〕18 号
自 2021 年 1 月 1 日起施行)

为正确审理保险合同纠纷案件,切实维护当事人的合法权益,根据《中华人民共和国民法典》《中华人民共和国保险法》《中华人民共和国民事诉讼法》等法律规定,结合审判实践,就保险法中关于保险合同章人身保险部分有关法律适用问题解释如下:

第一条　当事人订立以死亡为给付保险金条件的合同,根据保险法第三十四条的规定,“被保险人同意并认可保险金额”可以采取书面形式、口头形式或者其他形式;可以在合同订立时作出,也可以在合同订立后追认。

有下列情形之一的,应认定为被保险人同意投保人为其订立保险合同并认可保险金额:

(一)被保险人明知他人代其签名同意而未表示异议的;

(二)被保险人同意投保人指定的受益人的;

(三)有证据足以认定被保险人同意投保人为其投保的其他情形。

第二条　被保险人以书面形式通知保险人和投保人撤销其依据保险法第三十四条第一款规定所作出的同意意思表示的,可认定为保险合同解除。

第三条　人民法院审理人身保险合同纠纷案件时,应主动审查投保人订立保险合同时是否具有保险利益,以及以死亡为给付保险金条件的合同是否经过被保险人同意并认可保险金额。

第四条　保险合同订立后,因投保人丧失对被保险人的保险利益,当事人主张保险合同无效的,人民法院不予支持。

第五条　保险合同订立时,被保险人根据保险人的要求在指定医疗服务机构进行体检,当事人主张投保人如实告知义务免除的,人民法院不予支持。

保险人知道被保险人的体检结果,仍以投保人未就相关情况履行如实告知义务为由要求解除合同的,人民法院不予支持。

第六条 未成年人父母之外的其他履行监护职责的人为未成年人订立以死亡为给付保险金条件的合同,当事人主张参照保险法第三十三条第二款、第三十四条第三款的规定认定该合同有效的,人民法院不予支持,但经未成年人父母同意的除外。

第七条 当事人以被保险人、受益人或者他人已经代为支付保险费为由,主张投保人对应的交费义务已经履行的,人民法院应予支持。

第八条 保险合同效力依照保险法第三十六条规定中止,投保人提出恢复效力申请并同意补交保险费,除被保险人的危险程度在中止期间显著增加外,保险人拒绝恢复效力的,人民法院不予支持。

保险人在收到恢复效力申请后,三十日内未明确拒绝的,应认定为同意恢复效力。

保险合同自投保人补交保险费之日恢复效力。保险人要求投保人补交相应利息的,人民法院应予支持。

第九条 投保人指定受益人未经被保险人同意的,人民法院应认定指定行为无效。

当事人对保险合同约定的受益人存在争议,除投保人、被保险人在保险合同之外另有约定外,按以下情形分别处理:

(一)受益人约定为"法定"或者"法定继承人"的,以民法典规定的法定继承人为受益人;

(二)受益人仅约定为身份关系,投保人与被保险人为同一主体的,根据保险事故发生时与被保险人的身份关系确定受益人;投保人与被保险人为不同主体的,根据保险合同成立时与被保险人的身份关系确定受益人;

(三)约定的受益人包括姓名和身份关系,保险事故发生时身份关系发生变化的,认定为未指定受益人。

第十条 投保人或者被保险人变更受益人,当事人主张变更行为自变更意思表示发出时生效的,人民法院应予支持。

投保人或者被保险人变更受益人未通知保险人,保险人主张变更对其不发生效力的,人民法院应予支持。

投保人变更受益人未经被保险人同意的，人民法院应认定变更行为无效。

第十一条　投保人或者被保险人在保险事故发生后变更受益人，变更后的受益人请求保险人给付保险金的，人民法院不予支持。

第十二条　投保人或者被保险人指定数人为受益人，部分受益人在保险事故发生前死亡、放弃受益权或者依法丧失受益权的，该受益人应得的受益份额按照保险合同的约定处理；保险合同没有约定或者约定不明的，该受益人应得的受益份额按照以下情形分别处理：

（一）未约定受益顺序和受益份额的，由其他受益人平均享有；

（二）未约定受益顺序但约定受益份额的，由其他受益人按照相应比例享有；

（三）约定受益顺序但未约定受益份额的，由同顺序的其他受益人平均享有；同一顺序没有其他受益人的，由后一顺序的受益人平均享有；

（四）约定受益顺序和受益份额的，由同顺序的其他受益人按照相应比例享有；同一顺序没有其他受益人的，由后一顺序的受益人按照相应比例享有。

第十三条　保险事故发生后，受益人将与本次保险事故相对应的全部或者部分保险金请求权转让给第三人，当事人主张该转让行为有效的，人民法院应予支持，但根据合同性质、当事人约定或者法律规定不得转让的除外。

第十四条　保险金根据保险法第四十二条规定作为被保险人的遗产，被保险人的继承人要求保险人给付保险金，保险人以其已向持有保险单的被保险人的其他继承人给付保险金为由抗辩的，人民法院应予支持。

第十五条　受益人与被保险人存在继承关系，在同一事件中死亡且不能确定死亡先后顺序的，人民法院应根据保险法第四十二条第二款的规定推定受益人死亡在先，并按照保险法及本解释的相关规定确定保险金归属。

第十六条　保险合同解除时，投保人与被保险人、受益人为不同主体，被保险人或者受益人要求退还保险单的现金价值的，人民法院不予支持，但保险合同另有约定的除外。

投保人故意造成被保险人死亡、伤残或者疾病，保险人依照保险法第四十三条规定退还保险单的现金价值的，其他权利人按照被保险人、被保险人继承人的顺序确定。

第十七条　投保人解除保险合同，当事人以其解除合同未经被保险人或者受益人同意为由主张解除行为无效的，人民法院不予支持，但被保险人或者受益人已向投保人支付相当于保险单现金价值的款项并通知保险人的除外。

第十八条 保险人给付费用补偿型的医疗费用保险金时,主张扣减被保险人从公费医疗或者社会医疗保险取得的赔偿金额的,应当证明该保险产品在厘定医疗费用保险费率时已经将公费医疗或者社会医疗保险部分相应扣除,并按照扣减后的标准收取保险费。

第十九条 保险合同约定按照基本医疗保险的标准核定医疗费用,保险人以被保险人的医疗支出超出基本医疗保险范围为由拒绝给付保险金的,人民法院不予支持;保险人有证据证明被保险人支出的费用超过基本医疗保险同类医疗费用标准,要求对超出部分拒绝给付保险金的,人民法院应予支持。

第二十条 保险人以被保险人未在保险合同约定的医疗服务机构接受治疗为由拒绝给付保险金的,人民法院应予支持,但被保险人因情况紧急必须立即就医的除外。

第二十一条 保险人以被保险人自杀为由拒绝给付保险金的,由保险人承担举证责任。

受益人或者被保险人的继承人以被保险人自杀时无民事行为能力为由抗辩的,由其承担举证责任。

第二十二条 保险法第四十五条规定的“被保险人故意犯罪”的认定,应当以刑事侦查机关、检察机关和审判机关的生效法律文书或者其他结论性意见为依据。

第二十三条 保险人主张根据保险法第四十五条的规定不承担给付保险金责任的,应当证明被保险人的死亡、伤残结果与其实施的故意犯罪或者抗拒依法采取的刑事强制措施的行为之间存在因果关系。

被保险人在羁押、服刑期间因意外或者疾病造成伤残或者死亡,保险人主张根据保险法第四十五条的规定不承担给付保险金责任的,人民法院不予支持。

第二十四条 投保人为被保险人订立以死亡为给付保险金条件的保险合同,被保险人被宣告死亡后,当事人要求保险人按照保险合同约定给付保险金的,人民法院应予支持。

被保险人被宣告死亡之日在保险责任期间之外,但有证据证明下落不明之日在保险责任期间之内,当事人要求保险人按照保险合同约定给付保险金的,人民法院应予支持。

第二十五条 被保险人的损失系由承保事故或者非承保事故、免责事由造成难以确定,当事人请求保险人给付保险金的,人民法院可以按照相应比例予以支持。

第二十六条 本解释自 2015 年 12 月 1 日起施行。本解释施行后尚未终审的保险合同纠纷案件,适用本解释;本解释施行前已经终审,当事人申请再审或者按照审判监督程序决定再审的案件,不适用本解释。

最高人民法院《关于适用〈中华人民共和国保险法〉若干问题的解释(四)》

(2018 年 5 月 14 日最高人民法院审判委员会第 1738 次会议通过
2020 年 12 月 29 日公布　法释〔2020〕18 号
自 2021 年 1 月 1 日起施行)

为正确审理保险合同纠纷案件,切实维护当事人的合法权益,根据《中华人民共和国民法典》《中华人民共和国保险法》《中华人民共和国民事诉讼法》等法律规定,结合审判实践,就保险法中财产保险合同部分有关法律适用问题解释如下:

第一条　保险标的已交付受让人,但尚未依法办理所有权变更登记,承担保险标的毁损灭失风险的受让人,依照保险法第四十八条、第四十九条的规定主张行使被保险人权利的,人民法院应予支持。

第二条　保险人已向投保人履行了保险法规定的提示和明确说明义务,保险标的受让人以保险标的转让后保险人未向其提示或者明确说明为由,主张免除保险人责任的条款不成为合同内容的,人民法院不予支持。

第三条　被保险人死亡,继承保险标的的当事人主张承继被保险人的权利和义务的,人民法院应予支持。

第四条　人民法院认定保险标的是否构成保险法第四十九条、第五十二条规定的“危险程度显著增加”时,应当综合考虑以下因素:

(一)保险标的用途的改变;

(二)保险标的使用范围的改变;

(三)保险标的所处环境的变化;

(四)保险标的因改装等原因引起的变化;

(五)保险标的使用人或者管理人的改变;

(六)危险程度增加持续的时间;

（七）其他可能导致危险程度显著增加的因素。

保险标的危险程度虽然增加，但增加的危险属于保险合同订立时保险人预见或者应当预见的保险合同承保范围的，不构成危险程度显著增加。

第五条 被保险人、受让人依法及时向保险人发出保险标的转让通知后，保险人作出答复前，发生保险事故，被保险人或者受让人主张保险人按照保险合同承担赔偿保险金的责任的，人民法院应予支持。

第六条 保险事故发生后，被保险人依照保险法第五十七条的规定，请求保险人承担为防止或者减少保险标的的损失所支付的必要、合理费用，保险人以被保险人采取的措施未产生实际效果为由抗辩的，人民法院不予支持。

第七条 保险人依照保险法第六十条的规定，主张代位行使被保险人因第三者侵权或者违约等享有的请求赔偿的权利的，人民法院应予支持。

第八条 投保人和被保险人为不同主体，因投保人对保险标的的损害而造成保险事故，保险人依法主张代位行使被保险人对投保人请求赔偿的权利的，人民法院应予支持，但法律另有规定或者保险合同另有约定的除外。

第九条 在保险人以第三者为被告提起的代位求偿权之诉中，第三者以被保险人在保险合同订立前已放弃对其请求赔偿的权利为由进行抗辩，人民法院认定上述放弃行为合法有效，保险人就相应部分主张行使代位求偿权的，人民法院不予支持。

保险合同订立时，保险人就是否存在上述放弃情形提出询问，投保人未如实告知，导致保险人不能代位行使请求赔偿的权利，保险人请求返还相应保险金的，人民法院应予支持，但保险人知道或者应当知道上述情形仍同意承保的除外。

第十条 因第三者对保险标的的损害而造成保险事故，保险人获得代位请求赔偿的权利的情况未通知第三者或者通知到达第三者前，第三者在被保险人已经从保险人处获赔的范围内又向被保险人作出赔偿，保险人主张代位行使被保险人对第三者请求赔偿的权利的，人民法院不予支持。保险人就相应保险金主张被保险人返还的，人民法院应予支持。

保险人获得代位请求赔偿的权利的情况已经通知到第三者，第三者又向被保险人作出赔偿，保险人主张代位行使请求赔偿的权利，第三者以其已经向被保险人赔偿为由抗辩的，人民法院不予支持。

第十一条 被保险人因故意或者重大过失未履行保险法第六十三条规定

的义务,致使保险人未能行使或者未能全部行使代位请求赔偿的权利,保险人主张在其损失范围内扣减或者返还相应保险金的,人民法院应予支持。

第十二条 保险人以造成保险事故的第三者为被告提起代位求偿权之诉的,以被保险人与第三者之间的法律关系确定管辖法院。

第十三条 保险人提起代位求偿权之诉时,被保险人已经向第三者提起诉讼的,人民法院可以依法合并审理。

保险人行使代位求偿权时,被保险人已经向第三者提起诉讼,保险人向受理该案的人民法院申请变更当事人,代位行使被保险人对第三者请求赔偿的权利,被保险人同意的,人民法院应予准许;被保险人不同意的,保险人可以作为共同原告参加诉讼。

第十四条 具有下列情形之一的,被保险人可以依照保险法第六十五条第二款的规定请求保险人直接向第三者赔偿保险金:

(一)被保险人对第三者所负的赔偿责任经人民法院生效裁判、仲裁裁决确认;

(二)被保险人对第三者所负的赔偿责任经被保险人与第三者协商一致;

(三)被保险人对第三者应负的赔偿责任能够确定的其他情形。

前款规定的情形下,保险人主张按照保险合同确定保险赔偿责任的,人民法院应予支持。

第十五条 被保险人对第三者应负的赔偿责任确定后,被保险人不履行赔偿责任,且第三者以保险人为被告或者以保险人与被保险人为共同被告提起诉讼时,被保险人尚未向保险人提出直接向第三者赔偿保险金的请求的,可以认定为属于保险法第六十五条第二款规定的"被保险人怠于请求"的情形。

第十六条 责任保险的被保险人因共同侵权依法承担连带责任,保险人以该连带责任超出被保险人应承担的责任份额为由,拒绝赔付保险金的,人民法院不予支持。保险人承担保险责任后,主张就超出被保险人责任份额的部分向其他连带责任人追偿的,人民法院应予支持。

第十七条 责任保险的被保险人对第三者所负的赔偿责任已经生效判决确认并已进入执行程序,但未获得清偿或者未获得全部清偿,第三者依法请求保险人赔偿保险金,保险人以前述生效判决已进入执行程序为由抗辩的,人民法院不予支持。

第十八条 商业责任险的被保险人向保险人请求赔偿保险金的诉讼时效

期间，自被保险人对第三者应负的赔偿责任确定之日起计算。

第十九条　责任保险的被保险人与第三者就被保险人的赔偿责任达成和解协议且经保险人认可，被保险人主张保险人在保险合同范围内依据和解协议承担保险责任的，人民法院应予支持。

被保险人与第三者就被保险人的赔偿责任达成和解协议，未经保险人认可，保险人主张对保险责任范围以及赔偿数额重新予以核定的，人民法院应予支持。

第二十条　责任保险的保险人在被保险人向第三者赔偿之前向被保险人赔偿保险金，第三者依照保险法第六十五条第二款的规定行使保险金请求权时，保险人以其已向被保险人赔偿为由拒绝赔偿保险金的，人民法院不予支持。保险人向第三者赔偿后，请求被保险人返还相应保险金的，人民法院应予支持。

第二十一条　本解释自 2018 年 9 月 1 日起施行。

本解释施行后人民法院正在审理的一审、二审案件，适用本解释；本解释施行前已经终审，当事人申请再审或者按照审判监督程序决定再审的案件，不适用本解释。

主要参考书目

1. 李玉泉主编:《保险法学——理论与实务》(第二版),高等教育出版社 2010 年版。
2. 吴定富主编:《〈中华人民共和国保险法〉释义》,中国财政经济出版社 2009 年版。
3. 江必新主编:《保险纠纷》,法律出版社 2014 年版。
4. 刘连生、申河主编:《财产保险》(第三版),高等教育出版社 2015 年版。
5. 许谨良编著:《财产保险原理和实务》(第五版),上海财经大学出版社 2015 年版。
6. 任以顺:《保险利益研究》,中国法制出版社 2013 年版。
7. 王静:《保险类案裁判规则与法律适用》,人民法院出版社 2013 年版。
8. 杨心忠等:《保险合同纠纷裁判精要与规则适用》,北京大学出版社 2016 年版。
9. 王文杰:《建筑火灾事故民事赔偿法律实务》,法律出版社 2013 年版。
10. 王激文主编:《火灾事故财产保险理赔规程与损失评估及调查处理工作规范实务全书》,中国财政经济出版社 2008 年版。
11. 刘启明主编:《财产保险水灾定损新技术规范与标准手册》,中国标准出版社 2007 年版。
12. 王晓军、孟生旺主编:《保险精算原理与实务》(第三版),中国人民大学出版社 2014 年版。
13. 最高人民法院民事审判第二庭编著:《最高人民法院关于保险法司法解释(二)理解与适用》,人民法院出版社 2015 年版。
14. 杜万华主编,最高人民法院民事审判第二庭编著:《最高人民法院关于保险法司法解释(三)理解与适用》,人民法院出版社 2015 年版。

15. 最高人民法院民事审判第二庭编:《保险案件审判指导》,法律出版社 2015 年版。
16. 曹士兵主编,国家法官学院案例开发研究中心编:《中国法院 2017 年度案例 - 15 - 保险纠纷》,中国法制出版社 2017 年版。
17. 李大进主编:《非诉讼业务律师基础实务》,中国人民大学出版社 2014 年版。
18. 高宇:《中国保险法》,高等教育出版社 2015 年版。
19. 国家法官学院案例开发研究中心编:《中国法院 2018 年度案例 - 15 - 保险纠纷》,中国法制出版社 2018 年版。
20. 温世扬主编:《保险法》(第三版),法律出版社 2016 年版。
21. 徐卫东主编:《保险法》,北京大学出版社 2010 年版。
22. 方乐华:《保险与保险法》,北京大学出版社 2014 年版。
23. 樊启荣:《保险法诸问题与新展望》,北京大学出版社 2015 年版。
24. 刘宗荣:《新保险法:保险契约法的理论与实务》,中国人民大学出版社 2009 年版。
25. 刘建勋:《新保险法经典、疑难案例判解》,法律出版社 2010 年版。
26. 董彪:《保险法判例与制度研究》,法律出版社 2012 年版。
27. 贾林青主编:《法院审理保险案件观点集成》,中国法制出版社 2016 年版。
28. 王静:《保险案件司法观点集成》,法律出版社 2016 年版。
29. 许崇苗:《保险法原理及疑难案例解析》,法律出版社 2011 年版。
30. 最高人民法院保险法司法解释起草小组编著:《〈中华人民共和国保险法〉保险合同章条文理解与适用》,中国法制出版社 2010 年版。
31. 郑玉波:《保险法论》(修订十版),刘宗荣修订,三民书局 2015 年版。
32. 司玉琢主编:《海商法》(第三版),法律出版社 2012 年版。
33. 国务院法制办公室编:《中华人民共和国保险法典》(第四版),中国法制出版社 2018 年版。
34. 曹晓兰主编:《财产保险》,中国金融出版社 2007 年版。
35. 郑功成、许飞琼主编:《财产保险》(第四版),中国金融出版社 2010 年版。
36. 李冰清主编:《保险投资》,南开大学出版社 2007 年版。
37. 赵占波:《互联网保险》,首都经济贸易大学出版社 2017 年版。
38. 刘金章、刘连生、张晔:《责任保险》,西南财经大学出版社 2007 年版。

39. 贾林青主编:《〈保险法〉判案新解》,中国人民大学出版社 2011 年版。
40. 朱进元、刘勇、魏丽:《保险科技》,中信出版集团股份有限公司 2018 年版。
41. 冯芳怡主编:《海上保险实务》,中国金融出版社 2009 年版。
42. 许谨良主编:《保险产品创新》,上海财经大学出版社 2006 年版。
43. 兰虹主编:《财产与责任保险》,西南财经大学出版社 2010 年版。
44. 李青主编:《汽车保险与理赔》,浙江大学出版社 2015 年版。
45. 杨文明主编:《保险公估实务》,中国金融出版社 2004 年版。
46. 胡珀:《巨灾保险立法研究》,兰州大学出版社 2017 年版。
47. 唐金成主编:《现代财产保险》,清华大学出版社 2012 年版。
48. 陈文辉主编:《团体保险发展研究》,中央编译出版社 2005 年版。
49. 孙宏涛:《保险合同法精解》,法律出版社 2014 年版。
50. 奚玉莉:《互联网保险新模式》,中信出版集团 2016 年版。
51. 施文森:《保险法总论》,三民书局 1985 年版。